성공회대학교 동아시아연구소 학술총서 6

카메라가 만든 전쟁, 편집된 냉전: 전쟁과 사상심리전

강성현, 오영숙 **책임편집**
강성현, 김득중, 김민환,
김일환, 오영숙, 임재근,
전갑생, 정영신, 최성용 **지음**

진인진

카메라가 만든 전쟁, 편집된 냉전: 전쟁과 사상심리전

초판 1쇄 발행 | 2025년 7월 31일

책임편집 | 강성현, 오영숙
지은이 | 강성현, 김득중, 김민환, 김일환, 오영숙, 임재근, 전갑생, 정영신, 최성용
발행인 | 김태진
발행처 | 진인진
등   록 | 제25100-2005-000003호
주   소 | 경기도 과천시 관문로 92 101동 1818호(힐스테이트 과천중앙)
전   화 | 02-507-3077-8
팩   스 | 02-507-3079
홈페이지 | http://www.zininzin.co.kr
이메일 | pub@zininzin.co.kr

ⓒ 성공회대학교 2025
ISBN 978-89-6347-633-9 93300

* 책값은 표지 뒤에 있습니다.

* 이 저서는 2018년 대한민국 교육부와 한국연구재단의 지원을 받아 수행된 연구임
  (NRF-2018S1A6A3A01080743)

• • • •

머리말
프레임 너머의 전쟁:
한국전쟁은 어떻게 이미지–전쟁이 되었는가

1.
한국전쟁은 흔히 '잊혀진 전쟁(forgotten war)'이라 불리지만, 실상은 가장 집요하게 반복 재현된 전쟁이다. 총성이 멎었다 해도 전쟁은 끝난 것이 아니었다. 총탄과 참호에서 이미지와 스크린으로, 물리적 충돌에서 감정과 기억의 영역으로, 전장이 이행했을 뿐이다. '열전화된 냉전'이라는 말이 시사하듯 총칼만큼이나 심리가 강력한 무기였던 전쟁이었고, 그 중심에는 늘 영상이 있었다.

무엇보다 영상은 단순히 사건을 전달하는 수단을 넘어서 시선을 조직하여 관객을 특정한 자리에 위치시키는 전략적 장치이다. 감정의 흐름을 조율하여 공감과 동일화를 유도하고, 이미지 언어의 직관성과 생생함으로 이데올로기의 내면화를 매개한다. 이러한 감각적 몰입과 정동의 설득력은, 영상을 국가 권력의 상징 질서를 효과적으로 재생산하는 기제로 작동하게 한다.

사실상 한국전쟁의 질감은 전선보다 오히려 카메라의 프레임 속에 더 실감나게 포획되었고, 편집실의 재구성을 거쳐 대중을 움직일 감응적 내러티브로 구현되었다. 이를테면 판문점에서 촬영된 포로 교환 장면은 전쟁의 종결에 대한 기록을 넘어, 한반도가 냉전기의 글로벌 '감정 정치'의 무대로 전환되는 순간을 포착한 것이었다. 포로의 귀환은 인도주의적 프레임을 통해 감정적 동일시를 유도했고, 어린이의 얼굴에 해설과 배경음악을 결합한 다큐멘터리는 자유 진영의 이념을 감각적으로 전달했다. 심리전 영화는 푸티지와 재연 장면을 교차 편집함으로써 현실과 허구의 경계를 흐리고 감정적 몰입을 유도하여 정동적 동원의 효과를 극대화하였다.

게다가 전장(戰場)의 영상은 고정된 결과물에 머물지 않았다. 동일한 원 재료는 '재매개(remediation)'되어, 사진 잡지의 연속 컷, 극장용 뉴스릴, 다큐멘터리, 그리고 선전 영화 등의 버전으로 증식되었다. 해설 강연, 집단 토론, 감상문, 심지어 학교 교과 과정 같은 프로그램과 결합하여 다양한 대중을 겨냥한 교육-선전 기획의 일부로 기능하기도 했다. 매번 새로운 매체 환경 속에 포맷되고 재맥락화되는 과정을 거치며 이데올로기적 작동력을 강화해왔다.

대중과 만나는 경로도 다양했다. 극장은 물론이고 군 부대, 학교, 공공회관, 주한미문화원, 지역 문화기관, 야외 상영장 등의 준-공적 장소에서 상영되어 이념을 유통하고 정서적 반응을 조직했다. 가정도 예외적인 공간이 아니었다. 텔레비전은 전쟁 경험과 기억을 일상적 시청 공간에 이식하는 긴요한 이데올로기 장치였다. 국가 서사로 재구성된 영상들은 뉴스와 기념 방송 등의 프로그램을 통해 안방의 관객을 감정적으로 훈육했다.

영상의 복합적인 수용과 확산은, 한국전쟁을 국제 여론과 감정 구조를 조율하고 재편하는 글로벌 이미지-전쟁의 중심에 놓이게 했다. 전쟁 이미지는 국지적 무력 충돌의 기록을 넘어서, 군사적·외교적 담론과 연결되며 세계 각국에 제작, 배포되었다. 덕분에 냉전이라는 이념적 구조는 감각과 정서라는 형태로 번역되어 일상생활의 내부로 침투할 수 있었으며, 대중은 정치적 감성 구조 안으로 포섭될 수 있었다.

이 책이 추적하는 것은, 한국전쟁의 발발에서 종전에 이르는 현실과 그 잔여―기억의 파편과 감정의 흔적들―가 영상 속에 흡수되고 변주되며 재구성되는 양상이다. 단순히 '무엇이 기록되었는가?'라는 물음에 머무르지 않고, '적은 어떻게 표상되는가?', '카메라는 관객의 시선을 어떻게 길들이는가', '누가 말하고, 누가 침묵하며, 누가 배제되는가?'와 같은 복합적 질문들을 던지고 그 답을 탐색하려 했다.

이러한 작업의 근저에 놓인 것은, 통치 권력이 기억을 재편하고 귀속감을 구성하는 과정에서 한국전쟁의 영상이 핵심 매개로 기능했다는 문제의식이다. 그로부터 전개되는 탐색은 필연적으로 '사상심리전'이라는 체제를 비판적으로 독해하는 일과 맞닿아 있다. 한국전쟁 영상은 이 통치 체제가 설계한 정동의 정치학을 드러내는 가시적 흔적이다. 이 책은 바로 그 정동적 메커니즘을 분석함으로써 전쟁영상이 감정과 이념, 국제정치의 교차점에서 어떻게 작동해 왔는지를 밝히고자 한다.

2.
'사상심리전(ideopolitical-psychological warfare)'은 2017년 출간된 『열전 속 냉전, 냉전 속 열전』에서 공식적으로 제안된 개념으로, 사상전(思想戰)과 심리전(Psychological Warfare)이 분리 불가능하게 융합된 복합적 통치 기술을 가리킨다. 일본 제국이 식민지 통치 과정에서 구축한 사상 통제 체계, 제2차 세계대전과 냉전기에 미국이 정교화한 심리전 전략, 그리고 탈식민·민족해방·계급 내전이 중첩된 아시아의 특수한 지정학적 조건이 서로 교차·충돌하면서 형성된 다층적 통치 양식을 개념화한 것이라 할 수 있다.

일제는 개인의 내면, 곧 '마음속 사상'을 관리하고 교정하기 위해 '사상전'이라는 통합적 기술을 구축했다. 법, 행정, 언론, 전문가 집단이 유기적으로 결합한 이 통치 인프라는 해방 이후에 한국의 반공 국가체제 안으로 흡수되어 재편되었다. '인간은 사상에 의해 움직인다'는 일제의 이념은 곧 '우월한 사상으로 공산주의를 제압한다'는 반공 논리로 전화(轉化)되었고, 공안경찰, 정보기관, 반공교육 체계가 결합된 네트워크를 통해 사상 통치는 제도화되고 이론화되었다.

한편 미국은 제2차 세계대전을 계기로 심리전을 보다 정교화했다. 주된 전략은 단순한 설득이나 선전을 넘어서 감정과 감각에 직접 작용하도록 통치 기술을 진화시키는 것이었다. 그를 위해 백색·회색·흑색 선전뿐 아니라 첩보 활동, 문화 외교, 영상 컨텐츠, 교육 캠페인 등 다양한 매체와 장르를 포괄하는 정서적 개입으로 심리전의 체계를 확장시켰다.

냉전 초기에 미국이 설계한 심리전은 감정과 행동을 유도할 환경 구성을 우선시했다. 미 국방부의 정의에 따르면 심리전은 '적의 전투 의지와 역량을 약화시키고, 중립국과 동맹국의 지지를 차단하며, 자국 및 우방의 사기를 고양하기 위한 정신적·물질적 수단의 총체'이다. 이러한 정의는, 냉전기의 심리전이 사상의 전달이나 이성적 설득을 넘어 감각과 감동을 움직이는 관리 체계였음을 시사한다.

한반도는 사상전과 심리전이 교차하는 통치 전략의 시험대였다. 미국은 표면적으로는 파시즘식 사상 통제를 경계했지만, 실제로는 일제하에서 구축된 사상 통제 인프라를 해방 후 한국의 반공 체제 안으로 수용하여 재편했다. 일제가 남긴 통치 기술과 인적 자원, 제도적 장치는 심리전 체계로 흡수되어 감각적 통치의 하부 구조로 활용되었다.

영상은 사상과 감정을 동시에 조율하고 통제하는 핵심 장치였다. 냉전 초기에 미국은 시청각 매체를 활용해, 이념적 설득과 감정적 반응을 아우르는 다면적 통치 체제를 설계했다. 정보의 전달과 감시, 정서의 유도와 훈육을 결합한 복합적 전략이 구상되었으며, 공보와 공안 기구는 선전과 감시라는 기능을 넘어, 이념의 내면화를 유도하고 정동의 규율을 수행하는 통합된 장치로 재편되었다.

한국전쟁은 사상심리전이 본격적으로 실험되고, 인지와 정동을 아우르는 권력 기술이 제도화된 결정적 무대였다. 미국은 한국의 영화인들과의 협력 하에 전쟁 뉴스릴과 선전 다큐멘터리를 공동 제작하여 감정 동원 전략을 본격화했다. 거제도 포로수용소에서는 미군의 심문 기술과 한국 공안 당국의 사상 교정 기법을 결합하여, 육체적 통제와 정서적 개조를 아우르는 포로 전향 프로그램을 가동시켰다.

판문점의 포로 교환 영상은 단순한 기록을 넘어, 국제 여론을 감정적으로 조율하기 위한 작전 이미지로 기획되었다. 어린이의 얼굴과 감성적인 음악으로 구성된 원조 다큐멘터리는 연민과 충성심을 교차시키며 반공 이데올로기와 감정적 귀속감을 연결했다. 또한 심리전 영화들은 푸티지와 재연 장면을 교차 편집하여 사실감을 극대화하고 감정 이입과 몰입을 유도하는 정서 조작의 전략을 구사했다.

사상심리전의 핵심은 감정을 움직이는 기술이었다. 감정 정치는 집단 의식을 설계하고 정치적 정동을 견인하는 엔진으로 기능했다. 각종 매체와 제도가 공포, 연민, 충성, 적개심, 분노 등의 감정을 정교하게 배합한 정서적 통치를 실현했고, 반복적인 시청각 훈육과 집단 의례는 대중을 감각적 주체로 길들이며 국가 이념을 정서의 층위에서 내면화하게 했다.

감정과 이념을 교차시킨 통치는 일본, 대만, 필리핀 등지에서도 관찰되지만, 그것이 가장 집약적으로 수행된 무대는 한반도였다. 냉전의 전초기지였던 이곳에서 '사상심리전'은 단순한 이념 선전이나 감정 자극을 넘어서, 전쟁과 평화, 군사와 민간, 규율과 정동이 교차하는 복합적 장치로 작동했다. 감각의 질서를 구축하여 주체를 길들이는 이 전략은 한국전쟁을 거치며 사상과 심리가 분리되지 않은 복합적인 통치 메커니즘으로 정식화되었다. 이는 냉전 아시아라는 특수한 지정학적·역사적 맥락 속에서, 감정, 이미지, 이데올로기가 맞물려 구성된 하나의 정동-이념적 통치체였다.

3.

이 책은 미디어 통치의 메커니즘을 분석하기 위해 다양한 영상 자료들을 검토한다. 그 출발점은 푸티지(footage)이다. 푸티지는 현장의 생생한 순간을 포착한 미가공된 영상으로, 그 자체로 '기록'이나 '증거'로 간주되기도 하지만, 의미가 변형되고 재구성되는 유동적인 원재료에 해당한다. 같은 푸티지라도 다양한 장르와 형식으로 재매개되고 맥락과 목적에 따라 재배열됨으로써 끊임없이 그 의미와 해석이 변형된다. 고정된 기록이 아니라 새롭게 의미가 구성되고 전유되는 유동적 자원이라 할 수 있다. 활용 의도에 따라 상이한 정서적 효과와 이데올로기적 함의를 띠게 되는 것은 이러한 재맥락화의 결과이다.

한국전쟁의 푸티지는 그 가변적 쓰임새가 더욱 두드러졌다. 전면적인 미디어 전쟁이라 부를 만큼, 전투 장면과 참상, 민간인의 고통을 담은 푸티지가 양 진영 모두에서 정치적 메시지를 극대화하는 수단으로 전유되었다. 특히 냉전적 상황에서 푸티지의 유동성은 각국의 정치적 목적에 따라 의미를 재구성하는 자원으로 적극 활용되었다. 미군이 촬영한 전투 장면은 극장용 뉴스릴로 재편집되어 자국 내 전쟁 지지를 유도하도록 쓰였고, 일부 장면은 미국과 영국의 심리전 영화에 삽입되어 사실과 허구의 경계를 흐리고 감정을 배치하는 서사 장치가 되었다. 북한은 이를 전시 다큐멘터리로 재구성해 사회주의 국가 건설의 정당성을 설파했으며, 남한에서는 전쟁의 고통을 강조함과 동시에 반공 이데올로기를 감각적으로 주입하는 데 활용했다.

오랜 기간 비공개로 보관되던 영상이 훗날 문화산업의 장으로 재편입된 경우도 있다. 영국군이 1959년에 제작한 전쟁 다큐멘터리가 2004년에 극장에서 상업영화로 개봉된 사례가 그런 것이다. 이 경우는 전쟁영상이 단순히 기억의 아카이브에 머무르지 않고 시간의 흐름에 따라 새로운 맥락과 소비 구조 속으로 이동함을 보여준다.

이처럼 전쟁 영상은 단순한 기록물이나 일회성 선전에 머물지 않고 시대적 용도에 따라 끊임없이 변주되고 재활용된다. 국가는 이러한 시청각 자료를 감각 통치의 핵심 장치로 동원해 시선을 규범화하고, 정치적 귀속감을 감정의 층위에서 내면화시키는 전략을 수행해 왔다. 여기서 중요한 것은, 개인의 정동을 국가 서사에 접속시키는 전쟁 영상의 작동 방식을 아시아 냉전 문화의 구조 속에서 읽어내는 일이다. 이러한 작업은, 반복적이고 집단적인 시청각 체험이 대중을 감각적 주체로 길들이는 구조를 밝혀내는 것이기도 하다.

이 책에서 다뤄지는 영상의 제작 시기는 국가 형성기부터 한국전쟁, 전후 냉전기에 이르기까지 긴 시기에 걸쳐 있다. 제작 주체 역시 다양하게 분포한다. 주한미군정 및 주한미군 소속의 영상부대가 촬영한 푸티지, 그리고 푸티지를 기반으로 제작된 미국과 한국 공보처의 뉴스릴, 선전 다큐멘터리, 심리전 영화, 교육영화, 그리고 미군이 노획한 북한의 영상 자료에 대한 분석이 이루어진다. 영상의 유통 경로도 복합적이다. 대상의 범위는 물론이고 대상의 형태 또한 서로 중첩되고 있어, 실질적인 대상의 스펙트럼은 매우 넓다.

전쟁영상이 작동시킨 감정 정치의 메커니즘은, 당연히, 단일한 접근으로는 해명되지 않는다. 이 책에는 이질적인 이론적 자원과 방법론이 교차 활용되고 있다. 영상사는 영상의 물질적 조건과 제작·유통의 환경을 추적하여 특정 영상이 당대의 통치를 위해 작동하게 되는 역사적 맥락을 이해할 틀을 제공한다. 냉전 문화사는 국제 이념 대립, 심리전 전략, 원조 체계 및 외교 담론이 시청각 재현에 어떻게 개입했는지를 해명하여, 감정의 구성과 통치 기획의 관계를 드러낸다. 감정 및 정동 이론은 영상이 조직하는 감정의 층위와 그것이 수행하는 사회적·윤리적 기능, 그리고 정동을 매개로 한 집단적 귀속 구조를 비판적으로 해석할 기반이 된다. 시각문화연구는 이미지 재현이 어떻게 감정, 권력, 정체성 형성에 관여하고, 어떤 시선과 권력관계를 전제하고 있으며, 어떤 주체를 가시화하거나 배제하는지를 비판적으로 조명하게 한다.

국가 주도의 감정 정치와 그 시청각적 기획을 분석하려면 수용자의 반응과 효과에 대한 논의가 필수적이다. 그러나 이를 실증적으로 재구성하는 데는 현실적인 제약이 따른다. 이러한 한계를 넘어서기 위해 이 책은, 정동을 물적 조건과 제도적 장치의 산물로 간주하고, 상영 공간, 선전 행사, 의례적 실천 등 영상 소비의 조직적 환경을 분석의 단위로 삼는다. 이를 통해 통치가 구체적으로 어떻게 작동했는지를 간접적으로 탐색함으로써, 전쟁영상이 '국민'이라는 정동적 주체를 구성하며 정치적 귀속감을 내면화하게 만든 메커니즘을 드러내고자 한다. 나아가 이러한 정서적 통치가 일상의 실천과 규범에 스며들어 감정의 층위에서 정치적 주체화를 가능하게 했음을 추론할 이론적 단서들을 제시한다.

4.
총칼이 멈춘 뒤에도 이미지의 전쟁은 계속되어, 감각을 길들이고 정동을 배열하며 집단적 주체를 설계하는 또 다른 전장으로 재편되었다. 이 책은 한국전쟁의 영상을 단순한 기록 아카이브가 아니라 정치 질서를 내면화하는 정동 장치로 재독해함으로써, 냉전기의 '감정의 경제'를 추적하고, 그 문화적 감응 지층을 비판적으로 지도화할 하나의 분석 틀을 모색하였다.

이 책은 세 부분으로 나누어, 한국전쟁이 이미지의 전장으로 전환되는 순간으로 우리를 안내한다. 다뤄지는 대상은 서로 다르지만, 전체를 관통하는 공통 축은 '사상심리전'이라는 복합적 통치 체제이다. 영상이라는 정동적 '장치(apparatus)'를 통해 감정의 전선, 감각의 통제, 시각적 주체화가 맞물리는 지형들을 추적한다.

제1부 「냉전의 이미지, 이미지의 전쟁: '적'의 창출과 '우리'의 통합/균열」은 '적'과 '우리'라는 정치적 분할선이 어떻게 감정적으로 구성되고 시각적으로 조직되었는지를 다양한 각도에서 조명하였다. 전쟁영상은 국가 정체성과 귀속을 설계하고 내면화시키는 냉전 통치의 핵심적 장치 중 하나였다. 뉴스릴, 전투 다큐멘터리, 심리전 영화가 '적'을 형상화하고 '우리'에 대한 감정적 동일시를 유도하는 구성 원리를 분석함으로써, 국가주의와 반공주의 정서를 수용하게 만드는 과정을 밝혀낸다.

김득중은 사상전과 심리전의 전략 속에서 '적'의 규정이 반공 담론, 국가주의, 기독교적 윤리, 그리고 언론 구조와 결합하여 '전투적 냉전 주체'를 형성하는 방식에 주목하였다. 강성현은 남한 뉴스릴의 분석을 통해 문맹률이 높던 시기에 시각 매체가 단순한 정보 전달을 넘어 감정적 설득과 이념적 훈육의 도구로 기능했음을 보여준다. 오영숙은 미군이 노획한 미상의 북한영상이 한반도 최초의 전투영화임을 밝히고, '선한 전쟁'의 프레임에 따라 구성된 '적'의 서사가 전투 스펙터클이나 기록영상과 충돌하며 드러내는 균열의 양상을 분석하였다. 전갑생은 마찬가지로 미군이 노획한 북한 영상을 심리적 전략의 맥락에서 접근하여, 적대적 영상이 탈맥락화와 재가공의 과정을 통해 정보전의 시청각 자산으로 전환되는 양상을 추적하고 있다.

위의 논의들은 일본 제국의 사상전, 미국의 심리전, 그리고 남북한의 프로파간다 전략이 맞물린 권력장에서, 전쟁 영상이 '냉전의 눈'을 구축하고 감정과 시선을 무장화한 과정을 밝혀내는 일과 관련된다. 이러한 작업은 영상이 냉전 주체를 길들이고 적대 감정을 조율하는 정동적 통치 장치로 작용했음을 보여주는 동시에, 영상 고유의 사실성과 다층성이 때로는 애초의 기획 의도에서 벗어나 국가 서사에 균열을 야기하는 역설적 상황 또한 드러낸다.

제2부 「피사체로 남은 흔적, 영상으로 지역사 쓰기」는 전쟁 영상이 지

역을 기억과 감정의 단위로 포섭하거나 '소모의 공간'으로 재편해온 과정을 고찰한다. 미군의 푸티지, 원조 기록 영화, 기반시설 파괴 영상 등이 주요 분석 대상이다. 이러한 영상은 중앙 권력의 선전 기획에 복무할 뿐 아니라, 지역 주민들을 카메라의 피사체이자 침묵하는 타자로 고정하고, 지역 자체를 응시의 대상으로만 남긴다. 그 결과 지역은 발화를 차단당한 '삭제된 시선'의 공간으로 재구성되며, 파괴를 기록하는 행위 자체는 기억과 감정을 분할하고 배제하는 시청각적 통치 전략의 한 축을 이룬다.

강성현은 푸티지 영상의 물질성, 편집 구조, 배포 맥락을 해독하는 비판적 방법론을 제시하고, 침묵의 화면을 감정과 권력이 교차하는 정치적 증언으로 복원한다. 임재근은 미군이 촬영한 대전 지역의 철도와 교량의 파괴 영상을 분석하여, 이 지역이 전략적 피사체이자 주변부로 고정되는 시각적 구성을 밝혀낸다. 김민환은 임진강 다리 영상에서 경계, 이동, 침입, 피난이라는 정동 좌표가 배치되는 방식을 검토하여 그 안에서 감정적 귀속과 배제가 시각적으로 구조화하는 과정을 드러낸다. 정영신은 '미군 대한원조(AFAK)' 영상을 비판적으로 독해하여, 원조 담론이 단순한 경제적 지원이 아니라 미국의 감정 주권을 정당화하려는 사상심리전의 전략이었음을 밝힌다.

이들 연구의 궁극적인 지향점은, 전쟁영상이 지역 공간을 어떻게 '감정의 장'으로 구축했는지를 밝히고, 이를 통해 비판적 지역사 서술의 새로운 가능성을 제시하는 데 있다. 동시에, 발화되지 못하고 침묵 속에 남겨진 지역의 흔적과, 피사체로만 남았던 몸의 감각을 되살리기 위해 아카이브를 재구성하려는 시도이기도 하다. 삭제된 감각을 다시 감응 가능한 것으로 만들고, 주변화된 주체를 정치적 발화의 자리로 복원하는 작업이라 할 수 있다.

제3부 「마음을 포획하라: 포로를 둘러싼 심리전」에서는 냉전기 심리

전에서 '포로'가 수행한 역할을 집중적으로 탐구한다. 당시 포로는 단순한 등장인물이 아니라, 감정과 기억, 이념이 교차하는 전장이었다. 감정 통치의 중심 기호였으며, 적의 존재를 입증하고 우리 체제의 우월성을 시각적으로 과시하는 장치이기도 했다. '전향', '배신', '저항', '침묵' 등의 다양한 기표로 포섭된 포로는, 윤리적 판단과 정치적 귀속을 유도하는 감정적 촉발점이었다. 이 부에 수록된 글들은 각국이 제작한 포로 관련 영상들의 서사 구조와 정동 배열이 감정의 질서를 조직하고 수용자의 이념적 위치를 재조정하는 과정을 밝혀낸다.

김일환은 포로교환 장면이 담긴 미군 푸티지를 분석하여 '돌아온 몸'에 대한 환영이 체제 정당성을 훈육하기 위해 감정적으로 연출된 장면임을 밝히었다. 최성용은 《빅픽처》시리즈를 통해, 미국 본토 대중을 겨냥하여 수행된 심리전이 감정의 구조를 설계하고 자유주의적 이념을 감각화한 과정을 추적하였다. 전갑생은 CIA가 제작한 반세뇌 교육 영상 〈한국: 전쟁포로〉를 분석하여, 북한 노획 영상을 미국 내 군인과 시민을 대상으로 한 심리적 면역 훈련 장치로 전환시킨 전략과 과정을 조명한다. 김민환은 영국의 심리전 영화 〈Captured〉를 통해, 포로 세뇌의 위협에 대응하는 담론이 자유주의적 주체의 윤리로 정식화되는 양상을 분석하고 감정 정치와 윤리 정치가 교차하는 지점을 탐색하였다.

이러한 분석들은 포로가 단순한 전쟁의 산물이 아니라 사상심리전의 핵심 기표이자, 감정 통치 전략이 실험되고 정당화되는 상징적 장이었음을 보여준다. 전쟁 이후에도 포로는 체제의 우월성과 이념적 정당성을 위해 통치 권력이 반복적으로 호출한 중심 기표였다. 포로를 둘러싼 재현은 감정의 질서를 설계하고 냉전의 주체상을 구축하는, 일종의 상징적 지형으로 작동했다고 할 수 있다.

비록 다루는 대상과 영역은 조금씩 다르지만, 이 책에 실린 글들은 전쟁 영상이 시선을 통제하고 감정의 흐름을 유도하여 적대의 정동을 조직하는 중요 매개였다는 공통된 문제의식에서 출발하였다. 이러한 탐색은 전쟁 영상이 '국민'을 특정한 이념적·정동적 공동체로 구성하는 방식, 다시 말해 국가가 시청각 장치를 통해 이념의 내면화를 유도하여 정치적 주체를 형성하는 과정을 밝혀내는 일과 연관되어 있다. 이와 더불어, 영상이 단순한 기록이 아니라, 감각과 시선을 통해 현실을 구성하고, 감정과 인식을 구조화하는 정동적 장치임을 보여주려는 시도이기도 하다.

나아가, 이러한 작업들은 오늘날의 정동 권력을 비판적으로 이해하는 데 기여할 것이라 기대된다. 사상심리전은 과거에 봉인된 유산이 아니다. 대상을 길들이고 배치하는 감정정치는 오늘날의 디지털 환경에서 강력하게 작동하는 중이다. 정보전, 혐오 정동, 감정 동원, 감시와 조작 등으로 변주되고 플랫폼 인프라에 비가시적인 형태로 내재화되어 더욱 활성화되고 있다. 전쟁영상을 통한 감정 정치의 계보와 작동 논리를 밝히려는 시도는 정동 정치의 '매개 인프라'를 밝히는 일과 무관치 않다. 이런 관점에서 이 책은 디지털 시대 정동 권력의 작동 논리를 비판적으로 이해할 이론적 자원과 현실적 분석 틀 마련에 일조하게 될 것이라 믿는다.

5.
이 책은 한국전쟁기와 냉전기의 전쟁 영상을 감정 및 정동의 정치라는 이론적 틀에서 분석하고자 한 공동 연구와 아카이브 구축, 학술 발표의 결실이다. 그 시작은 2021년 3월, 성공회대학교 동아시아연구소 냉전평화연구센터가 주최한 심포지엄 「영상으로 본 냉전아시아의 사상심리전과 정동: 미군의 한국전쟁 및 냉전 영상을 중심으로」였다.

이후 2022년과 2023년에는 한국영상자료원의 지원으로 두 건의 영상 수집 및 연구사업이 진행되었다. 첫 번째는 미국 국립문서기록관리청(NARA)이 소장한 한국 근현대사 관련 영상자료를 수집·조사하고 목록화 및 연구 해제하는 사업으로, 주한미군이 촬영한 푸티지, 편집 다큐멘터리, 뉴스릴, 북한 노획 영상 등 142개 릴이 정리되었고, 각 영상의 제작 맥락과 심리전 구조를 분석하는 해제를 함께 구성하였다. 이어지는 두 번째 사업에서는 이를 바탕으로 해외 소재 전쟁 기록 영상의 컬렉션을 구축하고, 교육 및 연구용 시놉시스를 정리하는 단계로 확장되었다.

이러한 자료 기반 위에서 2023년 6월에는 국제학술회의「영상과 냉전 아시아: 북한 노획 영상과 미군 영상으로 본 사상심리전」이 성공회대, 한국영상자료원, 한국냉전학회 공동 주최로 개최되었다. 학술회의에선 영국군의 세뇌 영화(1959/2004)나 CIA의 북한 포로 관련 영상 등도 다루어졌고, 영상이 단지 '냉전의 기록'이 아니라 '냉전의 장치'로 작동했다는 점이 집중적으로 논의되었다. 특히 영상이 기념이나 저장의 수단이 아니라, 감정과 시선을 훈육하는 미디어라는 문제의식은, 이후 이 책의 각 장이 공유하는 분석의 토대가 되었다.

이 책이 출간되기까지 많은 협력이 있었다. 먼저 미국 국립문서기록관리청의 영상 수집과 해제 작성에 함께해주신 냉전평화연구센터 연구사업팀의 전갑생, 김민환, 정영신, 김득중, 최성용 선생님께 감사드린다. 또한, 두 차례 학술회의를 공동으로 기획하고 참여해주신 한국영상자료원 학예연구팀 정종화, 김기호, 조준형 선생님, 그리고 한국냉전학회 전·현직 회장인 김남섭, 이동기 선생님과 김일년, 김태경, 노경덕, 류한수, 박창희, 백지운, 임우경, 한모니까 선생님께 깊은 감사를 전한다. 연구소 직장 동료인 김미란, 윤석준, 윤영도, 조경희, 이기웅, 이임하 선생님은 이 책의 기획과 운영에 물심양면으로 도움을 주셨다. 학술회의 및 심포지엄 등 행사 준비와 진행을 도맡아 활약해준 김선우 조교장과 연구소 조교들에게도 항상 고마운 마음이다. 마지막으로 동아시아연구소 초대 소장이자 HK 및 HK+ 연구사업 17년을 이끌어온 백원담 선생님께 특별한 감사의 말씀을 드린다.

이 책은 미군과 한국 정부, 그리고 북한 당국이 제작하거나 편집·노획한 전쟁 영상들을 하나의 감정-정동 장치로 읽어내고자 하는 시도이다. 동시에, 아카이브라는 기억의 체계를 구성하는 권력 구조를 성찰적으로 재독해함으로써, 향후 전쟁과 평화를 둘러싼 시각문화 연구의 비판적 기반을 다지고자 한다. 감정을 조직하고 정동을 배치한 전쟁 영상은 단지 과거의 유산이 아니라, 지금도 반복 재현되고 있는 감정 정치의 뿌리를 보여준다. 이 책이 그러한 반복과 잔존을 감각의 층위에서 드러내는 데 작은 기여라도 할 수 있기를 바란다.

2025년 6월
저자들을 대신해
강성현·오영숙

목차

머리말 프레임 너머의 전쟁: 한국전쟁은 어떻게 이미지-전쟁이 되었는가 ·········3

1부 냉전의 이미지, 이미지의 전쟁:
'적'의 창출과 '우리'의 통합/균열 ·················· 19

1. '적(敵)' 규정과 '전투적 냉전 주체'의 형성 / **김득중** ············ 21
2. '우리'의 눈과 '적'의 프레임, 뉴스릴의 사상심리전
   - 《시보》, 《전진조선보》, 《전진대한보》를 중심으로 / **강성현** ············ 65
3. 파편 속에서 찾은 기원 – 한반도 최초의 전투영화
   〈초소를 지키는 사람들〉(주인규, 1950)의 발굴과 분석 / **오영숙** ······· 113
4. 미군의 북한 영상 노획과 심리전 영화 제작 / **전갑생** ················ 145
5. 미국의 《빅픽처》 시리즈, 〈한국과 당신〉에서
   드러나는 한미 친선의 서사와 주체의 균열 / **정영신** ················ 177

2부 피사체로 남은 흔적, 영상으로 지역사 쓰기 ············ 199

6. 한국전쟁 푸티지 영상, 어떻게 연구할 것인가? / **강성현** ············ 201
7. 한국전쟁 영상과 또 다른 대전 지역사 쓰기
   - 교량과 철도 파괴 영상을 분석하다 / **임재근**············ 241
8. 통제된 이동과 경계의 조정
   - 임진강 및 주변 지역 다리 영상을 중심으로 / **김민환** ············ 275
9. 미군의 대한원조 영상, '미군대한원조(AFAK)'의 사상심리전 / **정영신** ··· 317

3부 마음을 포획하라: 포로를 둘러싼 심리전 ·················· 337

10. 미군 푸티지 영상으로 본 한국전쟁 포로교환과 그 이면 / **김일환** ········ 339
11. 한국전쟁기 미군 포로 재현과 '안방'의 심리전
    -《빅픽처》의 〈한국에서의 잔학행위〉 에피소드를 중심으로 / **최성용** ··· 369
12. CIA의 〈한국: 전쟁포로〉를 통해 본
    북한노획영상 활용과 '세뇌' 프로젝트 / **전갑생** ························· 413
13. 영국군 포로는 북한에서 어떻게 취급되었다고 상상되는가?
    - 영화 〈Captured〉와 세뇌(brainwashing) 이론의 영국적 적용 / **김민환** 447

주 ··· 483
찾아보기 ··· 551
약어 ··· 565
저자 소개 ··· 567

제1부
냉전의 이미지, 이미지의 전쟁:
'적'의 창출과 '우리'의 통합/균열

제1장
'적(敵)' 규정과 '전투적 냉전 주체'의 형성

김득중

I. 냉전과 감정의 심리전

냉전과 심리전에 대한 연구는 매우 많지만, 자유주의 대 공산주의라는 이념적 대립에 관심이 집중되어 왔다. 우리 편과 적의 편을 가르는 냉전의 핵심은 이념(이데올로기)에 있다고 간주되었다. 이에 따라 냉전 연구는, 연구자가 어느 입장에 서 있든지 상관없이, 지식과 신념으로서의 이념 차이와 이 차이로 인해 발생한 두 진영 간의 적대적 관계의 역사를 구명하는데 집중해 왔다. 이념 대립은 '냉전 시기' 역사의 세세한 부분까지 설명할 수 있는 열쇠로 사용되었고, 역사를 이끌었던 동력으로 간주되어 왔다.

  냉전 시기에 이루어진 자유주의 진영의 공산주의자 '적'에 대한 대부분의 연구는 이념적 대립을 사전에 전제하고 있기 때문에, 양측의 적대성 또한 의문의 여지가 없는 명백한 사실로 간주되어 왔다. 이념이야말로 미·소 대립을 축으로 하는 냉전 시기에 양측을 가르는 가장 중요한 내용적 차이였다는 양 진영의 선전과 인식은 지금까지도 냉전사 연구 지형에 그대로 반영되었다. 이념을 중심으로 대립과 적대를 규명하려는 연구는 이념만이 냉전 시기 대립의 전부인 것처럼 실상을 오해하게 만들고, 정작 적대성이 만들어지는 다양한 요소[1]에는 주의를 기울이지 못하게 할 우려가 있다.

최근에는 이념 중심의 연구를 극복하고자 문학, 영화, 라디오 등의 문화적 측면에 주목하여 냉전을 이해하고자 하는 흐름도 생겼다. '문화 냉전'은 이념과 패권 중심적 냉전 이해를 극복하고, 냉전이 사람들의 삶에 어떤 영향을 미쳤으며, 그 방식과 유산이 무엇이었는지를 지식과 문화 영역에서 밝히고자 하였다.[2]

그러나, 냉전사 연구에서는 '이념의 과잉 결정' 상태가 여전히 지속되고 있는데, 기존 연구는 냉전 시기에 만들어진 적대감이 어떤 경로를 통해 형성되고 대중의 감정적 회로에 호소했는지를 본격적으로 다루고 있지 못하였다. 적에 대한 비하와 적대감은 '우리'라는 주체의 결속력을 높이는 한편, 전투력을 상승시키는 중요한 요소였다. 적대감이 '전투적인 냉전 주체'를 만들기 위한 필수적 요소라고 한다면, 이 과정은 논리적, 이념적 설득에 의존하는 것이 아니라, 감성에 호소하는 혐오적 이미지를 대중에게 시각적으로 전달하고 확산하는 방식으로 이루어졌다.

적은 악이라고 간주하는 종교적 가치관과 '정의(正義)는 우리 편'이라는 세계관을 내포한 냉전은 높은 수준의 전 세계적 갈등 관계를 만들었고, 우리 이념의 반대자는 현실에서 굴복시켜야 하는 절대적 적으로 등장하였다. 냉전을 이념 전쟁으로만 바라보는 것은 냉전이 어떤 방식으로 발전되고 대중의 이데올로기로 자리 잡았는지를 해명하는데 한계가 있다. 정치적 주체는 이념으로만 움직이지 않는다. 냉전에서 이념은 가장 큰 대의와 상징으로 나타나지만, 이념은 정치적 주체를 만드는데 하나의 요소였을 뿐이다. 현실에서의 싸움은 이념으로만 전개되지 않았고,

이념만으로는 분석될 수 없는 영역이 존재했다.

이념과 이미지를 통해 창출되는 감정은 상호 연관되어 있으나, 다른 수준에서 만들어지고 작동한다. 엘리트에 의해 주도된 이념은 대중 설득에서 한계를 가질 수밖에 없기 때문에, 냉전 대립에서는 감성적 이미지가 호소력을 발휘하였다. 이념이 호소력과 생명력을 가질 수 있으려면 감각과 절합(節合, articulation)되어야 하고, 그럴 때에만 이념은 '전투적 냉전 주체'를 형성하는 주요한 요소로 작용할 수 있었다.

냉전적 대중 주체 형성은 냉전 '이념'의 직접적 교육이 아닌, 대중적 경험, 감각(감성)을 통해 형성된다는 점에 주목할 필요가 있다. 전달력과 효과의 측면에서 보면, 문자보다는 시각 자료가 더 효과적이고 중요하다고 할 수 있다. 텍스트보다 이미지가 더 필요하다는 것은, 반공 서적보다는 사진을 사용하여 대중에게 호평받은 《라이프》(LIFE) 잡지나 심심풀이 읽을거리를 제공하는 《리더스 다이제스트》(Reader's Digest)가 대중 설득에 더 유효하며, 전단이나 영화가 더 효과적이라는 것을 의미한다.[3] 적개심이나 공포 같은 감정은 이념보다 중요하지 않거나 하위 범주의 분석 대상인 것은 아니다. 하지만, 지금까지 감정이 냉전 형성 과정에 끼친 영향은 본격적인 분석 대상이 되지 못하였다.[4]

수많은 대중을 움직이고 그들이 특정한 행동을 하도록 이끌기 위해서, 그리고 행동을 정당화해주기 위해서는 이념이 아닌 어떤 자극과 장치가 필요했다. 대중의 감각에 호소하고 감정을 불러일으켜, 적극적인 행동을 끌어낼 수 있는 장치가 필요했던 것이다. 이념과 정동은 분리된 것이 아니라, 상호 영향을 주고받으며 상승했다.

인간의 감정은 모두 열거할 수 없을 만큼 여러 가지이다. 행복/불행, 희망/실망(절망), 안도(평온)/흥분·불안·두려움·공포, 존경(경외)/비하·혐오 등, 이 목록은 끊임없이 이어진다. 계속되는 목록 중에서도 적에 대한 비하, 증오와 공포는 냉전 시기에 확산된 중요한 인간 감정의 하나로 선택되었다.

　인간의 감정이 어떻게 만들어지는가에 대한 대답은 입장에 따라 다르다.[5] 감정은 인간에 본래부터 내장된 자연적 속성은 아니다. 공포나 기쁨은 자연적인 것이 아니라, 시대에 따라 바뀌고 사회적인 관계 속에서 형성된다. 감정은 본래부터 우리의 신체 속에 본래 존재하던 것이라기보다는, 여러 경험을 거치면서 만들어진다.[6]

　냉전은 양극화된 두 개의 집단이 상대방을 인식하고 대응하는 시기였다. 적이라는 하나의 대상에는 상대방이 선택한 인간의 특정한 감정이 투사되었다. 냉전은 타자―공산주의자 또는 자유주의자―에 대해 어떤 감정을 가지게 만들었으며, 그 감정은 어떤 과정을 거쳐 만들어졌을까? 우리는 냉전의 역사를 자유주의 대 공산주의라는 이념적 대쌍(對雙)에서 머무르기 보다는, 각 진영의 대중들을 전쟁에 나설 수 있는 능력을 가진 '전투적 주체'로 어떻게 양성했는지를 들여다봐야 한다. 1955년 미 국방부는 '전투적 자유'라는 새로운 개념을 제기했는데, 이 용어는 흔히 사용되었던 자유를 갱신하여, 더 적극적이고 공세적 자세를 취하려 한 시도의 하나였다. 하지만, '전투적 자유'라는 용어 또한 냉전을 이념적 차원에 한정하여 분석하는 한계가 있었다. 냉전 심리전에서는 실제로 여러 감정 요소들이 다양하게 이용되었음에도 불구하고, 이념과 감정의 복합적인 융합이라는 문제는 냉전의 연구 대상으로 등장하지 못한채 별개로 취급되었던 것이다.

　한편, 심리전의 대상자는 적에 한정된 것이 아니었다. 심리전은 우선 전선의 군인을 대상으로 했다. 전쟁의 이념적 정당성을 강조하고 적의 패배를 널리 알림으로써 적의 전투 의지를 상실케 하거나 항복을 권유하는 것은 심리전의 기본 내용이었다.

　총력전 상황에서 심리전의 두 번째 대상은 적 후방의 국민이었다. 적 후방의 국민에게 전황이 불리하다는 것을 알리고 공격받을지도 모른다는 공포를 자극하는 한편, 자국 정부에 대한 불신과 상대방 체제에 대한 동경을 불러일으키는 선전이 이루어졌다.

마지막으로, 심리전의 대상에는 자국 군인과 국민도 포함되어 있었다. 이런 의미에서 심리전은 대적(對敵) 프로그램에 머무르지 않고, 국내의 정치 지형을 주조하는 데에도 중요한 의미를 가지고 있었다. 적 후방의 국민에 대한 선전과 자국민에 대한 선전은 대쌍을 이루면서, 우리 체제의 우월성을 확인하고 적에 대한 반감을 일으키는 선전이 이루어졌다. 적을 비인간적 존재로 폄하하는 한편, 우리는 인류의 이상을 실현하는 존재라고 선전함으로써 전쟁 수행의 정당성과 승리의 필요성(또는 필연성)을 강조했던 것이다.

이 논문은 한국전쟁 전후의 심리전 활동에서 냉전 시대의 '적'이 어떤 이미지로 생산되고 유포되었는가에 초점을 맞추고자 한다.[7] 아시아·태평양전쟁에서 미군이 사용한 심리전 방식은 전후 시기와 한국전쟁을 통해 더욱 발전되었고, 적에 대한 이미지 제작을 통해 더욱 갈등적이고 적대적인 상황을 만들어 갔다. 이 과정에 대한 검토를 통해, 냉전 시기 적(敵)의 형성 과정과 심리전의 한계 그리고 모순을 검토해 보고자 한다.

II. '이해할 수 없는 일본인'에 대한 규명—심리전에서 민족성까지

근대 전쟁에서 화력을 중심으로 하는 군사력은 승패의 일차적 요소이지만, 제1·2차 세계대전(총력전)을 경험하면서 '정신력 = 사기'는 전쟁 수행에서 더욱 중요한 요소로 부각되었다.[8] 이미 제1차 세계대전에서도 심리전이 실시됐지만, 심리전을 체계적으로 전개한 나라는 제2차 세계대전 당시의 독일이었다. 미국은 독일의 심리전에 대응할 필요성을 강하게 인식하였고, 서유럽 전구(戰區)와 태평양 전구에서 심리전을 실시하였다.

미국의 심리전은 독일, 일본이라는 대적 관계에서 출발하여, 적국에 대응하는 방법을 여러 각도에서 창출하는 작업이었다. 매스미디어를 이용한 독일의 심리전과 일본의 사상전 방식은 미국에게 적대적 참조 대상이었다. 한국전쟁에서 실시된 미국의 심리전은 독일, 미국, 일본이라는 세 개의 제국이 서로 학습하고 반응(재반응)하는 상호작용(반작용) 관계 속에서 형성된 합작품이었다.9 한편, 미군 심리전 역사에서 한국전쟁 당시의 전개되었던 심리전은 아시아·태평양전쟁기 대(對)일본군 심리전의 연장선에 놓여 있었다.

아시아·태평양전쟁 당시 맥아더사령부는 1942년부터 1945년까지 약 2억 2,200만 매의 전단과 소식지를 살포했다.10 아시아·태평양전쟁은 동원된 군인의 숫자, 여러 국가로 이루어진 전체 전역의 넓이와 민간인 숫자에서 한국전쟁과는 비교할 수 없을 만큼 큰 전쟁이었다. 하지만, 한국전쟁 시기 한반도에서 미군은 25억 매의 방대한 전단을 살포했다.11

아시아·태평양전쟁시 심리전은 정보 수집과 첩보 활동을 수행했던 전략첩보국(Office of Strategic Services, OSS, CIA의 전신)과 외국 및 국내 선전물을 작성했던 전쟁정보국(Office of War Information, OWI)이 주로 수행했다. 이 조직들은 정보 수집과 정리 그리고 해석에 치중하여, 수많은 전단과 신문 등의 선전물을 만들었지만 양적으로 보면 한국전쟁에 비해 상대적으로 많지 않았다. 남서태평양사령부(Southwestern Pacific Area Command, SWPA)의 더글러스 맥아더(Douglas MacArthur) 사령관이 심리전의 필요성을 인식하고, 심리전국(Psychological Warfare Branch)을 창설한 것은 1944년 6월이 되어서였다. 제2차 세계대전 이후 '심리전은 사령부의 기능'으로 굳어졌다.12

아시아·태평양전쟁기에 일본 군인의 규율과 사고 방식, 행동 양식은 일본군에게 상당한 정신력을 불어 넣었고, 전투력 향상에 기여했다. 최후의 일인까지 싸우려는 일본의 결의는 어디에서 나오며, 일본인 포로

의 수는 왜 적은지, 일본인의 약점은 무엇인지에 대해 미군은 해답을 찾아야 했다.[13]

항복을 치욕으로 여기며 적에게 투항하지 않는 일본군을 대적해야만 했던 미군은 일본 군인의 행동 양식을 이해하기 힘들었다. 전시에 심리전을 총괄한 보너 펠러스(Bonner F. Fellers) 준장은 육군 대위 시절부터 일본인들의 심리를 연구하였는데, 그는 "사고 방식만 놓고 보면 일본인과 미국인은 마치 수백 광년 떨어진 전혀 다른 두 세계에서 유사 이래 계속 전혀 다른 삶을 영위해 온 것으로 보인다"라고 말할 정도였다.[14] 이러한 언급은 유럽 전구에서 독일인을 상대로 벌인 전쟁과도 다른 것으로서 동아시아 일본인에 대한 인종주의적 시각을 드러내고 있다.

전략첩보국(OSS)과 전쟁정보국(OWI) 등의 미국 정보기관은 일본인과 일본 사회를 파악하기 위한 연구를 시작했다. 적에 대한 파악을 통해 그들의 강점과 약점을 분석하고 대응책을 도출하는 것이 심리전의 기본이었다. 미군은 심리전을 잘 구상하고 효과적으로 실행하는 것을 전술, 전략, 병참과 마찬가지로 현대 군사작전의 기본 요소로 간주했다. 심리전이란 인간 행동을 분석하고 예측하고 영향을 주는 과학의 군사적 응용 분야이며, '사람들이 생각하고 믿는 것'이 그들이 무엇을 하고, 얼마나 잘 싸우고, 얼마나 오래 싸우는지를 결정한다고 보았다.

심리전은 상대 군인에게만 해당되는 것은 아니었다. 미군은 적 민간인의 태도 역시 전쟁 승패에 직접적으로 영향을 미치며 적군의 전투 효율성과 밀접한 관계가 있다고 판단했다.

미군은 이러한 작전을 사상전(Thought Warfare)이라고 명명하면서,[15] 미국의 '관용'과 '자유주의', '이상주의적'이고 '비이기적'인 목적을 알려야 한다고 주장했다.

전쟁에서 승리하기 위해, 적국의 국민성에 대한 파악은 중요한 실용적 문제로 떠올랐다. 심리학자, 인류학자의 도움을 받아 일본인의 행동 양식을 정리한 미군은 일본의 특성을 아래와 같이 열다섯 항목으로 규정했다. 미군이 정리한 일본인의 행동 양식(behavior patterns)이란,

(1) 열등감, (2) 경솔함, (3) 획일적 사고 방식, (4) 왜곡 전달, (5) 자기 연출, (6) 강한 책임감, (7) 과다한 공격성, (8) 잔인함, (9) 융통성 없음, (10) 자기 파괴의 전통, (11) 미신, (12) 체면 중시, (13) 감정 과다, (14) 가족과 집안에 대한 집착, (15) 천황 숭배 등이었다.[16]

위에 열거한 내용이 제대로 파악된 특성인가를 모두 검토하기 어렵지만, 일본인의 첫 번째 특성으로 꼽은 '열등감'과 두번 째로 제시한 '경솔함'을 어떻게 파악하고 있는지 미군의 설명을 들어보자.

"열등감: 일본인들은 정직하고 검소하며 근면하며 애국적입니다. 이런 점은 위대한 국가적 유산이었습니다. 그들은 개인적으로 전쟁 수행에 대해 전적으로 기여하고 천황에 대한 의무를 다했습니다. 군사 지도자들이 그들을 배신했기 때문에 그들의 모든 노력은 소용이 없습니다. 국민은 고통에 대해 책임이 없습니다. 국내 전선과 전장 모두에서 군사 지도자들은 완전한 무능 때문에 천황에게 재앙을 가져왔습니다."

"경솔함: 지도자에 대한 국민의 믿음은 정당했습니다. 일본을 이끌고 자연스럽게 제국을 대표하기 위해 선택된 사람들은 정직한 사람으로 추정되지만, 그들은 부정직하고 미래에 신뢰할 가치가 없는 사람으로 판명되었습니다."

'열등감'이나 '경솔함'은 특정한 상황이나 사회구성원 일부분에서

나타날 수 있지만, 미군은 이러한 특성을 한 사회구성원 전체의 속성 즉 일본인 전체의 특성으로 확대 파악하였다. 개인이나 사회를 어떤 속성으로 규정하는 것, 즉 몇 가지 본질적 특성으로 한 대상을 규정할 수 있다는 사고는 일본인을 규정하는 주체는 미국인이며, '내 생각이 바로 너희들을 규정한다'라는 일방적 관계를 구축하는 것이었다. '규정하는 자-규정받는 자'를 비대칭적으로 구성하고, 몇 가지 속성을 일반화하여 일본인의 성격을 일방적으로 규정한 미군 심리전은 사실상 문화 전쟁이기도 하였다. 속성을 통한 규정은 '나와 너' 사이의 경계선을 긋는 작업이기도 했는데, 나와 너를 가르는 경계선은 실재에 기인한 것이 아니었다. 아군과 적군이 명백하게 구분되어야 한다고 생각하는 전쟁 상황은 우리와 적의 경계선이 그어졌기 때문에 서로 다른 점을 열심히 찾아 만들어내도록 했던 것이다.[17] 이런 이유 때문에, 일본 문화에 대한 미군의 규정이 허술하고 조리에는 맞지 않아도, 일단 규정으로 자리 잡고 의식으로 유통되기 시작하자 '일본 문화'로 확정될 수 있었다.

적에 대한 추상적 규정은 긴박한 전투 현장과 상호 상승하며, 적에 대한 적대감과 증오심을 높여갔다. 미군은 일본인을 '노란 원숭이'라고 부르며 인종 구별에 기초한 혐오 언어를 쏟아냈고, 전선에서 마주치는 일본군은 '죽여야만 하는' 대상이 되었다. 미군은 신병으로 입대하는 모든 장병들에게 배부된 팸플릿에서 "너의 적을 죽이는 것을 두려워하는 결벽증적인 생각을 버려야 한다. 너는 지금 그 놈들을 미워하지 않을지도 모른다. 그러나 그 놈들은 너를 미워한다. 따라서 그 놈들을 죽이는 것만이 네가 죽는 것을 피하는 방법이다. 이 길만이, 네가 믿는 걸 위해 싸우다 죽는 것을 피하는 길이다"라는 교육을 반복적으로 실시했다.[18]

상대방을 특정한 성질로 고정하는 의식은 아시아·태평양전쟁 이후에도 유효한 생명력을 유지했다. 아시아·태평양전쟁기 일본인(사회)의 본질을 파악하려는 노력은 일본 군인의 전투 행동을 이해하려는 데 그 목적이 있었고, 이를 위해 인류학자, 사회학자, 심리학자들이 군 조직에 호출되었다. 적의 정체를 알아내기 위해서였다.

1943년 봄부터 전쟁정보국(OWI)에서 일하기 시작한 인류학자 루스 베네딕트(Ruth Benedict)는 이 조직에서 태국, 버마(현 미얀마), 루마니아 등의 적국과 점령국가에 대한 연구 경험을 쌓았고, 1944년 6월에 일본 연구를 본격적으로 시작했다.[19] 그의 일본 연구는 전쟁 상황 때문에 문화인류학에서 현장 조사를 중심으로 하는 민족지학(民族誌學, ethnography) 연구 방식을 채택할 수 없었다. 그의 연구에서 주요한 원천은 기존 발간 자료와 미국에 거주하고 있다가 강제로 수용소에 억류되어 있었던 일본인 1, 2세의 인터뷰였다.[20] 일본에 대한 정보를 풍부하게 접할 수 있었던 시기는 미군 점령 후였지만, 루스 베네딕트는 전쟁 중에 연구한 일본관을 크게 수정하지 않았다. 전쟁 동안 작성한 일본 보고서를 기초로,[21] 그녀는 2년 만인 1946년 일본인의 심리적 특성과 행동 양식을 분석한 『국화와 칼(The Chrysanthemum and the Sword: Patterns of Japanese Culture)』을 출간했다.[22] 극동국제군사재판(도쿄전범재판)에서는 루스 베네딕트의 보고서가 증거로 채택되었고, 패배를 안겨준 미국의 대일본관에 촉각을 곤두세웠던 일본에서 이 책은 1948년에 번역 간행되었다.[23]

미군은 일본이 서구 관행에서 벗어난 이질적인 존재라고 생각했는데, 루스 베네딕트는 『국화와 칼』에서 일본인이 비물질적인 것의 고양, 즉 정신력의 가치를 매우 중요시했다거나 위계 질서를 중요시했다거나 명예와 의리를 중시하여 항복하지 않는 등의 속성을 일본인의 성격으로 제시했다. 그리고 이러한 특성은 미국인들과는 정반대라고 설명하였다. 부족 단위의 공동체를 이해하기 어려운 것처럼, 미국인에게 일본인은 적대적이거나 이질적인 민족으로 타자화되었다. 미국 사회는 보편적 가치를 가지고 있지만, 일본은 이해하기 쉽지 않은 특수한 사회라는 인식은 루스 베네딕트의 출발점이자 종착점이었다. 일본이 서구와 얼마나 다른

가, 서구로부터 얼마나 일탈되었는가를 규명하는 것이 일본 문화 분석의 핵심을 이루었다.

『국화와 칼』은 미국의 일본 본토 점령 이후에 간행되었는데, 루스 베네딕트는 일본 정부를 매개로 한 미군의 간접통치 방식이 받아들여질 수 있었던 이유를 '문화적으로 조건 지워진 일본인의 특유한 성격'에서 찾았다.[24] 일본의 무조건적 항복과 국제관계라는 정치·군사적 이해 방식이 완전히 사라진 채, 일본인의 특성에 대한 설명이 세상사를 설명할 수 있는 만능키로 작동했다.

아시아·태평양전쟁이 끝났지만 전쟁 시기에 형성된 일본관은 사라지지 않고 더 광범위한 영향을 끼쳤다. 전쟁 중의 일본관(이미지)은 전후 『국화와 칼』로 출간되어 일본인에게 큰 영향을 끼쳤고, 일본뿐만 아니라 전 세계에 유포되어 그 내용이 고착화되었다. 일본인에게 이 책은 승자의 인식을 보여주는 대표적 간행물로 받아들여졌고, 일본인은 지배적 타자의 인식을 자신의 정체성으로 받아들이기 시작했던 것이다. 일본은 자신의 역사와 정체를 다시 고쳐 쓰기 시작했다.[25]

이 책의 저자 루스 베네딕트는 전쟁정보국(OWI)에서 근무하기 전, 미발전된 원시 부족에 대한 연구를 진행한 인류학자였다. 스승인 컬럼비아 대학교 교수 프란츠 보아스(Franz Boas)의 문화상대주의적 접근법을 이어받은 루스 베네딕트는 다른 공동체 문화에 대한 인정과 존중이 필요하다고 생각한 자유주의자이자 반인종주의자였다.[26] 그의 연구는 원시 부족에서 시작하여, 산업화된 적국(敵國) 연구로 이어졌다. 루스 베네딕트는 '충(忠)', '책무[義理]', '수치[恥]', '자기희생', '수양(修養)' 등을 일본인의 독특한 문화로 언급하였다. 루스 베네딕트가 전쟁 중에 제시한 일본 문화의 '틀(patterns)'은 전후 일본의 '국민성(national character)'으로 이행되어 정착되었다.

특정 민족의 정체성을 규정하려는 시도는 미국이나 일본이 처음으로 시작한 것이 아니었다. 유럽에서는 고대 시기부터 유대 공동체에 대한 특정한 묘사가 이루어졌고, 18세기부터는 영국인, 프랑스인, 독일인의 개별적 특성에 대한 지적이 빈번해지기 시작했다. 이는 '우리'와는 다른 국가공동체를 어떻게 인식할 것인가라는 시도의 하나였다. 그러나 민족성이란 범주로 하나의 공동체를 규정하려는 시도가 허상에 가까울 뿐 아니라 극도로 자의적인 타자 인식 방식이라는 비판이 쏟아졌다.[27] 부족 연구부터 시작한 문화인류학적 접근은 전지구적 민족지학으로 발전하였는데, 냉전 시기에 이는 '지역학(Area Studies)'이라는 이름으로 불렸다. 이 접근법은 우리와 저들이 무엇이 다른 지를 규정함으로써 경계선을 설정하였다. 또한 이 경계선은 우리와 외부인을 구별하면서, 선진/후진이라는 위계 질서를 만들었다. 지역학은 패권국가가 일련의 정책을 수립하는 데 중요하게 이용할 수 있는 정보와 지식으로 사용되었다.[28] 아시아·태평양전쟁기 일본 민족성에 대한 파악이 이전 시기와 다른 점은 일부 학자가 아닌 국가적 차원에서 진행되었다는 점이다. 일본 민족성에 대한 파악은 학계와 군부, 정보기관의 합작품이었고, 전쟁 시기에 민족성에 대한 인식은 광범위하게 유포되었다. 그리고 민족성 연구는 여기에 참여한 학자의 가치관에 하등의 영향을 받지 않았다. 루스 베네딕트는 문화 상대주의자이고, 자유주의적이며 제국주의에 대해서는 부정적인 견해를 가지고 있었지만, 그가 참여한 문화인류학적 결과물은 전후 미국의 제국적 헤게모니를 강화하는 데 큰 역할을 하였다.[29]

관념과 이미지로 추상화된 규정은 일정한 이미지로 남아 현실로 창조되었다. 처음에 만들어진 관념적 규정들이 얼마나 사실에 '부합'되는지는 중요하지 않았다. 전장에서 즉시 이용될 수 있기 때문에 만족하는 미국식 실용주의가 관철되었다. 만들어진 관념은 여러 사람들에게 전파되고 사회적으로 유통되면서, 창조자와 수용자가 이해하고 납득하는 현실이 되었다. 관념이 현실을 창조하고, 현실이 관념을 공고화하는 순환

회로가 완성되었다. 미군이라는 타자(적)가 만들어 내놓은 규정은 일본인 자신을 규정하는 내용이 되어 신봉되었던 것이다.

　문화로서의 일본 민족성론은 사라지지 않은 채, 다른 영역(정치, 경제)과의 관계를 재설정하면서 변화해 갔다. 1960년대 이후 일본의 고도성장기에는 '일본 문화론'이라는 형태로 나타나, 일본의 비약적인 경제성장의 원인을 일본의 특유한 문화에서 찾고, '아래로부터의 내셔널리즘'으로 문화를 이용하는 방식이 이어졌다. 사실 '아래로부터의 내셔널리즘'은 순수하게 아래로부터 출발한 것이 아니었다. '일본인이 독특하고 독자적인 문화를 가지고 있다'는 점은 아시아·태평양전쟁기에 미국이 주장하고 전후 일본 사회가 흡수한 논리였다.[30] 이와 같이, 민족성론(일본인론)은 아시아·태평양전쟁기 승리를 위한 적국 파악이라는 목적을 가지고 이루어졌으며, 냉전 시기 일본문화론은 미국의 세계적 통치와 정책의 맥락에서 생산되고 유통되었다.

　미국이 아시아·태평양전쟁에서 수행한 심리전은 한국전쟁기 부활하여 더욱 상세하고 치밀하게 발전하게 된다.[31] 미국의 대일본 심리전은 심리전 역사에서 몇 가지 유산을 남겼는데, 다음과 같은 대일본 심리전 경험은 냉전기에 다시 부활하였다.

　첫째, 한 사회를 몇 가지 속성으로 특징화 하고 범주화하여 대상을 규정하는 방식은 심리전의 기본 방식이 되었다. 미군은 인류학자, 사회학자, 역사학자의 도움을 받아 완성한 일본인에 대한 특성 규정을 수정해야 한다거나 잘못된 것이라고 판단하지 않았다. 앞에서 언급하였듯이, 루스 베네딕트의 저서는 전후에 큰 인기를 누리고 있었고, 이에 대한 비판은 많지 않았다. 루스 베네딕트는 다른 민족국가에 대한 연구를 이어 갔고, 미국과 여러 나라의 사회과학계는 일본, 독일, 러시아, 동유럽 국가들의 민족성 연구에 매진했다.

　두 번째로, 적의 비인간화였다. 이는 전쟁 중의 심리전에 의해 수행된 것이 아니라, 도쿄전범재판을 통해 실현되었다. 도쿄전범재판에 도입된 비인도적 범죄(Crimes Against Humanity)는 '정당한 적'이라는 기존 통념에서 벗어나, 적이 인간 이하의 사람들로 간주되었고, 도쿄전범재판에서 그들을 처벌하는 데까지 이르렀다.[32] 도쿄전범재판은 인류의 이름으로 전쟁 범죄를 처벌한 최초의 사례였지만, 한편으로는 전쟁의 정당성이 박탈되고, 전쟁 수행자를 인류의 적으로 처벌할 수 있는 관례를 탄생시켰다. 적을 비인간화시키는 방식은 한국전쟁에서 더욱 구체화된다.

　　세 번째로, 군부와 학계의 유착이 더욱 강화되었다. 군부는 적을 이해하고 분석하기 위해 전문적인 학자들이 필요했고, 아시아·태평양전쟁기 심리전에는 전문 학자들이 개별적으로 호출되었다. 그러나, 한국전쟁기와 냉전 시기에 접어들면 군부와 학계와의 관계는 개인이 아니라 학교, 학회 차원의 체계적이고 제도적인 차원에서 연결되었고, 양적으로도 크게 확대되게 되었다.[33]

III. 냉전 '적(敵)'은 어떤 존재들인가?

나치의 선전이 아리안 인종의 우수성을 홍보하는 자국민 대상의 프로젝트였던 것에 비해, 미군 심리전의 우선 대상은 적이었다. 한국전쟁은 실체적 적과 처음으로 전선에서 만나고 적에 대한 인식과 이미지가 구체화되는 장소(과정)이자, 냉전적 관념을 육화시키는 작업의 계기였다. 제2차 세계대전 후, 급속하게 냉각된 미·소 관계는 트루먼 독트린을 공식적 계기로 하여 전 세계적 적대 관계로 발전되었다. 그리스, 남한에서는 내전 상태에 들어갔고, 한반도에서는 1950년에 남·북이 전쟁에 돌입했다. 1950년 6월 한반도는 적을 현실에서 만나고 그 실체를 확인할 수 있는 공간으로 등장했다.

냉전의 이념과 행동 양식은 처음부터 고정된 것이 아니었으며, 미국과 소련의 관계에 영향을 상호 영향을 받으면서 계속되는 수정과 시행착오 과정이었다. 한반도는 냉전적 인식을 (재)수립하고 수정하는 중요한 실천의 공간이었다. 만약 한국전쟁에서 공산주의 적에게 굴복하지 않고 그들의 의도를 꿰뚫고 파열 내며 결국 승리를 쟁취한다면, 한반도에서의 경험은 단지 한국전쟁의 승리뿐만 아니라, 냉전에서의 승리(소련과의 경쟁에서의 승리)를 희망적으로 바라볼 수 있는 근거가 될 수 있었다. 그리고 이 승리는 전투와 전장에서의 군사적 승리를 거두는 것뿐만 아니라, 이념과 사상에서 승리를 거두어야 했다.

한국전쟁 발발 직후부터 이 전쟁이 '공산주의 대 민주주의'의 대치이며, 반공 전쟁이라고 말해졌지만, 과연 공산주의라는 적이 무엇인지, 그들은 어떤 존재인지에 대한 규정은 미흡했다. 냉전 초기 공산주의에 대한 공격은 주로 소비에트 러시아로 향하고 있었는데, 서방 이데올로그들은 소련의 영토적 야심과 확장, 공격성을 지적하고 있었고, 공산주의 이념에 대한 비난과 공격 또한 이루어지고 있었다. 공산주의 체제가 인민을 위한 것이 아니라 당 독재에 불과한 전체주의이며, 비민주주의적인 체제라는 점은 대공산주의(對共産主義) 이념 공세의 기본 내용이었다. 공산주의 체제는 '자유'를 부정하는 인민을 얽어매는 쇠사슬이며, 헐벗은 인민을 정신 세뇌로 지배하고 있다는 것이 선전의 주요 내용이었다. 공산주의가 개인의 자유—이동의 자유, 개인 사유재산 소유의 자유, 언론의 자유—를 부정하는 전체주의적 성격을 가진다는 점이 매우 강조되었다. 이러한 강조는 공산주의 체제가 개인의 자유를 구속하고 인류의 '자연법'에 거스른다는 자본주의 진영의 두려움을 자극할 수 있었다.

또한, 공산주의자들은 폭력 애호자로 간주되었다. 이들은 폭력적이고 자기 영역을 넓히려는 팽창적 성향을 가지고 있으며,[34] 자신의 이념에 따라 세계를 재단하는 외골수 특성을 보이는 것으로 묘사되었다. 또한 자신의 목적을 위해서 살인도 마다하지 않는 살인자들로 여겨졌다.[35] 공산주의자들은 자신의 목적(공산화)을 위해서 전쟁을 도발한(도발할 수 있는) 세력, 반평화적 전쟁 도발 세력이라는 것이 선전의 주요 내용이었다.

하지만, 이념을 통해 적에 대한 저항성을 키우는 것은 한계가 있었다. 대공산주의 전선에서 승리하기 위해서는 적에 대응할 만한 반공 주체가 충분히 형성되어야 했는데, 이를 실현하기 위해서는 이념적인 측면뿐만 아니라, 감각과 감정이라는 요소가 도입되어야 했다. 이념과 감정은 완벽히 분리된 것이 아니다. 인간의 감각과 감정은 즉자적인 것이 아니며, 이념과 감정은 서로 관계한다. 냉전의 '이념'과 '감정' 양자는 서로 연관을 갖고 서로를 떠받치면서, 점점 더 자신의 정당성을 확증해 가는 과정을 밟았다. 심리전은 적에 대한 특정한 규정과 감정을 확산시켜, 수신자들(적뿐만이 아니라 자국 군인과 국민)의 감정을 발신자와 동일하게 하는 만드는 역할을 수행했다.

적을 형상화하는 작업은 미국의 국내 정치와도 밀접한 관련이 있었다. 공산주의에 대한 비판은 단지 외부의 적에 대한 적개심을 불러일으키는 것을 넘어서 미국 내 엘리트 계급의 구성을 재배열하는 방식이기도 했다. 제2차 세계대전 뒤, 연합국으로서의 미·소 관계는 급속히 냉각되어, 전후 세계 질서의 재편 과정에서 소련이라는 새로운 적이 탄생함에 따라 소련에 대한 적대감과 공포가 확산되었다. 이런 공포는 미국에서 루스벨트(Franklin Delano Roosevelt) 대통령 시기에 성장했던 자유주의(liberal) 세력에 대한 축출로 이어졌고, 제5열[36]에 대한 색출은 공적 영역에서 공산주의자로 지목된 인물을 대대적으로 축출하는 매카시즘(McCarthyism)으로 표출되었다.

심리전은 다양한 각도에서 구분할 수 있다. 한국전쟁 후 정리된 미군 심리전 교범은 심리전을 그 용도에 따라, 전략심리전, 작전심리전, 전술심리전으로 구분하였지만 이 세 가지는 서로 중첩되어 명확히 구분하기가 어렵다.[37] 심리전은 사용하는 매체에 따라서 신문, 라디오, 확성기, 영화, 전단 등으로 구분하였다. 이 가운데 심리전에서 사용된 전단은 적에 대한 특정한 이미지를 지속적으로 유포하는 데 매우 적합한 방식이었다. 다른 매체와는 달리 영화는 종합적인 시청각 감각에 대한 호소를 통해 적 이미지를 가장 효과적으로 전달할 수 있었지만, 매체의 특성상 상대방 적에게 직접 사용하기는 어려웠고 국내, 점령지에서만 사용될 수 있었다.[38] 이에 반해, 전단은 수신자에게 전달될 가능성이 매우 높았으므로, 한국전쟁기 심리전의 주요한 매체가 될 수 있었다. 실제로, 유엔군이 뿌린 전단은 공산군의 발에 거추장스럽게 치일만큼 많은 양이 산포되었다.

한국전쟁에서는 공산주의자의 정체(identity)가 다양한 형상의 이미지로 재현되었다. 이 이미지들에는 공산주의에 대한 다양한 이념적 비판과 더불어 매우 감각적이고 감정적인 요소들이 포함되어 있었다. 이는 공산주의라는 적을 구체적이고 감각적인 이미지를 통해 분명하고 즉각적으로 인식하게 만드는 과정이었다.

심리전은 주제에 따라 매우 다양하게 분류될 수 있다.[39] 여기에서는 여러 가지 주제 중에서도, 냉전의 특징적인 양상을 드러내는 문명 대 야만, 반인륜성, 비인간화라는 세 가지 주제에 초점을 맞추어 살펴보고자 한다.

공산주의 '적'을 어떤 존재로 인식하고, '어떤 방식'으로 규정하고 재현하는가의 문제는 냉전적 인식의 핵심 사항이었다. 적대적 대상을 어떤 이미지로 규정하기 위해서는 가장 먼저 대상을 고정해야만 했다. 미국과 자유주의 진영은 공산주의자를 야만적이고 반인륜적이며 비인간적인 존재로 묘사하였다. '인류'와 '인간적인 것'은 시대와 사회에 따라 내용의 변화를 거듭해 왔다. 한 시대를 지배했던 인류와 인간성에 대한 규정은 시대에 따라 변화해 왔으며, 동시대라 할지라도 그 사회가 어떤 사회인가에 따라 차이가 있을 수밖에 없다. 냉전은 '문명', '인류', '인간적인 것'의 규정을 통해 적을 인류라는 공동체에서 추방하려 하였다.

1. 문명 대 야만-열등한 존재

적의 이미지를 고정하는 데 사용된 내용 중 하나는 공산 세력이 반문명적이라는 것이었다. 공산주의자는 인류가 달성한 과학과 문명을 성취하지 못한 세력이라는 점이 부각되었다. 문명이라는 개념은 야만을 전제하며, 두 가지는 매우 대비된다. '야만 대 문명'의 대비는 서구 제국주의 국가가 수백 년 동안 식민지 쟁탈전을 치루면서 고안되고 다듬어진 담론이었다. 서구를 중심으로 한 민주주의 세력이 문명의 단계에 있다면, 공산 세력은 비과학적이고 반문명적인 존재들이라고 선전되었다. "저들이 우리보다 더 문명적일 수 없다"는 문장은 서구 문명의 우월함을 과시하는 것이었다.

'야만 대 문명' 구도는 전쟁터에서 기계화된 군사력과, 인력과 지게로 구성된 군대의 대비로 이어졌다. 열등한 문명을 가진 공산세력은 중국 인민지원군처럼 군사 작전을 인력으로 해결하려 한다거나, 이념으로 무장한 정신력으로 해결한다는 것이 자유주의 진영의 시각이었다. 미국은 전쟁터에서 중국 인민지원군의 공격에 크게 당했지만, 과학기술의 열패를 인력으로 해결하려는 인민지원군을 비웃으며 자유주의 진영의 산업 생산력이 월등함을 전단을 통해 선전했다.

〈그림 1〉과 〈그림 2〉는 과학기술과 이를 바탕으로 한 군수 물자의 생산 부문에서 자유주의 진영이 확실한 우위에 서 있다는 점을 잘 보여주는데, 유엔군의 압도적 우위를 강조하면서 '문명 대 야만' 구도를 재생산하고 있다. 〈그림 1. 지게나 마차로 삐29와 젯트기에 대항이 되겠는가!〉라는 전단은 운송 수단으로 지게나 마차를 이용하는 북한군과 대비하여 공중 폭격하는 유엔군을 시각적으로 보여준다. 이 메시지는 극복할 수 없는 군사력과 과학기술 수준을 하늘과 땅의 차이로 시각화하여 보여

그림 1 지게나 마차로 삐29와 젯트기에 대항이 되겠는가! *Psychological Warfare Leaflet*(27 Feb. 52) *415 PsyWar Leaflets*, RG 338, Entry A-1 132, Box 533, 1952 Segment; 415 to 416(1952), Psychological Warfare Division, NARA Ⅱ.

그림 2 유엔군 전선 뒤에는 점점 강해가는 공업생산력이 있다. *Ibid.*

주며, 과학 문명과 야만이라는 극명한 대비를 보여주고 있다. 제2차 세계대전에서 서유럽 전구와 태평양 전구 양쪽에서 동시에 전쟁을 수행하고 승리를 거두었던 미국에게 한반도 북쪽의 군사 기술은 매우 하찮은 것으로 보였고, 미국의 강대한 군사력 수준을 보여줌으로써 사기를 꺾으려 했던 것이다.

〈그림 2. 유엔군 전선 뒤에는 점점 강해 가는 공업 생산력이 있다〉라는 전단은 군함이 정박해 있는 항구에 기차, 트럭, 비행기, 탱크, 지프차 등이 각각 일렬로 도열하고 있는 환상적 광경을 보여준다.

한국전쟁에서 미 공군력은 상대방을 압도하였다. 미군은 공군전에서 비대칭적인 절대적 능력을 향한 꿈[40]을 한국전쟁에서 실현하고 있었

그림 3 그대들이 노리는 범이 공중에도 있다! *Ibid.*

다. 문명의 성과물인 과학기술로 이룩한 군사력은 단지 문명의 우월함을 선전하는 것을 뛰어넘어 인명에 대한 실제적 피해와 공포를 가져왔다. 〈그림 3〉은 유엔군이 압도적인 공군력으로 공중 폭격을 시행할 것이기 때문에, 살고자 하는 사람은 '무서운 폭격을 피하라'라는 경고였다.

자유 진영이 과학기술을 기반으로 하는 군사력의 우위를 외치고 공산 진영에 공포감을 확산시켰을 때, 공산 진영도 이에 대응하여 비슷한 선전을 전개했다. 북한이 제작한 것으로 보이는 전단은 소련 또한 1949년에 원자폭탄 실험에 성공했음을 알리고 있다(그림 4).

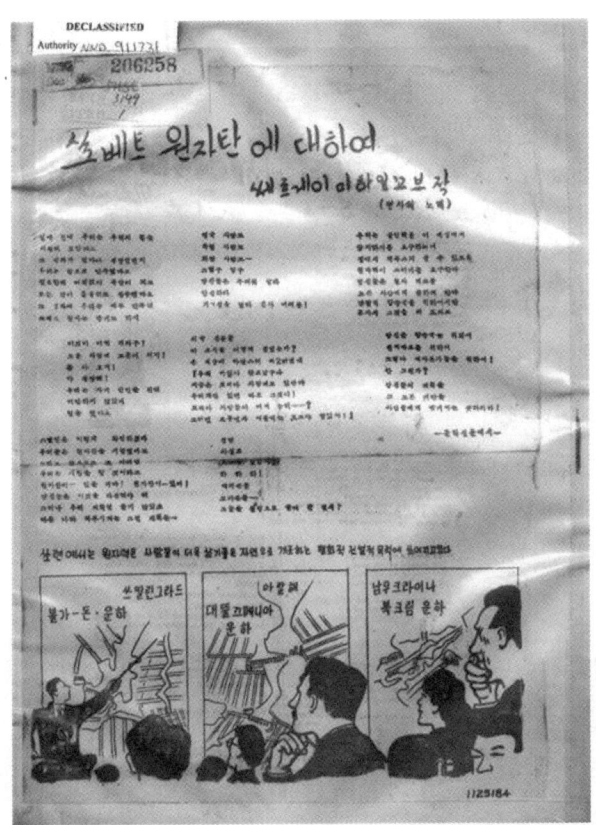

그림 4 북한이 제작한 전단, 〈쏘베트 원자탄에 대하여〉. RG 242, Series UD300-C, Box 120, NARA Ⅱ).

이 전단에는 소련 국가(國歌)의 작사자인 세르게이 미할코프(Sergey Mikhalkov)가 쓴 〈쏘베트 원자탄에 대하여〉라는 시를 다음과 같이 제시하고 있다.

"얼마 전에 우리는 우리의 힘을 시험해 보았다오. … 영국 사람도, 독일 사람도, 화란 사람도 당신들은 두려워 말라, 안심하라. … 우리는 인류가 행복하게 살 수 있도록 원자력을 사용할 것이기 때문에", "하지만, 트루만과 애틀리는 보고야 말았지. 러시아가 원자탄을 가지고 있다는 것을."

도덕적 승리를 위한 선전 내용 대부분은 이념적으로 대립되는 경우가 대부분이지만, 군사 과학기술 분야에서는 크게 다르지 않았다. 자유주의 진영과 공산주의 진영 모두는 자신의 군사화된 과학기술을 뽐내면서, 더 나은 과학기술을 소유하고 있는 자신들이야말로 인류를 해방시킬 수 있고, 평화를 수호할 수 있는 세력이라고 주장했다.[41] 이 동일한 논리의 밑바닥에는 '과학기술이 진보'를 상징한다는 믿음 그리고 뒤떨어진 과학 수준은 생존에서 탈락한다는 적자생존적인 인식이 깔려 있었다. 이념적 차이에도 불구하고 자유주의 진영과 공산주의 진영은 위와 같은 적자생존 세계관을 공유했는데, 여기에는 경합하는 미·소 제국 간의 경쟁에서 승리하고자 하는 패권적 의지와 욕망의 충족이 중요했다.

2. 자상함 대 무자비함–반인륜적 존재

자유주의 진영이 공산주의자들을 반인륜적 존재로 묘사할 때, 중요한 논거로 사용한 것은 국제법에 규정된 인류적 질서를 위배했다는 점이었다. 서구사회에서 포로 대우에 대한 일반적인 원칙은 20세기 초 헤이그 협정을 통해 이미 국제법으로 확립되어 있었기 때문에, 미국은 제2차 세계대전 후 독일, 일본에 대한 도쿄전범재판에서 전쟁포로 학대 문제를 전쟁범죄의 하나로 취급했고, 한국전쟁이 진행 중일 때에도 북한군의 포로 학대와 민간인 학살에 대한 광범한 조사를 벌이고 증거를 채집했다.

자유주의 진영은 공산 진영이 국제법에 따라 포로를 대우하지 않고, 비인간적 처우를 한다고 비난했다. 공산군의 대표적인 악행들은 포로를 육체적으로 학대하거나, 세뇌 같은 이념 공세를 펼치거나 의식주를 부족하게 공급한다는 점이었다.

미군이 제작한 동영상들은 공산군의 포로 학대와 대비하여 미군의 인도적인 포로 대우 모습을 보여주었다. 영상에는 손이 뒤로 묶인 상태에서 포로들이 힘없이 걷거나, 사기그릇에 밥을 먹고 있는 모습이 보인다(사진 1). 이 영상들은 미군 포로들이 얼마나 열악한 처우를 감수하고 있는지를 분명하게 전달하고 있다. 또 다른 장면에는 미군이 좁은 공간에 힘없이 널브러진 모습이 나온다(사진 2).

이에 비해, 자유주의 진영의 포로 처우는 공산 진영의 포로 학대 처우와 대비되어 선전되었다(사진 3, 4). 미군이 포로들에게 옷가지들을 지급하고 포로들이 모여서 옷을 갈아입는 장면은 미군이 포로에 대해 인도적으로 대우하고 있다는 실례가 될 수 있었다.

사진 1 공산군에 잡힌 포로의 행렬. 부상당한 포로가 동료들의 부축을 받으며 걷고 있다. 〈P.O.W.(Prisoner of War)〉, RG 263, 263.2607, NARA Ⅱ.
사진 2 협소한 장소에 미군 포로들이 널브러져 있다. *Ibid.*

사진 3 미군 포로 처우와는 상반되는 보호받는 북한군 포로 영상. 의료 치료를 받는 장면. 〈111-LC-29193〉.
사진 4 줄지어 있는 북한군 포로에게 옷을 지급하는 장면. 미군의 인도주의적 대우를 선전하고 있다. Ibid.

3. 인간 대 동물—비인간화

전장에서 전투적 주체를 만들기 위해서는 적에 대한 비하와 적대감을 만들어내는 것이 필요했다. 적의 폭력성에 대한 강조나, 공산주의자를 살인자, 악마로 묘사하는 것이 이런 종류의 감각적 접근이었다.

공산주의자를 '야만'과 '반인류적 집단'으로 묘사할 때, 공산주의 집단은 자유주의 집단과는 다르기는 하지만 그들 또한 인간이라는 점은 인정되었다. 그러나 인간 본성을 위배한 존재라는 규정은 결국 공산주의자를 '비인간', '인간 이하'(Untermensch, less than human)의 존재들로 간주하는 것으로 나아갔다. 그들(공산주의자)은 인간의 형체를 띠고 있지만 비도덕적, 비인류적 속성을 가지고 있기 때문에, 인간이라고는 규정할 수 없는 존재들로 간주되었다.

공산주의자를 인간과 다른 존재로 표현하는 것은 자유진영이 구사한 최고 수준의 선전이었다. 그들은 인간이 아니기 때문에 다른 형상으로 나타나야 했는데, 곰, 뱀, 돼지, 늑대 같은 동물이 동원되었다. 동물들 중에서도 탐욕스런 곰, 징그러운 뱀, 살찐 돼지, 음흉한 늑대가 주로 등장했다.

비인간적, 반인간적 공산주의자들은 지구라는 공간에서 추방되어야 할 존재, 삶을 영위하는 인간 공동체에서 함께 살기 어려운 존재로 간주되었다. 대한민국 정부 수립 직후 이승만이 공산주의자를 한 하늘 아래에서 같이 살 수 없는 존재라는 의미에서 '불구대천(不俱戴天)'이라고 표현했던 것과 같이, 미군 또한 지구라는 공동체에서 공산주의자의 공간을 박탈하고 추방하려 했다.

〈그림 5. 농민의 고혈을 짜는 공산당〉이라는 전단에는 공산당이 거대한 뱀으로 묘사된다. 인민군 모자를 쓴 거대하고 징그러운 뱀은 인민을 옥죄고 있는 것까지 모자라, 인민이 먹은 음식을 토해내게 만들고 있다.

〈그림 6〉에도 뱀이 등장한다. 북조선인민공화국이라는 플래카드가 걸려 있고, 혀가 두 개로 나눠진 독사는 스탈린(Joseph Stalin)의 얼굴을

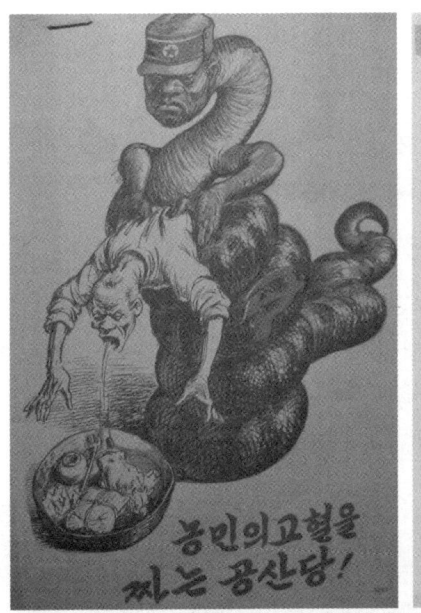 

그림 5 〈농민의 고혈을 짜는 공산당〉이라는 전단에는 공산당이 거대한 뱀으로 묘사되고 있다. *Psychological Warfare Leaflet*(27 Feb. 52) 415 PsyWar Leaflets, op. cit.

그림 6 뱀의 거대한 몸에는 북조선인민공화국와 공산주의라는 글자가 적혀있다. 뱀의 두 개로 나뉜 뱀 혓바닥(스탈린)으로 인민이 줄지어 먹히고 있다. *Ibid.*

하고 있다. 인민들은 마치 아무것도 모르는 듯이, 공산주의라고 쓰여 있는 독사의 입 안으로 줄지어 들어가고 있다. 〈그림 5〉와 〈그림 6〉에 등장하는 뱀은 언뜻 보기에도 징그러운 모습을 하고 있기 때문에 그 모습 자체로 혐오를 일으킨다.

여기서 제시된 형상들에서 적은 인간보다 하위 존재인 뱀으로 묘사된다. 이 같은 경멸적 구도에 덧붙여, 무섭고 가학적이며 상대를 유린하는 탐욕적인 뱀의 거대한 '아가리'가 나타난다. 두 개의 뾰족한 이빨과 심연의 벌린 입은 '지옥의 아가리'이다.[42]

공산주의가 무엇인지 스탈린이 누구이며 무슨 일을 했는지를 알 필요도 없이, 뱀의 징그러운 아가리 모양 자체가 혐오를 발생시키는 일차적인 자극으로 활용된다. 이 탐욕스런 아가리를 가진 뱀의 정체는 다름 아닌 북조선인민공화국, 스탈린, 공산주의라는 명시적 문자로 지정된다. 탐욕스런 뱀의 형상과 공산주의라는 문자가 동시에 제시되기 때문에, 이 전단을 받아보는 사람은 '탐욕스럽고 징그런 뱀 = 공산주의자'라는 시각적, 논리적 연결을 자연스럽게 흡수하고, 이는 결국 기피와 혐오 감정으로 나타나게 된다. 아가리로 상상된 상징은 단지 농민을 집어삼키는 것에 끝나지 않는다.

〈그림 6〉은 여러 의미가 내포되어 있다. 이 그림에서 북조선인민공화국은 단지 입구를 나타내는 플래카드로 표시되어 있을 뿐이고, 뱀의 몸통은 스탈린이다. 인민은 스탈린의 적화 야욕이라는 거대한 탐욕의 아가리로 들어가고 있다. 이 그림은 북조선인민공화국이 스탈린의 야욕에 따라 만들어진 괴뢰정권이며, 북조선의 공산주의화는 스탈린의 욕망을 만족시키는 것과 동일하다는 점을 나타내고 있다. 또한, 뱀의 아가리로 상징화된 스탈린의 공산화(적화) 욕망은 끝이 보이지 않는 심연이기 때문에, 북조선뿐만 아니라, 남한까지도 확산될 수 있다는 공포를 가져온다. 뱀의 아가리에서 상상된 공산주의의 포식성은 끝이 보이지 않는다.

한국전쟁기에 감성적 형식으로 제시되었던 공산주의의 확장 욕망은 한국전쟁이 끝난 직후인 1954년, 미국이 동남아시아 공산화 방어 논리로 제시했던 '도미노 효과(Domino effect)'로 이론적으로 확대되어 냉전 시기 미국 외교정책의 하나로 자리 잡게 되었다.[43]

징그럽고 음흉한 뱀은 공산당의 이미지로 계속 사용되었다. 윤흥길의 〈장마〉는 좌·우익의 화해를 어떤 방식과 태도로 만들어 갈 것인가를 간곡하게 이야기하고자 한 소설이지만, 여기서도 '뿔갱이'(빨갱이의 사투리)는 구렁이라는 상징으로 나타나고 있다. '빨갱이'는 살아있을 때의 이미지를 벗어나지 못한 채, 죽어서도 구렁이로 다시 등장하고 있다.[44]

〈그림 7. 너는 기꺼이 러시아 늑대가 중국을 삼키게 하겠는가(你甘心讓俄國狼 倂吞中國嗎)?〉라는 전단에는 소련이 중국 인민을 잡아먹는 늑대의 모습으로 등장한다. 서구적 상상력에서 가장 사나운 짐승은 늑대이다. 늑대는 난폭한 두려움의 대상이자 약탈자로 여겨졌다. 미국은 소련, 중국, 북한이 모두 공산주의 진영이기는 하지만, 잡아먹고 잡아먹히는 상하 관계라는 점을 분명히 함으로써 공산주의 진영의 균열을 의도하였다.

인간을 동물로 표현하는 것에서 더 나아가, 공산주의 적을 묘사하기에 적합하다고 생각되면 현실 세계에는 존재하지 않는 기괴한 동물의 조합이 만들어지기조차 했다. 현실의 공산주의자들은 인간으로 생각할 수 없기 때문에 그들을 묘사하는 데에는 기묘한 괴물이 적합하다고 생각되었기 때문이다. 〈그림 8. 공산당은 거짓말 방송에만 분주하다〉는 전단에는 뱀이나 늑대와는 다른, 현실에서는 도저히 찾아볼 수 없는 환상적 형상이 등장한다.

전단에서 보이는, 얼굴이 두 개이고 손발이 여러 개인 기괴한 모습의 괴물은 공산당의 이미지로 제공된다. 이 전단의 뒷면에는 "여러분의 자식과 남편이 공산당 군대에서 고생하고 죽어가고 있지만, 공산당은 여전히 공산 군대의 모든 사정이 좋다고 거짓말을 꾸미고 있다"고 쓰여 있

그림 7 〈너는 기꺼이 러시아 늑대가 중국을 삼키게 하겠는가(你甘心讓俄國狼 倂呑 中國嗎)?〉라는 제목이 붙은 이 전단은 소련을 중국 인민을 잡아먹는 늑대로 표현했다. *Psychological Warfare Leaflet*(27 Feb. 52) 415 *PsyWar Leaflets*, op. cit.

그림 8 〈공산당은 거짓말 방송에만 분주하다〉 공산당은 머리가 두 개 달린 기묘한 괴물로 등장하고 있다. *Ibid.*

다. 공산당은 거짓말쟁이고 진실은 유엔 편이라는 점이 다시 강조되고 있다.

인간을 동물로 형상화하는 방식은 더 이상의 설명이 필요 없을 정도로 직관적이고 강력하다. 인간을 동물로 표현할 때는 상대방에 대한 비하와 혐오의 감정이 전제된다. 사람들에게는 이미 동물에 대한 특정한 이미지가 입력된 상태이기 때문에, 이러한 이미지에 대한 반응은 빠르다. 동물로 표현하는 방식은 매우 직관적이기 때문에, 비난하고자 하는 적이 왜 인간이 아닌지 왜 비인간으로 간주되어야 하는지를 굳이 설명할 필요가 없어진다. 동물에 대한 혐오가 공산주의 적에 대한 혐오로 겹쳐지며, 동일하게 인식된다. 동물 우화는 한국에서 생명력이 강했다. 〈똘이장군〉(김청기, 1978)은 반공 의식으로 무장한 어린이가 간첩을 색출하는 극장판 어린이 만화영화인데, 공산주의자를 묘사하는데 등장한 동물은 붉은 늑대(간첩), 돼지(김일성), 불여우, 거미 등이었다. 이런 여러 가지 동물의 반복적인 등장은 결국은 공산주의자에 대한 공포, 혐오 그리고 그들을 인간으로 여기지 않는 비인간화로 수렴된다.[45]

공산주의자를 동물로 묘사하는 방식은 냉전의 초기부터 시도되었다. 조지 오웰(George Orwell)이 『동물농장』을 발표한 때는 1945년이었는데, 이 소설은 전체주의 소비에트 사회를 묘사한 반공주의 소설로 간주되었고, 미국은 이 소설의 번역을 지원하여 세계에서 첫 번째로 『동물농장』 한글 번역본이 1948년도에 간행되었다.[46] 이 소설은 사회주의 일반에 대한 비판이라기보다는 좌파인 조지 오웰의 '노동자를 동물화시키는 인간 및 자본주의에 대한 비판'의 측면이 더 컸다. 하지만, 조지 오웰의 의도는 탈각되어 사회주의(공산주의)의 전체주의적 성격과 강압을 선전하는 재료로 이용되었다. 자유주의 진영은 『동물농장』에 등장하는 욕심 많은 돼지가 스탈린이라고 해석했는데, 이런 동물적 표현은 한국전쟁 때 김일성을 '역겨운 돼지', '위대한 지도자('胃大漢 地盜者', 위장이 큰 놈, 땅을 도둑질한 자)'로 표현한 것과 동일한 맥락이었다.

지금까지 살펴본 미군 심리전 내용은 이 메시지를 받는 수용자에게 얼마만큼의 영향을 미쳤을까? 문명 대 야만, 비인간화라는 주제가 얼마만큼 수신자의 감정을 움직이고 행동으로 나아가게 했는지는 측정하기 쉽지 않다. 수많은 심리전 주제 중에서, 특정 주제의 효과를 수치로 나타내기가 쉽지 않기 때문이다.

상상된 적을 만들고, 적을 특정한 동물로 상징화하는 작업은 공산주의 치하에서 삶을 살고 있는 사람들에게 공포감, 비참한 감정 그리고 정권에 대한 의심을 불러일으킨다. 동시에, 이러한 상징의 사용은 아군에게 군사적, 기술적, 도덕적으로 적보다 우리가 우월하다는 점을 확인하는 계기이기도 했다.

IV. '적' 규정의 곤경과 '전투적 주체'의 형성

적(敵)을 정체가 규명될 필요가 있는 하나의 대상이라고 바라볼 때, 구체적으로 적이 누구를 가리키는 것이며, 그 적이 어떤 성격을 가지는 것인지는 사실 분명하지 않다. 적은 자연스럽게 우리 앞에 놓여 있는 존재라기보다는, 규정되고 정의되어야 할 미해결의 숙제로 남아 있다. 전투에서는 나에게 총을 겨누는 자, 나에게 총구를 겨누고 나의 생명을 빼앗으려는 자가 적이라는 점은 쉽게 파악할 수 있는 것 같아 보인다.

하지만, 실제 전장을 다룬 수많은 예술 작품들은 적에 대한 규정이 간단하지 않다는 것을 보여준다. 전장에서 자신의 눈으로 볼 수 있는 실체의 적조차 분명한 것이 아니라는 사실은 반전 소설로 잘 알려진 『캐치-22(Catch-22)』(Joseph Heller, 1961)에서 지적되고 있다. 제2차 세계대전에 미 공군으로 참여한 주인공 요사리안은 군대 생활을 경험하면서, 과연 적은 누구인가라는 의문을 품게 되고 그 역설을 다음과 같이 표현하고 있다. "적이란, 어느 쪽 편이든 간에, 자네를 죽이려고 하는 모든 사람을 뜻하고, 캐스카트 대령도 거기에 포함되지." 캐스카트 대령은 주인공의 상관인데, 여기서 적은 상대 진영이 아니라, 자신에게 적의를 가지고 있는 상관으로 등장한다.[47]

베트남 전쟁의 경험담을 기초로 하여 제작된 영화 〈플래툰(Platoon)〉(William Oliver Stone, 1986)에서는 반즈 선임하사 대 일라이어스(그리고 크리스) 병장의 대립이 등장한다. 반즈 선임하사는 베트콩 빨갱이 토벌에 잔뼈가 굵은 군인인데, 민간인 마을에 대한 살상을 감행하여 일라이어스와 극도로 대립하게 된다. 결국, 일라이어스는 반즈에게 죽임을 당하고, 반즈는 크리스에게 죽임을 당한다. 소설과 영화가 말하고 싶은 질문은 과연 나에게 적은 누구인가(누구였던가)라는 간단한 질문이다. 이에 대한 답은 쉽게 보이지만, 위의 작품들에서 나타나듯 피 튀기는 전장에서조차 해답을 쉽게 찾기 어렵다. 적은 상대방(베트콩 빨갱이)인가, 내부인가? 내부라면 명령을 강요하는 상관인가? 아니면 나의 내부에 존재하는 적인가? 적과 나를 나누는 경계선은 이리저리 쏠리며 유동한다.

더욱이 정치적이고 이념적인 차원에서의 적 규정은 간단한 것이 아니다.[48] 직접 총을 겨누는 전투에서 누가 적인지조차 불분명한데, 적을 이론적, 이념적으로 규정하는 문제는 더더욱 간단하지 않다. 정치적 적을 최초로 이론화하고자 했던 사람은 독일 정치학자이자 법학자인 칼 슈미트(Carl Schmitt)였다. 독일 나치즘의 대두를 법학적인 측면에서 강하게 옹호한 헌정학자 칼 슈미트는 정치적인 것에서 가장 중요한 것은 적을 규정하는 것이며, 적을 규정하지 않고서는 정치가 가능하지 않다고 말하면서, 정치적 적이 무엇을 의미하는지를 '이론적'으로 규명하려 하였다. 그는 정치에서는 구별이 중요한데, 정치적 행위에서 가장 중요한 것은 '적과 동지의 구별'이라고 주장했다. 그는 적의 본질은 '존재적으로 어떤 타인이며 이질자'라고 할 수 있고, 적에 대한 인식은 '구체적 존재적인 의미'에서 이해되어야 한다고 주장했다. 정치에서 전쟁을 항수로 전제한 슈미트는 적대 관계의 가장 극단적인 실현인 전쟁은 타자의 존재, 그 자체의 부정이라고 주장하였다.[49] 그에게 전쟁은 적을 분명히 파악할 수 있는 계기였고, 정치 활동의 핵심으로 간주되었다.

우리와 적을 구별한 다음, 이 구별에 의거해 경계선을 분명하게 설정하고 상대방을 적으로 규정하는 전쟁 행위는 심리전에서 만개하였다.[50]

그런데, 이론적으로 정치적 적을 규정하려는 시도는 다음과 같은 이유의 모순과 곤경에 마주하게 된다.

먼저, 적은 단일한 속성이 아닌 매우 많은 속성의 다발로 구성되어 있는데, 그 속성 중에서 어떤 것이 대표적인지를 확정하기는 쉽지 않다.

상대방을 몇 가지 속성으로 규정하려는 본질주의적 접근은 그 속성을 객관적 실체라고 인식하게 하지만, 본질주의적 규정이 가끔 그러하듯 이러한 규정은 과장되거나 자의적인 성격을 갖는다. 이는 민족성 규정에서 나타난 것과 똑같은 논리 구조를 갖고 있었다. 적에 대한 명확한 인식을 요구하는 이유는 우리와 적의 적대성을 분명히 하여 우리 편의 사기와 전투력을 높이려는 데 목적이 있기 때문에, 적이 누구이며 무엇인가라는 규정이 반드시 객관적일 필요가 없다. 이런 점에서 적에 대한 규정은 본질주의적 규정을 빙자한 자의적 환상의 덩어리로 변하기 쉽다. 슈미트의 정치적 적에 대한 규정은 이론적 형식을 띠었지만, 사실 '전투적 주체'를 만들어내기 위한 전투 강령, 전투 교범이었다. 슈미트에게 적이란 다양한 고려 요소를 사상하고 아군의 주관적인 판단에 따라 규정할 수 있는 형이상학적 존재였다.[51] 슈미트는 제1차 세계대전에 군인으로 참전한 에른스트 윙어(Ernst Jünger)가 독일 군인들이 참호전에서 경험했던 동지애를 높이 평가했는데, 이는 전사 공동체의 감정이 독일 민족 공동체의 상처받은 감정과 중첩되는 결과가 되었다.[52]

일본에서 벌어진 '근대의 초극' 논의, 독일 나치즘 대두 시기 윙어나 슈미트에게서 나타나는 공통적인 지점은 전쟁을 반인간적인 참사로 파악하고 재발을 방지하기보다는, 전쟁을 새로운 시대를 여는 중요한 계기로 파악한다는 점이다. 만약 전쟁이 역사를 발전시키는 강력한 엔진이라면, 이를 실제로 행동에 옮길 수 있는 인간을 전투적 주체로 만들어야 했다. 윙어가 '우리'의 감각적인 면에 주로 호소하고자 했던 반면, 헌정학자 슈미트는 전투적 주체를 세울 수 있는 이론적 공간을 열려고 했던 것이다.

한편, 적의 속성 중에 어떤 것은 인간이기 때문에 우리와 공유되기도 하고, 근대인(인식과 행동)이기 때문에 공유되기도 한다. 우리와 구별되는 그들의 특성을 잡아내는 것이 적의 이론적 구성의 핵심이라고 본다면, 우리 편과 공유하는 속성을 가지기도 하는 그들을 우리와 명백히 구분하는 것은 한계가 있다.

둘째로, '우리'와 '적'은 둘 다 고정된 실체가 아니며, '우리-적'의 상호 교류 과정에서 계속 변형된다. 적은 우리를 보고 배우며, 우리는 적의 대응을 보고 또 배운다. 이러한 상호 교환 작용은 내용과 형식을 계속 변화시켜, 상대방과 우리가 어떤 비슷한 지점으로 수렴하게 되는 효과를 가져온다. 우리가 변화하는 만큼, 적은 우리를 통해 학습하고 성장한다. 상대방으로부터 배우고, 상대방에게 적용하는 순환 과정이 이루어지며, 결국은 자신과 적이 어떤 부분에서 다른지가 모호하게 된다.

'적에게 배운다'라는 심리전의 발전 방식은 한국전쟁에서도 나타났다. 공산주의 진영과 자유진영의 심리전은 상대방의 선전 내용에 대한 대응으로 구성되는 경우가 많았다. 자유주의 진영 측이 자유를 선전하면 공산주의 진영은 '진정한 자유란 자본주의에 있지 않다'라고 대응했고, 공산당이 인민의 고혈을 빨아먹고 있다는 자유주의 진영의 공세에 대해 공산주의 진영은 남한의 매국노가 인민의 생활을 고달프게 하는 원인이라고 대응하곤 했다. 공산주의자를 '인류를 저버린 존재'라고 비난했던 선전은 그대로 발신자에게 돌아와, 자유주의 진영은 원자폭탄을 인명 살상에 사용하는 '반인류적 존재'로 비난받는다.[53]

실체를 고정하려는 욕망은 결국 환상의 길로 접어든다. 상대방의 실체와 속성을 객관적으로 파악하는 것이 불가능한 기획이며, 상대방을 학습하는 돌고 도는 순환 속에 있다는 점이 자각되었을 때, 그 대상은 환상으로 만들어진 이미지에 집약되고 고정화된다.

미군은 이러한 순환 속에서 과학과 이성의 사용을 탈출구로 삼았다. 아시아·태평양전쟁 시기에 심리전 관련자가 말했듯이, 적에 대한 이미지를 창출하고 계속적인 사용을 통해 대상을 고정화시키려 시도한 심리전은 과학적 근거에 입각한 것이 아니었다.[54] 미군은 과학적, 이성적 방법은 이 곤경과 모순을 해결할 수 있다며, 심리전 활동의 정당성을 갖추려 노력했다. 한국전쟁 시기 군부와 전문 학계의 유착이 심해진 것은 이러한 사정과 무관하지 않다. 군부는 대대적인 예산을 미국 주요 대학에 제공하면서, 관련 연구를 진행시켰다. 군부의 부름에 응답한 미국의 학계는 군사 기술적 용역 보고서뿐만 아니라, 심리전에 대한 과학적 접근을 시도했다.[55] 심리전의 효과와 방식에 대한 각종 데이터가 쌓여 여러 보고서가 작성되었다. 연구자는 정부 기관이 발주하는 대규모 용역을 수행하는 존재가 되었다. 학계는 군부의 정책과 행동에 과학적, 학문적 외투를 제공했다. 한편, 할리우드는 반공산주의 선전 영상을 통해 대중들에게 공산주의 세력에 대한 혐오감과 공포라는 감정을 확산시켰다.

심리전은 가변적인 것을 애써 고정하려 하고, 임의적인 것을 객관화하며, 규정할 수 없는 것을 규정하려 했으며, 비과학적이라는 비난을 벗어나기 위해 전문가와 학계를 동원하여 '이성적'이고 '과학적'인 외양을 갖추려 했다. 심리전 논리와 작업 방식에는 이 같은 내적 모순이 존재했다. 심리전이 얼마나 효과적이었는지는 보는 각도에 따라 평가가 다를 수 있다. 심리전은 그 당시에 발생시켰던 효과뿐만 아니라, 영향력의 차원에서도 검토할 필요가 있다. 심리전은 공산주의자를 악마, 비인간, 반인류적 악행을 하는 존재로 보았다. 한국전쟁 당시 만들어진 적에 대한 이미지는 수십 년 동안 도전받지 않은 채 계속되어 왔다. 뿔 달린 빨갱이는 어린이의 머릿속에서만 존재하는 것이 아니라, 반공 교육을 충실히 받고 적대심을 장착한 성인에게도 영향력을 가지고 있었다.

사회적 갈등 해소를 위한 제도적 장치인 의회주의를 내세우는 자유민주주의는 원론적으로 타자를 파멸시켜야 하는 적으로 간주하지 않지만, 냉전 시기 자유주의 진영은 그 이전 시기보다 오히려 더 강한 강도로 정치적 견해가 다른 타자를 절멸시키기 위해 노력했다. 냉전 시기 적에 대한 개념은 카를 슈미트의 이론을 실천적으로 급진화하여 상대방의 존재를 완전히 부정하는 반인륜적, 비인류적 존재로 자리매김하였다. 파시즘과 자유민주주의는 만리장성으로 구분된 다른 세계가 아니었다. 파시즘의 유산을 완전히 떨쳐내지 못한 채, 자유민주주의는 냉전 시기를 관통하며 적에 대한 절멸이라는 방향으로 움직였던 것이다.

　　냉전 시기에 양 진영은 칼 슈미트의 적 개념을 계승하였다. 더 나아가 실천적으로는 알기 어렵다고 생각된 타자를 구체적 이미지로 메꾸면서, 이론적으로만 규정되었던 적대적 수준을 감정적이고 감각적인 영역으로까지 한층 발전시켰다.

V. 낯선 자에게 총을 겨누지 않기

한국전쟁에서 미군의 심리전은 '야만', '무자비함', '동물'로 적을 묘사하면서 그들을 '열등한 존재', '인간 이하'의 존재로 여기게 만들었다. 심리전은 열등, 비하, 공포, 약탈, 혐오 등의 특정한 감정이 과도하게 표출되고, 사람들에게 전이되는 과정이었다. 감정은 강력하고 직접적이며 장기적인 영향을 끼쳤다.

　　심리전의 감정적 선전이 쌓여가면서 자유 세계는 공산주의 세력에 대한 공포와 혐오라는 감정을 공유하는, 냉전의 감정 공동체로 만들어졌다. 적에 대해 느끼는 비슷한 감정은 자유 세계 구성원들을 결속시키는 접착제였고, 적에 대한 강한 투쟁 욕구를 복돋는(empowerment) 핵심적 요소였다. 심리전이 만든 감정들이 공유되자, 그 기원은 망각되고 각 개인들은 자신의 적대심과 전투성을 위로부터의 명령에 의해서가 아니라, 자기 자신의 확신과 감정에 따른 긍정적 수행으로 이해하게 되었다. 심리전의 결과로 만들어진 적대적 감정은 개인과 조직으로 하여금 확신에 찬 '전투적 냉전 주체'로 나설 수 있게 하였던 것이다.

　　정치가 '서로 진정으로 다른 사람들 사이의 관계를 만드는 것'이라고 할 때,⁵⁶ 상대방을 인정하고 소통하려는 노력은 사회가 유지될 수 있는 유일한 길이다. 적에게 승리하기 위한 심리전은 '주관적' 투사(projection)를 통해, 상대를 공포와 혐오의 대상으로 만들었다. 미국과 소련, 두 패권국은 서로 이념이 다르다며 차이점을 강하게 내세웠지만, 심리전의 방식에서는 큰 차이가 없었다. 개인주의와 자유주의의 가치를 신봉하는 미국, 사회주의(공산주의)의 우월성을 신념화한 소련은 자신들에게 소중한 가치와 감정들이 다른 문화권에는 없거나 매우 희박하다고 생각했으며, 이로 인해 두 패권국은 상호 이해나 공존보다는 상대를 멸시하고 비하하는 방향으로 줄달음쳤다.

심리전은 지나간 전쟁의 경험이나 냉전의 잔여물로 치부될 수 없을 만큼 전 사회에 유통되었다. 국내외 정치는 심리전의 논리와 양상을 띠고 전개되어, 상대에 대한 흑색선전과 혐오를 생산하고 있다. 이런 의미에서 심리전은 현재를 붙잡고 있다.

심리전은 인류의 미래에 대한 상상 또한 구속했다. 본문에서 인용했던 심리전 전문가 폴 라인버거(Paul Linebarger)는 아시아·태평양전쟁과 한국전쟁에 참여했던 심리전 전문가였는데, 전쟁이 끝난 뒤에는 수천 년 후의 인류를 그려내는 과학소설(Science Fiction)을 본격적으로 저술하여 중요한 과학소설가의 반열에 올랐다. 그의 소설에는 외부의 존재를 적이나 짐승으로 보았던 심리전의 경험이 녹아 있었다.⁵⁷

냉전 시기 '적'에 대한 경험은 인류의 미래를 어둡게 인식하게 만들었다. 미래가 우애로운 외부인과 만나는 밝은 세상이라기보다는, 경계해야 할 대상이자 우리의 존재를 위협하는 대상과 조우하는 시간으로 예상되었다. 냉전 시기 내내 인류 미래에 대한 청사진은 암울했다. 인류가 어떤 상황에 마주칠 것인가에 대한 전망은 과학소설, 영화 등의 문화 양식을 통해 주로 생산되었는데, 많은 수의 과학소설들은 외계인(타자)을 문어발을 가지고 뱀의 형상을 띤 공포스럽고 기묘한 합성물로 묘사하였다.

사진 5 영화 〈지구가 멈추는 날〉. 지구인의 탱크와 마주한 외계인의 좌절.
사진 6 영화 〈컨택트〉에서 외계인과 대화하는 장면.

　미국 영화 〈지구가 멈추는 날〉(The Day the Earth Stood Still)(Robert Wise, 1951)에서 외계인과 만나는 장면은 낯설지 않은 장면을 보여준다. 외계인과 처음 조우하는 지구의 인간을 대표하는 것은 총을 든 군인이며, 군인들은 상대 외계인을 대화의 상대로 인정하지 않는다.

　상대는 나를 위협하는 존재이기 때문에 파괴되어야 한다는 '적'에 대한 냉전 인식이 미래 사회를 그리는 영화에서 그대로 관통하고 있다. 냉전 시기에 생산된 과학소설 대부분은 현실을 그대로 반복하여 냉전적 현실을 그대로 재현하곤 했다. 우리 외부의 저들은 무섭고 알 수 없는 존재들이자 우리에게 위해를 가하는 존재들이었다. 이러한 상상은 냉전 인식의 복사판이었다.

　냉전은 저물었지만, 냉전식 논리는 사그라지지 않은 채 재생산되고 있다. 냉전 시기의 경험은 '우리'가 처음 만나는 낯선 '타자'를 어떤 태도로 대할 것인가의 문제를 지구인에게 남겨 놓았다. 공포로부터 발생한 적대감과 혐오의 감정은 냉전 시기 일반적인 정서였고, 우리를 제외한 타자는 대화를 나눔직한 소통 대상이 아니라 총으로 맞서야 하는 상대로 여겨졌다. 냉전 시기 적에 대한 감정은 인간의 여러 감정 중, 증오와 공포를 최대한 끌어올렸다. 냉전 시기에 대립하는 두 주체는 상대를 선한 존재로 인식할 수 없었고, 상대를 호전적, 공격적, 악의적 존재로 사전 전제 했다.

소련이 붕괴하고 지구인이 경험했던 냉전을 반추하는 시기가 도래했을 때 제작된, 테드 창(Ted Chiang)의 과학소설 『당신 인생의 이야기』(Story of Your Life)(1998)와 이를 영화로 만든 〈컨택트(Arrival)〉(Denis Villeneuve, 2016)는 외계인과의 첫 만남이 총칼이 아니라 대화로 가능함을 보여주었다. 이해 불가능한 언어를 사용함에도 불구하고 서로를 이해하려는 노력이야말로 상호 소통의 시작임을 보여주었다는 점에서, 이 소설과 영화는 냉전적 적(敵) 이미지를 해체하고 타자를 바라보는 새로운 단계를 열었다.[58]

동구권의 몰락 후에 이루어진 강의에서 프랑스 철학자 자크 데리다(Jacques Derrida)는 적의와 환대를 이야기한다. 데리다는 외부로부터의 타자 즉 손님이 오면, 우리는 어떠한 조건도 걸지 않는 '절대적 환대'의 태도로 맞이해야 한다고 주장하였는데, 이는 냉전 시기의 적대적 관계에 대한 철학적 반성이자 이질적 타자와 함께 하는 방법에 대한 사유였다. 타자를 완전히 부정하지만, 자기 자신은 타인에게 완전히 인정받고 싶어 했던 냉전 시대를 경험한 지금, 현재까지 유지되어 온 냉전 시대의 타자 인식 방식을 그대로 유지할 것인지 아니면 변화시킬 것인지의 문제는 숙제로 남아 있다. 적과 나를 구별하는 냉전적 인식은 소련이 붕괴하고 전 지구적인 패권 체제로서의 냉전이 무너졌음에도 불구하고, 수십 년간 우리의 뇌리와 행동양식을 지배해왔다. 타인을 위협적인 적으로 바라보고 존재 인정과 소통을 거부하는 냉전적 인식이 근본적으로 교정되지 않은 채 다른 외양으로 여전히 작동하는 현재 시점에서, 냉전적 인식의 역사성을 인식하고 냉전적 '타자 인식'의 틀을 뛰어넘기 위한 노력이 필요하다.

참고문헌

1차 자료

영화 자료
⟨똘이장군⟩(김청기, 1978)
⟨지구가 멈추는 날⟩(The Day the Earth Stood Still)(Robert Wise, 1951)
⟨컨택트(Arrival)⟩(Denis Villeneuve, 2016)
⟨플래툰(Platoon)⟩(William Oliver Stone, 1986)
⟨The Iron Curtain⟩(William A. Wellman, 1948)
⟨The Hoaxters⟩(Herman Hoffman, 1952)

영상 자료
⟨111-LC-29193⟩, "SP-1 PRISONERS OF WAR, PUSAN, KOREA", RG 111, Motion Picture Films from the Army Library Copy Collection 1964-1980, NARA Ⅱ.
⟨P.O.W.(Prisoner of War)⟩, RG 263, 263.2607, NARA Ⅱ.

문헌 자료
국방부 정훈국, 『정훈연구』 제1집, 4289(1956).
조인복, 「사상전에서 본 영화의 선전력」, 『정훈연구』 1, 국방부 정훈국. 1956.
조인복, 「삼군 정훈 업무의 당면 과제-해병편」, 『정훈연구』 1, 국방부 정훈국. 1956.
Psychological Warfare Division, *Psychological Warfare Leaflet*(27 Feb. 52) 415 PsyWar Leaflets, RG 338, Entry A-1 132, Box 533, 1952 Segment; 415 to 416(1952), Psychological Warfare Division, NARA Ⅱ.
Basic Military Plan for Psychological Warfare against Japan-With appendices and minutes of the Conference on Psychological Warfare against Japan(Manila, May 7-8 1945), RG 496 Records of General Headquarters, Southwest Pacific Area and United States Army Forces,

Pacific(World War II), 1941-1947, Entry UD-UP 441, Box 2717. (국사편찬위원회 전자사료관 AUS041_01_00C0023).

CINCPAC·CINCPOA, Psychological Warfare Part One, 1944.12. United States. War Department, *Pamphlet 21-13 Army Life*, 1944.

MacArthur's Intelligence Service 1941-1945(비공개 자료).

OWI Report No.25: *Japanese Behavior Patterns*, RG 208, Records of the Office of War Information, 1926-1951, Entry 370, Office of War Information, September 15, 1945

Linebarger, Paul Myron Anthony., *Psychological Warfare*, Infantry Journal Press, 1948.

United States, War Department., *Pamphlet 21-13 Army Life*, 1944.

W. Kendall etc., ORO-T17, *Eighth Army Psychological Warfare in the Korean War*, Operations Research Office The Johns Hopkins University G-3 General Headquarters Far East Command, 1951. (한국학중앙연구원 편, 『6.25전쟁기 미국 심리전 자료집 Ⅱ』, 선인 2005.)

신문 기사

"蘇 원산·청진 특별이권 요구-美紙가 전하는 중대보도", 《동아일보》, 1945.12. 24.

"소련의 극동책과 조선(4): 진설(眞說)이면 피로써 항쟁. 부동항 요구의 풍설 듯고", 《동아일보》, 1945.12.28.

웹사이트

Psywarrior 웹사이트, https://www.psywarrior.com

2차 연구

국사편찬위원회, 『6·25전쟁과 냉전지식체계의 형성』, 2020.

김만진, 「『패전후론』과 전후 일본 내셔널리즘」, 서울대학교 국제문제연구소, 『데탕트와 박정희-세계정치 14』, 논형, 2011.

김선호, 「6·25전쟁기 북한의 심리전 수행방식과 인적 심리전」, 『통일과 평화』 13(1),

2021, 77-116쪽.

김일환·정준영, 「냉전의 사회과학과 '실험장'으로서 한국전쟁: 미공군 심리전 프로젝트의 미국인 사회과학자들」, 『역사비평』 118, 2017, 280-317쪽.

노엄 촘스키 외, 정연복 역, 『냉전과 대학』, 당대, 2001.

도널드 W. 슈라이버 2세, 서광선 역, 『적을 위한 윤리』, 이화여자대학교 출판부, 2001.

루스 베네딕트, 서정완 역, 『일본인의행동패턴』, 소화, 2000.

루스 베네딕트, 「유럽 국가들의 문화 패턴 연구」/「인류학과 인문학」, 마거릿 미드, 이종인 역, 『루스 베네딕트』, 연암서가, 2008.

리사 펠드먼 배럿, 『감정은 어떻게 만들어지는가』, 생각연구소, 2017.

마거릿미드, 이종인 역, 『루스 베네딕트』, 연암서가, 2008.

미치바 치카노부, 다지마 데쓰오 역, 「미 점령하의 '일본문화론'-『국화와 칼』 그리고 일본과 미국의 문화정치」, 성공회대 동아시아연구소 편, 『냉전 아시아의 문화풍경 1-1940~1950년대』, 현실문화연구, 2008, 209-239쪽.

모리구치 유카 등 엮음, 김미숙·신의연 역, 『문화냉전과 지의 전개-미국의 전략과 동아시아의 심상과학』, 솔과학, 2024.

백원담·강성현 편, 『열전 속 냉전, 냉전 속 열전』, 진인진, 2017.

브루스 커밍스 외, 한영옥 역, 『대학과 제국』, 당대, 2004.

사카이 나오키, 「모더니티와 그 비판: 보편주의와 특수주의의 문제」, H. D. 하루투니안·마사오 미요시, 『포스트모더니즘과 일본』, 시각과언어, 1996.

옥창준·김민환, 「사상심리전의 텍스트로서 한국전쟁」, 『역사비평』 118, 역사비평사, 2017, 318-343쪽.

에른스트 윙어, 노선정 역, 『강철 폭풍 속에서』, 뿌리와이파리, 2014.

에른스트 윙어·발터 벤야민, 최동민 역, 『노동자·고통에 관하여·독일 파시즘의 이론들』, 글항아리, 2020

이광규, 『베네딕트-국화와 칼』, 서울대학교출판부, 1985.

이매뉴엘 월러스틴, 김재오 역, 『유럽적 보편주의』, 창비, 2008.

이윤규, 『들리지 않던 총성 종이폭탄!』, 지식더미, 2006.

이임하, 『적을 삐라로 묻어라』, 철수와영희, 2012.

일레인 스캐리, 메이 역, 『고통받는 몸』, 오월의봄, 2018.

장영민, 「한국전쟁 전반기 미군의 심리전에 관한 고찰」, 『軍史』 55, 2005, 315-351쪽.

장용경, 「풍자와 우화 사이에서-한국에서의 『동물농장』 번역의 정치」, 『역사문제연구』, 역사문제연구소, 2011, 235-257쪽.

장회식, 「태평양전쟁기 미국의 대일 심리전과 일본인의 반응」, 『軍史』 87, 2013, 303-336쪽.

정명중, 「감성 연구 성과와 전망-호남학연구원 인문한국(HK) 사업단을 중심으로」, 『감성연구』 16, 2018, 43-60쪽.

정용욱, 「6·25 전쟁기 미군의 삐라 심리전과 냉전 이데올로기」, 『역사와 현실』 51, 2004, 97-133쪽.

정준영, 「한국전쟁과 냉전의 사회과학자들 - 한국전쟁의 경험은 어떻게 미국 냉전 사회과학의 일부가 되었는가?」, 『한국학연구』 59, 2020, 97-132쪽.

조지피 헬러, 안정효 역, 『캐치-22 Ⅰ』, 민음사, 2008.

존 다우어, 『패배를 껴안고』, 민음사, 2009.

질베르 뒤랑, 진형준 역, 『상상계의 인류학적 구조들』, 문학동네, 2007.

최용성, 「한국전쟁시 미군의 전술심리전 효과분석」, 『軍史』 50, 2003, 233-256쪽.

최창근, 「절대적 환대의 가능성에 대하여-윤흥길의 단편소설을 중심으로」, 『감성연구』 14, 감성인문학회, 2017, 43-71쪽.

카를로 로벨리, 『나 없이는 존재하지 않는 세상』, 쌤앤파커스, 2023.

칼 슈미트, 김효전 역, 『정치적인 것의 개념』, 법문사, 1992.

테드 창, 김상훈 역, 『당신 인생의 이야기』, 행복한책읽기, 2004.

테사 모리스 스즈키, 임성모 역, 『변경에서 바라 본 근대』, 산처럼, 2006.

H. D. 하루투니안, 「보이는 담론/보이지 않는 이데올로기」, H. D. 하루투니안·마사오 미요시, 『포스트모더니즘과 일본』, 시각과언어, 1996.

Barth, Fredrik., *Ethnic Groups and Boundaries: The Social Organization of Culture Difference*, Little Brown & Co, 1969.

Benedict, Ruth., *The Chrysanthemum and the Sword: Patterns of Japanese Culture*, Houghton Mifflin, 1946

Dower, John W., *Without Mercy: Race and Power in the Pacific War*, Pantheon Books, Year: 1993.

Fyfe, Hamilton., *The Illusion of National Character*, London, WATTS&CO, 1947.

Kent, Pauline., *Ruth Benedict's Original Wartime Study of the Japanese*. International Journal of Japanese Sociology 3(1), 1994, pp.81-97.

Robin, Ron Theodore., *The Making of the Cold War Enemy: Culture and Politics in the Military*, New Jersey, Princeton University Press, 2001.

제2장
'우리'의 눈과 '적'의 프레임, 뉴스릴의 사상심리전
-《시보》,《전진조선보》,《전진대한보》를 중심으로

강성현

I. 보여주는 것과 감추는 것: 뉴스릴과 국가 폭력의 시각적 프레임

'해방 이후'의 역사는 한반도 냉전과 분단국가 형성의 역사였다. 이는 '외부의 적'과 연계된 '내부의 적'을 만들어내고 이를 소탕해 나가는 과정의 역사였으며, 동시에 내전적 양상에서 자행된 국가 폭력과 제노사이드의 역사이자 현재까지도 종결되지 않은 역사이다. 특히 '제주 4·3사건'과 '여순사건', 군경 토벌 작전과 부역 혐의 민간인 학살 사건 등은 이 시기의 폭력이 단순히 외부 세력과의 갈등과 전쟁에 의한 것만이 아니라, 내부 갈등과 탄압을 통해 분단 체제를 공고히 하고 국가와 사회를 재편하려는 시도로 나타났음을 보여준다. 이 역사는 한반도에 국한되지 않았다. '자유의 제국'을 자처한 미국과 '정의의 제국'을 자처한 소련이 한반도를 포함해 아시아에 개입하여 벌어진 열전화된 냉전의 역사이기도 했다. 이것은 종종 '긴 평화' 또는 '상상의 전쟁'으로 논의되는 유럽에서의 미·소 냉전과는 차별화되는 역사적 양상으로, 아시아에서의 냉전은 훨씬 더 직접적이고 폭력적인 현실을 동반했다.

이 글은 이러한 역사를 배경으로 해방 이후 남한에서 제작·상영된 '뉴스릴'(뉴스영상)을 분석하는 데 초점을 맞춘다. 뉴스릴은 기존 연구가 많이 이루어진 기록영화나 극영화와 비교했을 때, 몇 가지 차별성을 지닌다. 우선, 당시 뉴스릴은 제작 기간이 길고 특정 사건을 심층적으로 조명하는 기록영화와 달리, 신속한 정보 전달과 강한 정치적 선전 효과를 목표로 삼았다. 또한, 뉴스릴은 대중의 즉각적인 반응을 이끌어내고 여론을 형성하며 통제하는 데 중점을 두었다. 더불어, 뉴스릴은 사실이라는 외피를 쓴 채 짧은 호흡으로 편집과 연출을 통해 의도적인 메시지를 강화시키는 방향으로 재구성되었으며, 영화관을 통해 정기적으로 상영되면서 짧은 시간 안에 시각적으로 대중과 소통했다. 그리고 뉴스릴은 국가 또는 그에 준하는 특정 기관이 제공하는 공식적 해석을 반영하는 경우가 많았으며, 한국인뿐 아니라 국제 사회를 대상으로 통치의 정당성을 선전하는 국제적인 공보 도구로 활용되었다는 점에서도 차별성을 갖는다.

이 글은 뉴스릴의 내용(뉴스 각 '꼭지'에서 전달되는 소식들)과 형식(촬영 숏, 컷과 트랜지션 같은 편집 기술, 음악, 내레이션, 현장음, 자막)을 분석하고, 이를 통해 당대 뉴스가 보여준 '시각(seen side)'뿐 아니라 의도적으로 배제되었거나 간과된 '사각(blind side)'도, 이 글에서 다시 영사할 수 있을지를 모색한다. 이러한 문제의식은 냉전과 분단국가 및 사회 형성, 그리고 내전적 양상에서의 국가 폭력과 제노사이드의 역사 속에서 뉴스릴이라는 매체가 어떤 역할을 했는지를 재조명하기 위한 출발점이 된다.

나아가, 카메라에 포착된 피사체와 장소는 카메라의 위치(물리적·구조적 위치)에 따라 필연적으로 '사각'을 동반한다. 이는 사진처럼 뉴스릴같은 영상 분석에서도 중요한 고려 사항이며, 시각적 구성과 배제의 의미를 탐구하는 연구들에서 강조되고 있다. 무엇이 시각화되고, 의도된 응시(gaze)와 시선(vision)의 내용을 어떻게 분석하며, 화각(angle of view)에 들어왔지만 사실상 사각화된 것을 어떻게 시각화할 것인지에 관한 연구가 최근 증가하고 있다. 특히, 스틸사진의 생산 맥락을 고려해 시각/사각의 방법으로 분석한 연구는 Sung Hyun Kang and Keun-Sik Jung(2014), 정근식·강성현(2016), Sung Hyun Kang(2019) 등이 있으며,[59] 푸티지필름[60] 같은 동영상(motion picture)의 촬영·제작의 맥락을 바탕으로 시각/사각(또는 보여주는 것/보여주지 않는 것)을 분석한 김민환(2021)과 임재근(2021), 강성현(2022) 등도 주목할 만하다.[61]

사진과 영상은 '있는 그대로의 현실'을 보여주는 사실의 기록이 아니다. "영상에 보이는 이미지가 날 것 그대로 포착된 현실이 아니라 제작 주체의 시점을 반영하고 또 일정한 목적에서 제작"[62]되었기 때문이다. 따라서 사진과 영상의 분석에서 촬영 조직·활동·목적이나 통제된/비통제된 촬영·편집 기술 등 생산 맥락을 드러낼 필요가 있다. 이는 기존의 재현과 수용자(관객) 반응 및 영향을 분석하는 주류 연구들과 다른 목적을 갖는다. 특히 사진과 영상의 생산이 단순한 개인적 의도에서 촬영·제작된 것이 아니라 국가의 기구·조직의 일원으로서 프로파간다(사상전, 심리전)의 내면화된 의도와 검열을 통해 이루어진 경우, 생산 맥락 분석의 중요성은 더욱 부각된다.

이러한 논의는 뉴스릴 연구에서도 유효하다. 뉴스릴은 "사실을 담은 영상을 제작자의 의도를 담아 소재를 선택하고 내용을 편집해 내레이션과 음악을 더해 만든 제작된 영화"[63]라는 특징을 지닌다. 따라서 뉴스릴 연구는 특정 사건과 피사체의 정보 전달 방식뿐 아니라 촬영자가 포착하거나 포착하지 않은 것, 편집을 통해 보여주거나 보여주지 않은 것, 내레이션과 음악을 이용해 의미를 부여한 것을 비판적으로 분석해야 한다. 궁극적으로는 이러한 보도 영상에서 드러난 '재현된 사실'과 의도적으로 배제된 '사각 지대'를 밝혀냄으로써, 냉전과 분단이 심화되어 가는 과정에서 뉴스릴이 어떻게 현실을 구성하고 재현했는지, 그리고 그 한계가 무엇이었는지를 비판적으로 검토하는 것이 중요하다.

이를 위해선 뉴스릴의 제작 과정에서 누가 어떤 목적으로 무엇을 촬영했고, 그것이 어떻게 편집되었는지를 분석해야 한다. 이 과정에서 뉴스릴이 재현하고자 한 역사적 현실과 사각화된 현실 간의 균열과 괴리를 드러내는 방법론이 필요하다. 이러한 접근은 뉴스릴이 가진 사상심리전적 함의를 비판적으로 평가하고, 숨겨진 역사적 현실을 스크린 위로 끌어 올릴 수 있는 중요한 길이 될 것이다.

이 글은 남한의 뉴스릴 생산 주체, 제작 및 상영 목적, 뉴스릴이 보여주는 사건과 피사체, 영상 촬영과 제작 과정에 대해 분석한다. 구체적으로 한국에서 1946년 1월부터 1947년 말까지 주한 미군정 공보부(Department of Public Information, DPI)가 제작·배급·상영한 《Korean Newsreel》(한국어 제명은 《時報(시보)》), 1948년 1월부터 1950년 10월까지 주한 미군정 공보부 → 한국 공보처 → 주한미공보원(United States Information Service, USIS)이 제작한 《Progress of Korea》(한국어 제명은 《前進朝鮮譜(전진조선보)》와 《전진대한보》)를 연구 대상으로 삼는다.

이 뉴스릴들은 미군정이 정치·군사적 목적을 달성하기 위해 '공보 선전'이라는 이름 아래 제작·상영된 매체였다. 특히 냉전과 분단이 심화되는 과정에서 남한의 뉴스릴은 사상심리전의 도구로 기능하며, 북한을 배후로 상정한 내전과 '적'(외부 및 내부의 적과 그 연계) 이미지들을 구축하는데 기여했다. 이러한 이미지는 '적'을 타도하고 소탕함으로써 '우리' 국가와 진영이 번영할 것이라는 비전을 전달하는 데 초점을 맞추었다.

본론에서는 먼저 해방 후 남한에서 전개된 공보 선전과 뉴스릴에 대한 선행 연구를 검토한다. 이어서 공보 선전 연구에서 주로 활용되는 '사상전'과 '심리전' 개념을 정의하고, 이를 바탕으로 냉전 미디어로서 뉴스릴이 갖고 있던 '사상심리전' 특성을 분석할 것이다.

다음으로 해방 후 뉴스릴 제작·상영의 맥락에서, 특히 《시보》, 《전진조선보》, 《전진대한보》를 제작·상영했던 주한 미군정 공보부와 주한 미군 사령부 공보원(Office of Civil Information, OCI), 그리고 제24군 배속 제502통신사진파견대(502nd Signal Photo Detachment, 이하 502부대)의 조직과 활동을 중심으로 뉴스릴의 생산 맥락을 정리한다.

마지막으로 《시보》, 《전진조선보》, 《전진대한보》에서 다룬 주요 뉴스 꼭지들을 사례로 분석한다. 이를 통해 뉴스의 의도와 시각을 밝히는 동시에, 뉴스릴 제작 과정에서 배제된 사각 지대를 현대사 연구의 성과를 통해 조명할 것이다.

II. 선행 연구 검토와 이론적 자원

1. 해방 후 남한 공보·선전과 뉴스릴 연구

한국에서 한국 현대사와 냉전 관련 영상 아카이브들이 구축되면서 디지털화된 영상물과 해당 메타 데이터에 쉽게 접근할 수 있는 환경이 마련되었다. 수집된 영상물의 출처는 미국, 유엔, 캐나다, 영국, 프랑스, 독일 등으로 다양해졌으며, 최근에는 러시아, 중국, 헝가리 등에서도 한국전쟁 및 냉전 관련 영상물들이 소개되면서 '우리'와 '그들'의 시각과 사각을 종합적으로 분석할 수 있는 길이 열렸다.

이러한 영상자료에 대한 연구는 주로 문화냉전의 관점에서 이루어지며, 미국 등 '자유 진영'의 공보 활동과 심리전의 일환에서 촬영된 수많은 푸티지 영상과 제작·상영된 다큐멘터리 필름, 극영화 등을 다룬다. 특히 한국전쟁과 냉전 관련 영상물의 경우 군사적 목적이 분명할 뿐 아니라 헤게모니적 성격이 강하게 드러난다. 예를 들어, 주한미공보원이 제작한 뉴스릴이나 문화영화는 미국의 반공 인도주의적 리더십을 강조하며, 미국적 가치와 새로운 질서를 확산시키는 역할을 했다. 이에 상응해 한국에서도 냉전 민족주의를 통해 주권국가로서의 자립과 발전에 대한 자긍심을 고취하며 국가와 사회의 정체성을 형성하는데 기여했다.64

이 논문의 대상인 남한에서 제작된 뉴스릴에 대한 연구는 점차 하나의 흐름을 형성하고 있다. 그중 김한상(2011), 조혜정(2011), 이길성(2015), 김려실(2016, 2018), 김정아(2020)의 연구가 주목할 만하다. 특히 김한상은 조혜정과 함께 1945~1948년 주한 미군정과 주한 미군사령부의 영화 매체를 통한 선전을 분석한 선구적인 연구로 평가된다.

김한상(2011)은 주한 미군정 공보부가 주도한 영화 제작과 수입 및 상영 상황, 주한 미군 사령부 공보원의 영화 선전 활동과 영상 내용을 다루며, 미국의 영화 선전이 민주주의와 미국적 가치 및 생활 체계의 내면화를 목표로 했음을 논의한다. 특히 뉴스릴 제작 및 활동과 관련하여 그는 《시보》의 생산 맥락과 내용을 분석하며, 뉴스릴이 관객들에게 공유된 정체성을 형성하고 이를 통해 국가와 사회로 조직화하는 기능을 한다고 주장한다. 그는 구체적으로 미 국립문서기록관리청(이하 National Archives and Records Administration, NARA 2관) 소장 《Korean Newsreel》(「時報」) 1, 2, 5호, 특보의 형식과 내용을 분석했다. 그는 이러한 분석을 통해 미군정의 뉴스릴이 당시 가장 큰 뉴스라 할 수 있는 찬탁/반탁 논쟁과 그로 인한 정치적·사회적 갈등을 전혀 다루지 않았음을 지적하며 그 의미가 무엇인지 비판적으로 탐구하고 문제를 제기한다. 그러나 그는 《시보》 시리즈를 계승한 《Progress of Korea》를 《대한전진보》 또는 《전진대한보》로 이해하는 혼동을 드러냈다. 아마도 《Progress of Korea》 뉴스릴들을 직접 확인하지 못했기 때문에 생긴 오류라고 판단한다.65

이러한 오류를 바로잡고 《Progress of Korea》 뉴스릴들을 분석한 연구가 김정아(2020)의 연구다. 그는 KBS가 허태룡으로부터 구입한 《前

進朝鮮譜》와 《전진대한보》 뉴스릴들을 열람하고 제작 맥락과 뉴스릴 형식 및 내용을 구체적으로 분석했다. 김정아에 따르면, 《Progress of Korea》는 《대한전진보》(혹은 《전진대한보》)가 아니라 1947년 11월 《전진조선보(前進朝鮮譜)》 제호로 1호부터 16호까지 제작된 뉴스릴이었다. 또한 제작 주체와 관련하여, 앞선 연구들은 뉴스릴 포함 1948년 1월 주한 미군정 공보부의 영화과에서 뉴스릴 제작 업무가 주한 미군 사령부 공보원으로 이관되었다고 논의해 왔으나, 그는 《전진조선보》 뉴스릴의 타이틀을 확인해 여전히 공보부 영화과에서 제작되었음을 확인했다. 그는 또한 《전진조선보》가 대한민국 정부 수립 이후 한국 공보처 영화과에 의해 《전진대한보》라는 제호로 변경되어 제작되었으며, 타이틀로 확인할 때 공보처 제작으로 확인되는 것은 49호까지라는 사실을 밝혀냈다. 흥미로운 점은 마지막 호수로 알려진 54호가 한국 공보처가 아닌 주한미공보원에 의해 제작된 것으로 확인되었다는 점이다.[66]

이길성의 연구도 주목할 만하다. 그는 해방 이후 뉴스릴과 문화영화를 제작한 민간 영화사에 대한 연구를 진행했다. 남한 최초의 뉴스릴 《해방뉴스》[67]를 제작한 조선영화건설본부, 조선영화동맹(조선영화건설본부와 조선프롤레타리아영화동맹 통합), 그리고 그 외 뉴스릴을 제작한 민간 영화사의 영화계 인사들을 구체적으로 밝혀냈다. 이들은 당시 주한 미군정 공보부 영화과의 뉴스릴 제작에도 참여했으며, 이를 통해 관련 논의에 중요한 단서를 제공한다. 무엇보다 한국 영화인들이 제작한 뉴스릴은 당시 미군정 뉴스릴인 《시보》와 《전진조선보》가 다루지 않았던 사각에 해당하는 내용을 보도했다는 점에서 중요한 참조 자료로 활용될 수 있다.[68]

김려실의 연구는 해방 전후부터 1960년대까지를 대상으로 문화냉전의 관점에서 미국의 공보 선전과 주한미공보원 영화를 다각적으로 분석한 작업이다. 특히 해방 이후 뉴스릴 제작과 관련하여 주한 미군정 공보부 영화과의 조직 변천과 활동을 종합적으로 다뤘다. 그는 영화과의 조직과 활동이 502부대와 직접적으로 연결되어 있었음을 밝히고, 미군정이 민간 영화사인 조선영화건설본부(이후 조선영화동맹 → 조선영화사)에 《해방뉴스》를 하청 제작해 배급했다는 점을 확인했다. 또한 미군정의 뉴스릴 제작 과정에서 한국인 직원을 고용했다는 사실을 밝혀내면서 영화과와 502부대 간의 관계를 일부 조명했다.[69]

이상과 같이 선행 연구들은 뉴스릴이 단순히 당시 사건과 정보를 전달하는 매체가 아니라, 냉전적 이념과 국가 정체성 형성에 깊이 관여한 도구였음을 밝혔으며, 동시에 뉴스릴 제작과 내용에서 드러나는 사각지대를 탐구할 필요성을 제기한다. 이러한 연구들은 이 글에서 뉴스릴을 매체의 생산 맥락과 역사적 관점에서 더욱 심화하여 분석할 수 있는 기반을 제공한다.

2. 사상전과 심리전 연구, 그리고 '사상심리전'

사상전(思想戰)이라는 개념은 역사적으로 1930년대 일본 제국과 그 식민지, 괴뢰국에서 내부적 사상 통제와 동원, 그리고 반소, 반코민테른, 방공주의(防共主義) 선전전 차원에서 발전한 개념이다. 중일 전쟁 이후 총력전 수행 과정에서, 일본은 사회주의·공산주의 사상에 물들지 않고 이를 능가할 '더 훌륭한 사상'을 주입해야 한다는 철칙을 기반으로 사상전을 전개했다.[70]

사상전이 단순한 선전 활동을 넘어 법제도적·조직적으로 사상적 동원을 시도했다는 점에서 주목된다. 일제에게 '더 훌륭한 사상'이란 '천황'('국체')에 충성하는 사상으로, 외부의 사상적 위협에 대항하는 것을 넘어 내부의 적을 단속하고 이들의 사상을 '전향'시켜 사상으로 '보국(報國)'하게 만드는 것이다.

해방 이후 일본의 사상전 개념은 열전화된 냉전과 분단이 진행되면서 자본주의 남한과 사회주의 북한에서도 다시 나타났다. 초대 문교부 장관 안호상은 "현재의 세계싸움은 총칼싸움이 아니라 사상싸움"이라며, 냉전-분단 상황을 사상전으로 규정하고 이를 통해 승리해야 한다고 주장했다."[71] 그는 냉전-분단 상황이 물리적인 전쟁을 넘어서 사상과 이념의 싸움이며, 방어적 접근이 아닌 공세적 전략을 통해 적의 사상을 전향시키고 새로운 사상과 이념으로 적을 재구성해야 한다고 강조했다. 이는 일제가 사상을 개조하고 전향시켜 '애국'하게 만들었던 방식과 유사하다. 흥미롭게도 북한 지도부의 사상전 담론도 남한의 그것과 닮아 있다. 원래 일본의 사상전(Thought Warfare)은 소련 및 사회주의 사상전(Ideological Warfare)에 맞서기 위해 탄생했으며, 양측 모두 인간을 특정 사상과 이념으로 움직이는 존재로 전제하고 있다. 이 전제는 외부 적을 향한 결전 의지를 표명함과 동시에 내부 대중을 체제에 동원·통제하려는 이데올로기로 작동한다.[72]

이희원에 따르면, 소련은 냉전을 단순한 군사적 대립을 넘어 사상전과 심리전으로 인식했다.[73] 자본주의 진영의 부정적 이미지(천민자본주의와 같은 부도덕하고 타락한 존재 등)를 구축하고, 사회주의 체제의 우월성을 강조하여 대중의 충성심을 끌어내는 것을 목표로 했다. 특히 영화는 복합적이고 부정적인 '적의 형상'을 창조하고, 지도자로 대표되는 국가에 대한 자부심과 무조건적 충성심을 강화하는 도구로 활용되었다. 이러한 접근은 소련 중앙기록영화제작소가 제작하고 북한으로 수입된 뉴스릴 《Soviet of Today》(한국어 제명은 《쏘련뉴-쓰》와 《금일의쏘련》)에서도 잘 나타난다. 북한은 김일성 정권의 정치적 정당성과 사회주의 체제의 우월성을 공고히 하기 위해 국립영화촬영소를 설립하고, 당시 남한보다 우수한 뉴스릴 제작 인프라를 통해 뉴스릴 《조선시보》를 제작했다. 뉴스릴과 기록영화뿐 아니라 극영화 제작도 북한에서 중요한 국가사업으로 간주되었다.

한편, 일제 사상 통제와 동원 및 소련의 사회주의적 사상전과 궤를 달리하는 심리전(Psychological Warfare) 개념이 등장했다. 이 개념은 1941년 나치스가 적에 대한 이데올로기적 승리를 위해 선전, 테러, 제5열 활동을 과학적으로 응용한 방식을 미국이 모방하면서 발전했다. 이후 미국은 심리전을 전장에서의 선전, 우방국 군대를 위한 이데올로기 교육, 국내에서의 사기와 규율 진작과 같은 전시 문제에 사회과학을 적용하는 방식으로 확대했다. 냉전 초기 미국은 심리전을 적의 전투 의지와 역량을 파괴하고, 적에 대한 동맹국과 중립국의 지원을 차단하며, 아군과 동맹국의 승리에 대한 의지를 증대시키기 위한 모든 정신적·물질적 수단으로 정의했다. 여기에서 단순한 '선전(백색·흑색·회색 선전)'을 넘어 전복, 사보타지, 특수작전, 게릴라전, 스파이 활동 등 심리적 효과를 지닌 모든 수단이 포함되었다.[74]

사상이라는 방법으로 공산주의에 대항하려는 방법은 미국의 통치술과 갈등적이었다. 미국은 파시즘적인 방법을 통한 반공을 상당히 경계했다. 제2차 세계대전을 치르면서 미국은 심리전을 통치술로 발전시켜 나갔다. 사상전은 인간이 사상으로 움직인다는 전제를 따르는 반면, 심리전은 사람이 인간의 무의식을 포함한 심리를 대상으로 하며, 행동(behavior)을 중심에 둔다. 심리전은 인간의 특정 행동을 분석하고, 이를 가능하게 한 조건을 조성하는 데 초점을 맞춘다.[75]

냉전 시기 미국 심리전 기구와 중앙정보국(Central Intelligence Agency, CIA)은 공산군 선전에 활용된 미군 포로의 심리 상태에 주목하며 중국과 북한의 세뇌(brainwashing) 기술을 연구했다. 세뇌는 적의 사상과 이데올로기를 주입해 새로운 인간형을 만들어내려는 시도였으며, 이는 미국의 심리전과는 전제가 근본적으로 다른 것이었다.

냉전의 형성 과정이 단순히 사상전에서 심리전으로 이행하는 과정이라는 논의는 한계가 있다. 이 글은 일제의 사상전과 미국의 심리전이 역사적으로 얽히며 '사상심리전'이라는 개념을 형성했다고 본다. 사상

통제와 동원, 심리적 조작과 사기(morale)의 진작, 이데올로기적 대립과 체제 동원은 모두 인간의 생각과 감정을 활용해 대중을 통제하고, 적을 약화시키려는 공통 목적을 갖고 있었다.

이 글은 사상심리전의 주요 미디어로서 뉴스릴에 주목한다. 당시 뉴스릴은 문맹률이 높고 라디오 수신기의 보급률이 낮은 국가와 사회에서 오락성과 대중성을 갖춘 '대량설득무기'로 활용되었다. 뉴스릴은 사실과 감정을 탁월하게 전달하는 커뮤니케이션 도구로, 주요 관객은 '우리' 시민·인민이었다. 양 진영의 뉴스릴은 각각 자본주의와 공산주의라는 '악의 축'의 만행을 고발하고, '우리'의 사기를 북돋는 한편, '그들'의 심리를 교란하며 사기를 저하시켰다. 또한 '우리' 체제의 풍요로움과 우월성을 현실감과 사실감을 바탕으로 강력히 전달했다.

III. 남한 뉴스릴 생산 조직과 활동

1. 《시보》의 제작 배경: 주한 미군정 공보부와 502부대의 활동

《Korean Newsreel》(이하《시보(時報)》)는 1946년 초부터 1947년 말까지 주한 미군정 공보부(DPI)가 제작·배급·상영한 뉴스릴이다. 여기에선 《시보》의 내용과 의도, 시각과 사각을 분석하기 위한 배경으로, 주한 미군정 공보부의 조직과 기능, 뉴스릴 제작의 목적과 과정, 이를 둘러싼 역사적 맥락을 다룬다.

공보부는 1946년 3월 26일 공보국에서 부처로 승격되며 조직이 확대되었다. 공보부는 미국식 민주주의 체제를 홍보하며 점령 정책을 유지하기 위해 언론과 교육뿐만 아니라 정보 수집·분석과 검열·통제를 병행했다. 또한 남한 내 정당을 통제하고 정치인들의 활동을 감시하고, 통제하며, 여론을 조작하는 데 핵심 역할을 했다. 공보부는 여론국과 공보국을 중심으로 조직되었으며, 여론국은 조사과, 여론조사과, 정치분석과로 구성되었다. 조사과는 제24군 정보참모부(G-2)와 공조하여 정당과 주요 인사들의 정보를 수집했고, 정치분석과는 이를 분석해 주간 보고서 「정치동향」을 발간했다. 여론조사과는 민심을 파악하기 위해 서울 중심으로 여론 조사를 실시하고 결과를 종합해 「여론동향」 주간 보고서를 작성했다. 이 보고서들은 미군정의 정책과 의도를 홍보하고, 여론을 조작·관리하는데 활용되었다. 박수현은 "소련 신탁통치 주장, 미국 즉시 독립"이라는 1945년 12월 27일 자 《동아일보》 기사의 오보 또한 공보부가 개입한 여론 조작으로 보았다.[76]

    미군정 공보 기구는 초기부터 영화 제작, 수입, 배급, 상영을 중앙집중적으로 통제했으며, 조선 영화인의 작품 역시 검열과 상영 허가를 받아야 했다. 미군정 군정법령 제68호(1946.4.12.)와 군정법령 제115호에 따라 모든 영화는 사전 검열을 거쳐야 했고, 허가받은 필름에는 '공보부 검열제'라는 표기가 삽입되었다.

    미군정 공보부의 초기 활동은 일본 등 다른 점령 지역에 비해 소극적이었다는 평가를 받는다. 그러나 1946년 찬탁/반탁 갈등의 심화, 5월 제1차 미소 공동위원회 결렬, 그리고 '10월 항쟁' 발생 이후 미군정은 '역선전(counter propaganda)'에 대응하기 위해 공보부 조직과 활동을 대폭 확대·강화했다. 공보부는 10월 항쟁의 이유를 점령 정책의 실패가 아니라 공산주의자의 잘 조직된 선동 때문이라고 판단했다. 그래서 공보부는 공보국, 여론국, 방송국, 출판국, 연락 사무국으로 구성된 5국 체제로 개편했다. 핵심은 지방에서 정보 수집과 홍보 강화를 위해 연락 사무를 '국'으로 승격한 것이다. 연락 사무국은 이동 교육과, 강연과, 대민 관계과, 시각 교육과, 지방 연락과로 구성되었다. 이동 교육과와 시각 교육과는 영화 상영 등을 통해 미군정의 시각으로 현안을 알리고 군정 정책을 설득해나갔다.[77]

    공보국에 기존 영화과에 더해 사진과가 신설되었다. 공보국 영화과의 활동도 본격화되었다. 영화과 과장은 502부대 부대장 리어든 대위로, 그는 뉴스 제작을 조선 영화인들에게 '청부(계약)'하는 방식을 도입했다. 그리고 그는 조선 영화인들이 필름 현상과 녹음 작업을 위해 군정청(중앙청 건물) 5층의 현상·녹음실을 이용할 수 있게 했다. 조선 영화인 이필우가 뉴스 제작과 관련해 공보부 영화과 및 502부대의 '촉탁(관청이나 기관이 일정 사무를 맡긴 외부인사)' 역할을 맡았다.[78] 대신 502부대는 필름을 비롯해 재료와 모든 기자재를 제공했다.

미군정 문서 「공보부의 역사」에 따르면, 조선 영화인이 뉴스릴 제작의 실무를 주도했다. 처음에 공보부는 미국인 책임자가 기획, 편집, 내용을 담당하고, 그 외 기술적 부분은 조선인이 담당하는 방식으로 운영되었다. 그러다가 남조선 과도입법정부 수립에 맞춰 1946년 9월 이후 공보부 각 부서 책임자가 조선인으로 교체되었고, 미국인은 고문 역할을 맡았다.[79] 영화과에서는 방한준이 과장을 맡았고, 조선인 직원들이 주축이 되었다. 영화과는 조선인 민간 제작자에게 청부했고, 미국인 고문이 영화 검열과 허가, 전반적인 감독을 담당했다.[80] 이러한 상황에서 공보부 영화과는 1946년 한 해 동안 《시보》 15편을 제작했다. 이는 기록영화를 포함한 당시 제작된 영상물 중 가장 많은 수에 해당한다.[81]

결국, 주한 미군정 공보부와 502부대가 제작한 《시보》는 미군정의 시각으로 남한의 현안을 전달하며, 여론 형성과 정치적 통제의 도구로 기능했다. 이러한 배경은 뉴스릴의 내용과 의도, 시각과 사각, 즉 《시보》 주요 뉴스들의 시각적 재현과 그 배제를 구체적으로 분석하는 데 중요한 단서를 제공한다.

2. 《전진조선보》의 제작 배경: 주한 미군 사령부 공보원과 역선전 활동

1947년 초 제2차 미소 공동위원회가 재개되자 미군정은 남한 내 우익의 반탁 선전과 좌익의 선전·선동에 맞서 보다 공세적인 '역선전'에 나섰다. 이를 위해 1947년 5월 30일 일반명령 제10호에 따라 주한 미군 사령부 내 공보원(OCI)을 창설했다. 이로써 미군정 공보부의 조선인과 주한 미군 사령부 공보원의 미국인으로 역할이 이원화되었다. 그러나 실질적으로는 공보원의 원장이 공보부의 고문으로서 공보 정책 전반을 감독했으며, 미국인 부고문은 조선인 공보부장과 협력해 공보부 활동을 자문했다. 이는 1947년 4월 선전 총책임자로 내한한 스튜어트(James L. Stewart)가 하지 중장에게 제출한 선전계획(Propaganda Plan) 보고서에 따른 조치였다. 스튜어트는 공보원을 "공격적이고 독립적인 선전과 역선전을 담당하는 기구"로 조직했으며, 이를 미국과 해외 전구에서도 유례없는 독창적인 기구로 평가했다.[82]

공보원은 주요하게 언론과, 라디오과, 영화과 등으로 구성된 생산부, 강연과, 이동교육 열차, 지부 등으로 구성된 지역 활동부로 이루어졌다.[83] 공보원은 공보부의 이동교육 열차를 접수해 1947년 7월부터 12월까지 총 7차례에 걸쳐 전국 농촌 지역을 순회하며 공보 활동과 지역 정보 수집을 병행했다. 이 활동은 조선인 약 145만 명에게 영향을 미쳤다는 평가가 있다. 한국 문제의 유엔 이관 공보 활동과 관련한 조사에서도 영화 상영, 라디오 방송. 전단, 포스터, 팸플릿 등의 교육 프로그램이 큰 효과를 거두었다고 평가되었다.[84] 이러한 성과에 고무된 공보원은 산간 벽지까지 영화를 상영하기 위해 1947년 10월까지 16mm 나트코(National Theatre Supply Company, NATCO) 사운드 영사기 200대를 확보했고, 1948년 초까지 이동교육 열차를 통해 약 20만 명을 대상으로 미국 기록영화 등을 상영했다. 주요 도시 전국 극장에서도 순회 상영되었다.

1947년 9월 주한 미군사령부 공보원은 부산을 시작으로 춘천, 개성, 서울, 인천, 대전, 대구, 광주, 전주, 제주도에 미국 공보관(지부)을 설립하며 전국적인 공보 네트워크를 구축했다.[85] 이러한 과정에서 미군정 공보부의 업무는 대부분이 공보원으로 이관되었다. 이와 관련해 김려실과 박수현은 공보부 영화과의 사정도 마찬가지였다고 논의한다. 1947년 12월부터 영화 제작, 감독, 자료 및 물품 제공, 영사기 획득 및 필름 배포까지 모든 실질적 업무가 공보원 영화과로 이관되었으며, 공보부 영화과는 영화의 검열·허가 기능만 유지한 채 공보원 영화과가 필요로 하는 장비를 지원하는 정도의 역할로 축소되었다.[86]

공보원 영화과도 마찬가지로 502부대를 통해 기록영화를 제작했고, 이필우, 유장산 등이 정부 제작자로 참여했다. 이러한 영화들은 지역에 있는 영화관과 미국 공보관에서 상영되었다.[87] 미군정 공보부는 1947년에도 《시보》 시리즈를 제작했으며, 12월까지 《시보》 28호가 완성되었다. 언론 보도에 따르면, 《시보》 25호는 12월 초 각 영화관에서 상영되었고,[88] 수입 외국 영화와 함께 약 6만 명이 관람한 것으로 보고되었다.[89]

기존 논의에 따르면, 미군정 공보부의 《Korean Newsreel》(《시보》) 시리즈는 1948년 1월 공보원으로 이전되어 《Progress of Korea》라는 제목으로 바뀌어 제작되었다고 평가된다. 일부 선행 연구들은 이를 《대한전진보》(또는 《전진대한보》)로 이해했다.[90] 이와 관련해 유장산과 이필우의 증언 가운데 502부대에 대한 내용을 살펴보면, 502부대가 문화영화와 《전진대한보》 제작을 요구했고, 이에 자신들이 응했다고 회고한 바 있는데,[91] 이 때문에 혼동이 가중된 것으로 보인다. 사후 구성된 증언들이 모호하게 연결되고 대한뉴스 이전의 역사적 계보를 구성하려는 뉴스 기사들이 《前進朝鮮譜》 제명을 망각하면서 제작 주체의 정보에 대해 오류가 발생한 것으로 판단한다.

미군정 공보부는 《시보》 28호 제작을 마친 이후에도 이를 계승하여 《前進朝鮮譜》를 1948년 1월부터 2주마다 정기적으로 제작했다. 건국을 염두한 새로운 제명의 뉴스릴이었다. 1948년 1월 《전진조선보》 제1보가 상영되었다. 특히 흥미로운 점은 한자 제목에서 '알리다'라는 '보(報)'가 아니라 계승하다는 의미를 가진 '보(譜)'를 사용했다는 점이다. 이를 두고 김정아는 《전진조선보》가 《시보》의 계보를 잇는 뉴스릴이라는 의미라는 점을 강조하며, 그 의도를 드러낸 표현으로 평가했다.[92]

김정아는 《전진조선보》와 《전진대한보》 뉴스릴 실물 영상을 분석했다. 구체적으로 보면, KBS가 전체 54호 가운데 30개 호를 대상으로 뉴스릴의 검열, 시작 타이틀 및 제작처, 호수, 내용, 끝 타이틀 등 화면 구성을 직접 검토한 결과, 《전진조선보》가 여전히 미군정 공보부 제작임을 확인했다. 이러한 분석은 2024년 8월 출간된 KBS 현대사 영상 프로젝트 팀 김형석 피디의 책에서도 동일하게 검증되었다.[93]

《전진조선보》 1보(報)에 포함된 주요 뉴스 중 하나는 1947년 10월 30일 촬영한 "조선올림픽 빙상선수단 1948년 올림픽대회 참가 구주 출발"이었다. 1보는 제작·배급이 완료된 1948년 1월부터 각 극장에서 상영되었다. 현재까지 실물로 확인된 《전진조선보》는 1, 2, 7, 8, 10 '보', 그리고 13 '호'까지이다. 김정아는 1948년 6월 22일 "고 박대령의 장례식" 상황 등을 전하는 뉴스를 《전진조선보》의 마지막으로 보고 있다.

반면, 김형석·이상아는 1946년 5월 11일 자 「공보부 일간 보고」의 내용(1948년 6-7월 상황)을 기반으로 《전진조선보》가 16호까지 제작되었으며, 이후 《전진대한보》가 '1호'가 아닌 '17호'로 이어졌다고 주장한다.[94] 이 주장은 뉴스릴의 호수 체계가 제목 변경에도 불구하고 연속성을 유지했음을 강조한다. 결과적으로 《전진조선보》에서 《전진대한보》로 이어지는 계보를 구성하는 데 이견이 존재한다. 그러나 이 글에서는 김형석·이상아의 주장이 뉴스릴의 연속성을 뒷받침한다고 판단한다. 특히 이들의 연구는 《전진조선보》 16호 이후 《전진대한보》 17호로 제작이 이어졌다는 사실을 통해 뉴스릴이 사상심리전 도구로서의 기능뿐 아니라 제목과 호수 체계의 연속성을 통해 역사적 서사를 조직하고, 국가 정체성 형성과 냉전의 사상심리전 계보를 구축하는 데 중요한 역할을 했음을 보여준다.

3. 《전진대한보》의 제작 배경: 한국 공보처와 사상심리전의 연속성

대한민국 공보처 영화과의 뉴스릴 활동은 미군정 공보부의 조직과 기능, 그리고 인력을 대부분 계승하면서 시작되었다. 그러나 한국 정부 공보처의 규모와 역량은 미군정 공보부나 주한 미군 사령부 공보원에 비해 상대적으로 축소되었다는 평가가 일반적이다. 영화과는 정부 수립 직후부터 활동을 시작했으나, 법적 근거가 되는 대통령령 제15호는 1948년 11월 4일에야 제정·시행되었다.

당시 공보처의 활동은 제주4·3사건부터 여순사건으로 이어지는 비상사태 속에서 반공주의적 통제와 검열 정책을 중심으로 이루어졌다. 공보처는 정부를 비판하는 10개 신문사를 폐간했고 《서울신문》을 정간했으며, 소속 기자들을 체포·구속했다. 그리고 국방부와 협력하여 군 관계 보도를 사전 검열했고, 모든 언론을 강력히 통제했다. 이러한 환경에서 공보처 영화과는 국가정책 소개와 공공 정보 제공을 목적으로 부정기적으로 《전진대한보》를 제작했다.

공보처는 1949년 《서울신문》 정간 사태 이후 김동성 처장에서 이철원 처장으로 교체되었다. 이철원은 언론 통제 방식을 폐간·정간에서 등록 제도로 전환하며, 언론을 반공주의 사상전의 도구로 적극 활용하고자 했다. 그는 "언론출판에 관여하는 제군은 투쟁하는 현 계급에 있어서는 국민정신을 지도하는 심리전 내지 신경전의 투사이며 군중심리의 조직자인 것이다"라고 주장했다.[95] 이에 따라 공보처는 대통령령 제35호를 근거로 선전대책중앙위원회와 각 시도 선전대책위원회를 설치했다. 이 조직은 "여순사건 1주년을 맞아 3천만이 다 같이 한결같은 마음의 무장"을 목표로, 216명의 강사들을 16개 반, 연극대, 영화대로 나누어 전국 각지로 파견했다.

김학재에 따르면, 공보처는 미군정 공보부의 사업들을 계승했으나, 위상과 역량은 축소된 반면, 검열과 통제 중심의 권력 행사는 오히려 강화되었다. 특히 여순사건 이후 내전적 상황에서는 주민들의 안전보다는 정권 안보를 우선시하며 적대적이고 배제적인 정책을 더욱 강화했다.[96]

이러한 기조는 《전진대한보》의 뉴스에서도 분명히 나타난다. 뉴스릴은 북한 소식이나 좌익 관련 뉴스를 철저히 배제하는 한편, 군 '전몰장병'과 순직 경찰관 합동위령제, "제주도파견 경찰 특별부대 귀환" 등 소요나 폭동을 일으킨 좌익 세력에 대한 강한 적대감을 내레이션을 통해 직접적으로 강조했다. 반면, 대한민국 정부 수립과 이후 과정을 보여주는 새로운 국가·사회 건설의 과정을 다룬 뉴스는 지나치게 긍정적이고 낙관적인 시각만을 담아 대조를 이루었다.

《전진대한보》는 현재 1949년 12월까지의 상황을 전하는 49호 일부가 실물로 확인된다. 이후 '6·25 전쟁'과 서울 '수복' 시기의 상황을 다룬 《전진대한보》 54호 "6·25 사변 기록" 뉴스는 한국 공보처가 아닌 '주한 국 미국 공보원'[97]에서 제작된 것이다. 당시 주한미공보원 영화과는 당시 미 국무부 국제 영화부(International Motion Picture Division)로부터 공급받은 《세계뉴스(World News)》와 함께 《전진대한보》를 16mm 필름으로 복사해 각 지역 공보원 지부에 배포하고 상영했다. 이는 《전진대한보》가 단순한 한국 제작물이 아니라 미군 심리전 전략의 일환으로 활용되었음을 보여준다.

전시 상황 속에서 한국 공보처가 전쟁으로 인해 《전진대한보》 제작을 지속할 수 없는 여건에 처했다. 이러한 상황에서 주한미공보원은 《시보》, 《전진조선보》, 《전진대한보》를 제작했던 조선 영화인 기술팀 일부를 진해 스튜디오로 이동시켜 새로운 뉴스릴인 《리버티뉴스》를 제작했다.[98] 이에 한국 공보처의 사상전과 미군의 냉전 심리전이 더 긴밀히 착종되며 사상심리전의 새로운 국면을 열었다.

Ⅳ. 사상심리전으로 본 뉴스릴

1. 건국의 시각, 갈등의 사각: 《시보》가 만든 서사

현재 실물로 확인할 수 있는 《시보》는 1, 2, 5호, 특보다.[99] 1, 2, 5호는 1946년 1월에서 3월 사이에 촬영된 주요 뉴스로, 정확한 제작 및 상영 시기는 확인되지 않는다.[100] 이 뉴스릴들은 전체 타이틀과 오디오가 없이 흑백 영상만 남아 있으나, 단순한 신문 기사가 아닌 움직이는 영상으로 사건을 전달하며 강한 현장감을 준다. 이는 뉴스들이 당시 한반도에서 자주적 국가 건설의 향방에 중대한 영향을 끼친 사건들을 다루고 있기 때문일 것이다. 그러나 《시보》는 당시 정국을 흔들었던 핵심 사건들을 사각화하며, '사실상의 정부'로 통치하던 주한 미군정의 활동에 위협이 되지 않는 선에서 일부 사건만 선별해 보도하고 있다. 미군정 공보부는 국가 형성 과정에 상징적 사건의 일부만 선별적으로 보도했다.

예컨대 동아일보의 의도적 오보로 촉발된 '신탁통치 파동'과 좌우 갈등 격화 책임에 대한 미군정의 책임은 철저히 사각화되었다. 대신, 군정청 앞 광장에 게양된 성조기(점령과 군정의 상징)보다 "감격의 첫 태극기 게양"만 부각하며, 태극기가 군정청 건물과 "드높은 하늘"을 배경으로 펄럭이는 장면을 교차 편집했다. 미군 군악대가 애국가를 연주하는 모습과 함께 "조선독립만세"를 외치는 군중을 잡아내는 연출[101]은 미군정을 국가 형성과 민주주의 지원의 주체로 미화한다. 이는 내부 갈등이나 점령 현실을 의도적으로 은폐하며, 미군정의 정당성과 긍정적 이미지를 구축하려는

사진 1 《시보》 타이틀

사상심리전적 접근을 잘 드러낸다.

《시보》1호는 1월 14일 페터슨 미 육군부장관의 방한 소식, 1월 16일 1차 미소 공동위원회 예비 회담 개막식에서 하지 중장과 스티코프 중장 등 미소 참석자들이 참석한 모습, 그리고 2월 1일 오전 천주교 대강당(명동성당)에 모여 비상국민회의 개최 상황을 담고 있다. 또한 조선국방경비대 창설과 제식훈련 장면, '국립경찰학교' 플래카드를 들고 행진하는 모습은 새로운 국가의 물리적 기반 형성을 '건국'의 맥락에서 다뤘다. 심지어 서울 시내 화재 진화 소식조차 "건국을 좀먹는 화재!"라는 제목으로 보도하며, 국가 형성 과정의 상징적 사건으로 포장했다. 《시보》2호는 2월 14일 과도정부 수립을 위한 미군정 자문기구 남조선 대한국민대표 민주의원 개편 소식을, 3호는 3월 20일 1차 미소 공동위원회 회담 소식 등을 다뤘다. 마지막으로 특보는 1946년 12월 12일 남조선 과도입법의원 개원식 소식을 전한다. 이 글에서는 《시보》1호의 친일파 김계조 사건 뉴스, 2호의 비상국민회의 및 민주의원 관련 뉴스, 그리고 특보의 남조선 과도입법의원 설립 뉴스를 중심으로 분석한다.

우선, "친일파 모리배! 김계조의 말로!" 뉴스는 새로운 국가 건설 과정에서 친일 반민족 행위자 청산이 핵심 과제 중 하나였음을 보여준다. 1946년 1월 17일 서울지방법원에서 열린 '김계조 사건' 첫 공판 영상 카메라는 피고인 김계조의 표정을 클로즈업하여 긴장된 모습을 포착하는 한편, 오승근 판사와 김홍섭 검사의 차분한 태도를 강조했다. 피고인과 고발인의 얼굴을 클로즈업하며 진술의 중요성을 시각적으로 부각시키는 동시에, 방청석을 와이드숏으로 교차 편집하여 사건의 핵심 순간을 집중적으로 보여주는 방식은 당시 뉴스릴 제작의 전형적인 편집 기법이었다.

김계조는 동양척식회사의 후원으로 함경북도의 탄광을 매입해 회문탄광을 설립하고, 중일전쟁 이후 동양연료회사와 일본연료회사 설립과 조양탄광회사 인수를 통해 정경유착형 탄광왕으로 성장한 대표적 친일 인사였다. 일제 패망 직전 조선총독부의 지원을 받아 국제문화사(댄스홀)를 설립·운영했고, 이를 통해 거액의 자금을 챙기다가 체포되었다. 혐의는 횡령, 패망 전 친일 정권 수립, 배일 친미파 암살 모의, 조선과 미국 간 이간 책동, 치안 교란 등 정치적 음모까지 포함됐다. 과거 동업자인 친일파 김정목과 손홍원의 고발로 기소된 김계조는 법정에서 모든 혐의를 부인하며 스스로 애국자임을 주장했다.[102]

이 뉴스는 공판의 장면을 담는 데 그쳤으나, 사건은 이후 대규모 정치적 파장으로 이어졌다. 김계조의 돈을 받은 단체 가운데 한민당이 지목되었고, 송진우, 김성수, 백관수 등 주요 인사의 이름이 거론되면서 '사법파동'으로 확산되었다. 김용무 대법원장이 오승근 판사에게 재판 개입을 시도했으나, 오승근 판사의 강력한 발발로 현직 판검사들이 김 대법원장을 불신임하는 사태가 벌어졌다. 결국 김용무 대법원장은 1946년 4월 사임했고, 오승근 판사도 민사부로 좌천되었다. 얼마 전 첫 번째로 체포된 친일파 박흥식이 풀려났다가 비판 여론이 거세지면서 다시 구속된 일이 있던 차였다. 최종 공판에서 김계조는 징역 5년형을 선고받았지만, 그마저도 상고심에서 대부분 무죄 판결로 징역 10개월로 감형되었다.[103] 오승근 판사는 다시 광주지방법원 장흥지원으로 보복성 좌천을 당했고, 곧바로 해임되었는데, 오승근은 조선정판사 위폐사건의 변호인단에 합류하게 된다.[104] 김계조와 오승근의 엇갈린 행보는 친일 청산 정국에서 반공 정국으로 뒤바뀌었던 당시의 정치적 역학과 권력 구조를 상징적으로 보여준다.

김계조에게 제기된 정치적 음모의 실체는 여전히 명확히 규명되지 않았지만, 그가 운영한 댄스홀 등 유흥업소는 단순한 사리사욕의 산물이 아니었다. 이는 조선총독부 지원과 미군정의 묵인 아래 운영된 것으로, 일본군 '위안부' 제도의 연장선에서 일제가 연합군의 약탈과 강간을 방지한다는 명분으로 일본 내 특수위안시설협회(Recreation and Amusement

Association, RAA)를 설치하라는 지시와 유사한 방식으로 조선에서도 실행된 결과였다. 김계조는 이 과정에서 조선총독부의 지원을 받아 '주둔군'(미군)의 성적 욕구를 충족시키는 유흥업소를 운영했고, 이를 통해 사익을 추구했다. 그는 댄스홀이 미군의 손에서 일반 부녀자들을 보호하기 위한 것이라는 궤변을 늘어놓았지만, 자신의 이익을 정당화하려는 수단에 불과했다.

이 뉴스의 제호처럼 자신의 사리사욕과 성공을 위해 "친일 모리배" 짓을 했음에도 불구하고 그 "말로"는 대가를 치르지 않은 채 크게 어려움을 겪지 않았다. 이것은 친일파 청산이 앞으로도 얼마나 험난하고 좌절스러운 과제가 될지를 예고하는 것이었다. 정부 수립 후 친일파 청산으로 갈 것 없이 미군정기 과도입법의원이 제정한 부일협력자·민족반역자·전범·간상배에 대한 특별법률조례를 봐도 이를 확인할 수 있다. 1947년 4월 24일 본회의에 상정된 법률 수정안을 보면, 전쟁범죄자 조항의 마지막에 "7. 일본군을 위안할 목적으로 부녀자를 제공한 자"가 포함되었지만, 최종 재수정안에서는 해당 조항이 삭제되었다.[105] 김계조의 상고 끝 대부분 무죄와 그렇게 삭제된 7번 항목은, 결국 "친일파 모리배! 김계조의 말로!"라는 뉴스가 의도적으로 감춘 사각 지대에 있었다.

《시보》2호의 "민족의 총의를 통일에 집결! 비상국민회" 뉴스는 반탁 운동을 전개하며 대한민국 임시정부를 중심으로 자주적인 과도정부를 수립하려는 노력을 시각적으로 전달한다. 1946년 2월 1일 오전 10시, 천주교대성당(명동성당)에서 열린 비상국민회의에는 각계각층 대표 167명이 참석했다. 뉴스는 회의 전경을 풀숏(Full Shot, FS)으로 담아 회의장의 열띤 분위기를 포착하며, 사회를 맡은 안재홍, 의장을 맡은 김병로를 비롯한 참석자들의 모습을 클로즈업으로 연결했다. 클로즈업은 발언 중인 대표들의 표정을 강조하며, 그들의 열정과 진지함을 부각했다. 동시에 회의장의 전체적인 흐름과 대표들의 활발한 논의를 담기 위해 다양한 앵글과 편집 기법을 활용해 현장의 역동성을 전달했다.

　　이 회의에서는 대한민국 임시정부의 법통을 지지하는 결의가 이루어졌다. 참석자들은 "기미혁명으로 민족의 총의에 의해 창립된 임시정부의 오랜 기간에 걸친 전재고투와 해외에서의 외교, 군사, 민중 조직 등의 다각적인 광복운동에 대한 감사 결의문"을 만장일치로 채택했다. 또한, 연합군이 민주주의를 수호하고 인류 평화에 기여한 공로를 가리는 감사 결의문도 채택했다. 회의는 참석자들이 "대한독립만세"를 삼창하며 마무리되었는데,[106] 이는 회의의 고조된 분위기를 효과적으로 전달하는 클라이맥스로 구성되었다. 이 장면들은 단순한 정보 전달에 그치지 않고, 당시 영상 미디어가 가지는 선전적 기능과 시각적 서사를 잘 보여준다. 《시보》의 이러한 연출은 회의를 미군정의 통제 아래 있는 '건국'의 정당성을 강화하고, 임시정부 법통 계승의 이미지를 부각하려는 사상심리전의 일환으로 이해될 수 있다.

　　그러나 이 뉴스릴은 찬탁/반탁 구도의 좌우 갈등을 의도적으로 배제했으며, 김원봉 등 사회주의 계열의 인사들은 철저히 사각화되었다. 애초 비상국민회의에는 여운형도 참여했으나, 이 회의가 2월 14일 '남조선 대한국민대표 민주의원'으로 바뀌자 여운형은 불참을 선언했다. 미군정은 민주의원을 한국을 대표하는 기구로 선전했지만, 일부에서는 일제 중추원과 다를 바 없다는 비판이 제기되었다. 이 사건을 계기로 임정을 떠난 김원봉, 여운형 등이 허울뿐인 임정법통론을 비판하면서 곧바로 민주주의민족전선 결성으로 나아가는 계기가 되었다. 그러나 이러한 과정은 뉴스릴에서 완전히 배제된 사각지대에 해당한다. 이 사건의 여파로 서울에서는 좌우익이 각각 서울운동장과 남산공원에서 별도로 3·1절 기념행사를 열었고, 이는 좌우 갈등의 상징이 되었다.

　　마지막으로 《시보》 특보(유성)는 1946년 12월 12일 남조선 과도입법의원 개원식 소식을 보도한다. 내레이션은 개원식이 군정청 홀에서 대의원 57명의 참석하에 성대하게 거행되었음을 담담히 전한다. 화면에는 군정청 홀에 걸린 거대한 태극기, 단상에 자리한 과도입법의원 의장 김규식, 그 옆의 하지 중장과 미군정 수뇌부, 그리고 미군정 통역 정치를 상징하는 이묘묵의 모습이 비친다.

그러나 《시보》 특보는 과도입법의원의 구성 과정에서 드러난 문제들을 철저히 배제하고 있다. 과도입법의원은 미군정의 관선 지명 45명과 민선으로 뽑힌 45명, 총 90명으로 구성되었지만, 민선 의원 선출 과정은 1946년 '10월 항쟁' 와중에 언론과 주민들에게 제대로 알려지지 않은 채 치러졌다. 선거는 10월 17일부터 22일 사이 진행되었으며, 미군정의 관권 개입으로 친일파와 우익 세력이 민선에서 대거 당선되었다. 애초부터 민전과 좌익 세력이 선거를 거부했고, 선거를 감시했던 좌우합작위원회는 강하게 반발했으며, 신망 있는 중도파 인사들이 대거 이탈했다. 선거 과정에서 하지 중장이 서울과 강원 지역의 선거를 무효화하고 재선거를 치르는 등의 혼란을 겪었지만, 이러한 사실들은 뉴스에서 철저히 배제되었다. 결국, 개원식에 참석한 57명 중 미군정이 배려한 일부 중도파 의원을 제외하면 대부분 우익 세력으로 구성되었으며, 나머지 33명은 개원식에 불참한 상태였다. 《시보》 특보는 과도입법의원이 미군정의 통제 아래 탄생한 기구임에도, 이를 한국 사회를 대표하는 합법적 입법기관으로 포장했다. 이는 선거 과정에서 드러난 좌우 갈등과 내적 혼란을 의도적으로 배제함으로써, 미군정의 정치적 정당성과 통치의 정합성을 강조하려는 시각적 서사 전략의 일환이었다. 이러한 연출은 당시 좌우 갈등의 심화를 효과적으로 은폐하고 미군정이 남한 사회의 안정과 발전을 주도하는 긍정적 역할을 수행한다는 이미지를 구축하려는 사상심리전적 성격을 담고 있다.

2. '남한 단독 총선거'의 시각과 가려진 폭력: 《전진조선보》의 선택과 배제

《전진조선보》는 1947년 11월부터 1948년 6월까지 촬영된 것으로, '건국'을 상기시키는 제명처럼 남한 단독 총선거를 통한 대한민국 정부 수립 과정의 사건들을 주로 다루고 있다. 현재 실물로 확인 가능한《前進朝鮮譜》는 1, 2, 7, 8, 10報(보),《전진조선보》13호다. 그리고 전체 타이틀 등 앞부분이 소실되어 확증할 수 없지만, 내용상《전진조선보》11호 또는 12호로 추정되는 실물 영상도 존재한다. 1, 2보는 1947년 11월 30일과 1948년 1월, 7, 8, 10보에서 13호까지는 1948년 4월에서 6월 사이 5·10 총선거 전후의 주요 사건을 다룬다. 제작 및 상영 시기는 정확히 알 수 없지만, 뉴스릴의 주제와 편집 방향은 명확한 정치적 의도를 보여준다.

《전진조선보》첫 화면에는 "PASSED BY Department of Public Information 검열품 NO.1461 공보부"라는 검열 표시가 등장한다. 미군정은 군정법령 제68호를 통해 언론, 출판, 영화 등을 검열·통제했으며, 뉴스릴은 미군정의 정치적 목적에 따라 특정 시각만을 반영한 내용으로 제작되었다. 당시 상영 극장은 수도극장, 국도극장, 서울극장 등이 주를 이뤘으며, 흑백 영상임에도 불구하고 주요 장소와 인물들을 다양한 숏과 편집 기법으로 현장감 있게 전달했다. 특히 배경음악, 현장음, 내레이션은 관객들에게 생생한 정동(affect)을 전달하며 강력한 시청각적 몰입을

사진 2 《前進朝鮮譜》1보 검열
사진 3 《前進朝鮮譜》시작 타이틀

유도했다.

《전진조선보》1보의 첫 뉴스 "U.N. 임시조선위원단 초회합"은 유엔한국임시위원단(UNTOCK)이 내한하여 첫 회합을 갖는 모습을 담았다. 유엔 총회의 결의에 따른 이들의 주요 과제는 조선 총선거 감시와 양군 철수 문제를 논의하는 것이었다. 2보 역시 유엔한국임시위원단 관련 소식을 이어가며, 1948년 1월 14일 서울운동장에서 열린 "U.N. 임시조선위원단 환영회" 현장을 보여준다.

영상은 경쾌한 배경음악과 함께 서울운동장의 전경을 익스트림롱숏(Extrene Long Shot, ELS)으로 시작하며 군중이 집결한 광경의 웅장함을 강조한다. 이후 롱숏(Long Shot, LS)로 군중의 밀집된 모습과 공간감을 포착하며, 이어 풀숏으로 개별 단체들의 행렬과 플래카드, 깃발의 움직임을 담아 현장감을 더한다. 미디엄숏(Medium Shot, MS)로는 단체의 구성을 보여주고, 클로즈업(Close-Up, CU)을 통해 깃발을 흔들거나 환호하는 개인의 표정과 감정을 상세히 담아 생동감을 극대화한다. 군중의 시선은 자연스럽게 단상으로 모이며, 단상을 바라보는 군중의 모습은 리버스숏(Reverse Shot, RS)으로 연결된다. 단상 위에는 유엔 대표 메논(Krishna Menon), 이승만, 조병옥 등 한국 정치 지도자들과 하지 중장(John R. Hodge), 딘(William F. Dean) 군정장관 등 미군 사령부 인사들이 자리하고 있으며, 이들의 모습은 점차 클로즈업되면서 현장의 중심 인물들에 대한 주의를 집중시킨다. 이러한 촬영과 편집 기법은 단순한 정보 전달을 넘어, 화면에 나타난 인물과 군중의 상호작용을 강조하며, 행사 자체가 민족적 단결과 국제적 정당성을 부각하려는 의도를 효과적으로 드러낸다.

영상은 경쾌한 음악과 함께 서울운동장에 집결한 군중과 플래카드 및 깃발들이 휘날리는 모습을 익스트림롱숏(ELS)와 롱숏(LS)로 웅장하게 잡다가도, 군중의 다양한 주체들과 단체들을 하나하나 보여주겠다는 듯 풀숏(FS) → 미디엄숏 (MS) → 클로즈업(CU)하면서 보여준다. 군중의 시선은 모두 운동장 단상 위로 향하고 있다. 단상에는 메논 대표 등 유엔 한국임시위원단, 이승만 대통령과 한국의 정치 지도자들, 하지 중장과 딘 군정장관 등 미군 사령부 인사들이 자리하고 있다.

영상 내레이션과 당시 신문 기사에 따르면, 조병옥 등 한국 측 주요 참석자들의 환영사와 메논 대표의 답사 내용은 조선의 독립과 통일을 강하게 주장하는 듯 보였다. 그러나 그 전제 조건으로 북한 체제를 전면 부정하고 되돌릴 것을 요구하며, 미·소 점령군이 동일한 입장을 취해야 한다는 비현실적 전제를 포함하고 있었다.[107] 이는 이미 제2차 미소 공위가 결렬된 상황에서 미국 내부에서도 남한만의 단독 선거를 통한 정부 수립이 불가피하다는 현실을 인정하고 있던 맥락과 맞닿아 있다. 따라서 전국 환영대회에 대한 뉴스는 이러한 복잡한 현실을 배제한 채, 남한만의 단독 정부 수립이 국민 모두의 전폭적인 지지를 받고 있다는 인상을 심어주려는 의도를 담고 있었다. 영상은 군중의 환호와 단상을 중심으로 삼아, 단일한 민족적 지지라는 이미지를 강조하며, 남한의 정치적 단독성을 정당화하려는 선전적 시각을 효과적으로 드러낸다.

《전진조선보》에는 동계·하계 올림픽 참가와 관련된 뉴스가 다수 포함되어 있다. 그 시작은 1947년 11월 30일 생모리츠 동계올림픽 참가를 위해 훈련 중인 최용진, 이종국, 이효창 빙상선수들의 모습을 담아 조선 올림픽 빙상 선수단의 유럽 출국 소식을 전한 뉴스였다(1보). 이후 1948년 4월 25일과 29일에는 런던 올림픽 참가를 위한 국내 예선 경기(권투, 자전거, 마라톤, 원반투, 레슬링)를 보도했고,(7, 8보). 같은 해 6월 18일에는 서울운동장에서 치러진 올림픽 팀 결성식과 이를 지켜보는 군중들의 모습, 그리고 6월 21일 런던으로 출국하기 위해 서울역을 떠나는 올림픽 팀의 장면(13호)도 보도했다.

카메라는 선수들의 역동적인 움직임을 클로즈업으로 포착하며, 이를 응원하는 군중들을 풀 숏(FS)과 롱 숏(LS)을 오가며 담아 생동감과 열기를 전달했다. 결성식과 환송식 장면에서는 다양한 각도와 거리에서 촬영된 화면들이 교차 편집되어, 관객들로 하여금 현장에 함께 있는 듯한 몰입감을 주었다. 이러한 연출은 스포츠 행사가 단순한 경기 이상의 의미를 지닌다는 점을 드러낸다. 그러나 당시 남한이 독립국가로 인정받지 못한 상황에서 국제 올림픽 대회에 태극기를 들고 참가할 수 있었던 이유는 무엇이었을까?

해방 이후 남한에서는 조선체육회를 중심으로 수많은 체육 행사가 개최되었다. 체육 행사는 선수뿐 아니라 관람객들에게도 펄럭이는 태극기와 '독립', '국가'라는 상징을 통해 열광과 자긍심을 고취시켰다. 이러한 분위기 속에서 조선체육회 산하 단체들이 창설되었고, 다양한 체육 행사가 조직되었다. 체육인들의 증언에 따르면, 올림픽 출전은 특히 큰 관심을 받는 사안이었다. 생모리츠 동계올림픽(1948년 1월 30일 개막)과 런던 하계올림픽(1948년 7월 29일 개막)은 제2차 세계대전 종전 후 처음으로 열린 올림픽이었다. 이를 준비하기 위해 조선체육회는 1946년 6월 16일 런던올림픽대책위원회를 결성했고, 1947년 6월 15일 조선올림픽위원회(KOC)가 발족했다. 초대 위원장은 여운형이었다. 같은 해 6월 19일 조선올림픽위원회는 국제올림픽위원회(IOC)의 제40차 스톡홀름 총회에서 정식으로 인정받았고, 다음 날 공식 가입국이 되었다. 미군정 통치 아래 제2차 미소 공동위원회가 진행되는 기간이었고, 독립 통일국가 수립되기 전이었음에도 불구하고 남한은 올림픽 대회에서 태극기를 들고 참가할 수 있는 국제적 지위를 확보하게 되었다.

이러한 국제적 인정의 배경에는 조선 체육인들의 열망과 더불어 미군정과 미국의 지원이 있었다. 당시 국제올림픽위원회 부위원장 브런디지(Avery Brundage)가 여운형에게 보낸 편지에 따르면, 조선올림픽위원회의 정식 가입은 미군정 및 미 국무부의 지지를 바탕으로 이루어졌다. 브런디지는 "이번 인준은 물론 어떤 면에서 예비적이며, 한국 정부가 탄생하면 다시 평가될 것"이라는 조건을 내걸면서도, 한반도에서 단일 올림픽 위원회가 존재해야 한다고 강조했다. 이는 분단과 냉전이 심화되는 상황에서 미국이 스포츠를 통해 남한 단독 정부 수립의 가능성을 뒷받침하려 했음을 보여준다. 소련 등 사회주의 국가들은 런던 올림픽에 불참하고, 사회주의 형제국들 간 국제 스포츠 이벤트들을 더 강화해 나갈 때였다. 이와 관련해 김정아는 스포츠를 미국의 자유민주주의와 연결해 인식시키고 스포츠의 역동적인 에너지를 국가 건설의 희망과 열망으로 연결해 정치적 소요를 잠재우는 문화 기획이었다[108]고 평가한다. 이는 북한도 마찬가지로 스포츠를 체제 강화의 수단으로 활용했다는 점에서 흥미로운 대조를 이룬다.

《전진조선보》의 사상심리전적 성격은 "5·10 총선거 실황 보도"(10보)와 "제주도서 비행기로 옮겨온 고 박대령의 시신" 및 "고 박대령의 장례식"(13호)에서 잘 드러난다. 영상 내레이션은 "약간의 폭동과 소란"에도 불구하고 "여러 가지 위협을 무릅쓰고 대담하게 투표장으로 향한" 국민들이 "진정한 민주주의 선거"를 통해 독립 정부 수립의 희망을 보여주었다고 선전한다.[109]

미군정은 반쪽짜리지만 제헌국회의원 선거를 매우 중요하게 여겼다. 1948년 초부터 뉴스릴뿐 아니라 선거 홍보와 절차 안내 영화를 제작해 집중적으로 상영했다. 최인규 감독이 청부 받아 제작한 〈인민투표〉는 4월에 완성되어 전국 배급을 통해 약 300만 명이 관람했을 정도로 큰 반향을 일으켰다. 또한, 공중 전단 살포와 주요 도로 및 마을에서 대량의 유인물이 배포되었고, 선거 홍보를 위해 경찰, 행정기관, 우익 청년단체까지 동원되었다. 4월 16일, 유권자 및 입후보자 등록이 마감되었는데, 91.8%의 높은 등록률을 기록했다고 선전되었고(실제 추산은 79.7%), 200개 선거구에서 948명의 입후보자가 나섰다.[110] 하지만 좌익 세력이 불법화되고, 한독당과 일부 중도 세력 등 남북 협상에 참여한 인사들이 선거를 보이콧하면서 대부분의 후보는 우익 세력으로 구성되었다. 투표율은 등록자 대비 95.2%로 홍보되며 선거는 마무리되었다.

미군정의 공보 선전은 5·10 총선거를 "진정한 민주주의 선거"로 포장했다. 내레이션은 "한국민의 3분의 2를 점하는 지역의 선거민들이 그들의 자유의사를 합법적으로 표현했다"고 강조하며, 유엔 총회의 결의에 따라 공정하고 합법적인 국회(National Assembly)가 구성되었음을 부각했다. 5·10 총선거 뉴스 중간에 "여러 가지 위협"과 "약간의 폭동과 소란"이라는 표현으로 축소된 '제주도 사태'는 박진경 대령의 시신과 장례식 뉴스 보도로 연결되었다. 《전진조선보》 13호의 두 개 뉴스가 6월 19일 김포공항에 도착한 박진경 대령의 시신 운구에 딘 군정장관이 직접 동행했음을 보도했고, 남산에서 열린 장례식에서 딘 군정장관, 송호성 국방경비대 총사령관 등 주요 인사들이 참석한 장면도 담았다. 내레이션은 "제주도 소요도당의 폭동을 조금도 두려워하지 않고 진압했던 용감한 군인"으로 박 대령의 희생을 영웅적으로 시각화했다.[111]

그러나 이러한 시각은 배제된 채 망각된 사실을 조명할 필요성을 남긴다. 당시 남로당 등 좌파 세력은 총선거를 무력으로 저지하려 했고, 유권자 등록을 방해하며 선거사무소를 공격했다. 전국적으로 경찰서와 투표소 약 90곳이 습격당하며 인명 피해가 발생했다. 또한 남북 협상을 통해 독립된 통일 정부를 수립하려던 김구, 김규식 등 민족주의 세력의 호소는 "총선을 파괴하는 북한의 모략"으로 매도되었다. 제주도에서는 총선거가 무산된 2개 선거구를 중심으로 '폭동'이 발생했으며, 이를 진압한 박진경 대령은 "30만 명을 희생시켜도 무방하다"는 발언과 함께 강경 진압을 지시했다. 이러한 그의 행적은 결국 그를 살해한 손선호 하사와 이를 지시한 문상길 중위의 군법회의와 총살로 이어졌다.[112]

《전진조선보》는 해방 이후의 사회적 혼란과 갈등을 철저히 배제하고, 특정한 정치적 메시지를 전달하는 데 초점을 맞췄다. 뉴스릴은 단합된 한국인의 모습과 남한 단독 정부 수립의 정당성을 강조하며, 이를 통해 미군정의 정책 방향과 냉전 전략을 정당화하려는 목적을 분명히 드러냈다. 특히 총선거 관련 뉴스는 "진정한 민주주의 선거"라는 이상화된 이미지를 강조하는 한편, 선거 과정에서 발생한 폭력적 저항은 단순한 소요나 방해로 축소했고, 국가폭력의 행사는 영웅적이고 필요한 조치로 미화되었다. 이러한 편집과 서사 방식은 남한 단독 정부 수립을 불가피하고 정당한 과정으로 서술하며, 《전진조선보》가 미군정의 사상심리전 도구로 기능했음을 보여준다.

3. 대한민국 정부 수립과 '북진'의 시각: 《전진대한보》가 선택한 미래

한국 공보처 영화과가 제작한 《전진대한보》는 1948년 8월부터 1949년까지 촬영된 뉴스릴로, 대한민국 정부 수립과 관련된 주요 사건들을 다룬다. 이 뉴스릴은 '대한민국 정부 수립 선포식'을 비롯해 각 부처 장·차관 및 사령관 임명식, 주한 미국 대사 무초의 내한과 활동 등 정부 수립 과정의 장면들을 생생하게 담았다. 특히 내레이션, 현장음, 육성을 통해 사건의 실감과 현장감을 전달하는 데 중점을 두었다.

뉴스릴에는 서울의 다양한 장소와 활동들도 담겨 있다. 졸업식이 열린 국립서울대학교, 주한미국대사관이 설치된 반도호텔, 서울 가톨릭 교회 주교 승품식이 열린 명동성당, 유엔 한국위원단 환영식이 개최된 서울운동장, 정부 수립 선포식이 거행된 중앙청 광장, 서울역 등은 당시 서울의 사회적·정치적 풍경을 생생히 보여준다.

현재 실물로 확인된 《전진대한보》는 16호(추정), 17호, 19호, 24호, 26호, 28호, 29호, 30호, 31호, 33호, 34호, 35호, 36호(또는 37), 38호, 39호, 40호, 41호, 43호, 44호, 45호(또는 46), 47호, 48호, 49호, 50-53호 중 하나, 그리고 54호까지 총 24개 호가 남아 있다. 이 중 54호는 《전진대한보》라는 제호를 달고 있으나, 1950년 10월까지의 6·25 전쟁을 기록

사진 4 《전진대한보》 17보 시작 타이틀
사진 5 《전진대한보》 54호 시작 타이틀

한 뉴스릴로, 주한미공보원이 제작·제공한 것이었다.

《전진대한보》의 주요 뉴스 주제는 대한민국 정부 수립과 한미 관계에 집중되어 있다. 주한 미군을 상징하는 하지 중장이 떠나는 소식과 함께 이의 공백을 메우려는 무초 주한 미대사의 귀임, 미국의 경제 원조, 로열 미 육군부 장관의 방한과 미군 함대의 한국 기항, 한미 친선사절단과 유엔 한국위원단의 방한 및 38선 시찰 뉴스들이 눈에 띈다. 그리고 육군 간호부대 결성식, 육군사관학교 배속장교 입교·훈련·졸업, 국립경찰전문학교 간부후보생 전투훈련과 졸업, 전몰군인 합동위령제, 순직경찰관 합동위령제 등도 주한미군 철수의 공백을 대비해 국방 전력 증대와 애국심 및 적개심을 고취하는 뉴스들이다.

《전진대한보》는 1949년에 들어서면서 더 다양하고 일상적인 소재로 확장되었다. 기미독립선언 기념대회, 5·10 총선거 기념식전, 대한민국 자주독립 1주년 기념식, 개천절 축하식 등의 기념일 행사와 체육·종교 행사, 어린이날 행사, 국민학교 개학식, 과학·미술·천문기상 관련 전람회 소식 등이 이에 해당한다.

5·10 총선거 이후 《전진조선보》에서 《전진대한보》로 이어지는 뉴스들의 클라이맥스는 대한민국 정부 수립 과정이었다. 남조선 과도입법의원의 폐원과 제헌국회의 개회 장면은 "역사적 국회개회식"이라는 제목

처럼 역사적 순간들을 강조한다. 특히 국회의장 이승만의 개회사에서 제헌국회의 개원이 "애국선열들의 희생적인 공덕"과 "미국과 유엔"보다 "하나님의 은혜" 덕분임을 언급하는 점은 주목할 만하다. 앞서 임시의장으로 추대된 이승만이 국회의원 전원을 일어나게 한 뒤 제헌의원 이윤영 목사에게 기도를 요청하며 시작한 것 역시 기독교적 색채를 강하게 드러낸다.[113] 이는 대한민국의 국교가 기독교가 아님에도, 제헌국회 첫 감사 인사가 독립운동가들보다 "하나님의 은혜"에 초점이 맞춰진 점에서 상징적이다. 이 뉴스릴은 이승만 국회의장의 육성을 통해 1919년을 대한민국의 시작으로 명확히 밝히면서 대한민국이 임시정부 법통을 이은 국가임을 선언하고 있음을 보여준다. 문서 자료와 달리 영상자료는 이승만과 여러 국회의원의 육성, 어린이 합창단의 애국가 제창, 만세삼창과 같은 현장음을 통해 제헌국회 첫 개원의 순간을 더욱 생생하게 전달한다. 이러한 영상적 재현은 당대의 정치적 정당성을 강화하고 관객들에게 국가의 새로운 출발에 대한 긍정적 이미지를 심어준다.

새롭게 정립되는 한미 관계 소식들도 주목할 만하다. 대표적인 예가 "한미협정 조인식"을 다룬 뉴스들이다. 영상 속 서명자로 등장하는 이범석 국무총리와 무초 대사는 모두 동일하지만, 배석자는 각기 다른 인물들로 구성되어 있다. 1948년 9월 11일 체결된 첫 번째 협정은 '대한민국 정부와 미국 정부 간의 재정 및 재산에 관한 최초의 협정'으로, 미국이 남긴 점령 재산과 관련된 사항들을 규정했다. 1948년 12월 7일 체결된 두 번째 협정은 '대한민국 및 미합중 간의 원조 협정'으로,[114] 본격적인 경제 원조 체계의 기반을 다졌다. 이 외에도 경제 원조와 관련된 뉴스들은 여러 차례 등장한다.

특히 주목할 만한 뉴스는 1949년 4월 20일 "주한미국 무초 대사 신임장 봉정식 환영과 반도호텔 증여식"이다. 이 뉴스는 단일 소재로는 이례적으로 10분 44초라는 긴 영상 길이를 가지고 있으며, 당시 한미 관계의 중요성을 강조한다. 내레이션에 따르면, 미국은 한국의 독립을 도와준 아름다운 국가로 묘사되며, 이에 대한 보답으로 대한민국 정부가 반도호텔을 미국 대사관으로 사용하라며 무상 증여한 사건을 상세히 다룬다.[115] 뉴스는 협정 체결의 상징성과 함께, 주한 미군 철수 이후에도 미국이 한국을 원조하고 보호하며 굳건히 지원하고 있다는 메시지를 시각적으로 강조한다.

당시 이승만 정부는 중화민국과도 국교를 수립하며 미국 못지 않게 중화민국 특명 전권대사를 환영하는 신임장 봉정식을 열었다. "한중 친선을 약속하는 소유린 중국대사 신임장 봉정식" 뉴스에서는 중앙청 정문에서부터 샤오위린(邵毓麟) 대사가 군 사열을 받은 뒤 중앙청으로 입장하는 장면으로 시작한다. 신임장 봉정식은 이승만 대통령, 이범석 국무총리 등 정부 주요 각료와 신익희 국회의장, 김병로 대법원장 등이 참석한 가운데 성대하게 진행되었다.[116] 이러한 행사는 이승만 정부와 장제스 중화민국 정부 간 긴밀한 정치적·군사적 협력을 예고하는 장면으로 연출되었으며, 이는 이후 《전진대한보》 41호 "이승만 대통령과 장개석 총통 진해에서 역사적 회담" 뉴스에서도 이어진다. 이 뉴스는 1949년 8월 6일 진해 비행장에 착륙하는 '미령호'를 포착하며 시작된다. 이승만 대통령과 프란체스카 여사, 이범석 국무총리 등 정부 각료들이 장제스 총통 일행과 반갑게 인사한 뒤 진해 해군기지사령부 영빈관으로 이동하는 모습을 담고 있다. 다음날의 진해 회담의 장면에서는 이승만 대통령, 장제스 총통, 이범석 국무총리가 화기애애한 분위기 속에서 대화를 나누는 모습이 여러 숏으로 촬영되었다. 내레이션은 이 회담이 아시아 공산화에 맞서기 위한 '아세아동맹'(태평양방위동맹) 구상의 일환으로서 갖는 중요성을 강조하며, 공산주의 위협에 대응하기 위해 아시아 국가들이 공동으로 협력해야 한다고 역설한다.[117] 특히 이 회담은 1949년 7월 장제스 총통과 필리핀 키리노 대통령이 바기오에서 발표한 공동 성명을 잇는 중요한 외교적 움직임이었다. 주한 미군 철수가 진행되는 가운데 이승만은 아시아 내 반공 동맹 강화와 독자적인 외교 행보를 통해 미국이 한국에 대한 지원을 지속하도록 간접적으로 압박하려는 전략으로 해석된다.

《전진대한보》에는 제주4·3사건과 여순사건 관련 뉴스도 포함되어 있다. 1949년 4월 28일 열린 "제삼회 전국순직경찰관 합동위령제"와 1949년 5월 18일 열린 "제주도파견 경찰 특별부대 귀환"이 이에 해당한다. 두 뉴스는 타이틀이 소실된 영상으로,《전진대한보》36호 또는 37호로 추정된다.

순직 경찰관 합동 위령제는 여순사건으로 순직한 경찰관 722명을 "국가와 민족을 위해 대의를 따른 숭고한 희생"으로 자리매김한다. 이시영 부통령, 김효석 내무부장관, 김병로 대법원장 등 이응준 총참모장 등 정부 요인들과 유가족들이 참여한 가운데 진행되었으며, 비감 어린 배경 음악과 내레이션이 분위기를 한층 고조시킨다. 내레이션에서 강조된 "국가와 민족을 위해서 대의에 순하신 경찰관 제위야말로 그 살신성인의 의의를 몸소 실천한 것"이라는 말은, 슬픔에 잠긴 유가족, 특히 아이들의 표정을 클로즈업하는 장면과 교차되며 극적인 정서를 더욱 부각시킨다.

반면, 경찰 특별 부대 귀환 소식은 경쾌한 음악과 함께 "제주도 중산간 지역에서 폭동을 일으켰던 게릴라 반도들을 완전히 소탕하고 귀환"한 경찰 부대의 개선 장면을 담고 있다. 대규모 시가 퍼레이드와 중앙청 광장에서 열린 화려한 환영식은 경찰 특별 부대의 승리를 축하하며 국가적 자부심을 고취하고 경찰의 위상을 과시하는 의례로 보인다. 이범석 국무총리가 이승만 대통령을 대신해 "고난을 겪었지만 국가 안위를 위해 합심한 결과 반란 세력의 완전 진압을 이룬"[118] 경찰의 공로를 치하하고 감사를 표하는 장면이 부각된다.

두 뉴스는 앞서《전진조선보》13호의 "고 박대령 장례식" 소식과 함께 제주, 여수, 순천 지역에서 발생한 폭동과 반란을 진압한 군과 경찰의 영웅적인 희생을 시각화한다. 동시에 외부의 적(김일성 정권)과 연계된 내부의 적을 완전 소탕했음을 강조하며, 이를 통해 이승만 정권의 정당성을 구축하려는 사상심리전의 단면을 보여준다. 이처럼 특정 시각과 내러티브로 국가의 '기억의 정치'를 강요했던 시간은 40년이 넘었다. 그러나 제주 4·3사건과 여순사건의 진실 규명이 제도적으로 진척되고 과거 '저항의 기억'이 이제 한국 사회의 기억과 공식 의례로 자리 잡은 지금, 이 뉴스들이 부각하지 않거나 은폐한 내용에 대해 비판적으로 성찰할 필요가 있다.

순직 경찰관 합동 위령제는 미군정 시기부터 시작된 행사다. 1946년 11월 13일 대구에서 열린 '10·1사건 순직 경찰관 합동 위령제', 11월 30일 전국 순직 경찰관 합동 위령제가 열렸다. 1946년 '10월 항쟁'이 전국으로 확산되는 과정에서 경찰관의 희생이 발생했다. 그러나 이 사건의 이면을 살펴보면, 진실화해를 위한 과거사정리위원회(이하 진화위)의 진실 규명은 이를 다르게 조명한다. 진화위에 따르면, 1946년 대구에서 발생한 '10월 항쟁'은 미군정의 강압적인 식량 공출 정책과 친일 경찰의 억압에 반발한 시위대에 경찰이 총격을 가하면서 촉발되었다. 미군정은 이에 계엄을 선포하고 유혈 진압에 나섰으며, 결과적으로 민간인 희생자는 전국적으로 급증했다. 이 사건은 피해는 단순히 당시의 희생으로 끝난 것이 아니었다. 대구 형무소에 수감된 다수의 민간인은 한국전쟁 발발 직후 재판 절차 없이 학살당하는 추가적 피해를 입었다. 진화위는 이 사건의 진실 규명 과정에서 희생자 위령·추모사업, 공적 기록 정정, 평화·교육 프로그램 강화 등을 지자체에 권고했으며,[119] 매년 10월 합동 위령제가 열리고 있다.

친일 경찰의 탄압과 시위 군중에 대한 발포는 1947년 3·1절에도 반복되었으며, 이는 제주 4·3사건의 발발 배경 중 하나로 작용했다.[120] 무장대의 봉기 명분 중 하나가 친일 경찰의 탄압에 저항하는 것이었다.

당시 무장대는 "경찰이 무고한 도민의 재산을 약탈하고 살인·강간·고문 치사 등을 일삼고 있고 도민의 재산 약탈을 자행하고 있어서 선량한 도민들은 견디다 못해 친일파와 일제 강점기의 악질 경찰들을 제주도에 몰아내기 위하여 무장의거를 일으켰다."[121] 이에 미군정은 경찰 1,700명을 제주도로 추가 파병해 경찰 토벌대를 편성하고, '폭도'로 규정된 이들을 소탕하는 작전을 펼쳤다. 초기 경찰 단독 작전은 실패를 거듭했고, 결국 일부 지역에 대한 초토화 작전이라는 극단적인 대응이 이루어졌다.

정부 수립 후 군정경찰은 국립경찰로 전환되었지만, 이승만 정부의 경찰은 인적·조직적·경험적 차원에서 식민지성과 이념적 동질성이 두드러졌다. 경찰 수뇌부와 간부들 대부분이 친일이라는 태생적 한계를 갖고 있었지만 이승만 대통령은 그들에게 손을 내밀었고, 그들은 이승만 정권의 물리력으로서 충성을 다했다. 경찰은 제주 4·3사건과 여순사건을 계기로 병력을 확충하며 양적 팽창을 이뤘다.

1948년 12월 6일자 정보 보고서에 따르면, 이승만 대통령과 내무부 장관의 합의로 군에 6,500명, 경찰에 1,700명의 서북청년단원이 편입되었다.[122] 이들은 제주도를 '빨갱이 섬'으로 인식하도록 교육받고 단기 훈련만 이수한 채 파견되었다. 경찰력은 1948년 11월 약 3만 5,000명에서 1949년 3월 4만 5,000명으로, 1950년에는 5만 명으로 급증했다. 이처럼 팽창한 경찰력은 좌익 세력뿐만 아니라 반이승만 세력을 광범위하게 사찰하고 예비 검속하며, 정권 안보를 위해 활동했다.[123] 경찰은 국가 안보를 정권 안보와 동일시하며, 정권을 위협할 가능성이 있는 모든 요소를 사전에 제거하는 방식으로 정권을 뒷받침했다.

마지막으로 《전진조선보》 39호에 실린 "국제연합 한국위원단 38선 시찰"과 "호부대 산악전투훈련"(50~53호 중 하나로 추정) 뉴스들을 살펴보자. 이 두 뉴스는 북한에 대한 강한 적대감을 강조하며 '북진'과 '실지회복'을 선전하는 내용을 담고 있다.

"국제연합 한국위원단의 38선 시찰" 뉴스는 1949년 6월 26일 옹진 반도에서 발생한 연대급 규모의 남북간 교전 상황을 조사하기 위해 인천항에서 부포항을 거쳐 이동한 유엔 한국위원단(유엔한위) 1분과 위원회의 시찰을 보여준다. 한국 정부 측에서는 임병직 외무부 장관, 손원일 해군총참모장, 모윤숙이 동행했으며, 김백일 옹진전투사령관과 채병덕 육군참모총장 등이 이들을 맞이하고 안내했다.[124] 유엔한위는 환영 군민대회 참석한 후 '공비'로부터 탈환했다는 두락산과 여전히 전투가 진행 중인 까치산을 시찰했는다. 뉴스는 브라우닝 기관총, 야포 등 중화기가 동원된 전투 장면을 생생히 포착해 현장의 긴박감을 전달한다. 하지만 유엔한위가 한국군의 은파산(38선 이북지역) 점령을 보고 받지 못한 점은 철저히 사각화되었다. 은파산 점령은 '탈환'이 아니라 분명히 '북진'에 해당하기 때문이다. 뉴스의 내레이션은 이러한 점을 배제하고 유엔한위가 한국군의 방어적 역할만을 확인한 듯한 시각을 제공한다. 시찰 당일, 유엔한위는 김구가 경교장에서 암살되었다는 소식을 접했다. 뉴스는 이와 같은 대내외적 격변 속에서 종료되었지만, 6월 28일 유엔한위는 38선에서 군사적 충돌이 확대되고 있음을 보고했다.

"호부대 산악전투훈련" 뉴스는 《전진대한보》 촬영반이 기록한 자료로, 38선 전투에서 용맹을 떨치고 있는 제7사단 1연대인 호(虎)부대의 실전 같은 훈련을 생생히 담아냈다. 연대장 김종오 대령의 지휘 아래 의정부 백운대 근처 산악 지형에서 진행된 훈련은 산을 오르는 부대원들을 풀숏으로 시작해 점차 미디엄숏과 클로즈업으로 당겨 몰입감을 주며, 소총 실탄 훈련과 브라우닝 기관총, 박격포 등 중화기를 활용한 장면들을 다양한 구도로 포착됐다. 빠른 컷 전환과 고조되는 음악은 극영화의 전투 장면을 연상시키며 현장감을 극대화한다. 내레이션은 "자유의 적과의 전투"와 이 훈련의 군사적 중요성을 강조하며, 이를 "국민을 지키는 민주적 투쟁"으로 서사화한다. 마지막 장면에서는 착검한 소총에 매단 태극기를 클로즈업하며, 훈련의 상징성을 극적으로 부각하며 뉴스는 마무리된다.

유엔한위의 38선 시찰과 호부대 훈련 뉴스는 '6·25 전쟁' 발발 약 1년 전인 1949년 6월, 남한의 정치적·군사적 격변을 상기시킨다. 정병준에 따르면, 이승만 정권은 당시 대내외적으로 거센 도전과 압력에 직면해 있었다. 반민족행위특별조사위원회(반민특위)는 경찰과 정부 내 친일파를 조사하며 정권의 핵심 기반을 위협했고, 국회 내 소장파와 야당 세력은 내각 총사퇴 결의와 내각제 개헌 시도로 맞섰다. 그러나 이러한 도전은 이승만 정권을 전복시킬 만큼의 동력을 확보하지 못했다. 이승만 정권은 유엔 총회에서의 한국 승인, 여순사건 진압, 그리고 제주도 보궐선거에서 자신감을 얻었다. 특히, 1949년 4월 9일 이승만의 제주도 방문은 상징적인 행보였다.[125] 같은 해 4월, 정일권 준장이 지리산지구전투사령부를 이끌며 여순사건 이후 지리산으로 도망친 제14연대 '봉기군' 주력을 소탕한 것도 중요한 군사적 성과로 작용했다. 1949년 4월 9일 '반군' 지휘관 홍순석과 김지회를 사살했고, 진압은 일단락되었다. 그러나 이러한 배경 속에서 진행된 주한 미군 철수는 실질적인 군사적 위기라기보다는 '위기감'을 조장하며, '북진'과 '실지 회복'을 주장하는 38선 방면 군사 작전을 정당화하는 계기가 되었다.

1949년 5월 이후, 38선에서의 군사적 충돌은 소규모 접전의 범위를 넘어섰다. 5·4 개성 송악산 전투, 옹진 1·2차 충돌, 남한 특수유격부대인 호림부대의 북한 침투, 2차 고산봉 전투 등은 연대급 규모 이상의 '작은 전쟁'으로 전개되었으며, 이는 공비 토벌이 아니라 실질적인 북진과 점령 작전이었다.

이와 같은 사실상의 전쟁 상태는 대내적으로 극우적 흐름과 상승작용을 이루며 혼란을 가중시켰다. 5월 31일 소장파 국회의원들이 종로 파고다 공원에서 백주에 폭행당했고, 6월 5일 국민보도연맹이 조직되었으며, 6월 6일에는 친일 경찰이 반민특위를 습격해 위원장 권승렬 검찰총장과 국회의원들에게 총을 들이댔다. 이는 제헌헌법을 준수해야 할 이승만 대통령의 지시에 따른 것이었다. 같은 시기 '국회프락치 사건'이 조작되었고, 6월 26일에는 김구가 육군 소위 안두희에 의해 경교장에서 암살당했다. 암살 직후 헌병대가 수사와 기소, 재판을 통제하며 사건을 은폐했다. 이러한 일련의 사건들은 이승만 정권이 직면한 위기와 이를 기회로 삼아 권력을 공고히 한 정치적 흐름을 단적으로 보여준다. 말 그대로 '위기와 기회의 6월'을 상징한다.[126]

V. 맺음말

이 글은 해방 이후부터 한국전쟁 전까지 제작·상영된 남한 뉴스릴을 중심으로, 시각적 재현과 사상심리전적 의도를 비판적으로 분석했다. 뉴스릴은 단순한 정보 전달 매체가 아니라 특정한 정치적 목적에 따라 역사적 현실을 구성하고, 이를 통해 냉전-분단 시기 사상심리전의 도구로 기능했다.

이 글은 서론에서 제기한 문제의식, 즉 뉴스릴이 재현한 '사실'과 의도적으로 배제된 '사각 지대'를 밝혀내는 것을 중심으로 전개되었다. 뉴스릴이 보여주고자 한 것과 감추려 한 것을 촬영, 편집, 내레이션, 음악 등의 요소를 통해 분석하며, 그 이면에 숨겨진 역사적 현실과의 균열을 조명했다. 이를 위해 《시보》, 《전진조선보》, 《전진대한보》의 주요 뉴스를 사례로 삼아 뉴스릴 제작 과정과 상영 목적을 분석하고, 이러한 결과물이 사상심리전의 맥락에서 어떻게 기능했는지를 구체적으로 제시했다.

특히, 뉴스릴 분석의 방법론으로 사상전과 심리전이 착종되어 탄생한 사상심리전을 개념사적으로 접근하고, 이를 바탕으로 《시보》, 《전진조선보》,《전진대한보》의 생산 맥락을 탐구했다. 뉴스릴을 제작하고 상영했던 주한 미군정 공보부, 주한 미군 사령부 공보원, 502부대, 한국 공보처의 활동을 분석하며, 뉴스릴 제작과 상영이 사상심리전의 일환으로 설정되고 전개되었음을 규명했다.

《시보》는 대한민국 임시정부, 비상국민회의, 민주의원 설립 과정에서의 갈등과 논란을 배제하고 건국 서사를 강조했다.《전진조선보》는 남한 단독 총선거와 관련된 폭력적 현실을 희석하고, 이를 '진정한 민주주의'로 이상화했다.《전진대한보》는 대한민국 정부 수립을 중심으로 한미동맹 강화, 군사적 적대감 조성, 경찰과 군대의 역할을 부각시키며 이승만 정권의 정당성을 정교하게 시각화했다. 이러한 뉴스릴은 단순한 기록물이 아니라 냉전 시기 사상심리전의 중요한 도구로 작동했다. 특정 역사적 현실을 강조하거나 정당화하면서도, 반대편의 갈등과 폭력적 실상을 의도적으로 누락함으로써 관객들에게 일방적이고 정치적으로 편향된 메시지를 전달하는 데 초점이 맞춰져 있었다.

이 글의 기여는 크게 세 가지로 요약할 수 있다. 첫째, 기존의 김정아 연구에 이어, 현재까지 발굴된《전진조선보》와《전진대한보》의 뉴스릴을 직접 보고 분석했다는 점이다. 이를 통해 김정아 연구가 다루지 않은 새로운 뉴스 내용들을 포함해 보다 구체적인 사례 분석을 제공했다. 둘째, 뉴스릴 제작 및 상영 과정의 생산 맥락에 초점을 맞추었다. 관객과 수용자 맥락의 분석이 여전히 자료적 한계를 가지고 있는 상황에서, 뉴스릴 제작 과정과 그 목적에 관한 분석은 사상심리전적 역할을 이해하는 데 핵심적인 단초를 제공한다. 셋째, 뉴스릴을 역사적 재현의 관점에서 비판적으로 접근하여, 시각화된 현실과 배제된 사각지대를 드러내고자 했다. 이를 통해 뉴스릴이 해방 후 및 대한민국 정부 수립 과정에서 특정한 정치적 메시지를 전달하기 위해 구성된 도구였음을 밝혔다.

향후 연구 과제로는 남북한 뉴스릴 간의 비교 연구와 함께 수용자 또는 관객성에 대한 연구의 필요성을 제안한다. 미소 군정은 각자의 정치군사적 목적을 달성하기 위해 공보와 선전이라는 이름 아래 뉴스릴을 제작·상영하며, 관객들에게 점령 통치의 정당성과 국가와 사회의 통합적 정체성을 제시하고자 했다. 대한민국 정부 수립과 북한 김일성 정권 수립 이후 냉전과 분단이 적대적으로 심화되는 과정에서도 남·북한 뉴스릴은 서로를 상호 참조하며 각각 상대를 적대적 배후로 설정한 서사를 구축했다. 이를 통해 각 진영은 상대를 타도하고 소탕해야만 '우리' 국가·사회·진영의 발전과 번영이 가능하다는 전망을 관객들에게 제시했다.

따라서 이 글에서 수행된 해방 이후 한국전쟁 전까지의 남한 뉴스릴 연구는 북한에서 제작·상영된 뉴스릴 《조선시보》와 소련에서 수입·배급된 《Soviet of Today》(한국어 제목은 《쏘련뉴-쓰》 또는 《금일의 소련》)와의 비교 연구를 통해 더욱 심화할 필요가 있다. 이러한 비교 연구는 남북한 뉴스릴이 어떻게 상호 참조하거나 비판하며 반정립했는지, 그리고 이를 통해 각 진영의 사상심리전이 어떤 방식으로 진화했는지를 규명할 수 있다.

특히, '공보 선전'이라는 명칭 아래 수행된 활동이 미군의 심리전, 남한의 사상전, 북한의 사상전, 소련의 이데올로기적 사상전이라는 서로 다른 결들로 구성되었음을 종합적으로 분석할 필요가 있다. 이러한 비교 연구를 통해 한국전쟁 시기 사상심리전이 어떻게 체계적으로 구축되었는지, 더 나아가 이것이 냉전 아시아와 글로벌 사상심리전으로 확산된 과정을 구체적으로 밝혀낼 수 있을 것이다.

또한, 뉴스릴 제작 및 상영의 생산 맥락에 초점을 맞추었던 기존 연구를 넘어 수용자 또는 관객성에 대한 분석 역시 필요하다. 뉴스릴이 특정한 정치적 메시지를 전달하는 데 어떤 효과를 미쳤는지, 관객들이 이를 어떻게 받아들였고 저항하거나 동화되었는지를 탐구함으로써 뉴스릴의 영향력을 보다 포괄적으로 이해할 수 있다. 관객의 반응과 수용 양식을 연구하면, 뉴스릴이 단순히 상영된 기록물이 아니라, 관객과의 상호작용을 통해 실제로 어떠한 사회적·정치적 효과를 발생시켰는지를 밝혀낼 수 있다. 이는 뉴스릴이 냉전-분단 시기 한국 사회에서 어떤 역할을 했는지를 더욱 입체적으로 조명하는 데 중요한 단서를 제공할 것이다.

참고문헌

1차 자료

영상 자료

《시보(時報, Korean Newsreel)》 1, 2, 5호, 특보

⟨111-ADC-10049⟩, "OPENING CEREMONY AT THE INAUGURATION OF THE KOREAN INTERIM LEGISLATIVE ASSEMBLY", RG 111, Moving Images Relating to Military Activities 1947-1964, NARA Ⅱ.

⟨111-ADC-10050⟩, "KOREAN NEWSREEL NO. 1", RG 111, Moving Images Relating to Military Activities 1947-1964, NARA Ⅱ.

⟨111-ADC-10051⟩, "KOREAN NEWSREEL NO. 2", RG 111, Moving Images Relating to Military Activities 1947-1964, NARA Ⅱ.

⟨111-ADC-10052⟩, "KOREAN NEWSREEL NO. 5", RG 111, Moving Images Relating to Military Activities 1947-1964, NARA Ⅱ.

《전진대한보》

《전진조선보(前進朝鮮譜, Progress of Korea)》 1, 2, 7, 8, 10보, 13호

문헌 자료

국사편찬위원회, 『대한민국사자료집 1 : 유엔한국임시위원단관계문서 Ⅰ』, 1987

대한민국 국회, 『대한민국 제헌국회 제1회 제1차 본회의록』

진실·화해를위한과거사청산위원회, 『2010년 상반기 조사보고서』, 2010.

안호상, 『민족의 소리』, 문화당, 1949.

History for the Department of Public, RG 332 Entry A1 1256 Box 39, NARA Ⅱ.

"The Ambassador in Korea (Muccio) to the Secretary of State"(1949.8.8.), Foreign Relations of the United States 7, Part 2.

신문 기사

김득중, "조선 독립을 원치 않은 자 누구인가: 1947년 3·1절 기념식 이후 벌어진 좌

우익 충돌사건에 숨은 미군정의 그림자", 《한겨레21》, 2018.5.9.

김재훈, "[인물로 읽는 제주4·3] 9 손선호: 스무살 군인... 암흑의 심장을 쏘다", 《제주투데이》, 2023·12.31.

"김계조사건 공판 개정", 《중앙신문》, 《조선일보》, 1946.1.25. (국사편찬위원회 한국사데이터베이스)

"김계조사건 상고심 언도공판에서 배임죄로 징역 10월 언도", 《서울신문》, 1946.10.17. (국사편찬위원회 한국사데이터베이스)

"민사전임한 김계조사건 담당판사 오승근의 담화 발표", 《서울신문》, 1946.3.28. (국사편찬위원회 한국사데이터베이스)

"시보 2호 상영", 《수산경제신문》, 1947.12.7.

"시보 완성", 《독립신보》, 1947.12.9.

"유엔조선임위 환영 전국대회 개최", 《서울신문》, 《경향신문》, 《동아일보》, 《조선일보》, 1948.1.15. (국사편찬위원회 한국사데이터베이스)

"유엔한국위원단 제1분과위원회, 옹진지구 시찰", 《서울신문》, 1949.6.29. (국사편찬위원회 한국사데이터베이스)

"전국각층 총망라 백육십칠명이 참석", 《동아일보》, 1946.2.2. (국사편찬위원회 한국사데이터베이스)

2차 연구

강성현, 「한국전쟁 푸티지영상, 어떻게 연구할 것인가」, 『역사문제연구』 47, 2022, 133-179쪽.

공임순, 「사상'운동'과 사상의 생활윤리화-일민주의와 〈사상〉지를 중심으로」, 『서강인문논총』 35, 2012, 33-82쪽.

공준환, 「아시아·태평양 전쟁 직후 미국 전범재판에서의 '정의'와 식민지 문제」, 서울대학교 박사학위논문, 2024.

김두식, 『법률가들: 선출되지 않은 권력의 탄생』, 창비. 2018.

김득중, 『'빨갱이'의 탄생-여순사건과 반공 국가의 형성』, 선인, 2009.

김려실, 「뉴스릴 전쟁-한국전쟁 초기 미국의 뉴스릴과 〈리버티 뉴스〉의 탄생」, 『현대

영화연구』 25, 2016, 71-107쪽.

김려실, 「냉전사 재고와 영상역사 쓰기-주한미공보원의 원조 선전 영화를 중심으로」, 『로컬리티 인문학』 19, 2018, 187-226쪽.

김려실, 『문화냉전: 미국의 공보선전과 주한미공보원 영화』, 2019.

김민환, 「통제된 이동과 경계의 조정: 임진강 및 주변 지역 다리 영상을 중심으로」, 『역사연구』 41, 2021, 69-116쪽.

김인수, 「1930년대 후반 조선주둔일본군의 대소련, 대조선 정보사상전」, 『한국문학연구』 32, 2007, 179-224쪽.

김정아, 「대한민국 정부 수립기의 뉴스영화에 관한 고찰-〈전진조선보〉와 〈전진대한보〉를 중심으로」, 『서울과 역사』 105, 2020, 181-222쪽.

김학재, 「정부수립 전후 공보부·처의 활동과 냉전 통치성의 계보」, 『대동문화연구』 74, 2011, 61-97쪽.

김한상, 「1945-1948년 주한미군정 및 주한미군사령부의 영화선전: 미국 국립문서기록관리청(NARA) 소장 작품을 중심으로」, 『미국사연구』 34, 2011, 177-212쪽.

김한상, 「주한미공보원 영화선전의 표상과 담론-1950년대 국가 재건과 자립 한국인의 주체성」, 『사회와 역사』 95, 2012, 243-279쪽.

김현진, 「1950년대 기억의 재생, 사진자료」, 『국사편찬위원회 수집 사진자료 2』, 2017.

김형석·이상아 엮음, 『해방한국 1945-1950』, 청아출판사, 2024.

박수현, 「점령과 분단의 설득기구-미군정 공보기구의 변천(1945.8-1948.5)」, 정용욱 엮음, 『해방의 공간, 점령의 시간』, 푸른역사, 2018.

박희태, 「영상역사연구의 쟁점들」, 허은 편, 『역사와 아카이빙 그리고 새로운 역사쓰기』, 선인, 2015, 67-96쪽.

백원담·강성현 편, 『열전 속 냉전, 냉전 속 열전: 냉전아시아의 사상심리전』, 진인진, 2017.

이길성, 「해방 이후 뉴스-문화영화 제작사 연구: 민간영화사를 중심으로」, 『사림』 53, 2015, 239-263쪽.

이상록, 「이선근의 국난극복사관과 제3차 교육과정기 국사 교육의 냉전사적 재해석-사상전의 계보학을 중심으로」, 『청람사학』 28, 2018, 9-47쪽.

이희원, 「스크린과 사상전」, 『씨네포럼』 24, 2016, 465-493쪽.
임재근, 「한국전쟁 영상과 또 다른 대전지역사 쓰기: 교량과 철도 파괴 영상을 중심으로」, 『역사연구』 41, 2021, 31-67쪽.
조혜정, 「미군정기 뉴스영화의 관점과 이념적 기반 연구」, 『한국민족운동사 연구』 68, 2011, 323-356쪽.
정근식·강성현, 『한국전쟁 사진의 역사사회학: 미군 사진부대의 활동을 중심으로』, 서울대학교출판문화원, 2016.
정병준, 『한국전쟁: 38선 충돌과 전쟁의 형성』, 돌베개, 2006.
제민일보 4·3취재반, 『4·3은 말한다 1』, 전예원, 1994.
존 메릴, 이종찬·김충남 역, 『한국전쟁의 기원과 진실』, 두산동아, 2004.
차재영·염찬희, 「1950년대 주한미공보원의 기록영화와 미국의 이미지 구축」, 『한국언론학보』 56(1), 2012, 235-263쪽.
한국예술연구소 편, 『이영일의 한국영화사를 위한 증언록-유장산·이경순·이필우·이창근 편』, 소도, 2003.
허은, 「냉전시기 미국의 민족국가 형성 개입과 헤게모니 구축의 최전선-주한미공보원 영화」, 『한국사연구』 155, 2011, 139-169쪽.
Kang, Sung Hyun., "The U.S. Army Photography and the "Seen Side" and "Blind Side" of the Japanese Military Comfort Women: The Still Pictures and Motion Pictures of the Korean Comfort Girls in Myitkyina, Sungshan, and Tengchung," *Korea Journal*, 59(2), 2019, pp.144-176.
Kang, Sung Hyun and Jung Keun-Sik, "The Organization and Activities of the US Army Signal Corps Photo Unit : Perspectives of War Photography in the Early Stages of the Korean War," *Seoul Journal of Korean Studies* 27(2), 2014, pp.269-306.

· · · ·

제3장

파편 속에서 찾은 기원 – 한반도 최초의 전투영화 〈초소를 지키는 사람들〉(주인규, 1950)의 발굴과 분석

오영숙

I. 들어가며

전쟁은 단순히 영토와 주권의 경계를 재편하는 데 그치지 않는다. 그것은 기억의 질서를 교란하고, 시청각 자료를 비롯한 문화 자산의 소유권과 의미망 자체를 재구성하는 행위이기도 하다. 한국전쟁 당시 미군이 북한의 영화 필름을 노획하여 미국 국립문서기록청 2관(National Archives and Records Administration, NARA Ⅱ)에 수집·보관한 사례는, 전쟁이 어떻게 타자의 문화 산물을 물리적으로 이동시키는 동시에 그것을 지정학적 타자화를 통해 재맥락화하는지를 단적으로 보여준다.

이 글은 NARA Ⅱ에 분절된 형태로 보존되어 있는 북한의 전쟁영화 필름들을 하나의 작품으로 복원하고, 그 정치적·문화적 함의를 비판적으로 고찰하는 데 목적이 있다. 이 필름들은 단순한 선전물 이상으로 국가 형성기에 북한이 영화라는 매체를 통해 집단 정체성과 사회주의 이념을 구축하려 했던 국가적 기획의 일환으로 볼 여지를 남긴다. 나아가 이들은 당대의 시청각 담론의 형성과 유통 및 집단 감각의 구축에 기여한 중요한 문화적 실천으로 이해될 수 있다. 그러나 이 영상물은 한국 전쟁 직후 미군에 의해 노획되면서 물리적으로 분절되고 릴 단위로 파편화된 채 '무명의 영상들'로 미국의 아카이브에 편입되었다. 이후 수십 년간 침묵 속에 방치되었으며, 북한의 공식 영화사 서술에서도 거의 언급되지 않으면서 사실상 역사적 기억의 장 밖으로 밀려난 상태이다.

아카이브는 중립적인 보존의 장소가 아니다. 미셸 푸코에 따르면, 아카이브는 단순히 과거의 자료들을 축적해두는 저장소가 아니라, 특정 시대와 사회 속에서 무엇이 말해질 수 있으며 어떤 방식으로 그러한 발화가 구성될 수 있는지를 규정하고 담론화하는 구조적 장치이다.[127] 다시 말해, 아카이브는 기록의 집합체를 넘어서 담론을 형성하고 지식 체계를 제도화하는 권력의 공간이다. 아카이브를 이렇듯 단순한 '저장의 장소'이 아니라 '제거의 흔적'을 품은 곳으로 이해할 때, 국가이념이 형성되던 초기 북한의 영화 필름들을 추적하는 작업은 단순한 복원 작업을 넘어선다. 그것은 당대 국가가 어떤 이미지와 기억을 공식 서사 속에 포섭했으며, 동시에 무엇을 삭제하거나 억압했는지를 묻는 비판적 실천이자 해석적 개입이기도 하다. 이로써 우리는 국가서사의 형성과정에서 소외된 것들을 다시 불러오고, 누락된 역사적 단면들과 대면할 수 있을 것이다.

이러한 일을 가능케 하는 것은 아카이브적 상상력이다. 이는 은폐된 의미들을 발굴하고 배제와 침묵의 구조를 해석하는 공간으로 아카이브를 다시 사유하는 것을 뜻한다. 나아가, 지워지고 유예된 기억과 전달될 수 없었던 이미지들을 재구성하여, 단절된 역사의 빈틈을 메우고 그 공백에 새로운 의미와 맥락을 부여하는 작업이기도 하다.

그런 의미에서 이 글은 이 파편적 필름을 복원하는 데 그치지 않고, 그것이 지워진 이유와 그 침묵이 갖는 정치적 함의를 함께 해석의 대상으로 삼고자 한다. 이러한 작업은 북한 건설기에 영화 매체가 수행했던 역할을 되짚고, 국가이념이 형성되는 국면에서 배제되고 침묵당한 흔적들을 비판적으로 읽어내는 과정이 될 것이다. 그를 통해 북한 초기 영화사의 시각적 공백을 메우고자 하며, 나아가 '작품'이란 단지 상영된 텍스트만이 아니라 상영되지 못한 것, 억압된 것, 잊힌 것으로부터도 구성된다는 사실을 드러내고자 한다.

II. 북한에서 노획된 미상의 필름들

이 글의 관심은 근래 수집된, 한국전쟁기에 미군이 노획한 북한 자료 가운데 정체를 알 수 없는 일부 영상들[128]이다. 미국 국립문서기록관리청 2관에 소장된 총 15개 릴에 달하는 이 필름들은 '잡다한 장면들'(MISCELLANEOUS SCENES)이라는 이름 하에, "KOREAN SOLDIERS", "KOREAN SOLDIERS AND EQUIPMENT", "KOREAN SOLDIERS IN COMBAT", "NORTH KOREA", "NORTH KOREAN SOLDIERS", "NORTH KOREAN TROOPS", "NORTH KOREANS AND NORTH KOREANS IMPERSONATING SOUTH KOREANS", "SOUTH KOREA" 등으로 항목화되어 아카이빙되어 있다. 파편화된 이들 수집 영상의 정체를 밝히고, 그것이 점하는 영화사적 위치를 검토하는 동시에, 해당 영상의 서사와 시각적 형식이 국가 정체성 구축 기획에서 수행한 역할과 그 실질적 결과를 비판적으로 고찰하고자 한다.

이들 15개 릴에 담긴 영상 자료는 대부분 편집되지 않은 채, 성격이 서로 다른 다양한 장면들이 뒤섞여 있는 형태를 띤다. 예외적으로, 한 릴(242-MID-5241)[129]은 승리로 귀결되는 전투 장면들만으로 구성되어 있으며, 사운드가 입혀져 있어 폭발음과 함께 전쟁 스펙터클의 강렬함을

사진 1 242-MID-5241 MISCELLANEOUS SCENES 속, 전투 장면
사진 2 242-MID-5241 MISCELLANEOUS SCENES 속, 전투 장면

생생히 전달한다. 그러나 이를 제외한 대부분의 릴들은 장르와 형식, 편집 상태가 제각기 달라 그 정체를 명확히 파악하기 어렵다.

그도 그럴 것이, 15개의 릴 어디에도 제목이나 제작진의 정보가 명시되어 있지 않으며, 장르와 성격이 다른 영상들이 뒤섞여 있는 탓에 정체 파악이 용이치 않다. 한 예로 〈242-MID-5237〉 릴에는 영화 대사와 사운드가 포함된 극영화의 일부로 보이는 장면이 있는가 하면, 그와는 성격을 다른 뉴스릴, 기록영상, 심지어 푸티지 필름까지 혼재되어 있다. 또 다른 릴(242-MID-5157)에는 촬영 현장의 모습을 담은 일종의 메이킹 필름에 가까운 장면도 담겨 있어, 이들 영상이 단일한 제작 목적이나 서사로 구성되지 않았음을 시사한다.

영상의 이러한 혼잡성은 필름의 정체성을 규명하는 데 있어 큰 난관으로 작용한다. 해당 영상들이 이미 10여 년 전에 한국 연구자들에 의해 첫 수집이 이루어져 일반인에게 공개되고 있음에도[130] 지금까지 영상의 정체를 밝히거나 본격적으로 분석 내지 맥락화하려는 시도가 없었다는 점은 그러한 어려움을 보여준다. 영상에 대한 언급의 대부분이 단순히 필름에 등장하는 인물이나 장면을 소개하는 정도에 머물고 있으며, 그 문화적·정치적 의미를 본격적으로 탐구하려는 연구는 여전히 부재한 상황이다.

그러나 비록 그 형식과 성격이 상이해 보이는 영상들이 혼재되어 있지만 이들을 전혀 별개의 것들이라 보기는 어렵다. 우선 이들 대부분이 전쟁과 군부대라는 사안과 어떤 방식으로든 연관되어 있다는 점에서 그러하다. 각 릴에 담긴 대규모 전투 장면, 군사훈련, 군부대의 일상 풍경들이 매우 역동적인 면모들을 보여준다는 점 역시도 그냥 지나치기 어려운 부분이다.

예컨대, 엄청난 수의 엑스트라와 전투 장비가 동원된 로케이션 촬영, 실제 훈련이 이루어지는 공간의 다큐멘터리적 재현, 국경지역 군사시설의 사실적 묘사, 대규모 스튜디오 세트와 실내 장면 재현 등은 이 영상들이 대작 영화 수준으로 제작되었음을 보여준다. 탱크, 박격포, 고사포, 소총 등 다양한 실전 무기들의 등장 역시 마찬가지이다. 이처럼 방대한 물적 자원과 인력을 동원한 제작 규모는 국가의 전폭적인 지원이 없이는 불가능한 것임을 감안할 때, 이 영상들이 철저한 국가 주도 하에 기획 생산된 공적인 산물이라는 점을 알 수 있다. 이러한 점은 단지 영화적 스펙터클의 문제에 그치지 않는다. 전쟁과 군대를 시각적으로 조직하고, 그것을 특정한 감정 구조와 이념적 효과로 배치하는 방식 자체가 당대 국가가 전쟁을 어떻게 재현하고자 했는지를 가시화하는 중요한 단서가 된다.

특히 주목할 만한 부분은 남·북한의 병사들이 각각 태극기와 인공기를 들고 접전을 벌이는 대규모 전투장면이다. 이는 한국전쟁을 재현한 대부분의 북한 극영화가 국군을 배제하고 인민군과 미군 간의 대결에 초점을 맞춰왔던 경향[131]과 뚜렷이 대비된다. 국가 정체성 형성의 핵심 조건 중 하나는 타자와의 구분을 통해 자기 동일성을 확립하는 일이다. 이 영화는 남한이라는 '가까운 타자'를 구체적이고 감각적인 적의 이미지로 구현하고 있는데 이 점은 북한이 신생 국가로서 어떤 방식으로 자기 정체성을 구축해 나갔는지를 포착할 수 있는 시각적 사료일 수 있다. 다시 말해, 남북한 병사의 대결구도의 재현은 단순한 전투 장면의 구성을 넘어, 국가가 자기 정체성을 경계 짓는 상징적 장치로 읽힐 수 있다.

더 나아가, 전선이나 후방에서 촬영된 다양한 기록영상들과 극적으로 연출된 영상들이 뒤섞여 있다는 점 역시도 주목을 요한다. 이 작품 안에는 〈38선〉(1949)과 〈인민군대〉(1948)를 비롯한 북한의 다큐멘터리 영상만이 아니라 남과 북의 뉴스릴과 푸티지 필름이 상당량 삽입되어 있으며, 전장의 순간을 극적으로 재현하는 데에도 상당한 공을 들이고 있음을 확인할 수 있다.

물론 극영화에 기록영상을 혼용하는 방식이 이 시기 영화제작에서 이례적인 시도인 것은 아니다. 예컨대 남한의 〈삼천만의 꽃다발〉(신경균, 1951)에도 짧은 전투 장면에 극과 기록영상이 병치되어 있으며, 제2차 세계대전 당시 할리우드 영화를 비롯한 많은 작품들이 극영화에 기록영상을 삽입하곤 했다. 타닌 앨리슨이 지적하듯이, 1940~50년대 전쟁영화는 실제 기록물의 활용을 통해 재현의 사실성과 감정적 몰입을 동시에 추구한 바 있다.[132]

이러한 맥락에서 보면, 남북한 모두 전쟁영화를 제작하는 당대의 국제적 흐름을 부분적으로 수용했으며, 그 중에서도 〈초소를 지키는 사람들〉은 기록영상과 극적 연출 간의 경계를 보다 적극적으로 실험한 사례로 평가될 수 있다. 여러 의미에서 이 작품은 북한 프로파간다의 로컬한 양상을 가늠할 수 있는 텍스트이지만, 여전히 '미상의 영상'으로 남아있다는 점에서 복잡한 질문을 제기한다. 이 영상들의 혼종적 재현 방식은 어떤 정치적·문화적 의미를 구성하는가. 그리고 그 의미는 북한이 자국의 전쟁 경험을 기억하는 방식과 어떻게 연결되는가. 이 글은 그에 대한 해독의 실마리를 찾아가고자 한다.

III. 퍼즐 맞추기를 위한 다면적 접근

정체가 불분명하고 파편적으로 흩어져 있는 필름들을 다룰 때 긴요한 것은, 다면적이고 복합적인 접근 방식이다. 자료의 수집과 아카이빙이 이루어지는 과정에 대한 이해를 비롯하여, 다양한 자료와 정보를 활용한 비교 및 대조 작업, 해당 필름의 재현 및 제시 양상에 대한 분석과 의미화 등이 함께 진행되지 않고서는, 자료의 식별과 의미 해독 및 사회문화적 맥락화가 불가능하기 때문이다.

북한 노획 영상이라는 특수성을 감안할 때 우선 고려되어야 할 점은 필름의 수집 과정과 아카이빙 상태이다. 이들은 모두 "RG 242-MID-잡다한 장면들(MISCELLANEOUS SCENES)"라는 동일한 항목명이 기재되어 있다. 각 릴에는 일련번호가 붙여지는 것이 통상적인데, 이들 영상에도 그 번호가 순차적으로 매겨져 있음을 볼 수 있으며[133], 몇 개의 릴이 하나의 DVD 안에 함께 담겨져 있기도 하다.[134] NARA Ⅱ는 카탈로깅에 필름의 보관 상태를 보여주는 내부 사진을 제공하고 있으며, 그 사진을 통해 동일한 선반 안에 15개의 릴들이 하나의 묶음으로 배치되어 있음을 알 수 있다.

이러한 소장 상태는, 이들 15개의 릴이 최소한 같은 시기에 동일한 장소에서 노획되었으며 각각의 릴들이, 별개의 작품이 아니라 한 영화의 일부일 가능성을 높인다. 노획 필름이 아카이빙되기까지의 과정은 그러한 가능성을 더욱 분명히 한다.[135] 노획된 자료의 아카이빙 과정은 정해진 절차를 따른다. 이를테면, 노획 당시에 필름 및 문헌 자료들은 번호를 매겨 상자에 담아 일본 도쿄의 극동사령부로 이관한다. 극동사령부는 이들 자료에 재차 번호를 부여하는 등의 분류 작업을 진행한 후에, 박스에 다시 넣어 자료원에 보내게 된다. 이런 사정을 감안하면, 15개 릴이 연속적으로 넘버링이 되었다는 사실은 이들이 동일한 상자에서 나온 필름임

사진 3 242-MID-5157 MISCELLANEOUS SCENES 속, 촬영 현장의 주인규와 영화 스태프들
사진 4 242-MID-5157 MISCELLANEOUS SCENES 속, 촬영 현장의 주인규와 영화 스태프들

사진 5 주인규(영화연구가 한상언 제공)

을 말해준다. 게다가 같은 인물이나 대상을 촬영한 장면이 테이크를 조금씩 달리하며 여러 릴에 반복적으로 등장하고 있다는 사실[136]은, 해당 영상들이 모두 동일 작품의 일부임을 확인시킨다.

필름에 담긴 인물도 영상의 정체를 알리는 중요한 단서이다. 여러 릴의 필름들에 꾸준히 등장하는 배우의 얼굴을 식별할 수 있으며, '메이킹 필름'에 해당하는 릴 속에서는 현장을 지휘하는 연출자의 모습도 확인할 수 있다. 그에 더하여, 주인공으로 짐작되는 인물이 고지 전투에서 승리를 거둔 뒤 인공기를 높이 치켜든 모습을 담은 엔딩 장면의 일부가 북한영화 잡지에 실린 특정 영화의 스틸 사진과 일치하고 있다는 점은 이 작품의 정체를 분명히 할 결정적 근거를 제공한다.

사진 6 242-MID-5241 MISCELLANEOUS SCENES 속, 엔딩 쇼트
사진 7 《조선영화》 1958년 2월호

　　여러 단서들을 종합하여 말하건대, NARA Ⅱ에 242-MID-MISCEL-LANEOUS SCENES라는 이름으로 아카이빙되어 있는 15개 릴의 북한 노획 필름들은 모두 〈초소를 지키는 사람들〉에 해당하는 영상들로 판단된다. 이 영화는 당시 북한의 유일한 영화제작 스튜디오였던 국립영화촬영소가 제작한 '예술영화'[137]이다. 1947년 2월 7일에 창설된 국립영화촬영소는, 초기에는 〈인민위원회〉(1948)을 비롯하여 〈8·15〉(1948), 〈인민군대〉(1948), 〈영원한 친선〉(1948), 〈38선〉(1949)와 같은 다큐멘터리와 《조선시보》 및 《조선특보》라는 이름의 뉴스릴을 다수 제작했지만 곧 기술과 인력을 보강하여 1949년부터 극영화를 만들기 시작한 바 있다. 〈초소를 지키는 사람들〉은 〈내 고향〉(강홍식, 1949)과 〈용광로〉(민정식, 1950)에 이은 세 번째 예술영화이다. 연출은 당시 "북한영화의 총 책임자가 되어 북한영화건설을 총지휘"[138]하던 국립영화촬영소의 소장인 주인규가 맡았다. 〈내 고향〉의 연출을 맡았던 강홍식이 각본을 썼고 촬영은 공형규가 담당했다.

　　〈초소를 지키는 사람들〉이 제작 및 개봉된 정확한 시기는 알려져 있지 않다. 그러나 수집된 영상들의 대부분이 편집이 안 된 모습임에도 불구하고, 미완작은 아닌 듯하다. 이러한 점은, 녹음이 완료된 일부 영상이 포함되어 있고 '끝'이라는 자막이 등장하는 장면이 확인된다는 점에

그림 1 《민주조선》 1950년 8월 9일 (명지대 미술사학과 홍성후 제공)

서 알 수 있다. 1950년 6월 14일자 신문에 이 영화가 제작 중임을 알리는 기사가 실린 것으로 보아[139] 한국전쟁 발발 이전인 1950년을 전후한 시기에 제작이 시작되었던 것으로 보인다. 1950년 8월에 게재된, 제작이 완료되었으며 근일 공개를 앞두고 있다는 내용의 일간지 광고[140]는, 이 영화가 후반 작업을 마친 뒤 개봉을 준비하고 있었음을 말해준다.

그러나 극장에서 상영되었는지 여부는 불분명하다. 개봉되었다고 말할 실질적 단서들이 보이지 않기 때문이다. 밀고 밀리는 전쟁의 상황 속에서 일반 상영이 어려워졌을 수 있지만, 다른 이유일 가능성도 있다. 전시였던 1950년 7월에 개성시의 영화 상설관에서 〈내 고향〉이 상영되었을 때 관객으로 초만원을 이루었다거나[141], 같은 해 9월에 서울의 각 극장들에서 소련 영화와 더불어 "〈내 고향〉과 〈용광로〉 등 40여 종에 달하는" 북한의 영화가 "계속 상영되어 시민들의 절찬을 받고 있"었다는 신문 기사[142]가 있는 것으로 보아, 전시에도 영화 상영이 불가능한 것은 아니었음을 알 수 있다. 〈초소를 지키는 사람들〉이 개봉되지 않은 것이 온전히 전쟁 상황 탓이라고 말하기는 어렵다는 것이다. 전쟁 이외의 다른 원인이 더해져 상영이나 그에 대한 언급이 용이치 않게 되었을 가능성 또한 배제할 수 없다.

사실상 이 영화는 북한의 영화사 기술에서도 사라진 상태이다. 북에서 출간된 『조선중앙연감 1950』[143]에는 〈초소를 지키는 사람들〉이 작품 목록에 올라와 있음을 볼 수 있지만, 1966년에 잡지에 실린 예술영화의 작품 총목록[144]에는 이 영화에 대한 언급 자체가 없다. 초기 북한영화 대부분의 시나리오를 싣고 있는 『조선영화문학선집·1』[145]에도 〈초소를 지키는 사람들〉만이 빠져 있다. 북한영화사에서 이 영화에 대한 흔적을 지워버렸다고 말해야 옳을 것이다. 북한의 아카이브에 이 영화가 소장되어 있는지 여부를 확인하는 일조차 힘든데 이러한 사정은, 한상언이 지적했듯이, 1950년 10월에 연출자인 주인규의 급격한 지위 하락과, 복권 이후 배우로서의 짧은 활동 뒤에 결국 자살에 이르렀던 부침의 과정과도 무관치 않으리라 짐작된다.[146]

IV. 한반도 최초의 전투영화

이 영화에 관한 상세한 정보나 기록은 거의 없다. 1950년대 중후반에 이 영화를 소개하는 짧은 기사 몇 개 정도가 문헌 자료로 남아 있을 뿐이다. 그 중 한 기사는 이 작품을 "인민군대의 영웅적 위훈을 묘사한 군사적 테마의" 영화로 적으며 "공화국 경비대들이 미제의 사촉 아래 리승만 괴뢰군대가 내란 도발을 목적으로 침습하여 오는 것을 영용하게 물리치는 모습들을 형상"[147]하고 있다고 소개하고 있다.

장르로 범주화하자면 〈초소를 지키는 사람들〉은 전쟁영화의 하위 장르인 전투영화에 해당한다.[148] 전투영화를 가리켜 전시 상황의 군사작전과 전투수행 과정을 주축으로 이야기가 구성되는 장르라 할 때[149] 이러한 규정에 부합하는 특성들을 적잖이 보유하고 있는 편이다. 무엇보다 서사의 핵심에 전쟁이 자리하며 전투에 참여하는 병사와 군대가 이야기를 결집하는 특권적 위치에 놓인다는 점에서 그러하다. 군사작전이나 전투 액션이 차지하는 비중이 상대적으로 높으며 15개의 릴 가운데 전쟁과 무관한 디테일이 거의 없다. 상당량의 기록영상이 활용되고 있지만 그 대부분이 전쟁과 군대와 관련된 것들이고, 후방 장면이 적은 데 반해 병사와 군부대, 전투 장면이 차지하는 비중이 매우 높다는 점은 이 작품이 갖는 전투영화로서의 성격을 분명히 한다.

당연히, 〈초소를 지키는 사람들〉 이전에도 전투 장면이 등장하는 영화는 존재했다. 식민지 시기에 제작된 〈조선해협〉(박기채, 1943)이 대동아전쟁의 전투 장면을 짧게나마 보여준 바 있고, 북한 국립영화촬영소의 첫 극영화인 〈내 고향〉(1949)에도 전투 장면이 등장한다. 그러나 전투 장면은 몇 분에 불과하고 서사의 대부분이 후방의 일들을 보여주는 데 할애되고 있어 두 영화를 전투영화로 규정하기는 힘든 것이 사실이다.

한국전쟁 발발 직전, 남한에서도 남·북 간 무력충돌을 주제로 한 영화를 제작하려는 시도가 일부 존재했다. 〈성벽을 뚫고〉(한형모, 1949)는 그 초기작에 해당한다. 지금은 작품이 소실되어 구체적인 면모는 알 수 없지만 이 영화에는 일부 총격 장면이 등장했다고 전해진다.[150] 그러나 신문기사 등의 2차 자료로 짐작컨대, 여순사건을 배경으로 한 영화이지만 극의 중심이 무력충돌보다는 이념을 달리하는 두 인물―대학 동창인 처남과 매부―의 갈등에 놓여 있어 본격적인 전투영화로 규정하기는 어렵다.

〈삼천만의 꽃다발〉(신경균, 1951)[151]도 유사한 양상을 보인다. 이 작품은 남한 최초로 한국전쟁기의 전투 장면을 등장시킨 극영화로 평가되지만, 전체 분량 중 전투 장면은 3분 남짓에 불과하다. 전장보다는 군 병원과 후방이 이야기의 주요 무대가 되고 있으며, 전투영화보다는 드라마에 가까운 편이다.

이러한 초창기 작품들은 대개 전쟁을 '현장'이 아닌 후방의 이야기나 이념적 갈등으로 재현하고 있다. 전투를 적극적으로 형상화하기보다 전쟁의 심리적 현실 재현에 집중했다고 할 수 있다. 이는 전쟁의 직접적인 시각적 재현에 대한 제한과 회피가 존재했음을 시사하며, 전투영화라는 장르가 제작되기에는 불가피한 제약이 있었음을 되짚어보게 만든다.

　　한편 예외적으로 본격적인 전투영화의 형식을 갖춘 영화의 제작이 한국전쟁 직전에 시도되기도 했다. 〈북위 38도〉라는 제목으로 알려진 영화가 그것인데, 이 작품은 1949년 5월 4일에 38선 근방인 개성의 송악산에서 벌어진 전투에서 "폭탄을 품에 안고 적진지에 돌입하여 죽음으로써 전우와 아울러 10만 개성시민을 건져낸"[152] 국군 10명의 실화를 바탕으로 제작되었다.

　　이들 열 명의 국군은 '육탄 십용사'라 불리며 당대 대중에게 널리 회자되었으며, 이들의 희생은 군사적 사건을 넘어 사회적·국가적 영웅 서사로 전유되었다. 그들의 죽음을 기리는 추모 공연 〈육탄 십용사〉가 같은 해 8월 시공관에서 열렸으며, 전사 직후 국가로부터 영웅으로 추대되었고 유가족에게는 시민들의 감사문과 위문금이 쇄도했다. 이러한 분위기는 곧바로 영화 제작으로 이어졌고, 공보처 산하의 대한영화사가 기획과 제작을, 국군 제1사단이 촬영을 지원하였다. 당시 홍제리[153] 오픈 세트에서의 전투 장면 촬영을 일반 시민들에게 공개할 정도로[154] 국가적 관심하에 영화의 제작이 이루어졌다.

　　이 같은 정황을 종합할 때 〈북위 38도〉는 전쟁 묘사의 비중이 높은 영화였을 것으로 짐작된다. 나아가 특정 전투를 기록하려는 차원을 넘어, 국군의 영웅적 재현을 통해 신생 국가의 정당성과 공동체적 감정을 시각적으로 형상화하고자 기획된 작품임을 알 수 있다. 전쟁을 집단적 기억과 이념 형성의 매개로 활용하려는 시도가 초기 남한에서도 구체화되었음을 알려주는 사례이다.

그러나 이 작품이 최종적으로 완성되었는지를 확인할 공식적 기록은 존재하지 않는다. 당시 대한영화사의 전속 배우로, 이 영화를 통해 데뷔한 배우 양일민은 훗날 인터뷰에서 영화의 촬영이 완료된 뒤, 녹음을 위한 러시 시사회까지는 진행되었으나, 한국전쟁의 발발 이후 해당 작품의 행방이 묘연해졌다고 회고한 바 있다.[155] 사실상 현재까지 이 영화의 필름은 남아 있지 않으며, 신문 기사나 기타 문헌자료 어디에도 이 작품에 대한 언급이 발견되지 않는다. 이러한 정황을 종합해볼 때, 〈북위 38도〉는 촬영은 마쳤으나 전쟁의 여파로 후반 작업이 중단된 미완작이었을 가능성이 크다. 이 영화는 전쟁 서사를 통해 국가 정체성을 구성하려던 기획이 있었음을 시사하지만, 그러한 시도가 궁극적으로 실현되지는 못했음을 알려준다.

요컨대, 〈초소를 지키는 사람들〉을 북한 최초의 전투영화라고 부르는 데에 무리가 없어 보인다. 1957년 당시 이 작품을 "최초의 군사적 테마의 예술영화"[156]로 소개하는 기사 역시도 그러한 위상을 뒷받침한다. 제작 시기 또한 그러하다. 남한의 본격적인 전투영화들보다 앞서 만들어졌다는 점에서, 이 영화는 한반도 최초의 전투영화로 자리매김될 수 있다. 나아가, 38선이라는 새로운 국경선을 중심으로 공간을 상상하고, 이를 극영화의 내러티브로 구성한 첫 사례라는 점에서 주목을 요하는 작품이다.

V. 전투영화의 딜레마

1. '선한 전쟁(good war)[157]' 만들기

이제 남은 과제는, 릴 단위로 분산되어 수집된 조각 필름을 하나의 텍스트로 재구성하고, 문헌과 영상 자료들을 종합적으로 분석하여 이 영화의 성격과 역사적 위상을 규명하는 작업이다. 동시에 전투 스펙터클의 시각적 연출과 감정적 동원이 어떤 의미 작용을 일으키는지를 검토함으로써, 이 영화가 수행하려 했던 이념적 효과를 비판적으로 독해해야 한다. 이러한 탐색은 단지 '최초'라는 수식어로 환원될 수 없는, 국가 건설기의 상상과 선전의 양상을 살피고 그 정치적 함의를 묻는 일이기도 하다.

먼저 〈초소를 지키는 사람들〉의 면면을 보다 자세히 들여다 볼 필요가 있다. 각각의 릴이 담고 있는 내용들을 간략하게 정리하면 다음과 같다.

Local ID[158]	제목	주요 내용[159]	시간
242-MID-5147	MISCELLANEOUS SCENES-KOREAN SOLDIERS AND EQUIPMENT	앞으로 돌진하는 병사들(극), 고사포를 점검하거나 통신 중인 북한군(극/기록), 북한군의 행군, 군부대의 여흥시간, 무기 손질하는 북한군(이상, 기록)	4분 42초
242-MID-5157	MISCELLANEOUS SCENES-KOREAN SOLDIERS IN COMBAT	전투씬(극) 초소 전경, 촬영 현장 속의 감독 주인규 및 영화 스태프들 모습(기록).	6분 51초
242-MID-5199	MISCELLANEOUS SCENES: KOREAN SOLDIERS IN COMBAT	초소를 지키는 북한군 실내 장면, 서로의 국기를 앞세우고 치열한 접전을 벌이는 남·북한 병사들, 불타는 마을(이상, 극)	7분 42초
242-MID-5237	MISCELLANEOUS SCENES: KOREAN SOLDIERS	전투씬(극), 철로를 통해 탱크를 수송하는 소련군, 임진강 근방 초소의 북한군 병사들, 군부대 풍경(이상, 기록), 남한에서 처형되는 정치범들(극), 부상당한 북한군을 부축하는 마을 주민들(극), 1945년의 일본과 소련의 전투, 불타는 마을, 항복하는 일본군과 시체들, 해방을 알리는 내레이션, 형무소에서 풀려나는 조선의 죄수들(이상, 다큐멘터리〈38선〉의 장면들),	7분 25초
242-MID-5241	MISCELLANEOUS SCENES: NORTH KOREAN TROOPS	남·북군의 치열한 고지전(극), 국군 수뇌부의 회의를 담은 실내 씬(극), 승리하여 인공기를 높이 든 북한 병사(극), '끝'이라는 엔딩 자막(극)	11분 38초

Local ID[158]	제목	주요 내용[159]	시간
242-MID-5391	MISCELLANEOUS SCENES: NORTH KOREAN SOLDIERS	초소의 다양한 풍경들(극), 병사들의 신체 단련 및 사격 훈련(기록), 사열 장면(기록).	7분 41초
242-MID-5392	MISCELLANEOUS SCENES: NORTH KOREAN TROOPS	초소의 여러 풍경들(기록), 훈련 및 사열 장면(기록), 초소를 방문하여 음식과 꽃다발을 전달하는 주민들(극), 38선 인근의 초소와 산천 풍경(기록).	10분 58초
242-MID-5393	MISCELLANEOUS SCENES: NORTH KOREANS AND NORTH KOREANS IMPERSONATING SOUTH KOREANS	군부대의 훈련 및 여흥 장면(기록), 연인이 보낸 편지를 읽는 북한 병사, 주민이 보낸 위문품을 전달받는 북한군, 한국군 사단장과 미군 수녀부의 대화, 한국군의 주민 학살, 주민들의 토론 현장(이상, 극).	9분 12초
242-MID-5394	MISCELLANEOUS SCENES: NORTH KOREAN SOLDIERS	인민군 창립 2주년 기념 행사 풍경, 사열식, 대동강 일대 전경, 연극, 훈련 등(이상, 기록).	10분 55초
242-MID-5395	MISCELLANEOUS SCENES: NORTH KOREAN TROOPS	고지전 전투씬, 북한군 간호병의 활동(극), 연설하는 김일성과 인민군 창립 2주년 행사의 사열식(기록).	5분 26초
242-MID-5396	MISCELLANEOUS SCENES: NORTH KOREAN TROOPS	북한군의 행군, 체조, 제식훈련, 부대원 교육 및 문화 시간, 임진강 일대 풍경, 사열식, 8·15 경축 행사(이상, 기록).	11분 5초
242-MID-5397	MISCELLANEOUS SCENES: NORTH KOREAN TROOPS	고지전 전투씬, 인공기를 든 주인공 병사, 고사포를 장전하는 북한군(극), 노역에 동원된 주민들(기록)	4분 37초
242-MID-5398	MISCELLANEOUS SCENES: NORTH KOREAN TROOPS	'조쏘친선과 쏘베트문화순간'[160]을 기념하는 다양한 공연과 무대 뒤의 풍경들 (기록).	8분 57초
242-MID-5399	MISCELLANEOUS SCENES: NORTH KOREA	북한군의 제반 훈련 장면, 사열식, 훈장수여식 등(이상, 기록).	7분 53초
242-MID-5400	MISCELLANEOUS SCENES: SOUTH KOREA	후생복표 추첨 현장, 유엔 한국위원단 내한, 월남 귀순병 국군 편입식, 적십자 구제품의 도착을 반기는 이승만과 프란체스카, 여순반란 사건의 진압을 알리는 신문 기사와 군악대(이상, 남한의 뉴스릴).	8분 28초

위의 필름들은 편집이 완료되지 않고 조각조각 찢겨진 미편집 형태이기에 서사의 구체적 면모를 단언하기는 어렵지만 대략적인 스토리 라인은 짐작이 가능하다. 시민들이 토론을 거쳐 전쟁의 필요성에 공감하고, 청년들은 군에 자원하여 입대한다. 갓 입대한 신병들은 정신교육과 육체 단련 및 제반 군사훈련을 받은 뒤, 접경 지역에 배치되어 병영생활을 시작한다. 후방에서는 군과 민이 다양한 기념 행사와 원조를 통해 유대를 돈독히 한다. 전방에서는 병사들이 밀고 밀리는 치열한 교전을 벌인다. 잠시 국군이 우세를 점하기도 하지만 결국 북한 병사들이 필사적인 노력 끝에 고지를 탈환하는 것으로 이야기가 마무리된다. 여기에 덧붙여, 조선을 대하는 소련과 미국의 입장 차이, 해방 후 민족 문제를 바라보는 남·북 정부의 서로 다른 시선, 정부에 대한 국민의 반응, 전투에 임하는 국군과 인민군 지휘부의 차별적 태도 등이 제시된다. 극적으로 연출된 장면과 다큐멘터리 및 뉴스릴 필름이 뒤섞인 복잡한 상태이지만, 전쟁의 대의를 설득하고 북한 체제의 정당성을 확고히 하려는 전투영화의 목적성이 전반적으로 확인된다.

　　서사의 모티브가 된 것은 접경 지역인 38선 부근에서 벌어진 군사적 충돌이다. 당시 조명부 스태프로 참여했다가 이후 월남하여 영화감독이 된 안현철[161]은 은파산 전투가 이 영화의 직접적 배경이었다고 구술을 통해 밝혀 놓았다. 1949년 5월부터 11월까지 벌어진 은파산 전투는, 개성의 송악산 전투(1949.5.3.~5.4.)와 춘천 682고지 전투(1949.8.6.~8.20.)와 더불어, 38선 부근에서 벌어진 대표적 국지전으로 기록된다. 새로 그어진 국경선을 가시화하고 그 주변의 군사적 분쟁에 대해 관심을 보이고 있는 〈초소를 지키는 사람들〉은, 앞서 언급한 남한의 미완작 〈북위 38도〉와 마찬가지로, 국가의 정당성을 강화하는 미적 도구이자 정동적 도구로 국경 내지 접경 지역에 기반한 스토리텔링이 필요했음을 가늠하게 해준다.

　　〈초소를 지키는 사람들〉가 제작된 시기는 북한의 이른바 '평화적 건설기'이다. 물리적 힘의 획득 이상으로 국민 대중의 마음과 정신을 얻는 일이 긴요했던 때이다. 국가 주도 하에 영화 생산체계의 토대를 다지고 이념적 방향과 형식적 틀을 갖춘 국가영화가 제도화되기 시작한 시기라 할 수 있다.[162] 당시 영화가 국가이념을 정동적으로 교육할 역량이 큰 매체라는 인식이 널리 공유되고 있었고, 소련 영화는 프로파간다로서 영화의 입지와 효과를 증명하는 롤모델이 되어주었다. 그만큼 정부와 영화계가 상호 긴밀한 관계를 맺을 수밖에 없었던 상황이었다. 북한은 그 어느 국가보다도 빠른 속도로 영화 산업을 국유화했고 영화 제작의 기반시설 확보를 비롯하여 전폭적인 지원을 보내는 한편, 제작에서 배급 및 수용에 이르는 전 과정을 철저히 통제했다. 사회주의 건설을 향한 낙관적이고 긍정적인 비전을 제시하고 새로운 유형의 '인민'을 훈련하는 효율적 수단이 영화라는 인식에 있어서는 국가와 영화의 입장이 일치했다.

북한에서 전쟁이 국가 서사의 긴요한 모티브로 자리잡기 시작한 것도 이 시기였다. 무엇보다 전쟁은 단순한 무력충돌이 아니라, 민족해방과 국가 건설이라는 국가의 비전을 정당화하는 강력한 서사적 자원이자 정치적 장치였다. 〈초소를 지키는 사람들〉은 이러한 국가서사의 형성기에 전쟁을 이념적 설득의 수단으로 활용한 대표적인 사례에 해당한다. 우선, 이 영화는 무력분쟁이 발생한 38선이라는 국경선의 존재를 가시화하고, 이를 '국경'이라는 지정학적 실체로 가시화함으로써 북한을 단일하고 자율적인 국가로 상상하게 만드는 시청각적 전략을 구사한다. 국경선은 분단의 상징을 넘어서 '지켜야 할 경계'이자 '국가의 존재 조건'으로 정당화되며, 관객으로 하여금 국가의 실체를 자연스럽게 내면화하도록 작동한다. 그런 점에서 이 영화는 국민적 소속감과 국가 정당성을 구성해나간 북한 국가서사의 초기 양상으로 자리매김할 수 있다.

물론 무력충돌이 국가 형성의 근간을 이루는 것[163] 자체가 드문 일은 아니다. 일본, 독일, 소련과 같은 국가들이 보여주듯, 국경을 확립하고 영토를 확보하기 위한 전쟁은, 내부를 통합하고 국가 존속의 명분을 제공하는 강력한 기제로 작동해 왔다. 그중에서도 북한은 전쟁을 자국의 국가 정체성 형성에 적극적으로 끌어들인 대표적 국가라 할 수 있다. 건국 초기부터 전쟁을 국가서사를 정당화하는 핵심적 요소로 삼았고, 그 전략을 실천적으로 구체화하였다. 전쟁 발발 초기부터 종군 촬영반을 조직해 군과 함께 이동하며 전투 실황을 기록했을 뿐만 아니라[164] 전시에도 전쟁과 관련된 극영화를 수 편 제작하였다.[165] 〈초소를 지키는 사람들〉의 뒤를 이어 제작된 대부분의 극영화들이 군사적 투쟁을 중심 테마로 삼고 있다는 사실은, 그만큼 전쟁이 국가 정체성을 구축하고 정당화할 핵심 매개로 기능했었음을 말해준다.

그 근본 이유는 전쟁이 타자 정치가 극단적으로 전개되는 장이라는 점에 있다. '우리는 누구인가'라는 질문은 흔히 그 반대편에 있는 '그들', 즉 타자의 존재를 전제로 한다. '자기'라는 정체성은 늘 '타자'에 대한 정의와 배제의 과정을 포함하며, 이는 개인을 넘어 집단 수준에서도 동일하게 작동한다. 국가 건설기라면 이 타자화의 과정이 보다 민감하고 강도 높게 진행될 수밖에 없다. 국가 정체성은 '우리가 누구이며 무엇을 지향하는가'라는 긍정적 구성만으로는 완성되지 않는다. 그것은 언제나 '우리가 누구와 다른가', '무엇을 배제해야 하는가'라는 부정적 구성과 병행하며, 그 구분선을 선명하게 설정하는 것이 곧 정체성의 안정성을 확보하는 방식이 된다.

〈초소를 지키는 사람들〉은 이러한 타자 정치의 실천을 선명하게 보여주는 사례이다. 초소 내부의 벽 위에 붙여진 "피의 원쑤는 피로 갚자"라는 문구는, 추상적 적 개념을 구체화하는 동시에, '적'이라는 타자에 대한 증오와 분노를 시각화함으로써 전쟁의 정당성을 설득한다. 이처럼 타자에 대한 적대는 단지 전시 상황의 감정 동원이 아니라, 집단적 정체성을 구성하고 국가이념을 내면화시키는 뚜렷한 목적성을 갖는 장치이다.

무엇보다도 북한은 타자화를 조직하고 소속감과 애국심을 고취하기 위해 전쟁 서사를 자주 호출하는 국가이다. 이러한 점은 남한과의 비교를 통해 더욱 분명해진다. 남한영화에서 전쟁은 '정의로운 투쟁'보다는 집단적 외상(trauma)으로 재현되는 경우가 많다. 전쟁기에 제작된 일부 예외적인 작품들이나 국책영화를 제외하면 대개 한국영화는 전쟁을 통해 신념과 사명감을 고양하기보다는 생존의 고통과 인간적 상처를 드러내는 양상을 보여준다. 병사들은 이념을 위해서가 아니라 가족에게 살아 돌아가기 위해 싸우며, 전쟁영웅의 형상화는 거의 찾아보기 힘들다.[166]

이러한 경향은 전쟁을 주제로 한 다수의 작품들에서도 일관되게 관찰된다. 한국 영화사에 굵직한 작품들을 만들었던 감독들이 저마다 한국전쟁을 다룬 영화들을 내놓았지만, 전쟁의 경험을 영광의 서사가 아닌 상처와 고통의 내러티브로 구성했다는 공통점이 있다. 한국인에게 한국전쟁은 승자가 있을 수 없는 전쟁이다. 많은 전쟁영화들이 절단된 신체, 외상후스트레스, 전장에서 살아남은 자의 죄책감 등을 서사의 중심에 배치했으며, 승패를 넘어선 인간의 파괴와 감정적 균열을 주요 테마로 부각시켰던 것도 같은 맥락이다. 이는 전쟁이 결코 영광일 수 없는 아픈 기억으로 자리하고 있음을 드러내며, 전시 상황에 대한 사실적 재현을 가로막는 심리적 저항이 오랜 동안 존재했음을 알려준다. 전쟁을 배경으로 하는 넓은 의미에서의 전쟁영화는 다수 만들어졌지만, 많은 경우가 멜로드라마와 결합되는 양상을 보이고 본격적인 전투영화의 제작이 용이치 않았던 점도 같은 사정에서 기인하는 것으로 보인다.

반면 북한영화에서 전쟁이 차지하는 비중과 중요도는 절대적이다. 남한과는 비교가 안 될 정도로 그에 대한 의미화가 적극적으로 이루어져 왔다. 전쟁은 국가이념을 시각적으로 재현하고, 집단 정체성을 구성하며, 체제의 정당성을 내외부에 호소하는 중요 장치였다. 전쟁영화의 서사는 전선의 전투만이 아니라 후방의 동원과 투쟁까지를 포괄함으로써 인민의 애국심을 고양하는 동시에 대외적으로 전쟁의 정당성을 천명할 수 있었다. 게다가 감각적이고 감정적인 스펙터클로 그 설득적 효과를 높여 일종의 '자기 정당화의 의례'로 작동하게 만들었다. 이러한 전쟁 서사는 "조선 인민은 물론 세계 인민들에게까지 조선 인민의 정의로운 투쟁에서의 용감성과 영웅성을 보여주고, 미제의 악랄한 만행을 폭로·규탄"[167]하는 내용을 반복하며 북한영화의 공식으로 오랜 시간 자리해 왔다.

〈초소를 지키는 사람들〉은 전쟁영화의 장르적 규약이 국가 건설 초기부터 이미 형성되고 있었음을 보여주는 중요한 사례이다. 이 영화가 전쟁을 의미화하는 필수적 절차는 국경의 분쟁을 '선한 전쟁'으로 묘사하여 관객의 공감과 참여를 이끌어내는 일이다. 전쟁의 궁극적 승리라는 해피엔딩 구조, 참전을 영광으로 묘사하거나 전장에서의 죽음을 고귀한 희생으로 재현하는 서사는, 전쟁의 정당성 구현이라는 북한영화 일반의 경향과 일치한다. 또한 주민의 자발적 협조와 군민 간 유대를 강조하는 장면들을 배치함으로써, 전쟁이 단지 군인의 문제가 아니라 전체 인민의 과업이라는 집단적 인식을 고양시킨다. 그 외에도, 주민 회의라는 형식으로 전쟁의 정당성에 대한 집단적 공감을 유도한다든지, 연인이 사랑하는 남자의 참전을 지지하고, 어머니가 아들에게 인민군 입대를 적극적으로 독려하며, 젊은 여성이 자원하여 군인이 되는 장면들은 전쟁영화의 문법이 초기부터 제도화되기 시작했음을 알려준다.

2. 기록영상의 활용과 효과

전쟁의 정당성을 확보하고 대중의 정서적 지지를 유도하기 위한 가장 보편적인 전략 중 하나는, 적대 세력을 철저히 비인간화하는 것이다. 구체적인 얼굴과 삶을 지닌 개인은 절대악의 화신으로 구성되기 어렵기에, '적'은 반드시 인간성과는 거리를 둔 타자, 즉 악의 추상적 형상으로 재현되어야만 한다. 어린이, 여성, 노인과 같은 사회적 약자를 대상으로 한 폭력 행위나 무차별적인 민간인 학살 장면은 상대를 잔혹하고 비인도적인 존재로 재현하는 전형적 장치로 기능한다. 이는 '적'의 인간화가 곧 자국 체제의 도덕적 우월성과 정당성을 약화시킬 수 있다는 인식에 기인한다.

예컨대 리버티 프로덕션에서 국방부의 지원을 받아 제작한 〈죽엄의 상자〉(김기영, 1955)가 반공영화를 표방하였음에도 세간의 비난을 받고, 〈피아골〉(이강천, 1955)이나 〈7인의 여포로〉(이만희, 1964)가 혹독한 검열의 대상이 되었던 이유 중 하나가, 공산주의자를 인간적으로 묘사했다는 점이었다. 그만큼 '적'의 재현이 체제 이데올로기의 핵심을 구성하는 민감한 정치적 사안임을 방증한다. 프로파간다의 관점에서 볼 때, 적은 가능한 한 비인간적이고 폭력적인 존재로 형상화되어야만 하며, 이를 통해 자국 체제의 정당성을 강화하고 내부의 불만이나 이탈 가능성을 심리적으로 차단하는 효과를 기대할 수 있다.

그러나 전쟁영화, 특히 전투 장면을 전면에 내세우는 영화에서는 이와 같은 효과가 항상 실현되기 어렵다. 전투영화는 본질적으로 현실의 전쟁을 재현하는 장르로서, 극적 재현과 사실적 구현이라는 두 상충되는 요구 사이에서 지속적으로 긴장하며 재현 전략을 구성해야 하기 때문이다. 한편으로는 전장을 직접 체험하지 못한 관객에게 전쟁의 실체를 생생하게 전달해야 한다는 압박이 존재하고, 다른 한편으로는 이념의 구현이라는 목적성을 실현해야 한다. 둘 사이에서 유동하거나 충돌하는 전쟁 재현은 오히려 이념적 내러티브의 일관성을 저해하거나 예상치 못한 감정적 균열을 초래할 위험을 내포하기 마련이다.

〈초소를 지키는 사람들〉의 전장 스펙터클은 그러한 재현의 긴장을 잘 보여준다. 영화는 남과 북의 병사들이 각각 자국의 국기를 들고 돌격하는 장면을 통해 국민국가의 상징성을 강조하려 하나, 정작 태극기를 들고 돌진하는 국군 병사의 모습은, 악의 화신이라기보다는, 오히려 목숨 걸고 싸우는 '또 다른 우리'의 형상으로 다가온다. 더구나 흑백 화면 속에서 유사한 복장과 철모, 그리고 유사한 몸짓은 적과 나의 경계를 모호하게 만들며, 유일한 구분의 표식인 국기조차 제거되는 경우라면 어느 쪽이 아군이고 적군인지 판별하기 어려워진다. 전장의 리얼리티에 충실할수록 전투 시퀀스는 체제의 적을 비인간화하려는 기획에 균열을 일으키고, 결과적으로 영화는 선전의 목적과 사실적 재현 사이의 딜레마에 직면하게 된다.

전투 스펙터클을 구현하는 데 있어 또 하나의 난제는, 전쟁이라는 극한 상황과 새로운 국가 건설을 향한 낙관주의를 조화롭게 결합하는 일이 결코 쉽지만은 않다는 데 있다. 전투영화는 본질적으로 피와 죽음, 폐허와 상실의 이미지로부터 자유로울 수 없는 장르이다. 전장을 사실적으로 재현하려 할수록 신체의 파열, 피의 낙진, 나뒹구는 시신과 같은 참혹한 이미지들이 불가피하게 화면을 채울 수밖에 없는 까닭이다. 전장의 재현에서 신체적 고통과 취약성을 배제하는 것은 사실상 불가능하며, 이러한 시각적 요소들은 관객의 감각을 직접적으로 자극하며 감정적·신체적 반응을 유도한다.

문제는 이러한 스펙터클이 단순한 시각적 즐거움에 머물지 않고, 전쟁이 내포한 공포와 파괴성을 환기시켜 이념적 메시지와 충돌할 수 있다는 점이다. 전투의 시각적 재현은 종종 인지적 설득보다는 감각적 충격을 앞세우기 때문에, 아무리 전쟁의 정당성을 서사적으로 강조하더라도, 관객이 느끼는 공포와 거부감을 완전히 통제하기는 어렵다. 〈초소를 지키는 사람들〉에서 전장의 사실성과 스펙터클이 강조될수록, 관객은 전쟁의 정당성보다는 그 파괴성과 잔혹성에 더 주목하게 될 위험이 크며, 이는 결국 의도된 메시지에 저항하는 감정적 서사를 유발할 수 있다.

게다가 해방을 맞은 지 얼마 되지 않아 임의로 그어진 38선을 실질적인 국경으로 인정하는 것이 결코 간단한 일은 아니다. 민족의 동질성을 강하게 내면화해 온 한민족에게 있어, 남과 북으로 갈라져 이웃과 혈육이 서로를 향해 총구를 겨누는 상황은 '선한 전쟁'으로 쉽게 서사화될 수 없다. 해방의 기쁨 속에서 감춰 두었던 태극기를 꺼내 들고 거리를 가득 메웠던 기억이 여전히 선명한 상태에서, 태극기를 앞세우고 돌진해오는 국군과의 목숨을 건 싸움이 공감을 얻기를 기대하기는 힘든 노릇이다. 불과 1~2년 전만 해도 민족 해방의 상징으로 광장에서 휘날렸던 태극기의 이미지[168]가 전쟁 서사로 들어오는 순간, 단순한 적국의 표식을 넘어 해방의 기억을 소환하거나 전체 서사에서 탈맥락화할 가능성이 있다. 이러한 기표의 중층적 의미는, 남한 정부와의 이념적 단절을 전제로 정당성을 구축하려는 북한 체제의 장대한 서사에 균열을 초래할 수 있다. 특히 38선을 사이에 둔 남·북한의 무력분쟁은, 단지 국경을 물리적 경계로 설정하는 차원을 넘어, 국가 형성기의 정동적 충성심과 감정적 일체감을 조직해야 하는 복합적 과제를 동반한다. 결과적으로 전쟁은 오히려 체제가 원하는 공식 서사의 통일성을 위협하는 이질적인 기억과 감정을 촉발할 수 있다.

　　이러한 서사적·정서적 난제들에 대응할 전략과 관련하여 주목할 지점은, 이 영화에 삽입된 다양한 기록영상들이다. 무엇보다도 생생한 현장의 기록인 실제 기록물은 위에서 제시한 어려움들을 해결할 방도로 활용되었을 가능성이 크다. 남한의 뉴스릴 필름을 삽입한 것도 같은 맥락으로 이해된다. 적의 존재를 실재하는 것으로 각인시키고, 그 부정적 성격을 구체화하기 위해 동원된 전략으로 보일 수 있다.

　　이를테면, 여순사건의 반란군이 진압되었음을 보도하는 기사, 진압군을 환영하는 군중의 모습, 북한을 '괴뢰'라 지칭하며 월남한 귀순병이 국군에 편입되는 순간을 담은 남한의 뉴스릴은, 남한과 국군이 '적'으로 상정되어야 할 필연성과 정당성을 부여한다. 이와 더불어 복권 추첨 현장이나 적십자 구호 물자의 도착을 전하는 뉴스는 남한사회의 빈곤과 혼란을 드러내는 증거로 맥락화되며, 유엔 및 미국 고위 인사들을 환대하는 이승만 부부의 모습은 남한이 주권을 남에게 내어준 국가로 의미화되도록 돕는다. 이처럼 기록영상은 원재료의 맥락에서 이탈하여, 영화의 이념적 목적을 보조하는 동시에, 적의 실체를 외부의 시선으로 입증하는 데 필요한 '객관적 증거'로 기능한다.

일련의 푸티지 영상이 〈초소를 지키는 사람들〉의 들어 있는 것도 마찬가지의 재현 전략으로 보인다. 이 영화에는 1945년에 소련군과 일본군이 벌인 전투 장면과, 소련의 승리 이후 전장에 남겨진 수많은 시체, 지친 듯 바닥에 쓰러져 있는 부상병과 패잔병의 모습이 담겨 있다. 이어지는 장면에서는, 소련군의 진주 직후 형무소에서 풀려난 조선인들과 그들을 속박했던 수갑과 밧줄이 무더기로 땅 바닥에 놓여 있는 모습이 등장한다. 그리고 이 순간을 내레이터의 목소리는 억압과 족쇄로부터의 해방이라는 말로 포장한다.

이 기록영상들은 기존 영화인 〈38선〉에서 발췌한 것으로, 본래의 맥락에서 벗어나 새로운 내러티브 구조 속에 재배치된 사례라 할 수 있다. 이들 장면은 전쟁에서의 죽음과 고통에 대한 감각을 최소화하는 동시에, 전쟁을 "암흑에서 여명의 새 아침을 맞이하"[169]는 역사적 전환점, 즉 해방과 국가 건설의 계기로 의미화한다. 다시 말해, 기록영상은 해석과 편집을 통해 허구적 구성물 속으로 통합되는 전유의 대상이 된다. 원본 영상의 맥락을 제거하고 이념적 목적에 따라 선택적으로 배열 내지 재매개화하는 이러한 방식은 북한 전쟁영화에서 허구적 요소와 기록영상을 리믹스하는 방식이 매우 이른 시기부터 시도되었음을 알려준다.

그러나 국가서사를 위해 아카이브 영상을 활용하는 제반 방식이 애초에 의도한 효과를 내었다고 보기는 어렵다. 전쟁의 도덕적 당위성을 명백히 하려는 목적에서 활용된 것이 사실이라 하더라도, 목적에 부합하지 못하거나 의도에 어긋나는 결과를 낳을 여지가 많기 때문이다. 작품 속에 배치한 풍부한 기록영상들은 '선한 전쟁'의 신화를 강화하기보다는, 오히려 전쟁터의 혼란을 드러내어 영화를 내부적으로 분열시킬 잠재성을 갖는다. 단순해 보이는 외양과는 다른 복잡한 울림을 만들어 한국전쟁이 갖는 혼란스럽고 다층적인 의미들이 노출될 계기를 제공했을 가능성을 무시하기 어렵다는 것이다.

요컨대, 〈초소를 지키는 사람들〉이 취한 형식적 시도들은 이후 북한 전쟁영화의 규범이 되기에는 지나치게 실험적이었으며, 이러한 실험의 효과는 '선한 전쟁'의 구현이라는 국가적 프로파간다의 목적과 충돌할 여지가 많았다고 할 수 있다. 이 영화의 뒤를 이어 제작된 북한의 전쟁 내지 전투영화들이 〈초소를 지키는 사람들〉과는 뚜렷이 구별되는 양상을 보이는 점은, 당시 북한 영화계 내부에 존재하던 긴장과 문제의식을 반증한다. 실제로 이후 북한의 전쟁영화에서는 기록영상의 활용이 줄어들었고, 그 대신 서사와 스펙터클이 점차 단순화되는 방향으로 나아갔다. 아울러 적의 정체도 국군에서 미군으로 전환되었는데, 이는 한국전쟁을 제국주의에 맞선 민족해방전쟁으로 재구성하려는 경향이 본격화되었음을 보여준다. 이러한 일련의 변화에 〈초소를 지키는 사람들〉의 '실패'가 일정 부분 계기가 되었음을 부인하기 어려워 보인다.

〈초소를 지키는 사람들〉은 극영화와 기록영화의 경계를 넘나드는 실험적 시도였으며 그 자체로 선구적인 의미를 지닌다. 그러나 한국전쟁이 내포한 복잡성과 긴장을 의도치 않게 노출시킴으로써, 당초 기획된 선전효과와는 어긋난 결과를 초래한 작품이라 할 수 있다. 그러나 이러한 어긋남은 이후 북한 전쟁영화들이 나아갈 방향성을 암묵적으로 가늠하게 만드는 동인이 되었을 것이고, 그런 점에서 〈초소를 지키는 사람들〉은 국가서사가 구체화되어 가는 과정에서 중요한 전환을 촉발한 결정적 계기 중 하나로 간주될 수 있을 것이다.

참고문헌

1차 자료

1) 북한 노획 필름

⟨242-MID-5147⟩, "MISCELLANEOUS SCENES-KOREAN SOLDIERS AND EQUIPMENT", RG 242, Motion Picture Films From G-2 Army Military Intelligence Division 1918-ca. 1947, NARA Ⅱ.

⟨242-MID-5157⟩, "MISCELLANEOUS SCENES-KOREAN SOLDIERS IN COMBAT", RG 242, Motion Picture Films From G-2 Army Military Intelligence Division 1918-ca. 1947, NARA Ⅱ.

⟨242-MID-5199⟩, "MISCELLANEOUS SCENES: KOREAN SOLDIERS IN COMBAT", RG 242, Motion Picture Films From G-2 Army Military Intelligence Division 1918-ca. 1947, NARA Ⅱ.

⟨242-MID-5237⟩, "MISCELLANEOUS SCENES: KOREAN SOLDIERS", RG 242, Motion Picture Films From G-2 Army Military Intelligence Division 1918-ca. 1947, NARA Ⅱ.

⟨242-MID-5241⟩, "MISCELLANEOUS SCENES: NORTH KOREAN TROOPS", RG 242, Motion Picture Films From G-2 Army Military Intelligence Division 1918-ca. 1947, NARA Ⅱ.

⟨242-MID-5391⟩, "MISCELLANEOUS SCENES: NORTH KOREAN SOLDIERS", RG 242, Motion Picture Films From G-2 Army Military Intelligence Division 1918-ca. 1947, NARA Ⅱ.

⟨242-MID-5392⟩, MISCELLANEOUS SCENES: NORTH KOREAN TROOPS, RG 242, Motion Picture Films From G-2 Army Military Intelligence Division 1918-ca. 1947, NARA Ⅱ.

⟨242-MID-5393⟩, "MISCELLANEOUS SCENES: NORTH KOREANS AND NORTH KOREANS IMPERSONATING SOUTH KOREANS", RG 242, Motion Picture Films From G-2 Army Military Intelligence Division

1918-ca. 1947, NARA Ⅱ.

⟨242-MID-5394⟩, "MISCELLANEOUS SCENES: NORTH KOREAN SOLDIERS", RG 242, Motion Picture Films From G-2 Army Military Intelligence Division 1918-ca. 1947, NARA Ⅱ.

⟨242-MID-5395⟩, "MISCELLANEOUS SCENES: NORTH KOREAN TROOPS", RG 242, Motion Picture Films From G-2 Army Military Intelligence Division 1918-ca. 1947, NARA Ⅱ.

⟨242-MID-5396⟩, "MISCELLANEOUS SCENES: NORTH KOREAN TROOPS", RG 242, Motion Picture Films From G-2 Army Military Intelligence Division 1918-ca. 1947, NARA Ⅱ.

⟨242-MID-5397⟩, "MISCELLANEOUS SCENES: NORTH KOREAN TROOPS", RG 242, Motion Picture Films From G-2 Army Military Intelligence Division 1918-ca. 1947, NARA Ⅱ.

⟨242-MID-5398⟩, "MISCELLANEOUS SCENES: NORTH KOREAN TROOPS", RG 242, Motion Picture Films From G-2 Army Military Intelligence Division 1918-ca. 1947, NARA Ⅱ.

⟨242-MID-5399⟩, "MISCELLANEOUS SCENES: NORTH KOREA", RG 242, Motion Picture Films From G-2 Army Military Intelligence Division 1918-ca. 1947, NARA Ⅱ.

⟨242-MID-5400⟩, "MISCELLANEOUS SCENES: SOUTH KOREA", RG 242, Motion Picture Films From G-2 Army Military Intelligence Division 1918-ca. 1947, NARA Ⅱ.

2) 남한영화(연도순)

⟨조선해협⟩(박기채, 1943)

⟨성벽을 뚫고⟩(한형모, 1949)

⟨삼천만의 꽃다발⟩(신경균, 1951)

⟨죽엄의 상자⟩(김기영, 1955)

⟨피아골⟩(이강천, 1955)

⟨어머니의 길⟩(안현철, 1958)

〈7인의 여포로〉(이만희, 1964)

3) 북한영화(연도순)
〈인민위원회〉(1948)
〈8·15〉(1948)
〈인민군대〉(전동민, 1948)
〈영원한 친선〉(1948)
〈38선〉(1949)
〈내 고향〉(강홍식, 1949)
〈용광로〉(민정식, 1950)
〈초소를 지키는 사람들〉(주인규, 1950)
〈소년 빨찌산〉(윤용규, 1951)
〈또다시 전선으로〉(천상인, 1952)
〈향토를 지키는 사람들〉(윤용규, 1952)
〈정찰병〉(전동민, 1953)
〈비행기 사냥 군조〉(강홍식, 1953)

4) 해외 영화
〈이오지마의 모래(Sands of Iwo Jima)〉(Allan Dwan, 1949)

문헌 자료
『조선중앙연감 1950』, 조선중앙통신사, 1950.
『2006년도 원로영화인 구술채록 자료집: 양일민 편(배우: 1928~)』, 한국영상자료원, 2007.
『2006년도 원로영화인 구술채록 자료집: 안현철 편 [감독](1929~)』, 한국영상자료원, 2007.

신문 기사
김명남, "해방후 열두해 동안의 조선영화의 발전면모", 《조선영화》 2, 1957.8.15., 8-9쪽.

라원근, "국립영화촬영소 제2회 극예술영화 〈용광로〉에 대하여",《로동신문》, 1950. 6.14.
"고상한 예술성을 과시 / 쏘련영화 서울에서 대호평",《해방일보》, 1950.9.23.
"십(十)용사의 장렬한 전투경과, 육탄으로 진지분쇄",《동아일보》, 1949.5.21., 2면.
"〈북위38도〉 촬영 중 홍제리 로케는 공개",《조선일보》, 1949.12.14.
"조선예술영화촬영소 제작 주요작품 목록",《조선영화》2, 1967.2.11., 46-48쪽.
"영화광고 〈초소를 지키는 사람들〉",《민주조선》, 1950.8.9.
"영화에서 보는 영웅적 인민군대의 형상",《조선영화》, 1958.2.
"영화 〈내고향〉 절찬 / 해방된 개성시에서 상영",《로동신문》, 1950.7.6.

2차 연구

동의대학교 영상미디어센터 & 김이석/차민철,『근현대 영화인 사전』, 미디어랩 2084, 2015.
리호윤 편집,『조선영화문학선집·1』, 평양:문학예술종합출판사, 1994.
미셸 푸코 지음, 이정우 역,『지식의 고고학』, 민음사, 2000.
이명자,『북한영화사』, 커뮤니케이션북스, 2007
이현중,「북한 전쟁영화와 기록영화 속 미국(군) 표상 연구: 6·25 전쟁과 그 전후 시기를 중심으로」,『영화연구』84, 2020, 35-59쪽.
전갑생,「미군의 북한 영상 노획과 심리적 영화 제작」,『역사문제연구』47, 2022, 181-220쪽.
한상언,「북한영화의 탄생과 주인규」,『영화연구』37, 2008, 383-410쪽.
한상언,「6·25 전쟁기 북한영화와 전쟁재현」,『현대영화연구』11, 2011, 281-308쪽.
Allison, Tanine., *Destructive Sublime*: World War II in American Film and Media, Rutgers University Press, 2018.
Bakogianni, Anastasia., "War as Spectacle, a Multi-sensory Event Worth Watching?", Bakogianni, Anastasia., and Valerie M. Hope eds., *War as Spectacle*: Ancient and Modern Perspectives on the Display of Armed Conflict, Bloomsbury Academic, 2015.

Basinger, Jeanine., *The World War II Combat Film: Anatomy of a Genre*, Wesleyan University Press, 2003.

Crampton, A., & Power, M. "Frames of reference on the geopolitical stage: Saving Private Ryan and the Second World War/Second Gulf War intertext'", *Geopolitics* 10(2), 2005, pp.244-265.

Oh, Young-Suk., "The Korean War and Films (1955-1970)", *FLowers in Hell: The Golden Age of the Korean cinema*, FESTIVAL INTERNACIONAL DE CINE DE DONOSTIA-SAN SEBASTIAN, 2021.6., pp.65-86.

제4장
미군의 북한 영상 노획과 심리전 영화 제작

전갑생

I. 머리말

1950년 7월 서울에서 조선인민군이 한국군과 미군 포로들을 포획하여 호송하는 영상이 있다. 조선민주주의인민공화국(북한)에서 촬영된 이 영상은 10월 이후 미군이 평양에서 노획한 푸티지(footage) 영상이다. 이 영상 외에도 한국전쟁과 관련된 영상 가운데 조선인민군의 '남침 장면'이라고 소개되는 다큐멘터리, 뉴스릴들이 있다. 밤에 대포 소리와 함께 북한군이 전투를 벌이는 장면, 삼삼오오 모여 작전을 숙의하는 장면, 탱크들이 줄지어 이동하는 장면, 조선인민군으로 보이는 병사들이 떼를 지어 이동하는 장면까지 다양하다. 이 영상들은 북한 체제 비판을 다루는 영상에 삽입되어 새로운 심리전 다큐멘터리나 뉴스릴의 장면으로 바뀌었다.

미국의 영상을 활용한 '심리전'은 제2차 세계대전기에 전선과 후방을 가리지 않았다. 백원담은 "미국은 심리전을 전장에서의 선전, 우방국

군대를 위한 이데올로기 교육, 국내에서의 사기와 규율 진작과 같은 전시 문제들에 사회과학을 응용하는 것으로 확대"[170]한 것으로 정의하였으며 프로파간다 외에 전복, 사보타주, 특수작전, 게릴라전, 스파이 활동까지 심리전 수단의 범주에 포함시켰다. 1990년대 미·소와 유럽의 기밀문서 해제는 미국뿐 아니라 아시아의 '문화냉전' 연구를 촉발시켰다.[171] 2000년대 이후 미국과 유럽 등지의 심리전 영상 공개와 발굴은 국내에서 각 분야의 냉전 문화 연구를 촉발시켰다.[172] 이후 사상전과 심리전이 서로 '착종'하는 사상심리전 연구가 확대되고 있다. 다만 앞의 연구들은 북한 노획 영상보다 미군에서 제작한 뉴스릴과 심리전 다큐멘터리에 초점을 맞추고 있다.

1946~1953년까지 북한에서 노획된 영상에 대한 연구는 극영화와 기록영화를 다룬 것이 대부분이며 한상언(2011; 2020), 유우(2018), 김승(2015), 이명자(2007), 최척호(1989) 등의 연구가 있다.[173] 그러나 이들 연구는 북한 영화사적 혹은 사상적 분석에 초점을 두고 있으며, 노획된 과정이나 미군에서 심리전 차원에서 활용한 사례를 언급하지 않고 있다. 따라서 미군의 다큐멘터리에 삽입된 북한 영상을 분석한 연구는 거의 전무하다.

이 글에서 사용할 북한 노획 영상 관련 내용은 다음과 같다. 해방 이후 북한은 1945년 11월 '조·쏘문화협회'[174]을 결성하고 소련 영화를 수용했으며, 1947년 2월 7일 국립영화촬영소[175]를 개관하여 한국전쟁 직전까지 기록·극영화[176]를 다수 제작하였다. 이 영상이 2000년대 초부터 국내에 알려지기 시작했다. 몇몇 국내 기관[177]은 미국 국립문서기록관리청 2관(NARA Ⅱ)[178]에 소장된 해외 노획 문서 컬렉션 중 북한 노획 문서를 수집하면서 《映畫藝術(영화예술)》을 비롯한 여러 영화잡지를 수집했다. 2012년 이후 고려대 한국근현대영상시스템과 성공회대 냉전아시아 영상아카이브, 서울대, 뉴스파타 공공영상아카이브 등이 NARA Ⅱ

의 영상을 본격적으로 수집하면서 북한 노획 영상에 주목했다.[179] 2000년 남북정상회담 이후, 1946년부터 1990년대까지 제작된 일부 북한 극영화가 통일연구원과 한국영상자료원 등에 기증되어, 북한 영화 관련 연구가 활발하게 이어졌다. 그러나 북한 뉴스 영화나 문화영화의 상당수가 NARA II에 소장되어 있다는 사실은 이때 알려지지 않았다.[180]

따라서 이 연구의 문제의식은 왜 북한 영상이 NARA II에 다수 소장되어 있는가에서부터 출발한다. 누가, 언제, 어디서 북한 영상을 노획하고 아카이브화했는지, 미군에서 어떻게 북한 영화를 활용해 새로운 영화를 제작했는지를 밝히고자 하는 것이 이 연구의 목표다.

본 연구는 NARA II에 소장된 북한 영상을 대상으로 하여, 미군의 노획 및 아카이빙 과정과 실제 영상이 어떻게 활용되지를 몇 편의 영화를 통해 분석하고자 한다. 그 몇 가지 주제를 다음과 같이 정리할 수 있다. 첫째, 인디언헤드(Indian head) 기동부대의 조직·구성·활동을 살펴보고, 둘째, 극동총사령부와 미 8군 사령부의 정보참모부(assistant chief of staff, intelligence, G-2)의 북한 영상 활용 방침과 정책을 다루고자 한다. 셋째, 미군의 심리전략위원회(Psychological Strategy Board, PSB) 조직과 북한 영상을 활용해 어떤 영화를 제작했는지를 분석해 보고자 한다. 주요 대상 영화는 미 육군이 제작한 북·중의 전쟁 책임과 공산주의를 비판하는 〈새빨간 거짓말(The Big Lie)〉와 TV 시리즈 《빅픽처(The Big Picture)》 등이다. 이 영화에 삽입된 북한 노획 영상은 RG 242(해외노획컬렉션)의 MID와 RG 306(미 해외공보처, USIA) 시리즈의 푸티지 영상이다.[181] 여기에서는 영상의 본격적인 분석보다 어떻게 북한 노획 영상을 활용했는지를 다루고자 했다.

II. 북한 필름, 노획하다 : '인디언헤드'와 군사정보 부대 활동

1. 미 8군 정보참모부(G-2)와 '평양 특별 프로젝트(Special Pyongyang Project)'

한국전쟁 초기 조선인민군은 서울을 비롯하여 인천, 수원, 대전 등 중요 대도시와 중·소도시를 점령했다. 연합군 사령부(UN Command, UNC)와 극동총사령부(General Headquarters Far East Command, FEC)는 낙동강 방어선을 구축하고 "전쟁에서 승리하기 위해" 육·해·공군의 모든 전력을 총동원해 "서울 지역의 보급 시설 탈환과 남쪽에 주둔한 북한인민군의 보급로를 차단"[182]하는 최소한의 목적과 북한 지역의 중요한 시설을 폭격하는 작전계획[183]을 수립했다. 1950년 8월 30일 유엔군 사령부의 작전명령 제1호에 따라 미 8군 사령부는 9월 2일 미 제2·24·25보병사단과 제1기병사단, 한국군 제1·7사단 등을 군산-대전-수원-서울의 왼쪽 구역으로 진격시켜 38선까지 회복하는 전투 작전을 개시했다.

앞의 사령부와 별도로 미 8군 사령부 정보참모부는 1950년 8월 5일 기존의 부서를 확대·개편하여, 전투 부대와 함께 평양에 깊숙이 침투해 각종 문서 노획과 주요 인사 포획 등을 담당할 기동부대를 구성했다.[184] 정보참모부는 기존 조직에서 작전정보국(Operations Intelligence Division, 3개 반), 특별정보, 특별 프로젝트 외 5개 부서를 재편했으나 9월 연합군 사령부의 대규모 군사작전에 따라 불가피하게 부서를 다시 편재하고 새로운 임무를 수행했다.[185] '특별작전 방첩부서'는 방첩대(Counter Intelligence Corps, CIC)의 지휘·감독 아래 적의 비밀 정보기관 정보 수집 및 전술적인 선전전, 정보 목표(북한 자료) 노획, 우호적인 '적' 국민 심문 등을 담당했다.

인디언헤드 부대 해체 뒤 평양에서 본격적인 활동을 전개한 군사정보 부대는 정보참모부 부서 개편과 함께 재개편되었다. 이 부대에는 한국어뿐만 아니라 일본어, 러시아어 등에 능통한 구 일본군 출신 또는 아시아-태평양 전쟁에 참여한 재미 2세 일본인(nisei) 미군 출신이나 한국군 장교를 선발해 배속시켰다. 극동총사령부 예하 제441방첩대는 제319군사정보중대(319th Military Intelligence Service Company, 319MISC로 줄임)와 제164군사정보파견대(164th Military Intelligence Service Detachment, 164MISD로 줄임) 등을 지휘했다. 9월 24일 제164군사정보파견대는 사카모토 기예시(Kiyeshi K. Sakamoto, 대위)[186] 파견대장과 한국인 장교 12명(김장하·김선길·남상업·소장근·장대영·정송익·하갑정·김재헌·김영도·이차만·오만두·유근길)으로 구성됐다. 자료 노획 담당에는 제2사단 예하 기동부대 인디언헤드가 포함되었다.

10월 16일 미 8군 사령부 정보참모부는 중령 랄프 포스터(Ralph L. Foster, 제2보병사단 정보참모부 장교)를 기동부대의 사령관으로 임명하고, 제38보병연대 K중대 외에도 제9연대 2정찰중대·제72탱크대대의 C중대·제82방공포대대·공병폭파대에서 각각 1개 소대를 차출하고 의무반 및 CIC 파견대, 308 CIC파견대 10명, 통신번역전선부대(이하 ADVATIS)[187] 소속 한국군 통역 병사까지 포함해 조직하도록 명령을 내렸다.[188] 부대의 임무는 미8군 정보참모부의 통제 아래 북한 주요 기관과 개인 소장 자료 중에서 유실 또는 파괴될 수 있는 문서 및 기타 정보 수집(정부 기록물·기술·외세의 대북 정책에 대한 문서 포함), 주요 인사 포획을 목적으로 공격 부대와 함께 평양에 침투하는 것이다.

일명 '특수문서 노획 기동대'라는 별명이 붙은 인디언헤드 부대는 10월 17일 오전 10시 제2정찰중대 구역(영등포)에서 편성을 완료하고 441 CIC에서 작성한 목표물 목록을 첨부한 정보 문서[189]와 보급참모부(G-4)로부터 탄약 적재 및 배급 지원을 받아 평양으로 출발했다.[190] 10월 19일 이 부대는 평양에 도착했으나 파괴된 대동강 철교를 건너지 못했다. 10월 20일 17시 50분 기동대는 경탱크를 이용해 대동강을 건넜고

¹⁹¹ 북한 정부 건물과 김일성 집무실 및 자택, 주요 간부들의 주거지까지 수색했다.¹⁹² 기동부대는 CIC 요원들의 지휘 아래 안내·통역·전술 6개 팀과 함께 전술적 또는 전략적 가치를 지닌 문서들을 즉시 노획했다. 10월 21일 기동대 문서반은 옛 러시아 영사관이나 대사관의 문서 자료 수령 및 심사를 담당했다. 특히 ADVATIS팀은 현지에서 문서반에 참여해 문서의 분류 및 목록화 작업을 신속하게 처리할 수 있었다. 10월 21일 인디언헤드 부대는 평양의 두 개 라디오 방송국을 접수했는데 한 곳에서 새로운 라디오 장비들, 다른 한 곳에서 북한인민군 문서들을 노획했다. 10월 23일 기동대 사령관은 인사·보급 부서와 협의하여 기존 부대를 축소하고 한국군 인원을 증원했다. 북한군의 저항이 없는 상태에서 김일성 집무실 외에도 국립영화촬영소를 비롯한 주요 기관과 북한 내각의 자택에서도 자료의 수집과 기록에 집중했다. 10월 25일 인디언헤드 부대는 각 부대로 환원되면서 해체되었다.

위와 같이 미 8군 정보참모부의 인디언헤드 부대는 평양 현지에서 북한 영상들의 노획을 담당했다. 군사정보 부대들과 극동총사령부 파견의 ADVATIS 등은 인디언헤드에서 노획한 영상을 분류 및 목록화하고 일본으로 수송하는 임무를 맡았다. 극동총사령부는 ATIS에 맡겨 재분류 작업을 벌였다.

2. 북한 영화 필름 노획과 극동총사령부의 아카이브

평양에서 노획한 북한 영상은 극동총사령부 정보참모부 본부로 항공기를 이용해 운송되었다. 1차 노획 영상은 10월 30일 164MISD에 넘겨져 도쿄 소재 정보참모부 본부로 운송되었다. 운송된 필름은 소련영화보관소와 문화센터에서 제작한 약 2,500개 릴의 256개 꾸러미이며 구체적인 각 릴의 제목이 표기되지 않았다.¹⁹³ 11월 4일 제164군사정보파견대(소령 유진 크릴로프(Eugene B. Kryloff)는 10월 20일 인디언헤드 부대에서 노

표 1 인디언헤드 부대의 북·소 영상 필름 운송 현황

운송날짜	노획날짜	노획부대	제작국	필름 개수	비고
1950. 10. 30	1950. 10. 20	인디언헤드	소련	2,500릴	
11. 4	〃	〃	북한	12개 묶음	소련제 32mm 영상 음향장비
11. 13	〃	〃	북한		소련제 영상 프로젝트 1박스
11. 16		〃	북·소	11개 묶음	

"Document Acquisition Special Pyongyang Project", ADVATIS-FWD-T0002, 30 October 1950, POW RIR 5, RG 338, Intelligence Administration Files, 2/10/1950 - 12/31/1955, Entry A-1 117, Box 51, NARA Ⅱ.

획한 '선전 영화' 상영에 필수 장비인 소련제 32mm 영상 음향 시스템과 12개 묶음의 필름 릴을 극동총사령부로 보냈다.[194] 11월 13일 평양에서 인디언헤드 부대는 17개 박스를 노획해 선적했는데 영상 프로젝트 1개 상자가 포함되었다. 11월 16일 인디언헤드 부대가 ADVATIS에 넘긴 북·소 영상 필름만 11개 묶음이었다.[195] 10월 25일 인디언헤드 부대가 해체되기 전까지 노획한 북·소 영상 현황은 〈표 1〉와 같다.

그 외 1950년 11월 18일 제1기병사단은 선천에서 19개 릴의 북한 프로파간다 영상을 노획해 정보참모부로 보냈다.[196] 이처럼 인디언헤드 부대와 북한 지역에서 전투를 전개한 개별 부대에서 노획한 북한 영상은 극동총사령부 정보참모부 본부 내 ATIS의 중령 아담스(Adams)에게 전달되었다. 정보참모부의 각 팀 부대원 총 180명 중 한국인 장교는 소위 김종하·김선길·남상업·장범·장대영·정송익·하갑정·김재헌·김영두·이차만·오명우·유근길 등이며 장교 후보생(Officer Candidate School, OCS) 일부가 포함되었다. 1951년 4월 27일 군사정보중대(MISC)가 신설되었는데 장교 35명, 사병 75명 규모로 한국어·중국어·일본어 능통자를 선발했다. 전체 7개 팀으로 구성하고 문서 노획팀이 별도로 운영되었다. 같은 날 극동총사령부 예하 제319군사정보중대 13명과 한국인 장교

김세원 대위, 강영섭 민간 요원이 추가 선임되었다. 이들은 ATIS에 배속되어 포로 심문 보고서를 비롯한 각종 북한 노획 문서들을 번역·인쇄했다.[197]

극동총사령부 산하 군사정보단(Military Intelligence Service Group, MISG)는 1951년 9월 이후, 북한 노획 문서와 영상의 분류, 자료의 활용 및 보존 차원에서 별도의 조직을 구성하는데 극동총사령부 정보참모부가 적극적으로 나서야 한다고 강조했다.[198] 11월 9일 군사정보부는 '중앙컬렉션센터(Central Collection Center)'의 설립을 주장했으며 정보참모부와 재차 협의한 끝에 '중앙작전조사파일센터(Central Operational Research File Center)'(1952.3.24.)[199]를 만들었다. 극동총사령부는 설립 취지에서 "수집되는 모든 정보를 적군의 전쟁 잠재력을 평가하는데 활용해야"하며 "사령부의 다양한 정보기관이 적 첩보를 활용하기 위해 중앙컬렉션센터가 필요하다"고 강조했다. 극동총사령부 군사정보단은 노획한 문서 목록을 정리해 중앙작전조사파일센터로 이관했다. ATIS는 노획 자료들을 A와 B·C급으로 재분류하여, B급(신문·서한·도서·정기간행물), C급(군사매뉴얼 등)만 30일 이내에 버지니아 알렉산드리아의 미 연방기록보존센터(Federal Record Center)[200]의 기록과로 보냈다. 정보참모부와 ATIS는 A급(북한인민군의 작전문서·전투 상황·작전지도·부대 이동 계획·해·공군의 관련 문서·영상 필름)을 'ATIS 회보(Bulletin)', '적 문서(Enemy Documents)', '작전 한국(Korean Operations)'이라는 정보 간행물에 활용했다.[201] 이때 극동총사령부는 작전상 필요하지 않은 B, C급을 제외한 자료를 파일 센터에 보관해 활용하고 있었다.[202]

북한과 소련 영상이 미 8군 사령부에 보관된 경우도 있었다. 1952년 10월 20일 제500군사정보단 윌키(Wilkie) 소령이 극동총사령부 정보참모부의 트로이아노(Troiano) 중령에게, 대구 미8군 통신 부대가 약 20,000피트 길이의 한국어와 러시아어로 녹음된 영화를 보관하고 있다고 보고했다. 이 영화는 남한에 대한 북한의 공격, 다양한 정치 퍼레이드, 김일성을 비롯한 주요 정치인들의 연설 장면과 육성을 포함하고 있었다. 극동총사령부가 미 8군에 파견한 레오나드(Leonard) 소령은 미 8군 정보참모부에 보관된 북한 영화 필름을 직접 보고 나서, "정보참모부나 심리전부, 작전참모부(G-3)에서도 (이 영화에) 관심이 있을 것으로 생각된다"며 "복제 목적으로 영화를 사령부에 양도하는데 (미 8군이) 동의했다"고 윌키 소령에게 의사를 전달했다. 이에 극동총사령부 통신국 고먼(Gorman) 소령은 제226통신중대 찰스 캠벨(Charles Campbell) 대위와 접촉해 원본 필름의 복제와 관련 정보를 수집했다.²⁰³ 제500군사정보단은 인디언헤드 부대가 노획한 영상과 문서를 목록화하여 극동총사령부로 수송한 담당 부대였다. 따라서 미 8군에 보관된 북·소 영화필름은 인디언헤드 부대에서 노획한 것으로 추정된다. 이런 방대한 노획 영상들이 미군의 북한에 대한 심리전에 적극적으로 활용될 수 있었던 것이다. 그럼 북한이나 소련 등에서 제작한 영상들이 미군에서 어떻게 활용되었는지 살펴보고자 한다.

III. 미군, 심리전 영화 기획하다: 심리전략위원회(PSB)의 조직과 기획

1. 미국의 심리전 계획과 PSB

미군은 노획한 영상들을 재편집해 한국전쟁 이후 북·중에 대한 전쟁 심리전에 필요한 새로운 다큐멘터리를 제작했다. 이 심리전은 미국의 내부에서 시작해 '자유 진영'인 일본, 한국 외에 유럽과 아시아 전역으로 확산되었다. 미군의 심리전은 미국 내부의 법적 제도화 마련과 '잠재적 적'에 대한 대응하기 위한 기획에서 이뤄진 것으로 볼 수 있다. 여기서는 미국이 심리전에 대응하기 위해 벌인 내·외부의 활동과 심리전 관련 조직을 재구성한 의도, 북한 노획 영상을 활용한 다큐멘터리가 어떤 정책 기조에서 제작되는지를 구체적인 사례를 통해 살펴보고자 한다.

한국전쟁 발발 후 미국은 국민에게 '적으로부터 경각심'을 일깨우고 소련 등 공산주의 국가가 '위협적인 존재'임을 인식시키고자 했다. 트루먼 대통령은 "미국민의 생명과 재산을 보호"하는 차원에서 연방 민방위국(Federal Civil Defense Administration, FCDA)[204]을 신설했다. 이어 행정부는 연방 민방위국, 군부와 협력하여 공립학교 교과 과정에 '반공주의 영화'(다큐멘터리나 공상과학 영화)를 활용한 '반공 교육 과정'을 넣었고, 이것이 일반 대중에 반공 의식을 주입시키는데 큰 도움이 될 것으로 보고 있었다.[205]

미국의 심리전 계획은 미 국민과 북한·소비에트 연방까지 포괄하는 전방위적인 작전이었다. 1950년 11월 17일 미군은 '심리전 계획에 유용한 첩보 연구의 우선 순위'에서 소련을 비롯한 동유럽과 중국 및 북한을 중요한 대상으로 삼았다.[206] 같은 시기 극동총사령부 심리전부는 1951년 2월 19일 '심리전 및 특수작전 프로그램의 육군 차원에서 지원의 중요성'을 강조했으며, 동년 6월 전쟁 심리전의 정책과 계획에서 "공산주의 억압과 북·중의 착취, 한국에서의 전쟁에 대한 공산주의 책임"을 부각시키고 '소비에트 제국주의'가 동유럽 국가를 비롯해 중국과 북한에 "꼭두각시처럼 조종당하고 있다"는 논리의 심리전을 한국의 라디오 방송에서 적극적으로 방송하기로 했다.[207]

1951년 6월 20일 트루먼은 국무부 장관, 국방부 장관, 중앙정보국 (CIA) 국장과 만나 심리전략위원회(Psychological Strategy Board, PSB)의 목적과 효과적인 계획, 조정 및 작전 등을 논의하고 합동참모부를 비롯한 군사 고문을 대거 위촉하기로 결정했다.[208] 심지형은 PSB의 조직 과정, 국가 심리전 목표 설정, 정책과 프로그램의 수립·공포, 심리적인 효과의 평가 등을 분석하고 "연방 의회의 감시를 피하고자 만든 비밀 자문

기구"라고 정의했다.[209] 이 PSB는 52명의 위원으로 구성되었고,[210] 1951년 5월 이후 국무성, 국방부를 비롯해 합동참모부와 미 해외공보처(US Information Agency, USIA) 등 여러 기관에서 진행한 심리전 프로젝트 계획과 결과를 취합해 국가안전회의(National Security Council, NSC)에 보고했다. 1952년 8월 1일 PSB와 국무부의 보고서, 1953년 1월 9일 국방부의 보고서에는 심리전 프로젝트 진행 결과 및 향후 계획 등이 자세히 나와 있다.[211] PSB는 USIA의 극동·동남·유럽 등지의 반소·반공 영화 제작을 지원하고, 영상 필름 릴 복제를 통해 심리전을 지원하고 있었다.[212] 연합군 최고사령부(SCAP) 산하 민간정보교육(Civil Information and Education Section, CI&E)은 인디언헤드 부대에서 노획한 북한 영상을 활용한 심리전 작전을 기획하고 육군부에 의뢰했다.

2. 미군과 유엔의 전방위 심리전 영화 : 〈새빨간 거짓말(The Big Lie)〉

국무부와 PSB 등 여러 기관의 심리전 정책 기조 하에 탄생한 반소 심리전 영화가 바로 〈새빨간 거짓말〉(1951, 총 19분 28초)이다.[213] 이 영화는 1951년 연합군 최고사령부 산하 민간정보교육국이 미 육군부에 다큐멘터리 영화 프로그램을 제작 의뢰하여 만들어진 것으로, "미국인들이 민주주의를 위해 공산주의 국가와 싸울 준비가 되어 있어야 한다"는 논리

1. 〈새빨간 거짓말〉 제작 크레딧(22초)   # 2. 〈새빨간 거짓말〉 타이틀

사진 1 The Big Lie 인트로 장면

를 내포하고 있다. 육군부는 워너브라더스(Warnerbros)에서 인수한 워너파테뉴스(Warner-Pathe News)에 제작을 맡겼는데 35mm 필름으로 프린트를 했다. 또한 1952년 3월 13일 동일한 16mm 영화는 매슈 리지웨이를 비롯한 사령부 간부들 앞에서 시사회를 통해 공개되었다.[214]

이 영화는 앞의 '첩보 연구의 우선 순위'라는 문서에서 언급된 1그룹에 해당되는 사회주의 국가를 상대로 만들어진 것이며 북한에서 노획한 푸티지 영상을 삽입해 재구성한 것이다. 앞 도입부를 제외한 대부분의 장면은 인디언헤드 부대가 노획한 북한 노획 영상이었다. 〈새빨간 거짓말〉에 삽입된 푸티지 필름은 USIA 영상도서관(Motion Picture Library)의 발췌영상(Stock Shot) 중 1,627번째이다.[215] 이 영상은 〈새빨간 거짓말〉에서 도입부를 삭제한 나머지 7분 8초 분량이 삽입되었으며 러시아어나 한국어 원음이 그대로 담겨 있다.

영화의 전체 줄거리는 히틀러와 동일한 '독재자'인 스탈린이 동독, 체코, 루마니아, 폴란드, 헝가리, 중국, 북한 등을 추동해 유럽과 아시아를 위협할 뿐만 아니라 미국을 위협할 것이므로 앞으로 싸울 준비를 해야 한다는 내용이다. 영화 전체에 흐르는 배경 음악은 독일군의 군사 퍼레이드에 사용된 바덴바일러 행진곡(Badenweiler Marsch)[216]의 도입부를 작은 북을 이용해 빠른 박자로 표현하고 있다.

영화의 도입부에는 미 육군부가 기획·감독했다는 오프닝 크레딧과 함께 전파를 발송하는 중계탑이 등장한다. 이어지는 내레이션은 "대중들은 작은 거짓말보다는 큰 거짓말에 잘 속는다"며 "아돌프 히틀러는 그렇게 말했고, 그는 세계에 제일 큰 거짓말을 방송했다"고 말한다. 자연스럽게 〈사진 2〉의 #3과 같이 히틀러와 '허위(虛僞)'라는 단어가 오버랩되고 있다. 이어 내레이션은 "새로운 얼굴, 새로운 목소리 : 스탈린과 스탈린 갱. 더 큰 거짓말, 더 큰 거짓말"이라고 히틀러와 같은 장면(#3)을 스탈린만 바꾸어 인서트(#4)하고 있다. 내레이션에 나오는 히틀러의 인용

 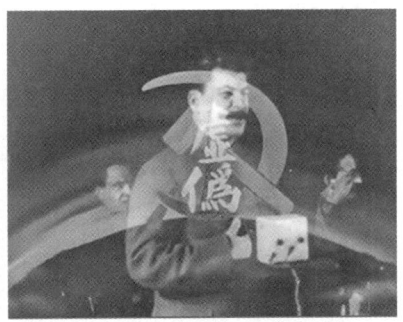

#3. 〈새빨간 거짓말〉의 장면(22초)   #4. 〈새빨간 거짓말〉의 장면(39초)

#5. 〈새빨간 거짓말〉의 장면(8분 20초)   #6. 〈새빨간 거짓말〉의 장면(8분 41초)

사진 2 〈새빨간 거짓말〉의 스틸 컷

구는 사실이 아니지만 그조차도 거짓이라는 중의법을 사용하고 있다. 한자 '허위'는 소련과 헝가리와의 '친선 협조 및 상호 원조에 관한 조약' 장면은 〈오늘의 소련 16호(Soviet of Today #16, 242-MID-5290)〉(무성)[217]에서 추출한 것이다.

#3과 #4의 장면을 보면 소련을 방문한 김일성, 박헌영, 홍명희 등 북한 내각이 모스크바 역에 내리는 장면과 크렘린 궁전에서 스탈린과 만나는 장면, 북한의 행사와 노동자 집회, 북한 화가의 활동 등을 차례대로 보여주고 있다(11분 51초-12분 20초). #3과 #4의 장면에 삽입된 푸티지 필름은 인디언헤드 부대에서 노획한 북한의 〈조선시보(Korean Newsreel, 242-MID-5109)〉(유성)[218]에서 추출한 것이다. 이어 북한의 뉴스영화

#7. 〈새빨간 거짓말〉의 장면(11분51초)

#8. 〈새빨간 거짓말〉의 장면(11분53초)

#9. 〈새빨간 거짓말〉의 장면(11분57초)

#10. 〈새빨간 거짓말〉의 장면(12분06초)

사진 3 〈새빨간 거짓말〉의 스틸 컷

(#7~10장면)를 보여주면서 해설자는 "우리 인민 스스로가 내정에 직접 관여해야 한다는 것은 '큰 거짓말'"에 불과하다고 반박하고 있다.

이 영화의 마지막 장면에서 해설자는 '공산주의자들의 아주 큰 거짓말'이라며 평화의 상징 비둘기를 보여주면서 "비둘기의 거짓말, 그들의 가장 큰 거짓말. 끝없는 집회에서 그들은 '평화, 평화'라고 선언하지만, 공산주자들이 입을 열면, 그것은 평화가 아닌 전쟁을 의미한다!"라고 한국전쟁에서 피난을 떠나는 장면과 전투 장면을 겹쳐 설명하고 있다.

#11의 비둘기 이미지는 1949년 4월 20~22일까지 프랑스에서 개최된 세계 평화 회의 상징물인 피카소의 비둘기 그림이다. 영화는 세계 평화 회의에 참여한 각국의 깃발과 비둘기를 오버랩하고 이어 #12의 장면

#11. 〈새빨간 거짓말〉의 장면(17분 20초)　　#12. 〈새빨간 거짓말〉의 장면(19분 18초)

사진 4 'The Big Lie'의 스틸 컷

으로 바뀌면서 탱크 형태로 바뀐 비둘기가 등장해 그들의 평화는 큰 거짓말이라고 선전한다.

　이 영화는 북한 영상의 생산 맥락과 상관 없이, 북한이 소련의 지시를 받고 전쟁을 일으키고 있다는 데 초점에 두고 있다. 영화에서 사용되는 배경 음악은 군사 퍼레이드 장면 및 "공산주의자들이 전쟁을 일으켰다"는 장면에서 빠른 박자의 북소리를 사용하고 있다. 이처럼 영화에 전반적으로 흐르는 음악은 삽입된 북한 노획 영상과 전혀 다른 느낌을 전달한다.

　이 영화는 애초 제작 목적에 따라 연합군 최고사령부의 민간정보교육국을 통해 일본을 비롯해 아시아, 미국 등지에서 배급 또는 상영되었다. 유엔은 가입국에 〈새빨간 거짓말〉의 영상 배포하는 데 앞장서고 있었다. 유엔 사무처는 유엔 영상부(UN Motion Pictures Section)에서 미군의 협력을 받아 〈새빨간 거짓말〉를 '자유 진영 국가'에 발송하기도 했으며, 관련 비용을 미군으로부터 지원을 받았다.[219] 그 외에도 민간정보교육국은 1951년 7월부터 거제도 포로수용소를 비롯한 부산 제1포로구역에서 한국어로 번역한 〈새빨간 거짓말〉 150개 릴을 복제해 재교육 프로그램의 영화 상영 시간에 상영했다.[220] 미군은 유엔 뿐 아니라 전 세계에 배포하기 위해 모든 기관들을 총동원하여 영화를 배포하고자 했고, 다큐멘터리에서 텔레비전 시리즈까지 기획하게 되었다.

IV. 심리전 영화 제작하다 : 미 육군 정훈국의 영화 제작

1. 육군부의 텔레비전 시리즈와 북한 노획 영화 활용

앞의 〈새빨간 거짓말〉과 장르나 내용에서 차이를 보이는 《빅픽처》는 텔레비전 시리즈라는 새로운 프로젝트로 시작된 심리전 프로그램이었다.[221] 이 프로젝트는 한국전쟁 초기 미국의 PSB 심리전 계획 하에 막대한 자금력을 지원받은 미 육군부, 전쟁 현장에 투입된 수많은 통신부대원, 북한에서 노획한 푸티지 영상, 배급과 배포 책임을 맡은 USIA까지 결합된 시스템에서 이뤄진 것이다. 미 육군부 정훈국(Information and Education Division, I&E)과 극동총사령부 민간정보교육국은 전쟁 발발 직후 일본과 한국인을 대상으로 한 심리전 영화 제작에 적극적으로 참여했다. 1950년 10월 27일 극동총사령부는 미 육군부의 요청에 따라 미 8군과 제10군단에, 한국전쟁 전후 북한 주민 생활과 남한에서 북한인민군 점령기에 있었던 "잔학한 사건과 억압적인 조치에 대한 영화 제작에 필요한 남북한 피해 주민의 인터뷰를 담는데 협조"하라고 지시했다.[222] 미 육군부의 영화 제작은 북한이나 소련과 관련해 극동총사령부 민간정보교육국에 집중되었다. 민간정보교육국은 2차 세계대전 종전 직후부터 미 육군사진센터(Army Photographic Center, APC)의 지원을 받아 일본과 한국에서 심리전을 담당했으며 1950년 9월 이후 전투회보(Combat Bulletin) 제작과 배포까지 맡고 있었다.[223]

전세의 변화에 따라 1951년 미 육군부 정훈국과 육군 워싱턴 군관구(U.S. Army Military District of Washington)는 한국전쟁을 소재로 한 미 육군의 공식 TV 시리즈 제작에 돌입했다. 이 시리즈는《빅픽처(The Big Picture)》라고 명명되었고 1971년까지 600편의 소재를 다루었는데 초기에는 35mm(1960년부터 16mm)로 1회 약 30분 이내에 제작되었다. 첫《빅픽처》는 1951년 10월 7일 오후 1시부터 13주간 WTOP-TV[224]에서 방영했고 점차 미국 내 60개 방송국으로 늘어나 방영되었다.[225] 정영신은 빅픽처 시리즈의 성공과 인기가 "제2차 세계대전 시기부터 지속된 군사적 선전 활동의 전형, 즉 선과 악, '그들'와 '우리'에 대한 명확한 구분 하에 수행되던 냉전심리전의 전형적인 모습"에서 기인했다고 평가했다.[226]

현재 NARA II에 소장된《빅픽처》시리즈는 총 493개 에피소드이며 한국과 관련된 것만 69개의 개별 영상이 있다. 한국과 관련된 내용은 1950년 9월 인천상륙작전 후 미군의 활약상을 다루는 〈한국에서의 첫 40일(The First Forty Days in Korea)〉(1951)을 비롯해 유엔군의 공세, 중국군 참전, 원조 및 재건 등 여러 주제를 다루고 있다.[227] 전체 구성은 사회자의 전반적인 영화에 대한 해설을 시작으로 내레이션과 육군 통신부대에서 촬영한 푸티지 영상을 재구성해 제작됐으며 육군부의 재정·감독 아래 이루어졌다. 특히 사회자와 초대 손님 사이에 심층 대화가 이어지기도 했다. 뉴욕의 통신대 영상센터(훗날 육군사진센터)[228]에서 통신부대 영화 담당자들이 제작에 참여했다. 육군부 정훈국에서 근무하던 상사 스튜어트 퀸 주니어(Stuart Alfred Queen Jr, 1919~1981)[229]은 1951년부터 1960년까지《빅픽처》의 사회자이자 간판 인물이었다. 그 외에도 영화배우 존 웨인을 비롯한 여러 명이 진행자를 맡기도 했다.[230]

영화 제작 과정을 유추할 수 있는 문서가 있다. 이 시리즈의 제작진은 한국전쟁이라는 소재를 극동총사령부나 연합군 사령부 또는 미 8군에 의뢰해 제작하기도 했다. 1952년 1월 13일 극동 사령관은 통신대 사령관실에 영화 제작을 제안했으며 2월 20일 영화 프로젝트 번호(SPX 128)가 정해졌고 심리전부 사령관 매클루어 장군과 협의해 7월 23

일 통신대 사령관실은 군정&민사국(Military Government and Civil Affairs, CA&MG)에 영화의 개요를 전달해 검토와 의견을 요청했다. 민간원조사령부 정훈국의 개요 검토 결과, 극동 사령관실은 "미국의 한국 구호 활동 기여도를 알리는데 최고의 가치가 있을 것"이라고 평가했다. 매클루어는 "아시아 국가들에 엄청난 선전 가치를 가질 것"이라고 높게 평가하고 영화 제작에 도움을 제공했다. 이 영화는 1952년 8월 26일 영화 프로젝트(SPX 128) 일환으로 〈대한민간원조(Civil Assistance, Korea)〉(111-TV-201)이라는 제목으로 《빅픽처》 시리즈 201번째 에피소드로 방영되었다.[231] 이처럼 시리즈는 극동 사령관이 제안하고 통신대 사령관실에서 접수해 유엔군 군정&민사국(CA&MG)에서 시놉시스 등을 검토한 뒤 작전참모부(G-3)와 보급참모부(G-4), 육군 정훈국, 심리전부로 이어진 치밀한 과정을 통해 탄생한 것이다. 그만큼 《빅픽처》는 앞의 〈새빨간 거짓말〉과 달리 미 육군에서 얼마나 기민하게 심리전을 기획했는지를 잘 보여주는 사례이다.

2. 〈서울의 부활(Rebirth of Seoul)〉의 포로 심리전

앞에서 《빅픽처》 시리즈가 어떻게 제작되는지를 자세히 살펴보았다. 이하에서 볼 〈서울의 부활〉(111-TV-255)은 그 상세한 제작과정을 담은 문서는 찾을 수 없지만 북한 노획 영상이 어떻게 활용되어 다시 제작되는지를 보여주는 사례이다.

이 시리즈의 대부분 첫 장면은 이렇게 시작한다. 진군 나팔소리와 함께 참호에서 사방을 주시하는 두 병사가 등장하면서 해설자가 "한국에서, 독일에서, 알레스카에서 푸에르토리코까지 전 세계적으로 미 육군은 침략으로부터 우리나라를 지키기 위해 경계 태세를 늦추지 않고 있다"고 말한다. 해설자의 말과 함께 화면 가득히 지구본과 영화 제목이 등장한다. 미군이 세계를 지키는 '보안관'이라는 이미지를 극대화시켜 주고 있다. 다음 장면에서 육군은 전 세계에서 외부의 적으로부터 침략을 방어하고자 '경계 태세를 늦추지 않고 있다'라고 하며 애국심과 든든한 국방 이미지를 전달하고 있다. 해설자는 "이것은 미 육군의 공식적인 텔레비전 보도인 빅픽처"라고 하며 진행자인 상사 스튜어트 퀸을 소개한다. 군복을 입은 퀸이 등장하면서, 유엔군의 힘으로 서울을 되찾았지만 "전쟁의 후유증 속에서 수천만의 고아들이 생기고 수많은 마을과 도시들이 거의 파괴되었다"며 서울의 재탈환 과정을 통해 "(영화는) 가장 큰 역경 앞에서 승리하려는 인간의 지속적인 의지(를 담은) 이야기"라고 말한다.

장면이 바뀌고 제2차 세계대전기 폭격을 맞아 죽은 여성 그리고 전쟁으로 인해 파괴된 도시(마닐라·바르샤바·런던·히로시마·베를린)를 열거하면서 "오늘날에도 2년도 되지 않은 기간에 죽기를 거부한 도시가 네 번이나 짓밟혔다"고 한국의 수도 서울을 소환하고 있다. 이어서 영화는 "소련에 의해 설치된 꼭두각시 북한은 며칠 동안 국경에서 공격 태세를 갖추고 있었다"(3분 25초~3분 47초)며 "6월 25일 북한군은 갑작스럽게 남한을 침공했다"고 강조한다. 영상의 줄거리는 '갑작스러운 침공'에 유엔의 참전 결의와 서울 시민의 피난 그리고 유엔군의 인천상륙작전 장면을 보여주고 서울 탈환, 미군과 유엔군의 원조에 의해 서울이 부활하려고 했지만, 중국 인민지원군의 참전(7분 58초~8분 39초)으로 다시 피난을 떠나야 하는 서울 시민을 비롯해 북한 피난민이 북한을 탈출하는 이야기, 탈환한 뒤 파괴된 서울이 재건되고 있다는 내용이다.

영화는 앞의 〈새빨간 거짓말〉과 동일하게 소련으로부터 지원과 "지령"을 받아 북한군이 한국전쟁을 일으켰다고 선전한다. 영화에서 미국은 '공산주의와의 전쟁'에 나서고 있다는 것을 다시 강조한다. 영화에 삽입된 장면 중에서 북한의 노획 푸티지 영상이 다수 확인된다. 삽입된 북한 노획 영상은 북한군의 "침공", 중국 인민지원군 참전과 김일성을 비롯하여 소련 군부들이 참석한 사열식 장면, 미군 포로들이 서울에서 포획되

#1. 〈서울의 부활〉의 장면(타이틀)　　#2. 〈서울의 부활〉의 장면(11분 11초)

#3. 〈서울의 부활〉의 장면(10분 27초)　　#4. 〈서울의 부활〉의 장면(10분 33초)

사진 5 〈서울의 부활〉의 스틸 컷

어 이동하는 장면(9분 58초~10분 38초) 등이다. 특히 세 번째 삽입된 장면에서 해설자는 "미군 포로들이 세뇌와 고문을 받았고 있다"는 내용을 강조하고 있다. 북한에서 촬영한 영상은 1950년 7월이며 옛 중앙청으로 들어가는 한국군·미군 포로를 담고 있다. 영화의 해설자는 "수개월 동안 붙잡힌 미군을 기다리고 있는 새로운 유형의 야만적인 행위"를 지적하는데 북한군의 "교묘한 세뇌와 고문을 받아 다수는 살아남지 못했을 것이다"라고 강조하고 있다. #3에서는 총을 든 북한인민군의 모습을 뒤로 손이 묶인 채로 이동하는 미군 포로의 모습과 겹쳐 대조시키고 있다. 이러한 편집은 북한노획 영상이 없었다면 불가능하지 않았을까.

〈사진 5〉에 삽입된 푸티지 영상은 북한에서 촬영한 것이며 미국

#5. 〈242-MID-5401〉의 장면(6초)

#6. 〈242-MID-5401〉의 장면(22초)

#7. 〈242-MID-5401〉의 장면(27초)

#8. 〈242-MID-5401〉의 장면(28초)

사진 6 〈242-MID-5401〉의 스틸 컷

NARA II의 해외 노획 컬렉션 정보참모부 군사정보국 시리즈에 속한 〈서울의 미군 포로(American Prisoners in Seoul, 242-MID-5401)〉(무성, 35mm)이다. 영상 길이는 1분 9초로 아주 짧으며 RG 306에도 유사한 미군 포로 영상이 있다. 본 영상과 관련된 스틸 사진은 1953년 4월 28일 《라이프(LIFE)》지가 일본 지사로부터 125매를 구매한 것이다. 미 육군 정보부는 1955년 12월 2일 《라이프》 편집장으로부터 사진 전량을 입수했다.[232]

〈242-MID-5401〉은 미군 및 한국군 포로가 중앙청 건물을 통과하는 장면과 중앙청 주변의 포로 및 북한인민군, 포로들이 고개를 숙인 장면, 미군 주변에 모인 인민군 및 한국군, 카메라를 응시하는 인민군 등이 담겨 있다.

미군 포로는 서울과 평양을 비롯한 21개 중·소형 포로수용소에 흩어져 수용되었다. 대표적인 수용소인 벽동을 비롯한 포로수용소는 대개 평북과 함북 일대의 기존 건물에 설치되어 국가·계급별로 북한인민군이나 중국 인민지원군의 관리를 받았다. 앞의 《빅픽처》에서 주장하는 미군 포로에 대한 '세뇌'는 중국군이 실시한 포로 재교육 프로그램을 가리킨다. 미군은 자신들이 북한인민군 포로에게 실시한 것을 '재교육(Reeducation)'이라고 명명했고 북·중에서 한·미군에게 실시한 것을 '세뇌(brainwashing)'라고 지칭했다.²³³ 1953년 1월 CIA 앨런 덜레스(Allen W. Dulles)국장은 "공산주의자는 지금 북한에 있는 미군 포로에게 세뇌 기술을 적용하고 있다"며 "일시적으로 국가와 가족을 포기하도록 유도될 수 있는 가능성"²³⁴을 말하면서 북한이 미군 포로에게 실시하는 재교육을 "세뇌"라고 지칭했다. 앨런 국장의 발언은 미 국방부의 심리전 계획에서도 확인되고 있다. 1월 9일 국방부는 "'세뇌'로 알려진 공산주의 주입 기술에 대한 연구는 계속되어야 한다"며 "이 연구를 자유 세계에 알리고, 이를 통해 소련의 선전 효과를 약화시키는 캠페인을 구상하고 있다"고 PSB 전체 회의에 보고했다.²³⁵ 4월 1일 CIA 요원들은 PSB 회의에서 북·중의 미군 포로 재교육 문제를 심리전에 최대한 활용하자며 먼저 정전 협상 때 논의 의제에 상정해 적극적으로 활용해야 한다고 제안했다.²³⁶ 앨런 국장은 1953년 4월 16일자 《뉴욕타임즈(New York Times)》와의 인터뷰에서 공산주의의 미군 포로 재교육에 대해 "그들을 저지르지 않은 범죄의 자백자로 만들거나 소련 선전의 입으로 만들기 위해 고안되었다"라고 선전했다.²³⁷ 이에 국내 언론은 "북한군이 유엔군 포로들에게 세뇌 기술 만행을 자행해 전원 송환되지 못한다"고 대대적으로 보도하기 시작했다.²³⁸ 미군은 1951년 6월부터 거제도와 부산 포로수용소 등에서 동일하게 북한인민군과 중국군 포로들에게 동일하게 전쟁범죄 조사와 '정치적인 재교육 프로그램'을 실시했다.²³⁹ 특히 미군의 포로들에 대한 전쟁범죄 조사는 포로와 포로 간의 갈등뿐만 아니라 수용동 파괴 공작의 일환이었고 포로들은 실제 사건과 전혀 다른 내용을 진술하도록 강요받기도 했다.[240] CIA의 내부 보고서는 "유엔군 사령부는 미송환 조선인민군 포로들에게 사실상 세뇌 프로그램을 실시했다"며 북한과 동일한 '세뇌 교육'을 실시했다고 평가했다.[241] 이처럼 미국은 포로 재교육과 관련된 전방위적인 심리전을 전개하면서 다양한 장르에서 북한 노획 영상을 활용했다.

V. 맺음말

인디언헤드 부대는 미8군 정보참모부의 명령에 따라 평양에서 문서와 영상 필름을 노획했다. 같은 시기 CIC와 군사정보부대, ATIS 등은 노획된 자료를 목록화하여 간단한 설명문을 첨부해 극동총사령부 정보참모부에 발송했다. 일부 북한 노획 영상은 대구의 미 8군 사령부 정보참모부와 극동총사령부 예하 제226통신중대에 보관되었다가 도쿄로 이관되었다. 이들 영상은 각 사령부에 제공하거나 활용하기 위해 자체적으로 아카이브화되었다. PSB는 국무부와 국방부 그리고 CIA 등을 동원해 반북·소와 반공 심리전을 기획했다. 이 기획에 따라 미 국방부 정훈국은 북한 노획 영상을 역선전 영화 제작에 활용한 것이다. 그 과정에서 제작된 다큐멘터리 〈새빨간 거짓말〉과 TV 시리즈 《빅픽처》는 북한 영상을 활용한 대표적인 작품이며 '최고'의 선전도구였다. 극동총사령부 정훈국이나 민간정보교육국은 《빅픽처》의 기획이나 배급에 적극적으로 개입한 것이다. USIA의 해외 지부 USIS는 일본뿐만 아니라 아시아 여러 나라에 선전하는 역할을 담당했다. 연합군 사령부는 민간정보교육국은에서 거제도·부산 포로수용소 포로에게 〈새빨간 거짓말〉을 재교육 프로그램에서 상영하고자 국문·중국어판까지 제작했다.《빅픽처》는 1951년부터 미국민에 대한 심리전 기획의 하나로 각 주의 지역 방송 프로그램에 편성되었다.

〈새빨간 거짓말〉는 북·중·소가 평화를 외치고 있지만 여러 전쟁을 일으켜 왔다고 하며 "앞으로 미국인이 그들과 싸울 준비를 해야 한다"고 주장하는 선전·선동 영화이다.《빅픽처》는 한국의 수도 서울이 전쟁에 파괴되고 재탄생하는 과정을 담고, 북한의 재교육 프로그램에 "미군 포로들이 세뇌되어 국가와 가족"의 품으로 다시 돌아오지 못할 수도 있다는 위기감과 분노를 자극하고 있다. 두 영화는 북한 노획 영상을 적절하게 편집해 사람의 마음[情動]과 심리를 이용하고자 한 것이다. 미군이 제작한 새로운 심리전 영화는 전후 냉전 문화의 확산으로 이어졌다. 향후 북한 노획영상이 미국뿐만 아니라 동유럽과 러시아, 중동 등지에서 어떻게 재생산되어 냉전 심리전에 활용되었는지를 밝히는 연구로 확장되기를 기대한다.

참고문헌

1차 자료

영상 자료

⟨242-MID-5109⟩, "Korean Newsreel", RG 242, Motion Picture Films From G-2 Army Military Intelligence Division, 1918-ca. 1947, NARA Ⅱ.
⟨242-MID-5290⟩, "SOVIET OF TODAY #16", RG 242, Motion Picture Films From G-2 Army Military Intelligence Division, 1918-ca. 1947, NARA Ⅱ.
⟨306-LSS-1627⟩, "LIBRARY STOCK SHOT #1627", RG 306, Motion Picture Library Stock Shots, ca. 1953-ca. 1959, NARA Ⅱ.
⟨A Nation Builds Under Fire⟩, 111-TV-695, RG 111, Motion Picture Films From "The Big Picture" Television Program Series, ca. 1950-ca. NARA Ⅱ.
⟨Civil Assistance, Korea⟩, 111-TV-201, RG 111, Motion Picture Films From "The Big Picture" Television Program Series, ca. 1950-ca. NARA Ⅱ.
⟨Communism⟩, NAID 146136738, RG 111, Armed Forces Information Film(AFIF) Number 5, NARA Ⅱ.
⟨The Big Lie⟩, 306.2781, RG 306, Moving Images Relating to U.S. Domestic and International Activities, 1982-1999, NARA Ⅱ.

CIA 소장 자료

Brainwashing (CIA-RDP80R01731R000300200018-2), CM-312-56, June 7 1956, Memorandum for The director, General CIA Records, CIA.
Dulles Heads Largest Intelligence Group (CIA-RDP70-00058R000100100031-5), May 10, 1954, General CIA Records, CIA.
Excerpts form A Briefing for The Members of The Board by The Director at A Meeting Held November 26, 1951 (CIA-RDP80R01731R0033004100

25-8), General CIA Records, CIA.

National Psychological Strategy Board & Interdepartmental Foreign Information Staff, *Priority List for Intelligence Studies Useful in Psychological Warfare Planning* (CIA-RDP80-01065A0005001130069-4), November 17, 1950, General CIA Records, CIA.

North Korean Motion Picture Industry (CIA-RDP82-00457R015100240011-3), 29 November 1952, Report of Foreign Documents Division Survey Team, General CIA Records, CIA.

PSB, Staff Meeting, Wendesday, 1 April 1953 (CIA-RDP80-01065A000100030077-0), 1 April 1953, General CIA Records, CIA.

Report of Foreign Documents Division Survey Team (CIA-RDP81-00706R000100170001-2), 1 AUG-21 SEP 1951, General CIA Records, CIA.

Report of The Department of Defense, ANNEX B to PSB D-35(1/5/53) (CIA-RDP80-01065A000400060003-5) January 9, 1953, General CIA Records, CIA.

Status Report on The National Psychological Effort and First Progress Report of The Psychological Strategy Board (CIA-RDP80R01731R003200050002-4), No.13 PSB D-30, August 1, 1952, State, NSC declassification & release instructions on file, CIA

The Foreign Information Program, Status Report for Fiscal Year 1952, PSB D-30, Annex A, (CIA-RDP80R01731R003200050002-4), August 1, 1952, General CIA Records, CIA.

NARA 소장 자료(계열 순)

RG 64, Federal Records Center, Alexandria, Virginia, NWDNS-64-NA, NARA Ⅱ.

RG 111, Motion Picture Films From "The Big Picture" Television Program Series, ca. 1950-ca. 1975, NARA Ⅱ.

RG 153, Records relating to the Korean War, Operation Big Switch Interrogation Reports, 1953-54, Entry 183, Box 1, NARA Ⅱ.

RG 165, Correspondence and Reports Relating to the Operation of Language

Schools and Other Training Facilities 1943 – 1949, Entry NM84 208, Box 283, *Army Photographic Center*, 1943, NARA Ⅱ.

RG 242, Korean-Language Records Captured in the Vicinities of Wonsan, Ongjin, Hongchon, Kumchon, and Other Locations in Korea, 7/1954-1/1958, Entry NM44-299AF, Box 1146,《映畫藝術》2, NARA Ⅱ.

RG 242, Korean-Language Records Captured in the Vicinities of Wonsan, Ongjin, Hongchon, Kumchon, and Other Locations in Korea, 7/1954-1/1958, Entry NM44-229AK, Box 619,《映畫藝術》3, NARA Ⅱ

RG 242, Korean-Language Records Captured in the Vicinities of Wonsan, Ongjin, Hongchon, Kumchon, and Other Locations in Korea, 7/1954-1/1958, Entry NM44-229F, Box 1218,《映畫藝術》5, NARA Ⅱ.

RG 242, GHQ FEC ATIS(8238th AU), *Notification of Shipment of Captured Documents*, 6 November 1951, Entry P 300, Box 5, NARA Ⅱ.

RG 242, Motion Picture Films From G-2 Army Military Intelligence Division, 1918 – 1947.

RG 306, January 16, 1951, Office Files of the Director, 1971 – 1976, Entry P 65, Box 1, *Analysis of Major Psychological Objectives and Tasks in 1951*, NARA Ⅱ.

RG 306, Moving Images Relating to U.S. Domestic and International Activities, 1982 – 1999.

RG 319, Intelligence Reports and Files, 1950 – 1958, Entry A1 1013-A, Box 1, "LIFE PHOTO", 2 DEC 1955. NARA Ⅱ.

RG 319, Security Classified Correspondence, 1952 – 1961, Entry A1 62, Box 19, "Korea 14 SPX-128".

RG 331, Miscellaneous Subject File, 1945 – 1952, Box 2190, *Reorientation Plan for Korea, July 1951*, NARA Ⅱ.

RG 338, Intelligence Administration Files, 2/10/1950-12/31/1955, Entry A-1 117, Box 51, CIC Target List Seoul, 1950, *Counter Intelligence Target Information, 4 October 1950*, NARA Ⅱ.

RG 338, Intelligence Administration Files, 2/10/1950-12/31/1955, Entry A-1

117, Box 51, *Document Acquisition Special Pyongyang Project*, NARA Ⅱ.

RG 338, Intelligence Administration Files, 2/10/1950-12/31/1955, Entry A-1 117, Box 51, *G-2 Action File, Vol.3*, NARA Ⅱ.

RG 338, Intelligence Administration Files, 2/10/1950-12/31/1955, Entry A-1 117, Box 51, *Organizational File, 1950*, NARA Ⅱ.

RG 389, Security Classified General Correspondence, 1942-1970, En A1 452B, Box 89, *The Political Behavior of Korean and Chinese POW in the Korean Conflict: A Historical Analysis*, June 1956, NARA Ⅱ.

RG 407, Command Reports, 1949-1954, Entry NM3 429, Box 2434, *302-2nd Infantry Division: War Diary with Staff Sections, 09/1950-10/1950*, NARA Ⅱ.

RG 407, Command Reports, Entry NM3 429, 1949-1954, Box 2474, *302-INF(38)-2nd Infantry Division, 38th Infantry Regiment: Command Report, 09/1950-10/1950*, NARA Ⅱ.

RG 554, General Correspondence, 1947-1952, Entry A1 16A, Box 34, 1951: 350.09—380.01, 1951, *United Nation Offensive Operations 15 September-15 October 1950*, NARA Ⅱ.

RG 554, 321.3 Organization, Intelligence Division, 1951, En A1 41, Box 3, *Central Files, 10 September 1951*, NARA Ⅱ.

RG 554, Entry A1-47, Box 17, Motion Picture Footage, 27 Oct 50, NARA Ⅱ.

RG 554, 062.2: General Headquarters G-2, Far East Command, Line No. 1, Jan-Dec 1952, Entry A1 47, Box 430, NARA Ⅱ.

RG 554, Staff Studies and Intelligence Estimates, 1948-1951, Entry A1 48, Box 5, *Operation Plans of Major Commands, 1950*, NARA Ⅱ.

RG 554, Command and Staff Section Reports, 1947-1952, Entry A1 141, Box 177, Psychological Warfare Section, *Staff Section Report, June 1951*, NARA Ⅱ.

RG 554, General Correspondence, 1951-1952, Entry A1 158A, Box 17, *Second Interim Report an Progress of Educational Program for Prisoners of*

War, 15 March 1952, NARA Ⅱ.

기타 아카이브

Civil Defense Program, 1951, Spencer R. Quick White House Files (Truman Administration), 1950-1953, Harry S. Truman Library

PSB, *Directive Establishing the Psychological Strategy Board, June 20, 1951*, Psychological Strategy Board Central Files, 1948-1961, Harry S. Truman Library.

Spencer R. Quick White House Files (Truman Administration), 1950-1953, Harry S. Truman Library.

Stay of the Korean Delegation in Moscow, ID 7105, RAO.

UN, *Motion Pictures Correspondence(S-0526-0042-0009)*, 1951.9.25, Photographs and Records, 1941-1964, United Nations Korean Reconstruction Agency (UNKRA) (1950-1958), UN Archives and Records Management Section.

Делегация КНДР в Москве (1949), Сюжеты №27811, 1 сюжет, хронометраж: 0:01:31, ценовая категория B, NET-Film.

신문 기사

"洗腦手術恣行? 유엔捕虜送還反對憂慮",《동아일보》, 1953.4.6.

"洗腦工作에 몸서리",《경향신문》, 1953.9.30.

Army Pictorial Center, *In Focus* 5(4), May 1960.

Arthur Krock, "In The Nation; Allen W. Dulles Describes 'Warfare for the Brain'", *New York Times*, April 16, 1953, p.28.

The Official U.S. Army Magazine, *Army Information Digest* 14(1), January 1959.

United States. Adjutant-General's Office, *Recruiting Journal of the United States*, October 1959.

"U.S. Naval Torpedo Station", Pieces of History, July 24, 2024, NARA. https://prologue.blogs.archives.gov/2024/07/24/u-s-naval-torpedo-station/

2차 연구

김려실, 「뉴스릴 전쟁-한국전쟁 초기 미국의 뉴스릴과 〈리버티 뉴스〉의 탄생」, 『현대영화연구』 25, 2016, 71-107쪽.
김승, 「북한 기록영화의 영상재현 특성 연구」, 북한대학원대학교 박사학위논문, 2015,
김은영, 「한국영화의 문화냉전 편입과정: 미국 공공외교의 영향을 중심으로」, 연세대학교 박사학위논문, 2016.
김한상, 「주한미국공보원(USIS) 영화선전의 표상과 담론: 1950년대, 국가 재건과 자립의 한국인의 주체성」, 『사회와 역사』 95, 2012, 243-279쪽.
류기현, 「1945~1950년 조소문화협회의 조직과 활동」, 서울대학교 석사학위논문, 2016.
백원담·강성현 편, 『열전 속 냉전, 냉전 속 열전 냉전 아시아의 사상심리전』, 진인진, 2017.
심지형, 「냉전 초기 미국의 핵무기 공보정책과 핵 프로파간다의 등장 : 트루먼 행정부의 심리전전략위원회를 중심으로」, 고려대학교 석사학위논문, 2018.
유우, 「북한과 중국의 영화교류연구(1945-1955)」, 한양대학교 박사학위논문, 2018.
이명자, 『북한영화사』, 커뮤니케이션북스, 2007.
이준엽·한상언, 「북한 초기 칼라영화의 형성과정과 특징(1950-1957)」, 『현대영화연구』 14(4), 2018, 111-140쪽.
정영권, 「북한의 소련영화 수용과 영향 1945~1953」, 『현대영화연구』 11(3), 2015, 7-35쪽.
정영신, 「미군의 대한원조 영상 속에서 재건되는 전후 주체: The Big Picture 시리즈의 '미군대한원조'와 '한국과 당신'을 중심으로」, 『역사연구』 41, 2021, 117-159쪽.
정용욱 「6.25 전쟁기 미군의 심리전 조직과 전개양상」, 『한국사론』 50, 2004, 396-404쪽.

정용욱, 「6.25 전쟁기 미군의 삐라 심리전과 냉전 이데올로기」, 『역사와 현실』 51, 2004, 97-133쪽.

정진아, 「북한이 수용한 '사회주의 쏘련'의 이미지」, 『통일문제연구』 54, 2010, 140-168쪽.

최척호, 『북한예술영화』, 신원문화사, 1989.

한상언, 「6.25전쟁기 북한 영화와 전쟁 재현」, 『현대영화연구』 7(1), 2011, 281-308쪽.

한상언, 「전후 북한영화의 재건에 관한 연구」, 『영화연구』 84, 2020, 89-114쪽.

허은, 「냉전시기 미국의 민족국가 형성 개입과 헤게모니 구축의 최전선: 주한미공보원 영화」, 『한국사연구』 155, 2011, 139-169쪽.

Blanchard, B. Wayne, *American Civil Defense 1945-1984*: The Evolution of Programs and Policies, Washington, District of Columbia, United States of America, U. S. Government Printing Office, 1986

Chang, David Cheng., *The Hijacked War*; The Story of Chinese POWs in the Korean War, Stanford University Press, January 7, 2020

McNaughton, James C., *Nisei Linguists*: Japanese Americans in the Military Intelligence Service During World War II, ST JOHN Press, 2016.

· · · · ·

제5장

미국의《빅픽처》시리즈, 〈한국과 당신〉에서 드러나는 한미 친선의 서사와 주체의 균열

정영신

I. 문제제기

제2차 세계대전에 이어서 치러진 한국전쟁은 더욱 현대화된 전쟁 무기의 시험장이기도 했지만, 적국을 향한 대규모의 대량설득무기가 사용된 심리전·선전전의 무대이기도 했다. '대량설득무기'는 안보와 관련된 담론의 형태로 작동하며 대량살상무기를 생산하게끔 하고 적대적인 대결을 정당화하는 기능을 수행한다.[242] 한국전쟁의 휴전협정이 발효됨에 따라 직접적인 무력 충돌은 중단되었지만, 냉전 심리전은 오히려 더욱 확대되고 현대화되었다. 특히 전쟁의 폐허로부터 국가와 사회를 재건하는 과정에서 전후 복구 사업과 원조사업은 냉전 심리전과 긴밀한 관계 속에서 전개되었다. 애초에 마셜 플랜(Marshall Plan)을 비롯한 미국의 전후 원조사업과 재건사업 자체가 냉전이라는 계기를 통해 시작되었으며, 공산진영에 맞서서 자유 진영의 우위를 보여주기 위한 목적에서 추진된 것이었다. 따라서 원조 자체가 냉전의 본질적 요소로서 냉전 체제를 형성하고 유지시킨 기본적인 수단이었다고 평가할 수 있다.[243]

그런데 이러한 원조가 대규모로 진행되기 위해서는 적국에 대한 물리적·심리적 타격의 성공뿐만 아니라, 원조를 제공하는 미국이나 원조를 받는 한국의 국민들에게 원조를 통한 전후 재건의 성공적인 모습을 보여줄 필요가 있었다. 그렇다면 한국 재건사업의 '성공'은 어떻게 실현되고 드러나게 되는 것일까? 거시적으로 보자면, 전쟁으로 인해 파괴되었던 인프라를 복구할 뿐만 아니라 이를 바탕으로 경쟁하는 적국보다 더 빠르게 근대화를 달성해야 할 것이다. 이를 위해서는 대규모의 지속적인 원조가 필요하지만, 이러한 물질적 지원만으로는 충분하지 않다. 대규모 원조를 제공하기 위해서는 미국과 동맹국 내에서 원조에 대한 지지를 확보해야 했으며, 한국 내에서도 원조를 통한 전후 재건의 의지와 협조를 확보하는 작업이 필요했다. 이것은 넓게 보자면 동맹 또는 아군을 형성하는 문제, 다시 말해서 '자유세계'의 대의와 명분을 자각하면서 냉전의 적과 맞서 싸우는 주체를 형성하는 일이라고 할 수 있다. 특히 이 과정에는 영상 자료의 활용이 중요했는데, 영상을 통해 전후 복구와 발전에 성공하고 있는 모습을 생생하게 보여줄 수 있을 뿐만 아니라, 현지인들의 목소리를 직접 들려줌으로써 후방의 시민들에게도 정당성을 확보하는 데 상당히 효과적이었기 때문이다.

제2차 세계대전과 한국전쟁을 거치면서 미군은 육군 통신대를 통해 사진과 영상 자료를 체계적으로 생산했고 심리전의 자료로 활용한 바 있다.[244] 한국전쟁이 끝난 후에도 신문, 만화, 삐라와 같은 선전물을 비롯하여 텔레비전 방송이나 라디오 등 당시에 대중에게 영향을 미친 거의 모든 매체가 냉전 심리전에 이용되기도 했다.

이런 맥락에서 이 글은 미국이 냉전 심리전에 활용한 영상 속에 비친 한국의 전후 재건 과정을 다룬다. 미군은 지역사회에서 진행되는 원조를 통한 전후 복구 과정을 사진과 영상으로 기록했을 뿐만 아니라 그것을 텔레비전 방송 프로그램으로 제작하기까지 했다. 이 글에서 언급하는《빅픽처》(The Big Picture) 프로그램은 한국전쟁이 한창이던 1951년 말부터 1971년까지 미국의 텔레비전에 방송된 주간 방송 프로그램이다. 방영 초기인 1952년 3월의 시점에 미 전역에서 방송 중이던 108개 라이선스 방송국 중에서 83개 방송국이《빅픽처》쇼를 방송했고, 최고 시청률이 13.5%에 달했을 정도로 인기를 끌기도 했다.《빅픽처》는 미 육군사진센터, 미 8군과 주한미공보원 등 여러 군 기관들이 협력하여 제작했다. 미국 내의 군대 관련 대중과 일반 시민들이 시청했으며 이후에는 동맹국으로 수출되어 방송되었다. 이런 측면에서《빅픽처》는 전후 미국의 냉전 심리전에서 중요한 역할을 담당했던 것으로 보인다.

이 글은《빅픽처》영상들 가운데 〈한국과 당신〉(Korea and You)이라는 에피소드를 중심으로 원조를 통한 전후 재건과 체제 경쟁에 나서는 한국인 주체들이 어떻게 상상되는가에 초점을 맞춘다. 이 영상은 미군의 대한원조 프로그램인 미군대한원조(Armed Forces Assistance Korea, AFAK)를 다루고 있다는 점, 그리고 실제 텔레비전을 통한 상영을 목표로 완성된 형태로 제작되었다는 점에서 특징적이다. 특히 이 영상은 이 책의 9장에서 다루고 있는 〈미군대한원조〉 영상과 더불어《빅픽처》해설자의 해설뿐만 아니라 한국인 화자(한국군 군인, 전문직 여성)가 등장해서 '자신'의 이야기를 들려주고 있다는 점에서 특징적이다. 이러한 한국인 '화자'의 서사, 재건되고 있는 한국의 일상과 재건의 의지에 관한 이야기는 미국의 전후 재건 계획이 목표로 하고 있던 훈육된 주체의 탄생을 보여주는 텍스트로 이해할 수 있다.

II. 영상의 생산 맥락: 《빅픽처》(The Big Picture) 텔레비전 방송 시리즈

제2차 세계대전 동안 미국의 군사적 선전활동(military propaganda)은 질적인 변화를 겪었는데, 할리우드의 감독과 제작자들이 정부 사업에 참여하면서 다큐멘터리 형식에 드라마 감각을 주입하기 시작한 것이다. 예컨대 7편으로 구성된 《우리는 왜 싸우는가》(Why We Fight) 시리즈는 드라마 형식을 가미하고 자극적인 톤과 감정 호소에 힘입어 큰 인기를 끌었다.245 한국전쟁을 전후하여 미 육군 통신대의 원본 필름을 이용한 냉전 심리전도 더 활발해졌는데, 미 군부는 이를 모병 플랫폼으로 연결하기를 원했다. 1951년부터 미군은 30분짜리 텔레비전 쇼를 제작하여 미국의 모든 텔레비전 방송국과 그 소유 기관들에 제공하기 시작했다. 《빅픽처》로 불리는 이 프로그램은 미 육군이 최초로 텔레비전 프로그램 공동제작에 참여한 것으로서, 1971년까지 20년 동안 지속되는 장수 프로그램이었다.

《빅픽처》의 초기 생산 과정은 1951년 가을 미국 워싱턴 D.C.의 WTOP-TV(현재의 WUSA-TV)와 WTTG에서 방송된 지역 프로그램으로 거슬러 올라갈 수 있다. 1951년 10월 7일 WTOP-TV를 통해 〈한국의 위기〉(Crisis in Korea)라는 텔레비전 쇼가 워싱턴 D.C. 인근 13개 주의 지역 프로그램으로 송출됐다. 이 방송은 워싱턴의 육군 군관구(US Military District of Washington)에 소재한 지역 공보실에서 제작한 것이었고, 제작의 책임을 맡은 인물은 칼 브루턴(Carl Bruton) 중위였다.246 그는 워싱턴 군관구의 라디오-티비 장교로 활동하고 있었고, 〈한국의 위기〉의 감독을 맡았다. 〈한국의 위기〉와 뒤이은 지역 쇼들은 어느 정도 인기를 끌었는데, 워싱턴에 거주하는 군 종사자들뿐만 아니라 민간인들에게도 서비스로 제공되었다. 〈한국의 위기〉의 성공은 두 가지 측면에서 《빅픽처》의 탄생과 연결되었다. 첫 번째는 한국전쟁과 관련한 육군 통신대의 촬영 필름들을 활용한 티비 쇼가 성공할 수 있는 잠재력을 가지고 있다는 점을 보여준 것이고, 두 번째는 이 텔레비전 쇼들의 성공이 육군부 공보국의 관심을 끌게 되었다는 점이다.

《빅픽처》의 제작은 미 육군사진센터의 스튜디오에서 진행되었다.[247] 미 육군 공보국은 〈한국의 위기〉의 성공에 주목하고, 워싱턴에서 진행하던 영화 제작 작업을 뉴욕의 육군사진센터로 옮기게 했다. 실제로 영화 제작을 책임졌던 칼 브루턴 중위는 뒤에 '《빅픽처》의 창조자'로 불리게 되는데, 육군사진센터는 공보국으로부터 대본 지원을 받고 자체 제작 시설을 이용하여 13편의 파일럿 시즌을 제작하게 되었다. 미 육군 통신대의 아카이브에서 적절한 영상을 선별하고 새로 촬영한 영상과 결합한 후에 해설과 음향 효과를 녹음했다. 《빅픽처》의 첫 번째 파일럿 시즌은 〈한국에서의 첫 40일〉(The First Forty Days in Korea)이라는 제목을 달고 나왔다.[248]

〈한국에서의 첫 40일〉은 《빅픽처》의 전형적인 스토리 구조를 보여주는데, 제일 먼저 《빅픽처》의 로고가 음악과 함께 등장하고, 잠시 뒤에 호스트가 등장하여 이번 《빅픽처》 에피소드의 주제를 소개한다. 그리고 통신대의 원본 필름을 편집한 영상이 내레이션과 함께 흘러나오며, 영상 말미에 호스트가 다시 등장하여 방영된 영상의 의미를 짧게 소개하고 《빅픽처》 및 미군과 함께 해 줄 것을 요청하는 멘트로 막을 내린다. 따라서 30분 분량으로 제작되는 《빅픽처》 방송에서 호스트의

그림 1 《빅픽처》 시리즈의 로고

비중은 매우 컸다. 초기에 호스트를 맡았던 인물은 칼 짐머맨(Carl Zimmerman) 대위였고, 이후에 교체되는 스튜어트 퀸(Stewart Queen) 상사는 가장 오랜 기간 호스트로 활약해서 《빅픽처》의 얼굴과 같은 역할을 담당했다. 호스트는 각 방송마다 출연하여 달라진 정세와 영상 내용을 설명하였고, 때때로 스튜디오로 나온 참전 군인들의 인터뷰도 담당했다.

《빅픽처》 프로그램은 미국 국내에서 상당한 성공을 거두었다. 《빅픽처》의 첫 시리즈는 뉴욕시에 소재한 WCBS-TV를 통해 1951년 12월 30일 일요일 오후 2시부터 방송되기 시작했다. 1952년 1월에는 51개의 지역 방송국이 《빅픽처》를 방송했고, 1952년 3월 31일까지 (미 전역에서 방송 중인 108개 라이센스 방송국 중에서) 83개 방송국이 《빅픽처》쇼를 방송했다. 이후 《빅픽처》 쇼를 방송하는 텔레비전 방송국은 366개로 늘어났다고, 최고 시청율은 13.5%에 달했다.[249] 1951년부터 1964년까지는 ABC-TV에서도 방영되었고, 이후 1971년까지 몇몇 지역에서 공동 배급으로 방송을 이어갔다. 또한 해외 40개 이상의 방송국에서도 방송되었다.[250] 《빅픽처》 시리즈는 제2차 세계대전 시기부터 지속된 군사적 선전 활동의 전형, 즉 선과 악, '그들'와 '우리'에 대한 명확한 구분 하에 수행되던 냉전 심리전의 전형적인 모습을 보여주었다. 그 내용은 군대의 역사(軍史), 현대무기의 위력, 미국의 독트린, 동맹국과의 협력, 군대의 스포츠 이벤트 등 군사 활동에 관한 내용을 주로 다루었다. 〈미군대한원조〉나 〈한국과 당신〉처럼 미군의 원조와 전후의 일상을 다룬 작품은 소수에 불과했다. 《빅픽처》 시리즈는 베트남전쟁이 본격화된 1960년대 중반부터 인기와 관심을 상실했다. 베트남 전쟁의 정당성을 둘러싼 논란이 진행되면서 군사적 선전 활동에 의문이 제기되었고, 상업 방송들도 자체적인 프로그램 제작을 확대했기 때문으로 보인다.[251]

III. 마을로 간 한미동맹의 친구 만들기와 잠재된 폭력

1. 마을로 간 한미동맹과 한미친선협의회

〈한국과 당신〉 영상 특징을 살펴보기 위해서는 이 영상의 내용에서 다루고 있는 미군대한원조 프로그램에 대해 살펴볼 필요가 있다. 미군대한원조는 미군이 주체가 되어 진행한 원조 프로그램 가운데 하나로, 미군이 직접적으로 한국의 지역사회와 접촉하면서 마을과 지역공동체와의 친선관계 구축을 목표로 추진되었다. 즉, 미군대한원조 프로그램은 경제의 재건에서 더 나아가 '사회의 재건'을 목표로 추진되었다는 점에서 특징적이다.

따라서 미군대한원조 프로그램은 '미군'의 주둔, 주한미군의 존재를 전제로 한 것이었다. 냉전분단체제의 유지·관리를 위해 대규모의 미군이 주둔하는 현실 속에서 기지도시나 기지마을 내에서는 미군과 지역사회 사이의 복합적인 관계가 형성되었다. 이 복합적 관계를 가장 잘 보여주는 사례가 한미친선협의회(Community Relations Advisory Council)의 구성과 활동이라고 할 수 있다. 한미친선협의회는 미군대한원조와도 직접적으로 관련이 있는 조직이었다. 미군대한원조의 건축 프로젝트는 보통 한미친선협의회로부터 발주되었는데, 초기에 몇몇 대형 건설 프로젝트가 수행되었음에도 불구하고, "수년 동안 AFAK의 기본적인 목표는 작은 규모의 건설 프로젝트를 통해 부대-마을 수준에서 (친선) 관계를 유지하는 것이었다."[252] 미군 스스로도 "미군대한원조 프로그램은 **미국인들의 협력과 지속적인 관심을 한국인들이 자각하도록** 하는 미 8군의 독특한 프로젝트"(강조는 인용자)였다고 평가하고 있다.[253] 미군의 원조사업의 원활한 수행뿐만 아니라 선의와 협력을 한국인들이 잘 '자각하도록' 하기 위해서는 주한미군 각 부대와 지역사회 사이의 접촉과 대화가 필요했고, 이를 위한 틀이 한미친선협의회였다는 것이다.

지역사회에 주둔한 미군의 주요 장교들과 한국인 유지들로 구성된 한미친선협의회가 조직된 이유와 목적은 복합적인 것이었다. 한미친선협의회의 제도화 과정에서 1962년에 있었던 일련의 미군 범죄사건 및 이를 관리하기 위한 한국 정부와 미 8군의 지시[254]가 중요한 역할을 수행했다. 1950년대 후반부터 1960년대 중반까지의 시기는 미군 범죄와 폭력사건들이 매우 빈번했던 시기였다. 1957년 '군산 두 소녀 피격사건'과 '김천 중학생 총살사건', 1960년의 '왜관 사형(私刑)사건', 1962년 '파주 린치사건', 1965년의 '의정부 삭발사건' 등은 전국을 떠들썩하게 만들었던 대표적인 미군 범죄 사건이었다. 이 가운데 '파주 린치사건'은 1962년 5월 28일 미군부대 주변에서 고철을 줍던 한국 남성을 미군 7명이 2시간 이상 집단 폭행한 사건이었다. 특히 이 사건은 미군 장교 2명이 이를 지휘하여 한국인 남성을 로프로 전신주에 묶어 놓고 다섯 차례나 실신할 정도로 심하게 구타했으며, 이런 가혹행위를 한국인 기지 노동자들에게 구경하도록 강요한 사건이었다. 이처럼 미군기지 주변에서 한국인들에 대한 인권과 재산권 침해가 심각한 수준으로 일어났지만, 한국정부는 이 문제들을 다룰 수 있는 제도적 틀을 갖추지 못하고 있었다. 한국전쟁의 총성이 멎은 지 10년이 지난 시점에도 주둔군지위협정(Status Of Forces Agreement, SOFA)이 체결되지 않았다는 점도 부각되어 이에 대한 비판이 거세게 일어났다.[255] 이 같은 현실은 동아시아 냉전분단체제 속에서 외교와 내치의 기본 원리를 '전시(戰時)의 연장'으로 파악하고 있던 '전장국가' 혹은 '전쟁국가'의 모순이 폭발한 것이었다.[256] 그리고 이 지점이 바로 한미친선협의회 구성과 〈한국과 당신〉 영상 제작의 정치사회적 맥락이라고 볼 수 있다.

한·미 당국도 이를 심각하게 받아들였다. 이 사건들이 고려대학교를 비롯한 대학생들의 시위로 이어지자, 박정희 정권은 1962년 6월 15일 '한미친선계몽강연'을 개최하였고, 이어서 "긴장되었던 한미간의 감정을 조정, 해소하고", "한미간의 친선관계를 더욱 두텁게 하기 위한" 일이라는 명분 하에 '관계장관회의'를 개최하기도 했다. 주한미군 역시 이 사건을 독자적으로 조사하는 한편, 한미 주둔군지위협정의 체결 협상을 재개하는데 동의하게 된다. 그리고 한·미 양국은 미군기지 주변에서 발생하는 다양한 문제들을 관리하고 협의하는 틀로서 한미친선협의회를 제도화하게 된다.

따라서 한국의 연구자들은 한미친선협의회를 성매매 여성들에 대한 통제와 관리라는 시각에서 파악하면서 그것이 1960년대 초반 미군에 의한 강력사건들을 배경으로 해서 만들어졌다고 평가하고 있다.[257] 또한 한미친선협의회를 1970년대 기지촌 정화운동의 기반으로 보고, 성판매 여성들과 기지촌을 관리·통제하기 위해 1960년대 초반부터 개시된 정부 개입을 통해 만들어졌다고 파악해 왔다.[258] 이런 기존 연구들은 한미친선협의회가 원조와 재건이라는 맥락뿐만 아니라 기지, 폭력, 통제의 맥락 속에서 형성되었음을 말해준다.

그렇다면 한미친선협의회는 구체적으로 어떻게 조직되었고, 무엇을 논의했는가? 기존 연구들은 주로 한국 정부의 정책과 한국 측 언론 보도를 중심으로 이를 다루어 왔다. 필자가 수집한 미 국립문서기록관리청(NARA) 자료에는 미군 부대들이 작성했던 한미친선협의회 회의록이 포함되어 있다. 발굴한 자료는 1964년 4분기와 1965년 1분기 사이에 22회에 걸친 회의록 및 요약 보고서이다.[259] 미군과 지역사회 사이의 구체적인 협력과 갈등의 양상을 살펴볼 수 있는 1차 자료라고 할 수 있다. 이 자료에 따르면, 당시 파주시에는 제1기병사단-파주시 한미친선협의회 등 7개의 협의회가 가동되고 있었다.

한미친선협의회에는 누가 참석했을까? 미 제1기병사단과 파주군 사이에서 열린 파주군-한미친선협의회에 미국 측에서는 제1기병사단의 사단장을 비롯한 주요 장교들이 참석했고, 파주군 측에서는 군수와 지서장을 비롯한 지역 내 주요 관료와 유력 인사들이 참여했다. 파주군 내의 면이나 리 단위의 여러 마을을 대상으로 한 한미친선협의회에는 제1기병사단 예하의 각급 부대의 부대장과 장교들이 참석했고 면의 주요 인사들이 참여했다.260 하지만 회의 참석자가 항상 고정되어 있는 것은 아니었다. 때때로 취재를 위해서 신문 기자가 참석하기도 하고, 성매매 여성을 대표한 대표자가 참석하기도 했다. 특히 면 단위의 한미친선협의회에는 각 지역 학교의 교장들과 병원장들이 참석했는데, 이들은 미군들이 벌이는 대민 사업의 혜택을 크게 받는 주체이기도 했고, AFAK 프로그램의 원만한 진행을 위해 미군과 긴밀하게 협력해야 할 당사자이기도 했다.261

이들은 만나서 무엇을 논의했을까? 회의록 자료를 토대로 살펴보면, 한국 측 참석자들의 주된 관심사는 AFAK를 비롯한 미군 원조사업들의 진행과 관련한 정보를 미군 측으로부터 듣고, 지역사회의 현안들 가운데 미군 측의 협조가 필요한 사안들을 전달하는 것이었다. 구체적으로 보면, 첫째 AFAK 사업을 추진해 준 것에 대한 감사 및 사업 확대를 요구했고, 둘째 미군 측이 요청했던 성병 통제에 대한 정보를 전달했으며, 셋째 미군 상대 클럽들의 애로사항을 전달하는 것이 한국 측의 주요 발언 내용이다. 미군 측의 관심사도 크게 보면 세 가지였다고 할 수 있다. 첫째는 AFAK 사업들의 성과를 알리며 한국 측의 협조를 요청하는 것이었고, 둘째는 미군의 성병 관리를 위해서 미군기지 주변 클럽에서 성매매에 종사하던 여성들에 대한 통제를 요청하는 것이었다. 매 회의마다 한국 측에서는 이에 대한 자료를 미국 측에 제공했는데, 예컨대 1965년 1월 28일 주내면 한미친선협의회에 참석했던 김갑수 면장은 1월에 "성병 환자가 4명으로 줄었고, 금주는 한 사람의 성병 환자도 없다"는 내용을 미군 측에 전달했다. 셋째는 미군기지 주변에서 벌어지는 절도 등 사건·사고에 대한 정보 교환과 재발 방지책을 논의하는 것이었다.262 요컨대,

한미친선협의회는 두 가지 목표, 기지촌에 대한 관리와 성병 통제의 필요성 및 원조사업의 실행을 통한 '친선' 관계의 구축이라는 양면의 목표를 겨냥한 틀이었다고 할 수 있다.

이러한 한미친선협의회의 조직과 활동은 미군의 입장에서는 지역사회의 현안을 해결하는 틀로서 매우 만족스런 것이었다. 예컨대, 미 제1기병사단의 신문인 《기병대 신문》(Cavalry Newspaper) 1965년 2월 1일자에는 "한미친선협의회가 미국과 한국인 사이의 문제들을 해결하다(CRAC Council Irons Out US-KN Problems)"라는 제목의 기사가 실렸다.[263] 이 기사는 1월에 열렸던 제1기병사단과 파주군 사이의 한미친선협의회 내용을 보도하면서, 양측의 관심사가 원만하게 해결되었다고 보도하고 있다.

2. '친선을 자각하는 주체'의 재현과 그 주위를 배회하는 것

그렇다면 '통제'와 '친선'이라는 두 가지 목표는 미군의 영상 속에서 어떻게 재현되고 있는가? 《빅픽처》 시리즈 〈한국과 당신〉은 1962년에 제작된 28분 31초 분량의 유성 영상으로, 한국 지역사회와의 친선 관계를 구축하기 위해 노력하는 미군의 모습을 잘 표현하고 있다.[264]

〈그림 2〉의 영상 캡처 사진을 보면서 〈한국과 당신〉의 주요 장면을 살펴보자. 영상은 한국에서의 근무를 마치고 미국으로 막 귀국한 클린트 워커(Clint Walker) 하사가 후임자와 동료들에게 한국에서의 경험을 들려주는 강연회장의 장면에서부터 시작된다(①번, 0분 0초~5분 48초). 여기에는 휴전선을 비롯한 한국의 군사적 상황과 군영 생활에 대한 간략한 설명도 포함되어 있다. 다음 장면에서 워커 하사는 자신의 분대원인 김과 동행하여 지역사회를 돌아보는 임무를 수행한다(5분 48초~9분 50초). 그리고 워커 하사는 연대장에게서 임진면 한미친선협의회에 참여하라는 새로운 임무를 부여받는다(②번, 9분 50초~12분 27초). 이어서 연대장, 워

그림 2 《빅픽처》〈한국과 당신(Korea and You)〉의 주요 장면

커, 김은 임진면 사무소에서 열리는 한미친선협의회에 참석한다(③번, 12분 27초~16분 9초). 워커는 김과 파트너가 되어 한국인들과 만나거나, 미군사고문단 장교로부터 한국의 경제 현실에 대한 설명을 듣는다(16분 9초~20분 5초). 이후 워커는 김의 집에서 그 가족들과 만난다(④번, 20분 5초~22분 14초). 그리고 워커와 김, 김의 여동생은 서울을 함께 관광하고 김의 여동생은 한국의 현실과 역사, 교육에서의 성과에 대해 설명한다(22

분 14초~26분 45초). 이후 김의 가족은 여러 미군들과 같이 계곡에서 물놀이를 하면서 식사를 즐긴다(⑤번과 ⑥번). 그리고 워커의 정리 멘트로 영상은 끝을 맺는다.

〈그림 2〉의 ③번 사진에서 알 수 있는 것처럼 '한국과 당신'에는 한미친선협의회 회의 장면이 포함되어 있다. 주인공인 워커 하사는 연대장으로부터 한미친선협의회에 참여하라는 새로운 임무를 받고, 소대원인 한국인 김과 함께 임진면 사무소에서 열리는 한미친선협의회 회의에 참석한다(②번과 ③번). 회의장 바깥에는 보이스카우트 대원들이 사열한 채 그들을 기다리고 있고, 회의장 안쪽에는 임진면장, 고아원 원장, 경찰서장, 상인대표, 병원 원장 등이 한국 측 인사로 참여하고 있다. 회의는 농담이 오고 갈 정도의 친밀한 분위기 속에서 진행되고, 지역 생활에서 발생하는 일상적 문제들(예컨대, 학생들의 사생대회)이 논의된다. 농촌 출신이었던 워커는 임진면에서 환금 작물의 재배를 확대할 필요가 있으며 4H클럽 활동을 활성화할 필요가 있다고 제안한다. 회의에서의 제안에 그치지 않고 워커와 김은 마을 이곳저곳을 방문하면서 가축도 나눠주고 주민들의 생활도 살핀다.

이처럼 주둔 미군이 지역사회에 깊이 개입하고, 친선 관계를 구축하려는 노력을 보여주는 영상은 흔치 않다. 《빅픽처》 시리즈에는 한국, 일본, 유럽, 베트남 등 세계 각지의 미군 활동이 등장하지만, 이런 내용의 영상은 존재하지 않는다. 가장 비슷한 영상은 1957년에 제작된 〈일본에서의 당신〉(You in Japan) 에피소드다.[265] 이 영상은 일본에서의 복무를 위해 운반선에 탑승한 미군 병사들이 선장으로부터 일본에 대한 설명을 들으면서, 자신들이 일본에서 경험하게 될 것들을 상상하는 내용으로 구성되어 있다. 4명의 미군 병사는 오픈카를 타고 도로를 질주하거나 도심의 거리를 구경하고, 일본의 유명한 사적들을 방문해서 사진을 찍거나 일본식 온천 여관에서 만찬을 즐긴다. 이들의 시선은 관광객의 시선

그림 3 〈일본에서의 당신〉(좌)과 〈한국과 당신〉(우)에서 묘사하는 지역사회와의 만남

과 유사해서 단지 지켜볼 뿐이며, 지역사회에 개입하려고 시도하지 않는다. 반면, 〈한국과 당신〉은 한국의 지역사회에 개입하여 영향력을 행사하려는 의도와 신념으로 가득 차 있다. 영상의 이러한 차이는 〈일본에서의 당신〉과 마찬가지로 〈한국과 당신〉이 통제된 영상으로 구성되어 있지만, 후자의 경우에는 다큐에 드라마적 요소를 도입한 것에서 한 걸음 더 나아가서, 드라마 자체로 제작되어 있는데서도 드러난다.[266]

또한 영상에서 대비되고 있는 것처럼, '이미 발전한' 전후 일본의 모습을 보여주는 전자에 비해 후자는 '아직 미발전된' 전후 한국의 상황을 보여준다. 무엇보다 〈한국과 당신〉에서 분단되어 냉전의 최전선에 위치하고 있다는 '긴장감' 속에서 워커 하사는 원조와 '친선'에의 의지로 넘쳐 있으며, 한국인 화자는 발전과 자립에의 의지를 조심스럽게 피력하고 있다. 요컨대, 〈한국과 당신〉에서 보이는 친선 활동의 배후에는 분단, 전쟁, 군사 기지라는 폭력의 계기가 작동하고 있으며, 그것이 지역사회에의 개입 열정과 자립의 의지를 자극하고 있다고 볼 수 있다.

폭력의 또 다른 계기, 즉 한미친선협의회 제도화의 배경이 되었던 미군들의 각종 범죄와 사건사고는 《빅픽처》의 영상에서 어떻게 재현되고 있을까? 이 문제들을 자세하고 심각하게 다룬 영상은 발견되지 않는다. 〈한국과 당신〉에서는 이 문제가 아주 짧게 언급되고 있다. 워커가 연

대장에게 인사를 하러 간 자리에서, 연대장은 파주군과 임진면의 지도 앞에서 지역사회와의 친선 관계를 구축하는 것이 매우 중요하다는 점을 강조한다(그림 2)의 ②).

"이제 확실히 하자면, 우리가 이 사람들과 좋은 관계를 유지하는 것은 매우 중요하네. … 사실상 그들의 호의와 적극적인 지원이 이 지역을 방어하는데 중요한 역할을 할 수 있지. 넓은 의미에서 보자면, 워커 하사, 우리는 바로 여기 한국에서 민주주의의 이상을 촉진하고 자유세계를 방어해야 한다. **지난 주에 지프차 사고에 관해 한미친선협의회에서 논의한 일은 매우 힘든 일이었네. 기억하나?** (워커: 네, 기억하고 있습니다.) 그것은 분명히 무모한 운전이었네. 마을 사람들에게는 슬퍼할 이유가 있다네. 우리가 관용을 베풀지 않고 그 병사를 처벌하고 나서야 그들은 적어도 우리가 공정함의 감각을 가졌다는 것을 확신하게 되었네."(강조는 인용자)

하지만 이 장면 뒤에 이어지는 한미친선협의회 회의 과정에는 이런 문제들에 대한 언급은 전혀 등장하지 않고, 한국 측의 질의나 반응도 없다. 워커는 이 지역에서도 농업을 다양화할 필요가 있다는 제안을 내놓았을 뿐이다. 하지만 미군 범죄와 관련한 문제는 워커가 김의 집을 방문했을 때 다시 한번 등장한다. 워커는 김의 가족들에게 김이 자신에 대해 어떻게 이야기 했는지 묻는다. 이에 대해 김의 여동생은 "당신은 친절하지만, 일부 군인들은 스스로 즐기려는 생각에 좋지 않은 인상을 주고 있다"고 말한다. 그러자 김은 "내 여동생은 너무 진지하다"며 여동생의 문제제기를 이어가지 않고, 화제를 넘겨버린다. 이처럼 1960년대 초반에 한미관계, 주한미군과 지역사회와의 관계에서 엄청난 충격을 주었던 사건들은 단지 지나가는 말로 언급되며, 폭력의 계기들은 잠재되어 있을 뿐이다.

한편 〈한국과 당신〉에 등장하는 한국인 주체, 김과 그의 여동생은 매우 성별화된 주체라고 할 수 있다. 미국의 원조와 친선의 손길을 통해 한민족에게 교육과 발전, 평화의 기회가 제공되고 있음을 자각하고 있는 영상의 대표 화자가 젊은 인텔리 여성이라는 점은 우연이 아닐 것이다. 〈한국과 당신〉에서 김의 여동생을 연기하는 배우는 김지미이며[267], 그녀는 영상 속에서 한복을 차려입은 '정숙한 한국 여성상'을 체현한 인물로 등장한다. 반면, 최무룡[268]이 연기한 김은 활동적이며 사려 깊고 확신에 찬 남성으로 재현되고 있다. 위에서 본 것처럼, 김의 집을 방문한 워커에게 김의 여동생은 워커의 인상을 칭찬하면서 "일부 군인들이 좋지 않은 인상을 주고 있다"고 우려한다. 이에 대해 김은 워커에게 "당신은 교육이 예쁜 소녀에게 어떤 영향을 미치는지 알고 있을 것(you see what education does to a pretty girl)"이라며 화제를 전환한다. 그리고 마지막에 김의 가족과 워커 일행이 함께하는 계곡에서의 야유회 장면은 이전까지의 차분하면서도 공적인 장면들과 대비된다. 계곡 건너편에는 한복을 차려입은 한국인 예능인들이 풍악을 울리고 있는데, 매우 기괴한 느낌을 준다(그림 2)의 ⑤). 미군의 재건 기획을 지지하고 워커를 환영하는 의도에서 배치된 것으로 보이지만, 동시에 야유회의 식사 자리에 '접대'의 의미가 있음을 상기시킨다. 김의 여동생은 워커에게 음식을 떠먹여 주는 친밀한 모습을 보인다(그림 2)의 ⑥). 두 사람의 친밀성은 미군과 지역민이 친밀해질 것이라는 영상의 의도를 상징하는 것일 수 있다. 하지만 바로 앞에서 김지미의 한복 차림과 전통 문화를 강조하던 장면과 비교하면, 여기에서 김의 여동생의 행동은 파격적이고 자유분방하며 성적인 친밀감을 재현하고 있는 것으로 보인다.[269] 이것은 미국과 한국, 미군과 지역사회 사이의 관계에 내장된 성적인 것을 은연 중에 재현한 것으로 읽을 수 있다.

이 영상이 미국 국내에서 미군과 그 관계자들 및 미국 국민들이 시청한 영상이라는 점, 그리고 전 세계적인 미군 배치를 정당화하는 냉전 심리전의 일환으로 제작되었다는 점을 고려한다면 미군이 저지른 여러 사건들이 언급되지 않고 있는 것을 이해할 수 있다. 〈한국과 당신〉에서 강조되는 것은 이런 문제들을 중요하게 고려하는 민주적인 군대의 모습이며, 지역사회와의 관계를 중요하게 생각하는 미군의 선의와 친선의 이미지이다. 김의 여동생을 통해 재현되는 전후 주체는 민족 문화에 대한 자부심을 지니고 있으면서도(김의 가족과 여동생이 지도하는 학생들은 잘 차려진 한복을 입고 있다) 미국의 선의를 충분히 이해하고 미래를 꿈꿀 수 있는 교육의 기회들이 미국에 의해 제공되었음을 '자각한' 주체로 등장한다. 그녀의 마지막 해설은 다음과 같이 끝나고 있다. "우리나라에는 해결해야 할 문제들이 있습니다. 그러나 우리가 미국의 강함과 친절함을 기억할 것처럼 여러분들이 우리의 가장 좋은 점들을 명확하게 기억하게 될 것이라고 믿습니다." 하지만 이 발언은 곧 이어 등장하는 워커의 이야기 속에서 의미를 획득한다. 마지막 장면에서 카메라는 그의 상반신을 확대하고, 그는 화면의 정면을 바라보며 선언한다. "민주주의는 개인의 자유를 보호한다. 그러나 우리가 모든 인류를 위해 어디서나 그것을 보호할 때에만 민주주의는 우리를 지켜줄 것이다." 그녀의 서사는 민주주의를 지킨다는 명분으로 전 세계에 배치된 미군의 군사적 활동에 정당성을 부여하는 워커의 서사 속으로 포섭된다.

그러나 이러한 서사의 맥락을 구성하고 있는 폭력의 흔적들은 결코 사라지지 않고 마치 '소문'처럼 인물들의 주변을 배회하고 있다. 그것은 한반도의 분단과 적대 상황을 설명하는 워커의 경직된 태도 속에, 친선의 필요성을 역설하는 연대장의 언급 속에, 미군에 대한 세간의 평가를 전하는 김의 여동생의 언급 속에 잠재되고 억압되어 있다. 현실 속에서 이 억압된 것은 때때로 전면에 등장하여 회귀하는데, 1967년 11월 동두천에서 임신 4개월의 '위안부'가 동거하던 미군에게 살해되자 동료 2백여 명이 상여를 메고 미 제7사단 기지 정문 앞에서 시위를 벌인 일이나, 1971년 백인전용 업소와 흑인전용 업소를 구분하던 관행에 불만을 품은 흑인 병사들의 난동에 대해 주민 2천 5백여 명이 투석전을 벌이며 항의한 일이 그 예가 될 수 있을 것이다.[270] 친선을 자각하는 주체는 기지를 둘러싼 현실 속에서 '폭력을 자각하는 주체'로 전환될 수 있었던 것이다.

IV. 결론

이 글은 한국전쟁 직후에 미국 국내에서 인기를 끌고 방영되었던 주간 텔레비전 쇼인 《빅픽처》의 에피소드 가운데 〈한국과 당신〉이라는 영상에 주목했다. 이 영상은 미군의 원조를 통한 전후 재건 및 지역사회에 대한 미군의 적극적인 개입에 반응하면서, 그 과정에서 탄생한 전후 주체의 목소리를 들려준다. 〈한국과 당신〉에서 미군은 지역사회와의 친선 관계를 무엇보다 중요하게 생각하면서 민주적이며 평화에 대한 의지를 가지고 지역사회의 발전을 배려하는 모습으로 등장한다. 이러한 미군의 개입을 '자각하는' 김의 여동생의 목소리를 통해 등장하는 전후 주체는 '미국인들의 협력과 지속적인 관심을 한국인들이 자각하도록' 한다는 미국의 원조 프로그램의 목표에 정확하게 부합하는 주체의 모습을 보여준다.

이 영상에서 등장하는 주체의 목소리는 미군의 기획에 의해 만들어진 목소리이지만, 각 주체의 표상들은 명백한 한계 또는 균열의 지점들을 내포하고 있다. 〈한국과 당신〉에 등장하는 한국인 주체들은 미군의 원조사업 속에서 자립과 재건의 의지를 지니고 동맹의 일원으로서 성장하는 모습을 보여준다. 특히 이 영상 전체를 이끌고 있는 김은 한미 관계에 관해 약간의 의구심을 가진 여동생을 꾸짖고 다독이면서 미군과의 관계를 조정하는 역할까지 떠맡고 있다. 그는 '한미 친선'이라는 가치를 누구보다 내면화한 인물이며, 주둔하러 오는 미군에게 현지의 사정을 성실하게 설명해 주는 친절한 안내자이기도 하다.

그러나 김의 서사와 김의 여동생의 서사 사이에는 미세한 균열이 존재한다. 미군이라는 타자의 시선에 완전히 동화된 김과 달리, 김의 여동생은 미군이라는 거대한 폭력기구가 현지의 주민들과 함께 살아가면서 발생하는 폭력의 문제를 자각하고 있다. 또한 그로 인해 불안감을 지니고 있기도 하다. 이러한 균열이 김의 '재치 있는' 농담 속에서 무마되는 것이 영상의 구도였다면, 실제의 현실은 그렇지 않았다. 미군의 친선 의지 속에서 탄생한 주체들은 미군의 격렬한 군사 활동과 강력 범죄가 지역사회에 미치는 효과 속에서, 미군과 지역사회가 적대적으로 대립할 가능성 및 그 과정에서 말하기를 봉쇄당할 가능성에 직면한다. 냉전 시대 미군의 범죄와 그에 대한 지역 주민들의 수많은 항의 운동 그리고 1992년 윤금이 살해사건이나 2002년 미군 장갑차에 의한 심미선·신효순 압사사건 및 그 항의 운동에서 볼 수 있는 것처럼, 원조와 친선을 강조하는 미군 '영상'의 서사 속에서 재현된 주체는 기지를 둘러싼 '현실' 속에서 '폭력을 자각하는 주체'로 전환될 수 있었다. 이러한 전후 주체의 균열(의 가능성)들은 한국 정부의 억압적 통치와 관리, 미군의 냉전 심리전 기획 속에서 어느 정도 봉합되어 왔으나, 결코 완전하게 매듭지어 질 수는 없는 것이었다.

참고문헌

1차 자료

영상 자료

〈Armed Forces Assistance to Korea〉, RG 111, 111-TV-271, Motion Picture Films From G-2 Army Military Intelligence Division, 1918-ca. 1947, NARA Ⅱ.

〈Korea and You〉, 《The Big Picture》, RG 111, 111-TV-519, Motion Picture Films From G-2 Army Military Intelligence Division, 1918-ca. 1947, NARA Ⅱ.

〈You in Japan〉, 《The Big Picture》, RG 111, 111-TV-354, Motion Picture Films From G-2 Army Military Intelligence Division, 1918-ca. 1947, NARA Ⅱ.

문헌 자료

1st Cavalry Division: Quarterly Historical Summary January-March 1965, RG 550, Entry A1 2A, Box 234, Folder #1, NARA Ⅱ.

Katz, Herman M., *Armed Forces Assistance to Korea, 1953 to 1971*, RG 550, Records of United States Army, Pacific, Military History Office, Classified Organizational History Files 1959-ca. 1974, Entry A1 2, Box 340, NARA Ⅱ.

"CRAC Council Irons Out US-KN Problems", *Cavalry Newspaper*, February 1, 1965,

웹사이트

미 육군사진센터 홈페이지: http://www.armypictorialcenter.com/
NARA 카탈로그 https://catalog.archives.gov

2차 연구

구갑우, "'대량설득무기'의 위협에서 어떻게 벗어날 것인가", 참여연대, 2006.8.29. https://www.peoplepower21.org/PSPD/741624

김원, 「60-70년대 기지촌 게토화의 변곡점: 특정지역, 한미친선협의회, 그리고 기지촌 정화운동」, 『역사비평』 112, 2015, 153-185쪽.

남기정, 「한미지위협정 체결의 정치과정」, 심지영·김일영 엮음, 『한미동맹 50년』, 백산서당, 2004.

박정미, 「발전과 섹스: 한국 정부의 성매매관광정책, 1955-1988년」, 『한국사회학』 48(1), 2004, 235-264쪽.

이나영, 「기지촌의 공고화 과정에 관한 연구(1950-60): 국가, 성별화된 민족주의, 여성의 저항」, 『한국여성학』 23(4), 2007, 5-48쪽.

이봉범, 「냉전과 원조, 원조시대 냉전문화 구축의 역동성: 1950-60년대 미국 민간재단의 원조와 한국문화」, 『한국학연구』 39, 2015, 221-276쪽.

정근식·강성현, 『한국전쟁 사진의 역사사회학: 미군 사진부대의 활동을 중심으로』, 서울대학교출판문화원, 2016.

정영신, 「동아시아의 안보분업구조와 반(反)기지운동에 관한 연구」, 서울대학교 박사학위논문, 2012.

파주시·성공회대 동아시아연구소 냉전평화연구센터, 『파주 DMZ 및 접경지역 국외자료 수집과 콘텐츠 활용 종합계획 보고서』, 2020.

Springer, Claudia., "Military Propaganda: Defense Department Films from World War II and Vietnam", *Cultural Critique* 3, 1986, pp.151-167.

Wirth, Richard., "The US Army's Syndicated Television Program "The Big Pictures"", October 6, 2019. https://www.provideocoalition.com/the-us-armys-syndicated-television-program-the-big-picture/

제2부
피사체로 남은 흔적, 영상으로 지역사 쓰기

····

제6장

한국전쟁 푸티지 영상, 어떻게 연구할 것인가?

강성현

I. 영상 아카이빙과 연구 해제의 필요성

매년 6월 25일과 8월 15일 전후 방송사는 한국전쟁과 '해방 전후사'와 관련한 특집 다큐멘터리를 편성한다. 이 역사 다큐물에는 미국 등 해외 자료기관에서 수집된 푸티지(footage) 영상[271]이 많이 활용된다. 1995년 광복 50주년 기념 〈KBS 영상실록〉과 2005년 〈KBS 광복 60주년 특별기획 영상실록〉이 인기리에 방영되고 크게 성공하면서, 그 후 방송계에서 한국 현대사 관련 영상물 수집과 소개가 일종의 유행이 되었기 때문이다.[272] 최근에도 KBS 《다큐 인사이트》 제작진은 미국 국립문서기록관리청 2관(NARA II)에서 일본군 '위안부' 및 강제 동원, 한국전쟁 관련 푸티지 영상을 대규모로 수집해 아카이빙(약 9,000개 파일, 1,500시간 분량)하고, 이를 바탕으로 역사 다큐물을 '시리즈'로 만들어내고 있다. 아울러 과거의 '장면'들을 있는 그대로 생생하게 기록한 영상이라는 인상이 강화되고 있다. 이러한 상황은 "기계-눈"인 카메라 렌즈가 중립적이고 객관적으로 현실을 포착하는 도구"[273]라는 인식과 궤를 같이 한다.

방송사뿐 아니라 국방부 6·25전쟁 60주년 사업단·한림대 아시아문화연구소, 고려대 한국사연구소 역사영상융합연구팀·한국영상자료원, 거제시·서울대 통일평화연구원 및 사회발전연구소, 성공회대 동아시아연구소 냉전평화연구센터 등에서도 이런 영상자료들을 수집하는 사업을 진행해 왔다. 그 가운데 고려대와 성공회대는 각각 《한국근현대영상아카이브》와 《냉전아시아영상아카이브》라는 이름으로 온라인 아카이브 플랫폼을 구축해 영상과 목록을 제공하고 있다.[274]

수집 영상 자료들의 출처는 미국, 유엔, 영국, 프랑스 등으로 다양하다.[275] 그 가운데 미국 NARA Ⅱ 소장 영상들, 특히 육군 통신대(RG 111) 육군 보존용 복제본(Army Depository Copy, ADC) 및 도서관용 복제본(Library Copy, LC) 시리즈에 있는 영상들이 가장 많이 국내에 수집되어 있다. 또한 해외기록 노획컬렉션(RG 242), 국무부(RG 59), 미공보원(RG 306), 공군 사령부 작전 및 조직(RG 342), 해군부 일반(RG 428), 해병대(RG 127), 헌병감실(RG 389) 사료군 내 영상 관련 시리즈도 일부 수집되어 있다. 파라마운트·유니버설 영화사 컬렉션 한국 관련 영상들도 일부 들어와 있다.

영상자료의 수집과 아카이빙만큼이나 연구도 영상역사학, 영상사회학, 영화 및 문화비평 등 여러 분야에서 활발하다. 최근에는 상호 학제적인 융합 연구 흐름이 강하다. 이 영상들은, 허은이 잘 지적하고 있듯, 대부분 근대적인 제국이나 국민국가가 새로운 질서와 정체성을 구축하기 위해 제작한 선전적·계몽적 성격의 영상이기 때문에 비판적으로 분석될 필요가 있다.[276] 한국에 가장 많이 수집·활용되는 한국전쟁 및 냉전 관련 영상의 경우 군사적인 목적이 분명할 뿐 아니라 헤게모니적 성격도 강하게 투영되어 있다. 예컨대, 주한미공보원 제작 뉴스릴(보도 영상)이나 문화영화가 미국의 반공 인도주의 리더십을 각인하고 미국적 가치와 새로운 질서를 확산시켰으며, 이와 상응해 한국도 냉전 민족주의를 통해 주권국가로서의 자립과 발전에 대한 자긍심을 고취시키고 국가와 사회를 형성시켰다.[277]

미 공보원 영상 연구 못지않게 미 육군 통신대 푸티지 영상을 중심으로 한 한국전쟁 영상 연구도 초창기부터 최근까지 큰 흐름을 형성하고 있다. 시작은 2010년 11월 26일 한림대 아시아문화연구소가 주최한 한국전쟁 60주년 기념 학술회의("동영상으로 본 전쟁")에서였다. 연구소가 NARA Ⅱ에서 수집한 RG 111-ADC/LC 푸티지영상(VHS 53개 약 100시간과 8mm 83개 약 100시간, 총 200시간 분량)을 대상으로 영상역사학적 가치와 기존 전쟁사 문서 기록과 역사 서술의 교차 자료로서 얼마나 중요한지 논의되었다.[278] 그리고 입론 수준이지만, 영상자료의 학술적·대중적 접근성과 활용도를 높이기 위해서 디지털 아카이브와 체계적·분석적 DB 구축이 시급히 요청되며, 이는 국가적 사안임을 강조하고 있다.

이후 영상 연구의 지형에는 개인 연구자의 영상 조사·연구와 궤를 같이하면서도 차별적인 팀(집단) 공동 조사·연구·아카이브 구축의 흐름이 생겨났다. 이것은 중앙 및 지방정부(자료·연구기관 포함)가 펀딩·발주한 대규모 영상자료 수집 프로젝트에 힘입은 바 크다. 그 결과 역사학·사회학·문학·문화·영화사·기록관리학 연구자들의 상호 학제적인 조사·연구·아카이빙 방법론과 영상 관련 주제 연구들이 체계적으로 공동 진행될 수 있었다. 그중에서도 크게 주목되는 건 고려대 한국사연구소 역사영상융합연구팀의 작업이다. 연구팀은 한국영상자료원과 협력해 한국학중앙연구원의 지원으로 2011년부터 국내뿐 아니라 국외기관 소장 한국 관련 영상 자료들을 3년 동안 수집했고, 영상 데이터베이스를 구축해《한국근현대영상아카이브》[279]를 열었다. 2014년 7월 연구팀 이름처럼 역사와 영상의 학술적·대중적 융합을 위해 국제 학술회의("영상과 아카이빙 그리고 새로운 역사쓰기")를 갖고, 영상자료의 수집과 활용, 영상 자

료를 통한 역사 해석과 새로운 역사쓰기를 시도했다.[280]

다음으로 주목되는 것은 서울대 통일평화연구원·사회발전연구소와 성공회대 동아시아연구소 냉전평화연구센터 연구팀의 작업이다. 위 연구팀들의 주력 멤버는 사실상 동일하고, 현재는 성공회대에 냉전평화연구센터를 설립하면서 작업을 이어나가고 있다. 연구팀은 거제시·통영시·파주시의 지원으로 2015년부터 미국 NARA Ⅱ와 영국 국가기록원(The National Archives United Kingdom, TNA) 등에서 한국전쟁 포로(거제·통영 수용소 등), 판문점 및 비무장지대(DMZ)와 접경 지역 관련 문서·사진·영상 자료를 수집해《냉전아시아 영상아카이브》[281]를 단계적으로 구축하고 있고, 연구 해제 작업을 통해 공공역사와 평화사의 관점으로 새로운 한국전쟁사 쓰기를 시도하고 있다. 2021년 3월 27일 학술회의("영상으로 본 냉전아시아의 사상심리전과 정동") 제목에서 알 수 있듯, 연구팀은 미군의 영상(미군이 촬영한 영상뿐 아니라 적으로부터 노획한 영상을 갖고 제작한 영상)을 냉전의 '사상심리전'과 '정동'의 차원에서 학술적·대중적으로 해석하고 다양한 스케일과 주체의 위치에서 스토리텔링을 만들고 있다.[282]

이 글도 이러한 팀 공동 조사·연구·아카이빙 작업들의 성과를 기반으로 삼고 있다. 구체적으로는 미 육군이 촬영·제작한 푸티지 영상을 대상으로 한국전쟁 영상의 연구 방법론을 세우고, 학술적·대중적 영상 아카이빙에서 작성·제공되는 연구 해제의 예시를 보여주고자 한다.[283]

이 글은 '있는 그대로의 현실'을 보여주는 사실의 기록이 아닌 전쟁·냉전의 '대량설득무기'(수단, 도구)의 이데올로기 텍스트로서 영상을 인식한다. "영상에 보이는 이미지가 날 것 그대로 포착된 현실이 아니라 제작자나 제작 주체의 시점을 반영하고 또 일정한 목적에서 제작되었다"[284]는 것을 염두하면서, 영상을 관련 문서·사진·구술 자료의 교차 분석과 비판적인 종합을 통해서 역사적 사실을 구성할 수 있는 하나의 역사 자료로 바라본다. 이렇게 볼 때 한국전쟁 영상은 기존 한국전쟁사 서술의 보완적 이미지로만 활용될 것이 아니라 새로운 역사 쓰기를 위한 독립된 자료이자 그 자체로 연구할 대상으로 다루어져야 한다. 다만, 대부분 영상들이 작전의 일환으로 촬영된 것이라는 점, 다시 말해 모든 프레임이 군사적 유용성과 전쟁 및 체제 승리를 위해 적합한지를 평가받고 검열됐던 전쟁 푸티지 영상이라는 특성(또는 한계)을 분명히 인식할 필요가 있다. 이에 전쟁기계(또는 장치)의 필수 부분으로 통합되었던 푸티지 영상을 가지고, '사상심리전'이라는 군사적 목적과 '시각(seen side)'을 비판적으로 인식하고 그 '사각(blind side)'을 드러내면서 평화사의 맥락에서 한국전쟁사 쓰기를 시도할 수 있는 기반을 만들고자 한다.[285]

또한 이 글은 영상을 정동(affect) 미디어로 바라보고 있다. "영화에 대한 역사적 독해 그리고 역사에 대한 영화적 독해"[286]라는 마크 페로의 말처럼 영상과 역사를 융합적으로 연구하는 흐름에 더해, 최근에는 정동 이론의 관점과 방법에서 영상 읽기를 시도하는, 예컨대 스크린과 관객의 관계 및 정동의 흐름을 분석하는 연구들이 진행되고 있다. 이에 따르면, 스크린을 이데올로기적 장치로서 정의했던 과거와 달리 최근에는 스크린이 애초 신체와 직접적으로 연관된 장치로 정의하는 연구들이 있다. 벤야민(W. Benjamin)도 '시각의 촉각성'이라는 개념으로 극장이라는 전통적 스크린을 관객의 공감각적인 신체로 연결시킨 바 있다. 눈이 근접 시각 안에서 시선으로 만지는 감각을 햅틱(haptic, '촉지적 감각')이라고 개념화했던 들뢰즈(G. Deleuze)도 마찬가지다. 들뢰즈는 더 나아가 햅틱이 대상과 접촉한다는 차원에서 정동 논의와 연결시킨다.[287] 한상희는 영화가 신체와 어떤 관계인지, 영화와 피부의 관계를 논의한 엘새서(T. Elsaesser)와 하게너(M. Hagener)의 논의를 소개하면서 영화 이론의 시각 중심주의를 비판한다. 그는 특히 "우리는 영화를 육체적으로 우리 몸 전체를 통해서 수용하고 영상에 감성적으로 반응한다"는 엘새서와 하게너의 서술이 마수미(B. Massumi)의 정동 개념과 맞닿아 있다고 평가한다.

문장에서 '정동' 개념이 명시적으로 사용되고 있지 않지만, 의식 이전 단계, 즉 '정서'로 포획되기 이전 단계의 자극을 언급하고 있다는 판단에서다.[288]

영상 이미지는 강력한 현실감과 사실감을 전달하면서 시공간적으로 멀리 떨어져 있는 전쟁의 정동을 시청자들이 실감할 수 있도록 한다. '우리'와 '적'의 의미뿐 아니라 정동을 강렬하게 구축하는 건 물론이다. 따라서 영상을 문화냉전의 대상으로 연구할 때, 독해 가능한 텍스트의 의미라는 전경 뒤에 펼쳐진 영상, 음성, 소리, 신체 사이에서 촉발하고/되는 직접적이고 동적인 운동 작용의 문제를 중심 주제로 삼는 것이 필요하다.[289] 실제 한국전쟁 푸티지 영상들은 당시 보도영화와 문화영화뿐 아니라 TV 프로그램[290] 제작에 활용되었고, 이를 시청하는 관객과 시청자들은 스크린과 신체, 신체와 신체 사이를 오가는 정동의 흐름 속에서 강렬한 긍정/부정의 감정에 포획되었고, 자유/공산 진영(bloc)과 이데올로기를 감정과 연결시킬 수 있었다.

이러한 관점과 방법에 입각해 한국전쟁 영상의 메타 데이터의 파악을 넘어서 연구 해제가 영상 아카이브에서 함께 제공될 필요가 있다. 영상물을 조사·수집한 자료·연구기관들은 대개 메타 데이터로 촬영 시기·장소, 그리고 카메라 종류·필름 형태·화면 포맷 등 촬영의 기술적 방식·러닝타임·편집방식·음성 유무 등 촬영 크레딧 정보와 물리적 정보를 기본적으로 제공하고, 영상물 원소장처 관리 기록 정보도 밝힌다. 여기에서 더 나아가 영상 내용의 요약과 개별 장면들의 설명 및 묘사, 주요 키워드를 제공한다. 이것이 1·2차 카탈로깅(cataloging)에 해당한다. 여기에 더해 《한국근현대영상아카이브》 구축을 주도한 허은은 영상물의 제작 배경과 의도, 제작 주체와 촬영 조직의 성격과 활동 내용, 장면과 편집 배치의 의미, 등장인물이나 사물 등 피사체에 대한 상세 정보, 영상 장면과 관련한 사건들에 대한 상세 정보를 담은 3차 카탈로깅을 상호 학제적 공동 연구를 통해 작성·제공할 필요가 있음을 주장했다.[291] 영상 이미지를 문서와 구술 자료와 교차 분석하며 피사체가 된 사람·장소·사물·사건에 대해 깊이 있는 스토리텔링을 만들어낸다면, 그리고 개별 영상자료 연구를 넘어선 영상자료 데이터베이스에 대한 빅데이터 연구를 수행한다면, 역사와 영상, 연구와 교육은 커다란 시너지를 만들어낼 것이다. 현재까지 한국에서 구축된 영상 아카이브에서는 1·2차 카탈로깅에 해당하는 영상 정보를 제공하고 있다. 따라서 이 글에서 영상의 연구 방법과 함께 연구 해제의 예시를 드는 이유가 여기에 있다.

본론에서는 우선 한국전쟁 영상의 연구 방법으로 영상물의 생산 맥락, 즉 누가 어떤 목적으로 촬영·제작하고, 무엇을 포착하며, 어떻게 촬영하고 기록하는지 살펴본다. 그렇게 영상이 의도하고 시각화한 재현과 역사 현실 간의 균열을 분석하는 방법을 논의할 것이다.

다음으로 일본과 한국을 오가며 한국전쟁 전선에서 전략적 사진·영상활동을 했던 미 육군 제71통신대 A중대 영상팀이 촬영한 두 개의 푸티지 영상⟨111-ADC-8517⟩, ⟨111-LC-29589⟩을 대상으로 연구 해제를 작성할 것이다.

II. 전쟁 영상 연구 방법

1. 영상의 생산 주체와 목적

푸티지 영상은 미 육·해·공군 사진 부대의 영상병, 민간의 외교(국무·문화원 포함) 및 공보 기관과 영화사(파라마운트사 등) 등에 고용된 영상 카메라맨이 전장 곳곳에서, 그리고 후방의 스튜디오에서 촬영·제작한다. 이 글에서는 미 육군 통신대 사진 부대 가운데 연합군 총사령부(General Head Quarters, GHQ)·극동 사령부(Far East Command, FEC)의 통신국 사진부에 배속된 제71통신대 A중대 사진대, 그리고 미 8군 배속 제167통신사진중대·제304통신사진소대를 주목한다.

제71통신대 사진대는 미군의 전쟁 활동을 사진과 영상으로 기록하기 위해 가장 빨리 한국 전선에 급파되어 전/후방 모두를 지원했다. 인천 상륙작전과 서울 '수복' 이후에는 미 8군과 1군단·9군단·10군단, 그리고 예하 사단에 전술 사진 활동에 주력할 사진 부대가 조직되면서, 전략적 사진 활동에 집중할 수 있었다.[292]

전쟁 초기에는 영상병 포스노트(Wallace O. Fosnaught) 병장이 스틸 사진팀(턴불 병장, 댄젤 상병, 행콕 일병)과 함께 영상 활동을 전개했다. 그는 1950년 6월 28일 수원 비행장으로 들어와 적기의 기총소사로 불타는 미군 수송기(C-47)를 촬영했고, 29일 아침 이승만 대통령과 맥아더 총사령관이 만나고 참모들과 함께 한강 이남 전선 상황을 시찰하며 전황을 논의하는 장면을 찍었으며, 그 후 수원역 앞과 시내 상황을 촬영했고, 이후 대전으로 내려갔다. 이 동선은 사진팀 일행과 일치한다. 포스노트는

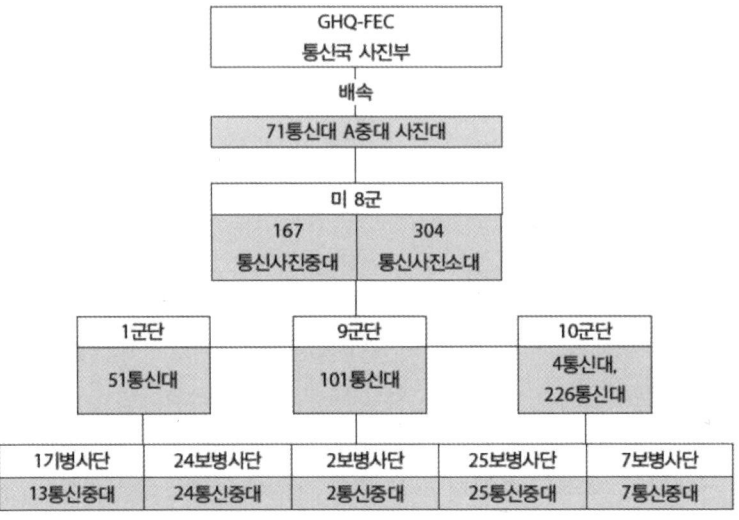

그림 1 한국전쟁 참전 사진 부대 현황
출처: 정근식·강성현(2016: 10).

'대전전투'까지 평택-안성, 천안, 금강방어선, 대전에 이르는 미 제24사단 작전 지역에서 영상 활동을 했다. 그는 '지연작전'인 금남교(조치원-대평리-유성으로 가는 1번 국도를 잇는 인도교) 폭파를 망원렌즈를 이용해 영상으로 담았다. 후퇴하는 미군을 따라 대전으로 이동한 그는 텅 빈 대전역 광장과 시가지를 촬영했는데, 7월 20일 급박한 후퇴 상황과 시가전 영상도 그가 촬영한 것으로 추정된다. 그 길로 그는 제24사단과 함께 후퇴했다가 인천상륙작전 때 스틸 사진병 댄젤 상병과 한 팀을 이루고 활동했다.[293]

제167통신사진중대·제304통신사진소대도 전략적 영상 활동을 수행했다. 전쟁이 장기화되면서 제71통신대 사진대가 국제적인 이슈와 결부된 전략기록 활동에 더 주력하게 되면서 제167통신사진중대·제304통신사진소대는 한반도 전장에 제한된 전략기록 활동에 집중할 수 있었다. 서울 '수복' 직후 제167통신사진중대의 작전 범위는 미 8군 사령부가 위치한 서울을 중심으로 인천과 인근 경기지역에 제한되어 있었다. 영상을 보면, 카메라는 서울·인천 등 주요 도시의 다양한 건물, 시가지·문화재·시장·광장 등 다양한 장소들을 바라보고 있고, 그곳에 있는 한국인들, 특히 정치인·관료·상인·시민·학생·피난민·전재민 등을 클로즈업하면서 낯설어 하면서도 동정하는 복잡한 시선을 보여주고 있다.[294] 제167통신사진중대의 주요 활동 가운데 하나는 한국 고위급 정치인 인터뷰 기록영상 촬영과 심리전 영상 제작이었다. 이런 영상 활동은 전 지구적 냉전의 사상심리전을 위한 전략적 활동에 해당하는 것으로, 1950년 하반기에는 제71통신대 A중대 사진대 영상팀과 제167통신사진중대가 《특별프로젝트 50》 시리즈를 함께 촬영·제작했다. 대표적으로 제71통신대 사진대 영상팀은 모윤숙 주연의 〈모윤숙 공산주의를 피해 숨다〉(1950)를 제작했고, 제167통신사진중대는 김창룡(특무대 대장) 주연의 〈한국의 방첩대 활동〉(홍성기, 1950)을 만들었다.[295]

제304통신사진소대는 제167통신사진중대의 임무를 이어 1953년 1월 재편성되었다. 1953년 4월 상병포로 교환(Operation Little Switch)을 기록하는 전략적 사진·영상 활동에 투입되었고, 7월 27일 판문점 정전 협정과 9월 일반포로 교환(Operation Big Switch)에도 제71통신대 사진대와 함께 참여했다.[296] 이와 관련해 1952년 10월부터 제304통신사진소대를 지휘한 빌 발라반(Bill Ballaban) 중위의 이력이 주목된다. 그는 입대 전부터 사진과 TV 방송국 근무 경력이 있었는데, 군에서도 1952년 4월부터 10월까지 제71통신대 사진대에서 영상 촬영을 감독했다가 제304통신사진소대로 전출되어 활동을 이어갔다. 그는 그 부대에서 특별 프로젝트로 심리전·공보·역사 다큐멘터리 영상을 만드는 책임 장교 중 한 명이었는데, 그 때 촬영·제작한 영상이《빅픽처》TV 시리즈로 방송되기도 했다.[297]

1951년 미군의 통신 사진(signal photography) 〈필드 매뉴얼〉(FM 11-40)을 보면 군이 촬영·제작하는 영상 유형은 크게 훈련·오리엔테이션 영상, 역사 기록영상, 공보영상으로 구분된다. 영상 촬영·제작의 목적을 교육, 기록, 선전으로 상정했다는 말이다(표 1).

이 글이 주목하는 것은 미군이 공보영상이라고 제작했지만 사실상 기록과 공보의 문턱을 넘어 선전(프로파간다)에 복무하는 영상이다. 특히 서울 '수복'과 38선 '돌파' 이후 진행된 '특별 프로젝트'로 제작된 '사상심리전' 영상이다.

심리전이란 용어는 1941년에 만들어졌다. 나치스가 적에 대한 이데올로기적 승리를 위한 수단으로서 선전·테러·제5열 활동을 과학적으로 응용한 것을 미국이 모방하면서 나타났다. 미국은 심리전을 전장에서의 선전, 우방국 군대를 위한 이데올로기 교육, 국내에서의 사기와 규율 진작과 같은 전시 문제들에 사회과학을 응용하는 것으로 발전시켰다. 냉전 초기에 미국은 심리전을 적의 전투 의지와 역량을 파괴하고 적에 대한

표 1 미군이 촬영·제작한 영상의 유형

유형	내용
훈련·오리엔테이션 영상	전역(theater)의 후방 편대나 미 본토의 후방 군 시설에서 제작됨. 주로 훈련 방식과 기술, 현장 지형, 현장에서의 장비 사용법 등 일반 정보를 제공함. 보통 시나리오에 기반하지만, 교육 효과 증대를 위해 실제 작전 후(after action) 숏들로 구성된 (통제되지 않은) 시퀀스들이 삽입·편집되기도 함
역사 기록영상	다큐멘터리 영상은 군과 대중이 일반적이거나 특별하게 관심이 있는 실제의 조건 및 상황을 담아냄. 예로, 낙하산 훈련, 포로수용소 생활 조건, 과학적 발명이 현대전에 활용되는 방법 등을 보여줌
	역사 영상은 오래 지속될만한 중요하고 생생한 정보를 담은 다큐멘터리 영상임. 일반적으로 전투 및 다양한 군사 작전의 장면이나 포로의 포획 영상 자료를 특정 목적에 맞게 편집한 것임
공보 영상	대부분 군 영상은 공보 영상에 적합함. 예컨대 훈련, 전투, 점령 중 촬영된 영상 등 다양한 군사/민사 활동의 시각 스토리를 담아 특정 목적에 맞게 대중에게 정보를 제공하기 위해 제작됨

Department of the Army, *FM11-40 Department of the Army Field Manual: Signal Photography*, 1951, pp.97-99.

동맹국과 중립국의 지원을 제거하며 아군과 동맹국의 승리에 대한 의지를 증대시키기 위해 모든 정신적·물질적 수단을 활용하는 것으로 정의했다.

그런데 일본 제국과 그 식민지 아시아에서는 선전전이나 심리전과 다른, 반공을 사상전(thought warfare)의 틀로 바라보는 인식과 권력 기술이 존재했다. 공산주의에 맞서기 위해서는 공산주의를 이겨낼 수 있는 어떤 사상을 만들어 그것을 주입해야 한다는 생각이 철칙(나치적 의미에서 보면 '세계관')이 되어 갔다. 문제는 이런 생각과 방법이 파시즘적이라고 미국이 판단했다는 점이다. 사상전은 사상으로 움직이는 인간을 전제로 하는데, 미국의 군학복합체(military-academic complex)는 그보다 인간의 어떤 행동을 먼저 분석하고 이 행동을 가능하게 한 조건을 조성하는 것이 관건이라고 보았고, 미국은 심리전을 냉전 통치술로 발전시켜 나갔다. 다만, 백원담·강성현에 따르면, 전지구적 냉전 심리전의 지역적 변이로서 아시아, 특히 한국에서는 사상전 계보가 소멸되지 않고 심리전과 착종되어 사상심리전의 인식과 기술이 탄생했다. 아시아의 냉전/열전이, 특히 한국전쟁이 용광로로 작용했다.[298]

한국전쟁은 소련과 공산주의 진영에 대해 별다른 관심이 없었던 자유 진영 사람들의 정동을 효과적으로 공략하는 '대량설득무기'의 산실이었다. 한반도 '전역(戰域, theater)'은 적을 새로운 모습으로 투사하고 '우리' 진영의 단결력을 과시하는 극장(theater)이었다.[299] 미국 등 '자유 세계'가 이 냉전-반공의 극장에서 상영된 무수히 많은 푸티지 영상과 다양한 편집본들을 생생하고 실감나게 시청했다. 사상심리전 영상은 의미뿐 아니라 정동과 감정의 전달이 탁월한 커뮤니케이션 도구였다. 관객·시청자는 일차적으로 자유 진영의 시민들이다. 공산주의라는 '악의 축'의 만행을 생생하게 고발함과 동시에 전쟁에서 '적'을 무자비하게 파괴·응징하고, '우리'에게는 구원과 재건의 손길을 주는 것을 재현한다. 이는 '우리'의 사기를 북돋는 한편, 공산 진영에는 너희의 만행을 똑똑히 봐라 하면서 '그들'의 사기를 떨어뜨린다. 예를 들면, TV 프로그램 《빅픽처》는 이 이미지의 의미와 정동을 안방으로 배달했고, 그렇게 자유 세계의 반공 시민이라는 상상적 공동체 형성에 일조했다.

그런데 적과 우리를 구분 짓고 맹렬히 적대시키는 푸티지 영상의 피사체는 무엇이었을까? 또한 적과 우리 사이에 있는 현지 민간인은 어떻게 응시했고 인식했을까?

2. 영상의 피사체

'시각'과 '사각'이 푸티지 영상으로 재현되는 현실의 공간적 범위를 지칭하는 것이라면, '시선'은 카메라를 들고 영상병의 관심을 보다 명확하게 반영한다. 특정 대상에 시선이 머물면, '응시'라고 하는데, 영상은 이런 응시의 산물인 셈이다. 푸티지 영상이 보여주는 재현된 공간에는 영상병의 관심과 초점이 되는 피사체가 시선으로 연결되어 있다. 그런데 의도치 않게 화각에 들어온 피사체가 중요한 정보를 제공하거나 역사적 사실을 드러내는 경우도 있다.300

영상의 중심 피사체는 아군의 활동이다. 영상병은 아군의 사람, 부대, 그 활동과 성공적인 활약에 초점을 맞추면서 이를 가능하게 한 힘의 원천을 응시한다. 그런 인물이나 사물은 클로즈업되거나 전경에 두는 구도로 찍힌다. 예컨대, 지휘관과 부대원들의 영웅적 면모와 활약을 포착하기 위해 영상병은 지휘부의 작전 회의 모습을 촬영하거나 참호와 거리에서 전투를 벌이는 장면을 근접 거리에서 찍기도 하고 그 활약을 짐작케 하는 훈장 수여의 장면을 포착한다. 맥아더 총사령관이나 미 8군사령관 워커 장군 등 군 수뇌부 주위에서 많은 카메라들이 돌아가고 있는 이유이기도 하다. 흔한 경우는 아니지만, 진격/후퇴하는 상황에서 슬레이트를 작성해 촬영할 겨를도 없이 카메라의 앵글이 흔들린 채 전투를 치르는 병사들을 뒤에서, 심지어 앞에서 포착하는 카메라가 있는 것도 마찬가지 이유에서다. 성공적이고 영웅적인 활약의 기획·과정·결과는 아니지만, 병사들의 휴식과 식사 장면 같은 전쟁 속 일상을 담아내기 위해 카메라는 어김없이 돌아간다. 그런 푸티지 영상에서는 전쟁 속에서도 피어나는 인간미를 숭고하게 포착하려 애쓰는 시선이 느껴지기도 한다. 심지어는 패퇴하는 장면을 찍은 영상인데, 대오를 갖추고 '뒤로 전진'하는 것처럼 구도를 잡고 촬영해서인지, 성공적인 '지연전'처럼 착각하게 한다.

아군 사람만 찍는 게 아니라 대량의 사물을 원경으로 담아내거나 특이하고 가치 있는 사물을 클로즈업하기도 한다. 항만과 철도역, 기지 보급 창고에 쌓여 있는 아군의 무기 체계·장비·보급품, 첨단의 전력과 통신, 기지 내 각종 시설(편의시설까지)을 포착할 때에는 영상에서 자신감과 자부심이 넘쳐난다. 이런 정동과 감정은 전쟁 스펙터클을 펼쳐나는 영상에서 절정에 달한다. 인천 상륙작전이나 흥남 철수작전처럼 아군의 입체적인 육·해·공 작전은 승패와 상관없이 성공적이거나 영웅적인 것으로 재현된다. 인천 상륙작전은 인천 내항에 펼쳐진 갯벌을 통해 악명 높은 인천의 조수 간만의 차를 극복하고 성공한 상륙작전을, 함정과 LST에서 쏟아져 나왔던 탱크, 야포, 트럭 등 각종 군수 장비와 보급품을 원경으로 포착해 미군 무기 체계의 우월성과 압도적인 보급 상태를 상징적으로 드러낸다. 예컨대 〈111-ADC-8247〉 영상을 보면, 카메라는 지휘함 맥킨리호에서 월미도와 인천에 쏟아지는 포격·폭격을 망원경으로 관찰하는 맥아더 총사령관과 그의 참모들을 미디엄숏(MS)으로 잡거나 심지어 한 명 한 명 익스트림 클로즈업(ECU)으로 맞춘다. 그러나 그들이 망원경으로 응시하는 곳에서 벌어지는 참혹한 전쟁 현실에 대해서는 익스트림롱숏(ELS)으로 시선을 흐릿하게 처리하거나 아예 바라보지 않는다. 그곳에는 적군뿐 아니라 한국인 민간인 남녀노소가 존재하고 그들이 무차별 포격·폭격으로 대량 피해를 받고 있지만, 철저히 사각화되어 있다. 미군의 포격·폭격은 인천 등 작전 지역에 거주하는 민간인을 '우리'로 확실히 식별하지 못해 의심하고 무차별적으로 파괴했지만, 영상은 이를 대신해 작전 후 부상당한 민간인을 치료해 주고 먹을 것을 주며 임시 주거지를 마련해주는 '숭고한 구원자'로 재현하고 있다.

한국군에 대한 미군 영상병의 시선 변화도 흥미롭다. 전쟁 초반에는 한국군을 오합지졸로 바라보는 차별적인 시선이 두드러졌다. 이는 한국군 지휘부와 부대 전력을 신뢰하지 않았던 미군 수뇌부의 인식과 궤를 같이 한다. 일부 영상에서 시선의 변화가 있는데, 예컨대 백선엽 장군과 1사단의 작전 활동을 따라갈 때 그렇다. 전후방 가리지 않고 미군 지휘관들과 연합작전 회의를 하는 백선엽의 모습을 담은 푸티지 영상 속 시선은 신뢰감이 느껴질 정도다. 이것 또한 백선엽에 대한 미군 수뇌부의 인식과 관련이 있다. 맥아더의 후임인 리지웨이 사령관과 워커의 후임인 밴플리트 장군은 백선엽을 두고 "의문의 여지없이 한국군 최고의 작전 사령관이었다"고 평가한 바 있다. 백선엽은 미군에게도 신화화된 영웅이고, 이후 한미 동맹의 상징이 되었을 정도다.[301]

전쟁 영상에서 중요한 또 다른 피사체가 바로 '적'이다. 주로 잔학 행위를 저지른 '전범'이나 다양한 면모의 전쟁포로로 등장한다. 전쟁범죄를 기록하는 차원에서 전범과 잔학 행위가 등장하지만, 심리전 문법에 충실해 반인간적이고 악마화된 재현으로 등장하기도 한다. 진실을 증거하는 것처럼 보이는 영상에도 프레임화된 심리전 성격이 강하게 투영되어 있다.[302] 적의 잔학 행위에 대한 초점은 북한인민군 후퇴기 형무소나 광산 등지에서 자행된 남·북한 민간인에 대한 학살 현장으로 맞춰진다. 1950년 11월부터 북한에 의한 학살을 증언하는 인터뷰 영상이 급증한다. "증언은 질문이 전제된 상태에서 북한군의 잔혹함, 거짓됨, 무책임성 등이 폭로되는 방식으로 진행되었다."[303] 반면, 미군과 한국의 군경에 의한 민간인 학살은 최대한 사각화되었다. 또한 적의 잔학 행위로 피해를 입은 미군 포로, 특히 미군 포로의 집단 죽음을 포착하는 것은 미국 여론이 받아들일 충격을 고려해 검열되었고 배포가 제한되었다.

적 포로 피사체에 대해서는 양가적인 시선이 있다. 우선 동양 공산주의자 포로 대 벌거벗은 포로라는 구도가 있다. 포로로 포획되었지만 신념에 찬 듯 강렬한 눈빛과 의지를 발산하는 모습을 하고 있기도 하고, 벌거벗기고 묶인 채 겁에 질려 있는 모습도 있다. 영상은 전자를 '동양 공산주의자' 포로로 재현한다. 포로임에도 난동을 부리는 지독한 악질이라는 이미지를 인종주의적 시선으로 포착하는 것이다. 포로수용소 내 유혈 폭력과 갈등의 원인이 '친공 포로'에 있다는 인식을 보여주는 것인데, 이런 푸티지 영상을 활용해 만든 뉴스릴이나 《빅픽처》 등은 비인간적이고 잔악무도한 공산 포로의 모습을 자유 세계의 관객/시청자에게 상영했다. 그러나 벌거벗은 포로의 모습은 포로 대우에 대한 국제적인 시선을 의식해서인지 사각화했다. 피골이 상접한 채 웅크려 있는 포로의 모습을 포착한 《픽처 포스트》(Picture Post) 사진(버트 하디 촬영) 같은 시선[304]은 미군 푸티지 영상에서 거의 찾아보기 어렵다. 다만 영상에서 미디엄숏이나 롱숏으로 잡힌 이송 또는 임시 수용 중인 포로의 표정과 건강 상태가 의도치 않게 화각으로 포착되기도 했는데, 영상 설명을 하지 않는 방식으로 그 의미를 사각화하기도 했다.

또한 폭동을 일으키는 친공 악질 포로 대 반공 인도주의로 거듭난 포로라는 시선의 대립도 존재한다. (친공/반공 수용동 가리지 않고 벌어졌던) 수용소 내부의 가혹 행위와 유엔군의 포로 심사를 거부한 포로들의 저항을 친공 악질 포로의 '폭동'으로 재현하는 영상들이 있다. 이 영상들은 1952년 5월 7일 도드(Francis T. Dodd) 거제도 포로수용소장 납치 사건 이후 전개된 미군의 포로 '분산 작전'(친공 포로와 반공 포로 분리)을 담아내면서 거제도의 위기가 해결되고 다시 질서가 회복되었다고 기록한다. 그러나 김려실이 잘 지적하고 있듯, 이건 "질서 회복이라기보다는 포로에 대한 통제력을 되찾기 위해 미군이 무력과 무기를 적극적으로 사용"했고 포로를 비전투원 포로가 아니라 활동적인 적으로 간주해 유혈 강경 진압을 했음을 사각화하고 있다.[305] 포로들의 칼, 돌, 화염병을 시각화하고 유엔군의 압도적 무력을 '소요 진압'과 '분산 작전'으로 재현한 것은 관객·시청자로 하여금 적에 대한 증오감을 불러일으키기 위한 것이다.

또한 일부 영상을 보면 민간인이 적 포로로 포획되는 장면들이 다수 있다. 민간인 옷차림이 분명한데도 적이 피난민으로 변장했다는 인식 때문에 우리와 적 사이에서 잘 식별되지 않은 채 포로로 포획된 것이다. 남녀노소 가족 단위의 피난민조차도 검색과 심문을 거쳐 포로 인식표를 받고 억류되었는데, 신발이 벗겨진 채 임시 수용소 바닥에 주저앉거나 서서 대기하는 모습을 포착한 영상병도 다소 혼동을 느끼고 있는 듯하다. 자유 피난민과 불순분자 사이에서, 애국자와 부역자 사이에서 영상병의 혼동스러운 시선만큼이나 민간인도 자기 증명을 하지 못하면 '골'로 가거나 전쟁포로가 되었다.

　미군의 인종주의적 시선의 문제도 있지만, 보다 근본적으로는 한국 민간인 또는 피난민에 대한 미군의 인식과 이에 기반한 정책이 문제였다. 미군은 전쟁 초반부터 민간인을 민간 복장으로 변장한 적으로 의심해 민간인 이동 제한 정책을 수립했으며, 심지어 발포·사살할 것을 지시하기도 했다. 1950년 7월 "어떠한 피난민도 전선을 통과시키지 말라"는 미 8군사령관 워커 장군의 지시는 이를 단적으로 보여준다.[306] 미군의 시선·인식·정책만 문제가 있었던 것이 아니라 한국 군경도 그러했다. 미군과 같이 검문한 한국 군경도 명백히 민간인으로 보이는 여성·노인·아이들마저도 공산주의 게릴라(빨치산) 혐의자·불순분자·부역자일 수 있음을 배제하지 않았다. 한국 정부는 '부역'을 국가에 반역하고 역도에게 협력한 것으로 규정하고, '부역자'를 색출했다. 게다가 '주동적'(적극적)이냐 '피동적'(소극적)이냐에 따라 부역 처벌을 달리하겠다는 방침을 세우고, 형사 처벌하고 심지어 총살하기도 했다. 한국군 헌병에 의한 '홍제리(학살) 사건'의 경우 영국군의 개입과 언론 보도로 세상에 알려졌지만, 이조차도 미군은 한국 정부의 주권 행위라는 논리로 방조했다. 그러나 1951년 4월 미군이 한국군 헌병에 의한 '대구 부역자 학살 사건'을 상부로 보고한 사진에서는 현장에 있던 미군이 포착되었다.[307]

　영상 속 민간인 피사체를 민사 원조의 대상으로 포착했을 때조차도 대개 반공 인도주의의 구원과 삶의 토대 재건의 증거로 삼기 위해서였다. 다만 식량 배급, 옷 등 구호 물자 전달, DDT 살포 등 보건 위생, 수용소와 집, 학교 짓기 등 민간 원조에 대한 셀프 촬영이 선전 차원에서 이루어진 것은 사실이지만, 이것이 민간인들의 생존·일상·지역의 재건을 위해 큰 도움이 된 것도 부인할 수 없다.

3. 영상 촬영의 방법과 기법

영상 텍스트에 대한 서사 구조 분석 방법의 한 대안으로 기호학적 분석이 있다. 이 분석에서는 영상 구성요소를 심층적으로 분석하기 위해 카메라·편집·사운드 기술·기법을 표상·재현 요소로 중요하게 다룬다.[308] 1951년 미군의 〈필드 매뉴얼〉(FM 11-40)도 영상 촬영의 방법과 기법을 상세하게 다루고 있다. 그리고 영상 정보를 어떻게 기록할 것인지 캡션 카드와 캡션 시트 양식을 제시하고 어떻게 기입할지 설명하고 있다.

우선 영상 촬영의 방법을 살펴보면, '통제 여부'에 따라 크게 '통제된 영상 촬영'(controlled action photography)과 '통제되지 않은 영상 촬영'(uncontrolled action photography)으로 구분해 볼 수 있다. 통제된 촬영은 보통 사전에 준비된 시나리오에 따라 계획되고 연습한 씬(scene)을 찍는 것이다. 피사체·제작기간·씬의 유형과 길이·연속성을 통제할 수 있게 해준다. 통제된 촬영은 완벽한 영상을 제작하는 데 이용된다. 통제된 촬영에서는 씬들 간 연속성뿐 아니라 자연스러운 동작이 나오도록 하는 것이 중요하다. 촬영한 씬이 만족스럽지 못하다면, 재촬영도 가능하다. 통제되지 않은 촬영에 비하면, 오류를 바로잡고 씬을 개선할 수 있다.

이에 반해, 통제되지 않은 촬영은 우발적으로 발생하거나 자연스럽게 벌어진 일을 찍는 것이다. 이런 환경에서 영상병은 씬을 다시 찍을 수 없으므로 자신의 동선을 어떻게 해서 촬영할지 아웃라인을 머릿속으로 그리고 다음 요소들을 고려한다. 우선 사전 정보를 얻기 위해 작전 부대와 조율하고, 완벽한 스토리를 만들기 위해 다른 카메라맨들과도 조정한다. 다음으로 전체 상황을 담아낼 수 있는 위치를 파악하고, 디테일한 촬영을 포착하기 위해 다양한 초점 렌즈를 사용하며, 익스트림롱숏(ELS), 롱숏(LS), 미디엄숏(MS), 클로즈업(CU), 익스트림클로즈업(ECU) 등 숏 종류와 순서를 염두한다. 마지막으로 영상 캡션 카드·시트에 필요한 정보를 확보한다. 대개 푸티지 영상은 통제되지 않은 촬영의 결과물인 경우가 많다.[309]

다음으로 영상 촬영의 기법을 살펴보자. 촬영 기술에서 가장 핵심적인 고려 사항은 '장면적 연속성'(pictorial continuity)이다. 이를 위해서는 씨퀀스(sequence)의 논리적인 연결이 중요한데, 영상병은 필드 매뉴얼에 따라 보통 롱숏 → 미디엄숏 → 클로즈업 순으로 기본 씨퀀스를 촬영한다.[310] 여기에다가 익스트림롱숏, 익스트림클로즈업 등을 활용하고, 여러 씨퀀스들의 연결을 재설정하면서 '액션'을 부드럽게 연결하기 위해 재설정 숏(RS), 리버스앵글숏(RAS) 또는 팬(pan) 재설정 숏을 구사한다. 이런 기본 숏들에 더해 한 씨퀀스 안에서 피사체의 동작을 다양하게 담기 위해 커트인, 커트어웨이, 오버랩 등의 기법이 있는데, 그 자체로 중요한 기법이라기보다 흥미를 더해주고 연속성을 유지해주는 수단이라 할 수 있다.[311]

영상병이 어떤 촬영 기법을 자주 사용하는가는 촬영 목적과 기획, 매뉴얼로 구조화된 영상 문법에 따라 영향을 받는다. 예컨대, 중요한 피사체의 사람이나 사물을 부각시키고 어떤 감정을 강렬하게 포착하고 표현하려 할 때 클로즈업 기법이 사용된다. 통제된 촬영이라면, 피사체의 심리 변화를 극적으로 보여주기 위해 입체감을 주는 조명의 그림자 효과를 적극적으로 활용하기도 한다. 반면, 롱 숏 같은 풀 숏은 단조롭고 흡인력이 떨어짐에도 불구하고 상황 전체를 조망하고 묘사·설명해주는 효과가 있다.

마지막으로 영상병이 영상 정보를 기록하는 방법에 대해 살펴보자. 주로 영상의 메타 데이터에 해당하는 내용으로, 정보의 누락과 오기 등 오류를 파악할 수 있다면 영상을 생생한 역사 자료로 활용할 수 있게 된다.

영상 기록은 캡션 카드와 캡션 시트를 통해 이루어진다. 캡션은 영

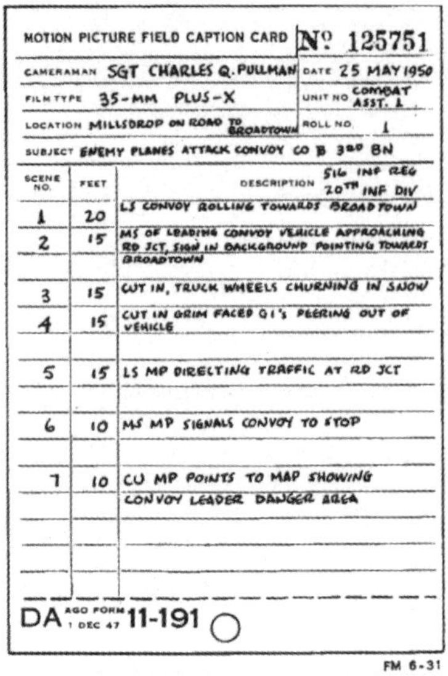

MOTION PICTURE FIELD CAPTION CARD № 125751

CAMERAMAN	SGT CHARLES Q. PULLMAN	DATE	25 MAY 1950
FILM TYPE	35-MM PLUS-X	UNIT NO	COMBAT ASST. 1
LOCATION	MILLSDROP ON ROAD TO BROADTOWN	ROLL NO.	1
SUBJECT	ENEMY PLANES ATTACK CONVOY CO B 3RD BN 516 INF REG 20TH INF DIV		

SCENE NO.	FEET	DESCRIPTION
1	20	LS CONVOY ROLLING TOWARDS BROADTOWN
2	15	MS OF LEADING CONVOY VEHICLE APPROACHING RD JCT, SIGN IN BACKGROUND POINTING TOWARDS BROADTOWN
3	15	CUT IN, TRUCK WHEELS CHURNING IN SNOW
4	15	CUT IN GRIM FACED GI'S PEERING OUT OF VEHICLE
5	15	LS MP DIRECTING TRAFFIC AT RD JCT
6	10	MS MP SIGNALS CONVOY TO STOP
7	10	CU MP POINTS TO MAP SHOWING CONVOY LEADER DANGER AREA

DA AGO FORM 1 DEC 47 11-191

FM 6-31

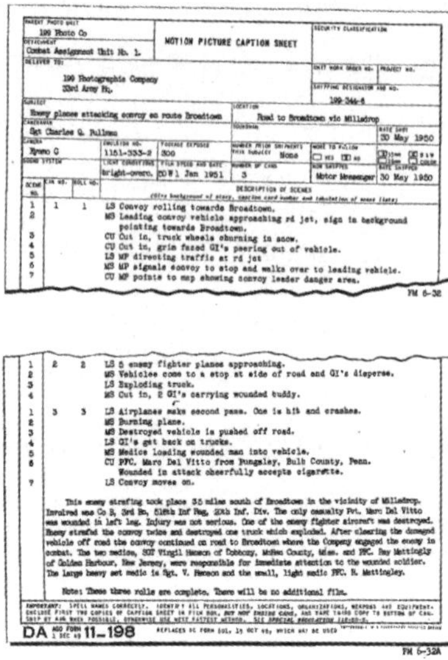

MOTION PICTURE CAPTION SHEET

PARENT PHOTO UNIT: 199 Photo Co
DETACHMENT: Combat Assignment Unit No. 1
DELIVER TO: 199 Photographic Company, 33rd Army Hq.
SHIPPING DESIGNATOR AND NO.: 199-344-6
SUBJECT: Enemy planes attacking convoy en route Broadtown
LOCATION: Road to Broadtown via Millsdrop
CAMERAMAN: Sgt Charles Q. Pullman
DATE SHOT: 30 May 1950
CAMERA: Eyemo C
EMULSION NO.: 1151-333-2
FOOTAGE EXPOSED: 300
NUMBER PRIOR SHIPMENTS THIS SUBJECT: None
LIGHT CONDITIONS: bright-overc.
FILM SPEED AND DATE: 50 W 1 Jan 1951
NUMBER OF CANS: 3
HOW SHIPPED: Motor Messenger
DATE SHIPPED: 30 May 1950

SCENE NO.	CAN NO.	ROLL NO.	DESCRIPTION OF SCENES
1	1	1	LS Convoy rolling towards Broadtown.
2			MS Leading convoy vehicle approaching rd jct, sign in background pointing towards Broadtown.
3			CU Cut in, truck wheels churning in snow.
4			CU Cut in, grim faced GI's peering out of vehicle.
5			LS MP directing traffic at rd jct
6			MS MP signals convoy to stop and walks over to leading vehicle.
7			CU MP points to map showing convoy leader danger area.

FM 6-32

1	2	2	LS 5 enemy fighter planes approaching.
2			MS Vehicles come to a stop at side of road and GI's disperse.
3			LS Exploding truck.
4			MS Cut in, 2 GI's carrying wounded buddy.
1	3	3	LS Airplanes make second pass. One is hit and crashes.
2			MS Burning plane.
3			MS Destroyed vehicle is pushed off road.
4			LS GI's get back on trucks.
5			MS Medics loading wounded man into vehicle.
6			CU PFC. Marc Del Vitto from Pungsley, Bulb County, Penn. Wounded in attack cheerfully accepts cigarette.
7			LS Convoy moves on.

This enemy strafing took place 35 miles south of Broadtown in the vicinity of Millsdrop. Involved was Co B, 3rd Bn, 516th Inf Reg, 20th Inf. Div. The only casualty Pvt. Marc Del Vitto was wounded in left leg. Injury was not serious. One of the enemy fighter aircraft was destroyed. Enemy strafed the convoy twice and destroyed one truck which exploded. After clearing the damaged vehicle off road the convoy continued on road to Broadtown where the Company engaged the enemy in combat. The two medics, SGT Virgil Henson of Dobbozy, McBen County, Miss. and PFC. Ray Mattingly of Golden Harbour, New Jersey, were responsible for immediate attention to the wounded soldier. The large heavy set medic is Sgt. V. Henson and the small, light medic PFC. R. Mattingley.

Note: These three rolls are complete. There will be no additional film.

DA AGO FORM 1 DEC 49 11-198

FM 6-32A

그림 2 캡션 카드 서식

그림 3 캡션 시트 서식

상을 설명하는 필기 기록으로, 영상병은 필드 캡션 카드 서식(DA AGO Form 11-191)에 작성한다. 캡션 카드에는 사본이 붙어 있어, 영상병은 사본을 갖고 원본을 제출한다. 〈그림 2〉를 보면 알 수 있듯, 카드에는 촬영자·촬영일·부대명·장소·카메라와 필름 종류·제목·씬 번호·영상 길이·각 장면의 주요 내용을 기록한다. 〈그림 3〉은 영상의 '캡션 시트' 서식(DA AGO Form 11-198)을 예시로 든 것이다. 캡션 카드에 기입된 정보를 포함해 더 상세한 정보 사항—상급 부대와 촬영 부대 이름·제목·장소·촬영자·사운드 유무·촬영일·카메라 종류·현상 약품·영상 길이·현상 날짜·발송 날짜·각 장면 주요 설명— 등이 기록된다.

영상병이 촬영하고 작성한 캡션 카드와 캡션 시트를 바탕으로 다시 정리한 것이 '마스터 뉴머리컬 카드'다. 현장에서 촬영한 푸티지영상과 캡션 기록들은 뉴욕 롱아일랜드 소재 육군 사진센터(Army Pictorial Center)[312]로 보내졌다. 센터는 푸티지 영상들을 아카이빙하고 활용하기 위해 바로 이 색인 카드를 작성했다. 카드에는 육군 사진센터 아카이빙 일련번호 뿐 아니라 NARA Ⅱ의 넘버링도 표기되어 있다. 제목·촬영일·촬영 장소·촬영 기법·개괄·숏 리스트와 주요 장면 등이 적혀 있다.

 기록이 작성되는 과정을 보면, 일차로 한국 전선과 후방에서 촬영자가 캡션을 기록한다. 실제 현장에서 서식에 맞게 작성하는 것은 어려운 일이지만, 기본 항목을 중심으로 필기 기록을 한다. 영상은 사진과 달리 현장이나 부대에서 필름을 현상할 수 없고, 현상이 가능한 미 8군 배속 제304통신사진소대나 심지어 도쿄의 극동사령부로 보낸다. 그 때 캡션 카드와 캡션 시트 기록지 원본을 붙여 보낸다. 사령부 통신국 현상실에서 해당 영상 필름이 처리되고 아카이빙 될 때, 영상 목록이 작성되면서 활용도를 높이기 위해 간단한 카드 서식으로 타이핑해서 작성된다. 이는 도쿄의 총사령부뿐 아니라 뉴욕의 육군 사진센터에 보내졌을 때도 이루어졌다. 그 과정에서 영상 정보 및 상세 설명에 오기와 오류가 종종 발생했다. 촬영일이나 장소, 심지어 피사체에 대한 정보에서 오류가 나타나거나 설명이 누락되는 경우도 있었다. 오류는 자칫하면 자료 자체를 부정하게 되고, 더 나아가 역사적 사실을 부인하는 근거로 활용될 위험이 다분하다. 따라서 이 영상 정보들은 절대적 사실로 취급할 것이 아니라 다른 자료들과 교차 분석하면서 비판적으로 활용되어야 한다.

 영상 이미지의 분석을 통해 기존 연구 결과와는 다르거나 누락되어 있는 정보를 발견한다면, 문헌사의 균열 지점을 확인할 수 있거나 부족한 부분을 보충할 수도 있다. 영상 이미지는 문서상 서술이나 구술로도 충분히 전달하기 힘든 시대적 분위기를 충실하게 재현하기에, 보다 풍부한 역사 자료를 제공한다.[313]

III. 영상 연구 해제의 예시

푸티지 영상이 학술적·대중적 연구와 교육에서 활발히 활용되기 위해서는 영상의 조사·수집 단계에서부터 영상 자료의 물리적 상태와 내용의 가장 기본적인 정보를 잘 정리해야 한다(1차 카탈로깅). 그런 다음 캡션 카드와 시트, 숏 리스트 등을 토대로 영상의 내용과 내레이션 등을 기록(2차 카탈로깅)한 다음, 해당 영상과 관련한 문헌 연구와 문서·사진·구술 자료들을 교차 분석하면서 기존 정보의 오류를 수정하고 영상의 군사적·역사적·정치적·사회적 맥락을 분석하는 작업이 요청된다. 여기에서는 미 육군 제71통신대 A중대 영상팀이 촬영한 푸티지 영상들 가운데 모윤숙의 '적화삼삭(赤禍三朔)' 체험 관련 영상(111-ADC-8517)과 포로수용소 올림픽 관련 영상(111-LC-29589)을 대상으로 종합적인 연구 해제를 작성해 제시한다.[314]

1. 모윤숙의 적 치하 3개월 : "여류시인, 서울, 한국, 1950년 11월 6일"

이 푸티지 영상은 1950년 11월 6일과 7일 양일에 걸쳐서 제71통신대 A중대 사진대 영상팀 반스(M. W. Barnes) 중사가 촬영했다. 영상은 6일과

표 2 〈111-ADC-8517〉 1차 카탈로깅

RG	111	Records of the Office of the Chief Signal Officer, 1860-1985				
Series		Moving Images Relating to Military Activities, 1947-1964				
Item		ADC-8517				
NARA 제목		Poetess, Seoul, Korea(Project 50-240)				
슬레이트 제목		Poetess				
촬영자		M. W. Barnes 중사 등			부대	제71통신대 A중대 사진대
촬영일		1950.11.6-7	장소	서울	카메라	IMO(Eyemo)
색상		흑백	필름	35mm	길이	10분 38초
사운드		무성	형식	MPS	중요도	상

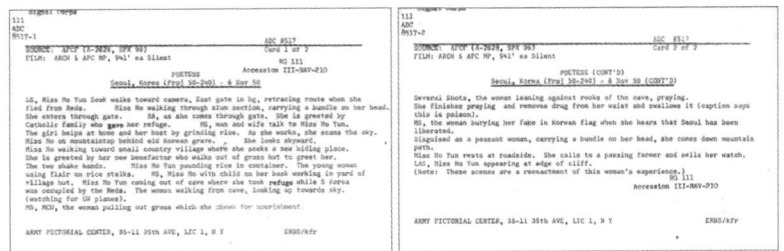

그림 4 〈111-ADC-8517〉 마스터 뉴머리컬 카드, https://catalog.archives.gov/id/22282

7일에 촬영한 각각 5개 롤, 총 10개 롤로 구성되어 있다. 모윤숙의 적치하 '잔류' 경험을 재연한 것으로, 슬레이트에는 여류시인(poetess)이라는 제목이 달려 있다. 이 영상은 미편집본 영상이고, 사운드와 자막이 없다.

사진 1 "여류시인" 슬레이트

그리고 영상 촬영을 스틸사진으로 기록한 행콕 일병은 이 영상의 제목을 "모윤숙 공산주의자들을 피해 숨다(Mo Yun Sook Flees Communists)"로 기록했다.

마스터 뉴머리컬 카드와 숏 리스트 등을 토대로 영상 장면을 요약 기술하면 〈표 3〉과 같다.

관련 자료와 연구를 종합하면, 이 푸티지 영상은 제71통신대 A중대 사진대 영상팀이 모윤숙의 고난의 '적화삼삭' 이야기를 바탕으로 제작한 미편집본 영상으로 추정된다. 또한, 행콕 일병의 기록에 따르면, 지역적·지구적 차원의 반공 사상심리전을 위해 특별프로젝트(Proj 50-240)의 일환으로 제작된 것으로 보인다.

표 3 〈111-ADC-8517〉 씬 요약과 숏 종류

촬영일	Roll	영상 길이	장면 기술
1950/11/6	1	0-01:13	LS, 이 영상은 모윤숙이 빨갱이를 피해 동대문에서 왔던 길을 되돌아가는 장면으로 시작함.(2회 반복 촬영) 그녀는 머리에 짐을 얹고 태극기가 달려 있는 한 빈민가의 대문으로 들어감
	2	01:14-02:19	RA, 그녀가 대문으로 들어올 때 그녀에게 피난처를 제공해준 카톨릭 신자 가족의 환대를 받음. MS, 집주인 부부가 그녀에게 말을 건넴
	3	02:20-03:23	그녀는 맷돌을 돌려 자신에게 은신처를 제공한 집주인에게 도움을 줌. 그녀는 산으로 올라 주변을 살피고 하늘을 바라봄
	4	03:24-04:25	그녀는 새로운 피난처인 한 농가로 가고, 거기서 새 후원자와 악수를 하고 환대를 받음
	5	04:26-05:23	MS, 그녀는 일을 돕기 위해 절구질을 하고 아이를 업고 일을 함
11/7	1	05:24-06:31	그녀는 새로 숨어든 동굴에서 지내다가 나와서 유엔 비행기를 보기 위해 하늘을 바라봄. MS, MCU, 그녀는 풀을 뽑아 씹어 먹음
	2	06:32-07:36	Several Shots, 그녀는 동굴 벽에 기대 기도한 후 독약을 먹고 자살을 시도함
	3	07:37-09:34	MS, 그녀는 서울 수복 소식을 듣고 태극기에 머리를 파묻음
	4·5	09:35-10:38	그녀는 농부 아낙으로 변신해 산길을 따라 내려옴. 지나가는 농부에게 자신의 시계를 팔았음. LAS, 그녀가 절벽 끝에 나타남

모윤숙은 서울 '수복' 직후인 1950년 11월에 제71통신대 A중대 사진대 영상팀과 인터뷰, 영화 촬영을 했고, 「나는 정말로 살아 있는가?」를 『고난의 90일』(1950.11, 서울수도문화사)[315]에 수록해 출간했다. 이 책의 필자들은 '도강파'이거나 부역하지 않고 숨었던 자들로, "부역에 대한 죄의식과 정당화를 깔고 있는 《적화삼삭구인집》,《나는 이렇게 살았다》같은 '잔류파'의 이야기와 달리 민족과 국가의 장래를 위해 적치로부터 벗어나 후일을 도모해야 한다는 사명감으로 가득 차 있다."[316]

모윤숙 이야기는 체험 수기와 영상 외에도 「천지가 지옥화」가 『전시문학독본』(1951)에 실린다. 서동수에 따르면, 체험 수기, 시, 영상에서 관통하는 그녀의 이야기는 고대 영웅 서사시 구조(떠남 또는 탈출 → 고난 → 귀향)에 기대고 있다. 고난의 절정은 자살 시도다. 당시 수난기, 피난기, 문학작품 등에서 넘쳐나는 "반공의 순결을 위한 자살 모티프"의 원형이라 할 수 있다.³¹⁷

동시에 모윤숙 이야기의 여러 판본들 사이에서 미묘한 차이가 감지된다. 특히 1951년 럿거스대학교출판부에서 발간된 『빨갱이가 서울을 점령하다』(The Reds Take a City : The Communist Occupation of Seoul with Eyewitness Accounts)에는 모윤숙 글이 번역돼 실려 있는데, 바로 「비밀경찰이 추격하다」("Pursued by the Secret Police")이다. "탈출·저항·생존이라는 서술자 중심의 원제가 침략·처단·추격과 같은 공산주의 점령 및 통치술의 맥락으로 새롭게 번역된 것이다."³¹⁸ 이 번역 작업은 미국 맥스웰 공군대학교 인적자원연구소(Human Resources Research Institute, 이하 HRRI)의 한국 연구팀, 윌버 슈람(Wilbur Schramm), 존 라일리(John W. Riley), 존 펠젤(John Pelzel), 프레드릭 윌리엄스(Frederick W. Williams), 그리고 한국인 연구 협력자들인 김재원, 유진오, 이진숙, 김두헌, 최창순 등의 전 지구적 냉전의 사상심리전 프로젝트의 결과였다.³¹⁹ 흥미로운 건 HRRI 번역본에서는 '자살' 관련 내용이 거의 삭제된다. 모윤숙은 자살을 자신의 반공주의적 정체성이 북한에 의해 더럽혀지는 순간을 막기 위한 '윤리적 결단'으로 강조하는데, 이것이 사상심리전의 텍스트로 전환되면서 불필요한 내용이 되어버렸다.³²⁰

이런 맥락에서 볼 때, 미편집된 영상 〈111-ADC-8517〉은 모윤숙의 체험 수기와 미국의 전 지국적 냉전의 사상심리전 텍스트 사이에 위치하고 있는 것으로 보인다. 특기할 것은 이 푸티지영상이 인터뷰 진술이 체험 내용을 연출, 즉 모윤숙이 배우처럼 직접 재연한 '통제된 영상

사진 2 독약 자살 시도 씬의 캡처(2-1, 2-2, 2-3 3장)

촬영'의 방법을 따르고 있다는 점이다. 다시 말해 사전에 준비된 시나리오에 따라 계획되고 연습한 씬들을 찍었다. 통제된 촬영에서는 씬들 간 연속성 뿐 아니라 자연스러운 동작이 나오도록 하는 것이 중요하다.[321] 11월 6일 촬영 롤 1번부터 촬영한 씬이 만족스럽지 못해서인지, 푸티지 영상을 보면 재촬영이 여러 차례 이루어지고 있음을 알 수 있다. 11월 7일 촬영 롤 2번의 독약 자살 시도 씬도 그렇다. 앞서 확인했듯, HRRI 번역본에서는 거의 누락되었던 자살 시도 내용이 영상에서는 클라이맥스의 에피소드로 다루어지고 있다. 기도한 후 독약 자살을 시도하는 씬을 미디엄숏 → 미디엄클로즈업 숏 → 클로즈업 숏으로 수차례 반복적으로 촬영하면서 손바닥에 있는 가루약을 자세하게 포착한다. 모윤숙의 감정 재현으로 관객들의 감정이입을 유도하고 있다. 영상 이미지이므로 고통 등의 감정을 극대화할 수 있었고, 북한 소비에트화의 실상과 사상 통제의 실패를 이데올로기를 넘어서 정동적으로 추동할 수 있었다.

모윤숙의 경험은 영어판 번역 출판에 그치지 않고, 자유 진영의 여러 지역과 국가에 번역 전파되었다. 1953년에 이탈리아어판과 중국어판이, 1957년에는 스페인어판과 포르투갈어판이 라틴아메리카에서 출판되었다. 마찬가지로 이 푸티지 영상은 최종 편집본이 만들어졌을까? 관객·시청자에게 상영되었을까? 이 푸티지 영상의 장면들이 뉴스릴, 문화영화, TV 프로그램에 활용되었을까? 현재의 아카이빙 상태로는 이에 충분한 대답을 할 수 없다.

2. 포로수용소 올림픽 : "전쟁포로, 활동, 거제도, 한국"

이 푸티지 영상은 GHQ 민간정보교육국(Civil Information and Education Section)에서 기획하고, 제71통신대 A중대 사진대 영상팀 보르카피치(Vorkapich)가 촬영했다. 1952년 2월 11일 거제도 포로수용소에서 포로 재교육 프로그램의 일환으로 진행된 '수용소 올림픽'을 찍었다. 영상 제

표 4 〈RG 111 LC-29589〉 1차 카탈로깅

RG	111	Records of the Office of the Chief Signal Officer, 1860-1985				
Series		Moving Images Relating to Military Activities, 1947-1964				
Item		LC-29589				
소장처목록 제목		Prisoner of War(POW, Korean), Activities, Koje-Do, Korea				
슬레이트 제목		81 Compound				
촬영자		Vorkapich		부대	제71통신대 A중대 사진대 (GHQ)	
촬영일		1952.2.11	장소		카메라	IMO(Eyemo)
색상		흑백	필름	35mm	길이	8분 47초
사운드		무성	형식	PPS	중요도	상

사진 3 신 81동 슬레이트

목은 별도로 없고, 씬 '81동'만 확인된다. 4개 롤로 구성되어 있다(롤 1번 슬레이트가 2회 나옴). 거제도 포로수용소 81·83 수용동에서 미송환 포로들이 달리기·장애물 경기·기마전·응원전 등을 하고 있다. 이 영상 외에도 같은 날 '수용소 올림픽'을 찍은 푸티지 영상(111-LC-29582), 11분 19초)이 있는데, 이 영상에는 권투 경기 장면이 포함되어 있다.

현재 이 영상의 마스터 뉴머리컬 카드는 남아 있지 않고, NARA Ⅱ는 숏 트리스트로 "한국의 전쟁포로를 보여줌"이라는 한 줄만 제공하고 있다. 영상 장면을 요약 기술하면 〈표 5〉와 같다.

관련 자료와 연구를 종합하면, 이 푸티지 영상은 민간정보교육국이 심리전의 일환으로 기획하고 제71통신대 A중대 사진대 영상팀이 촬영했다. 우선 이 영상과 유사한 푸티지들이 1952년 2월부터 여러 개가 촬

표 5 〈111 LC-29589〉 씬 요약과 숏 유형

촬영일	Roll	영상 길이	장면 기술
1952/2/11	1	00:03-03:29	포로들의 달리기 경기 장면. MS. 여러 팀이 순서대로 스타트하고 LS. 트랙을 돌고 MS. 마지막에 골인함(여러 차례 반복 촬영). 포로들이 구경하면서 응원함. 포로 선수들이 본부석에서 상품을 받음. LS. 본부석 아치에 '구국투쟁' 플래카드가 걸려 있음. 경기가 진행되는 운동장에 만국기·태극기·성조기·유엔기가 펄럭임. 오래달리기 장면으로 넘어가고, 응원하는 포로들과 선수들, 선수들의 발(양말, 맨발)을 번갈아 포착함. CU 응원하는 포로의 표정
	1	03:30-04:35	LS. MS. 수용소 경비대원들이 노래를 부르며 행진함. MS. RA. 결승선에 들어오는 포로 선수들. 선수가 깃발을 든 포로 분대장과 함께 본부석에서 경례를 하고 상품을 받음
	2	04:36-05:42	본부석에서 상품을 받는 포로의 정면을 포착함. 미군이 악대를 지휘함. CU. 만국기·태극기·성조기·유엔기가 펄럭임. MS. CU. 응원전을 펼치는 포로들. 카메라의 시선에 반응하는 포로의 표정. 발에 줄 묶고 이어달리기하는 포로들
	3	05:43-06:46	LS. MS. CU. 포로들의 장애물 달리기. 그물 아래로 기고, 뛰어넘고, 사다리를 통과하고 전력을 다해 뛰고 있음. MS. CU. 기마전 경기를 하는 포로들
	4	06:47-08:47	MS. CU. LS. 기마전 하는 포로들. 자고 당기면서 격렬하게 싸우는 장면과 웃는 장면이 교차함. MS. 응원하는 포로들이 즐기고 박수치며 웃는 장면. 선수들이 발을 묶고 손발을 이용해 뛰고 있음. CU. 포로경비대 장교의 견장. '멸공구국' 플래카드와 펄럭이는 유엔기·태극기. CIE 81수용동 음악대가 연주하고 있음

영되었다는 사실이 확인된다. 이 시기는 정전회담에서 포로 문제로 난항을 거듭했던 시기고, 거제도 포로수용소에서 포로와 경비대 간, 포로들 간 충돌이 격화되었던 때로, 포로들의 시위가 끊이지 않았고, 수용소 관리 당국은 이를 '폭동', '소요'로 인식했다.

'자원송환 원칙'은 미국이 심리전에서 승리를 거두기 위해 고안되었다. 전선이 고착되어 어느 쪽도 확실한 승리를 거둘 수 없는 상황에서 적 포로들이 송환을 거부하고 남는다면, '적' 진영이 사람들을 군대로 강제동원해 전쟁터로 내몰았다는 증거가 될 것이고, 더 나아가 '우리' 진영의 우월성을 선전하고 이데올로기적으로 승리하는 것이라는 관점이었다. 전투에서 승리하지 못한다면, 명분에서라도 승리하자는 새로운 성격의 전쟁이 이중으로 전개된 것이다. 이 이데올로기 전쟁은 거제도 포로수용소에서는 포로 성격에 따른 재분류, 전쟁범죄 조사를 겸한 (재)심사, (재)교육을 통한 강제된 선택으로 진행되었다. 그 과정에서 발생한 포로와 경비대 간, 소위 '반공'포로와 '친공'포로 간 유혈 폭력은 수용소 당국의 폭력적 진압과 학살로 귀결되었다.[322] 구체적으로 1952년 1월과 2월 초 '민간인 억류자(Civilian Internee)'로 분류된 3만 7천여 명에 대한 자원송환 심사가 완료되자 '친공' 포로수용동에서는 심사를 거부하고 시위를 벌였다. 2월의 갈등 가운데 '2·18사건'이 잘 알려져 있다. 수용소 당국은 친공 62수용동에서 자원송환 거부자를 분리하기 위해 경비대 병력을 동원해 심사를 강행했고, 이에 대해 포로들이 격렬하게 저항했는데, 이를 진압하는 과정에서 미군 1명 사망, 포로 77명 사망이 발생했다. 이 사건으로 거제도 포로수용소 소장이 피츠제럴드에서 도드 소장으로 교체되었을 정도로 파급력이 컸다. 그런데 미 육군부는 이 사건의 주체를 포로가 아니라 '민간인 억류자'로 왜곡 발표하도록 지시했고 애치슨 국무부장관도 묵인했다. 그러나 당시 수용소를 방문 조사하고 있던 국제적십자위원회 대표 비에리의 조사로 포로 발포·죽음에 대한 제네바 협약 제42조 위반이 지적되었고, 사건의 진실이 국제적으로 알려졌다.[323]

  그러나 이 푸티지 영상에서는 이런 엄청난 사건들을, 수용소 내 유혈 폭력의 분위기를 전혀 감지할 수 없다. 영상 속 운동경기 장면들은 익스트림 롱 숏, 롱 숏, 풀 숏의 촬영 기법을 넘나들고 있고 만국기와 태극기·성조기·유엔기를 클로즈업하고, 포로들의 얼굴 표정을 꽉 차게 잡아

사진 4 포로 올림픽 주요 신 캡처(4-1에서 4-6까지 6장)

주는 익스트림클로즈업으로 잡고 있다. 기마전은 박진감과 격렬한 장면을 담고자 롱숏과 풀숏을 섞었다. 포로들의 역동적인 동작을 다양하게, 실감나게 담아내기 위해 오버랩, 커트인, 커트어웨이 같은 촬영 기법으로 포착하면서 포로들의 경기와 응원전에 몰입할 수 있도록 했다. 응원전에서 등장하는 다양한 반공 구호와 노래가 간간이 시각화되고 있음은 물론이다(사진 4).

 이 영상도 그렇듯, 2월부터 촬영된 유사 영상들은 거제도를 '포로의 낙원'으로 묘사하고 재현한다.[324] 이러한 영상들은 제네바 협약에 따라 음식·옷·침구 등이 잘 보급되고 있고, 부상은 물론 치과치료까지 받는 등 충분한 치료를 받고 있으며, 학교·예배당·도서관·공방·운동장·노천극장·테니스코트·실내 공연장 등에서 포로들의 교육과 오락·스포츠 활동이 이루어지고 있는 것처럼 보여주고 있다.

우선 이 영상에 등장하는 포로들이 62수용동 등 '반공' 수용동에 있는 북한인민군과 중국 인민지원군 포로들이라는 사실을 유념할 필요가 있다. 이 수용동들에서는 심사가 순조롭게 진행되었다. 물론 반공 수용동이더라도, 현실이 결코 '낙원'일 수는 없었다. 다음으로 영상에서 묘사되는 교육·오락·스포츠 프로그램 성격에 대해 고려할 사항이 있다. 1952년 2월 27일 미 육군의 전쟁 심리전 책임자였던 맥클루어 준장은 유엔군 민간정보교육국의 프로그램에 포로 여가활동과 스포츠 등을 포함시켜 심리전에 이용해야 한다고 권장했다.[325] 제네바 협약은 포로들이 기본적인 운동을 할 수 있도록 명시하고 있지만, 포로재교육 프로그램이나 심리전에 이용할 수 있다는 규정은 없다. 포로 재교육 프로그램에서 스포츠 활동은 교육(정규 교육·일상 지도 교육·직업 교육 등)과 여러 여가 활동보다 큰 비중을 차지했다. 앞서 확인했듯, 정전회담에서 '자원송환'의 문제가 대두되자 거제도 포로수용소에서 진행되는 재교육 프로그램은 더 많은 '비송환 포로'를 확보하는 과제와 연결되었고, 이것이 수용소를 또 다른 유혈 전쟁터로 만드는데 주요한 역할을 했다.[326]

마지막으로 수용소가 전쟁터였음을 시각화하는 영상도 몇몇 있다는 점을 환기하고자 한다. 다만, 이러한 영상 속 시선의 특성은 친공 '폭동'에 대응해 미군이 포로들을 분리시키는 작전을 전개하고 있음을 재현한다. 1952년 5월 7일 '도드 소장 납치사건'으로 그 동안 은폐되어 온 수용소 내부의 가혹 행위, 미국측이 주장한 인도주의적 포로 심사의 이면, 포로들의 저항이 국제 사회에 알려지게 되었고, 그 해 2월부터 5월까지의 사건들이 모두 유엔에 보고되었다. 군의 뉴스릴뿐 아니라 민간 뉴스릴(예컨대, 브리티시 파테의 〈거제포로수용소〉 영상 등)에서도 당시 사건들의 생생한 장면들이 보도되었다. 수용소 관리 당국은 질서 회복을 명분으로 더 적극적으로 폭력을 동원했고, 비전투원 포로가 아닌 활동적인 적으로 간주해 적대하는 영상을 찍었다. 그러니까 '친공 악질' 포로들의 '폭동'으로 재현하면서 계속되는 포로들의 집단 죽음을 친공 포로들과 그 배후의 공산 진영의 음모와 선전전의 책임으로 돌렸던 것이다. 다시 말해 수용소 '폭동' 사건이 시각화되었지만, 그 본질과 성격이 사각화되었다고 볼 수 있다.

IV. 기록을 넘어: 영상 아카이브의 새로운 가능성

영상은 관련 문서·사진·구술 자료의 교차 분석과 비판적인 종합을 통해서 역사적 사실을 구성할 수 있는 역사 자료다. 무엇보다 영상 이미지는 문서상 서술이나 구술로도 충분히 전달하기 어려운 시대적 분위기를 충실히 재현한다. 영상 연구는 영상에 등장하는 사람·사물·장소·날짜·사운드·배경·사건의 진행·내레이션 등의 정보를 분석하는 것이다. 이 글은 이런 분석을 토대로 영상(촬영)의 기술 요소와 역사적·사회적 맥락을 깊이 있게 이해하고 접근하고 있다. 구체적으로는 영상의 생산 주체와 의도, 영상의 피사체, 영상 촬영의 방법과 기술에 대해 종합적으로 접근하면서 한국전쟁 영상 연구 방법론을 논의한다. 그러면서 영상이 의도하고 시각화한 재현과 역사 현실의 균열을 분석하고 그 의미를 성찰적으로 평가한다.

이런 것이 가능하려면, 영상의 수집 단계에서부터 영상의 메타 데이터에 대한 충실한 목록 작성과 서술이 이루어져야 하고, 해당 영상과 관련한 문헌 연구와 문서·사진·구술 자료들을 교차 분석하면서 영상의 군사적·사회적·역사적 맥락을 분석하는 작업이 요청된다. 이 글에서는 미 육군 푸티지 영상 중 제71통신대 A중대 사진대 영상팀이 촬영한 모윤숙 체험 관련 영상 〈111-ADC-8517〉("여류시인")과 거제도 포로수용소 올림픽 관련 영상 〈RG 111 LC-29589〉에 대한 종합적인 연구 해제 예시를 작성했다.

영상 〈111-ADC-8517〉은 모윤숙의 적치하 3개월의 이야기의 고난과 고통을 통해 서울에서의 북한 소비에트화 실상과 사상 통제의 실패를 정동적으로 전달한다. 전 지구적 열전화된 냉전의 쇼윈도인 한국에서 모윤숙이 겪었던 감정, 특히 자살 시도는 영상 재현/재연이었기 때문에 '자유 세계'의 시민들에게도 감정 이입이 이루어질 만한 것이었다. 사상심리전의 프로젝트로서 모윤숙 고난 체험의 번역이 글로 여러 언어로 출판될 때에는 이런 감정과 정동이 절제되었지만, 만약 이 푸티지 영상의 최종 편집본이 제작되고 상영되었다면 전혀 다르지 않았을까 상상해 본다.

포로수용소 올림픽 영상도 거제도 포로수용소에서의 '포로 재교육' 프로그램이 또 다른 전장에서라도 이데올로기적으로 승리하기 위한 사상심리전의 일환이었음을 이해할 수 있었다. 1952년 상반기 포로수용소의 분위기는 유혈 폭력으로 가득한 '지옥도' 같았지만, 영상 재현은 '포로의 낙원'이었다. '자유 세계'의 시민들은 안방에서 그 간극의 부조리를 인지할 수도, 감각할 수도 없었다. 영상 시청으로 경험되는 관객/시청자들의 촉각적 경험은 '우리'의 (반공) 인도주의와 '적'의 잔혹 행위에 대한 적대감이었다. 두 영상은 스크린이 이데올로기적 장치이기도 하지만 신체와 직접적으로 연관된 정동 장치라는 것을 다시 한 번 환기시켜주었다.

마지막으로 최근 대규모로 이루어지고 있는 영상 자료 수집 프로젝트 결과 진행되고 있는 (재)아카이빙 작업과 이를 토대로 한 영상 연구들과 관련해 언급하고자 한다. 주지하듯, 영상 '기록'이라는 건 결코 현실의 한 부분을 제공하는 것이 아니라 촬영자의 시각으로 재단된 세계를 프레임 속에 표현한 것이다. 따라서 아카이브에 보관된 영상 자료는 하나의 관점에 대한 표현 방식이자 촬영 방식이었고 세계를 이해하고 동시대를 바라보는 방식이었다.[327] 한국 자료·연구 기관에 수집되어 아카이빙된 미 육군의 푸티지 영상은 김려실의 표현처럼 "타자의 아카이브를 경유한 기록"이고, 이 물리적 기록은 수집 기관에 의해 거듭된 재아카이빙과 재생산을 거쳐 문화적 기억으로 번역된다. 그 과정에서 왜곡, 축소, 도구화의 위험은 상존한다. 이러한 이유로 김려실은 자료의 출처·분류·공개에 대한 맥락적 이해, 프레이밍되지 않은 사실에 대한 고려, 아카이브 코드를 벗어난 읽기를 영상 분석의 필수 조건으로 논의한다. 특히 영상은 피사체를 촬영한 미군의 기록이지, 바라봄의 대상이 된 피사체의 기록이 아니라는 점을 강조하면서 영상 생산자나 기록 관리자가 작성한 영상 정보, 즉 메타 데이터 항목들은 바라본 자의 사실을 읽기 위한 코드라는 점, 그래서 코드화되지 않은 사실이나 기록되지 않은 사실의 흔적-이미지를 읽어내고 문화적 기억으로 번역할 필요가 있다고 논의[328]한 것은 이 글에서 시도했던 한국전쟁 영상 연구방법론을 세우고 학술적·대중적 영상 아카이브에서 제공되어야 하는 종합적인 연구해제 예시를 보여준 문제의식과 맞닿아 있다고 생각한다. 이 작업을 차곡차곡 쌓아간다면, 군사주의·반공주의·국가주의 이데올로기·정동 장치가 아닌 공공 역사교육의 장이라는 관점에서 전쟁 기록·기억·기념 공간(의 구조와 내러티브)을 평화 패러다임으로 전환시킬 수 있지 않을까?

참고문헌

1차 자료

영상 자료

⟨111-ADC-8247⟩, "WAR-LOADING LSTs, KOBE, JAPAN; WAR INVASION AT INCHON, D-DAY", RG 111, Moving Images Relating to Military Activities 1947-1964, NARA II.

⟨111-ADC-8517⟩, "POETESS, SEOUL, KOREA", RG 111, Moving Images Relating to Military Activities 1947-1964, NARA II.

⟨111-LC-29582⟩, "PRISONER OF WAR [POW, KOREAN] ACTIVITIES, KOJE-DO, KOREA", RG 111, Motion Picture Films from the Army Library Copy Collection 1964-1980, NARA II.

⟨111-LC-29589⟩, "PRISONER OF WAR [POW, KOREAN] ACTIVITIES, KOJE-DO, KOREA", RG 111, Motion Picture Films from the Army Library Copy Collection 1964-1980, NARA II.

문헌 자료

Department of the Army, *FM11-40 Department of the Army Field Manual: SIGNAL PHOTOGRAPHY*, 1951.

National Security Council, *A Report to the President by the National Security Council on UNITED STATES COURSES OF ACTION WITH RESPECT TO KOREA*, September 9, 1950.

웹사이트

Bill Balaban, "Veterans' Memoirs", Korean War Educator, http://www.koreanwar-educator.org/memoirs/balaban_bill/index.htm

2차 연구

강성현, 『작은 '한국전쟁'들-평화를 위한 비주얼 히스토리』, 푸른역사, 2021.

강성현, 「한국전쟁기 한국정부와 유엔군의 피난민 인식과 정책」, 서중석 외, 『전장과 사람들』, 선인, 2010.

김일환·정준영, 「한국전쟁의 '현장'은 어떻게 냉전 사회과학의 지식으로 전환되는가?: HRRI 심리전 프로젝트와 냉전적 학지의 생산구조」, 백원담·강성현 편, 『열전 속 냉전, 냉전 속 열전』, 진인진, 2017, 95-133쪽.

김려실, 「뉴스릴 전쟁-한국전쟁 초기 미국의 뉴스릴과 〈리버티 뉴스〉의 탄생」, 『현대영화연구』 25, 2016, 71-107쪽.

김려실, 「냉전사 재고와 영상역사 쓰기-주한미공보원의 원조 선전 영화를 중심으로」, 『로컬리티 인문학』 19, 2018, 187-226쪽.

김려실, 「타자의 아카이브로부터 돌아온 포로들-미육군통신부대 POW 필름을 중심으로」, 『현대문학의 연구』 73, 2021, 221-263쪽.

김민환, 「통제된 이동과 경계의 조정: 임진강 및 주변 지역 다리 영상을 중심으로」, 『역사연구』 41, 2021, 69-116쪽.

옥창준·김민환, 「사상심리전의 텍스트로서 한국전쟁: 자유세계로의 확산과 동아시아적 귀환」, 『역사비평』 118, 역사비평사, 2017, 318-343쪽.

김승, 「북한 기록영화 〈38선〉의 영상기호 분석」, 『통일인문학』 64, 2015, 195-231쪽.

김학재, 『판문점 체제의 기원 : 한국전쟁과 자유주의 평화기획』, 후마니타스, 2015.

김한상, 「주한미공보원 영화선전의 표상과 담론-1950년대 국가 재건과 자립 한국인의 주체성」, 『사회와 역사』 95, 2012, 243-279쪽.

김형석, 「진실은 도처에 있었다」, 『신문과 방송』 596, 2020, 63-66쪽.

노성호, 「한림대학교 소장 미국국립문서기록관리청 한국전쟁 관련 동영상」, 『개념과 소통』 27, 2021, 509-525쪽.

노성호, 「A.S.C 동영상 속의 6·25전쟁과 국군-미 육군통신대 촬영, 아시아문화연구소 소장 동영상 자료를 중심으로」, 『군사연구』 131, 2011, 163-196쪽.

마크 페로, 주경철 역, 『역사와 영화』, 까치, 1999.

박연희, 「미군 심리전과 '잔류'의 냉전 서사: 모윤숙의 한국전쟁 수기와 영상을 중심으로」, 『한국문학연구』 65, 2021, 307-343쪽.

박희태, 「영상역사연구의 쟁점들」, 허은 편, 『역사와 아카이빙 그리고 새로운 역사쓰기』, 선인, 2015, 67-96쪽.
박희태, 「편집다큐멘터리의 쟁점들: 프랑스 영상역사연구 3세대의 논점을 중심으로」, 『프랑스문화예술연구』 74, 2020, 29-63쪽.
백원담·강성현 편, 『열전 속 냉전, 냉전 속 열전』, 진인진, 2017.
서동수, 『한국전쟁기 문학담론과 반공프로젝트』, 소명출판, 2012.
서울대 통일평화연구원, 『한국전쟁기 포로수용소 기록물 자료수집 및 연구 해제 용역 보고서』, 2017.
서울대 통일평화연구원, 『한국전쟁기 포로수용소 세계기록유산 등재 및 자료수집 용역 보고서』, 2018.
서울대 통일평화연구원, 『한국전쟁기 포로수용소 세계기록유산 등재 용역 보고서』, 2019.
성공회대 동아시아연구소 냉전평화연구센터, 『파주 DMZ 및 접경지역 국외자료 수집과 콘텐츠 활용 종합계획 보고서』, 2020.
성공회대 동아시아연구소 냉전평화연구센터, 『통영 추봉도와 용호도 포로수용소 종합정비계획 수립 최종보고서』, 2022.
양정심, 「해외 영상기록에 담긴 한국전쟁-전쟁의 이미지화와 냉전의 구축」, 『사림』 55, 2016, 327-362쪽.
양정심, 「미국 기록영화와 한국전쟁-미육군통신대 영상을 중심으로」, 『사림』 60, 2017, 299-334쪽.
양정심, 「영상기록에 담긴 해방과 한국전쟁의 일상」, 『사림』 72, 2020, 237-262쪽.
이토 마모루 지음, 김미정 역, 『정동의 힘: 미디어와 공진하는 신체』, 갈무리, 2016.
이현승·신경식, 「스크린을 통한 군중의 감염과 변화하는 정동의 흐름」, 『영화연구』 76, 2018, 37-73쪽.
임재근, 「한국전쟁 영상과 또 다른 대전지역사 쓰기: 교량과 철도 파괴 영상을 중심으로」, 『역사연구』 41, 2021, 31-67쪽.
전갑생, 「한국전쟁 포로와 사진: '동양공산주의자' 인종 프레임과 폭력성 재현」, 『이화사학연구』 56, 2018, 143-185쪽.
정근식·강성현, 『한국전쟁 사진의 역사사회학 : 미군 사진부대의 활동을 중심으로』, 서울대학교출판문화원, 2016.
정영신, 「미군의 대한원조 영상 속에서 재건되는 전후 주체: The Big Picture 시리즈의 '미군대한원조'와 '한국과 당신'을 중심으로」, 『역사연구』 41, 2021, 117-159쪽.

차재영·염찬희, 「1950년대 주한미공보원의 기록영화와 미국의 이미지 구축」, 『한국언론학보』 56(1), 2012, 235-263쪽.

한상희, 「정동의 관점에서 다시 읽는 어트랙션 영화, 그리고 어트랙션 여화의 동시대적 귀환」, 『시네포럼』 29, 2018, 67-92쪽.

허은 편, 『영상, 역사를 비추다: 한국현대사 영상자료해제집 Ⅰ·Ⅱ·Ⅲ·Ⅳ·Ⅴ·Ⅵ·Ⅶ·Ⅷ·Ⅸ』, 선인, 2017(총 9권).

허은 편, 『영상과 아카이빙 그리고 새로운 역사쓰기』, 선인, 2015.

허은, 「기록영상물의 공공재화와 영상역사 쓰기: 제국-국민국가 서사를 넘어서」, 『역사비평』 109, 2014, 324-355쪽.

허은, 「냉전시기 미국의 민족국가 형성 개입과 헤게모니 구축의 최전선-주한미공보원 영화」, 『한국사연구』 155, 2011, 139-169쪽.

Kang, Sung Hyun., "The U.S. Army Photography and the "Seen Side" and "Blind Side" of the Japanese Military Comfort Women: The Still Pictures and Motion Pictures of the Korean Comfort Girls in Myitkyina, Sungshan, and Tengchung," *Korea Journal*, 59(2), 2019, pp.144-176.

Kang, Sung Hyun and Jung Keun-Sik, "The Organization and Activities of the US Army Signal Corps Photo Unit : Perspectives of War Photography in the Early Stages of the Korean War," *Seoul Journal of Korean Studies* 27(2), 2014, pp.269-306.

제7장

한국전쟁 영상과 또 다른 대전 지역사 쓰기
-교량과 철도 파괴 영상을 분석하다

임재근

I. 전쟁에서 교량과 철도의 역할 그리고 기록

교량(橋梁, bridge) 또는 다리는 하천, 계곡, 호소, 도로 및 철도 등을 횡단하는 통로를 떠받치기 위하여 축조하는 구조물이다.[329] 두 지점을 연결하는 시설물이 필요했던 이유는 인간과 물자 이동의 편리를 위해서다. 교량은 자연 재해 등에 의해 파괴되거나, 새로운 교량 건설을 위해 철거되기도 한다. 교량이 파괴되는 또 하나의 경우는 전쟁 시기이다. 전쟁 시기 교량을 파괴하는 1차 목적은 방어를 위해서였다. 원활한 이동을 위해 건설한 교량은 공격할 때에는 유용한 시설이지만, 반대로 공격을 당할 때는 위험한 시설로 돌변한다. 상대가 교량을 이용해 공격 속도를 높일 수 있어 방어를 위해서 사전에 또는 퇴각 직전에 교량을 파괴한다. 미처 파괴하지 못하고 퇴각했을 때에는 공중 폭격으로 교량을 파괴하기도 한다. 교량 파괴는 상대방의 공격에 불리한 환경을 조성한다. 상대가 파괴된 교량을 건너거나, 파괴된 교량을 대체할 도하(渡河) 방법을 택해 조처하다 보면 전진 속도가 느려지고, 공격에 불편이 발생한다. 파괴된 교량을 상대방이 복구하기 위해서는 시간이 소요되고, 자신에게는 방어선을 구축할 시간이 된다.

교량 이외에 절단 효과가 큰 것으로 철로가 있다. 한국전쟁 시기, 기차는 차량과 비교하면 물자와 병력의 운송 속도와 수송 능력이 컸다. 무기들의 사거리가 멀지 않았던 당시에는 물자와 병력을 대량으로 신속하게 수송하는 것이 중요했고, 육지에서 이 역할을 담당했던 것이 바로 철도였다. 교량과 철도는 누가 점유하고 있는가에 따라 유용성과 위험성이 교차하는 공통점이 있다. 또한 교량과 철로는 도로보다 파괴는 쉽고, 복구는 더 어렵다.

이 논문은 한국전쟁 초기 대전과 대전에 인접한 지역에서 발생한 교량과 철도 파괴와 관련한 몇 편의 영상을 통해 대전 지역사를 다르게 써보려는 시도이다. 그동안 영상 자료는 문헌 사료에 기반을 둔 역사 연구를 보완하거나 그 외연을 확장하는 차원에서 접근해 온 경향이 강했다. 하지만 연구자가 비판적 관점과 분석 틀을 확립한다면 영상 자료는 오히려 그 어느 자료보다 전쟁사를 잘 보여주는 사료이자 새로운 사실들을 확인할 수 있는 중요한 사료로 활용될 수 있다.[330] 물론 영상 자료가 그 자체만으로 사료가 되는 것은 아니다. 문헌 사료와 마찬가지로 영상 자료에 대한 엄격하고 철저한 검증과 상세한 메타 데이터의 수립이 전제되어야 한다.[331] 이 논문에서 분석 대상으로 삼은 영상은 미 육군 통신대가 촬영한 ADC(Army Depository Copy) 계열로, 미편집한 원본 자료인 푸티지(footage) 영상이다. 모두 무성(silent) 필름이지만 영상 자료 카드(스크립트)가 첨부되어 있어, 주제(scene 또는 subject), 시간, 장소, 등장하는 인물과 행위에 대한 설명뿐만 아니라 촬영자(cameraman)와 카메라 종류, Roll 번호 등 부가적인 정보도 확인할 수 있다.[332] 뉴스릴(Newsreel)

표 1 분석 대상 영상과 해당 장면

영상번호	촬영 날짜	내용	분량
111-ADC-8207	1950.7.11.~12.	금강 금남교 인근에서 부대 이동과 금남교 폭파	1분 34초
111-ADC-8105	1950.7.19.	대전 전투 전날 시가지 모습	1분 29초
111-ADC-8121	1950.7.20.	대전 전투에서 퇴각 장면	26초
111-ADC-8373	1950.9.29.	미군 환영 인파와 파괴된 대전 시가지	2분 16초
111-ADC-8401	1950.10.5.	파괴된 대전역	1분 4초

과 다큐멘터리 등으로 편집된 영상들은 편집자의 의도에 따라 특정한 메시지 전달을 위해 선별되거나 배제된다.[333] 푸티지 필름도 생산자의 의도에 따라 시각(視角)과 사각(死角)이 존재하지만, 편집된 영상과 비교한다면 영상 자료로 사용할 가치가 크다. 분석 대상으로 삼은 구체적 영상은 〈표 1〉과 같이 금강교 폭파 장면이 담긴 〈111-ADC-8207〉, 대전 시가 전투 직전과 과정의 모습 장면이 담긴 〈111-ADC-8105〉와 〈111-ADC-8121〉, 그리고 미군과 국군의 대전 수복 이후 파괴된 대전 시가를 담은 〈111-ADC-8373〉과 〈111-ADC-8401〉이다.[334]

대전은 한국전쟁 발발로 말미암아 1950년 6월 27일부터 7월 16일까지 20일간 한국 최초의 임시수도가 되었다. 미군과 인민군 사이에 처음으로 전면 대결전이 펼쳐지면서 '임시수도'를 둘러싸고 공방전이 되었던 대전 전투와 한강에 이어 금강이라는 자연 방어선을 두고 벌어진 금강 방어선 전투가 교량과 철도의 파괴와 연관된 주요 전투이다.[335]

전쟁 시기 지역사에 관한 사료가 부족한 상황에서 영상을 비롯한 시각 자료 분석은 또 다른 지역사 쓰기의 가능성을 열어낼 수 있다. 이 논문은 오히려 영상 자료에 기반을 두고 문헌 사료로 역사 연구를 보완하는 시도를 해보려 한다. 기존 대전 전투와 관련한 지역사 연구가 전투사 연구나, 구술사 연구에 집중되어 있고, 그나마도 부족한 대전 지역사 연구에서 시각화된 자료를 활용해 기록된 주변 환경까지 분석해 보고자 한다.[336] 그러면서 대전 전투 이전과 대전 전투, 그리고 대전 수복 사이에 벌어진 파괴의 과정을 기록한 영상들을 통해 당시 상황과 이면을 들여다 보고, 교량과 철도가 도시화된 대전의 파괴에 미친 영향과 더불어 대전 지역사를 다른 측면에서 다루어 보고자 한다.

II. 교량의 파괴: 건넌 사람과 건너지 못한 사람들

한국전쟁 당시 금강 하류에는 전차 및 야포 등 대규모 병력이 건널 수 있는 교량은 세 개뿐이었다. 〈그림 1〉에서 보다시피 금강을 연결한 도로와 철로는 남쪽으로 대전에 수렴하는 형태를 띠고 있다. 지도의 우측부터 살펴보면, 첫 번째는 신탄진 북쪽에 부강역과 신탄진역 사이에 놓인 복

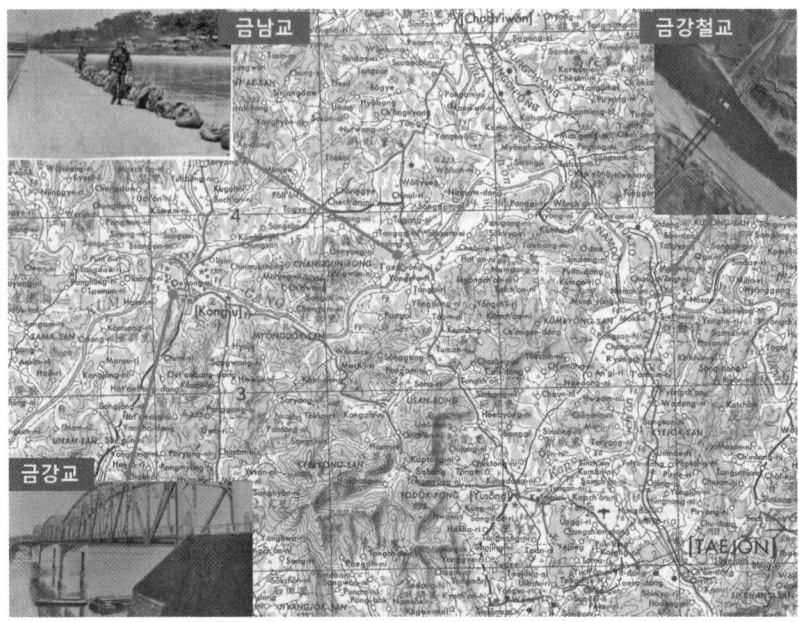

그림 1 대전 인근 도로 및 철도와 금강의 교량

선의 경부선 금강철교(신탄진철교)이다.³³⁷ 두 번째는 금강 남쪽 대평리와 북쪽 나성리를 잇는 금남교로 조치원-대평리-유성-대전에 이르는 1번 국도를 연결하는 인도교였다.³³⁸ 마지막 세 번째는 공주 북쪽의 신관리와 공주 시내를 잇는 금강교다.³³⁹ 금강교는 정안-공주-논산에 이르는 23번 국도를 연결하는 철교(鐵橋)로 된 인도교이고, 21번 국도를 따라가면 대전으로 진입할 수 있었다.

세 개의 교량 사이에 도보 병력이 도하할 수 있는 금강의 나루터는 10여 곳 있었다. 이곳에서 운용되던 나룻배로는 병력과 박격포 등 소화기를 운반할 수 있었으나, 전차 및 야포 등은 도하시킬 수 없었다.³⁴⁰ 공주-대평리 일대의 하천 제원은 하상 폭이 500~1,000m, 유수 폭이 200~300m, 수심이 1.5~3.5m, 유속은 시속 5~10km이었다. 대평리 부근에는 사주(沙洲)가 발달하여 높이 1.2~2.4m, 길이 4km 정도의 제방이 강의 양쪽 기슭에서 마주 보고 있었다. 1950년 7월 무렵에는 비가 많이 내려 도보 병력의 정상적인 도섭은 거의 불가능하였다.³⁴¹

〈111-ADC-8207〉 영상에서 미군 영상병이 촬영한 교량은 금강의 세 개 교량 중에서 가운데 위치한 금남교다. 금남교와 관련된 부분에서 〈사진 1〉과 같이 두 장의 슬레이트(Slate)가 등장한다. 슬레이트를 통해 영상을 촬영한 영상병은 포스노트(Wallace O. Fosnaught) 상병이고, 영상은 7월 11일과 12일 이틀에 걸쳐 두 개의 롤(22, 23번)로 촬영되었다는 것을 알 수 있다. 촬영 주제는 전쟁(WAR)이고, 부대(UNIT)는 185부대, 즉 제71통신대 A중대 사진대 소속이라는 것도 확인할 수 있다.

첫 번째 슬레이트 다음에 바로 등장하는 영상에는 〈사진 2〉와 같이 트럭이 다리를 통해 금강을 건너고 있다. 영상 자료 카드에도 "트럭이 다리를 통해 금강을 건너고 있다"라는 설명이 붙어 있다. 이어지는 장면에는 "트럭, 지프, 고속 트랙터, 탱크 렉커(tank wrecker)들이 조치원에서 오고 있다"라는 설명이 붙어 있어 언뜻 보기에는 조치원에서 대전 방향으

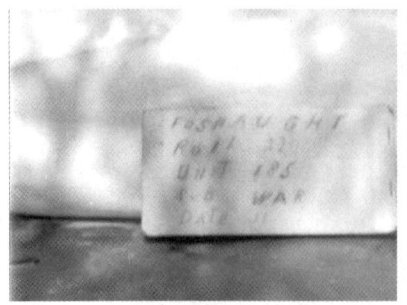 

① 슬레이트 1   ② 슬레이트 2

사진 1 슬레이트 〈111-ADC-8207〉(포스노트)

로 퇴각하는 미군 차량으로 인식하기 쉽다. 하지만 첫 장면에 등장한 교각 후방에 등장하는 산세를 보면, 유개산, 우산봉 등 금강 남단에 있는 산들이 보인다. 금남교를 건너 북상하던 차량 행렬들이 어느 순간 되돌아 남하하는 장면으로 이어진 것이다. 그림자의 길이가 모두 짧은 것으로 보아 한낮에 불과 몇 시간 만에 이뤄진 후퇴 조치로 보인다.

조치원에서 퇴각하는 장면은 〈사진 3〉에서 보는 바와 같이 영상병 포스노트뿐 아니라 사진병 턴불(C. R. Turnbull) 병장에 의해서도 포착되었다.³⁴² 일반적으로 미군 통신부대는 사진병과 영상병이 한 팀을 이루어 촬영 활동을 하므로 영상과 사진의 포착 위치는 대체로 비슷하다. 〈사진 3〉의 ①과 ②가 바로 비슷한 위치에서 영상병과 사진병이 촬영 활동을 한 모습을 보여

사진 2 금남교를 건너는 차량 행렬들, 〈111-ADC-8207〉(포스노트)

① 〈111-ADC-8207〉(포스노트)　　② 〈111-SC-343412〉(턴불)

사진 3 조치원에서 정연히 퇴각하는 미군 장병들

준다.

〈사진 3〉의 피사체들의 위치를 봤을 때 ①과 ②는 촬영 시점이 유사하다. 다만, ①의 피사체가 크고, 화각이 좁은 것을 보면 영상병 포스노트가 망원렌즈를 사용해 촬영했다는 것을 알 수 있다. 당시 포스노트가 사용한 카메라는 벨앤하우웰(Bell & Howell)에서 생산한 35mm 아이모(Eyemo) 영화 필름 카메라(Motion Picture Camera)로, 렌즈를 돌려서 세 개(three-parts) 중 하나를 선택해 사용할 수 있었다. 〈사진 3〉의 장면에서 먼지가 차량 뒤쪽에서 날리는 것을 통해 차량의 이동 방향을 추정해 볼 수 있는데, 영상에서는 진행 방향이 명확히 확인된다. 영상은 사진보다 해상도가 떨어져 정보의 선명성은 부족하지만 연속되는 장면을 통해 스틸 사진이 가지고 있는 한계를 보완해 준다. 다만, 영상자료 카드와 슬레이트에는 7월 11일로 기재되어 있으나 턴불 병장이 촬영한 사진의 뒷면 캡션에는 7월 13일로 기재되어 있어 같은 날, 같은 장면을 촬영한 두 자료 사이에 이틀이라는 시간적 오차가 발생하고 있다.

영상병 포스노트의 슬레이트는 롤(Roll)이 22번에서 23번으로 교체되면서 촬영 날짜도 7월 12일로 변경된다. 영상 자료 카드에는 7월 13일로 기록하고 있다. 다시 이어지는 장면은 바로 교량의 등장이다. 경간(徑間)이나 다리의 형태를 보았을 때 이전에 촬영한 교량과 같다는 것을 알 수 있지만, 주변 산세의 모습을 통해 전날 촬영한 지점의 반대쪽에서 촬영한 것을 확인할 수 있다. 포스노트가 금강 북쪽 지역에서 촬영했다가 남하하는 미군 부대들과 함께 금남교를 건너 금강 남쪽으로 내려왔을 것이다. 〈사진 4〉의 ①과 같이 이날 영상에 등장하는 교량은 잠시 후 연기를 내뿜으며 폭발한다. 폭발의 규모는 커서 이내 연기는 카메라의 화각을 벗어나고, 잠시 후 카메라는 피어오르는 연기를 따라 위쪽을 향하며 영상은 마무리된다. 카메라가 장면을 포착한 지 단 1초 만에 폭발이 진행되었다. 전형적으로 군사 작전을 기록하기 위해 촬영한 영상이라는 것을 알 수 있다. 기록의 목적은 교량을 파괴하는 중요한 군사 작전의 과정과 결과를 기록해 보고하기 위한 것이다.

〈사진 4〉의 ②를 보면 이날 교량을 파괴하는 장면은 영상뿐 아니라 사진으로도 기록했다. ②의 사진과 영상을 비교해보면 전날과 마찬가지로 영상병 포스노트는 망원렌즈로 폭파 장면을 기록했다는 것을 알 수 있다. 영상보다는 왼쪽에서 촬영하고, 화각도 넓었던 사진은 영상이 담지 못한 오른편 삼각형 형태로 뾰족하게 솟아오른 금강 북쪽의 원수산을 담아냈다. 이로써 영상과 사진을 촬영한 위치가 금강 남쪽 지역이라는 것이 확인된다. 사진 뒷면의 캡션에는 "금강 교량을 폭파하는 미 육군 공병대. 북한군의 남진을 막기 위함"이라고 기록하고 있고 폭파의 주체와

① 〈111-ADC-8207〉(포스노트)　② 〈111-SC-343469〉(U.S. Army Photo)

사진 4 금강 교량 폭파 장면

목적이 기재되어 있다. 하지만 사진의 촬영 날짜가 7월 15일로 기재되어 있어 이번에는 영상과 2~3일의 오차가 발생한다. 사진의 촬영자는 "U.S. Army Photo(미 육군 사진)"이라고만 되

사진 5 파괴된 금강의 교량, 〈111-343417〉(턴불)

어있을 뿐 인물을 특정되지 않아 누가 찍었는지 궁금증을 자아낸다. 전날 영상병 포스노트와 함께 촬영 활동에 나선 턴불 병장은 〈사진 5〉와 같이 같은 시각에 다른 위치에서 촬영했기 때문에 포스노트 옆에 있던 사진병은 턴불 병장과는 다른 사진병이 된다. 여기서 턴불 병장은 사진 촬영 날짜를 앞선 기록들과 또 다른 7월 13일로 기록하고 있다.

턴불 병장은 〈사진 6〉에서 보는 바와 같이 교량 폭파의 진행과 결과는 물론이고, 준비 과정부터 가장 근접해서 충실히 기록했다. 〈사진 6〉의 ①을 보면 폭약을 설치하는 미군들 뒤로 교량이 끊어진 것이 보인다. 폭약을 설치하는 부근도 경사를 이루며 주저앉은 것을 확인할 수 있다. 사실 이날의 교량 폭파는 처음 시도한 것이 아니라 전날 밤 시행한 폭파로는 교량을 충분히 절단시키지 못해 다시 시도한 것이다.

금강 교량의 폭파 시도는 전날 한밤중에 진행되었다. 〈사진 7〉을 보면 전날 밤 진행된 폭파 장면도 미군 사진병에 의해 촬영되었다. 사진의 캡션 정보에는 촬영병이 "U.S. Army Photo"로 기재되어 있어 앞서 언급한 영상병 포스노트와 함께 폭파 장면을 촬영한 사진병으로 추정된다.

① 〈111-SC-343416〉(턴불)　　　② 〈111-SC-343418〉(턴불)

사진 6 금강 교량 폭파 전과 후

사진의 뒷면 캡션에는 "폭파되는 금강 교량. 제21보병연대가 야간에 작전을 수행하였다."라고 기록하고 있어 폭파 작업의 주체가 명기되어 있다. 〈사진 7〉의 ①은 조명탄이 터지는 순간이고, 실제 폭발이 벌어지는 장면은 ②이다. 하지만 폭파 결과 경간 1개 정도만이 파괴되어 교량 절단의 효과가 작다고 판단해 다음 날 아침에 다시 폭파 작업을 진행한 것이다.

　금남교의 모습은 미군 통신부대뿐만 아니라 한국전쟁 취재에 나선 전쟁 특파원(war correspondent)들도 다수 포착했다. 〈사진 8〉의 ①은 미국의 시사 화보 잡지 《라이프(LIFE)》의 칼 마이댄스(Carl Mydans)가 금남교를 건너 금강 너머로 북상하는 국군들을 포착한 것이다. 교량 우측에는 폭약 설치에 사용된 나룻배가 보이고, 나룻배 옆 교량 위에는 폭약이 놓여 있다. 국군들이 퇴각하기 이전에 폭약을 터트리게 되면 그들은 퇴로를 잃게 되어버린다.[343] ②는 《AP통신》의 1950년 7월 14일자 기사에 첨부된 금남교의 사진이다. 미군들 뒤로 금남교에 설치된 폭약 자루가 보인다. 사진 아래에는 "공산 침략자들의 공격을 저지하기 위해 대전의 앞에서 미군이 중요한 위치를 점하고 있는 이곳은 금강"이라는 위치 설명에 이어 "어제(7월 13일) 다리가 철거되었다"라고 덧붙인다.[344] ③은 영국의 시사 화보 잡지 《픽쳐 포스트》(Picture Post)의 헤이우드 매기

① 〈111-SC-343458〉(U.S. Army Photo)　② 〈111-SC-343460〉(U.S. Army Photo)

사진 7 야간의 금강 교량 폭파

① 칼 마이댄스　　　　　　　　　②《AP통신》

③ 헤이우드 매기

사진 8 전쟁특파원들이 촬영한 금남교

(Haywood Magee)가 촬영한 금남교의 장면이다. 다행히 북상했던 국군이 다시 건너오기 전까지 금남교는 무사했다. 헤이우드 매기와 함께 취재에

7. 한국전쟁 영상과 또 다른 대전 지역사 쓰기 **251**

사진 9 《픽처 포스트》의 한국전쟁 보도 기사

나섰던 스티븐 시몬스(Stephen Simmons)는 이들이 남쪽으로 건너온 마지막이라고 썼다.[345]

그러면서 〈사진 9〉과 같이 사진과 함께 "강 건너 너머는 전투 지역이며, 이제 철수할 수 있는 모든 사람이 그곳으로부터 철수했고, 이쪽은 '퇴각금지선(line of no retreat)'"이라고 썼다. 또한 두 명의 미국 장교들이 자루 속에 들어있는 500파운드의 다이너마이트를 터트리라는 명령을 기다리고 있다고 덧붙였다.

대전으로 향하는 금강의 교량 중에서 유독 금남교가 영상과 사진의 주요 피사체가 되었던 이유는 무엇이었을까? 조치원에서 대전 방향으로 가장 단거리에 위치했던 경부선 금강철교(신탄진철교)는 기차의 이동만 가능했을 뿐, 도로가 없어 인민군 주력부대였던 제3사단, 제4사단, 제

105전차사단의 병력이 선택하기에는 적당한 곳이 아니었다. 미군 제24사단 공병대는 7월 12일, 13일 아침과 밤을 이용해 공주와 대평리에서 금강을 통과하는 교량과 신탄진에 있는 철교를 폭파했다. 제24사단 수색대는 금강 하류에서 모든 나루터를 조사하고 공주에서 10km 하류에 이르는 강변에서 발견되는 모든 나룻배를 파괴했다. 그 아래로 32km까지 금강 남쪽에 이르는 모든 곳을 조사하였다. 제24사단의 메노허(Pearson Menoher) 부사단장은 공주 동쪽에서 철도 교차점(신탄진) 사이에 있는 모든 배를 불태우라고 명령했다.346 공주의 금강교로 우회하면 대전으로 진격해 올 수 있으나, 더 많은 시간을 소요해야만 한다. 금남교는 당시 금강에 있었던 3개의 교량 중에 대전으로 향하는 주된 도로상에 존재했다. 그래서 1번 국도상에 위치한 금남교는 주된 방어의 대상이 되었을 뿐 아니라, 주된 기록의 대상이 되기도 했다. 주된 기록의 대상이 되었던 '교량'에서도 대부분의 피사체는 '교량' 자체이거나, 그곳에 설치된 폭약, 그리고 그 위를 건너는 '군인'들이 대부분이었다. 미군 통신병이든, 전쟁 특파원이든 간에 누구의 앵글 속에서도 다리를 건너는 '민간인'의 모습은 포착되지 않았다. 〈사진 10〉를 보면, 금강 북쪽 지역에서 미군들이 북상할 때나, 다시 퇴각해 남하하는 부대의 이동을 촬영한 영상 속에는 주변 민가들과 다수의 민간인이 포착된 모습을 발견할 수 있다. 스티븐 시몬스가 "이제 철수할 수 있는 모든 사람이 그곳으로부터 철수"했다고 하는데, 미군 통신병의 영상에 포착된 민간인들이 다리를 건너 철수했다는 내용은 확인되지 않는다.

강을 사이에 두고 두 지점을 연결해 교류와 소통의 매개물이자 일상적 공간이었던 '다리'가 전시에 통제의 공간이 되었다. 이 과정에서 민간인의 생명을 보호해야 할 책무를 가진 군대가 전시 작전이라는 명목 아래 민간인을 통제 대상으로 전락시키고, 전투를 위해 소개해야만 하는 존재로 인식했다. 앞서 경험한 한강의 교량 폭파와의 차이점이라고 한다

사진 10 미군 행렬 옆으로 포착된 민간인 모습, 〈111-ADC-8207〉(포스노트)

면, 한강의 교량 폭파는 미국 군사고문단과 전방의 국군들마저 퇴각하지 못한 상황에서 벌어졌다면, 금강의 교량 폭파는 미군과 국군이 완전히 철수한 뒤에 폭파를 진행했다는 것뿐이다. 교량 너머에는 다수의 민간인이 모두 존재했다.

전선 인근에서 민간인을 목격한 《픽처 포스트》의 스티븐 시몬스는 "진흙으로 지은 초가집이 있는 마을은 극동 풍경이라기보다는 아프리카 내부의 마을처럼 보였다", "모든 것이 여전히 차분하고 평화로웠다"라고 표현했다. 그러면서 "흰 바지와 풍선처럼 부푼 웃옷 위에 짧은 조끼를 입은 남자들은 논에서 바쁘게 일했고, 벌거벗은 아이들은 근처의 도랑에서 놀았다"라며 전선 인근 민간인들의 삶을 포착해 냈다.[347] 시몬스는 금강 너머에서 만난 피난민들에 대해 "그들은 마치 가까운 시장에 가는 것처럼 천천히 움직이고, 그들이 멈춰서면 손님들에게 물건을 팔기 위해 기다리는 상인들과 똑같이 보인다"면서, "그들의 눈이나 몸짓에는 서두를 필요도, 불안도, 심지어 당황할 필요도 없었고, 우리가 그들을 헤치고 나아갈 때 그들은 우리에게 증오심을 갖지도 않았다. 그들은 웃으며 혼자 앞으로 나아갔다"라고 묘사했다.[348]

III. 철도의 파괴: 파괴의 확산과 파괴 요인의 오해

미군은 금남교를 비롯한 금강을 건널 수 있는 다리를 모두 파괴하여 금강 방어선을 구축하였으나, 1950년 7월 14일 공주 방어에 실패했고, 대평리 방면의 방어선도 7월 16일에 붕괴하였다. 금강교 폭파 장면을 영상으로 담았던 포스노트는 후퇴하는 미군을 따라 대전으로 이동해 촬영 활동을 이어갔다.

〈사진 11〉의 포스노트가 촬영한 영상을 보면, 대전 시가 전투를 하루 앞둔 1950년 7월 19일 텅 빈 대전 시가의 모습을 확인할 수 있다. 피난민과 군인들로 붐볐던 대전역 광장은 텅 비었고, 대전역에서 충남도청 방향을 바라본 거리의 도로도 마찬가지다. 폭풍 전야의 모습처럼 고요한 장면이다. 7월 13일 내각 각료 대부분은 대전을 떠나 대구로 향했다. 대전 시장의 권고로 시민들은 대전에서 소개되었으며, 상가 대부분은 철시했다.[349] 7월 15일에는 대전에 있던 정부 청사와 은행은 폐쇄되었으며, 시장과 주요 자치단체장들은 대전을 빠져나갔다.[350] 금강 방어선이 붕괴한 7월 16일에 들어서며 정부 관리와 경찰, 일반 시민들이 모두 대전에서 소개되었고, 임시수도를 대구로 이전했다.[351] 하지만 대전이 임시수도가 되었던 기간 동안 같은 공간에서 보도연맹원과 형무소 재소자 등 최소 1,800명 이상의 민간인 학살이 진행되었다는 사실은 다른 형태로

사진 11 대전 시가 전투를 앞둔 텅 빈 광장과 거리, 〈111-ADC-8105〉(포스노트)

사라진 사람들이 존재한다는 것을 의미한다.[352] 대전에서 벌어진 민간인 학살은 워낙 민감한 사안이다 보니 미군 통신부대에게조차 '사각'이 되어버렸다.

1950년 7월 20일, 대전 시내에서는 미군과 인민군 사이에 시가전이 벌어졌고, 도심은 파괴되었다. 대전 전투 당시 모습이 턴불 병장에 의해 기록된 사진을 볼 수 있다. 〈사진 12〉의 ① 사진 캡션에 "대전의 거리는 미군이 철수를 준비하면서 텅 비어 있다"라고 기록되어 있다. 사진의 소실점 위치에는 쓰러진 전봇대와 길을 막고 있는 물체들이 보인다. 왼쪽에 지붕 꼭대기 구조물에 "旅館(여관)"이라고 쓰인 건물은 '대전여관'이다. 카메라가 응시하고 있는 방향은 대전의 동남쪽, 즉 미군 제24사단이 탈출해야 할 길목이 막혀 있는 모습을 턴불 병장이 포착한 것이다. 사진의 캡션에는 사진 촬영 날짜가 1950년 7월 21일로 되어있으나, 미군 제24사단이 대전 시내에서 최후로 전면 퇴각한 시점이 7월 20일 오후 6시 즈음이고,[353] 턴불이 7월 21일에 일본 도쿄에 도착해 대전 시가 전투 사항을 언급한 기사가 있는 것으로 미루어 볼 때 사진 촬영 일시는 7월 20일로 추정된다.[354]

〈사진 12〉의 ②는 사진의 소실점 위치에 근접하면서 촬영한 영상으로 추정된다. 턴불 사진의 소실점 위치에 아련히 보이는 연기가 더욱

① 〈111-SC-343818〉(턴불)　　② 〈111-ADC-8121〉(미확인)

사진 12 텅 빈 거리와 퇴각하는 미군 차량 행렬

선명해 보인다. 대전에서의 후퇴 장면을 담은 이 영상은 〈111-ADC-8121〉의 일부분으로 26초 분량이다. 영상 자료 카드에는 1950년 7월 19일로 기록되어 있으나, 턴불의 사진과 마찬가지로 7월 20일로 추정된다. 해당 영상 장면에서 슬레이트가 등장하지 않아 촬영자가 누군지는 정확히 알 수 없다. 하지만 턴불 병장과 포스노트 상병이 대전에서 벌어진 시가전을 촬영하기 위해 동행했기 때문에 턴불과 유사한 장면을 촬영한 영상 촬영자는 포스노트로 추정된다.[355]

    영상병은 다급히 후퇴하는 상황에서 슬레이트를 작성해 촬영할 겨를도 없었고, 등장하는 인물과 상황에 대해 구체적으로 파악할 경황도 없었을 것이다. 영상 자료 카드에도 "파손된 거리, 연기가 피어오르는 잔해들, 파괴된 소련 전차, 지프 내부에서 죽어 있는 병사의 시신, 도로에 드러누워 있는 시신도 보인다"며 직접 촬영한 당사자가 아니라도 영상을 본다면 누구나 작성할 수 있는 상황만 묘사해 놓았을 뿐이다. 영상은 내내 흔들림이 강하다. 차량에 탑승한 채로 후퇴하며 영상 촬영을 하다 보니 흔들릴 수밖에 없었다. 그러면서도 파괴된 소련제 전차나 전사한 병사의 모습 등 주요 피사체를 마지막까지 담아내기 위해 온 힘을 기울여 카메라의 앵글을 이동했다. 전투병이 아닌 통신병이 전투의 현장을 직접 담는 경우는 목숨의 위험을 감수해야 하므로 특별한 경우를 제외하고서는, 이렇게 다급하게 영상을 촬영하는 일은 흔한 경우가 아니다. 이날 턴불과 포스노트의 촬영물들을 보고 있노라면, 후퇴의 순간을 놓쳐 너무 늦게 퇴각한 상황으로 이해할 수 있다. 흔들리고, 빠르게 이동하는 장면 사이로 간간이 파괴된 시가지의 모습이 보이지만, 온전한 건물들도 눈에 뜨인다. 시가전으로 인해 도시의 파괴도 이루어졌지만 시가전의 특성상 파괴의 정도는 크지 않았다. 이틀 사이에 대전 지역의 모습을 담은 영상물에서 철도의 모습은 등장하지 않는다. 미군들에게 중요한 역할을 했을 철도보다는 대전역 광장의 텅 빈 모습을 담았을 뿐, 대전역 구내의 모습을 포착되지 않았다. 이전의 사진과 영상에서 플랫폼에 대기 중인 군인들의 모습이나, 열차에 실려 있는 차량과 곡사포 등을 담아냈던 것과 비교해 보면 대전 시가 전투가 임박했을 당시 대전역 구내 상황은 다른 피사체에 비교해 우선순위가 밀린 것으로 볼 수 있다.

1950년 7월 20일 당시 대전역에는 미군 제24사단의 보급품이 적재된 화물열차를 미처 후방인 영동으로 후송(後送)하지 못하여 사단 수송장교 햇필드(Raymond D. Hatfield) 대위는 화물열차 후송 대책을 마련하느라 애를 먹고 있었다. 몇 차례의 시도에도 불구하고 화물열차 후송에는 실패했다.[356] 대전 전투에서 패해 퇴각했던 미군은 1950년 7월 21일에 후송에 실패한 탄약과 보급품이 실린 열차를 파괴하기 위해 대전역을 공중폭격했다.[357] 대전 전투에서 패한 미군은 대전을 다시 수복하기 전까지 인민군 점령 시기 대전에 대한 폭격을 수차례 가했다.[358] 미군 폭격으로 도심이 크게 파괴되었지만, 인명 피해도 컸다.[359] 그중 대규모 폭격은 9월 15일에 있었다. 이날 미 극동 공군 폭격기사령부의 B-29 17대가 출격해 전선과 무관한 후방 도시인 안동과 대전에 다량의 폭탄을 투하했다. 이때의 주된 타격 목표지점 중 하나는 대전역이었다.[360]

미 극동공군 전략폭격기 B-29의 주된 폭격 목표는 대부분 철로상에 있었다. 〈그림 2〉는 'Spirit of Freeport'라는 별칭을 갖고 있던 B-29에 의해 폭격된 목표물을 보여주는 지도이다. 낙동강 방어선이 구축된 상황에서 철도를 중심으로 대전, 서울을 비롯해 평양, 원산, 함흥, 청진 등 38선 북쪽 지역까지 폭격이 시행되었다는 것을 확인할 수 있다. 공격 목표물에는 조차장(Marshalling Yards), 화학 공장, 공군기지, 교량, 제철소, 군 막사, 폭발물 공장 등이 포함되었다. 낙동강 방어선에서 치열한 혈전이 벌어지고 있는 상황에서 제공권을 장악한 미 공군이 후방 지역에서 철도를 중심으로 폭격을 시행한 이유는 상대의 보급로를 차단해 지상군을 지원하기 위한 목적이었다. 대전역이 B-29의 주된 폭격 지점이 되

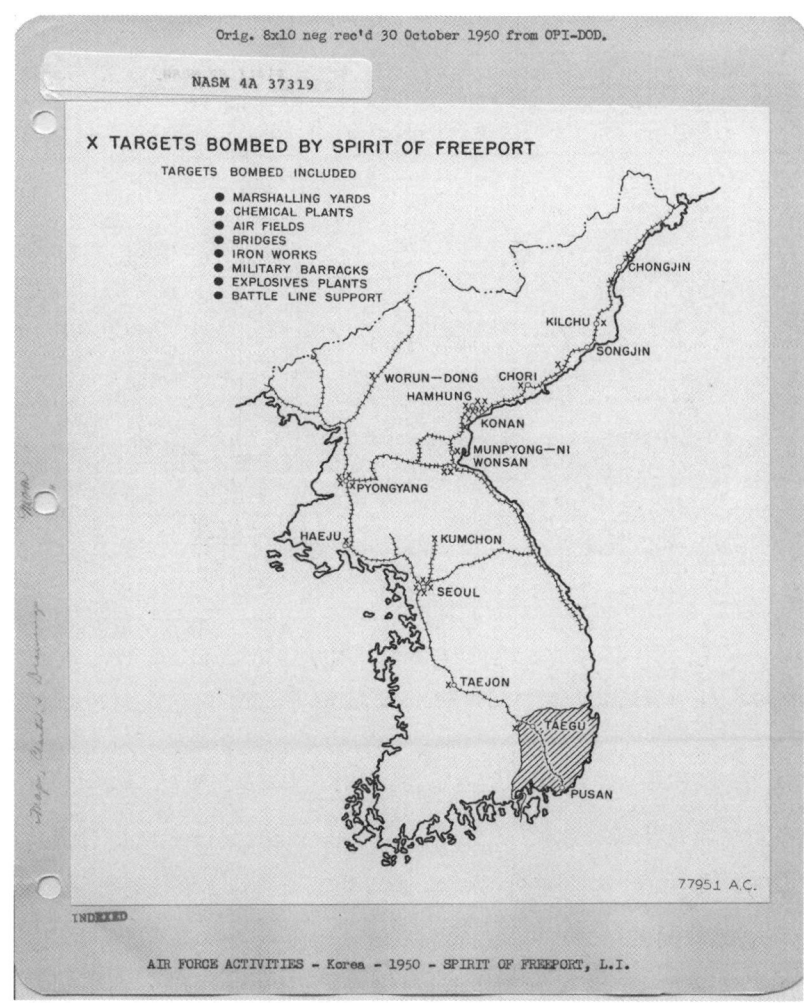

그림 2 B-29에 의해 폭격된 표적 지도 *Air Force Activities-Korea, Part Ⅱ*, RG 342, Series 342-FH, NARA Ⅱ.

었던 이유는 대전이 서울에서 낙동강 방어선으로 통하던 인민군 보급로의 중간 지점에 있었기 때문이다.

〈사진 13〉는 이날 미 공군 B-29 폭격기가 안동역을 폭격하는 장면이다. 비록 대전역 폭격 장면은 아직 확인되지 않았지만, 폭격기 10대 중

사진 13 미 공군 B-29 폭격기의 안동역 폭격 장면(1950.9.15.) *Air Force Activities—Korea, Part Ⅲ*, RG 342, Series 342-FH, NARA Ⅱ.

1대가 엔진 과열로 출격이 취소되고 9대가 500파운드짜리 다목적 폭탄 90톤을 대전역 조차장, 창고 등에 투하했고, 이는 "모든 폭탄은 대전 조차장에 명중되었고, 철로와 창고를 파괴하고 화재와 2차 폭발을 일으켰다. 51대의 화차가 파괴되었으며 차고와 전차대 등에는 직격탄이 투하되었다"며 매우 상세하게 보고되었다.[361]

특히 안동과 대전을 비롯한 후방에 대규모 폭격이 진행된 시기는 인천상륙작전이 본격화된 시점과 일치한다. 인천상륙작전 성공을 위해 시선을 분산시키는 효과도 있었다. 대전 시가에 행해진 미군의 공중 폭격은 도심을 파괴하고, 대전을 점령한 인민군들에게 심대한 피해를 주었다. 하지만 당시 대전은 주요 군사시설이 존재하지 않았고, 전투가 벌어진 전선에도 해당하지 않았기 때문에 미군의 공중 폭격은 명분이 부족했다. 미군들의 폭격은 인민군들만 골라 살상하지 않았다. 미군은 당시 대전에 남아있던 사람들을 모두 적으로 규정했거나, 인민군을 살상하는데 발생하는 '부수적 피해'로 인식했다.[362]

미군은 인천상륙작전 이후 낙동강 전선에도 반격하며 북상해 왔다. 미군은 대전 시가 전투에서 패해 퇴각한 지 두 달여 만인 1950년 9월 28일에 대전을 수복했다. 대전에 진입하는 장면은 〈사진 14〉에서 보듯이 영상 〈111-ADC-8373〉에 의해 고스란히 담겼다. 미군 영상병 카터(Carter)는 9월 29일 대전에 입성하는 미군 행렬과 이들을 환영하기 위해 나온 인파들을 카메라에 담았다. 영상이 담은 장소는 대전역 인근의 교차로다. 첫 번째 장면은 남쪽에서 북상하는 차량이 보이고, 차량 정면에 환영 인파들이 등장한다. 차량은 사람들 앞에서 좌회전하는데, 바로 대전역과 충남도청 사이를 잇는 대전의 주도로로 진입하게 된다. 가운데 장면에서 트럭 뒤편이 바로 대전역이다. 환영 인파는 대전역 앞 교차로에서 충남도청 방향으로 길게 줄지어 있다. 길게 줄지어 서 있는 모습을 카터가 차량에 탑승해 촬영을 이어간 영상의 일부가 세 번째 장면이다.

이 장면들은 한국전쟁에 처음으로 투입된 미군 스미스 부대가 대전역에 도착한 1950년 7월 2일을 연상케 한다. 《뉴욕 헤럴드 트리뷴(the New York Herald Tribune)》의 마거리트 히긴스(Marguerite Higgins)는 "한국인들은 미국인들의 도착에 크게 흥분하고 안도했다. 군중들은 대전 철도역에서 몇 시간 동안 그들을 기다렸고 그들이 도착했을 때 큰 소리로 환호했다. 한국 국방 관계자와 한국군 군악대가 손을 잡고 이들을 맞이했다. 미군들은 철도역에서 트럭으로 이동했고, 그들은 환호하는 한국인 군중들에게 손을 흔들면서 앞쪽으로 서둘러 갔다"고 보도했다.[363] 군악대는 없었지만, 미군의 이동 경로에 맞춰 길게 늘어선 장면과 환영하는 모습은 유사했다.

카터가 담은 미군 행렬도 미군 제24사단이다. 대전 전투에서 패해

사진 14 미군을 환영하는 인파, 〈111-ADC-8373〉(카터)

물러났던 미군 제24사단이 두 달여 만에 다시 대전을 되찾았다. 대전 전투 당시에 미군 제24사단의 다급한 퇴각 장면을 영상으로 담았던 영상병 포스노트는 인천상륙작전 촬영에 투입되었고,[364] 대전을 되찾는 모습은 카터에 의해 기록되었다. 환영나온 이들의 손에는 태극기가 들려 있다. 인민군이 퇴각한 지 하루 만에 태극기를 들고 거리로 나온 이들은 대부분 멀리 피란을 떠나지 못해 대전 인근에 머물고 있었거나 인민군 점령 시기에도 대전을 떠나지 못하고 살았던 이들이었을 것이다. 그들은 대전을 수복한 미군들에게 자신들의 결백을 확인받기 위해서라는 듯이 손에 든 태극기를 적극적으로 흔들고 있다. 미군들의 대전 수복을 환영하기 나온 인파 중에는 어린이들이 상당수 차지했다.

카터가 포착한 주된 피사체는 환영하는 인파였지만, 그 너머로 파괴된 건물들이 보인다. 〈사진 15〉는 대전역 인근에서 폐허가 된 시가지

① 〈111-ADC-8373〉(카터)　　② 〈111-SC-349441〉(턴불)

③ 〈111-SC-349440〉(턴불)

사진 15 남하하는 미군 차량 행렬

의 모습을 담은 카터의 영상과 턴불의 사진이다. 사실 여기서도 이들의 주된 피사체는 텅 빈 트럭이다. 텅 빈 트럭 행렬이 남하하고 있다. 아직 대전으로 들어오진 못한 미군 병력을 태우기 위해 남하하는 것으로 보인다. 이 장면에서 ①과 ②는 비슷한 장면이다. 이들 왼쪽 뒤로 보이는 공터가 바로 대전역 광장이다. 턴불은 카메라를 옆으로 이동하며 연속으로 사진을 촬영했다. ③번 사진이 ②번 사진의 우측 모습이다. 대전 시가 전투 당일 영상병 포스노트와 함께 긴박했던 미군의 퇴각 장면을 사진으로 담았던 턴불이 포스노트 대신 카터와 함께 대전에 돌아온 것이다.

　　카터는 환영 인파의 모습 이후 본격적으로 파괴된 대전 시가지의 모습을 담았다. 카터는 영상의 특성상 왼쪽에서 오른쪽으로 카메라를 회

사진 16 대전 시가의 폐허 모습, 〈111-ADC-8373〉(카터)(연속 장면을 연결해 편집)

전시켜 시가지의 모습을 담아도 되었을 텐데, 마치 사진병이 긴 풍경을 사진 여러 장으로 담아내듯 경계 지점에서 끊어가며 영상을 네 장면으로 담았다. 〈사진 16〉은 네 장면을 순서대로 연결해 배치한 모습이다. 마치 긴 파노라마 사진을 연상케 한다. 영상은 하이 앵글(high-angle)로 촬영되어 폐허로 변한 대전 시가지의 모습을 생생하게 담아냈다. 왼쪽의 큰길은 대전역과 충남도청을 잇는 주 도로이고, 이 도로와 수직을 이루며 대전천이 흐르고 있다. 네 번째 장면의 오른쪽에 충남도립병원과 그 뒤로 가장 높게 솟아 있는 식장산의 모습도 확인된다.

사진을 촬영한 위치는 〈사진 17〉에서 가운데 네 거리에 홀로 남아 있는 3층 건물로, 당시 대전시청 건물이다. 카터는 대전시청 옥상에 올라 파괴된 대전 시가지의 모습을 연속하여 네 장면으로 촬영했다. 〈사진 17〉의 사진은 1951년 6월 《라이프》의 조 셔쉘(Joe Scherschel)이 촬영한 항공 사진이다. 대전 전투 이후 1년 가까운 시일이 흘렀음에도 대전 시내의 중심부는 집과 건물이 대부분 파괴된 채 아직 복구되지 못하고 있다는 것을 확인할 수 있다. 형체가 온전히 남아 있는 건물들은 충남도청,

사진 17 대전 시가지 항공 사진(1951년 6월) Walter Sanders, Joe Scherschel and N. R. Farbman, "Remugen Bridge Okinawa Casino & Anzio Battlefield Taejon Battle Ground", *Life*, June, 1951.

대전시청, 식산은행 대전지점, 충남도립병원, 몇몇 학교건물 등에 불과했다. 남아 있는 건물들이 벽돌과 대리석 등 석재로 만든 건물이었던 데 비해, 파괴된 주택과 건물들은 대부분 목조건물이었다. 주택과 목조건물은 폭격의 직접적 피해뿐 아니라 폭격의 여파로 불타 없어졌다. 대전역은 직접 폭격을 받아 역사(驛舍)가 파괴된 데 비해, 시내의 규모가 큰 건물들이 파괴되지 않았다는 것은 직접적인 폭격에서 벗어났다는 것을 보여준다.365 미군 폭격기들이 미군들이 수감된 시설이나 미군 포로들이 옥상에 올라가 있던 건물은 폭격하지 않았기 때문이다.366

1951년 6월의 사진에서는 철도 운행을 위해 긴급 복구가 진행되어 대전역에 여러 대의 열차가 정차해 있는 모습도 확인할 수 있지만, 폭격을 받았던 당시 대전역은 철도 레일이 주변 마을까지 날아갈 정도로 크게 파괴되었다.367 〈사진 18〉에서 폭격을 받아 건물 골조가 엿가락처럼 휘어져 있는데, 대부분 파괴된 대전역 철로의 모습이다. 이 영상은 미군 통신부대 영상병 버처(Butcher)가 1950년 10월 5일에 촬영한 것이다. 버처는 먼저 대전역 광장을 담은 후 플랫폼과 철로가 있는 안쪽으로 들어갔다. 두 장소에서 모두 우측에서 좌측으로 방향을 틀면서 연속 촬영을

사진 18 파괴된 대전역 광장(위)과 철로(아래), 〈111-ADC-8401〉(버처)(영상의 재생 장면을 파노라마 형태로 편집)

진행하며 파괴된 대전역의 모습을 생생하게 기록했다. 영상이 촬영된 시점은 대전역에 대한 폭격이 가해진 지 불과 20여 일 후이기 때문에 그날의 폭격의 효과와 결과를 확인시켜 준다.

    영상에 담긴 폐허가 된 대전 시가지와 완전히 파괴된 대전역의 모습은 전쟁으로 인해 삶의 터전이 폐허가 된 모습을 직관적으로 보여주면서 전쟁의 참상을 보여준다. 미군이 대전을 수복하는 과정에서 인민군은 제대로 된 방어전도 치르지 못하고 퇴각했다. 대전을 수복하면서 미군 영상병에 의해 촬영된 폐허가 된 도시의 모습은 언뜻 생각하면 대전 시가지가 초토화된 요인을 7월 20일의 대전 시가 전투로 생각하게 만들어 폐허의 책임을 인민군에게 둘 여지가 있다. 하지만 앞서 살펴본 대로 폐허의 가장 큰 요인은 미군의 항공 폭격이었다.

IV. 또 다른 지역사 쓰기

한국전쟁 초기 대전과 대전에 인접한 지역에서 발생한 교량과 철도의 파괴와 관련한 몇 편의 영상을 통해 영상이 담으려 했던 주된 피사체 이외의 사각을 살펴보고, 대전 지역사를 다른 측면에서 다루어 보았다.

    교량과 철도 파괴는 모두 방어의 측면에서 파괴의 효과를 극대화시키면서도 파괴의 목적과는 벗어난 2차 피해를 발생시켰다. 교량의 파괴로 말미암아 교량을 건넌 사람과 건너지 못한 사람 사이에 큰 차이가 발생했다. 군인 대부분은 교량을 건넜으나 상당수 민간인은 교량의 파괴로 인해 금강을 건너 남하할 수 없었다. 미군은 교량 파괴라는 군사 작전은 성공하였고, 작전 과정을 영상뿐 아니라 사진까지 다각적으로 기록하였다. 하지만 그들의 작전에서 강 건너에 존재하는 민간인들은 고려되지 않았다. 미군 영상병은 의도하지 않게 주변부에 민간인들의 모습을 담았고, 앵글에 잡히지 않은 더 많은 민간인도 존재했다. 그간 금남교 폭파 장면은 금강 방어선 구축의 측면에서만 주로 활용되었는데, 푸티지 영상을 통해 그 이면을 확인할 수 있었다.

도심의 방어는 교량 파괴와 같이 구조물을 파괴하는 형태로 진행하지는 않았지만, 시가 전투에서 패한 것에 응분의 조치 또는 상대의 보급로를 차단하려는 목적으로 전투 이후 항공 폭격이 진행되었다. 특히 폭격의 주된 대상이었던 철로상에 위치했던 대도시들은 폭격으로 인해 피해가 매우 컸다. 역을 주된 대상으로 삼았던 항공 폭격은 주변 시가지 그리고 그곳에 거주하던 민간인들에게까지 피해가 확산되었고, 항공 폭격은 공포의 대상이 되었다. 그 대표적인 도시가 한국 최초의 임시수도였던 대전이었다. 제공권을 장악한 미군은 무차별 폭격과 다량의 폭탄 투하를 통해 자신의 힘을 과시했다. 대전역을 중심으로 주변부 시가지가 파괴되었고, 정확히 헤아릴 수는 없지만, 상당한 인명 피해로 이어졌다. 미군 통신부대에서 촬영한 당시의 파괴된 도시의 모습을 담은 영상을 통해서는 피해의 결과는 확인할 수 있지만, 파괴의 주체는 확인할 수 없다. 또한 미군이 파괴된 대전을 수복한 이후 복구와 재건의 주체가 되었을 때 파괴의 책임은 이면으로 숨어 들어갔다.

영상은 자료가 부족한 전쟁사 연구, 특히 지역사 연구에 있어서 보조적 사료가 아닌 새로운 사실들을 확인할 수 있는 중요한 자료로 활용될 수 있다. 필요에 따라 선택되어 편집된 영상제작물보다는 푸티지 영상을 체계적으로 수집하고 분석해 낸다면, 지역사를 복원하거나 지역사 쓰기를 또 다르게 열어낼 가능성을 갖게 된다.

참고문헌

1차 자료

영상 자료

⟨111-ADC-8105⟩, "KOREAN WAR, PYONGYONG, KOREA; KOREAN WAR; WATER PURIFICATION POINT, KOREA", RG 111, Moving Images Relating to Military Activities 1947-1964, NARA Ⅱ.

⟨111-ADC-8121⟩, "MACARTHUR VISITS TAEGU, KOREA ; KOREAN WAR, TAEJON ; 1ST CALVARY'S FIRST CASUALTIES", RG 111, Moving Images Relating to Military Activities 1947-1964, NARA Ⅱ.

⟨111-ADC-8207⟩, "KOREAN WAR", RG 111, Moving Images Relating to Military Activities 1947-1964, NARA Ⅱ.

⟨111-ADC-8373⟩, "KOREAN WAR. RUINS OF KUMCHON AND 24TH DIV CONVOY MOVING THROUGH KUMCHONON WAY TO TAEJON; LT GEN WALKER, TAEGU; ATROCITIES, TAEJON; GEN ALMOND VISITS 11TH AIRBORNE, N OF KIMPO AFB", RG 111, Moving Images Relating to Military Activities 1947-1964, NARA Ⅱ.

⟨111-ADC-8401⟩, "KOREAN WAR, RUINS OF TAEJON; ATROCITIES; ENEMY EQUIPMENT, 45MM GUN, KOREA; KOREAN WAR, CATHOLIC SERVICES FOR FALLEN COMRADES, KIMPO", RG 111, Moving Images Relating to Military Activities 1947-1964, NARA Ⅱ.

그림 자료 및 사진 자료

⟨111-SC-343412⟩, "KOREA, CHCHIWAN TROOP MOVEMENT-MOTOR VEHICLE", July 13, 1950., RG 111, Shelflist to U.S. Army Signal Corps Black-and-White Photographs: 111-SC-343000 to 111-SC-343999, NARA Ⅱ.

〈111-SC-343416〉, "KOREA, SOUTH GENERAL ENGINEERS-DEMOLITION", July 13, 1950., RG 111, Shelflist to U.S. Army Signal Corps Black-and-White Photographs: 111-SC-343000 to 111-SC-343999, NARA Ⅱ.

〈111-SC-343417〉, "KOREA, SOUTH GENERAL ENGINEERS-DEMOLITION", July 13, 1950., RG 111, Shelflist to U.S. Army Signal Corps Black-and-White Photographs: 111-SC-343000 to 111-SC-343999, NARA Ⅱ.

〈111-SC-343418〉, "KOREA, SOUTH GENERAL ENGINEERS-DEMOLITION", July 13, 1950., RG 111, Shelflist to U.S. Army Signal Corps Black-and-White Photographs: 111-SC-343000 to 111-SC-343999, NARA Ⅱ.

〈111-SC-343458〉, "Korea-South-gen Night Firing", July 14, 1950., RG 111, Shelflist to U.S. Army Signal Corps Black-and-White Photographs: 111-SC-343000 to 111-SC-343999, NARA Ⅱ.

〈111-SC-343460〉, "Korea-South-gen Night Firing", July 14, 1950., RG 111, Shelflist to U.S. Army Signal Corps Black-and-White Photographs: 111-SC-343000 to 111-SC-343999, NARA Ⅱ.

〈111-SC-343469〉, "Korea Engineer Demolition", July 16, 1950., RG 111, Shelflist to U.S. Army Signal Corps Black-and-White Photographs: 111-SC-343000 to 111-SC-343999, NARA Ⅱ.

〈111-SC-343818〉, "Korea (Extra Print.), July 21 1950., RG 111, Shelflist to U.S. Army Signal Corps Black-and-White Photographs: 111-SC-343000 to 111-SC-343999, NARA Ⅱ.

〈111-SC-349440〉, "Korea, South-Gen. Inf. Div. 24th O/S. Havoc of War-Korea", Sept 29, 1950, RG 111, Shelflist to U.S. Army Signal Corps Black-and-White Photographs: 111-SC-349000 to 111-SC-349999, NARA Ⅱ.

〈111-SC-349441〉, "Korea, South-Gen. Inf. Div. 24th O/S. Havoc of War-Korea", Sept 29, 1950, RG 111, Series SC, NARA Ⅱ.

Air Force Activities-Korea, Part Ⅱ, RG 342, Records of U.S. Air Force Commands, Activities, and Organizations, 1900-2003, Series 342-FH, Black and White and Color Photographs of U.S. Air Force and Predecessor Agencies Activities, Facilities and Personnel-World War II and Korean War, ca. 1940-ca. 1980, NARA Ⅱ; 국사편찬위원회 전자사료관.

Air Force Activities-Korea, Part Ⅲ, RG 342, Records of U.S. Air Force Commands, Activities, and Organizations, 1900-2003, Series 342-FH, Black and White and Color Photographs of U.S. Air Force and Predecessor Agencies Activities, Facilities and Personnel-World War II and Korean War, ca. 1940-ca. 1980, NARA Ⅱ; 국사편찬위원회 전자사료관.

Mydans, Carl., "Korea", *Life*, Jul 7, 1950. https://artsandculture.google.com/asset/korea/KgGodzmD64lseg

Simmons, Stephen. and Haywood Magee, "War in Korea", *Picture Post* 48(5), July 29, 1950.

Sanders, Walter., Joe Scherschel and N. R. Farbman, "Remugen Bridge Okinawa Casino & Anzio Battlefield Taejon Battle Ground", *Life*, June, 1951. http://images.google.com/hosted/life/759a0e967b3c5328.html

문헌 자료

대전광역시사편찬위원회, 『대전의 옛 이야기-하권』, 대전광역시, 2016.
스토리밥 작가협동조합, 『사람의 전쟁 1: 문학의 눈으로 바라보는 한국전쟁 70년, 1950~2020』, 걷는사람, 2020.

신문 기사

"京城大田間複線 六月中旬開通式",《조선일보》, 1939.5.7.
"錦南橋竣功式擧行",《매일신보》, 1934.6.8.
"四十萬圓工費의 錦江鐵橋竣工",《조선일보》, 1933·11.27.
"Action-Bent GI-Cowboy Uses .45 To Get Sniper", *The Evening Sun*,

1950.7.21., p.2.

"Flaming Jeeps Block Highway to Trap Yanks", *Press and Sun-Bulletin*, 1950.7.21., p.1.

Higgins, Marguerite., "U.S. Troops to Take Battle Positions For First Time Since World War Ⅱ", *The Morning Call*, 1950.7.2.

웹사이트

국사편찬위원회 전자사료관, http://archive.history.go.kr/
한국민족문화대백과사전, http://encykorea.aks.ac.kr/

2차 연구

국방군사연구소, 『한국전쟁 자료총서 16: 미국 중앙정보국 정보보고서』, 국방군사연구소, 1997.

국방군사연구소, 『한국전쟁 자료총서 43: 미 국무부 한국국내 상황관련 문서 5(1950.7.11.-7.17)』, 국방군사연구소, 1999.

국방군사연구소, 『(한국전쟁전투사)오산-대전전투: 서부지역 지연전』, 국방군사연구소, 1993

국방부 군사편찬연구소, 『6·25전쟁사 제4권: 금강·소백산맥선 지연작전』, 국방부 군사편찬연구소, 2008

김려실, 「뉴스릴 전쟁 : 한국전쟁 초기 미국의 뉴스릴과 〈리버티 뉴스〉의 탄생」, 『현대영화연구』 12(3), 2016, 69-105쪽.

김태우, 『폭격: 미공군의 공중폭격 기록으로 읽는 한국전쟁』, 창비, 2013.

노성호, 「A.S.C 동영상 속의 6·25전쟁과 국군: 미 육군통신대 촬영, 아시아문화연구소 소장 동영상 자료를 중심으로」, 『군사연구』 131, 2011, 163-196쪽.

박일송, 「대전 전투와 미군의 전투효율성」, 『군사연구』, 130, 2020, 121-146쪽.

박희태, 2015, 「영상역사연구의 쟁점들」, 허은 엮음, 『영상과 아카이빙 그리고 새로운 역사쓰기』, 선인, 2015, 67-96쪽.

백민정, 「대전 지역 6·25 전쟁 체험담의 유형별 특성과 존재 양상」, 『어문연구』, 95,

2018, 121-161쪽.

백민정, 「대전 지역 6·25 전쟁체험담 중 적군에 의한 민간인 피해담의 유형별 서사 분석과 존재 양상」, 『어문연구』, 98, 2018, 143-188쪽.

임재근, 「한국전쟁 시기 대전지역 민간인 학살 연구」, 북한대학원대학교 석사학위논문, 2016.

임재근, 「한국전쟁기 대전전투에 대한 전쟁기억 재현 연구」, 북한대학원대학교 박사학위논문, 2020.

육군본부, 『낙동강에서 압록강까지-제1집』, 육군본부, 1963.

전갑생, 「한국전쟁기 대전의 피해상과 전후 복구」, 대전광역시, 『한국전쟁에서 4월혁명까지의 대전』, 대전광역시, 2020, 100-153쪽.

허은, 「기록영상물의 공공재화와 영상역사 쓰기 : '제국-국민국가' 서사를 넘어서」, 『역사비평』 109, 2014, 324-355쪽.

Appleman, Roy E., *South to the Naktong, North to the Yalu*: *June-November 1950*, Office of the Chief of Military History, 1961.

Dean, William F., *General Dean's story*, The Viking Press, 1954.

제8장

통제된 이동과 경계의 조정 – 임진강 및 주변 지역 다리 영상을 중심으로

김민환

I. 서론

흔히 강이나 바다 위의 다리는 자연의 장애물을 뛰어넘어 양쪽을 이어주는 통행로로서만 생각되지만, 다리를 봉쇄하는 순간 통행 자체를 효율적으로 막는 장벽으로서의 성격도 동시에 갖는다. 다리의 이런 이중적 성격에 특별한 관심을 갖는 관계론적 지역 연구는, 여러 다양한 연결성과 이동, 그리고 이러한 연결성에 의해 촉발되는 새로운 탈영역적 정체성, 이해관계, 권력 투쟁 등에 의해 관심을 갖는다. 즉, 도시와 지역은 더 이상 영역적 일체감을 자동적으로 가진 것이 아니라, 흐름, 이질적인 것들의 병렬적 배열, 경계와 장벽의 투과성, 관계적 연결성 등과 같은 공간성에 의해 만들어지는 것으로 이해되는데,[368] 이런 이동과 흐름을 구조화하는 대표적인 장치가 바로 다리인 것이다.

한국전쟁 전후 임진강 다리의 운명은 통행로이자 동시에 장벽인 다리의 성격을 가장 잘 보여준다. 일반적으로 전쟁은 많은 것을 파괴한다. 그러나 역설적이게도 전쟁은 또한 많은 것을 만들어 낸다. 방어 및 공격을 위해 다리를 파괴하기도 하고 새로 복구하기도 한다. 전황이 바뀌면 파괴와 건설의 담당자가 바뀌기도 한다. 임진강 다리는 전쟁의 전황에 따라 파괴와 복구, 재파괴와 재건 등이 반복되었는데, 이는 전황에 따라 아군과 적군의 경계가 어떻게 조정되었는지를 확인하는 지표 중 하나로 기능할 수 있다. 즉, '톱질 전쟁'이라는 한국전쟁의 특징을 임진강 다리의 파괴와 복구, 재파괴와 재복구 과정을 통해 드러낼 수 있는 것이다.

전쟁의 수행 당사자 중 하나인 미군은 이 임진강 다리와 관련된 많은 영상을 생산했다. 이런 영상은 대부분 홍수에 의해 부서져서 수리되거나 새로 만들어지는 다리의 건설 장면들을 담고 있다. 이 다리의 영상을 통해 무엇을 말할 수 있을까? 이 영상은 그 자체로는 단순한 '정보', 즉, 공정 및 다리가 놓인 강의 상태 등을 그냥 보여줄 뿐인 정말 재미없는 영상이다. 그러나, 이런 재미없는 영상을 관련 자료나 다른 영상 자료 혹은 사진 자료와 교차해서 검토하면 무엇인가 새로운 이야기를 할 수 있을지도 모른다.

이 글에서 시도하는 것은 두 가지이다. 일차적으로 시도하는 것은 미군이 촬영한 임진강 및 주변 지역 다리를 촬영한 푸티지(footage) 영상을 활용해 한국전쟁 기간 이동이 통제되고 경계가 새롭게 조정되는 과정을 전사(戰史)와 연관해서 '가시화'할 가능성을 탐색하는 것이다. 다른 하나는 이 푸티지 영상들이 2차 혹은 3차 영상으로 전환되어 활용될 때 어떤 것들이 선택되고 어떤 것들이 배제되며, 그 선택과 배제의 이유는 무엇인지, 그리고 그 결과는 무엇인지를 검토하는 것이다. 만약 이것이 성공한다면, 사람이 아닌 '사물'로 그 지역의 역사를 새롭게 보여주는 색다른 역사쓰기가 가능할지도 모르겠다.[369]

이 글에서 다루는 영상은 임진강과 그 주변 다리를 미군이 촬영한 푸티지 필름과, 그것을 활용해 미국 시청자들 혹은 한국의 시청자들에게 보여줄 목적으로 가공된 2차 혹은 3차 영상들이다. 이 중 미군이 미국인을 대상으로 만든 프로그램은 《빅픽처》(Big Picture)라는 시리즈의 두 에피소드, 〈38선을 건너는 유엔군〉(The United Nations Forces Cross the 38th Parallel), 〈공병 임무〉(Engineer Mission)가 그 중심이 된다. 《빅픽처》 시리즈는 한국전쟁이 한창이던 1951년 말부터 1971년까지 20년에 걸쳐 미국의 텔레비전에 방송된 주간 텔레비전 프로그램이다. 방영 초기인 1952년 3월의 시점에 미 전역에서 방송 중인 108개 라이센스 방송국 중에서 83개 방송국이 《빅픽처》 쇼를 방송했고 최고 시청율이 13.5%에 달했을 정도로 인기를 끌기도 했다.[370] 한국인을 대상으로 만든 영상은 국립영화제작소가 제작한 문화영화 〈아리랑 다리〉이다. 이 영화는 미군 촬영 푸티지 필름-《빅픽처》-《대한뉴스》-문화영화로 이어지는 과정을 환기하면서, 한국을 바라보는 미군의 시각이 어떻게 한국인들에게 내면화되는지를 살펴볼 수 있는 흥미로운 소재이다.

II. 전쟁사의 재현 속에 나타나는 임진강 다리들: 임진강 철교 및 기러기 다리와 〈38선을 건너는 유엔군〉(The United Nations Forces Cross the 38th Parallel)

1. 임진강 철교의 운명: 파괴와 복구, 재파괴와 재복구

파주는 한성과 개성 중간에 위치해 있어 '두 서울 중간에 유숙하는 곳, 삼(三)도에서 모여드는 길'이라 불려 왔다. 이런 파주의 입지는 한국전쟁 발발 이전까지 유지되었고, 휴전회담 및 포로 교환 과정에서도 변함이 없었다. 무엇보다 서울과 개성을 연결하기 위해서는 임진강을 건너야 하는데, 전통적으로 임진강을 건너는 중요한 지점은 두 개였다. 하나는 기차로 임진강을 건너던 임진강 철교이고 다른 하나는 배를 통해 임진강을 건너던 임진나루였다.

이 두 지점이 한국전쟁 당시에 겪었던 여러 상처들은, 다리 혹은 '다리에 준하는 것'이 이동과 흐름의 통로이자 장벽이라는 운명을 가장 압축적으로 보여준다. 적을 공격하기 위해서는 다리를 건너야 하지만, 적의 공격을 막기 위해서는 다리를 막거나 파괴해야 했기 때문이다. 특히 임진강 철교의 파괴와 복원, 재파괴와 재복원의 역사는 '톱질 전쟁'으로서의 한국전쟁 전사(戰史)의 축소판이다.

1906년 경의선 개통과 함께 기능을 시작한 임진강 철교는, 비록 1945년 8월 15일 경의선이 서울-개성까지 축소 운행되었지만, 한국전쟁이 발발하기 전까지도 여전히 임진강을 건너는 중요한 통로였다. 한국전쟁 개전 이후 임진강 철교는 1950년 10월 4일 인민군이 후퇴하면서 파괴된 것으로 알려져 있다.[371] 임진강 철교의 첫 파괴였다. 그 이후 1950년 11월 남한에 의해 수리되어(첫 번째 복구) 11월 17일에 서울-평양 간 경의선이 시운전되었다.[372] 그러다가 중국 인민지원군의 개입으로 미군과 한국군이 후퇴하게 되는 1950년 12월 31일 경의선이 마지막으로 운행되었다.[373]

임진강 철교가 정확하게 언제 재파괴되었는지는 특정할 수 없지만, 1950년 12월 미 공군에 의해 금촌부터 철원까지 초토화작전이 전개되었고 임진강 일대에 방어선이 구축되어 폭격이 빈발했다. 고랑포리와 임진강에서 인민군 공병대가 교량 수리 활동을 벌인다는 첩보가 입수된 뒤 교량 파괴를 위한 폭격이 실시되었다.[374] 이 폭격에 의해 임진강 철교가 폭파되었는지는 확실하지 않다. 1951년 1월 두포리와 문산리에 대규모 폭격이 이어졌고 금촌의 주요 건물과 문산역, 장단역이 파괴되었다. 결과적으로 임진강 철교는 1950년 12월 말에서 1월 초 사이에 미군의 폭격에 의해 두 번째 파괴되었다고 할 수 있다.[375]

임진강 철교의 두 번째 복구는 1952년 2월부터 미 제84건설공병대
대에 의해 본격적으로 시작된다. 그보다 앞서 1951년 12월 그 위치에 부
교가 설치되었으나 임진강의 얼음을 버텨내지 못하고 1952년 1월 4일
부서져 버렸다. 그 후 2월 15일에 제84공병대대는 약 한 달 간의 공사
끝에 부교가 아닌, 나무 파일을 이용한 임시 도로를 완성했다. 이 다리는
파괴된 두 철교(상행선 철교와 하행선 철교) 사이에 철교보다 아주 낮은 수
위로 만들어진 임시 다리였다.[376] 이 임시 다리의 완성 이후 본격적으로
임진강 철교의 상행선은 복원되기 시작한다. 물론 임진강 철교 상행선의
본격적인 복원을 위한 공사가 시작된 이후에도 이 임시 다리는 지속적으
로 피해를 입고 보수되었다.[377]

1952년 7월 임진강 철교의 상행선이 개통되었다.[378] 이때의 복구
공사를 통해 원래 열차 통행에 사용된 임진강 철교는 트럭 및 지프 등이
다닐 수 있는 자동차용 다리가 되었다. 원래 임진강 철교는 상행선 철교
와 하행선 철교 모두를 지칭하는 것이었는데, 이때 파손 상태가 심한 하
행선 철교는 그대로 두고 복원이 상대적으로 쉽고 가능한 상행선 철교만
보수했던 것이다. 그리고 원래 철도교였기 때문에 복원한 다리를 자동차
다리로 쓰기 위해서는 육지의 도로와 복원된 철교를 연결하는 별도의 교
량을 만들어야 했다. 이런 과정을 거치면서 이 다리의 이름은 '자유의 문
다리' 혹은 '자유의 다리'로 번역되는 'Freedom Gate Bridge'로 새로 지
어지게 된다.[379]

이 복원 과정의 복잡함 때문에 '자유의 (문) 다리'의 범위가 미군과
파주 사람 사이에서 다르게 인식되게 되었다. 미군은 임시 보행자 다리
와 임진강 철교를 이용한 (자동차용) 다리, 철교와 연결되는 별도의 다리
전체를 '자유의 (문) 다리'라고 부른 반면, 파주 사람들은 임진강 철교를
제외한 다리를 '자유의 다리'라고 부르게 된 것 같다. 나중에 최초로 설
치된 임시 보행자 다리가 철거되고 임진강 철교와 육지를 연결하는 별도

의 다리만 남게 되었을 때, 후자만 '자유의 다리'라고 인식되었다. 그리고 그 다리를 별칭으로 '독개다리'라고도 했다.[380] 파주 사람들에게 임진강 철교와 자유의 다리는 다른 다리였던 반면, 미군들에게는 임진강 철교의 역사성이 그렇게 중요하지 않았던 것 같다.

2. 임진나루에서 '기러기(Honker) 다리'로

'기러기 다리'는 과거 임진나루 자리에 만들어졌다. 임진나루 바로 앞에는 임진진이 설치되어 있었고, 성벽이 둘러싸고 있었는데, 그 성벽 문을 진서문이라고 했다. 임진진 성벽과 진서문은 1948년 9월 13일에 찍힌 사진을 통해 그때까지 온전한 형태로 남아 있었다는 사실을 확인할 수 있다(사진 1) 참조). 그러나, 1951년 3월 31일 촬영된 영상을 보면 성벽이 파괴되어 있다(사진 2) 참조). 1948년 9월에서 1951년 3월 사이에 파괴된 것임을 알 수 있는데, 정황상 임진강 철교가 파괴된 1950년 12월-1951년 1월 초까지 실시된 미군의 대규모 폭격에 의해 파괴된 것으로 보인다. 그 후 1951년 6월 20-22일 동안 이 임진나루 자리에 만들어진 다리가 바로 기러기 다리이다. 기러기 다리도 임진강의 다른 다리와 마찬가지로, 임진강의 홍수로 인해 여러 번 유실되고 다시 복원되는 과정을 거친다.

나중에 살펴볼 《빅픽처》 시리즈의 〈38선을 건너는 유엔군〉 에피소

사진 1 진서문 성벽 모습, 〈111-SC-335814〉, 1948.9.13.
사진 2 〈111-ADC-8763〉의 한 장면, 1951.3.31.

드에서는 임진강 다리와 관련된 새로운 정보 두 가지가 제공되고 있다. 첫째, 어쩌면 당연하겠지만, 중국 인민지원군과 북한인민군이 공세로 전환할 때 임진강 여러 곳에 다리를 놓았다는 사실이다. 영상을 통해 그 흔적을 볼 수 있는데, "한국군 사단이 임진강을 건너다" 하위 세션의 첫 장면이 그것이다. 이 장면의 장소는 임진나루이고, 이후 미군에 의해 기러기 다리가 놓여지는 곳이다. 두 번째, 이것도 역시 당연하지만, 이 영상의 배경이 되는 시점에 공산 측에서 후퇴할 때 자신들이 만든 다리를 모두 파괴했다는 것이다. 탱크로 임진강의 얕은 곳을 건너서 임진강 북쪽을 정찰하는 장면에서 내레이션을 통해 이 정보가 제공된다(24분 30초). 그렇기 때문에 이 에피소드에서 임진강을 건널 때 배를 이용한 장면이 많이 보인다. 이 정보가 더해지면서 기러기 다리의 역사가 상당 부분 더 정확해졌다.

앞에서 이야기한 것처럼, 6월 20~22일 사이에 기러기 다리가 만들어지게 된다. 그러나, 만든 지 며칠 후인 6월 25일에 미군은 이 다리를 자진해서 폭파해 버린다. 중국 인민지원군의 공격이 임박했다는 정보 때문이었다.[381] 그러나, 이 정보와 달리 다리가 철거되기 이틀 전 말리크(Yakov Malik) 주유엔 소련대사는 「평화의 가치」라는 제목의 연설을 통해 "소련 인민은 한국 문제의 평화적 해결을 종용하고, 교전국 간의 정전협상 토의가 시작되기를 희망한다"라고 발표했다. 애치슨(Dean G. Acheson) 미 국무장관이 이 연설에 호응했고 리지웨이(Matthew B. Ridgway) 유엔군 최고사령관은 원산 앞바다에 정박 중인 병원선에서 정전회담을 열자고 제의했다. 하지만 공산군 측의 요구로 7월 10일 개성 내봉장에서 최초의 정전협상이 시작된다.

미 제1169공병대는 정전협상에 맞추어 같은 위치에 좀 더 안정적인 다리를 건설하기 시작한다. 군사용 부교가 철거된 자리에 정전협상 대표단과 기자단이 사용할 새로운 기러기 다리가 건설된 것이다. 7월 11

사진 3 1951년 7월 11일 정전협상을 마치고 기러기 다리를 건너 돌아오고 있는 차량, 〈111-ADC-9010〉

사진 4 자유의 문 다리를 통과해서 교환되는 부상병 포로들, 〈111-LC-32504〉

일과 15일에 걸쳐 미군이 촬영한 영상 〈111-ADC-9010〉에는 11일 리지웨이 사령관이 대표단을 환송하는 모습과 15일 개성 내봉장에서 회담을 마친 차량이 기러기 다리를 건너 사령부로 돌아오는 장면이 담겨 있다(사진 3). 정전협상 대표단은 기러기 다리를 건너 선유리의 사과밭에 마련한 유엔군 임시사령부와 개성 내봉장을 오가며 협상을 계속 진행했다.

정전협상장으로 향하는 기러기 다리도 만들어진 지 한 달여 만에 파괴되고 만다. 이번에는 인간이 아닌 자연에 의한 것이었다. 기러기 다리는 홍수에 의해 여러 번 유실되고 복구하는 과정을 거친다. 1951년 11월부터 정전협상 장소가 개성 내봉장에서 옛 판문점[382]으로 변경된다. 기러기 다리는 이때에도 여전히 옛 판문점으로 가기 위해 임진강을 건너는 통로였다.

1953년 4월 부상병 포로의 교환('리틀 스위치' 작전)부터 6월의 '빅 스위치'까지 포로의 교환은 자유의 문 다리를 통해서 전개되었다(사진 4). 또, 1954년 1월 대만으로 가는 중국 인민지원군 포로와 북한으로 송환되기를 거부한 인민군 포로는 기러기 다리를 건너 판문점까지 간 이후 인천 혹은 포항 등 각자의 목적지로 이동하게 된다. 1951년 3월부터 한국전쟁 서부 전선의 전사는 이렇게 다리의 역사를 통해서 요약될 수 있다.

3. 〈38선을 건너는 유엔군〉에서 보여주는 것과 보여주지 않는 것

임진강 다리가 등장하는 가장 많은 푸티지 필름의 유형은, 다음 절에서 살펴볼 다리 건설 장면이다. 이것 이외에는 다른 군사작전이 실시될 때 임진강 다리가 배경으로 등장하는 것이다. 이 유형의 푸티지 필름에서 가장 많이 등장하는 것은 임진나루와 그 위에 놓인 기러기 다리이다. 이 절에서는 임진나루와 기러기 다리를 촬영한 푸티지 영상의 내용과 그것을 활용하여 어떤 2차 생산물을 만들어 냈는지를 《빅픽처》 시리즈의 한 편을 검토하면서 살펴볼 것이다. 그것은 임진강 돌파 장면을 주요 소재로 한 《빅픽처》 에피소드 〈38선을 건너는 유엔군〉이다.

이 편을 본격적으로 분석하기 전에 앵커 역할을 맡은 칼 짐머맨 (Carl Zimmerman) 대위의 오프닝 멘트를 소개할 필요가 있을 것 같다. 《빅픽처》의 위상, 목적, 제작 방식 등을 앵커가 직접 설명하는 부분이기 때문이다. 짐머맨은 "《빅픽처》는 어디서든 발발할 수 있는 공산주의자의 공격을 중단시키기 위해 미국인, 즉 당신에게 헌신하는 군대가 당신에게 하는 보고"라고 말한다. 그런 다음, 이번 편에서는 한국전쟁의 진행 상황을 추적하려고 하는데, 거기에 활용되는 것은 "우리 참전 용사로부터의 직접 보고와 전투 카메라맨이 촬영한 미 육군 통신대의 필름 등입니다. 전투 카메라맨들은 《빅픽처》에게 사건들이 마치 오늘 발생한 것처럼 (생생하게) 매일 보고를 하는 사람들입니다"라고 소개한다. 《빅픽처》의 성격과 제작 방법 등을 매우 축약해서 말하고 있다. 그러나, 뒤에서 살펴 보겠지만, 전투 카메라맨들이 찍은 영상들은 선택되고 편집되어 방영된다.

이 에피소드는 1951년 3월 20일부터 4월 20일까지의 전황을 보여준다. 이 시기는 유엔군이 1951년 3월 14일 서울을 재탈환한 이후 계속 북상하여 38선을 넘거나 넘기 직전의 순간이다. 가장 먼저 지도와 내레이션을 통해 이 시기의 전황을 개괄적으로 설명하는데, 춘천과 화천 지역에서 먼저 38선을 넘고 서부 전선은 좀 늦게 넘는 것으로 표현된다. 에피소드는 주로 서부전선에서 유엔군이 38선을 넘는 과정을 묘사한다.

이 부분이 끝나면 "낙하산 부대원들 문산 부근에 착륙하다"는 하위 세션으로 이어진다. 서부전선에서 38선을 넘기 위해서 취해진 첫 번째 작전은 적 점령 지역에 낙하산 부대원들이 중화기와 함께 침투하는 '토마호크(tomahawk)' 작전이다. 이 부분은 침투 지역 확인 → 탑승 준비 → 비행기 탑승 → 장비 선적 → 이륙 및 비행 → 점프 → 목적지 도착의 순서로 되어 있으며, 내레이션에 의해 각각의 장면들이 설명되고 있다. 이어서 토마호크 작전과 동시에 미군 탱크부대가 진격을 시작하는 것으로 마무리되고 있다.

다시 스튜디오의 짐머맨 대위가 나와서 이 일은 1951년 3월 한국에서 있었던 일이었음을 환기한다. 그리고 이 시기 미 제1기갑사단 제7연대 소속으로 전투에 참가한 짐 바인스(Jim Vines)가 출연하여 그 이전 한강을 건너서 북진할 때부터의 경험을 이야기한다. 그는 중국 인민지원군을 참호에서 이끌어냈던 가장 효율적으로 수단이 네이팜탄 폭격이었다고 증언하는데, 그걸 이어서 바로 네이팜탄 폭격 장면이 방영된다. 네이팜탄의 폭격 이후 보병들의 진격, 격렬한 전투, 그리고 하나둘씩 되찾는 언덕, 그 언덕 위에서 불을 쬐며 쉬는 미군들의 모습으로 이 부분은 끝난다. 여기서는 내레이션은 아주 제한적으로 덧붙여지고 전투 장면을 찍은 푸티지 영상들을 편집해서 보여주는 데 집중한다.

그 다음으로 "한국군 사단이 임진강을 건너다(R.O.K. DIVISION CROSSES IMJIN RIVER)"는 이름이 붙은 하위 세션이 이어진다(12분 9초~14분 40초). 이 세션의 공간적 배경은 기러기 다리가 설치되는 임진나루 부근이며, 주역은 한국 육군 제1사단장 백선엽과 그의 부대원들이다.

다음은, 약간 뜬금없지만, 아이젠하워가 나토의 활동을 공식화하는 역사적 문서에 서명하는 장면과 이어서 나토 본부가 건설되기 시작했다는 소식이 전해진다. 그런 후 다시 "보병 탱크 팀이 38선을 넘다"는 하위 세션이 방영된다. 보병 탱크 부대가 출발하여 임진강을 넘어서 임진강 북쪽 지역을 순찰하는 장면이다. 적의 저항이 그렇게 심하지 않지만, 경의선 철길 부근의 마을에 접근할수록 저항이 심해져서 교전이 벌어지는 장면을 담고 있다. 이 팀은 무사히 임무를 완수한 것으로 말해진다. 그리고 여기에 참여한 또 한 명의 미 제1기갑사단 사단 관계자(준사관, Warrant Officer)이 출연해서 짐머맨과 이야기를 나눈다. 여러 이야기를 나누고 '리포트를 듣자'며 마치 뉴스 앵커가 현장 기자의 이야기를 듣는 것처럼 화면이 전환된다. 마지막 부분은 점령한 지역을 탱크와 함께 순찰하는 장면 등으로 이루어져 있다.

〈38선을 건너는 유엔군〉 편은 푸티지 필름이 2차 산물로 전환되는 과정을 관찰하는데 있어 매우 유용하다. 미군이 촬영한 여러 푸티지 필름을 이용해서 특정한 내러티브를 만들어내는 모습을 확인할 수 있다. "한국군 사단이 임진강을 건너다" 하위 세션에서 이것을 구체적으로 검토할 수 있다. 이 하위 세션은 1951년 3월 27~28일 사이 유엔군이 문산까지 도달해서 계속 북쪽으로 나아가는 장면을 촬영한 푸티지 필름(111-ADC-9486)과 함께 3월 31일 임진강 도하를 준비하는 유엔군과 한국군의 모습이 촬영된 푸티지 필름(111-ADC-8763) 두 가지를 활용해서 만들어졌다. 이 영상들은 모두 극동사령부 제183통신중대의 중사 반즈(Barnes)와 상병 로마노프스키(Romanowski)가 촬영했다. 초반에는 미군이 155mm 포를 발사하는 장면이 촬영되어 있으며, 그 다음에는 주로 백선엽이 지휘하는 한국군 활동이 촬영되어 있다. 그 과정에서 임진나루에서 강을 건너는 배의 모습과 전투 중에 사로잡힌 중국 인민지원군 포로의 장면들도 보인다. 한국군과 함께 있거나 다른 장소에 따로 있는 미군의 모습도 중간중간에 나온다.

이 푸티지 필름들과 〈38선을 건너는 유엔군〉의 영상을 함께 보면 이 두 영상의 순서가 다른 부분이 있다는 사실을 알 수 있다. 〈사진 5〉에

사진 5 〈111-ADC-8763〉의 순서. 각각 1분 4초(반즈 촬영롤 2), 7분 52초, 8분(로마노프스키 촬영롤2)

서 보는 것처럼, 〈111-ADC-8763〉 푸티지 필름에서는 포를 쏘는 장면이 가장 먼저 나오고, 다음으로 미군 통신병이 통화하는 장면, 마지막으로 한국군 통신병이 통화하는 장면 순으로 나온다. 그러나, 〈38선을 건너는 유엔군〉에서는 이 순서가 완전히 거꾸로 되어 있다(사진 6). 〈사진 6〉의 순서를 통해 '한국군의 포격 지원 요청, 미군의 수용, 미군의 포 지원 사격'이라는 내러티브가 제시되고 있고, 내레이션을 통해 정확하게 전달된다. 그러나, 〈사진 5〉의 푸티지 필름만으로는 이런 내러티브가 전혀 만들어지지 않는다. 촬영 순서도 뒤집혀 있다. 〈사진 6〉의 앞 장면 하나와 뒷 장면 두 개는 촬영자가 다르고 롤도 다르기 때문에 확실하게 촬영 순서를 알지 못한다고 하더라도, 뒷 장면 두 개는 동일한 촬영자의 동일한 롤에 찍혀있기 때문에 확실히 미군 통신병의 통신 장면이 먼저 찍혔고, 국군 통신병의 통신 장면이 뒤에 찍힌 것이다.

이 푸티지 필름은 어디까지가 미리 의도해서 찍은 것일까? 아마도, 국군의 작전을 주로 찍되 미군과 국군이 협력하고 있다는 것을 드러내겠

사진 6 〈38선을 건너는 유엔군〉의 순서. 각각 13분 7초, 13분 12초, 13분 18초

다 정도는 정해져 있었을 것이다. 이 두 푸티지 필름에서 미군과 국군이 함께 무엇인가를 하고 있거나 대화를 나누고 있는 장면은 꽤 많이 등장하는 것을 보면 말이다. 그러나, 미군과 국군의 협력을 짧은 시간에 표현하기 위해 〈사진 6〉의 순서대로 필름을 편집하는 것까지는 정해져 있지 않았을 확률이 더 높다. 그러기에는 이 푸티지 필름이 담고 있는 내용이 너무나 방대하기 때문이다.[383] 이렇게 만들어진 내러티브는 한국전쟁에서 미군만 참전하고 있는 것이 아니라 미군은 한국군과 함께 '유엔군'의 일원으로서 함께 싸우고 있다는 점을 아주 간단하게 부각하고 있다.

사실 푸티지 필름을 보고 몇 장면을 선택한 다음 특정한 내러티브가 부각되도록 편집하거나, 아니면 특정한 주제를 이야기하면서 배경으로 관련 있는 푸티지 영상을 단순히 배치하는 방식이 2차 생산물을 만들어내는 일반적인 방식이다.[384] 이 점은 원래부터 촬영 목적이나 대상, 동선 등이 분명한 경우를 생각해 보면 분명해진다.

예를 들면, 이 편의 "낙하산 부대원들 문산 부근에 착륙하다"는 하위 세션을 생각해 보자. 각주 16)에서 언급한 《미 육군 필드 매뉴얼 11-40(FM 11-40)》에 의하면, 낙하산을 이용한 공수작전은 다른 작전보다 작전의 실행 과정에서 시간적 제약이 분명하고, 목적지까지 가는 장소 또한 비행기 안이기 때문에 다른 작전보다 범위가 좁아서 찍을 대상 및 순서가 명확하고, 촬영자의 위치까지도 대략 정해져 있다.[385] 게다가 제일 마지막에 촬영자가 점프한 후 위치를 잡아 카메라를 촬영해야 한다는 내용도 있다.[386] 이 하위 세션은 자리를 잡은 카메라맨이 카메라를 위로 하여 내려오는 낙하산을 찍는 앵글로 끝나고 있다. 이 하위 세션의 푸티지 필름을 아직 발견하지 못했기 때문에 단언할 수 없지만, 이렇게 분명한 장면을 보여주는 하위 세션도 푸티지 필름에서의 선택과 배치, 즉 편집을 피할 수는 없다. 단 한 명의 카메라맨으로는 이 작전 전체를 촬영할 수는 없기 때문이다. 그러니까 정도의 차이는 있지만, 푸티지 필름에서 2차 생산물로의 전환은 그 자체로 선택과 배제의 과정이 내포되어 있는 것이다.

이런 관점에서 생각하면, 중요한 것은 오히려 푸티지 필름에는 있지만 2차 산물에는 없는 어떤 장면들이다. 이것들은 선택된 내러티브의 잔여적인 것들이지만, 혹은 그것들과 적대적인 것들이지만, 그 때문에 훨씬 다양하고 풍부하게 푸티지 필름의 활용을 가능하게 할 수 있다.

사진 7 중국 인민지원군 포로, 〈111-ADC-8763〉
사진 8 파주 지역의 피난민들, 〈111-ADC-9486〉

사진 9 농사짓는 할아버지와 손자, 〈111-ACD-9486〉
사진 10 농사짓는 사람, 〈111-ACD-9486〉

푸티지 필름에는 꽤 많은 분량으로 촬영되었지만 〈38선을 건너는 유엔군〉 편에는 전혀 노출되지 않는 '존재'들을 쉽게 확인할 수 있다. 〈111-ADC-8763〉에는 중국인민지원군 포로들의 장면이 꽤 많이 촬영되어 있으며(사진 2 및 사진 7), 백선엽이 이들과 지도를 보며 이야기를 나누는(심문하는?) 장면도 촬영되어 있다. 또, 〈111-ADC-9486〉에는 피난민(사진 8)이나 농사를 짓는 사람(사진 9, 사진 10) 등 많은 민간인들의 모습을 찾아볼 수 있다. 〈38선을 건너는 유엔군〉에는 전혀 등장하지 않는 이 존재들은 이 에피소드의 목적인 '전황'을 전하는 데 방해가 되기 때문에 노출되지 않는 것은 어쩌면 당연할 수도 있다. 그러나, 다른 한편으로 이 존재들의 '불편함'이 방송의 목적을 배반할 가능성 때문에 이들의 모습이 사라진 것일 수도 있다. 만약 이 존재들이 야기하는 '불편함'을 주제로 하는 어떤 2차 영상물을 만든다면, 이 푸티지 필름은 다른 방식으로 활용될 수 있을 것이다.

III. '임진강의 정복자들'과 미 공병의 기술적 탁월함: 〈공병 임무〉(Engineer Mission)를 중심으로

1. 전선 교착과 임진강의 새 다리 건설

1951년 3~4월을 거치면서 국군과 유엔군은 임진강을 건너 북상하는 데 성공한다. 그러나 6월이 되면 전선이 교착되어 중국 인민지원군과 임진강 북쪽에서 대치하게 된다. 임진강 북쪽에 국군과 유엔군이 주둔하게 됨에 따라 임진강 북쪽의 최전방 부대와 임진강 남쪽의 보급부대 사이의 연결을 위해 임진강 곳곳에 다리가 필요해졌고, 실제로 많은 다리가 새롭게 건설되었다.[387] 유엔군의 북상 속도가 빨랐던 서부 전선의 동쪽, 그러니까 연천군 쪽의 임진강부터 다리가 건설되기 시작하였다. 가장 먼저 만들어진 것은 1951년 6월 6일 라이트(Wright) 상병(Corporal) 다리였다. 그 후 휘슬러(Whistler) 다리가 만들어지고, 6월 20~22일 사이에 기러기 다리(Honker)가 만들어지게 된다.[388] 1951년 10월까지 임진강에는 모두 7개의 다리가 새로 생겨나게 되었다(그림 1 참조). 이 지도에서 CCF는 중국 인민지원군, ROK는 한국군, Brit는 영국군, Cdn은 캐나다군을 뜻한다.[389]

처음에는 부교 등이 임시적으로 설치되었지만, 점차 안정적인 다리가 만들어졌다. 1952년 여름이 시작될 무렵 임진강에는 총 5개의 상로교(high-level bridge)와 1개의 하로교(low-level bridge), 여러 개의 부교가 설치되어 있었다.[390] 이들을 합치면 모두 11개였다(그림 2 참조). 이 중 7개가 파주시 관내에 위치하였다. 왼쪽부터 1번 자유의 문 다리, 2번 기러기 다리, 3번 저어새(Spoonbill, 전진교) 다리, 4번 엑스레이 다리(Libby 다리, 북진교), 5번 홍머리오리(Widgeon) 다리, 6번 쇠오리(Teal) 다리, 7번 고방오리(Pintail) 다리(Parker memorial 다리)이다. 8번 라이트 상병 다리부터 11번 말라드(Mallard) 다리까지는 연천군 관내의 다리이다.

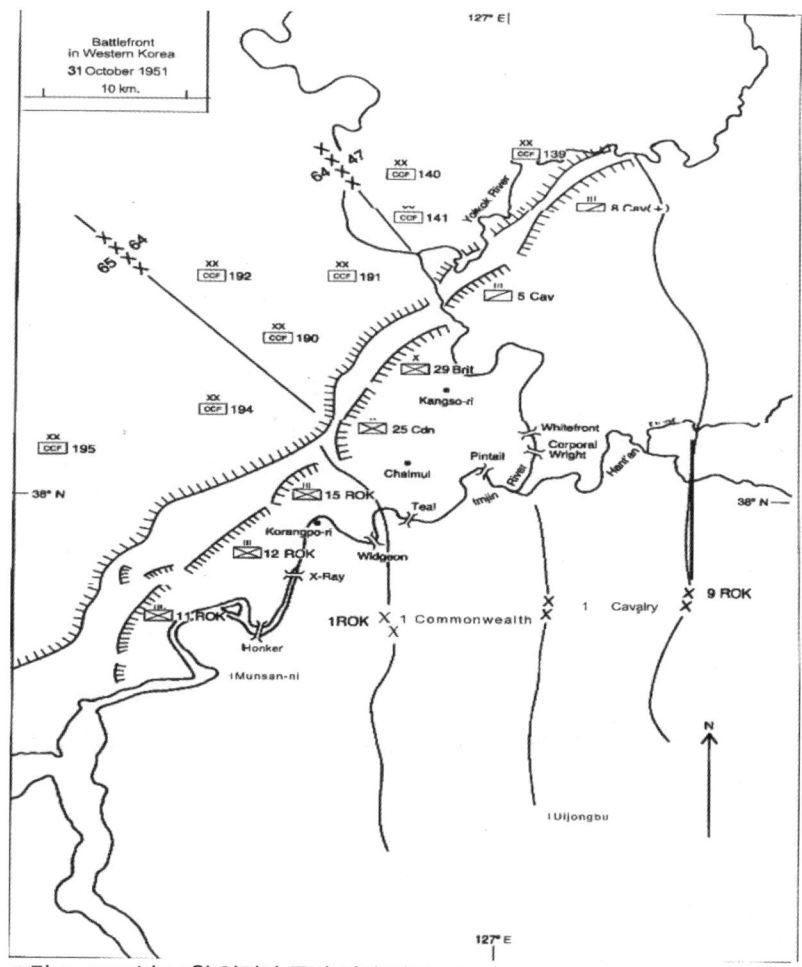

그림 1 1951년 10월 임진강 주변 전장 지도. Charles Hendricks ed., op. cit., p.9.

앞에서 말한 것처럼, 1952년 7월 중순 장마가 시작하기 직전에 자유의 문 다리가 완공되었다. 이 시점에서 이 다리들 중 자유의 문 다리를 제외하고는 다리의 기둥이 대부분 나무로 만들어져 있었다. 따라서 여름철 홍수와 겨울철 결빙으로 자주 통행이 제한되었고, 홍머리오리 다리는 홍수에 무너지지 않는 대신 높이가 낮아 물에 쉽게 잠겨버렸다. 이런 임진강의 위협에 대해 완전히 인식하고 있던 군단사령부는 각 부대별로 하

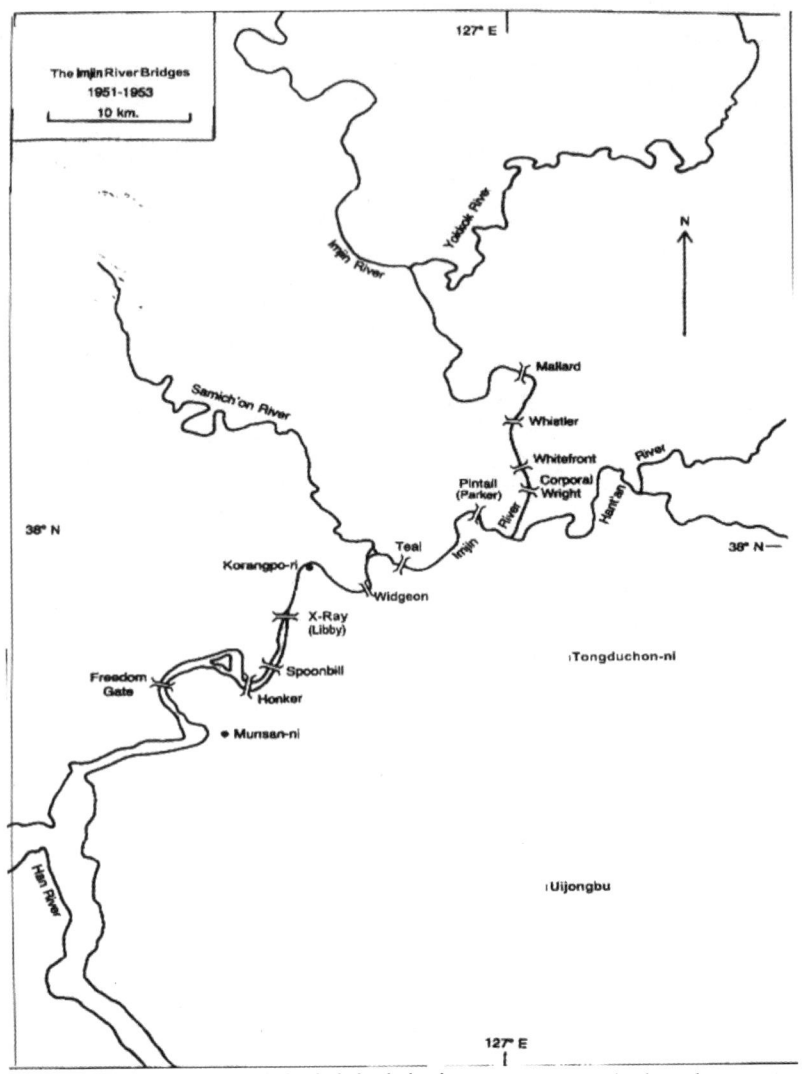

그림 2 1951–1953년까지의 임진강 다리 지도. Charles Hendricks ed., op. cit., p.5.

천 수위와 결빙에 대해 신속히 대응하라는 책임을 부여하는 한편 교량을 보호하기 위한 잔해물 제거용 폭탄과 보트, 야간 탐조등 등을 준비하게 지속적으로 준비하게 했다. 하지만 1952년 여름의 기록적인 홍수는 이러한 준비를 무용지물로 만들어버렸다. 7월 27일에 내린 비는 홍머리오리 다리를 조금 넘치는 정도였지만 28일에는 극심한 폭우로 바뀌어 쇠오리 다리와 엑스레이 다리의 교각을 파괴했다. 8월 24일 다시 한 번 찾아온 폭우는 홍머리오리 다리를 완전히 파괴했고 엑스레이 다리를 또 한 번 타격했다.

    미 제1군단은 파괴된 다리들을 일부 복구하기도 했지만, 엑스레이 다리와 쇠오리 다리 두 개의 다리는 완전히 새로운 다리를 건설하기로 결정한다. 엑스레이 다리는 상로교로, 쇠오리 다리는 하로교로 각각 건설될 예정이었다. 미 8군 공병사령부(8th Army Engineer)는 임진강 홍수를 견딜 수 있는 교량의 설계 및 건설을 위한 광범위한 연구를 실시했고, 제2건설공병단(2nd Engineer Construction Group)은 미 8군 공병사령부에서 제공한 기본 데이터를 기반으로 자체 연구를 통해 적합한 다리 설계를 진행했다. 그리고 '임진강의 정복자(The Conquerors of the Imjin)'라고 불린 미 제84건설공병대대(84th Engineer Construction Battalion)는 완전히 새로운 다리를 건설하라는 지시를 받고 이를 실행에 옮겼다. 이렇게 만들어진 엑스레이 다리는 미국 모든 주의 고속도로 시스템에 도입할 수 있을 만큼 뛰어난 기술력과 완성도를 자랑했고, 쇠오리 다리는 홍수에도 파손되지 않게 설계된 실험적인 다리였다. 1953년 7월에 찾아온 홍수로 첫 시험에 오른 두 다리는 큰 파손 없이 무사히 임무를 수행해냈다.

사진 11   1952년 홍수로 파괴된 엑스레이 다리와 쇠오리 다리, *Construction of Libby and Teal Bridges*, op. cit.

흥미롭게도 한국전쟁 당시 임진강에 생겨난 다리에는 주로 새의 이름이 붙어 있었다. 엑스레이 다리는 이 명칭에서 예외였다. 이 다리는 나중에 리비(Libby) 다리가 된다. "이 다리를 건설하는 동안 두 명의 사상자가 발행하였다. 1953년 1월 1일 카투사 대위 김호덕은 폭발이 실패해 사망하였다. 일병 제임스 오그레이디(James E. O'Grady)는 1953년 4월 16일 배가 뒤집혀 익사할 위기에 처해 있던 한국의 민간인 노동자를 구하다가 익사하였다. 제84대대 지휘관은 이 두 명의 이름을 다리 이름으로 제안하였으나, 미 8군 사령관은 1950년 7월 20일 대전지구 전투에서 용감한 행동과 영웅적 자기 희생을 인정받아 사후에 명예 훈장을 받은 미 제3전투공병대대 병장 조지 리비(George D. Libby)의 이름을 따서 짓도록 지시하였다."391 한국 사람들은 이 다리를 북진교라고 불렀으며, 저어새 다리는 전진교라고 불렀다. 전쟁 이후부터 아주 최근까지 끝까지 살아 남아서 파주 사람들의 삶과 밀착된 다리는 이 두 다리이다.

다리의 위치가 결정된 이유는 아마도 군사적인 이유(전방 부대의 위치 및 지원 부대의 위치 등)와 기술적인 이유(유속, 결빙 상태 등)를 함께 고려한 결과인 것처럼 보인다. 여기에서 '역사성'이라는 측면은 거의 배제된 것 같다. 가령, 고랑포는 한국전쟁 이전부터 사람들이 배를 통해 임진강을 건너던 곳인데, 미군이 그린 여러 지도에서는 고랑포가 표시되긴 하지만, 그리고 고랑포에서 배를 통해 임진강을 건너긴 했지만, 결국 고랑

사진 12 완공 직후의 엑스레이 다리와 완공 후 첫 번째 홍수를 무사히 넘긴 쇠오리 다리. 1953.7., *Construction of Libby and Teal Bridges*, op. cit.

포에 다리가 건설되지는 않았다. 이런 사정은 나머지 다른 곳도 대부분 마찬가지라고 생각되지만, 임진나루에 건설된 '기러기 다리'만은 예외에 속한다고 할 수 있다.

2. 〈공병 임무〉 속의 문제적 장면들

임진강 다리 건설을 소재의 일부로 만들어진 《빅픽처》 시리즈 에피소드는 〈공병 임무〉이다. 이 편에는 자유의 문 다리 공사 장면이 삽입되어 있다. 사실 이 에피소드에서 한국전쟁 관련된 부분은 매우 짧다. 이 에피소드는 전체적으로 미군이 참전한 전쟁에서 혹은 미국 내의 군사적 필요에 의해 공항, 도로, 다리, 건물 등을 만들어내는 공병이 얼마나 전문적인 능력을 가졌으며, 전투 부대 못지 않게 전쟁에 기여해 왔음을 부각하는 걸 목적으로 하고 있다. 미 공병의 보편적인 능력을 부각하는 사례 중 하나로서 자유의 문 다리 건설이 제시되고 있다. 자유의 문 다리 건설 장면 다음에는 공병의 '전문성'과 '기술력' 등을 키우기 위해 어떤 첨단 장비로 어떻게 훈련하고 실험하는지, 그리고 그것이 결국 어떻게 최첨단 시설물 건설 혹은 무기 개량 등으로 이어지는지를 보여주고 있다. 이렇게 보면 한국전쟁 관련 부분은 매우 짧게 지나가서 비중이 낮게 보일지도 모르지만, 제2차 세계대전의 독일 라인강 레마겐 철교 보수 및 '맨하탄 프로젝

사진 13 〈111-LC-30783〉, 1952.10.14.
사진 14 〈공병 임무〉 6분 39초

트'와 동등하거나 더 길게 언급되고 있다는 점에서 결코 가볍게 다루고 있지는 않다.

　이 에피소드에서 약 2분 간 다뤄지는 한국전쟁 관련 장면은 크게 세 부분으로 나눠진다. 첫 부분은, 참전 초기에 바위가 많은 한국의 지형에서 작업하기에는 물자와 장비가 부족해서 아주 어렵게 임무를 수행했다고 말하는 부분이다. 두 번째 부분은 1·4 후퇴 무렵 모든 다리와 배수로, 철도를 파괴하는 힘든 일을 공병대가 수행했다는 부분이다. 여기서 사용되고 있는 장면은 미군이 양평에 있는 다리를 폭파하는 장면이다(5분 25~50초). 세 번째 부분은 결론이자 가장 강조하는 부분이다. 1·4 후퇴 이후 아군의 신속한 이동을 위한 체계 구축과 북쪽으로 더 전진하기 위해 '건설자이자 투사'로서 얼마나 공병들이 '기적' 같은 다리 건설에 임했는지 소개하고 있다(사진 14).[392] 여기서 활용된 영상의 푸티지 필름은 발견하지 못했지만, 공사의 진행 과정을 보여주고 있다는 점에서 〈사진 13〉의 영상을 나란히 배치해도 별로 무리는 없을 것 같다.

　비록 이 편에서는 직접 보여지지는 않지만, 임진강 다리 건설의 어려움을 강조하기 위해 미군이 남긴 푸티지 필름에는 다리가 유실되거나 파괴된 장면을 촬영한 것이 매우 많다. 기적의 크기는 '어려움의 크기'에 비례하는 법이니까 어려움의 크기를 드러내기 위해 그러한 장면들은 꼭 필요했을 것이다. 한국전쟁에서 공병이 어려움을 극복하고 '기적'을 이루었다는 서사의 대미를 장식하는 것이 임진강에서의 다리 공사 장면이다. 이를 통해서 보면 확실히 임진강에서 다리를 건설하는 것은 미 공병의 역사에서 한 획을 그은 업적이 분명해 보인다. 앞에서 인용한 『임진강에 다리놓기: 한국전쟁 기간(1952. 10~1953. 7)의 리비교와 틸교 건설(*BRIDGING THE IMJIN: CONSTRUCTION OF LIBBY ADN TEAL BRIDGE DURING THE KOREAN WAR(OCTOBER 1952-JULY 1953)*)』의 공식 출간 자체가 이러한 점의 확실한 또 다른 증거이다.

2분 분량의 아주 짧은, 그리고 전하고자 하는 메시지도 매우 명확한 이 영상에서 눈여겨 봐야할 장면이 두 가지 정도 있는 것 같다. 하나는 한국인 노동자를 담은 영상이 활용되는 방식이고, 다른 하나는 1·4 후퇴를 표현하는 일종의 군사적 '클리셰(Cliché)' 장면이다. 전자는 영상을 만든 사람 및 그 영상을 보는 혹은 볼 것으로 예상되는 사람의 '시각'에 관한 부분이고, 후자는 푸티지 필름을 활용해서 《빅픽처》라는 2차 생산물을 만드는 과정 자체에 관한 부분이다.

앞에서 이야기한 것처럼, 참전 초기에 미 공병은 물자와 장비가 부족한 어려운 상황에서 임무를 수행했다고 말하는 부분이 있다. 그런데, 물자와 장비 부족을 극복하는 것을 보여주기 위해 활용된 장면은 두 가지이다. 물자 및 장비 부족과 관련해서는 스스로 장비를 고안하고 만들어내서 활용하는 장면을 보여주고, 인력 부족 관련해서는 한국의 노동자들을 고용했다고 하는 내레이션과 함께, 구체적으로 어느 다리인지는 알 수 없지만, 다리 건설에 한국 노동자들이 참여하고 있는 장면을 보여 준다(사진 16). 이 장면의 푸티지 필름은 찾을 수 없지만, 임진강에서 홍수로 유실된 기러기 다리 복구에 참여한 한국인 노동자를 찍은 푸티지 필름은 존재한다(사진 15). 이 내레이션에서 알 수 있듯이, 미군에게 한국인 노동자는 단순히 인력 부족을 메우러 온 존재일 뿐이며, 미군이 고안한

사진 15 〈111-ADC-9236〉, 1951.9.28.
사진 16 〈공병 임무〉 5분 20초

도구 혹은 장비와 등가로 취급된다. 아마 이런 태도가 새롭게 건설된 엑스레이 다리의 이름이 '김호덕 다리'나 '오그레이디 다리'가 아니라 '리비교'가 된 것에도 영향을 미치지 않았을까? 다리 건설의 '영광'을 미 공병에게 돌리고자 하는 내러티브 속에서 이질적인 존재들인 이들은 그냥 도구 취급을 받지만, 다음 장에서 다룰, 미 군사원조를 통한 다리 건설에서는 한국인 노동자들이 적어도 '협력'하는 존재로 '격상'된다는 점에서 분명 차이가 있다.

다음은 1·4 후퇴 때 모든 다리와 배수로, 철로를 공병이 아주 힘들게 파괴했다고 하는 부분에서 쓰인 장면이다. 그런데, 이 장면은 〈공병임무〉뿐만 아니라 적어도 다른 두 편의 《빅픽처》 시리즈 에피소드에도 등장한다. 하나는 〈적군, 예견된 봄 공세를 시작하다〉(The Reds Launch Their Expected Spring Offensive)(6분 48초~7분 17초)이다. 여기서 내레이션은 가솔린과 TNT폭탄을 활용해서 다리를 폭파하는 장면을 설명하고 나서, 이것을 공산주의자들이 보았다면 그들이 1마일 진격하기 위해서는 지불해야 할 비용이 엄청나다는 사실을 알게 될 것이라는 말로 끝맺는다. 후퇴하면서도 "우월한 우리의 화력(firepower)"을 강조하고 있는 것이다. 이는 '패배했지만 패배하지 않았다'는 서사를 보여주고 있다.[393] 또 다른 하나는 〈한국에서의 제24보병사단〉(The 24th Infantry Division in Korea)(19분 36초~19분 52초)이다. 이 부분의 내레이션은 "가질 수 없다면 불태워 버리라는 것이 모토(motto)가 된다"였다.

내레이션을 통해 강조하는 지점은 다르지만, 이 장면이 1·4 후퇴를 표현하는 일종의 '클리셰'로서 계속 활용되고 있는 것만은 분명해 보인다. 이 장면이 왜 그런 역할을 담당하게 되었는지를 추적하면 매우 흥미로울 것이다. 이를 위해서 가장 중요한 것은 이 장면의 푸티지 필름을 발굴하고 촬영 정보를 확보하는 것이다. 이를 통해 다음의 기본적인 질문들에 답을 할 수 있게 된다. 폭파되는 다리는 어디에 있는 어떤 다리이며 다리를 폭파하는 부대는 어느 부대인가? 누가 이 푸티지 영상을 촬영했는가? 이 장면은 정말 다리 폭파 작전을 찍은 것일까, 아니면 다리 폭파 장면이 필요해서 재현한 것일까? 통제된 영상 촬영의 결과인가, 통제되지 않은 영상 촬영의 결과물을 이용해서 편집한 것인가?394

이 장면은 재현되었거나, 아니면 적어도 잘 통제되어 촬영된 것일 가능성이 매우 높다. 영상 자체에서 알 수 있듯이, 다리를 완전히 폭파하는 것은 사실 TNT의 위력 때문이다. 그런데 왜 굳이 TNT 폭발에 앞서 가솔린을 붓고 불을 지르고 병사들이 황급하게 자리를 뜨는 장면이 촬영되었는지 약간의 의구심이 들기 때문이다. 특히 〈한국에서의 제24보병사단〉에는 금강의 금남교를 폭파하는 장면도 초반에 나오는데, 이 장면의 푸티지 필름 〈111-ADC-8207〉의 어디에도 가솔린을 붓고 불을 붙이는 장면은 나오지 않는다. 물론, 다리의 규모나 재질 등에서 차이가 많이 나기 때문일 수도 있다.

이 장면이 1·4 후퇴의 군사적 클리셰가 된 과정을 추적하기 위한 그 다음 과정은 이 세 편의 제작연도와 제작 순서를 밝히는 것이다. 이전 과정이 푸티지 필름에서 2차 산물로 활용되는 과정을 밝히는 것이라면, 이 과정은 처음 만들어진 장면이 유통하고 순환하는 과정을 추적하는 것이다. 여기에 1·4 후퇴를 다루는 다른 2차, 3차 영상물과의 관계를 검토되어야 한다. 그것이 《빅픽처》 내의 클리셰인지 더 폭넓게 사용된 클리셰인지가 확인되어야 하기 때문이다.395 그런데 이 두 가지 과정은 당장 해결될 수 없다. 《빅픽처》 시리즈의 상당수가 공개되어 있으나 제작연도 등이 포함된 완전한 목록은 완성되어 있지 않아 향후의 과제로 남겨 둘 수 밖에 없다.

Ⅳ. 건널 수 없는 다리와 건널 수 있는 다리: 문화영화 "아리랑 다리"를 중심으로

1. 전쟁 이후 임진강 다리의 운명: 제한된 이동과 상징의 분리

한국전쟁 기간 동안 모두 11개 건설되었던 임진강의 다리들은 전쟁 이후 대부분 없어졌다. 이것들이 정확하게 언제 없어졌는지는 확인하기가 어렵다.[396] 임진강 다리들 중 대다수가 사라진 이유는 충분히 유추가 가능하다. 가장 중요한 것은 전쟁 동안 다리가 필요했던 상황, 즉 최전방 부대와 보급 부대 사이의 긴박하고 절실한 연결의 필요성이 휴전이 되면서 상대적으로 옅어졌기 때문이다. 따라서 유지 및 보수에 그렇게 많은 어려움이 있는 임진강 다리 모두를 유지하는 것은 '가성비'가 너무나 떨어지는 일이었다. 또, 이 다리들은 군사용 다리였고 따라서 '민간인'들의 접근을 통제해야만 했다. 즉, 일부에게만 허용된 제한된 통행로였고, 대다수에게는 장벽이었다. 민간인의 접근을 제한하는 데 있어 효율성 차원에서도 다리는 많은 것이 불리했다.

임진강 다리 중 아주 오랜 기간 살아 남은 다리는 세 개이다. 자유의 문 다리와 저어새 다리(전진교), 한 때 엑스레이 다리로 불렸던 리비교(북진교)가 그것이다. 다른 다리들이 사라진 이유를 유추하는 것은 어렵지 않지만, 왜 이 세 개의 다리만 살아남았는지를 설명하는 것은 매우 힘들다. 위치와 기능, 역사성 등의 여러 기준이 복합적으로 작용했을 것이다. 대신 살아남은 이 다리들은 독특한 이동과 흐름의 구조를 만들어 냈다.

임진강의 살아남은 세 다리는 민간인 통제선 위쪽에 있는 다리여서 아무나 이 다리를 건너 북쪽으로 갈 수는 없었다. 군인이거나 민통선 안쪽의 논밭에서 농사를 짓도록 허락을 받았거나, 군과 관련된 일을 하는 사람만이 출입할 수 있었다(사진 17). 반면, 다리의 북쪽에서 건너오는 사람, 곧 군인들을 대상으로 하는 '기지촌'이 전진교와 북진교의 남쪽에 생

사진 17 1962년에 촬영한 자유의 다리 검문소 표지판에 "모든 한국인은 도민증을 제시할 것"이라고 적혀 있다. 〈111-CCK-B3-21405〉

사진 18 "미군부대 주둔으로 형성된 파평면 장파리 기지촌에서 흑인 미군병사를 만나 아들을 낳은 '미군위안부'가 1960년 대 중반 리비교 아래에서 찍은 사진",《파주바른신문》, 2020.6.1

겨나게 되었다. 다리 남쪽의 사람들은 다리를 건너지 못하고 바라만 볼 수 있었다(사진 18).

전쟁 이후 파주는 많은 변화를 겪었다. 원래 파주의 일부분이었던 곳 중 북한의 관할로 넘어간 곳도 있었고, 군사분계선 때문에 들어갈 수 없게 된 곳도 있었다. 원래 문산리에 있었던 문산중농고는 기존 학교터가 미군의 주택지가 되어 있었고, 또 군사작전 지역이었기 때문에 부득이 금촌리의 현재 부지로 옮길 수 밖에 없었다.³⁹⁷ 전진교와 북진교 남쪽에 새로 생긴 '기지촌'은 이런 관점에서 파주의 변화를 잘 보여 준다고 할 수 있다. 전진교 북쪽에 마을이 생긴 것은 1973년 8월 '전략촌'인 통일촌이 준공되고 주민들이 입주하면서부터였다. 통일촌은 북진교 건너서 바로 북쪽에 붙어있다. 이처럼 전진교와 북진교는 파주 사람들의 삶을 '남방한계선' 아래로 제한하면서 간헐적으로 허가된 사람들의 이동만을 허가하는 다리였고, 전쟁 이후 파주시의 재편과 그에 따른 생활의 변화를 말 없이 지켜보았던 지역의 다리였다.³⁹⁸

전진교와 북진교가 다리의 북쪽에서 내려오는 사람들을 상대로 생업을 이어간 사람들의 삶의 터전을 구성하는 중요한 요소였던 반면, 자유의 문 다리는 전국적으로 혹은 전 세계적으로 분단의 비극을 '전시'하는 기능을 주로 담당했다. 특히, 1972년 임진각이 자유의 문 다리 바로 앞에 만들어지면서 자유의 문 다리는 임진각과 함께 분단의 상징이 되었다. 자유의 문 다리가 전국적으로 한반도 분단의 상징이 된 데에는, '임진강 철교'로서 남북을 연결했던 과거의 역사가 틀림없이 한몫했다. 여기에 '자유의 문 다리'로서 한국전쟁 때 포로 교환이 이루어졌던, 그리고 그것이 언론을 통해 전 세계에 알려진 또 다른 역사성이 덧붙여졌을 것이다. 그러나, 이 다리에는 파주 내부의 지역사적 의미는 북진교나 전진교에 비해 상대적으로 덜 덧붙여졌다고 할 수 있다. 자유의 문 다리는 1997년 그 옆에 통일대교가 건립되면서 그 기능을 멈추게 되었으며, 2000년 6·15 선언 이후 '임진강 철교'가 단선으로 새롭게 만들어지고 도라산역까지 경의선이 확장되면서 '분단 극복'이라는 새로운 역사적 상징성을 획득하게 된다.

2. '도움'에 의해 만들어진 다리

1960년대 임진강의 다리들이 민간인들은 함부로 건널 수 없는 다리를 대표했다면, 비슷한 시기 임진강으로 흘러 드는 남쪽 지류에 미군들이 만든 다리 하나는 미군이 그 지역 사람들에게 베푼 선물을 대표한다. 그것은 '김정자 다리'라고도 불리는 '아리랑 다리'이다. 이 다리는 남쪽에서 북쪽으로 흘러 한탄강에 합류하고 최종적으로 임진강으로 흘러 들어가는 '신천'을 동서로 연결하여 동두천읍과 안흥리 사이에 놓인 다리이다. 이 다리는 미군대한원조(Armed Forces Assistance to Korea, AFAK)에 의해 만들어진 다리이다.

1950년대에 군사원조에 집중되었던 미국의 원조는 1960년대로 접어들면서 사회경제적 원조로 확대되었다. 특히 미국의 원조프로그램 가운데 AFAK 프로그램은 미군이 직접 관리하던 것으로 미군 기지가 존재하던 '기지 도시'들에 집중적으로 투자되었다. 제1군단이 책임지던 파주군, 고양군, 연천군, 양주군, 포천군은 인구 비율로는 2.5%에 불과했지만, 1963년 AFAK 프로그램 총액 260,000달러의 39%인 101,400달러가 배정되었다.[399] 이 프로그램으로 이 지역의 학교, 병원, 공중화장실, 공중목욕탕, 공공기관 건물 등이 상당수 만들어졌고, 다리나 도로 등 기반시설도 건설되었다. 건설 분야의 지원 이외에도 비건설 분야의 지원에도 이 프로그램은 적용되었다. 크게 구제 프로그램(AFAK Salvage)과 기부 프로그램(AFAK Donation)으로 구분되는데, 구제 프로그램은 도움을 필요로 하는 사람들과 재난 희생자들에게 주어졌으며, 기부 프로그램은 미 제1기병사단 군인들 및 미 본토 지역사회의 기부로 마련되어 공중보건, 공중복지, 교육 및 종교 등 네 개 분야에 사용되었다. 고아원 지원, 이재민 구호품, 중고등학교의 교육 물품 등의 구입이 주 사용처였으며, 종교 분야의 지원활동을 통해 여러 교회에 많은 구호품이 전달되기도 했다.[400]

"미군의 자발적인 기여와 기부(미국 본토의 기부 포함)에 기반을 두면서 한국인들의 자력에 의한 재건을 도모"[401]했기 때문에 이 프로그램의 성과에 대해서는 주한미군 뿐만 아니라 미국 본토에서도 관심이 많았다. 이 때문에 《빅픽처》시리즈 중 〈오늘날의 한국〉(Korea Today)(111-TV-451), 〈서울의 부활〉(Rebirth of Seoul)(111-TV-255), 〈한국과 당신〉(Korea and You)(111-TV-519) 등이 직간접적으로 이 프로그램과 연관되어 제작되었으며, 이 프로그램 이름 자체를 제목으로 달고 있는 〈미군대한원조〉(Armed Forces Assistance to Korea)(111-TV-271)도 만들어졌다. 또, 이 프로그램의 개별 프로젝트를 촬영한 푸티지 필름(111-LC-47508) 등)에는 한국인 노동자 및 자기 학교를 건설하는데 힘을 보태는 한국인 학생들의 모습이 '역동적'으로 담겨 있다. 전쟁 중 다리 건설 등에 동원된 한국인 노동자가 도구 혹은 장비와 동일하게 간주되었다면, 이 프로그램에서는 미군의 도움을 능동적으로 수용하여 스스로의 터전을 만드는 한국인의 모습이 부각되고 있다. 이 차이에는 '한국인의 자력 재건'을 강조하는 AFAK 프로그램의 성격이 영향을 미쳤다고 봐야 한다.

'김정자 다리(아리랑 다리)' 역시 이 프로그램의 일환으로 건설되었다. 1965년 3월에 완공된 이 다리는 미 제7사단 장병들이 나룻배를 타고 건너거나 헤엄을 쳐서 건너던 한국인들을 위해 폭 2m, 길이 120m의 규모로 만들었다. 이 다리는 건설 중일 때는 '신천 조교(Sin Chon River Bridge)'라고 불렸으나, 완공과 함께 '아리랑 다리'와 '김정자 다리'로 불리게 되었다. '아리랑 다리'라는 명칭은 다리를 기증받은 한국 측에서 지은 이름인 것 같고, '김정자 다리'는 미군이 붙인 이름이다. 미 제7사단은 1956년 5월 26일부터 사단의 행진곡으로 아리랑을 채용하여 공식적으로 사용하고 있었는데(그림 3) 참조), 미 제7사단이 '한미 우의' 차원에

그림 3 1956년 5월 26일부터 미 제7사단의 행진가로 아리랑이 공식 선정되었다는 설명이 붙어있는 아리랑의 영어 악보(RG 550, Entry A1-1, Box 279)

사진 19 "1964년 3월 18일 촬영. 달라스 존슨(Dallas G. Johnson) 이병이 신천강 다리에 마지막 페인트 칠을 하고 있다. 이 다리는 미 제7사단 관할 지역에 있는데, 미 8군의 '미군대한원조(AFAK)' 차원에서 건립된 것이다. 이 다리는 공식적으로 '김정자 다리'로 헌정되었는데, 이 이름은 매일 이 다리 공사의 진전을 보기 위해 공사 현장을 방문한 소녀의 이름을 딴 것이다."〈111-CCK-1-C28330〉

서 다리를 기증하자 한국 측에서 그 이름을 사용한 것으로 추정된다. 반면 '김정자 다리'라는 이름은 미군이 찍은 사진의 캡션에 그 유래가 설명되어 있다. "이 다리는 공식적으로 '김정자 다리'로 헌정되었는데, 이 이름은 매일 이 다리 공사의 진전을 보기 위해 공사 현장을 방문한 소녀의 이름을 딴 것이다"(사진 19의 캡션 참조).

이 다리의 개통은 미국과 한국 양측으로부터 매우 큰 주목을 받았다. 주한미공보원(USIS-Korea)이 제작한 〈리버티뉴스 555호〉(LIBERTY NEWS #555)가 이 사실을 보도했고, 국립영화 제작소의 《대한뉴스》 제460호(1964·3.20.)의 소재가 되어 공개되었다. 그리고, 그 이후에는 이 다리 건설을 소재로 22분 분량의 문화영화 〈아리랑 다리〉가 제작되었다. 《리버티뉴스》는 1952년 5월 19일부터 1967년 6월 1일까지 주한미공보원이 제작하여 상영한 뉴스영화였으며, 1953년부터 한국 정부 공보처가 제작한 《대한뉴스》(1961년 국립영화 제작소 설립 이후에는 이 기관에서 제작)와 함께 일반 상영관에서 '본 영화' 앞에 상시적으로 상영되었다.[402] 그리고 1962년 영화법이 신설되면서 뉴스영화와 문화영화의 의무 상영이 법으로 규정되었다. 이로서 뉴스영화 한 편과 문화영화 한 편을 본 영화 상영 전에 상영하는 제도는 1995년에 뉴스영화의 의무 상영이 없어지고 1998년에 문화영화 의무 상영이 폐지될 때까지 강력하게 존속했다.[403]

3. 의존적 주체의 귀환: 아리랑 다리(김정자 다리)를 건너면 도달하는 곳은?

아리랑 다리(김정자 다리) 개통을 소재로 한 《리버티뉴스》나 《대한뉴스》, 문화영화 〈아리랑 다리〉는, 비록 뉴스영화와 극영화라는 형식상의 차이는 있지만, 모두 한국 사람을 관객으로 상정하여 만들어진 영화라는 공통점이 있다. 물론 《리버티뉴스》는 미국이 한국인에게 전하는 뉴스이고 《대한뉴스》는 한국인에 의해 만들어졌다는 점에서 생산 주체가 다르다. 그러나 《리버티뉴스》가 대부분 한국 영화인들의 손으로 제작되었다는 점을 고려하면,[404] 《리버티뉴스》와 《대한뉴스》 및 문화영화 〈아리랑 다리〉의 시선은 거의 동일한 것으로 간주할 수 있다.[405]

이 점에서 《빅픽처》의 AKAF 프로그램을 다룬 영상들과 이들을 비교하면 매우 흥미로울 수 있다. 《빅픽처》는 미군이 미국인을 대상으로 만든 것이기 때문이다.[406] 즉, 상정된 관객이 다른 것인데, 이 차이에서 어떤 공통점과 차이점이 발생할 것인지를 짧게 살펴보자. 특히 짧은 분량의 두 뉴스영화와는 달리 문화영화 〈아리랑 다리〉는 극영화이기 때문에, 미국인을 관객으로 상정하여 만든 영상과 비교할 수 있다면 시선의 동일함과 차이점을 잘 포착할 가능성이 있다. 다만, 아직까지 아리랑 다리(김정자 다리) 개통을 소재로 미국인을 대상으로 해서 만든 영화는 발견되지 않았기 때문에 전면적으로 비교할 수는 없고, 이 두 범주의 영상에서 '여성'이 어떻게 재현되는가를 중심으로 검토할 것이다.

《빅픽처》의 〈한국과 당신〉 편은 일종의 극영화에 가깝다. 1961년에 제작된 28분 31초 분량의 영상인데, 배우 최무룡과 김지미가 미군 워커를 안내하는 한국군 카투사 김과 그의 여동생으로 출연한다. 이 영상의 후반부에서 곧 미국으로 출국할 워커에게 한국의 현실과 역사, 미군의 지원에 의한 교육의 성과 등을 설명하는 사람은 김의 여동생이다. 여기서 그녀는 통역을 통하지 않고 직접 미군에게 영어로 소통할 만큼 엘리트로 설정되어 있으며, 직업도 학교 선생님으로 되어 있다. 이후 김의 가족은 여러 미군들과 같이 계곡에서 물놀이를 하면서 식사를 즐긴다. 그런데, 이 식사 자리에서 김의 여동생은 미군 및 그들의 가족과 편안하게 대화하면서도 너무나 자연스럽게 미군을 '접대'한다. 음식을 젓가락으로 집어서 미군의 입에 넣어주는 등의 행동을 스스럼없이 하는 것이다.

〈미군대한원조〉편은 27분 51초 분량의 유성 영상이다. 이 영상은 직접적으로 AFAK 프로그램을 설명하는 다큐멘터리 영상으로 가평의 민사처 병원, 파주시 천현초등학교, 부산 화재 이재민 주택 건설, 대구 시청 재건, 철원 댐 건설, 한강 교량 건설, 한국군 공병 학교 건설, 38선 이북의 정착촌 건설 장면 등이 직접 소개된다. 그리고 숙명여대 학생의 목소리가 영어로 나오면서 숙명여대의 재건 과정과 학교 생활을 소개한다.

이 두 편의 영상에서 김의 여동생 및 숙명여대 학생들은 AFAK 프로그램의 지금까지의 성과 그 자체이자 미래의 성과를 대변하고 있다. 한국어로, 따라서 통역이나 내레이션에 의존해 미군 및 미군인에게 감사 인사를 전하는 민사처 병원의 닥터 김과는 달리 숙명여대 학생이나 김의 여동생은 자신의 목소리로 직접 미국 사람들에게 말을 건네는 '젊은 여성'이다. 미군인들에게 AFAK 프로그램의 결과로 이런 한국인들을 만들어낼 것이라는 점을 가시화고 있다. 그리고 이런 시선은 이들이 미군인들에 의해서 추동되었다는 점에서 '의존적인' 주체임을 말하고 있는 것이다.[407]

두 편의 《빅픽처》영상에서 '젊은 여성'은 영어에 능통한 '현대적'

여성으로 그려지는 한편, 동시에 '현대적' 여성이 되기 위해서는 여전히 미군에 의해 도움을 받아야 하는 존재로 그려졌다. 문화영화 〈아리랑 다리〉에서 이 존재가 되기를 희망하는 사람이 바로 영화의 주인공인 김정자이다. 초등학교 소녀 김정자의 아버지는 신천에서 사람들을 나룻배로 건너 주는 뱃사공이다. 그래서 강에 다리가 놓여지는 것에 대해 아주 기뻐하면서도 "다른 사람은 몰라도 우리는 밥을 못 먹게" 된다는 아버지의 말에 가끔씩 걱정한다. 그러나 영화의 화자 '김정자'는 마지막 부분에서 다리를 건너며 중학교에 진학하겠다는 결심을 아버지에게 말한다. 이때 아버지는 이미 다리를 건너 새로운 농토를 개간하는 일에 몰두하고 있었고, 그 일을 마치고 귀가 중이었다. 아마 '김정자'는 《빅픽처》 시리즈의 '김의 여동생'이나 숙명여대 학생들처럼 되는 꿈을 꿀 것이고, 이 점에서는 그녀들과 '김정자'는 동일한 존재이다. 미국 사람을 대상으로 그려졌던 '의존적 주체'가 이 영화에서 다시 돌아온 것이다.

그런데, 영화에서 미군을 제외하고 실명이 나오는 사람은 또 다른 여성이 존재한다. 그녀는 김정자가 다리 공사를 하느라 고생하는 미군들과 아리랑을 부르며 즐겁게 놀고 있을 때 갑자기 이들을 덮친 '금순이 언니'이다. "뜻밖에도 우리 마을에 사는 금순이 언니가 정신 이상이 되어 다리 공사장에 나타난 것은 정말 모든 사람을 놀라게 한 것이었어요." 미군은 금순이 언니를 앰뷸런스에 실어 보냈는데, 다시 집으로 돌아와서도 한 달 동안 군의관에 의해 치료를 받게 된다. 그녀 역시 영화 뒷부분에 다리를 건너게 되는데, 이때 "금순이 언니도 새로운 사람이 되어 다리를 건너게 되었으니 정말 기뻤어요"라고 김정자가 말한다. 금순이 언니의 등장은 영화의 전체적인 평화로운 분위기에 느닷없는 긴장을 던져주지만, 이 사람의 정체는 명확하게 밝혀지지 않는다. 그러나, 마지막 부분에 금순이 언니가 '새로운 사람'이 되어 다리를 건너게 되었다는 부분에서 암시되고 있듯이, 미군을 '접대'했던 여성일 가능성이 매우 높다. 한국 사람을 대상으로 하는 영화에서는 등장하여 '김정자'와 따로, 그러나 미군과 함께 다리를 건너는 금순이 언니는 매우 '징후'적인 존재이다. '김정자'는 미군의 도움으로 다리를 단숨에 건너지만, 금순이 언니는 미군에 의해 '치료'를 받은 후 그 미군과 함께 다리를 건너는 이중적 의존의 존재이다. 이 둘을 대비시킨 것은, 그리고 금순이 언니가 단 한 명의 미군과 함께 다리를 건너게 된 것은, 아마도 한국 남성의 시선을 반영한 것일 것이다. 다리를 건넌 후 '김정자'와 금순이 언니는 각각 어디로 가게 되었을까? '김정자'는 아마 앞에서 나온 '김의 여동생' 혹은 '숙대생'의 길로 갔을 것이고, 금순이 언니는 〈사진 18〉의 여성과 유사한 삶을 살았을 것이다.

문화영화 〈아리랑 다리〉에서 미군이 촬영한 푸티지 필름이 직접 사용되었을 것이라고 추측되는 장면이 몇 군데 나온다. 제7사단이 아리랑을 연주하며 행진하는 장면이나 다리 공사 장면의 일부 등이 그렇다. 그러나, 아직 이것과 연관된 푸티지 필름을 찾지 못해 확인할 수는 없다. 다만, 이 영화의 개통식 등의 장면을 《대한뉴스》나 《리버티뉴스》와 비교해 보면, 그것은 확실히 푸티지 필름을 그대로 활용한 것이 아니라 푸티지 필름을 '재현'한 것이라는 점을 알 수 있다. 등장인물이 모두 다르기 때문이다. 아리랑 다리 건설 장면을 찍은 사진이 존재하는 것으로 봐서 이 건설 장면을 찍은 푸티지 필름이 존재할 가능성은 매우 높다. 사진병과 영상병이 함께 촬영을 하는 경우가 보통이기 때문이다.[408] 이 푸티지 필름이 발견되면, ① 푸티지 필름 → (미국인 대상 2차 영상), ② 푸티지 필름 → 한국인 대상 2차 영상(《대한뉴스》 및 《리버티뉴스》) → 한국인 대상 3차 영상(문화영화 〈아리랑 다리〉로 연결되는 영상 활용 경로들이 좀 더 분명해질 것이다.

V. 결론 : 임진강 다리에 붙여진 복수의 이름과 새로운 흐름의 방향

지금까지 한국전쟁 중과 그 이후 시기 동안 임진강과 그 주변의 다리 영상을 통해 다리의 기능 및 그 의미를 살펴 보았다. 한국전쟁 중에는 진격과 후퇴를 반복하는 과정에서 작전상 양쪽 모두로부터 파괴되고 다시 만들어지고 또 파괴되고 재건되는 과정을 겪은 다리가 매우 많았다. 특히 임진강 철교나 임진강의 다리들은 38선 부근에 존재하는 특성 때문에 그 운명이 매우 가혹했다. 그 과정에서 1951년 6월 이후 임진강에 새로운 다리를 놓기 위해 분투한 미 공병대의 업적은 미군 공병대 역사에서도 손꼽을 만한 것이어서 미군 스스로 이 부분을 매우 강조했다. 또, 이후 정전이 계속되는 상황에서는 분경지역[409]의 다리는 사람들의 이동을 통제하는 일종의 '철책'이었다. 그러나, 이와 대조적으로 미군의 원조에 의해 만들어진 다리는 '한미 우의'의 상징이 되어 미래로 건너가는 희망을 주기도 했다. 그러나, 이 희망은 미국에 의해 주어진 것이었다는 함의를 내포하고 있었고, 그 의미를 한국인이 스스로 받아들이게 되었다.

이 글에서 살펴 본 다리는 대부분 복수의 이름을 갖고 있었다. 자유의 문 다리는 미군과 지역 주민이 생각하는 범위가 달라서 지역 주민들은 임진강 철교와 자유의 문 다리가 별개의 것으로 생각했으나 미군은 이 두 개를 합해 자유의 문 다리로 인식했다. 저어새 다리는 전진교라는 다른 이름이, 원래 엑스레이다리였던 리비교는 북진교라는 다른 이름이 붙어 있었다. 또, 아리랑 다리는 김정자 다리이기도 했다. 임진강의 철새들 이름을 딴, 전쟁 중 만들어졌으나 그 이후 사라진 다리들만 오직 예외에 속했고, 따라서 그 다리들의 한시적 운명은 단수 이름 자체에서 결정되어 있었을 지도 모른다. 명명(naming)은 대상의 성격을 규정하고 그에 따른 효과를 유발한다.[410] 그런 점에서 다리에 대한 이러한 이름'들'은 하나의 다리를 바라보는 여러 기억과 욕망들을 가늠하게 한다. 우리가 이 글에서 살펴본 것은 이 부분이다.

　마지막으로 생각해야 할 것은 전쟁이 남긴 다리를 통해 오늘날 우리는 무엇을 할 수 있을까 하는 것이다. 이 다리들에게 장벽이 아닌 소통의 임무를 구조적으로 부여하는 것, "금지되었던 땅을 열고 끊어진 마을과 마을을 이어주어 사람들의 이야기가 흐르게"[411] 하도록 다리에 새로운 욕망을 부여하는 것이 아닐까. 특히 이 분경 지역은 한반도의 평화를 정착시킴으로써 마을의 평화를 함께 누릴 수 있는 특수성을 가졌다. 전쟁 시기 만들어진 임진강의 많은 다리들이 평화가 건너오는 길목이 될 수 있을까를 물어야 한다.

참고문헌

1차 자료

영상 자료 및 사진 자료

〈아리랑 다리〉, 1964, 한국정책방송원 e영상역사관.
〈아리랑 다리(동두천)〉, 《대한뉴스》 460, 1964·3.20., 한국정책방송원 e영상역사관.
〈111-ADC-8207〉, "KOREAN WAR", RG 111, Moving Images Relating to Military Activities 1947-1964, NARA Ⅱ.
〈111-ADC-8763〉, "1ST ROK. DIV. RIVER CROSSING, SUPPORTED BY C BTRY. 999TH ARMORED ARTILLERY BN., IMJIN RIVER, MUNSAN, KOREA", RG 111, Moving Images Relating to Military Activities 1947-1964, NARA Ⅱ.
〈111-ADC-8955〉, "AUSTRALIAN TROOPS AND CANADIAN "PRINCESS PAT" REGIMENT, KOREA; "PRINCESS PAT" CANADIAN TROOPS", RG 111, Moving Images Relating to Military Activities 1947-1964, NARA Ⅱ.
〈111-ADC-9010〉, "CEASE FIRE TALKS, KAESONG AND MUNSAN-NI, KOREA"
〈111-ADC-9236〉, "ROK ARMY ACTIVITIES", RG 111, Moving Images Relating to Military Activities 1947-1964, NARA Ⅱ.
〈111-ADC-9486〉, "155MM SELF-PROPELLED HOWITZERS (SUPPORTING 1ST ROK DIV)", RG 111, Moving Images Relating to Military Activities 1947-1964, NARA Ⅱ.
〈111-LC-30783〉, "Operation Freedom Gate, Imjin River, Korea", Motion Picture Films from the Army Library Copy Collection 1964-1980, NARA Ⅱ.
〈111-LC-32504〉, "LITTLE SWITCH (RETURNING PRISONERS), PANMUNJOM AND MUNSAN-NI, KOREA", Motion Picture Films from the Army

Library Copy Collection 1964-1980, NARA Ⅱ.

〈111-LC-47508〉, "Armed Forces Assistance Korea (AFAK), South Korea", Motion Picture Films from the Army Library Copy Collection 1964-1980, NARA Ⅱ.

〈111-SC-335814〉, "Korea Foreign Armies & Equip-Korea-Training with Americans", July 13, 1950., RG 111, Shelflist to U.S. Army Signal Corps Black-and-White Photographs: 111-SC-335000 to 111-SC-335999, NARA Ⅱ.

〈Armed Forces Assistance to Korea〉, RG 111, 111-TV-271, Motion Picture Films From G-2 Army Military Intelligence Division, 1918-ca. 1947, NARA Ⅱ.

〈Engineer Mission〉, 《The Big Picture》, RG 111, 111-TV-257, Motion Picture Films From G-2 Army Military Intelligence Division, 1918-ca. 1947, NARA Ⅱ.

〈Korea and You〉, 《The Big Picture》, 111-TV-519, Motion Picture Films From G-2 Army Military Intelligence Division, 1918-ca. 1947, NARA Ⅱ.

〈Korea Today〉, 《The Big Picture》, 111-TV-451, Motion Picture Films From G-2 Army Military Intelligence Division, 1918-ca. 1947, NARA Ⅱ.

〈LIBERTY NEWS #555〉, RG 306, 306-LN-555, Motion Picture Films from the "Liberty News" Program Series 1953-1967, NARA Ⅱ.

〈Rebirth of Seoul〉, 《The Big Picture》, 111-TV-255, Motion Picture Films From G-2 Army Military Intelligence Division, 1918-ca. 1947, NARA Ⅱ.

〈The 24th Infantry Division in Korea〉, 《The Big Picture》, RG 111, 111-TV-289, Motion Picture Films From G-2 Army Military Intelligence Division, 1918-ca. 1947, NARA Ⅱ.

〈The Reds Launch Their Expected Spring Offensive〉, 《The Big Picture》, RG 111, 111-TV-178, Motion Picture Films From G-2 Army Military Intelligence Division, 1918-ca. 1947, NARA Ⅱ.

〈The United Nations Forces Cross the 38th Parallel〉, 《The Big Picture》, RG 111, 111-TV-177, Motion Picture Films From G-2 Army Military

Intelligence Division, 1918-ca. 1947, NARA Ⅱ.

RG 550, Organizational History Files, 1959-1973, Entry A1-1, Box 279, NARA Ⅱ.

문헌 자료

『파주군지』, 1970.

파주시중앙도서관 엮음, 『파주에 살다, 기억하다』, 파주시중앙도서관, 2019.

Construction of Libby and Teal Bridges, Imjin River October 1952-July 1953, RG 550, Entry A1-1, Box 69.

Department of the Army, *Department of the Army Field Manual FM 11-40: Signal Photography*, Department of the Army, 1951.

EA, COMMAND REPORT, 1952.7., RG 338, Entry A1 183, Box 1481.

EA, COMMAND REPORT, 1952.08.05., RG 338, Entry A1 183, Box 1481.

Herman M. Katz, "Armed Forces Assistance to Korea, 1953 to 1971", 1972.

U.S. Air Force, *Air Situation in Korea Vol. I (Aug.-Dec. 1950)*, 1950. 12. 18-30, RG 341 Entry A1 272, Box 209.

신문 기사

"미군 남편 추억 깃든 '리비교'와 함께 떠난 미군위안부", 《파주바른신문》, 2020.6.1.
https://www.pajuplus.co.kr/mobile/article.html?no=4591

"서울←→평양間 十七일에 열차 시운전", 《동아일보》, 1950.11.09.

"鐵道運行本軌道에 京釜線複線工事着手", 《동아일보》, 1950.11.04.

2차 연구

김한상, 「주한미공보원(USIS) 영화의 응시 메커니즘: 비가시적인 것의 가시화와 가시화하는 힘의 과시」, 『역사문제연구』 30, 2013, 167-200쪽.

마이클 라이언 외, 백문임 외 역, 『카메라 폴리티카』 하권, 시각과언어, 1997.

박선영, 「냉전시기 뉴스영화의 정체성과 실천의 문제: 〈리버티뉴스〉의 역사와 외국 재현을 중심으로」,『사림』65, 2018, 299-339쪽.

박선영,「1960년 문화영화 정책과 그 방향」,『역사연구』38, 2020, 85-117쪽.

손길신,「전쟁과 한국철도」,『철도저널』22(6), 2019, 95-106쪽.

임재근,「한국전쟁기 대전전투에 대한 전쟁기억 재현 연구」, 북한대학원대학교 박사학위논문, 2020.

이용남 사진, 장경선 글,『리비교 가는 길』, 구름바다, 2020.

정근식,「냉전·분단 경관과 평화: 군사분계선 표지판과 철책을 중심으로」,『황해문화』100, 2018, 153-182쪽.

정근식·강성현,『한국전쟁 사진의 역사사회학: 미군 사진부대의 활동을 중심으로』, 서울대학교출판문화원, 2016.

파주시·성공회대 동아시아연구소 냉전평화연구센터,『파주 DMZ 및 접경지역 국외 자료 수집과 콘텐츠 활용 종합계획 보고서』, 2020.

허은,「기록영상물의 공공재화와 영상역사 쓰기: '제국-국민국가' 서사를 넘어서」,『역사비평』109, 2014, 324-355쪽.

Allen, J., D. Massey and A. Cochrane, *Rethinking the Region*, Routledge, 1998.

Amin, A., "Regional Unbound: towards a new politics of place", *Geografiska Annaler* 86(1), 2004, pp.33-44.

Amin, A., D. Massey and N.Thrift, "Regions, democracy, and the geography of power", *Soundings* 25, 2003, pp.57-50.

Charles Hendricks ed., *BRIDGING THE IMJIN: CONSTRUCTION OF LIBBY AND TEAL BRIDGE DURING THE KOREAN WAR*(OCTOBER 1952-JULY 1953), Office of History, Untied States Army Corps of Engineers, 1989.

제9장

미군의 대한원조 영상, '미군대한원조(AFAK)'의 사상심리전

정영신

I. 문제제기

한국전쟁은 다양한 현대 무기를 사용한 현대전이었으며 동시에 이념적 적국을 향한 대규모의 선전전의 무대였다. 한국전쟁이 끝나면서 전쟁 기간에 입었던 심각한 물적·인적 피해를 복구하는 문제가 한·미 양국의 일차적인 관심사로 떠올랐다. 미국은 전쟁 직후부터 한국에 대한 대규모의 원조를 진행했는데, 이것은 미국이 세계 자본주의 체제 유지를 위한 반공의 보루이자 또한 자본주의의 우월성을 과시하기 위한 전시장으로 한국을 위치시키고 있었기 때문이었다.[412] 미국의 관심사는 전후 재건 계획을 통해 한국의 방위력을 점진적으로 개선시키는 것뿐만 아니라, 더 나아가 미국의 원조를 통한 전후 재건이 공산 진영에 맞서는 자유 진영의 우위를 입증하는 사례가 된다는 점을 보여주는 것이었다. 즉, 원조는 냉전의 본질적 요소로서 냉전 체제를 현상 유지시킨 기본적인 수단이었으며, 원조 경쟁은 냉전의 주변부를 냉전의 격전장으로 흡인해 내는 기제이기도 했다.⁴¹³ 미국의 선전물들은 한국이 "전쟁으로 말미암은 파괴를 재건하는데 있어서 집단적 원조의 위대한 능력을 표시하는 좋은 실례가 될 것"이라는 점을 강조했고, 유엔 원호사업의 책임자들은 "한국 재건 사업의 성공이야말로 아세아에서 공산주의를 막아내는 유력한 힘이 될 것이라는 신념"을 공공연히 표명했다.⁴¹⁴ 요컨대, 한국에서 전후 재건과 이를 위한 원조는 전지구적인 냉전 심리전과 긴밀히 연계되었다.

미군은 제2차 세계대전과 한국전쟁을 거치면서 육군 통신대를 통해 사진과 영상 자료를 체계적으로 생산했고 심리전의 자료로 활용했다.⁴¹⁵ 한국전쟁이 끝난 후에 원조를 통한 전후 재건이 진행되자, 사진과 영상 자료도 제작되었고 원조 프로그램과 연계된 심리전도 본격화되었다. 전후 재건을 냉전 심리전과 연결하는 과정에는 삐라, 만화, 신문과 같은 선전물을 비롯하여 라디오나 텔레비전 방송 등 당시에 대중에게 영향을 미친 거의 모든 매체가 이용되었다. 특히 한국전쟁 전후 시기는 미군의 냉전 심리전 활동이 텔레비전 방송을 통해 미국과 그 동맹국으로 체계적으로 전파된 시기였다. 이 글에서 다루는 《빅픽처》(The Big Picture)는 한국전쟁이 한창이던 1951년 말부터 1971년까지 20년에 걸쳐 미국의 텔레비전에 방송된 주간 텔레비전 프로그램이다. 방영 초기인 1952년 3월의 시점에 미 전역에서 방송 중인 108개 라이센스 방송국 중에서 83개 방송국이 《빅픽처》를 방송했고, 최고 시청률이 13.5%에 달했을 정도로 인기를 끌기도 했다. 《빅픽처》는 미 8군과 주한미공보원, 미 육군사진센터 등 여러 군 기관들이 협력하여 제작했고, 미국 내의 군대 관련 대중과 일반 시민들이 시청했으며 이후에는 동맹국으로 수출되어 방송되었다는 점에서, 전후 미국의 냉전 심리전에서 중요한 역할을 담당했던 것으로 보인다. 이 글은 《빅픽처》 영상들 가운데 〈미군대한원조〉(Armed Forces Assistance to Korea, AFAK)를 다루며, 관련하여 함께 수집한 문서 자료를 통해 원조와 냉전 심리전의 문제를 다룬다.⁴¹⁶ 이 영상은 두 가지 지점에서 매우 흥미롭다. 첫 번째는 이 영상이 군사적 활동이 아니라 전후 재건을 다루는 영상이어서 다수의 한국인들이 등장하며, 따라서 전후 재건에 나선 한국인들의 모습을 다루는 미군의 시각을 엿볼 수 있다는 점이다. 두 번째는《빅픽처》해설자의 해설뿐만 아니라 한국인 화자(전문직 여성)가 등장하여 '자신'의 이야기를 들려주고 있다는 점이다. 이러한 한국인 '화자'의 서사, 재건되고 있는 한국의 일상과 재건의 의지에 관한 이야기는 미국의 전후 재건 계획이 목표로 하고 있던 '훈육된 주체'의 탄생을 보여주는 텍스트로 이해할 수 있다.

II. 영상의 생산 맥락: 미 육군 통신대의 한국전쟁과 전후 영상 촬영

영상 자료를 통해 한국 근현대 사회를 탐구하는 작업에서, 현재까지 제작된 기록영화의 상당 부분이 '근대 제국'이나 '국민국가'가 제작한 선전적·계몽적 성격의 영상들이기 때문에, 이를 비판적·분석적으로 볼 필요가 있다.[417] 냉전 심리전과 문화냉전의 과정을 연구한 한국의 기존 연구들은 주로 영화매체와 주한미공보원의 역할에 주목해 왔다. 허은은 한국이 '냉전 민족주의'를 통해 미국식 제도와 가치를 흡수해 온 과정에서 주한미공보원이 중요한 역할을 담당했다고 본다. 주한미공보원이 영화를 체계적으로 배급하면서 주권국가로서의 '국가적 자긍심'을 고취하거나 경제적 발전상을 다루면서 자립과 발전에 대한 자신감을 불어넣고자 했다는 것이다.[418] 김려실은 한국전쟁기 주한미공보원이 펴낸 뉴스릴에 대한 분석을 통해 미국의 한국전쟁 참전을 공산주의의 무자비한 침략을 단죄하는 인도주의의 발로로 규정하고, 미국의 리더십을 각인시키는 계기로 삼으려 했다고 밝히고 있다.[419] 또한 미국의 대한원조를 선전한 주한미공보원 영화들은 한국전쟁 중에는 인도주의적 차원의 전재민 구호에 초점을 맞추었지만, 휴전 이후에는 경제, 언론, 문화, 사회, 군사, 교육 등 광범위한 영역에 걸쳐 미국과 유엔의 원조와 재건의 이미지를 홍보해 왔다고 한다.[420] 이처럼 영상매체를 통한 문화냉전을 연구해 온 기존 연구들은 주한미공보원의 영화가 미국적 가치의 확산과 더불어 그것이 한국의 국가 형성 및 사회 형성에 긴밀하게 연결되어 있음을 밝히고 있다.[421]

《빅픽처》 시리즈 가운데 한국과 관련한 영상들은 주로 미 육군 통신대의 사진병들이 촬영한 영상을 바탕으로 구성되었다. 미 육군 통신대의 현장 매뉴얼에 따르면, 영화 촬영에서는 일반적으로 두 가지 유형의 액션이 사용된다. '통제된 액션(controlled action)'은 서면 시나리오를 따라서 미리 계획하고 연습한 장면을 촬영하는 것이며, '비통제된 액션'은 주어진 상황에서 우발적인 사건들을 촬영하는 것이다.[422] 〈미군대한원조〉는 통제된 액션을 기본으로 하되 일부 비통제적 액션을 가미하여 편집하는 방식으로 제작되었다.

〈미군대한원조〉 영상의 원본 필름은 2019년 7월에 미 국립문서기록관리청 2관(NARA Ⅱ)의 사진 및 영상 자료를 수집하면서 발견한 것이다.[423] 이때 수집한 자료들 가운데, 《빅픽처》의 〈미군대한원조〉 영상에 사용된 원본 영상 몇 편을 확인할 수 있었다. 이 영상들은 RG 111 "Records of the Office of the Chief Signal Officer, 1860~1985"의 LC 시리즈 "Motion Picture Films from the Army Library Copy Collection, 1964~1980"에 포함되어 있다. RG-111-LC 시리즈는 편집되지 않은 푸티지 영상이나 편집된 다큐멘터리도 포함하고 있는데, 전체 보존 필름은 11,482개 릴이며 열람용 필름은 5,011개 릴이고, 비디오 1,275개, 디지털 디스크 457개 등 대규모의 원본 필름이 망라되어 있다.[424] 그중 1950~1959년에 제작된 한국 관련 영상은 821개 릴인데, 이 가운데 〈미군대한원조〉 영상에 사용된 원본 영상을 확인할 수 있었다.

〈미군대한원조〉의 원본 영상인 〈111-LC-35291〉은 "한국 현리의 새로운 한국인 병원 건설(BUILDING OF NEW KOREAN HOSPITAL, HYUN-NI, KOREA)"이라는 제목을 달고 있다. 1954년 3월 12일부터 일주일 정도 기간에 촬영된 9분 8초 분량의 흑백 유성 필름이며, AFAK 프로그램을 통한 공공시설의 건설 장면들을 찍은 것이다. 파주시 천현면 천현국민학교 건축에 참여한 미 제4통신중대와 학교 신축 준공식 장면이 있고, 같은 날 법원리의 학교 건설 장면도 포함되어 있다. 중요한 장면은 1분 42초에 나오는 파주시 금촌면의 민사처 병원 건설 장면이다. 기공식으로 보이는 행사를 미군이 진행 중인데, 병원의 책임자이자 한국인 대표로서 닥터 김이라는 인물이 인사말을 하고 있다(그림 1의 ①번). 그는 "이 병원은 미국 사람들로부터 선물로 받은 훌륭한 병원이올시다. 나는 미국 4통신중대 모리스 중령한테 그의 장병들의 훌륭한 건설에 감사를 드리는 바입니다. 또 미국 국민들 그리고 10군단 민사처장에게 감사를 드리는 바입니다"라며 감사의 인사말을 전하고 있다. 그러나 이 장면은 실제 행사의 장면이 아니라, 마이크와 무대를 갖춰놓고 기획을 통해 촬영한 것이다. 이것은 감사의 인사를 표하는 장면을 반복해서 여러 번 촬영한 것에서 알 수 있다.

3분 28초부터는 학교 건설 장면으로 넘어가는데, "Friendship School(천현국민학교)"라는 제목과 제1343전투공병대대, 제512덤프트럭 공병중대라는 건설 주체, 그리고 "AFAK 프로젝트 I-M-1" 등의 건설 내용을 적은 표지판이 나오고, "고맙습니다. 우리 천현국민학교 건축을 도와주시는 미 제48야포대대. 천현면 면민일동"이라는 대자보가 보인다. 그리고 4분 47초에는 초등학생으로 보이는 어린 학생들이 해맑은 얼굴로 트럭에서 기왓장을 내려서 옮기는 장면이 등장한다. 이 영상들은 〈미군대한원조〉에서 중요한 부분으로 사용되고 있다(그림 1의 ②번). 6분 49초부터는 숙명여자대학교의 건설 장면이 나온다. 이것은 1954년 3월 19일에 촬영된 것으로, 건설 장면과 건물 내부의 모습을 보여주고 있다. 이 장면 역시 중요하게 〈미군대한원조〉에서 사용되지만, 이 원본 필름에 학생들의 모습은 등장하지 않는다. 이를 통해서 《빅픽처》의 〈미군대한원조〉 영상이 실제 건설 장면을 활용하고 여기에 통제된 액션을 추가하여 제작했음을 짐작해 볼 수 있다.[425]

　　LC 시리즈에는 AFAK 프로그램과 관련한 여러 영상이 포함되어 있다. 〈111-LC-47508〉은 "미군대한원조, 남한(Armed Forces Assistance Korea(AFAK), South Korea)"이라는 제목을 달고 있으며, 1963년 12월 11월에 촬영된 9분 58초 분량의 영상이다. 이 영상을 촬영한 주체는 미 육군 특별사진파견대(Special Photographic Detachment, Pacific, SPDP)의 웨이드(Wade)다. 〈111-LC-47508〉은 이 글에서 분석하고 있는 《빅픽처》에 직접 사용되지는 않았지만, 미군의 대한원조 프로그램과 냉전 심리전이 1960년대에도 지속적으로 관계를 맺고 있었다는 점을 보여준다. 이 영상은 파주여자상업고등학교 건물을 신축한 내용으로 구성되어 있으며, 이어서 파주여자상업고등학교 학생들이 배구를 하는 장면으로 넘어간다. 그리고 두 명의 미군 병사가 학생들의 배구에 함께 참여하는 장면으로 구성된다. 미군이 '자연스럽게' 학생들의 배구 경기에 참여하는 장면을 구성하기 위해서 몇 번의 반복 촬영이 진행되었다. 요컨대, 이 영상들은 건축물의 건설 과정뿐만 아니라, 미군과 지역민 사이에 '친선' 관계가 구축되어 있음을 공공연하게 보여주려는 목적을 지니고 있었다는 점을 알 수 있다.

III. 〈미군대한원조〉 영상에서 주체의 재현과 비가시화

1. AFAK 프로그램과 '사회의 재건'

미국은 한국전쟁의 정전협정과 더불어 전후 재건을 위한 원조사업을 본격적으로 진행했다. 전후 복구를 위해 도입되는 원조 물자는 두 가지 통로를 통해 도입되었는데, 첫 번째는 유엔을 통한 원조로서 유엔한국재건단(United Nations Korean Reconstruction Agency, UNKRA)이 관할하는 원조였다. 1950년 12월에 발족한 UNKRA는 1953년 3천만 달러, 1953-56년에 각각 2천2백만 달러 등 1959년 말까지 1억2천2백만 달러를 지원했다. 두 번째 경로는 미국의 직접적인 원조에 의한 것이다. 한미 간의 '상호안전보장법(Mutual Security Act)'에 따라 상호안전보장본부(Mutual Security Agency, MSA)가 관장하던 것을 휴전 직후인 1953년 8월부터는 대외활동본부(Foreign Operation Administration, FOA)가 주관했다. 대외활동본부 원조는 1955년 6월까지 지속되었고, 이후에는 미 국제협조처(International Cooperation Administration, ICA)의 원조로 계승되어 1961년까지 지속되었다. FOA와 ICA의 원조 총액은 17억4천4백만 달러에 달했는데, 이는 한국에 제공된 미국 원조 금액의 절반 가량에 해당하는 것이었다.[426] 한국민간구호계획(Civil Relief in Korea, CRIK) 원조, UNKRA 원조, FOA 원조 등을 조정하고 통합적 관리를 하기 위해 1953년 8월에 유엔군사령부 휘하에 경제조정관실(Office of the Economic Coordinator, OEC)이 설치되었고 1959년 7월에 주한미경제원조처(United States Operations Mission, USOM)로 개칭되었다.

다양한 대한원조 프로그램들 가운데 AFAK 프로그램은 어떻게 시작되었을까? 미군의 기록에 따르면, 휴전 직후 클라크(Bruce C. Clarke) 중장 휘하의 미 제1군단 장병들이 자발적으로 주변 지역의 교회와 학교를 재건한 일이 있었고, 이것이 상부에 보고되었다. 현장을 직접 둘러본 미 8군의 테일러(Maxwell D. Taylor) 장군은 이런 방식이 다양한 공공사업을 수행하려는 유엔의 계획과도 연결된다고 보고 클라크 및 이승만 대통령과 상의한 뒤에, 이 프로젝트를 공식적으로 지원할 것을 결정했다.[427] 1953년 11월 그는 국방부 차관보에게 서한을 보내 1천5백만 달러 상당의 미 군사 건축자재를 한국전쟁 동안에 파괴된 공공시설 재건에 사용할 것을 요청했다. 그리고 아이젠하워(Dwight D. Eisenhower) 대통령이 이를 승인함으로써 AFAK 프로그램이 탄생하게 되었다. 1954년 중반에 테일러가 AFAK 프로그램의 놀라운 성과를 보고하면서 다음 해에도 프로그램을 지속하도록 주한미군에게 5백만 달러가 책정되었다. 이 자금들은 초기에는 OEC를 거쳐 나왔으며, 1960년대 이후에는 군사원조 프로그램으로부터 자금을 할당받았는데, 주로 건설 원자재를 구입하는 데 사용되었다.

유엔과 미군이 실행한 원조 프로그램들 가운데, AFAK는 두 가지 특징을 지니고 있었다. 첫째, 이 프로그램은 군사예산에 기반을 두면서도

표 1 AFAK 프로그램의 연도별 원조 규모

년도	원조 자금	출처
1954	1,500만 달러	미8군
1955	(500만 달러)	OEC
1956		OEC
1957		OEC
1958	1955-1961년: 1천2백85만 달러	OEC
1959		OEC
1960	(60만 달러)	USOM
1961		USOM
1962	60만 달러	MAP(군사원조프로그램)
1963	38만5천 달러	MAP
1964	37만7천 달러	MAP
1965	축적된 자재 사용	
1966	37만7,500 달러 (한화 7,500만원)	Public Law 480 판매
1967	37만7,500 달러	Public Law 480 판매
1968	27만6천 달러	MAP
1969	12만 달러	MAP

출처: "Armed Forces Assistance to Korea, 1953 to 1971"[428]

미군 장병들의 기여와 기부를 조직했고, 주둔 부대와 지역사회의 협력을 통해 한국인들의 자력에 의한 재건을 도모했다. 원조자금으로 제공된 원자재는 주한미군의 예하 부대들이 소유하고 있는 건설 장비와 기사들의 자원을 통해 공공시설의 건설로 이어졌고, 원자재의 일부와 노동인력은 한국 정부와 지자체가 제공했다. 프로그램이 시작된 1953년부터 마지막 건설 프로젝트가 종료되는 1971년까지 총 6,695개의 프로젝트가 완수되었는데, 초기에는 미군이 제공하는 부분이 컸지만, 점차 한국인들의 자체적인 공급이 큰 비중을 차지했다. 1968년에 AFAK는 개별 프로젝트 비용의 1/3을 넘을 수 없었으며, 1969년에는 AFAK 사무국이 모든 프로젝트에 자재비로 1,500달러의 한계를 설정했다.[429] 이것은 AFAK가 지역사회의 자립적 재건을 촉진하고 지원한다는 목표를 지니고 있었다는 점을 보여준다.

AFAK의 두 번째 특징은 이 원조 프로그램이 '사회의 재건'을 목표로 했다는 점이다. AFAK는 크게 보면 건설 분야와 비건설 분야로 구분되는데, 건설 분야는 다리와 도로 등의 기반시설 건설 및 학교, 병원 등의 공공기관 건설을 포함하고 있었다. 비건설 분야 원조 프로그램들은 미 8군 산하 사단 사령부의 민사참모부(G-5)에서 관리했는데, 파주시 프로그램의 경우, 초기에는 미 제1기병사단이 1960년대 후반에는 미 제2사단이 관리했다. 비건설 분야의 원조 프로그램에는 AFAK 구제프로그램(AFAK Salvage), AFAK 기부프로그램(AFAK Donation), 비군사적 부수활동(collateral activities)이 있었다.

비건설 분야의 원조 프로그램은 지역사회의 공공시설뿐만 아니라 그것을 운용하거나 관리하는 주체나 지역민에 대한 직접적인 지원을 목표로 했다. 1965년 파주시에서 시행된 프로그램의 내용을 살펴보면 다음과 같다. 먼저 AFAK 구제프로그램은 1965년 1분기의 경우, 12,348.95달러의 규모였으며, 도움을 필요로 하는 사람들과 재난 희생자들에게 주어졌다. AFAK 기부 프로그램은 1965년 1분기의 경우 20,042.87달러 규모였으며, 제1기병사단 군인들 및 미 본토 지역사회의 기부로 마련되었다. 이 가운데 11,718.11달러는 현금이었으며, 8,324.76달러는 물품으로 기부되었다. 이 기부는 공중보건, 공중복지, 교육, 종교 등 네 분야에 사용되었다. 공중보건 분야의 활동은 관내에 존재하는 12개의 고아원에 주어졌는데, 여기에는 대략 800명의 고아들이 수용되어 있었다. 또한 공중복지 분야에서는 주로 이재민 구호품이 파주군에 전달되었다. 교육 분야에서는 554.60달러 규모의 물품과 서비스가 전달되었다. 이 프로그램을 통해서 미군 장교들은 관내의 중학교와 고등학교에 나가서 영어 교육을 진행했다. 마지막으로, 종교 분야의 지원 활동을 통해 관내의 여러 교회에 약 508.25달러의 구호품이 전달되었다.[430]

비군사적 부수활동은 다수의 주민에게 혜택이 돌아갈 수 있는 작은 규모의 활동들에 대한 지원사업이었다. 백양나무를 심거나 라디오 스피커를 전달하고, 그네와 시소 등의 기구들을 마련해서 기부하는 활동도 여기에 포함된다. 또한 미군은 어린이들이 다니는 길에 안전벽을 설치하고, 축구 리그 프로그램을 만들어 관내의 30개 초등학교에 유니폼, 양말, 축구공 등을 전달하기도 했다. 보이스카우트와 걸스카우트의 조직을 장려하고 옷이나 장비를 지원하는 것도 대표적인 프로그램이었다. 미 제1기병사단 민사참모부 1965년 1분기 분기 보고서에는 부수 활동의 종류와 예산 규모가 정리되어 있다.

AFAK 사업은 전체 원조사업 중에서 자금의 액수로 보면 작은 규모였다. 하지만 이 사업들은 지역에 소재한 미군 부대와 지역민들 사이의 접촉을 늘리고 관계를 형성하는 사업이었으며, 지역사회의 자립 기반을 형성하는 사업이었다. 학교나 병원과 같은 공공시설의 건설 부문 역시 사회의 복구와 재활성화의 기반이 된다는 점에서 넓은 의미에서 '사회의 재건', 즉 새로운 사회 조직들의 형성과 사회 활동의 장려를 명시적인 목

표 2 1965년 1분기 1기병사단의 부수 활동 예산

프로젝트	할당된 예산(달러)
미군의 날 행사	750
한미친선협의회	570
대민 관계 프로젝트	550
감사패 전달	100
청소년 활동	none
축구 리그	960
고아원 영화 상영	25
Boy Scout/Girl Scout 활동	280
도서관 지원	65
총액	3,300

자료: 미 제1기병사단 민사참모부 1965년 1분기 보고서[431]

표로 했다. 또한 이 활동들은 미군과의 직접적인 대면 접촉과 그들의 지도를 통해 이루어졌고, 미국식의 조직이나 활동 방식 및 미국식 가치를 학습하는 기회를 제공한다는 점에 주목할 필요가 있다. 즉, AFAK 프로그램은 동맹국의 지도와 지원 하에서 그들의 가치 지향을 한국의 지역사회가 내면화하는 다양한 사회 활동을 장려하는 방식으로 진행되었다는 점에서 '동맹 사회의 형성'을 목표로 한 것이었다고 할 수 있다.

2. 원조 영상 속에서 재현된 '자조하는 주체'와 삭제당한 것

지역사회의 재건과 재활성화를 목표로 한 AFAK 프로그램은 명백하게 냉전 심리전과 연결되어 있었다. 미군은 AFAK 프로그램의 진전이 군사적 방어력 확보 이상의 기대 효과를 불러올 수 있을 것으로 기대하고 있었다. 예컨대, 1965년 1월에 파주시 문산초등학교 개관식에 참석한 미 제1기병사단 부사령관 셰이(Leonard C. Shea) 준장은 다음과 같이 말했다.

"우리 사단은 AFAK 프로그램을 통해 도움의 손길을 줄 수 있어서 매

우 기쁩니다. 이 프로그램의 성공은 우리 두 나라의 협력 노력을 통해 만들어지는 진보를 압축하고 있습니다. … 제1기병사단은 공산 침략으로부터 이 나라를 지키기 위해 한국에 주둔하고 있습니다. 하지만 **이 어린이들이 교육의 기회를 얻도록 돕는다면, 그것은 공산 독재에 대해 군사력만으로 얻을 수 있는 것보다 더 강력한 방어를 구축하는 데 도움이 된다**는 것을 우리는 깨닫고 있습니다."(강조는 인용자)[432]

더구나 AFAK 프로그램의 비건설 분야 사업들은 종종 해당 미군 부대의 고향에 있는 미국 시민들의 자발적인 기부를 통해 그 물자와 자금을 모금하기도 했다. 따라서 AFAK 프로그램의 성과를 미국 내에 알리는 것 역시 매우 중요한 일이었다.《빅픽처》시리즈는 초기에는 주로 한국전쟁에서 미군의 군사 활동을 홍보하는 작품들을 생산했지만, 한국전쟁이 끝난 이후에는 한국에서의 전후 재건 과정을 보여주고 이에 대한 미군의 공헌을 홍보하는 작품들을 생산하기 시작했다. 여기에서 대표적인 작품이 바로 〈미군대한원조〉[433]이다.

〈미군대한원조〉는 27분 51초 분량의 유성 영상이다. 영상은 먼저《빅픽처》오프닝 장면(0분 0초~0분 52초)으로 시작되고, 스튜어트 퀸(Stewart Queen) 상사가 등장해서 이번 영상의 내용을 소개한다(0분 52초~1분 28초). 이어서 휴전 직후 한국인들의 생활에 대한 설명과 시장의 모습이 등장한다(1분 28초~3분 15초). 그리고 한 미군 병사가 의정부 도봉유린원, 서울성육원 등의 고아와 어린이들을 방문하는 영상이 나온다. 이 미군 병사로 암시되고 있는 영상의 화자는 미군이 어린이들에게 필요한 것들을 원조하고 있음을 설명하면서, 원조의 의미에 대해 "이 어린이들은 친절함을 알지도 못했고, 집을 가지지도 못했다. 1953년 10월 이 어린이들은 미래를 가지기 시작했다. 그들의 미래는 공식적으로 AFAK라고 불렸다"고 단언한다(3분 15초~5분 43초). 이어서 AFAK 건설 현장을 방

그림 1 《빅픽처》 시리즈 〈미군대한원조〉의 주요 장면

문하는데 가평의 민사처 병원, 파주시 천현초등학교, 부산화재 이재민 주택 건설, 대구시청 재건, 철원댐 건설, 한강교량 건설, 한국군 공병학교 건설, 38선 이북의 정착촌 건설 장면 등이 나온다(5분 43초~20분 32초). 그리고 숙명여대 학생의 목소리가 나오면서 숙명여대의 재건 과정과 학교 생활을 소개한다. 마지막으로 미군 병사인 화자가 다시 등장하여 한국을 돕는 미군 병사의 의지를 강조하고(20분 32초~26분 40초), 스튜어트 퀸 상사가 등장하여 마무리 멘트를 하고 《빅픽처》 로고가 나오면서 영상이 종료된다.

먼저 눈여겨볼 부분은 7분 45초 지점에 등장하는 닥터 김(김방모 박사)의 감사의 인사말이다. 위에서 살펴본 것처럼, 이 장면의 원본 영상 〈111-LC-35291〉에서 모리스 중령의 축사와 닥터 김의 한국어로 된 감사 인사 장면은 몇 번이나 반복해서 촬영되었다. 《빅픽처》 영상에서는 그가 인사말을 하자마자 해설자가 등장하여 그가 영어를 못하기 때문에 통역이 인사말을 대신한다고 설명하고, 곧 이어 한국인 통역병이 등장해서 영어로 된 감사 인사를 대독한다. 〈미군대한원조〉 영상에서 이 장면은 아주 짧게, 수많은 AFAK 프로그램들 중 하나와 관련된 장면으로 처리되었다. 이 장면의 인물들은 경직되어 있고, 화자인 닥터 김의 목소리는 어색하게 울려 퍼지며 해설자와 통역자에 의해 대변된다.

하지만 영상 뒷부분에 등장하는 숙명여대 재학생으로 보이는 여성 화자의 목소리는 유창한 영어로 이어지며 5분 37초라는 긴 시간 동안 계속된다. 이 대학생 화자는 숙명여대의 특징, 선교, 영어교육, 가정 과학과 요리수업, 음악수업, 화학실험, 교수진 회의, 체육시간의 댄스 수업, 도서관, 기숙사 생활 등 학교 생활의 모든 것을 자세하게 설명해 준다. 그리고 마지막에는 이런 대학 생활을 가능하게 해준 AFAK 프로그램에 감사를 표시한다.

"재건된 학교 건물로 돌아온 우리들에게, 전쟁 이후의 불확실성 뒤에 우리가 최종 조치를 취한 것은 멋진 일입니다. 이제 우리는 두려움 없이 미래를 준비하는 진지한 목적을 달성할 수 있습니다. 한국 부흥의 엄청난 문제들 속에서도 일부 젊은 여성들의 행복이 AFAK 프로그램에 의해 중요하게 다루어져서 우리는 너무나 행복합니다."

영상에서 화자(해설자)로 등장하는 미군 병사는 곧바로 다음과 같이 화답한다.

"AFAK 프로그램은 신생 국가에게 계속 도움을 주고 있으며, 그것이 추구되고 정당화되는 곳이면 어디든지 장비를 주고 격려를 한다. 그들의 지위에 상관없이 개인의 요구와 희망을 고려하면서, 주한미군 병사들은 한국인들에게 친선의 손길을 내밀고 있다. 그들은 도전에 나서고 있다. 두 번째 도전, 한반도의 평화를 향해."

AFAK 프로그램의 원조는 '결과'적으로 한국인들에게 미래가 있는 삶을 가능케 한 것으로 표상되며, 또한 그 추진 '과정'에서 한국인들의 자립과 자조를 위한 훈련의 기회를 제공한 것으로 설명되고 있다. '원조' 로부터 탄생한 '자조(自助)하는 주체'의 서사라고 할 수 있을 것이다. 그리고 그 '시작'은 미군들의 자발적인 선의로부터 비롯된 것이었다. 이러한 설명 방식은 당시 국내 신문의 보도에서도 강조되었다.

> 금촌국민학교는 전란으로 소실되어 일천칠백여 명의 아동들이 나무 그늘이나 민가를 빌어 수업하고 있었는데 이 참상을 본 미 해병대 제5연대 장병들은 솔선 동 교사 개축위원회를 조직하고「윌리암, 리, 보우엔」소위를 위원장으로 추대하는 한편 동 교사 건축자재 일체를 공급하여줌으로써 목사 16개의 교사 건축이 착착 진행 중인 바 당국자는 물론 일반의 칭송이 자자하다.[434]

그리고 숙명여대 대학생들의 활기찬 생활 모습은 이러한 원조 프로그램의 최종적인 '결과물'을 보여준다. 그것은 재건된 현장(학교)에서 영어로 자신들의 발전과 생활을 설명하고 꿈과 희망을 이야기하며 감사를 표하는 '규율화된' 신체의 육성이라고 할 수 있다. 이러한 주체 형성의 구도는 전적으로 미군의 기획과 자원에 의존한 것인데, 이것은 영상의 마지막에 한국인 여학생의 서사를 미군 병사의 확신에 찬 화답이 포섭하는 형태로 마무리되는 것에서 그 상징적인 구조를 확인해 볼 수 있다. 그런 의미에서《빅픽처》영상에서 미래를 준비하는 주체는 미국이라는 세계 권력에 '포섭된' 주체이면서 '의존하는' 주체라고 할 수 있을 것이다.

그런데 재건되는 지역사회 속에서 꿈과 희망을 말할 수 있는 주체들의 형성은 위로부터의 기획만으로 가능한 것일까? 2019년에 발간된 『파주에 살다, 기억하다』는 파주시를 살아 온 사람들의 인생 이야기를 구술 채록하여 편집한 책이다. 여기에는 지역사회의 초기 재건 과정에 대한 지역민들의 기억이 포함되어 있다.

"“이럴 수가, 전시에 그것도 우리네가 먹고 버린 깡통을 주워다가 교실 지붕을 덮고 교육을 하다니, 이럴 수가 … 이 지상에 이처럼 교육열이 뜨거운 나라가 또 어디 있단 말인가. 교육의 이 뜨거운 열기가 펄펄 끓어오르는 한 이 민족은 패망하지 않으리라. 그 언젠가는 지상의 가장 위대한 민족, 위대한 국가가 되리라”는 눈물 어린 미군 병사의 찬사가 있었다는 이야기. 급기야 미군 장병들이 모금 운동까지 벌여 모교의 저 돌건물을 짓는데 보탰다는 뒷얘기를 가슴 찡하게 들으며, 우리들의 중고 학창시절은 부풀어 가기만 했다.”(문산종고 졸업생 회고담 중에서)

"2학년에 올라가는데 휴전이 되었어. 그때 교장 선생님이 야산이었던 지금의 금촌초등학교 자리를 내놓으셨어."(금촌국민학교 졸업생 회고담 중에서)

"이런 와중에도 미 해병대의 인적, 물적 자원과 열화와 같은 학부형, 전 교직원, 학생들이 손에 물집이 생기고 그 물집이 터져 피가 나와도 조금도 개의치 않고 삽과 곡괭이로 땅을 파고 그 흙으로 흙벽돌을 찍어다가 가교사를 신축하는 한편 군, 관, 민이 혼연일체가 되어 본교사를 기공하여 1954년 10월 3일 마침내 10개의 아담한 교실을 준공하게 되었다."(문산종고 졸업생 회고담 중에서)[435]

위와 같은 한국인들의 서사 속에서는 지역사회의 전후 재건이 오히려 지역 주민들의 자발적인 재건 활동에서 시작되었으며, 그것을 감동적으로 바라본 미군들의 원조가 뒤따른 것으로 그려지고 있다. 휴전선 인근 지역 주민들의 이와 같은 기억과 서사는 주한미군의 철수와 재편에 따라 접경지역 도시들이 공동화되고 있고, 따라서 지역사회 '자체의 힘'으로 도시의 부흥과 재생을 추진할 수밖에 없는 오늘날의 현실과 무관하지 않을 것이다.

여기에서 확인해야 할 중요한 지점은 재건 활동의 선후 관계라기보다는 주민들의 자발적인 재건 움직임을 활용하고 지원하는 방식을 택함으로써 AFAK 프로그램이 훨씬 더 성공적일 수 있었다는 것이다. 당시에 지역 주민들에게 기지/미군의 가장 큰 필요성은 전후 재건과 생존을 위한 경제적 자원의 지원과 배분이었을 것이고, 이를 통해 지역사회의 주민과 주둔 부대 사이의 관계를 구성하는 권력의 작용이 훨씬 더 '생산적인' 방식으로 작동할 수 있었을 것이다. 그러나 《빅픽처》의 영상에서 등장하는 미군의 서사에는 한국인들의 초기 재건 의지가 드러나지 않고 삭제되어 있다. 그것은 미군의 전후 재건 원조에 의해 형성되어야 할 것, 그리고 형성되는 것으로 재현될 뿐이다.

IV. 결론

이 글은 한국전쟁 직후에 미국 국내에서 인기를 끌고 방영되었던 주간 텔레비전 쇼인 《빅픽처》의 영상 가운데, 한국인 화자의 목소리가 등장하는 한 편의 영상을 분석했다. 〈미군대한원조〉는 미군의 원조를 통한 전후 재건 및 지역사회에 대한 미군의 적극적인 개입에 반응하면서, 그 과정에서 탄생한 전후 주체의 목소리를 들려준다.

〈미군대한원조〉에서 AFAK 프로그램의 원조는 '결과'적으로 한국인들에게 미래가 있는 삶을 가능케 한 것으로 표상되며, 또한 그 추진 '과정'에서 한국인들의 자립과 자조를 위한 훈련의 기회를 제공한 것으로 설명되고 있다. 그리고 그 '시작'은 미군들의 자발적인 선의로부터 비롯된 것으로 설명된다. 숙명여대 대학생들의 활기찬 생활 모습은 이 원조 프로그램의 최종적인 결과물을 보여준다. 그것은 재건된 일상의 현장(학교)에서 영어로 자신들의 발전과 생활을 설명하고 꿈과 희망을 이야기하며 감사를 표하는 신체의 육성이라고 할 수 있다.

영상에서 등장하는 주체의 목소리는 물론 미군의 기획에 의해 만들어진 목소리이며, 그것이 실제의 전후 주체들과 얼마나 부합하는지의 문제는 이 논문의 분석 범위를 벗어난다. 그러나 영상에서 표상되는 주체들이 미군의 기획을 통해 만들어진 것임에도 불구하고, 각 주체의 표상들은 명백한 한계 또는 균열의 지점들을 내포하고 있다. 이 영상들에 표상된 주체들은 자체적인 전후 재건의 의지나 자력갱생의 활동들을 삭제당한 주체들이며, 오히려 미군에 의해 그러한 의지나 활동이 육성되어야 할 주체들로 등장한다. 달리 말하면, 이 영상들에서 미군이 제공하는 자립과 재건의 기회 및 그것을 통해 형성된 의지는 한국인들이 스스로 지니고 있던 자립과 재건의 의지를 삭제당한 뒤에야 비로소 이식된 것으로 표상될 수 있었다. 그러나 실제 현실 속의 전후 주체는 자립과 재건에 대한 자신의 의지나 욕망을 지닌 인간이며, 영상에서 재현되는 것만큼 매끄럽게 훈육될 리 없다. 전후 재건 과정에 참여했던 지역민들의 목소리는 그들이 구체적인 감정이나 의지를 가진 인간들이었으며, 전후 재건의 과정에 적극적으로 나서고 있었음을 보여준다. 따라서 지역사를 재서술하는 과정에서 미군의 영상 자료들이 역사적 사료로서 중요한 가치를 지니고 있음에도 불구하고, 거기에서 누락된 시선과 목소리의 존재를 인지하고 발굴하는 작업이 중요하다는 점을 새삼 강조할 필요가 있을 것이다.

참고문헌

1차 자료

영상 자료

〈111-LC-35291〉, "BUILDING OF NEW KOREAN HOSPITAL, HYUN-NI, KOREA", RG 111, Motion Picture Films from the Army Library Copy Collection 1964-1980, NARA Ⅱ.

〈111-LC-47508〉, "Armed Forces Assistance Korea (AFAK), South Korea", RG 111, Motion Picture Films from the Army Library Copy Collection 1964-1980, NARA Ⅱ.

〈Armed Forces Assistance to Korea〉, RG 111, 111-TV-271, Motion Picture Films From G-2 Army Military Intelligence Division, 1918-ca. 1947, NARA Ⅱ.

문헌 자료

1st Cavalry Division: *Quarterly Historical Summary January-March 1965*, RG 550, Entry A1 2A, Box 234, Folder #1, NARA Ⅱ.

Katz, Herman M., *Armed Forces Assistance to Korea, 1953 to 1971*, RG 550, Records of United States Army, Pacific, Military History Office, Classified Organizational History Files 1959-ca. 1974, Entry A1 2, Box 340, NARA Ⅱ.

Department of the Army, *FM 11-40: Signal Photography*, Department of the Army Field Manual, 1951.

"New Munsan School Bldg. Built Under AFAK Program", *Cavalry Newspaper*, January 8, 1965.

신문 기사

"금촌국민교 재건에 미 해병대원들 봉사",《경향신문》, 1954.5.23.

2차 연구

김려실, 「뉴스릴 전쟁: 한국전쟁 초기 미국의 뉴스릴과 〈리버티 뉴스〉의 탄생」, 『현대영화연구』 25, 2016, 71-107쪽.

김려실, 「냉전사 재고와 영상역사 쓰기: 주한미공보원(USIS)의 원조 선전 영화를 중심으로」, 『로컬리티 인문학』 19, 2018, 187-226쪽.

김한상, 「1945-48년 주한미군정 및 주한미군사령부의 영화선전: 미국 국립문서기록관리청(NARA) 소장 작품을 중심으로」, 『미국사연구』 34, 2011, 177-212쪽.

서일수, 「6·25전쟁 복구사업과 미군대한원조(AFAK) 프로그램」, 『기록인』 21: 100-105, 2012.

이봉범, 「냉전과 원조, 원조시대 냉전문화 구축의 역동성: 1950-60년대 미국 민간재단의 원조와 한국문화」, 『한국학연구』 39, 2015, 221-276쪽.

이임하, 「심리전, 전후 세계질서를 구성하다: 「낙하산뉴스」와 「자유세계」로 본 미군의 심리전」, 백원담·강성현 편, 『열전 속 냉전, 냉전 속 열전: 냉전 아시아의 사상심리전』, 진인진, 2017, 57-94쪽.

이현진, 『미국의 대한경제원조정책 1948~1960』, 혜안, 2009.

정근식·강성현, 『한국전쟁 사진의 역사사회학: 미군 사진부대의 활동을 중심으로』, 서울대학교출판문화원, 2016.

파주시중앙도서관 엮음, 『파주에 살다, 기억하다』, 파주시중앙도서관, 2019.

허은, 「냉전시대 미국의 민족국가 형성 개입과 헤게모니 구축의 최전선: 주한미공보원 영화」, 『한국사연구』 155, 2011, 139-169쪽.

허은, 「기록영상물의 공공재화와 영상역사 쓰기: '제국-국민국가' 서사를 넘어서」, 『역사비평』 109, 2014, 324-355쪽.

제3부
마음을 포획하라: 포로를 둘러싼 심리전

제10장

미군 푸티지 영상으로 본 한국전쟁 포로교환과 그 이면

김일환

I. 푸티지 영상으로 한국전쟁 포로교환을 본다는 것

한국전쟁을 크게 두 부분으로 나눈다면, 그 후반부에 해당하는 1951년 후반부터 1953년 여름에 이르는 기간이 "포로전쟁"이었다는 사실은 이미 잘 알려져 있다. 전선이 고착화된 이후 진행된 정전협상은 사실상 '전쟁포로'란 무엇인지, 이들은 어떤 원칙을 통해 교환되어야 하는지를 둘러싼 긴 논쟁의 과정이었다. 협상은 단순한 기술적 차원의 협상도, 혹은 고차원적 국제법적 원칙의 다툼만도 아니었다. 포로교환 협상은 '국제전'으로서의 한국전쟁에서 정치적·상징적 승리를 확보하기 위한 복잡한 셈법을 통해서 진행되었다. 송환국 결정에서 포로 개개인의 의사를 존중한다는 '자원송환'(voluntary repatriation)의 원칙이 논쟁 끝에 최초로 도입된 것도 이와 관련이 있었다. 역설적이게도 그 과정에서 포로수용소는 심리전과 재교육 프로그램, 수용소 내부의 폭력적 충돌이 뒤엉킨 또 다른 전장으로 변해갔다.[436]

길었던 '포로전쟁'을 고려할 때, 정전은 1953년 7월 27일의 무력충돌 중지만으로 온전히 완료될 수 없었다. 1954년 제네바에서 열리게 될 정치군사적 협상도 있었지만, 무엇보다 전쟁포로의 교환이라는 중요한 절차가 남아 있었기 때문이다. 포로교환은 단순히 참전 군인이 자유의지에 따라 선택한 국가로 이송되고, 포화가 없는 일상으로 돌아가는 것 이상을 의미했다. 특히 이데올로기적 '내전'을 치른 남북한 양국의 입장에서, 자국을 선택한 포로들의 귀환은 분단국가의 자기 정당성을 확인하는 중요한 계기였고, 이들을 둘러싼 이야기가 언론의 보도로, 또는 포로들의 자기 고백 서사로 유포되었다.437

그런데 '국제전'이기도 했던 한국전쟁에서, 포로교환은 남북한 양국뿐 아니라 세계적인 관심이 집중된 대상이기도 했다. 이는 단순히 미국, 중국, 혹은 유엔의 이름으로 참전한 군인들 역시 교환 대상에 포함되었다는 이유 때문만은 아니었을 것이다. 냉전 초기 유엔군의 개입으로 진행된 최초의 대규모 무력충돌이라는 한국전쟁의 성격을 고려할 때, 포로교환은 자기 진영의 도덕적·이념적 정당성을 입증하는 최종 의식의 성격을 지니고 있었기 때문이다. 참전 당사국들을 포함하여, 국제 사회의 시선이 판문점에 집중되었고, 이들은 서로 다른 방식으로 전쟁포로의 교환으로부터 자국의 정당성을 읽어내고자 시도했다.

이렇게 보면 전쟁포로 교환 현장은 한국전쟁의 성격을 어떻게 규정할 것인지, 전쟁의 정당성은 어느 진영에 있는지를 둘러싼 치열한 상징투쟁이 전개되는 장소이기도 했다. 포로교환을 취재하기 위해 수많은 언론 특파원들이 몰려들었고, 판문점은 "총보다 많은 카메라"들의 대결 장소였다.438 각 진영에서 구속되어 있던 포로들의 신체 상태, 얼굴 표정, 인터뷰의 내용, 포로들을 환대하는 각 진영의 의례 등이 모두 주목의 대상이 되었다. 피사체들은 서로 다른 관점에서 재현, 이미지화되고, 선전의 수단으로 활용되었고, 촬영물은 뉴스로 제작되어 극장에서, 각국의 안방 TV에서 방영되었다. 이렇게 보면, 이미지와 시각적 재현은 포로교환 과정을 구성하는 가장 본질적 요소였다고 해도 과언이 아닐 것이다.

이러한 문제들을 전제로, 이 글에서는 미국의 시선에 포로교환이 어떻게 포착되고, 재현되었는지를 분석한다. 보다 구체적으로 주목하는 대상은 미군 영상병이 작전의 일환으로 포로교환 과정을 촬영한 푸티지(footage) 영상들이다. 유엔군 포로수용소를 실질적으로 관리해온 미군은 이미 포로수용소의 운영을 촬영한 다량의 영상 기록물을 생산해 왔는데, 그 연장선에서 포로교환의 전 과정—심사, 보급, 이동, 교환, 인수와 치료 등—역시 촬영 대상이 되었다. 이는 포로교환에서 하나의 중요한 '작전'이었고, 미 육군이 작성한 야전교범 상의 표현대로, 영상 촬영병들이 들고 다닌 카메라는 그 자체로 하나의 "전술적 도구"였다.[439]

그런데 뉴스릴(Newsreel)이나 다큐·영화와는 달리 푸티지 영상들은 일관된 의도에 따른 사후 편집을 거치지 않았기 때문에, 때로는 이질적인 장면들의 맥락 없는 연속처럼 보이기도 한다. 대부분 무성 필름이라 음성 정보 또한 존재하지 않는다. 이러한 푸티지 영상의 특징을 고려하면서, 그 의미를 어떻게 읽어낼 수 있을까? 한 가지 가능성은 다양한 메타 정보와의 교차를 통해서 영상을 하나의 객관적 '사료'로서 읽어내는 방법일 것이다.[440] 또한 푸티지 영상의 촬영 역시 군사작전의 일환이었다는 점에 주목하면서 피사체를 특정한 방식으로 포착, 재현하고자 했던 촬영자들의 시각을 읽어내는 것 역시 가능할 것이다.[441] 1차 자료로서의 푸티지 영상 중 일부는 선별, 재가공되어 공보 자료로 활용되었다는 점을 고려할 때, 촬영자의 시각을 읽어내는 것은 전쟁포로를 소재로 한 심리전과 선전 활동의 효과를 문화 냉전의 관점에서 분석하는 방법이 될 수도 있다.[442]

하지만 이 글은 오히려 미편집 영상으로서의 특성상 푸티지 필름에는 재현하는 주체의 의도로 말끔하게 재단되지 않는, 대단히 다채로운 장면들이 담겨 있다는 점에 보다 주목한다. 이러한 장면들은 뉴스·다큐멘터리 등으로의 '2차 가공' 과정에서 활용되지 못한 잔여물에 가까울 수 있다. 하지만 오히려 그 때문에 포로교환에 대한 공식 서사에서는 드러나지 못했던 주체들의 "정서를 느끼고 읽을 수 있는 매우 중요한 자료"[443]가 될 수도 있다는 것이 이 글의 착안점이다.

자료로는 미국의 국립문서기록관리청(NARA)에 보관된 포로교환 관련 영상자료 중, 미 육군 통신대 문서군(RG 111)의 LC 시리즈("Motion Picture Films from the Army Library Copy Collection, 1964~1980")에 포함된 영상들을 활용했다.[444] LC 시리즈의 영상 중 상당수는 부상포로 교환('Little Switch'), 일반포로 교환('Big Switch') 등 포로교환 작전 전반을 촬영한 것들인데,[445] 그중에서도 전쟁포로들의 신체, 얼굴 표정, 행동들을 피사체로 포착하고자 했던 일부 영상들에 특히 주목한다. '붙잡혔던 신체의 교환'이 본질인 포로교환에서, 이들의 표정, 내면적 감정의 표출은 가장 중요한 피사체가 될 수밖에 없었고, 포착하기에 따라서 상대 진영의 비인도적 포로 관리, 귀환하는 포로의 내면, 적 포로들의 폭력성 등 다양한 주제들이 부각될 수 있었다. 미군 영상병의 렌즈에서 포로들의 다양한 모습 중 무엇이 포착, 부각되고 사상되는지를 살펴보는 것은 영상을 살펴보는 하나의 방법일 것이다.

그 밖에도 메타 정보가 부재할 경우 그 의미를 정확히 알기 어렵다는 푸티지 필름이 가진 한계를 보완하기 위해 미군의 포로교환 작전계획 문서들, 포로들의 수기 등을 부분적으로 교차하여 살펴본다. 또한 푸티지 필름에서 포착되었던 것과 동일한 피사체들이 당시 뉴스 보도 등을 통해서 대중에게 어떻게 공개되고 의미화되었는지를 확인하기 위하여 허스트 메트로톤 뉴스릴 콜렉션(Hearst Metrotone Newsreel Collection) 중 《News of the Day》자료를 일부 참고했다.[446]

II. '무대'로서의 판문점 포로교환, 그 앞과 뒤

우선 몇 차례에 걸쳐 진행된 포로교환과 공보(Public Information) 활동에 대한 미군 측의 준비 과정 및 영상병의 위치를 중심으로, 영상의 생산 맥락을 간략하게 확인해 보고자 한다. 포로교환은 크게 '상병포로', '송환희망포로', '송환거부포로' 중 다시 송환을 희망한 자를 각각 대상으로 세 차례로 나누어 진행되었다. 부상포로 교환작전(Operation Little Switch, 이하 '리틀 스위치')은 가장 먼저 1953년 4월 20일부터 5월 3일까지 우선적으로 진행되었고, 송환희망포로에 대한 교환(Operation Big Switch, 이하 '빅 스위치')은 정전협정 체결 이후인 8월 5일부터 9월 6일까지 진행되었다. 그 밖에도 중립국송환위원회의 설득 기간 이후에도 송환을 거부한 포로들을 인계하는 작전(Operation Recovery)이 1954년 1월 20일부터 이루어졌다.[447]

이러한 포로교환은 폭력적 갈등을 수반했던 송환 심사의 최종 결산이자, 어느 쪽도 완전한 군사적 승리를 거두지 못했던 한국전쟁에서 양 진영이 상징적·정치적 정당성이나마 대외적으로 보여줄 수 있는 '무대'였다. 특히 유엔을 통한 무력 개입, 자원송환 원칙의 관철을 주도했던 미국으로서는 그간의 전쟁 개입의 정당성을 확인할 수 있는 장소로서 판문점을 주시할 수밖에 없었다. 자연스럽게 미군은 포로교환 작전을 준비하는 과정에서 포로의 이동과 교환, 후방 이송뿐 아니라, 이를 시각적 매체를 통해 기록하고, 공보적 관점에서 활용하는 것에도 세심한 주의를 기울였다. 미군은 포로교환 작전에 대한 계획에서, 포로교환이 국제적으로 큰 대중적 관심을 끌 사안이며, 수백 명에 달하는 각국의 특파원들이 포로교환의 전 과정을 촬영하고 포로들을 인터뷰하고자 시도할 것으로 예상하고 있었다.[448]

Figure 69
Correspondents in action during Operation LITTLE SWITCH.
1-2158-24/FEC-53-3554.

사진 1   리틀 스위치 작전을 취재하는 각국의 특파원들(*Operation Little Switch*, Section 1, p.167)

　따라서 판문점에 몰려든 대외 언론 특파원들의 활동은 사전에 계획, 조율될 필요가 있었다. 미군은 프레스센터 설치 등 제반 편의사항 제공 계획을 세움과 동시에, 이들 민간 특파원의 활동을 통제할 장치들 역시 마련해 두었다. 참여할 기자들은 미군 당국에 의한 인증(accreditation)을 거쳤고, 현장에서 이들의 포로에 대한 사진·영상 촬영이나 인터뷰에도 일정한 통제를 가했다. 취재 결과물에 대해서도 보안 검사(security review)를 거치도록 함으로써, 일종의 사후 검열(censorship) 장치를 마련해 두었다. 무제한적으로 정보가 송출될 경우, 이것이 적에 의한 선전의 수단으로 활용될 가능성 등 여러 민감한 문제들을 고려한 조치였다.[449]

　판문점을 주시했던 것은 미국뿐만이 아니었다. 가장 참혹한 전쟁 피해의 당사자였던 남북한 정부 역시 다른 이유에서 판문점을 통해 송환되는 포로에 관심을 집중했다. 그런데 남북한 정부가 전쟁포로를 바라보는 시각은 분열적이었다. 한편으로 전쟁포로는 상대방의 프로파간다와 세뇌 공작을 이겨내고 조국의 품으로 돌아오는 자들로, 자기 체제의 정당성을 체현한 존재들과 같았다. 하지만 이와 동시에 포로들은 적에게 투항했고 상대 진영의 사상 교육에 장기간 노출되어 있었던 자들이었기에, 의심스러운 존재일 수밖에 없었다. 때문에 판문점은 환대의 장소일 뿐 아니라, 심문과 사상 조사, 재입대 등으로 길게 이어졌던 송환포로의 '국민 만들기' 과정이 처음으로 시작되는 곳이기도 했다.[450]

이러한 상황에서 판문점에서 교환되는 포로들의 위치는 다소 복잡할 수밖에 없었다. 당사자들에게 포로교환은 지옥과 같은 전선의 참상과 수용소 생활에서 벗어나는 것만을 의미할 수 없었기 때문이다. '친공'과 '반공'의 이데올로기적 이분법으로 구획될 수 없는 포로의 정체성에 대해서 그간의 연구들이 주목했듯이, 살아서 포로가 되었다는 이유로 처벌의 대상이 될 수도 있다는 두려움, 고향의 가족 곁으로 돌아가고자 하는 욕망 등 "송환지 선택에 있어 '사상 증명'이란 잣대로는 해석될 수 없는 초과적인 영역"이 존재했던 것이다.[451] 또한 이들은 판문점에서부터 자신들을 주시할 권력의 시선을 예민하게 의식하지 않을 수 없었다. '귀환'하는 남한 포로의 경우 판문점은 "우리가 북쪽에 있는 동안에 붉은색 물이 든 정도가 아니라 완전히 빨갱이가 돼서 돌아온 것으로 판단하는 것 같았"던 정부의 시각과 처음으로 맞닥뜨리는 장소였던 것이다.[452]

미 육군 통신부대는 이렇게 서로 다른 집단들의 관심이 집중된 포로교환의 전 과정을 기록으로 남길 수 있는 가장 유리한 위치에 있었다.[453] 미군 영상병들은 민간 언론사들의 접근이 허용되지 않는 수용소 내 포로들의 준비 및 이송 등 포로교환 과정의 전반을 촬영했는데, 여기에는 기록의 목적과 함께 공보의 목적 역시 포함되어 있음은 물론이었다. 특히 주목해야 할 것은 해당 장면을 촬영한 영상병의 공간적 위치이다. 미군 측은 다소 민감할 수 있는 영역인 신문·검토시설(processing facilities), 병원, 차량이나 기차 등 운송수단 내부에는 민간 특파원의 접근을 일절 허용하지 않았기 때문에,⁴⁵⁴ 미군 영상병은 해당 영역에서 피사체에 접근할 수 있는 특권적 위치에 있었다. 사회학자 어빙 고프먼(Erving Goffman)의 표현을 빌려 포로교환 현장을 하나의 '무대'에 비유하자면, 무대의 '뒤편'이라 할 수 있는 장소에서의 포로들의 표정과 감정, 신체 상태 및 포로들과 이들을 맞이하는 요원들 사이의 미묘한 상호작용도 영상병의 시각에 포착될 수 있었던 것이다.⁴⁵⁵

이러한 전후 사정들을 고려해 본다면, 포로교환 작전을 촬영한 미군 푸티지 영상의 특징이 보다 잘 드러난다. 물론 영상 촬영은 군사작전의 연장이었고, 추후 공보 활동 등의 목적으로 활용될 가능성을 염두에 두고 있었다는 점은 분명하다. 그러나 포로교환 현장의 특성상 영상병들이 정해진 플롯에 따라 연출된 장면을 촬영하는 것은 불가능했다. 또한 푸티지 필름에는 민간 특파원의 촬영 결과물과는 달리 제도적 검열을 거치지 않은 장면들이 그대로 기록될 수 있었고, 뉴스 보도와 같이 사후적으로 서사를 구성하는 과정에서 편집되지도 않은 것이었다. 이러한 푸티지 필름 자체의 특성에 '무대 뒤편'에 접근할 수 있었던 영상병의 위치가 더해져서, 결과적으로 하나의 서사구조에 매끄럽게 통합되기 어려운, 이질적인 장면들이 카메라에 포착되는 것 역시 가능해졌다.

III. 미군 영상병이 포착한 돌아가는 적 포로들

1. 이송 과정: '동양 공산주의자'의 폭력성 너머

포로교환 과정을 촬영한 영상 중 시간순으로 가장 앞선 것은 유엔군 관할 포로수용소에서 교환을 준비하는 여러 수속 및 판문점으로의 이동 과정을 담은 영상들이다. 이송 과정에서 미군의 포로교환 작전계획은 무엇을 중시했으며, 여기에서 포로는 어떤 존재들로 인식되었을까? 잘 알려져 있듯, 한국전쟁기 포로수용소 관리에는 1949년의 제네바 협약에 따른 인도적 대우의 원칙이 적용되었다. 포로에 대한 대우는 각 진영의 도덕적 정당성과 깊이 관련된 문제였는데, 미국은 자국의 관대한 포로 정책과 공산측 포로수용소의 억압적 상황을 대비시키며 비판을 제기하기도 했다.[456]

이러한 상황에서 미군 측이 수용소 내에서의 포로 정책과 이들의 일상 생활을 촬영했던 다른 푸티지 영상에서도, 유엔군 관할의 수용소에서는 모든 포로들이 인도적 원칙에 따라 대우받고 있다는 점은 계속 강조되어 왔다. 특히 미군은 포로들이 제네바 협약에 따라 인도적 대우를 받고 있고, 음식과 피복 등을 충분히 공급받고 있으며, 각종 교육 프로그램과 체육 활동에 자유롭게 참가하는 장면을 집중적으로 영상으로 남겼다. 거제도를 '포로의 낙원'으로 포착하는 이러한 시각에서, 포로수용소 내의 충돌과 저항, 유혈 진압은 대체로 사각지대로 남아있었다.[457]

포로수용소에서의 인도적 대우를 강조하여 포착했던 미군의 영상 촬영의 기본적 시각은 포로교환 작전에서도 상당 부분 그대로 이어졌다. 특히 미군 측은 교환되는 포로들의 표정, 옷차림 등이 시각적으로 어떻게 카메라에 노출되는지에 대해서도 세밀하게 고려해야 했을 것이다. 판문점에서 교환되는 포로들의 외양은 각 진영의 수용소 관리 및 인도적 대우의 실상을 시각적으로 보여주는 피사체였기 때문이다. 그리고 이러한 사정이 포로교환 작전계획에도 반영되었다. 리틀 스위치 및 빅 스위치 작전의 첫 단계는 포로들의 분류 및 이송이었는데, 그 과정에서 각종 피복류 등의 보급품을 포로들에게 새로 지급할 계획도 마련되었다.[458]

미군 영상병들은 이러한 과정 전반을 기록으로 남겼다. "포로교환 작전, UN 제1전쟁포로수용소, 거제도, 한국"이란 제목의 영상 〈111-

LC-33650〉은 1953년 8월 19일 촬영된 것으로, 포로교환을 앞두고 거제도에서 포로들이 지문 날인, 보급품 지급 등 행정 처리를 밟는 일련의 과정들을 담았다. 일렬로 선 병사들이 낡은 옷을 한 켠에 버리고 속옷과 맨발 차림으로 이동하여 새 의복과 신발 등을 지급받는 장면을 촬영했다. 총을 들고 줄지어 선 채 경계를 늦추지 않는 경비병력들의 존재가 부각되지만, 줄지어 이동하며 보급품을 수령하고, 등에 "P.W"가 적힌 셔츠를 입은 포로 인력들이 다른 포로들의 몸에 DDT 분말을 살포하는 등, 질서 정연하고 차분한 모습이다.

그런데 영상병의 시선에 잡힌 수속 과정에는 포로와 미군 병사들 사이의 긴장이 가감 없이 포착되기도 했다. "포로교환작전, 거제도와 제주도, 한국"이란 제목의 〈111-LC-33759〉와 〈111-LC-33761〉의 사례를

사진 2 일렬로 새 보급품을 지급받고 DDT 살균을 받는 포로들(1953.8.19.), 〈111-LC-33650〉

사진 3 포로의 머리를 잡고 머리를 미는 미군 병사 / 벌거벗은 채로 앉아서 순서를 기다리는 포로들, 〈111-LC-33759〉(좌); 〈111-LC-33761〉(우)

보자. 제주수용소에는 1952년 하반기의 포로 분산수용정책 이후 '친공' 송환희망 중국군 포로들이 수용되어 있었는데, 두 영상은 1953년 8월 4일 제주수용소에서의 거제도로의 이송을 위한 준비 수속을 촬영한 것이다. 여기에서는 미군 경비병력과 포로 사이의 긴장, 신분적, 인종적 위계가 보다 명확히 드러난다. 〈사진 3〉에서 보듯 포로의 머리통을 한 손에 움켜쥔 채 머리카락을 빡빡 미는 경비병력의 손길을 근거리에서 포착하는 장면이나, 야외 공간에서 완전히 벌거벗은 채로 도열하여 차례로 환복하는 모습을 원거리에서 포착한 장면 등은 '인도적 대우'라는 구호로 가려질 수 없는 전쟁포로의 정체성을 명확하게 담아냈다.

미군 영상병들의 시선에 포착된 긴장은, 어떤 의미에서는 포로교환 작전에 임하는 미군의 집단적 태도를 반영한 것이었다고 보인다. 미군 측은 포로들을 신원별로 분류·이송하는 과정에서 포로들의 집단행동 가능성에 신경을 곤두세우고 있었는데, 특히 교환 작전계획에서는 포로들의 집단적 반항 및 정치적 프로파간다 활동 가능성을 사전에 철저히 봉쇄하는 것을 강조했다. "포로교환 작전계획(Operation Plan Swap)" 보고서에 따르면 송환희망 포로들은 "공산주의 이데올로기를 주입받았고(indoctrinated), 대단히 잘 조직화되어 있고 강한 규율을 유지한(disciplined)" 집단이기 때문에, 유엔 측을 당혹스럽게 하기 위해 "출발 전이나 교환 장소로의 이동 도중에서 데모와 폭동을 시도할 것"이고, "심지어 교환 장소에서도 돌발적 사건을 일으키기 위해 모든 기회를 노릴" 가능성이 컸다. 특히 새로 지급받은 의복을 고의적으로 찢거나, 현수막을 제작하는 등 프로파간다 목적의 활동들이 경계의 대상이 되었고, 이에 대한 사전 정보를 입수하기 위해 노력할 필요가 있음이 명시되었다.[459]

이렇게 보면 수용 과정에서 포로들을 극렬한 '동양 공산주의자(oriental communist)'로 규정했던 시각은 포로교환 과정에서도 여전히 전제되어 있었다.[460] 영상병들이 주로 강조하여 포착했던 피사체에도 미군의 인도적 대우의 시도들과, 이를 거부하고 심지어 역이용하는 '동양 공산주의자' 포로들에 대한 시각이 혼재되어 있었던 것으로 보인다. 예컨대 〈111-LC-33061〉은 1953년 6월 19일 거제도에서 촬영된 것으로, 용초도에서 거제로 이송되는 북한인민군 송환포로들의 모습을 담고 있다. 초반부에 하선하는 포로들의 이동 대열을 기관총을 겨눈 채 주시하는 미군 경비병의 눈빛이 인상적인 해당 영상은, 결국 경비병력들이 수용동 내부에 최루탄을 터뜨리고 포로들을 무력화하는 장면으로 이어진다. 이처럼 푸티지 필름 속 송환포로들의 전형적 모습은 '인도적 대우의 대상'과 '잠재적 폭동 실행자'로 양분되는 경향이 있었다.

그런데 앞서 언급했듯 미군 영상병은 차량과 기차 내부 등 '무대 뒤편'에 가까운 장소에서 귀환하는 포로들의 일상과 인간적 감정들을 근접 거리에서 포착할 수 있는 예외적 기회 역시 얻을 수 있었다. 따라서 푸티지 필름에 담긴 포로교환 과정은 공식 뉴스 보도를 통해서는 좀처럼 드러날 수 없었던 포로들의 모습이나, 카메라를 든 영상병과 북한 포

사진 4 열차로 이동하는 북한인민군 송환포로들, 〈111-LC-32406〉

로들 사이의 미묘한 상호작용까지 담아낼 수 있었다. 예컨대 1953년 4월 24일 촬영된 "리틀 스위치 작전, 문산리로의 기차 이동중"이란 제목의 〈111-LC-32406〉 영상은 거제에서 부산으로, 다시 열차로 부산에서 문산역으로 이동하는 부상포로들의 모습을 담았다.

　창밖을 내다보며 비교적 밝은 표정으로 웃고 떠드는 이 영상 속 포로들의 모습에서 "공산주의 이데올로기에 세뇌된 조직화된" 모습을 떠올리기는 쉽지 않다. 흥미롭게도 같은 열차 객실 내 촬영자와 피사체 사이의 물리적 거리는 다른 어떤 영상에서도 찾아보기 어려울 만큼 유례없이 가깝다. 일부 포로들은 카메라와 시선을 마주치지 않기 위해 시선을 돌리며 심리적 거리를 유지한다. 하지만 간혹 카메라를 직시하며 미소를 짓는 예외적인 순간 역시 존재하는데(1분 46초), 미군 영상병은 이 짧은 순간을 클로즈업 촬영으로 남겼다. 창가에 나란히 기대어 밖을 쳐다보는 포로의 뒷모습을 길게 촬영하는 촬영병의 시선은 부상포로의 내면을 영상을 통해 짚어보는 것을 가능하게 한다. 열차 속 포로들을 포착하는 영상병의 시선은 전장에서 일상으로 돌아가는 포로의 여정에서 가장 쉽게 기대할 수 있는 것일지 모르나, 이는 공산 측 송환포로를 다루는 영상 중에서도 가장 비전형적 장면에 가까웠다.

2. 송환장소: 포로의 자기 입증인가, 프로파간다인가?

양측에서 각각 이송된 포로들은 판문점 문산리에서 서로 교환되었다. 그런데 앞서 작전계획 문서에서 보았듯, 미군 측은 포로교환 장소에서 공산 측 송환포로들의 집단행동과 그 프로파간다 효과에 대해서 우려하고 있었다. 깃발, 배너 등 선전용으로 활용될 도구를 소지하는 것 역시 경계의 대상 중 하나였다. 하지만 이러한 미군 측의 노력에도 불구하고, 판문점에서 포로들의 집단행동을 완전히 통제하는 것은 사실상 불가능한 일이었다.

　미군 통신부대 영상병들은 수용소에서 지급받았던 새 옷을 벗어 마구 벗어던지거나 찢어버리고, 인공기와 현수막을 흔들며 정치적 구호를 외치는 북한군의 행동을 회피하지 않았고, 오히려 적극적으로 포착하여 기록으로 남겼다. 각각 1953년 8월 6일과 10일의 빅 스위치 작전을 촬영한 〈111-LC-33737〉, 〈111-LC-33687〉 영상은 이러한 북한군 송환포로들의 선전 활동을 대단히 인상적으로 기록했다(사진 5). 북한 포로들은 모두 찢어진 옷을 입고 있거나, 지급된 상·하의를 벗어던진 채, 대형 깃발과 플래카드 등을 흔들며 열성적으로 구호를 외치고 있다. 영상병의 시선은 이들 포로들의 다부진 몸과 규율 잡힌 태도, 일사불란한 구호 제창을 강조해서 포착한다. "조선민주주의인민공화국 만세", "You imperialist Americans! Go Away from our Mother land(미제국주의자들아! 우리 조국의 땅에서 썩 꺼져라!)" 등의 문구를 내건 트럭들이 줄줄이 달려오는 모습은 일견 장관을 이루기까지 한다.

판문점 교환 장소에서 포로들의 집단행동의 동기를 어떻게 이해해야 할까? 북한군 포로의 거울상과 같았던 남한군 송환포로들의 일부 수기는 이를 간접적이나마 짐작해볼 수 있게 한다. 예컨대 박진홍은 "지난날의 설움과 고통과 괴로움"을 뒤로 떠나보내는 포로들의 분출하는 감정의 표현을 기록으로 남겼다.[461] 이러한 자연발생적 감정에 더해, 남북한을 막론하고 처벌에 대한 두려움을 안고 있던 송환포로들의 입장에서는

사진 5　트럭 위에서 구호를 외치고 만세를 부르는 북한군 송환포로들, 〈111-LC-33687〉; 〈111-LC-33737〉

'괴뢰'의 수중에서 풀려나는 판문점이야말로 조국에 대한 충성을 가시적으로 입증하기에 가장 좋은 장소였다는 사정도 있었다. 열정적으로 터져 나오는 집단행동의 배후에는 이러한 복합적 이유들이 작용했을 것이다.

그런데 포로들의 집단행동을 인상적으로 포착한 영상병들의 기록은 이러한 복합성을 포착하기보다는, 공산주의 포로들에 대한 전형적 재현과 이미지화 전략을 반복하는 것에 가까웠다. 포로들의 집단행동을 포착한 영상들은 '자유 진영'에 어떤 메시지와 함께 전달되었을까? 예컨대 위의 두 영상과 유사한 장면을 촬영, 보도한 《News of the Day》는 트럭에 탄 북한군 송환포로들이 옷을 찢거나 던지고, 구호를 외치는 것에 적극적으로 의미를 부여하여 보도했다. 현장 특파원의 촬영 영상을 재편집해 보도한 뉴스의 시각은 미군의 포로교환 작전계획서에서 확인할 수 있었던 인식과 대동소이했는데, 포로들이 지급받은 옷을 버리거나 정치구

사진 6 교환 장소에서 울음을 터뜨리는 북한군 송환포로들, 〈111-LC-33737〉; 〈111-LC-32819〉

사진 7 교환되는 북한군 여성 포로들, 〈111-LC-32819〉

호를 외치는 행동들을 공산주의자들의 조직적 기만과 일사불란한 선전·선동술, 프로파간다 활동으로 의미화했다.[462]

그렇지만 미군 영상병들이 포착한 피사체는 포로들을 환영하는 공식 행사와 구조물, 일사불란한 집단행동 등 '무대 전면'의 모습에 국한되지는 않았다. 미편집된 푸티지 필름에는 "규율 잡힌 공산주의자"의 상과는 전혀 다른, 내면의 감정을 통제하지 못하는 포로들의 모습 역시 잘 드러난다. 예컨대 5월 3일 리틀 스위치 작전을 촬영한 〈111-LC-32819〉 영상, 앞서 살펴본 〈111-LC-33737〉 영상에는 교환 장소에 도착한 북한군 포로들이 트럭에서 연이어 하차, 이동하는 모습들이 포착된다. 소매로 얼굴을 가리고 엉엉 울어버리고 마는 앳된 얼굴의 병사들, 다른 병사의 등에 업힌 채 막사로 이동하는 부상 포로의 얼굴에서 터져나오는 울음, 남성 포로들에 비해 대단히 부자연스럽고 주눅든 표정의 여성 포로들의 모습은[463] 조직화된 집단행동에 대한 재현과는 전혀 다른 감정들을 담고 있다. 필름에 담긴 이러한 비전형적인 장면들은 여타 뉴스 보도의 소재로는 활용되기 어려웠다.

IV. '자유 진영'으로 귀환하는 포로들

1. '귀환 용사'의 다양한 얼굴들: 안도와 긴장 사이

북한과 중국으로 송환되는 포로들 못지않게, 북측에서 내려와 판문점에 설치된 '자유의 문(Freedom Gate)'을 통해 '귀환'하는 한국군과 유엔군 포로들 역시 중요한 피사체였다. 송환되는 공산측 포로에 대한 미군의 시선이 미묘하게 엇갈렸던 만큼이나, 필름 속에 남은 귀환하는 포로들의 모습 역시 단일하지는 않았다. 한편으로는 미군 영상병들은 긴 포로 생활에서 풀려나 돌아오는 포로들의 밝은 표정과 안도감을 필름에 담았다.

포로들의 웃음과 미소, 천막 안에서의 여유로운 행동과 이를 환대해주는 간호사들의 세심한 배려 등이 그 주된 피사체였다.[464] 돌아온 병사들의 밝은 표정은 '자유 진영'으로의 귀환과 부자유로부터의 해방을 상징했다.

하지만 미군 영상병들의 시각 속에서 포착된 포로들의 얼굴에서는 안도와 환희의 감정과 함께, 이들이 겪은 고통이 번갈아 나타났다. 포로들의 상처입은 신체, 굳은 표정, 거동을 하지 못해 들것에 실려 운반되는 포로들의 초췌한 모습들 역시 푸티지 필름에 여과없이 담겼다. 이러한 피사체들은 미군의 시각에서도 상당히 당혹스러웠을 것이다. 예컨대 앞서도 살펴보았던 〈111-LC-33737〉에는 다양한 국적·인종의 포로들의 모습이 번갈아 가며 등장하는데, 교환 장소에 도착한 한 흑인 포로가 트럭에서 내리는 모습 역시 포착되었다(3분 26초). 사진 왼쪽 편 흑인 포로의 몸동작은 매우 부자연스럽고, 혼자 힘으로 트럭에서 내리기도 어려운 상태로 보인다. 당시 촬영자가 남긴 샷 리스트(shot list)에는 "유색인(colored) 병사가 쇼크(shock) 상태에 놓여 있어서 트럭 하차에 도움을 받았다"고 짤막하게 기술되어 있을 뿐이다.[465] 이러한 정보만으로는 쇼크의 객관적 원인이 전장의 참상인지, 포로수용소에서의 학대인지에 대해서 더 알기는 어렵다.

그러나 이 장면은 전쟁의 참상을 겪은 포로들의 신체를 포착한 영상들이 '자유 세계'에 어떤 의미를 발신하는지를 잘 예시하는데, 주로는

사진 8 미군 영상병에 포착된 한 흑인 미군 포로의 몸동작, 〈111-LC-33737〉

공산 측 포로수용소의 열악한 상황과 잔혹행위(atrocity), 그들의 폭력성에 대한 증거로 의미화되었다. 미국 내에서 방영된 《News of the Day》에서도 〈사진 8〉과 동일한 흑인 포로의 영상이 전파를 탔다. 해당 장면을 보도하는 앵커는 내레이션을 통해 "자유 진영의 포로들 중 다수가 (중략) 굶주림에 시달렸고, 심지어 고문을 당하기도 했다"면서, 이를 공산 측의 포로에 대한 잔혹행위와 명료하게 연결하였다.[466] 눈에 띄게 어색한 포로의 움직임이 시청자들에게 야기할 수 있는 당혹감과 다양한 해석의 가능성을 곧바로 차단하는 방식이었다.

포로교환 현장에서 군 영상병이 남긴 푸티지 필름에서 흥미로운 것은 민간 언론 특파원들의 접근이 허락되지 않았던 '무대 뒤편'의 모습들이다. 영상병의 시선은 귀환포로들을 환영하는 '자유의 문' 뒤편의 상황까지 닿을 수 있었는데, LC 시리즈의 일부 영상들은 깨끗하게 정돈된 의료설비 위에서 휴식을 취하거나, 지급된 각종 보급물자를 이용하는 병사들의 모습을 담기도 한다. 하지만 포로들의 얼굴에는 모종의 긴장감이 엿보이기도 하는데, 이는 심문과 정보수집 절차가 귀환한 포로들을 기다리고 있었기 때문이기도 했다.

미군의 포로교환 작전계획에 따르면, 포로들은 차례로 지문을 날인하고 간단한 신상 질문에 답하는 것으로 시작하여, 미리 계획된 조사 혹은 심문(interrogation)에 응하도록 되어 있었다. 심문은 전체 포로들을 대상으로 몇 단계로 나누어서 진행되었고, 특히 정보원으로서의 가치가 있다고 판단된 집단에 대해서는 추가적으로 더욱 상세한 심문이 이루어졌다. 심문 내용은 포로생활 당시 목격한 적군의 현황과 전술의 특성, 화생방 작전에 대한 대비 상황과 같은 기본적인 항목과 더불어, 수용 당시 체험한 유엔군의 심리전의 효과, 적의 포로 대우 및 학대 행위, 적국의 사상 교육 등 보다 민감한 사안에 대한 질문까지 포함했다. 특히 수용소에서 적에게 '부역한(collaborate)' 포로들이 누구인지, 유엔에 반대하는 내용으로 방송에 출연하거나 서한을 작성한 포로는 누구인지 특정하라는 질문은 이후 처벌 가능성까지 염두에 둔 질문이었다.[467]

이러한 절차는 미군과 한국군 방첩대(Counter Intelligence Corps, CIC)의 협조를 통해 준비되었는데, 미군 포로에 대해서도 이러한 심문 절차는 상당히 강도 높게 진행되었다. 선행연구가 주목했듯, 귀환하는 미군 병사들을 피사체로 잡은 여타 사진들에서 굳은 표정과 긴장감이 엿보이는 것도 이와 관련이 있었다.[468] 하지만 포로들의 심리적 긴장은 한국군 송환포로들에게서 보다 분명하게 드러난다. 국군 포로들은 자신들이 모종의 사상 검증을 받아야만 하는 입장이라는 점을 잘 이해하고 있었다. 북한군 포로들과 마찬가지로, 이들은 판문점에서 열성적으로 태극기를 흔들며 구호를 외쳤고, 미군 영상병들의 시선 역시 이러한 장면들을 포착했다(사진 9).

그렇다면 민간 취재진들의 시선이 닿지 않는 '자유의 문' 뒤편의 모습은 어땠을까? 예컨대 리틀 스위치 작전 도중인 1953년 4월 25일 촬영된 〈111-LC-32529〉에서, 미군 카메라의 시선은 진료를 받는 한국군 포로의 모습, 음식을 먹거나 담배를 피우는 포로들의 모습을 담았다. 병사들의 표정과 태도에서는 기쁨보다는 상당한 긴장과 어색함이 느껴진다(사진 10).

그런데 미군 영상병의 시각에 포착된 다른 유엔군 포로들의 표정은

사진 9 구호를 외치는 국군포로들과 실내에 설치된 '자유의 문', 〈111-LC-33737〉

대체로 이와 흥미로운 대조를 이룬다. 푸티지 필름에는 영국, 터키, 필리핀, 콜롬비아 등 다양한 국적의 포로들의 모습들도 담겨 있는데, 예컨대 1953년 4월 23일 리틀 스위치 작전 중에 촬영된 〈111-LC-32528〉, 〈111-LC-32501〉, 〈111-LC-33737〉 등에서는 다양한 국적의 유엔군 포로들의 모습이 잇따라 포착된다. 밝게 웃으며 걸어오는 그리스군 포로의 모습(사진 11 좌측)에서는 긴장과 두려움의 감정은 찾아보기 어렵다. 빅 스위치 작전을 통해 교환된 터키군 포로들의 모습은 앞서 보았던 〈111-LC-33737〉에 길게 담겼다. 밝은 얼굴로 서로 웃으며 대화를 나누거나, 아이스크림 등 음식을 먹으며 미소짓는 모습에서는 남북한 군인의 얼굴에서 느껴지는 비장함과 긴장감을 찾아보기 어렵다. 이러한 유엔군 포로와의 대조는 오히려 남북한 송환포로들이 처했던 상황이 얼마나 독특

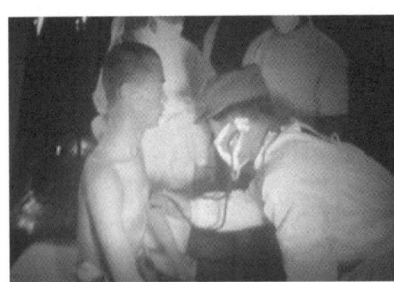 

사진 10 리틀 스위치 작전에서 교환된 국군 포로, 〈111-LC-32529〉

 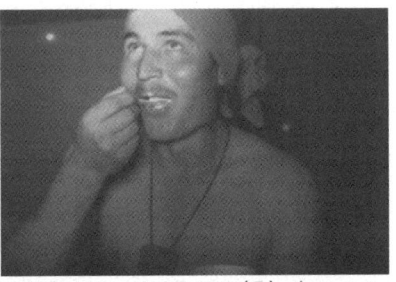

사진 11 그리스군 부상 포로(좌), 아이스크림을 먹는 터키군 포로(우), 〈111-LC-32501〉; 〈111-LC-33737〉

한 것이었는지를 암시한다. 푸티지 필름에 담긴 피사체들이 '자유의 품으로의 귀환'이나 '공산 측의 잔혹행위'만을 주목하는 공식적 서사로 환원될 수 없는, 복합적 감정의 결들을 담고 있다는 점이 이를 통해 잘 드러난다.

2. 자원 입대: '반공 주체'로 재탄생하는 포로와 동원되는 사회

마지막으로 유엔군 관할 포로수용소에 있던 북한군 포로들 중에 '비송환'을 선택한 '반공포로'들의 모습은 푸티지 필름에 어떻게 담겼을까. 송환을 거부한 포로들의 처리와 긴 설득과정은 정전협정 체결 이후 해를 넘겨서까지 지속되었다. 이들을 통제·관리하던 인도군은 1954년 1월 20일부터 송환거부 포로들을 양측에 인계하기 시작했고, 다음 날인 1월 21일까지 총 21,839명이 유엔군 측으로, 347명이 북한군 측으로 인계되었다.

인계된 포로들은 1954년 1월 22일을 기해 민간인 신분으로 전환되었다.[469] 《대한뉴스》는 특보로 "자유의 품으로 돌아오는 반공포로 용사들의 감동적 귀환"을 보도했다.[470] 이들은 포항, 군산 등지에 임시로 수용되었는데, 대다수가 국군 입대를 선택했다. 이러한 '반공포로', '반공애국청년'들의 열성은 '반공'국가 대한민국 정체성의 중요한 상징으로, 체제 정당성을 보여주는 증거와도 같았다.[471] 당시 언론들은 이들 '반공포로', '반공애국청년'들의 압도적 다수가 혈서를 쓰며 입대를 자원했다는 사실을 보도하고, "멸공 북진 전선에 선봉" 역할을 맡기를 청원하는 이들의 서한을 지면에 실으면서 사회적 분위기를 고취시켰다.[472] 1954년 1월 23일은 포로송환일을 기념하기 위해 '자유의 날'로 제정되었다.

미 군사고문단 사진중대는 1954년 1월 21일에서 23일까지 이들 미송환포로들의 포항 시가행진, 재입대 행사 현장을 영상으로 남겼다. "만회작전"이란 제목의 〈111-LC-34807〉 영상에는 태극기를 흔들며 포항 시가지를 행진하는 입대 병사들의 대열이 극적으로 포착되었다. 열차에서 내린 포로들의 행렬 앞에는 "반공애국청년안내차"라는 문구가 적혀

사진 12 포항 시가지를 행진과 입대 행사의 장면들, 〈111-LC-34807〉

있는 지프차가 이들을 이끌고, 포로들은 거대한 이승만 초상화 액자를 들고 시가지를 행진한다. 길 가장자리에 도열하여 이들을 환영하는 지역 주민, 인파로 북적이는 입대 행사장, 게양되는 태극기 등을 극적으로 포착하기 위해 영상의 구도 설정을 고심했던 흔적 역시 돋보인다.

그러나 〈111-LC-34807〉이 미 군사고문단이 제작한 공보용 영상에 그치지 않을 수 있었던 것은, 해당 푸티지 필름이 '반공포로'에 대한 공식적 서사로 환원되기 어려운 장면들을 다수 담고 있기 때문이다. 예컨대 미 군사고문단 영상병의 시선은 도열한 병사들 개개인의 얼굴과 표정을 비교적 세밀하게 영상에 담았다. 영상에 포착된 병사들의 표정과 내면 감정은 가두행렬에서 보였던 전형적인 '반공애국청년'의 전형과 반드시 일치하지 않는다. 〈사진 13〉에서 보듯, 담배를 물고 카메라맨을 응시하는, 장난스러움과 도발적인 표정으로 가득한 포로의 얼굴(우), 다소 어둡고 가라앉아 있는 포로들의 표정(좌)은 남한 정부가 그려내고자 했던 '반공 투쟁의 선봉'의 이미지와는 다소 거리가 있다. 어쩌면 포로들도 자신에게 카메라를 들이댄 것이 한국군이 아니라 미군 병사였기에, 조금은 긴장을 늦추고 자신의 내면을 일부 드러낼 수 있지 않았을까.

영상에서 확인할 수 있는 또 다른 흥미로운 장면은 행사에 동원된 지역주민들의 모습이다.[473] 반공포로들의 재입대 행사에는 지역주민들이 참여해, 태극기를 흔들며 만세를 외치며 '반공의 제일선'으로 나서는 이들을 응원했다. 교사의 통솔 하에 참여한 어린 국민학교 학생들, 교복

사진 13 입대 행사에서 도열해 있는 포로들의 얼굴들, 〈111-LC-34807〉

사진 14 입대 행사에 동원된 지역 주민들의 갖가지 표정들, 〈111-LC-34807〉

을 입은 중고등학생, 한복을 입고 병사들에게 꽃목걸이를 걸어주는 부인 조직 회원들 등등 1950년대 전후(戰後) 사회에서 관제 동원 행사의 풍경이 드러난다.

　미 군사고문단 영상병은 조직적으로 동원된 행사에서도 여전히 관찰되는, 완전히 규율되지 않은 사람들의 행동들이 흥미롭게 포착했다. 예컨대 교복을 입고 도열은 했지만, 한 손을 호주머니에 찔러넣고 태극기를 건성건성 흔드는 국민학생의 모습(3분 53초)은 의도치 않게 포착된 흥미로운 장면에 가깝다. 반면 영상병들은 군중들의 표정에서 자연스럽게 드러나는 피로와 무덤덤한 감정에도 의도적으로 상당한 비중을 할애했던 것으로 보인다. 이 영상에서 촬영자들은 때로는 넓은 각도로 군중들을 포착하는 것이 아니라, 무리 속 특정 개인의 얼굴을 클로즈업하여 길게 응시하는 장면을 수차례 보여준다. 이러한 시선을 통해서 환영 행사에 동원된 주민들의 '무대 뒤편' 감정들이 자연스럽게 드러난다. 수년간 길게 이어진 전쟁과 죽음의 위협, 전후에도 이어진 반공규율사회의 일상을 온몸으로 겪은 것은 다름 아닌 이 지역 주민들이었다.

V. 냉전 서사를 거스르는 포로 영상 보기는 가능한가

포로교환의 현장을 포착한 미군 영상병의 시선, 그리고 영상 기록은 이중적 성격을 지녔다고 할 수 있다. 군에 의한 영상 촬영은 미군 공보 정책의 일환으로서, 포로들을 특정한 방식으로 바라보고 재현하는 기획으로부터 자유로울 수 없었다. 결과적으로 푸티지 필름은 이러한 공보 활동의 기초 자료로서의 성격을 지녔다. 유엔군의 인도적 대우를 끊임없이 무력화하고 프로파간다의 기회를 엿보는 '동양 공산주의자'의 규율과 속임수를, 그리고 '자유 진영'으로 귀환하는 포로들의 기쁨과 고통을 포착해내는 영상병의 시선은 '친공포로'와 '반공포로'를 가르고, 이들의 행동, 감정, 내면을 특정한 방식으로 분할하여 재현했다.

그렇지만 미편집 영상으로서 푸티지 필름이 가진 매체적 특성은 오히려 전형적인 공보 작전의 시각으로 환원되지 않는 요소들에서 잘 드러난다고 할 수 있지 않을까. 검열을 거친 영상과는 달리, 영상병 개인의 호기심을 자극했던 장면들, 의도치 않게 렌즈에 포착되었던 장면들 역시 존재했다. 특히 앞서 보았듯 미군 영상병의 위치는 다른 외부 민간 특파원들의 시선이 닿을 수 없었던 '무대 뒤편'의 장면들과 포로들의 모습을 필름에 담아내는 것을 가능하게 했다. '동양 공산주의자'의 폭력성과는 거리가 먼 생존의 안도감과 향수, 주눅 들고 불안해 하는 '귀환' 포로들의 내면, 반공규율사회의 동원 속에서 주민들이 느끼는 피로감과 같은 정서들이 그것이다. 이러한 장면들은 오히려 편집·가공을 거친 뉴스 영상 등에서는 확인하기 어려운, 잔여적인 요소들에 가까워 보인다. 역설적으로 푸티지 필름의 정돈되지 않은 성격이 포로들의 복합적이고 모순적인 성격을 일부나마 담아냈다고 할 수도 있을 것이다.

그렇다면 미군 영상병이 남긴 푸티지 필름에서 보다 주목해야 할 측면은 그것이 가지고 있는 사실의 기록으로서의 사료적 가치나 냉전적 시각의 반영과 재현이라는 지점과는 다른 곳에 있을 수도 있다. 의도적·비의도적으로 포착된 '무대 뒤편'의 장면들, 이데올로기적 측면에서는 별다른 효용을 인정받지 못한 잔여적인 장면들이 담고 있는 복합적 의미들을 읽어내는 것이 가능하지 않을까. 만약 그렇다면 군의 작전의 연장에서 생산된 영상 자료들을, 오히려 그 작전 의도와 공식적 시각을 거스르는 방식으로 재의미화하는 것 역시 가능하지 않을까? 앞에서 살펴본 영상들 역시 활용되기에 따라서는 수용자로 하여금 전쟁포로란 누구이며, 포로교환을 둘러싼 일련의 사건들의 의미가 무엇이었는지를 다시 질문하도록 만드는 촉매가 될 수 있을 것이다.

참고문헌

1차 자료

영상 자료

〈특보, 반공청년 돌아오다!〉, 《대한뉴스》 제34호, 1954.2.2., UCLA Film&Television Archive, 한국정책방송원 e영상역사관.

〈111-LC-32406〉, "Operation Little Switch, Little Swap, Train Enroute to Munsan-ni, Korea", RG 111, Motion Picture Films from the Army Library Copy Collection 1964-1980, NARA Ⅱ.

〈111-LC-32501〉, "Little Switch (Returning Prisoners), Panmunjon and Munsan-ni, Korea", RG 111, Motion Picture Films from the Army Library Copy Collection 1964-1980, NARA Ⅱ.

〈111-LC-32528〉, "Little Switch, Munsan-ni, Korea", RG 111, Motion Picture Films from the Army Library Copy Collection 1964-1980, NARA Ⅱ.

〈111-LC-32529〉, "Little Switch, 5th ROK Mash, Munsan-ni, Korea", RG 111, Motion Picture Films from the Army Library Copy Collection 1964-1980, NARA Ⅱ.

〈111-LC-32819〉, "Little Switch (Returning Red Prisoners, Including Women), TASP and Panmunjom, Korea", RG 111, Motion Picture Films from the Army Library Copy Collection 1964-1980, NARA Ⅱ.

〈111-LC-33061〉, "Koje-do Prisoners of War (POW) Camp, off Korea", RG 111, Motion Picture Films from the Army Library Copy Collection 1964-1980, NARA Ⅱ.

〈111-LC-33650〉, "Operation Swap, United Nations Prisoner of War (POW) Camp #1, Koje-do, Korea", RG 111, Motion Picture Films from the Army Library Copy Collection 1964-1980, NARA Ⅱ.

〈111-LC-33687〉, "Big Switch (Last Day), Panmunjom, Korea", RG 111, Motion Picture Films from the Army Library Copy Collection 1964-1980,

NARA Ⅱ.

⟨111-LC-33737⟩, "Big Switch, Munsan-ni and Panmunjom, Korea", RG 111, Motion Picture Films from the Army Library Copy Collection 1964-1980, NARA Ⅱ.

⟨111-LC-33759⟩, "Operation Swap, Koje-do and Cheju-do Islands, Korea", RG 111, Motion Picture Films from the Army Library Copy Collection 1964-1980, NARA Ⅱ.

⟨111-LC-33761⟩, "Operation Swap, Koje-do and Cheju-do Islands, Korea", RG 111, Motion Picture Films from the Army Library Copy Collection 1964-1980, NARA Ⅱ.

⟨111-LC-34807⟩, "Operation Recovery (Release of North Korean Soldiers who were taken Prisoners of War by the South Korean Army), Pohang dong, Korea", RG 111, Motion Picture Films from the Army Library Copy Collection 1964-1980, NARA Ⅱ.

⟨Dramatic Scenes as U.N. Prisoners are freed by Reds!⟩, 《News of the Day》, UCLA Film&Television Archive, 고려대학교 한국근현대영상아카이브.

문헌 자료

거제시, 『한국전쟁기 포로수용소 세계기록유산 등재 추진 용역 보고서』, 2019 (수행기관: 서울대학교 사회발전연구소).

박진홍, 『돌아온 패자: 그 긴 전장을 가로지른 33개월의 증언』, 역사비평사, 2001,

Department of the Army, *FM 11-40: Signal Photography*, Department of the Army Field Manual, 1951.

E4 Prisoner of War, KComZ Plan, SWAP 1-53, RG 554, United Nations Command, Military Armistice Commission General Subject and Message Files, NARA Ⅱ.

Operation Little Switch, Section 1, Base Camp, Panmunjom Ops. & Possible Info. Aches (1 of 2), RG 338, Entry A-1 224, Box 1661, Enemy Prisoner of War Records, 1951-53, NARA Ⅱ.

Operation Little Switch Section IV, Logistical Support, RG 338, Entry A-1 224,

Box 1662, Enemy Prisoner of War Records, 1951-53, NARA Ⅱ.

Operation Plan 2-53 (Little Swap), RG 554, Korean Communications Zone; Adjutant General Section; Publications Record Set, 1952-54, NARA Ⅱ.

Operation Plan Swap, RG 389, Prisoner of War Information Bureau, Enemy POW/Civilian Internee General Information Files, 1952-53, NARA Ⅱ.

Unit History-226th Signal Company 1941-55, 1964, 1966-71, RG 550, Entry A1 1 Organizational History Files, 1959-1973, NARA Ⅱ.

신문 기사

"大部分이 入隊自願",《조선일보》, 1954.1.26.
"減共戰에 全員 志願",《경향신문》, 1954.1.25.
"前 捕虜의 國軍入隊",《경향신문》, 1954.1.26.
"反共靑年들 歡迎式 全市民 參席裡 盛況",《경향신문》, 1954.2.8.

웹사이트

고려대학교 한국사연구소 한국근현대영상아카이브, http://kfilm.khistory.org
국립중앙도서관 해외 한국관련자료 DB https://www.nl.go.kr/NL/contents/N20401010000.do
국사편찬위원회 전자사료관 https://archive.history.go.kr
한국정책방송원 e영상역사관 https://www.ehistory.go.kr

2차 연구

김려실,「타자의 아카이브로부터 돌아온 포로들: 미 육군 통신부대 POW 필름을 중심으로」,『현대문학의 연구』73, 2021, 221-263쪽.
김학재,「판문점 체제의 기원: 한국전쟁과 자유주의 평화기획』, 후마니타스, 2015.
김민환,「통제된 이동과 경계의 조정 : 임진강 및 주변 지역 다리 영상을 중심으로」,『역사연구』41, 2021, 69-116쪽.

김학재, 「진압(鎭壓)과 석방(釋放)의 정치: 한국전쟁기 포로수용소와 국민형성」, 『제노사이드 연구』 5, 한국제노사이드연구회, 2009, 45-100쪽.

박희태, 「영상역사연구의 쟁점들」, 허은 편, 『영상과 아카이빙, 그리고 새로운 역사쓰기』, 선인, 2015, 67-96쪽.

어빙 고프먼, 진수미 역, 『자아 연출의 사회학』, 현암사, 2016.

이선우, 「한국전쟁기 거제도수용소 내 '친공포로'의 딜레마와 폭동」, 『역사문제연구』 38, 2017, 317-356쪽.

임세화, 「'포로'라는 이념: 한국전쟁 '포로서사'와 '자기구성'의 가능성」, 『상허학보』 46, 2016, 63-116쪽.

임재근, 「한국전쟁 영상과 또 다른 대전지역사 쓰기: 교량과 철도 파괴 영상을 중심으로」, 『역사연구』 41, 2021, 31-67쪽.

장세진, 「은유로서의 포로: 수용소의 삶과 '적/동지'의 구별 정치-한국전쟁 포로들의 UN군 관리 수용소 체험을 중심으로」, 『상허학보』 46, 2016, 9-61쪽.

전갑생, 「죽음의 시선과 이중노출 이미지화: 한국전쟁기 귀환포로 사진을 중심으로」, 『냉전과 평화의 이미지』, 한국냉전학회·서울대 통일평화연구원·아트선재센터-리얼 디엠지 프로젝트 주최 학술회의 자료집, 2017.

전갑생, 「수용소와 죽음의 경계선에 선 귀환용사: '지옥도' 용초도와 귀환군 집결소」, 백원담·강성현 편, 『열전 속 냉전, 냉전 속 열전 : 냉전 아시아의 사상심리전』, 진인진, 2017, 251-280쪽.

전갑생, 「한국전쟁 포로와 사진: '동양공산주의자' 인종 프레임과 폭력성 재현」, 『이화사학연구』 56, 2018, 143-185쪽.

정근식·강성현, 『한국전쟁 사진의 역사사회학: 미군 사진부대의 활동을 중심으로』, 서울대학교출판부, 2016.

정영신, 「미군의 대한원조 영상 속에서 재건되는 전후 주체 : The Big Picture 시리즈의 '미군대한원조'와 '한국과 당신'을 중심으로」, 『역사연구』 41, 2021, 117-159쪽.

조성훈, 『한국전쟁과 포로』, 선인, 2010,

창청, 박혜조 역, 「미국의 포로 자원송환과 재교화 정책, 전쟁의 최종 결과를 결정하다: 워싱턴 정책 입안부터 거제도 정책 시행까지」, 백원담·강성현 편, 『열전 속 냉전, 냉전 속 열전: 냉전 아시아의 사상심리전』, 진인진, 2017,

223-250쪽.

허은, 「기록영상물의 공공재화와 영상역사 쓰기: 제국-국민 서사를 넘어서」, 『역사비평』 109, 2014, 324-355쪽.

제11장

한국전쟁기 미군 포로 재현과 '안방'의 심리전 –
《빅픽처》의 〈한국에서의 잔학행위〉 에피소드를 중심으로

최성용

I. 들어가며

전쟁의 의미화는 또 하나의 전쟁이다. 전쟁을 거치면서 전쟁을 이해하는 고정된 서사와 한 사회의 집단기억이 만들어진다. 그 과정에서 전쟁이라는 거대한 사건에 휘말린 상이한 위치에 놓인 개인, 집단, 국가는 각기 전쟁을 상이하게 체험하며 각자의 의미를 주장한다. 특히 국가는 '의미화의 전쟁'에서 전쟁의 정당성을 확보하기 위해 '적군'을 특정한 이미지로 상상하며 그에 대비되는 '아군'의 정당성을 확립하려 한다. 이 피아 구분의 전쟁 서사를 구축하고자 국가는 개별 병사나 민간인의 전쟁 체험을 동원한다. 나아가 전쟁에 직접적으로 연루되지 않은 수많은 타국의 시민들도 이 '의미화의 전쟁'에 참여한다. 가령 오늘날 우크라이나 전쟁과 가자 지구 학살에서도 전쟁에 개입되지 않은 타국의 시민들을 향해 전쟁의 의미를 설득하는 또 하나의 전쟁이 펼쳐지고 있다. 전쟁에 연루된 여러 집단과 행위자들은 소셜네트워크서비스를 포함해 각종 미디어를 활용하여 적군의 악랄함과 아군의 정당성을 설파하고, '당신은 어느 편에 설 것인가'를 질문하고 종용한다.

그 구체적인 매체나 형식은 다르지만 과거 한국전쟁에서도 전쟁의 의미를 구성하려는 노력으로써 광범위한 심리전이 수행되었다. 제2차 세계대전기 미국은 독일 제3제국의 선전술을 모방해 심리전 개념을 수립하면서, 자국의 병사들의 사기와 규율을 진작하고 적국 병사들의 전투 의지를 축소시키는 등의 목적에 사회과학을 응용했다. 이후 한국전쟁을 거치며 미국은 심리전의 표준적 교의를 수립하였고, 심리전은 냉전기 제국의 통치술로 기능하였다.[474]

한국전쟁기 미국의 심리전은 한반도 내의 군인, 포로, 민간인만을 대상으로 하지 않았다. 애초에 한국전쟁은 분단된 민족 간의 내전 이상으로 연합군과 중공군이 참여하는 국제전의 성격을 띠고 있었으며 전 지구적 냉전의 형성에 핵심적 계기로 작용한 만큼, 한국전쟁에서 심리전의 전역은 한반도를 넘어서는 것이었다. 특히 미국은 얼마 전까지 파시즘에 함께 대항했던 공산주의 국가를 왜 '적'으로 삼아야 하는지, 왜 태평양 건너 극동아시아의 작은 땅에서 일어난 내전에 참전하기 위해 미국의 젊은이들을 전장으로 보내야 하는지 정당화할 필요가 있었다.

한국전쟁은 미국 사회에서 냉전적 대결 논리가 일반화되고 매카시즘이 발흥하는 핵심 계기였다. 이전까지 파시즘에 함께 맞서 싸우며 전후 세계를 만들었던 공산주의는 한국전쟁을 통해 미국 사회에서 '적'으로서 구체적인 이미지를 획득했다. 미국은 자국의 병사들이 참전해 마주한 '적의 실체'를 그려내려 했고, 이를 통해 한국전쟁 참전의 의미와 정당성을 미국 국민들에게 설파하고자 했다. 즉, 한반도라는 '전역(戰域) theater)'은 '적'의 이미지를 창출함으로써 '적'을 실체화하고 이를 통해 '우리' 진영의 단결을 고취하는 '극장(theater)'이었다.[475]

이를 위한 심리전의 주 매체 중 하나가 영상이었다. 미국은 제2차 세계대전 시기부터 심리전 목적의 영화를 제작하였던 바 있다. 1950년대 들어 미국 사회에 텔레비전이 보급되면서 방송의 중심 매체가 라디오에서 텔레비전으로 서서히 옮겨가자 이에 주목한 방송 산업과 군은 텔레비전 방영을 위한 심리전 영상 제작에 힘을 쏟았다. 미국 가정의 '안방'에서 방영된 심리전 영상들은 미국인에게 '적'을 알리고 전쟁의 의미를 전달하는 역할을 부여받았다. 그렇게 '안방'의 심리전은 한반도라는 전장과 미국의 안방을 연결했던 것이다. 한국전쟁이 끝난 후에도 심리전은 지속되었고, 한국전쟁의 장면과 경험들은 공산주의라는 '적'을 이해하기 위한 참조점으로 기능했다.

본 연구는 그 사례로서 《빅픽처》(The Big Picture) 시리즈의 에피소드 〈한국에서의 잔학행위〉(Atrocities in Korea)(111-TV-242)에 주목한다. 《빅픽처》 시리즈는 심리전, 육군 홍보 등의 목적에서 미 육군이 제작했던 영상들 중의 하나로, 1951년 한국전쟁 시기부터 제작되어 1971년 베트남 전쟁기에 이르기까지 20년에 걸쳐 텔레비전으로 방영되었고 상당한 인기를 끌었다.[476]

오랜 기간 방영된 만큼 《빅픽처》 시리즈는 수많은 에피소드로 구성되어 있으며 한국전쟁이나 한반도를 주제로 한 에피소드도 적지 않다. 기존에 국내에 《빅픽처》 영상을 소개하고 분석한 연구들은 미군 포로, 미 공병의 다리 공사, 미군의 대한 원조와 같은 여러 주제들을 다루었다.[477] 그중에서 〈한국에서의 잔학행위〉 에피소드는 한국전쟁 참전 미군 포로들이 겪은 잔학행위를 주제로 삼고 있다. 한국전쟁 미군 포로를 중심 주제로 삼은 에피소드는 〈한국에서의 잔학행위〉가 유일하며, 이후 에피소드에서 미군 포로들은 부분적인 소재로서 다뤄지거나 참조해야 할 기억으로 언급될 뿐이다.[478] 그런 의미에서 〈한국에서의 잔학행위〉는 종전 직후 미국이 한국전쟁과 포로 문제를 어떻게 이해했는지 잘 보여주는 텍스트이다.

〈한국에서의 잔학행위〉의 제작 시기는 1953년 4월에서 5월에 진행된 상병 포로 송환 이후이며, 최초 방영은 1954년 2월이다. 〈한국에서의 잔학행위〉의 러닝 타임은 총 25분 57초이며, 액자식 구성을 취하고 있다. 오프닝 직후와 엔딩 직전에 각각 약 2분 30초, 1분 분량으로 즉결 처분된 미군 병사의 주검을 적나라하게 응시한 푸티지 영상이 내레이션과 함께 배치됐다. 그 사이에 장교 및 사병을 포함한 6명의 송환 포로들의 인터뷰를 담았다. 즉, '돌아오지 못한 포로'들은 푸티지 영상으로, '돌아온 포로'들은 인터뷰를 통해 재현하고 있다.

심리전의 맥락에서 전반적인 포로 정책과 수용소의 포로들을 다룬 연구은 상당히 축적되었다.[479] 본고가 다루는, 영상의 피사체로 등장하는 포로들에 관한 연구도 활발히 이뤄지고 있다.[480] 다만 이 연구들은 접근 가능한 자료를 바탕으로 주로 연합군의 포로정책 및 포로수용소에 초점을 맞추고 있기에, 공산군 측의 포로정책 및 포로수용소의 경험을 분석한 경우는 많지 않다.[481]

기존 연구들은 한국전쟁에서 양 진영의 포로들 모두 심리전이 수행되는 '대상'이자 심리전의 '재료'였음을 지적했다. 〈한국에서의 잔학행위〉 역시 공산군의 포로수용소에서 심리전의 대상이 되었던 미군 포로들의 경험을 재료로 삼아 제작된 심리전 영상이다. 미국의 '안방'에 등장한 포로들은 이역만리에서 적과 싸우며 희생을 감수했던 '미국의 아들'이었으며, 적의 구체적 모습과 전쟁의 참혹한 실상을 몸으로 겪고 직접 목도한 이들이었다. 주검이 된 전사자와 귀환병은 모두 공산주의라는 '적'의 실체를 경험한 자로서, 이들의 재현과 증언은 그 자체로 적에 대한 생생한 진실을 미국사회에 전달하고 있다.

본 연구는 〈한국에서의 잔학행위〉를 통해 미국이 한국전쟁기 미군 포로를 통해 무엇을 말하려 했는지, 그리고 말하지 않은 것은 무엇인지를 질문한다. 이를 위해 심리전 영상으로서 〈한국에서의 잔학행위〉가 미군 포로들을 재현하고 서사화하는 방식을 분석할 것이다. 또한 미군 포로에 대해 말한 것과 말하지 않은 것이 전후의 미국 사회에 어떠한 영향을 주었는지 추적하고자 한다.

우선 2장에서는 편집 다큐멘터리 장르에 대한 연구 방법론을 논의하며 《빅픽처》 시리즈를 개괄해 소개한다. 3장에서는 〈한국에서의 잔학행위〉에 삽입된 푸티지 영상들을 통해 편집 다큐멘터리 〈한국에서의 잔학행위〉의 '생산 맥락'을 검토한다. 푸티지 영상의 이미지들이 〈한국에서의 잔학행위〉에서 어떻게 재현되며 어떤 장면을 배제하는지 분석하고, 그 이미지들에 대한 미국 사회의 '소비 맥락'을 논의한다. 4장은 〈한국에서의 잔학행위〉의 미군 송환 포로 인터뷰를 중심으로, 미군 포로 서사의 생산 맥락과 거기서 배재된 경험들을 검토한다. 또한 〈한국에서의 잔학행위〉에서 사각화된 포로들을 미국 사회가 어떻게 이해했는지, 그것이 어떻게 전후의 미국 사회를 구성해 갔는지 논의할 것이다.

II. 편집 다큐멘터리로서 《빅픽처》 시리즈

1. 편집 다큐멘터리

문화냉전의 생생한 현장이자 기록인, 미국을 필두로 한 해외의 아카이브에 소장된 냉전기 역사 영상에 관한 관심이 높아지면서 여러 기관과 주체에 의해 영상 발굴 및 연구가 이뤄지고 있다.[482] 이와 관련해 허은(2015)은 영상들을 사료로 다룰 것을 제안하면서 '기록 영화'라는 범주를 제안한다. 그는 기록 영화를 크게 보도영화(newsreel)와 문화영화(cultural film)[483]로 구분하였다.[484] 강성현(2022)은 사상심리전의 관점에서 미편집 상태로 아카이브에 축적되어 있는 푸티지 영상(footage film)에 대한

연구 방법론을 논의하였다.⁴⁸⁵

그런데 본 연구에서 다룰 《빅픽처》 시리즈는 기존 연구들이 제시한 범주와는 그 성격이 다소 다르다. 우선 《빅픽처》는 미 육군에 의해 생산되어 주로 미국 사회의 청중에 의해 '소비'되었기에, 일본과 한국의 역사적 범주인 '문화영화' 개념을 그에 직접 적용하는 것은 무리가 있다.

또한 장르적 차이가 있다. 《빅픽처》 시리즈는 뉴스 다큐멘터리(news documentray)에 영향을 받았지만 그와는 구분되는 편집 다큐멘터리(compilation documentary)의 계보 속에 놓여 있다.⁴⁸⁶ 비록 장기간 제작 및 방영된 《빅픽처》의 여러 에피소드에 극 영화나 스튜디오 촬영 등의 요소가 포함되어 있지만, 《빅픽처》의 장르적 중심에는 촬영에 기반하지 않고 아카이브의 푸티지 영상을 편집해 영상에 서사를 부여하고 내레이션과 사운드를 덧입힌 편집 다큐멘터리의 특성이 있다.

이와 관련해 박희태(2020)는 영상역사 연구의 방법론이라는 문제의식에서 편집 다큐멘터리의 장르적 특성을 논의한 바 있다. 구체적으로, 보관된 기록 영상의 수집 및 활용에 있어 국가 및 공공 기관의 지원을 받아 제작됨에 따라 편집 다큐멘터리가 프로파간다적 성격을 띠기 쉽다는 점, 기록 영상을 확인하고 편집하는 과정의 제작 비용으로 인해 개인이 아닌 방송사 중심의 제작이 이뤄지면서 영화관 상영보다 텔레비전 방영이 이뤄진다는 점, 그리고 과거의 기록 영상을 현재의 시점에서 편집하면서 제작되었기에 편집 다큐멘터리는 과거와 현재 사이의 시차를 내재하고 있으며 현재의 시점에서 집단 기억의 재구성을 의도한다는 점 등을 들 수 있다.⁴⁸⁷ 요컨대, 편집 다큐멘터리는 역사적 사실을 '객관적 기록'으로 전달하는 것처럼 보이지만, 실상 특정한 의도와 서사 하에 기록 영상을 활용·배치한 것이다. 더욱이 편집 다큐멘터리에 삽입된 기록 영상의 이미지들 역시 특정한 의도에 의해 구성된 기록이다.

그렇다면 객관적 기록이 아닌 구성된 기록으로서 편집 다큐멘터리는 어떻게 분석될 수 있을까? 기존 연구들은 사료로서 영상의 생산 맥락에 대한 확인 및 교차 분석과, 이를 바탕으로 한 비판적인 텍스트 읽기의 방법론을 강조하고 있다.[488] 영상의 생산 맥락에 대한 검증의 필요성은《빅픽처》시리즈에도 충분히 적용될 수 있다.《빅픽처》시리즈 및 개별 에피소드의 제작과 관련한 역사적 맥락의 검토와 여러 연구 및 자료를 통한 교차 검증은 영상의 생산 맥락을 읽어내는 데 필수적이다. 그중에서도 특히,《빅픽처》의 에피소드에 삽입된 푸티지 영상의 원본을 확인할 수 있다면, 푸티지 영상이 어떻게 편집되어 배치되고 있으며 그러한 편집이 어떤 의도와 서사를 구현하고 있는지 분석할 수 있다. 이는 편집 다큐멘터리의 장르적 특징에 기인한 것이다. 또한 동일한 장면을 촬영한 스틸 사진을 통해서도 생산 맥락을 풍부하게 추론할 수 있는데, 이는《빅픽처》시리즈가 심리전 목적에서 미 육군에 의해 체계적으로 제작되었다는 사실을 반영하는 것이다.[489]

나아가, 편집 다큐멘터리의 경우 영상의 생산 맥락만이 아니라 그 소비 맥락의 분석도 필요하며 가능하다. 편집 다큐멘터리의 연구 방법론을 논의한 박희태(2015; 2020)의 경우, 주로 오늘날 제작되고 있는 편집 다큐멘터리의 사례들을 언급하고 있다.[490] 하지만《빅픽처》의 경우 냉전기의 역사이자 유산으로서, 그 자체로 하나의 역사적 기록에 해당한다. 허은은 영상역사 연구에 있어 "정서의 전달과 공유를 통해 정체성이 형성되는 과정"[491]을 분석할 것을 언급했다. 실제《빅픽처》시리즈는 심리전 영상으로서 냉전의 담론 및 정동을 구성하고 전파하며 미국 사회를 구성해 가는 장치로서 기능하였다. 그렇기에 냉전기의 편집 다큐멘터리《빅픽처》에 관한 연구는 그 영상이 당대 사회에 미친 영향을 검토하는 것을 포함할 필요가 있다. 본고는 이를 '생산 맥락'과 대비하여 '소비 맥락'이라 명명한다. 이렇게 미국의 '안방'에서 방영된, 한국전쟁을 다룬 영상의 소비 맥락을 추적한다는 것은 곧 한국전쟁을 포착한 이미지가 어떻게 미국사회에 영향을 미쳤는지를 이해하려는 시도가 될 것이다.

2. 《빅픽처》 시리즈

《빅픽처》와 같은 편집 다큐멘터리는 제2차 세계대전 시기 이미 성공한 헐리우드 감독이던 프랭크 카프라(Frank Capra)가 제작해 인기를 끈 편집 다큐멘터리 영화 《우리는 왜 싸우는가(Why We Fight)》 시리즈의 성공에 큰 영향을 받았다. 카프라는 진주만 공습 이후 군에 재입대하여 육군 참모총장의 지시 아래 육군 통신대의 영화 제작에 관여하였고, 그 결과물이 바로 《우리는 왜 싸우는가》 시리즈였다. 《우리는 왜 싸우는가》는 "전쟁에서 이기기 위해서는 사람들의 마음의 전장(the battle for men's minds)에서 이겨야 한다"[492]는 심리전의 목적 아래 징집된 병사들에게 참전의 이유를 설명하고 그들을 동원하기 위한 교육 수단으로 제작되었다. 이후 루스벨트 대통령의 요청으로 시리즈 중 두 편이 대중에게 공개되었고 약 5천4백만의 미국인이 이 시리즈를 시청하였다.[493] 《우리는 왜 싸우는가》는 독일 제3제국의 선전 영화, 그중에서도 1935년 레니 리펜슈탈(Leni Riefenstahl)이 제작한 《의지의 승리》(Triumph of the Will)를 의식하고 있었으며, 나치의 선전 영화에 사용된 푸티지, 지도, 도표 등을 재사용해 나치즘 및 파시즘의 발흥을 비판적으로 그려냈다.[494]

한편, 제2차 세계대전 이후 미국 가정의 TV 보급이 서서히 가속화되면서 미군은 이런 매체 환경의 변화를 활용하고자 했다. 1947년 국가안보법(National Security Bill)으로 군 기관들이 재조직되는 가운데 국방부는 1949년 그 산하에 국방부 공보차관보실(Office of the Assistant Secretary of Defense for Public Affairs)를 설치하였다. 공보차관보실은 그 아래에 공보국(Office of Public Information)을 두어 다양한 형태의 미디어들을 통한 정보의 공유를 관할했다. 공보국은 라디오, 잡지와 도서, 사진, 공중관계 및 라디오-텔레비전 부서를 두었으며, 그중 라디오-텔레비전 부서는 방

송국들을 통한 미군의 활동에 관한 공보 업무를 담당하였다.[495]

육군, 해군, 공군, 해병대 각 군부는 전쟁 시기 촬영한 푸티지 영상을 아카이브에 축적하고 있었으며, 성장하는 TV 산업에 발맞추어 방송국 및 제작사들이 푸티지 영상을 활용할 수 있도록 공개하고, 방송사에 군 관련 프로그램 제작을 위한 조언을 제공하였다. 초창기 제작된 군 관련 TV 시리즈이자 가장 성공한 사례는 1949년 총 26개 에피소드로 방영된《유럽의 십자군》(Crusade in Europe)(ABC 방영, Time Inc 제작)이었다.《유럽의 십자군》은 베스트셀러였던 아이젠하워(Dwight D. Eisenhower)의 전쟁 수기를 바탕으로 제작되었으며 제2차 세계대전기의 전쟁 푸티지 필름을 처음으로 활용한 TV 시리즈였다. 한국전쟁기 들어 군 관련 편집 다큐멘터리 TV 시리즈의 제작은 더욱 활발해졌다. 대표적인 사례로《전투 보고: 워싱턴》(Battle Report-Washington)(NBC, 1950-52),《우리가 마주한 사실》(The Facts We Face)(CBS, 1950-52),《펜타곤》(Pentagon)(DuMont, 1950-52) 등이 전쟁 초기 제작 및 방영되었고,《태평양의 십자군》(Crusade in the Pacific)(ABC 방영, Time Inc 제작, 1951-52),《바다에서의 승리》(Victory at Sea)(NBC 및 해군 공동 제작, 1951-52)《항공력》(Air Power)(CBS 및 공군 공동 제작, 1952-53) 등이 대중적으로 크게 성공하였다.[496]

각 군부가 편집 다큐멘터리 제작에 뛰어들고 성공을 거두는 흐름에 미 육군도 가세하였다. 미 육군 공보국은 미 육군사진센터(Army Pictorial Center)의 스튜디오[497]에서《빅픽처》영상 제작을 진행하도록 하였다. 장르적으로《빅픽처》는《우리는 왜 싸우는가》에서 이어진 편집 다큐멘터리의 계보 아래에 있었다. 특히《유럽의 십자군》,《태평양의 십자군》,《바다에서의 승리》의 대중적 성공은《빅픽처》가 그 장르적 형식을 따르도록 영향을 주었다.[498]

《빅픽처》의 초기 제작 목적은 반공주의적 선전, 군-민의 유대 형성, 그리고 육군에 대한 홍보를 꼽을 수 있다.[499] 한국전쟁을 다룬《빅픽처》

초기 13편은 한국전쟁의 전개 과정을 전하면서 반공주의적 선전을 수행하려는 심리전의 목적에 방점이 놓여 있었다. 심리전 목적에서 제작된 만큼 《빅픽처》 영상들은 군 내부의 치밀한 기획 및 검토 과정을 거쳐 제작되었던 것으로 보인다.[500]

《빅픽처》의 초기 제작을 담당한 프로듀서는 칼 브루턴(Carl Bruton) 중위였다. 그는 한국전쟁 이전에 마이애미의 WTVJ 라디오에서 군복무를 수행하였으며, 미 육군 워싱턴 군관구(US Military District of Washington)의 지역 공보실에서 제작해 WTOP-TV(현재 WUSA-TV)와 WTTG에서 방송된 〈한국의 위기〉(Crisis in Korea) 제작의 책임을 맡았다. 1951년 10월 7일 최초 방영된 〈한국의 위기〉는 《빅픽처》 시리즈의 첫 13개 에피소드들의 기반이 되었다. 《빅픽처》는 1952년부터 높은 시청률을 달성하며 전국의 방송국으로 확장되었고, 방영 기간을 통틀어 총 366개 방송국에서 방영되었다.[501]

1951년 12월에서 1953년까지 《빅픽처》는 워싱턴 D.C. 지역의 CBS 계열사인 WTOP를 통해 방영됐다. 1953년부터 1956년까지 ABC에서 황금 시간대에 방영되어 상당한 인기를 끌었다. 하지만 서서히 《빅픽처》의 인기가 사그라들자, 미 육군은 황금 시간대 방영을 대가로 상업적 스폰서의 제작 개입을 감내하는 대신 제작 과정의 통제를 유지하고자 신디케이션을 통한 배급 모델로 전환하였다.[502]

신디케이션 배급으로 전환하면서 《빅픽처》 영상의 배급 방식은 1차 및 2차 상영으로 나누어졌다. 1차 상영은 군인들이 각 부대에서 정보사령부 프로그램(The Command Information Program)을 통해 시청하는 것과 더불어, 민간에서 미 전역의 방송국 및 해외의 군 관련 TV 채널을 통해 시청하는 것을 의미한다. 2차 상영은 1차 상영 이후 추가적인 상영을 원하는 군부대, 학교, 공공단체 등의 신청을 받아 영상을 제공함으로써 이뤄졌다. 미 국내 6개 육군 본부에서 각각 담당하는 지역의 방송국에 《빅픽처》영상을 배급하였는데, 상영을 원하는 민간의 방송국의 경우 육군부가 제공한 카탈로그를 통해 배급을 요청하는 방식이었다. 또한 해외의 군 관련 TV 채널(Armed Forces Network Television, AFN-TV)에서도 《빅픽처》를 방영하였기에 독일, 일본, 한국, 베트남 등 전 세계 곳곳의 미군 기지 병사들 및 그 가족들이 《빅픽처》를 시청할 수 있었다.[503]

1971년 《빅픽처》 시리즈는 돌연 제작이 중단됐는데, 이와 관련한 상세한 맥락을 알려주는 자료는 확인되지 않았다. 다만 정황상 베트남 전쟁과 군사주의에 비판적인 당대 미국사회의 분위기가 큰 영향을 미쳤을 것임을 짐작할 수 있다. 의회 내에서도 압력이 가해졌다. 1969년 12월 상원 외교위원회 위원장인 윌리엄 풀브라이트(J. William Fulbright)는 미군이 베트남 전쟁에 대한 지지 여론을 형성하기 위해 부적절하게 텔레비전을 활용하고 있고 지적했다. 그 대표적인 사례로 언급되었던 《빅픽처》의 과도한 제작 비용 지원이 문제시 되었다.[504] 이런 상황 속에서, 20년간 제작된 《빅픽처》는 조용히 끝을 맺었다.

III. 미군의 죽음을 응시한 푸티지

1. 죽음의 재현과 '적'의 이미지 창출

〈한국에서의 잔학행위〉 에피소드의 오프닝은 진군나팔 소리와 함께, 한국전쟁의 한 장면으로 참호에서 전방을 바라보는 두 병사의 뒷모습으로 시작한다. 그러면서 "한국에서 독일까지, 알래스카에서 푸에르토리코까지, 전 세계에서 미 육군은 침략으로부터 우리나라와 당신, 미국인을 지키기 위해 경계 태세를 늦추지 않고 있다. 이것은 미 육군의 공식적 텔레비전 보도인 빅픽처이다"라는 내레이션이 흘러나온다.[505]

오프닝 직후 《빅픽처》의 간판 사회자를 맡았던 스튜어트 퀸 상사[506]

가 등장하며 해당 회차의 도입부를 연다. 〈한국에서의 잔학행위〉 에피소드의 주제는 "미국인 및 유엔군 전쟁 포로를 향해 공산주의자들이 자행한 전쟁범죄와 잔학행위에 대한 입증된 보고"이며, "소환된 전쟁 포로들을 통해 사실들을 듣게 될 것이다." 다음으로 이번 회차의 진행자로 섭외된 빌 다운스[507]를 소개하면서 장면이 전환되고, 클로즈업된 빌 다운스의 얼굴이 화면에 등장한다.

심각한 얼굴을 한 채 다운스는 "당신이 여기서 듣는 사실은 충격적인 것이다. 당신이 곧 보게 될 영상은 즐거운 것이 아니다. 영상 중 일부는 처음으로 공개되는 것이다. 하지만 당신이 보게 될 것, 듣게 될 것은 미국인이라면 모두 알아야 하는 엄연한 진실이다"라고 강조한다. "충격적인" 내용에 대한 직접적 암시를 통해 긴장감을 자아낸 다음, 장면이 전환되고 마을 근처에 수많은 시신이 누워있는 모습과 가족의 주검을 찾는 마을 주민들을 담은 〈사진 1〉의 푸티지 영상을 보여준다. 이는 북한군에 의해 1950년 9월 전주 지역에서 벌어진 대량 학살 현장이다.[508]

푸티지 영상의 장면들은 먼저 멀리서 학살터의 전경을 담은 장면에서 시작해, 그 다음 미군 포로로 보이는 시신들을 근접 촬영한 장면들이 배치되고 있다. 특히 시신들이 등 뒤로 손을 묶인 채 죽어있는 모습을 강조하는데, 〈사진 2〉처럼 등 뒤로 묶인 손을 클로즈업하기도 한다. 이

사진 1 〈한국에서의 잔학행위〉(1분 48초)
사진 2 〈한국에서의 잔학행위〉(3분 30초)

는 한국전쟁 초기에 형성된 전쟁범죄의 이미지를 반복해서 재현하는 것이다. 1950년 7월 즉결 처분된 미군 병사 4명의 사진이 언론에 보도되어 미국인들에게 큰 충격을 주었는데, 사살된 미군 병사들은 모두 손이 뒤로 묶인 채 후두부에 총상을 입고 있었다. 이 이미지는 이후 공산주의의 잔학행위를 드러내는 대표적 상징이 되었다.[509]

NARA II에 소장된, 미 육군 통신부대가 촬영한 푸티지 영상들 중에 〈한국에서의 잔학행위〉에 삽입된 여러 영상들을 확인할 수 있다. 〈표 1〉의 푸티지 영상 목록 중 〈111-ADC-8400〉, 〈111-ADC-8401〉, 〈111-ADC-8404〉는 〈사진 1〉의 전주의 대량 학살 현장을 담고 있다. 〈111-ADC-8400〉의 경우 NARA가 제공하는 카탈로그의 생산 정보에는 장소가 진주로 표기되어 있지만 실제 영상에 담긴 장소는 전주 형무소 일대이다. 〈111-ADC-8404〉에는 청주만이 아니라 전주 형무소 일대의 학살 현장이 일부 담겨 있다. 〈사진 1〉의 장소는 전주 형무소 작업장으로, 인

표 1 학살 현장을 담은 미 육군 통신대의 푸티지 필름(냉전평화연구센터 아카이브)

NARA 분류	NARA 카탈로그 제목	촬영일	장소
111-ADC-8373	KOREAN WAR. RUINS OF KUMCHON AND 24TH DIV CONVOY MOVING THROUGH KUMCHONON WAY TO TAEJON; LT GEN WALKER, TAEGU; ATROCITIES, TAEJON; GEN ALMOND VISITS 11TH AIRBORNE, N OF KIMPO AFB	1950.9.30., 10.1.	대구 대전 김포
111-ADC-8400	KOREAN WAR, 25TH DIV, Chinju	1950.9.25., 9.27., 9.30.	진주
111-ADC-8401	KOREAN WAR, RUINS OF TAEJON; ATROCITIES; ENEMY EQUIPMENT, 45MM GUN, KOREA; KOREAN WAR, CATHOLIC SERVICES FOR FALLEN COMRADES, KIMPO	1950.9.23., 10.5.	전주
111-ADC-8404	KOREAN WAR, POW, ANSONG; POW, CHUNG-JU; ATROCITIES, CHUNG-JU	1950.9.30., 10.1.	안성 청주

근의 전주 형무소 화장터와 함께 전주 지역에서 북한군의 학살에 의해 가장 많은 희생자가 발생한 곳이다.[510]

또한 〈111-ADC-8404〉는 청주 형무소를 비롯해 청주 지역 일대의 학살 현장을 포함하고 있으며, 이 역시 〈한국에서의 잔학행위〉에서 재사용됐다. 〈사진 2〉의 장면은 〈111-ADC-8404〉에서 촬영된 청주 교도소 일대의 학살 희생자의 시신이다.[511] 그 외에도 〈111-ADC-8373〉에 포함된 대전 형무소 일대의 학살 현장도 〈한국에서의 잔학행위〉에 일부 재사용됐다.

〈사진 3〉과 〈사진 4〉는 8월 17일 303고지에서 즉결처분된 미 제1기병사단 제5기병연대 박격포 소대원들의 시신 수십여 구를 촬영한 푸티지 영상을 배치하고 있다.[512] 시신들은 뒤로 손이 묶인 채 사살당했다. 〈사진 3〉에 피사체로 잡힌 두 병사는 러드(J. M. Rudd) 상병과 데이(R. L. Day) 상병으로, 〈사진 4〉의 즉결처분된 포로들과 같은 부대원이다. 그 직후 8월 20일 유엔군 사령관 맥아더는 "UN군 포로에게 가해진 북한군의 일련의 잔학행위는 움직일 수 없는 증거에 의하여 명백"하다며 포로를 향한 모든 잔학행위의 법적 책임이 북한 최고사령관에게 있음을 경고하였다.[513]

사진 3 〈한국에서의 잔학행위〉(3분 47초)
사진 4 〈한국에서의 잔학행위〉(3분 57초)

이 푸티지 영상들은 '통제되지 않은 촬영'[514]을 바탕으로 제작되었으며, 그 자체로는 일정한 서사나 맥락이 담겨 있지 않아 그저 단편적인 이미지들의 조각처럼 보인다. 〈한국에서의 잔학행위〉에서 푸티지의 이미지들을 배치하며 하나의 서사를 그림으로써 그 이미지들은 의미를 갖게 된다. 약 3분가량 이어지는, 죽음을 담은 장면들은 진행자 다운스의 내레이션과 함께 편집되었으며, 삽입된 푸티지 영상의 장면들 사이에 스튜디오에서 다운스가 해설하는 장면이 등장하기도 한다. 이런 형식은 다운스의 입을 통해 돌아오지 못한 미군 병사들, 더 이상 말할 수 없는 전사자들에게 언어를 부여한다. 죽은 자는 말할 수 없으며, 그 자체로는 맥락이 텅 빈 이미지로 구성된 푸티지 영상에 갇혀 있다. 〈한국에서의 잔학행위〉는 이에 언어를 부여함으로써 죽은 자 대신 말하려 한다.

> "그것들은 그저 공산주의의 잔학행위들의 증거 중 극히 일부분에 지나지 않는다. 그래서 우리는 군인과 민간인 포로들을 향해 자행된 공산주의자의 끔찍한 범죄들의 종류를 하나하나 열거할 수가 없다. 다만 우리는 당신에게 이러한 범죄들의 일부에 대해 이야기할 것이다. 우리는 당신에게 그들이 저지른 잔인한 결과들을 보여줄 것이다. 이는 당신을 충격에 빠뜨리기 위해서가 아니라 적들의 진정한 본성을 폭로하기 위해서이다." (한국에서의 잔학행위)

다운스의 내레이션은 지속적으로 "진실", "증거"와 같은 단어를 사용해 참혹한 주검들이 공산주의의 잔학행위의 결과임을 강조한다. 푸티지의 이미지들은 잔학행위와 전쟁범죄를 저지르는 야만적이고 잔인한 "적들의 진정한 본성을 폭로"하는 생생한 증거이다. 각기 다른 '충격적이고 잔인한' 이미지를 계속 나열하여 반복적으로 보여주는 것은 주검의 이미지에 역겨움이나 공포와 같은 정동이 달라붙게 하여 그 이미지의 의미를 고정시키고 다른 해석의 여지를 차단한다.515 그렇게〈한국에서의 잔학행위〉에피소드는 심리전의 목적하에서 이미지와 정동을 통해 '적'을 구성하는 데 집중한다. 이때〈한국에서의 잔학행위〉는 전사자들의 목소리를 대신하는 형식을 취하여 미국의 '안방'의 시청자들에게 메시지를 발신하고 있다.

그러나, 한편으로 다운스의 내레이션이 줄곧 '적'의 잔인무도함을 역설하지만, 푸티지 영상에 담긴 것은 '적'이 아니라 돌아오지 못한 '우리(미군) 병사'의 모습이다.〈한국에서의 잔학행위〉는 영원한 침묵에 갇힌 전사자의 주검과 내레이션으로 '적'의 이미지를 창출하려 하지만, 정작 그 '적'의 구체적인 모습은 영상 어디에도 등장하지 않는다. 그저 충격적이고 잔인한 장면들이 자아내는 정동이 상상된 '적'의 이미지에 달라붙으며 그 이미지의 느낌을 구성한다.

다른 한편, 역설적으로 '적의 본성'을 적나라하게 지시하는 증거인, 전사자 그 자체는〈한국에서의 잔학행위〉의 관심사에서 비껴나 있다.〈한국에서의 잔학행위〉가 대신 말(재현)하는 죽은 자의 목소리는 자신을 살해한 '적'에 대해서만 말하고 있을 뿐이다. '우리(미국)'로 동일시된, 사망한 미군 병사의 목소리는 심리전의 목적하에서〈한국에서의 잔학행위〉가 재현하는 것일 뿐이다. '적'을 특정한 방식으로 상상하기 위해 전사자를 동일시하는 이러한 구도에서, 심리전의 소재가 될 수 있는 죽음과 슬픔만이 편집 다큐멘터리에 담긴다.

하지만 원본 푸티지 영상들은〈한국에서의 잔학행위〉에서 배제된 장면들을 무수히 포함하고 있다. 그 장면들은 전쟁에 대해 다른 이야기를 보여준다.〈사진 5〉에서 바닥에 앉거나 누워있는 이들은, 영상병이 작성한 캡션에 따르면 안성에서 붙잡힌 북한군 포로이다. 화면 밖 좌측에는 이들 포로들의 신원을 확인하고 그 명단을 작성하는 심문이 이뤄지고 있다. 영상에 포착된 포로들은 '잔인한 공산주의자'로 재현하기에는 무척 초라하고 무기력하며 피곤한 기색을 하고 있다. 불안과 피곤이 가득한 포로들의 표정은 무서운 '적'의 이미지라기보다 피난민에 가깝다. 영상병은 이들을 북한군으로 인식했지만, '적'의 "진정한 본성"을 폭로하려는 〈한국에서의 잔학행위〉는 이 장면을 사용하지 않는다.

〈111-ADC-8400〉는 민간인들이 가족의 시신을 찾아 헤매거나 가족의 시신 옆에서 울부짖는 모습을 담고 있다. 〈사진 6〉에서 좌측의 여성은 등에 아이를 업은 채 슬픔과 안타까움을 담은 얼굴을 하고 있다. 해당 장면 직전의 컷은 학살된 아동들의 시신을 피사체로 담았다. 화면의 우측 구덩이 안에 대량 학살된 시신들이 즐비해 있으며 한 남성이 그 사이를 다니며 가족의 시신을 찾고 있다. 화면의 중앙 뒷편으로 미군 사진병이 현장을 촬영하고 있다. 이 사진병의 존재가 주는 이질감은 죽음과 비통함마저도 촬영해 선전에 활용하는, 화면 밖의 카메라와 영상병(과 그것이 상징하는 미군)의 폭력적인 시선을 상기시킨다. 우연히 푸티지 영상에 포착된 사진병이 암시하는 그 시선은 〈한국에서의 잔학행위〉에 누락된, 그러나 〈한국에서의 잔학행위〉가 전쟁과 죽음을 바라보는 심리전의 시선과 다르지 않다.

사진 5 〈111-ADC-8404〉(1분 19초)
사진 6 〈111-ADC-8400〉(7분 19초)

2. 냉전 대결로 나아간 미국 사회

앞서 언급한 것처럼, 1950년 7월 총살된 4명의 미군 시신을 담은 사진이 큰 파장을 일으킨 이후로 미군의 죽음을 시각화하는 사진은 검열되었다. '우리' 미국인의 고통과 죽음을 시각화하는 것은 '적'을 창출하고 비난하기 위한 의도를 넘어 반전 여론의 형성으로 이어질 우려가 있었기 때문이다.[516]

애초에 한국전쟁은 제2차 세계대전과는 달리 미국인들에게 참전의 명분이 뚜렷하지 않았다. 유럽 전역이 전장이 되고 진주만에서 공격 받았던 것과 달리 한국전쟁은 '먼 나라'의 일이었다.[517] '이유' 없는 전쟁에 동원된 자국 병사들이 비참한 죽음을 맞이한 것은 미국인들에게 충격으로 다가왔을 것이다. 그렇다면 '적'의 잔혹함을 드러내는 스틸사진은 '전쟁'의 잔혹함을 드러내는 것으로, 즉 전쟁이 아닌 평화를 향한 계기로 이어질지도 모를 일이었다.

하지만 6월 25일의 남침 소식과 총살된 미군의 이미지에 대한 미국 사회의 반응은 염전(厭戰)이 아닌 냉전으로 치달았다. 미국 사회는 한국전쟁을 통해 제2차 세계대전의 기억을 상기하면서 제3차 세계대전과 핵전쟁의 가능성에 대한 공포를 공유했다.[518] 조지프 매카시(Joseph R. McCarthy)는 한국전쟁에서의 잔학행위를 사례로 언급하며 트루먼 행정부에 한국전쟁에 대한 강경 대응과 국무부 내의 공산주의 반역자 색출을 주문했다. "오늘날 미국의 소년들이 한국의 어느 계곡의 진흙 속에 시신으로 누워 있다. 일부는 손이 등 뒤로 묶인 채 공산주의의 기관총에 얼굴을 맞았다."[519]

미군은 때에 따라서 충격적이고 끔찍한 이미지를 활용하였다. 미 육군이 1950년 10월 제작하여 12월에 공개한 〈한국의 범죄〉(Crime of Korea)는 〈한국에서의 잔학행위〉에 삽입된 푸티지 영상을 사용하였고, 여기에 효과음 및 배경음, 종군 기자 설정의 내레이터의 목소리를 결합했다. 이 영상의 핵심 메시지는 공산주의의 '전쟁범죄'를 고발하는 것으로, 공산주의자들에 의해 자행된 미군 포로 즉결 처분과 민간인 학살, 도시의 파괴 등을 '범죄'로, 공산주의자들을 '전범'으로 규정하며, 유엔의 인도주의적 개입을 이러한 공산주의의 '범죄'와 대비시킨다.

〈한국의 범죄〉가 1950년 9월에 벌어진 즉결 처분 및 학살을 담은 푸티지 영상을 활용한 까닭은 그 제작 시기를 근거로 추론해 볼 수 있다. 우선 〈사진 7〉의 〈한국의 범죄〉는 1950년 10월 1일 38선 이북으로의 진격과 이후 중공군의 한국전쟁 개입이 이뤄진 시점에서 제작되었다. 연합군의 38선 돌파를 정당화하듯 〈한국의 범죄〉는 공산군 측의 '범죄'를 반복적으로 강조하며 한국전쟁에 대한 냉소적 여론을 반박한다. 내레이터는 "냉혹한 궤변론자들은 다하우와 부헨발트의 이야기를 비웃으며 그것을 선전이라고 부른다"며 비판한다. 이로부터 '적'의 잔인무도함을 강조하여 유엔군 측의 정당성을 설파하고자 한 의도를 읽을 수 있다.[520]

애초에 〈한국의 범죄〉는 미 공보원(USIS)을 통해 한국과 일본으로 배급될 예정이었으며, 미국은 그 대상이 아니었다. 1948년 1월 27일 제정된 소위 스미스-문트 법(Smith-Mundt Act)은 미국이 해외에 제공하는

사진 7 〈한국의 범죄〉 오프닝

정보를 국내에 유포하지 못하도록 하였기 때문이다. 하지만 1951년 미 재무부 채권국은 미 국내에 국방 채권(defense bond)의 홍보 및 구매 독려를 위해 〈한국의 범죄〉의 국내 상영을 추진하였고, 예외적으로 재무부 채권국의 검토를 거쳐 미 국내에서 상영되었다. 미국에서 상영된 영상에는 국방 채권을 홍보하는 내용을 영상의 후반부에 덧붙였는데, 미국 시민들도 공산주의의 침략 및 범죄와 싸워야 한다며 전쟁 채권 구매를 독려하고 있다.[521]

〈한국의 범죄〉가 미국에서 상영된 1951년에 이르면 한국전쟁의 전황이 교착 상태에 빠지면서 전쟁에 대한 미국 사회의 관심이 빠르게 식고 있었다. 앞서 언급했듯 이로 인해 미 군부가 관련되거나 제작한 편집 다큐멘터리 TV 시리즈들은 황금시간대 경쟁에서 밀리거나 제작 비용 문제에 부딪혀야 했다. 존 포드(John Ford)의 〈이것이 한국이다!〉(This is Korea!)(1951)와 사무엘 풀러(Samuel Fuller)의 〈철모〉(The Steel Hamelt)(1951)와 같이 1951년 개봉된 영화들은 제2차 세계대전기 전쟁의 의미에 대한 확신으로 가득찬 영웅적인 미군 병사의 이미지와 달리 다소 분열적이고 회의적인 시선으로 한국전쟁의 미군 병사를 그려내며 전쟁에 대한 회의감을 드러냈다.[522] 이런 상황에서 〈한국의 범죄〉의 미국 상영은 전쟁에 대한 미국사회의 관심을 환기하고 전쟁 채권을 홍보하려는 의도의 산물이었다.

그렇다면 〈한국에서의 잔학행위〉는 왜 다시 한번 즉결 처분 및 학살을 담은 푸티지 영상을 활용해 미국의 '안방'에 방영되었던 것일까? 제작 목적 및 과정을 알려주는 상세한 문헌 자료가 확인되지 않았지만, 〈한국에서의 잔학행위〉가 제작되고 방영된 1953~1954년의 미국 사회의 맥락을 통해 이를 추론해 볼 수 있다.

〈한국에서의 잔학행위〉가 제작된 1953년은 포로 교환이 이뤄지고 정전 협정이 체결되던 해였으며, 그로 인해 다소 소강 상태에 있던 전쟁

범죄 조사 활동이 송환 포로 심문을 통해 재개되었다. 포로 교환으로 미군 포로들이 가족의 품으로 돌아가게 되면서, 잔학행위 조사와 전쟁범죄 처벌을 요구하는 참전 군인 가족들의 요구가 의회 차원의 조사로 실행됐다. 의원들에게 가족들의 편지가 쇄도하면서, 1952년 12월 미 하원 특별위원회는 공산주의자의 잔학행위에 대한 의회의 조사를 만장일치로 요청했고, 1953년 10월 6일, 상원 정부감사위원회(Committee on Government Operation) 및 그 산하의 상설조사위원회(Permanent Subcommittee on Investigation) 위원장 조지프 매카시 상원의원은 찰스 포터(Charles E. Potter) 상원의원[523]을 위원장으로 하는 '한국전쟁 잔학행위 특별소위원회(Subcommittee on Korean War Atrocities)'를 구성해 미군 포로들이 겪은 잔학행위를 조사하도록 했다. 12월 2일부터 4일까지 포로 생존자 및 목격자, 전쟁범죄 조사단의 장교 등 29명이 출석한 비공개 의회 청문회가 열렸다. 이후 한국전쟁 잔학행위 특별소위원회의 최종 보고서에는 미 의회의 결의안 및 중립적인 유엔 조사위원회의 구성 등을 권고하는 내용이 담겼다.[524]

당시 미국사회는 매카시즘 선풍이 한창이었다. 매카시가 몰락하게 된 1954년 3~4월 직전인 1954년 1월 갤럽 조사에서 매카시의 지지도는 51퍼센트(반대 21퍼센트)를 기록했다.[525] 한국전쟁으로 인한 제3차 세계대전 및 핵전쟁의 공포는 미국 사회를 제2차 세계대전을 연상케 하는 '전시'의 분위기로 몰아갔고, 미국 사회 내부의 '적'을 향한 마녀사냥을 정당화했다. 대중들 역시 정치적 분위기에 휩쓸리는 수동적 존재가 아니라 미국 안팎의 '적'을 상상하고 공격하는 데 적극적으로 호응하였다.[526] 매카시나 포터와 같은 강력한 반공주의자들에게 있어 미군 포로들의 귀국은 공산주의의 잔학행위 및 전쟁범죄를 재차 거론하며 적색 공포와 마녀사냥을 지속할 계기였을 것이다.

〈한국에서의 잔학행위〉는 1954년 1월 8일 61개 방송국에서 처음으로 방영될 예정이었다. 그러나 방영 직전 국무부와 국방부는 상호 동의 하에 방영을 연기하도록 결정하였다. 이는 정전 협정 이후 판문점에서 정치 회담 개최를 위한 외교적 노력에 미칠 부정적 영향과 1954년 1월 25일 예정된 베를린에서의 4자 회담(미국, 영국, 프랑스, 소련) 전에 소련을 자극할 가능성, 그리고 미국의 대중적 여론 등을 고려한 것이었다. 이에 반발해 포터를 비롯한 공화당 의원들은 〈한국에서의 잔학행위〉의 검열에 대한 의회 차원의 조사를 요구하였다. 결국 1954년 2월 〈한국에서의 잔학행위〉가 방영됐으며, 정부가 걱정했던 것과는 달리 별 다른 파장은 일어나지 않았다.[527]

이미 의회의 조사 및 청문회 등을 통해 대중들에게 어느 정도는 알려진 이야기였기에 〈한국에서의 잔학행위〉의 내용은 대중들에게 정부가 우려한 만큼 충격적이지 않았을 것이다. 오히려 〈한국에서의 잔학행위〉는 당시 미국의 반공주의적 사회 분위기와 조응하는 것이었다. 그렇게 1954년의 미국사회는 '적'의 잔학행위를 적나라하게 담은 장면을 심리전의 의도를 벗어나지 않은 채 수용할 수 있었다. 미군 포로가 겪은 전쟁의 경험으로부터 미국 사회는 염전이 아닌 냉전으로 나아갔다. 〈한국에서의 잔학행위〉에서 다운스의 마지막 대사는 이를 다시금 확인시켜 주고 있다.

"미군이 공산주의자들을 전장에서 [적으로] 만난 것은 우리의 역사에서 이번이 처음이었다. 우리가 오늘 본 것이 예고편이 아니라 결론이기를 바란다. … 여러분은 공산주의의 진짜 얼굴을 본 것이다. 결코 잊어서는 안 된다."(한국에서의 잔학행위)

IV. 전후 미국 사회의 송환 포로

1. 미군 송환 포로의 증언과 고난의 서사

다운스가 〈사진 3〉의 두 생존 병사를 "간신히 살아남은 운이 좋은 포로"라고 언급한 다음, 푸티지 영상에서 현장 인터뷰로 화면이 전환된다. 첫 인터뷰이는 〈사진 8〉의 병사로, 다운스는 그를 "한국의 죽음의 행진의 생존자들 중 하나"라고 소개한다. 〈사진 8〉에서 〈사진 13〉까지 총 여섯 명의 군인과 각각 3분에서 5분 사이의 인터뷰가 진행되며, 여섯 명 중 세 명이 사병, 세 명이 장교이다. 장교 중에는 윌리엄 딘(사진 10)과 마크 클라크(Mark W. Clark)(사진 13)가 포함되어 있다. 클라크를 제외한 5명은 모두 송환 포로이다.

돌아오지 못한 포로들의 주검을 보여준 다음 송환 포로 인터뷰를 진행하는 〈한국에서의 잔학행위〉의 구성은 참혹한 주검이 되어 돌아오지 못한 미군 병사들과 살아 돌아와 인터뷰하는 송환 포로들을 연결시키는 효과를 만든다. 이들은 자랑스러운 귀환병이 아닌 포로로서 고통을 겪은 피해자에 가까운 모습으로 재현된다. 시청자들에게 돌아오지 못한 병사들이 충격과 끔찍함의 대상이라면, 송환 포로들은 적에게 사로잡혔으나 다행히 살아남아 고국으로 돌아온 슬픔과 연민의 대상이다. 더욱이 세 명의 사병은 모두 치료받고 있는 중이며, 다운스가 그들을 만나는 장소는 월터 리드 미군 병원(Walter Reed Hospital)(그림 8, 9, 12)이다. 사병들이 모두 상병 포로라는 점은 의도된 것으로 보인다. 또한 일종의 토크쇼의 형식을 빌린 인터뷰는 시청자와 화면에 등장한 포로들 사이의 정서적인 연결을 형성하는데, 특히 진행자인 다운스는 그들의 출신 주와 동네를 언급하면서 그가 시청자의 '평범한 이웃'이라는 점을 은연중에 부각한다.[528]

영상의 전체적인 어조는 다소 건조하고 정돈되어 있다. 앞에서의

사진 8 〈한국에서의 잔학행위〉(4분 37초)
사진 9 〈한국에서의 잔학행위〉(7분 22초)
사진 10 〈한국에서의 잔학행위〉(13분 47초)
사진 11 〈한국에서의 잔학행위〉(16분 3초)
사진 12 〈한국에서의 잔학행위〉(19분 36초)
사진 13 〈한국에서의 잔학행위〉(22분 40초)

잔인하고 극적인 푸티지 영상과는 달리 인터뷰는 극적 효과나 감정적 전달을 절제한 채 차분히 이뤄진다. 이 대조되는 어조는 인터뷰가 감정에 치우치지 않고 '객관적'으로 이뤄진다는 인상을 의도한 것처럼 보인다. 세 명의 장교들의 인터뷰는 스튜디오에서 촬영되었으며 책상 위에 대본으로 보이는 종이가 놓여 있다. 이를 통해 장교들과의 인터뷰 내용이 사전에 준비되었음을 알 수 있다. 사병들과의 인터뷰는 진행자가 직접 병원을 찾아가 딱딱하지 않고 자연스러운 분위기 속에서 이뤄진 것처럼 보이지만, 그러한 현장감 역시 다소간 계획된 연출하에 통제되어 있다는 느낌을 준다.

인터뷰이들은 포로로 사로잡혀 수용소까지 이동하는 과정의 험난함과 이동 도중의 처형, 수용소에서의 추위, 배고픔, 열악한 의료적 처치, 그리고 그들에게 가해진 정치 교육(indoctrination)과 심문에 대해 증언한다. 다만 사병과 장교 사이에 인터뷰 내용의 차이가 있다. 사병의 경우 수용소에서의 고난에 초점을 두고 질문을 던지는 반면, 장교들과의 인터뷰는 심문 및 정치교육, 그리고 이데올로기와 관련한 내용에 집중된다.

그런데 당시 텔레비전에 송환 포로들이 등장해 직접 증언하는 것이 낯선 일이었을지라도 정작 그들의 증언 내용 자체가 새로운 것은 아니었다. 전쟁범죄 조사단(War Crimes Division in Korea)의 조사 활동을 통해 이미 확인되고 구축된 포로 체험의 서사가 있기 때문이다. 중요한 것은 전쟁범죄 조사단과 한국전쟁 잔학행위 특별위원회의 활동, 그리고 〈한국에서의 잔학행위〉의 인터뷰를 통해 심리전의 목적에서 '적'의 이미지를 반복적으로 확인했다는 점이다. 그럼으로써 미군 포로의 서사는 굳어진 '진실'이 됐다.

미군은 1950년 10월 13일 미 8군 법무과 내에 한국전쟁에서의 잔학행위 조사 및 전범 체포, 재판 준비 등을 전담하는 전쟁범죄 조사단을 설치하였다.[529] 전쟁범죄 조사단의 주요 활동은 주로 사로잡은 공산군 포로의 심문과 현장 조사, 그리고 포로 교환 이후 송환된 포로의 심문이었다. 이후 전쟁범죄 조사단의 자료들은 1953년 10월 설치된 한국전쟁 잔학행위 특별위원회의 조사에서 재차 검토되었으며, 12월의 비공개 청문회에서도 전쟁범죄 조사단의 장교들을 소환해 증언하도록 하였다.[530]

그 내용은 〈한국에서의 잔학행위〉에서 인터뷰이들이 증언하는 미군 포로의 잔학행위 경험의 내용과 동일하다.

"소위원회에 제출된 증거들은 분명하게 증명하고 있다. 포로로 포획됐을 때 혹은 그 직후에 의도적으로 살해되지 않은 미군 포로들은 구타, 부상, 굶주림, 고문 등을 겪었고, 북한의 주민들 앞에서 전시되어 괴롭힘을 당하거나 모욕을 겪었다. 적절한 식량, 물, 피난처, 의복, 의료적 조치 없이 공산주의자들의 수용소로 가는 긴 거리의 행군을 강요받았고, 수용소에서는 그 이상으로 인간의 존엄성을 훼손하는 일들을 겪어야 했다. 공산주의자들이 자행한 학살 및 피해자들을 향한 대대적인 절멸은 공산주의자들의 심리전의 한 부분으로 계산된 것이다."[531]

"미군 포로를 향한 의복과 신발의 압수, 부적절한 의료적 관리, 식량과 물의 부족, 구타와 고문은 판문점 협상 이전까지 모든 강제된 행군과 포로수용소에서 지속되었다. 이는 포로들을 약화시키기 위해 고안된 공산주의의 정책으로서, 끊임없는 정치적 심문 및 강제된 공산주의 정치 교육(indoctrination)에 대한 그들의 프로그램과 긴밀하게 연결되어 있었다. 회담이 진전됨에 따라 포로에 대한 처우는 공산주의자들이 협상에서 얻는 이익에 따라 개선되거나 악화되었다."[532]

미군 포로의 잔학행위 경험은 시간 순서에 따라 크게 네 가지 범주로 구분할 수 있다. 한국전쟁 잔학행위 조사위원회의 최종 보고서는 ① 포로로 사로잡힌 직후에 이루어진 즉결 처분, ② 도보로 수용소까지 이동하는 '죽음의 행군', ③ 포로수용소에서의 생활로 구분하고 있다. 포로수용소 생활을 세분화하면 ④ 포로에 대한 심문과 정치 교육이 별도의 범주로 구분된다.

　포로로 포획된 후 이뤄진 즉결 처분은 앞장에서 이미 다루었다. 포획 직후 처형되지 않은 연합군 포로들은 임시 수용소 및 영구 수용소로 이동했다. 이를 두고 제2차 세계대전 시기 필리핀에서 연합군 포로를 상대로 일본군이 자행한 '바탄 죽음의 행군'에 빗대어 '죽음의 행군(Death March)'이라고 명명한다. 〈한국에서의 잔학행위〉의 인터뷰는 포로로 포획되었을 때 부상을 입었더라도 제대로 치료받지 못한 채 긴 행군 거리를 소화해야 했고, 행군 과정에서 물 부족, 음식 부족 등으로 고통을 겪었으며 체중이 저하되고 각종 질병에 걸렸음을 언급한다. 이 '죽음의 행군'은 유엔군 포로들의 증언에서 공통적으로 언급되는 바이며, 한국전쟁 잔학행위 조사위원회도 이를 주목하고 있다. '죽음의 행군'이라는 인식은 외국인 선교사들의 수기에도 등장하고 있다.[533]

　'죽음의 행군'으로 건강이 악화되어 부상 및 질병으로 사망하거나 행군 대열에서 낙오될 상황에 처해 처형되는 경우가 적지 않았다. 그런 위험에서 살아남아 목적지에 도착한 포로들은 본격적인 포로수용소 생활을 시작했다. 수용소 생활에 관한 증언들은 물과 식량의 부족, 열악한 수용소 상태로 인한 추위 및 생활의 불편함, 침구류 부족, 부적절한 의료적 처치와 열악한 병원 상태 등을 공통으로 지적하고 있다. 많은 미군 포로가 부상을 비롯해 이질, 동상, 부상, 영양실조, 말라리아, 간염 등으로 고통을 받았다. 〈사진 11〉의 장교는 수용소의 병원에서 잠시 일했던 미군 군의관이 있었으나 "누구를 살려야 하고 누구를 죽게 내버려둬야 할지 모를 정도로 정치적으로 의식화되어 있지 않다, 그는 좋은 의사가 아니다"라는 이유로 병원에서 쫓겨났다고 언급한다.

　미군 포로의 서사에서 흥미로운 점은 포로들이 겪은 고난이 '심리전'의 일환으로 해석된다는 점이다. 〈한국에서의 잔학행위〉에서 마크 클라크 역시 "이러한 잔학행위들은 계획된 캠페인의 일부였다"고 지적한다. 한국전쟁 잔학행위 조사위원회의 최종 보고서 역시 포로들이 겪은 고난을 "공산주의자들의 심리전의 한 부분", "포로들을 약화시키기 위해 고안된 공산주의의 정책"이라고 규정하였다. 이러한 이해는 정전 협상 과정에서 포로들의 자필 서명이 필요해진 시점에 식사와 의료 처치의 질이 개선되었으며 반대로 협정이 난항을 겪게 되는 과정에서 다시 음식의 질이 하락했던 경험, 심문 과정에서 포로를 굶주리게 한 후 푸짐한 음식을 앞에 두고 심문에 임하게 한 경험 등이 반영된 것으로 보인다.534

하지만 포로들이 겪은 고난 전부가 의도된 심리전의 결과였다고 보기는 어렵다. 가령 수용소로 이동하는 과정이 '죽음의 행군'이 된 것은 전선이 길어짐에 따라 보급 문제가 발생하거나 제공권을 장악한 유엔군에 의해 벌어진 폭격 때문이었다. 폭격으로 인해 도로를 이동하는 것이 어려웠기에 유엔군 포로들은 산지의 험한 길을 걸어 포로수용소로 이동하였다.535

포로들 사이에도 포로 생활의 경험은 다소 상이하게 나타나고 있다. 미군 포로가 겪은 아노미적 상태와는 달리 터키군 포로들은 계급장을 제거하는 등 공산군의 군 계급 체계 와해 시도에도 불구하고 계급 체계와 군기를 유지하였고, 이를 바탕으로 음식의 평등한 분배나 건강 관리 등에 있어서도 체계를 갖추고 있었다. 또한 터키군 포로는 야지의 각종 식물과 씨앗 등을 섭취하여 비타민 등 무기질을 섭취하기도 하기도 하였다.536

또한 미군 포로들은 콩이나 옥수수로 이뤄진 잡곡밥 때문에 소화불량이나 이질을 겪는다고 생각했던 반면, 동일한 식사에도 국군 포로나 중국군은 크게 탈이 나지 않았다. 미군 포로들이 자신들의 고통스런 체험을 해석하는 방식은 "미군 포로들의 불확실한 환경에 대한 특수한 경험과 심리적 마비가 집단의식화된 것일 수 있다."537 이런 맥락에서 미군 포로가 겪은 고난의 서사는 부분적으로 '적'의 손아귀에 생사여탈권

이 쥐어진 채 무기력과 고립에 내몰려 불안정한 상태에 놓임으로써, '적'을 과장되게 인식하고 포로 생활의 고통을 '적'이 의도한 것으로 과잉 해석한 측면이 있다. 요컨대 전쟁 포로라는 불안정한 상태가 만들어낸 불안과 공포를 '적'에게 투사했던 것이다.

공산군은 연합군 포로를 대상으로 심문과 정치교육을 실행했으며, 이를 바탕으로 미군 포로들을 포섭해 미군의 세균전 계획을 폭로하는 영화를 제작한 바 있다.[538] 〈사진 10〉의 윌리엄 딘은 자신이 겪은 심문이나 회유의 경험에 대해서 말한다. 그는 남한이 먼저 전쟁을 일으켰으며 미군이 싸워야 할 이유가 없다는 내용의, 자신의 부하들의 서명이 들어간 청원에 서명할 것을 요구받거나, 또 그러한 내용의 방송 대본을 받은 다음 방송에 출연해 줄 것을 요청받았다고 술회한다. 〈사진 11〉의 장교는 일련의 강의와 텍스트 읽기, 토론, 그리고 시험으로 구성된, 매일 열 시간 이상의 정치 교육을 받았다고 하며, 저우언라이의 연설을 듣다가 한 포로(소령)가 그 연설이 무가치하다고 비난하자 즉시 끌려 나가 구타를 당하고 독방에 갇혀 사망했다고 증언한다.

다운스 "허가되었던 공산주의자들의 의료적 처방은 총알에 지나지 않았다고들 하지만, 우리는 그게 진실이라는 걸 확인한 것 아닌가?"

클라크 "그렇다. 우리는 많은 사례들을 확인했다. 단순히 시신만이 아니라 몇몇 가해자들에 대한 증거와 소련제 총알로 후두부에 잔인한 총격을 가하는 걸 목격한 사람들을 통해서 확인했다."(한국에서의 잔학 행위)

"공산주의자들이 정반대로 선전해 왔음에도 불구하고, 우리는 엄격하게 전쟁 포로의 보호와 관련하여 엄격하게 제네바 협약을 준수했다. 옷, 음식, 의료적 처치에 대해서, 사실 그들은 우리가 관리했던 포로수용소만큼이나 훌륭하게 해내지 못했다."(한국에서의 잔학행위)

두 장교가 포로로서 겪은 심문과 정치교육의 경험을 전달하고 있다면, 가장 마지막 인터뷰로 배치된 〈사진 13〉의 클라크는 연합군 포로수용소가 공산군의 포로수용소보다 더 인도적으로 포로들을 대우해 왔음을 강조한다. 이는 미군이 한국전쟁에서 주력했던 심리전의 테마 중 하나이다. 포로에 대한 학대, 열악한 처우, 즉결 처분 등의 잔학행위, 그리고 포로 송환에 이르기까지 한국전쟁기에 포로의 존재는 적군을 비방하는 근거이자 아군의 도덕적, 물질적 우월성을 보여주는 증거이자 심리전의 재료였다.

2. 미국사회에 드리운 포로의 그림자

진행자인 다운스는 윌리엄 딘에게 포로로 사로잡혀 심문을 겪었던 체험으로부터 도출될 수 있는, 미국 사람들이 배워야 할 교훈이 무엇인지 묻는다. 딘은 "진정한 미국주의(true Americanism)"와 "타인에 대한 배려(consideration for others)"를 그 답으로 제시하는데, 얼핏 듣기에 모호한 대답으로 들린다. 딘이 말하는 "미국주의"와 "민주주의"는 그 구체적인 내용이 제시되지 않은 채 '공산주의'의 반대항으로서만 언급되고 있을 뿐이다. 더욱이 냉전적 대결의 논리로 구성된 클라크의 거시적인 언설와 비교해, "타인에 대한 배려"는 이질적인 질감을 갖는다.

> "첫 번째 교훈은 우리가 진정한 미국주의가 무엇이며 그것이 무슨 의미인지 어떤 경우에든 가르쳐야 한다는 것이다. 우리는 진정한 민주주의가 무엇인지 가르쳐야 하고, 그러한 가르침을 단지 말로만 하는 것이 아니라 실천으로서 가르쳐야 한다."(한국에서의 잔학행위)

"우리는 타인에 대한 배려를 잊어서 안 된다. 종종 우리 자신만을 생각하는 것은 너무 쉬운 일이다. [그러나] 만약 우리가 공산주의의 교활한 선전을 이겨내려 한다면, 우리는 항상 타인에 대한 배려를 가르치고 실천해야 한다."(한국에서의 잔학행위)

웨스타드는 미국의 엘리트들이 대공황의 극복과 제2차 세계대전의 승리를 미국적 삶의 방식, 미국적 근대성의 승리로 이해했음을 지적했다.[539] 이 '미국 예외주의'적 정체성과 이데올로기는 비단 엘리트들만이 아니라 당대 미국사회 일반이 넓게 공유하고 있었다. 《빅픽처》시리즈는 이 미국의 특별함에 대한 미국 사회의 공유된 감각을 겨냥하면서 예외주의적 정체성에 호소하고 그것을 배양했다.[540] 그런 의미에서 딘이 언급한 미국주의는 대외적인 타자, 즉 공산주의라는 위험하고 잔인한 '적'과 대비되는 '우리(미국)'에 대한 자의식의 표현이다.

동시에 미국주의는 미국 사회 내적 맥락을 함축하는 언어다. 미국은 대공황과 제2차 세계대전을 거치며 급격한 사회 변동과 전통적 사회적 규범의 도전을 겪었고, 이에 반발하며 전통적인 질서를 유지하려던 보수적 미국인들은 '미국주의'를 스스로를 설명하는 언어로 채택했다. 하지만 노동자, 유색인종, 여성들 역시 '미국주의'에 호소하며 자신들의 권리를 주장함에 따라, 점차 공산주의와 반공주의라는 언어가 미국의 전통적 질서를 옹호하는 포괄적인 용법으로 사용되었다. 특히 한국전쟁을 거치면서 반공주의는 미국 사회에서 공산주의만이 아닌 다양한 사회적 균열에 대한 보수적 입장을 대변하는 언어가 되었다.[541]

이런 맥락에서 딘의 발언을 이해한다면, "미국주의"의 강조는 미국의 예외적인 유산과 정체성에 대한 자각적 인식을 호소하는 것이다. 마찬가지로 "타인에 대한 배려" 역시 미국적 삶의 양식과 결부된, 보수주의적 시민 도덕의 준수를 요청하는 언어다. 따라서 딘은 미국적 삶의 양식의 우월성을 굳게 신뢰하고 그것을 체화하는 것이 곧 미국이 '적'으로부터 미국이 승리하는 길이라고 말하는 것이다.

그런데 왜 굳이 딘이 〈한국에서의 잔학행위〉에 출연하여 "미국주의"와 "타인에 대한 배려"라는 교훈을 말하는 것일까? 똑같은 언어를 클라크도 충분히 말할 수 있고, 여섯 명의 인터뷰이 중 사병들도 동일하게 말할 수 있을 것이다. 그럼에도 딘이 출연해 발언한 것은 딘의 개인사적 맥락 때문일 것이다. 딘은 한국전쟁 발발 직후 제24보병사단장으로 대전 전투를 지휘하였고 그 이후 후퇴하던 과정에서 낙오해 1950년 8월 포로로 사로잡혔다. 그는 전쟁 초기부터 붙잡혀 3년 동안 포로로 생활하며 장성급 포로로서 여러 협박과 회유를 겪었다.

이 지점에서 〈한국에서의 잔학행위〉 에피소드가 철저히 '사각화'하고 있는 쟁점이 드러난다. 〈한국에서의 잔학행위〉는 주검이 되어 돌아오지 못한 포로, 고난을 겪고 돌아온 포로를 재현하면서, 정작 '적'에게 협력했거나 미국으로 돌아오지 '않은' 포로에 대해 침묵한다. 전후 미국으로 귀국한 송환 포로 다수가 '적'의 심리전에 넘어가 그들에게 협력했다는 혐의를 받았으며, 21명의 미군 포로는 아예 송환을 거부했다. 체제 대결에서 도덕적 우월성을 입증하기 위해 미국이 주장했던 포로의 자원송환 원칙은 미국 사회에 부메랑으로 돌아왔다. 이에 큰 충격을 받은 미국 사회는 포로들의 협력을 설명하기 위해 '세뇌(brainwashing)'라는 음모론적 개념을 둘러싸고 논쟁을 벌였고, 의식적 수준에서 방어할 수 없는 외부의 은밀한 위협과 정신 조작에 대한 불안이 대중 문화의 중요한 정서로 표출됐다.[542]

〈한국에서의 잔학행위〉는 이런 당대 미국 사회의 논란과 충격에 침묵하는 듯 보이지만, 실상 침묵을 통해 그 논란에 답하고 있다. 앞서 논의한 것처럼, 〈한국에서의 잔학행위〉는 즉결 처분된 미군 병사들을 담은 푸티지 영상을 통해 단지 '적'에 대해서만 말하고 있다. 진행자 다운스와 송환포로들의 인터뷰는 충격적인 이미지들과 대조적으로 극적인 연출과 감정적인 전달을 배제한 채 '적'의 잔학행위를 증언하는 데 집중한다. 미군 포로가 겪은 고난은 의도된 심리전의 결과라고 해석되며, 인터뷰이들은 그러한 심리전의 피해자의 모습으로 재현된다.[543] 즉, 〈한국에서의 잔학행위〉는 '적'의 이미지 창출과 피해자로서 미군 포로의 고난을 부각하는 포로 서사를 통해 미군 포로의 불명예스러운 면모를 누락해버린다. 그럼으로써 '적'의 이미지에 달라붙은 대한 공포와 적개심, 분노의 정동은 한국전쟁기 미군 포로에 관한 다른 해석, 다른 서사의 여지를 차단한다. '우리(미국)'의 자의식을 의심할 가능성이 닫히게 된다.

나아가 〈한국에서의 잔학행위〉는 암묵적으로 딘을 '적'의 심리전 또는 세뇌에 넘어가지 않았던 '애국자'로 내세우며 그에게 발언권을 부여한다. 다운스는 딘에게 왜 심문과 회유에 넘어가지 않았는지를 질문한다.

> "왜냐면, 나는 엄격한 미국 군인이다. 게다가 설령 그들이 내게 했던 [거짓]말들을 내가 믿었다고 하더라도, 내가 여전히 미국을 위해 일하고 있고 미국 국민들을 위해 일하고 있다면, 52년의 여름에 나는 반역자(traitor)가 될 수는 없었을 것이다."(한국에서의 잔학행위)

한국전쟁 시기 미군 병사는 제2차 세계대전의 영웅적이고 전우애 가득한 미군 병사의 형상과는 달리 분열적이고 무기력한 피해자에 가까운 형상으로 재현되었다.[544] 특히 전후 한국전쟁 포로에 대한 미국 사회의 논란 속에서, 미국은 공포스럽고 잔인한 '적'에 대항하는 미군 병사(미국인)의 자의식을 재발명해야 할 필요가 있었다. 미군이 "유일한 민주주의 진열장"[545]으로서 역할을 해야 한다고 주문했던 딘의 존재는 그 재발명의 단서였다. 한국전쟁에서 딘은 '전쟁 영웅'이라기보다는 철저하게 고립되어 무기력한 상황에 놓인 발가벗은 포로에 지나지 않았으나, 바로 그 포로라는 신분 덕에 딘은 '적'의 심리전 또는 '세뇌'에 저항할 수 있는 미국인을 상상하기 위한 참조점이었다. 〈한국에서의 잔학행위〉는 딘이 미국 사회를 향해 증언하도록 함으로써 '적'에게 협력하거나 돌아오지 않은 포로 대신 미국인의 자의식을 충족시킬 수 있는 포로의 모습을 제공했다.

이후 미국 사회는 미군 병사들이 포로로 사로잡혔을 때 적군의 심리전에 넘어가지 않도록 하는 장치와 훈련을 마련했다. 1955년 8월 17일 드와이트 아이젠하워 대통령은 행정명령 제10631호로, 6개항으로 구성된 미군 행동강령(Code of Conduct for Members of the Armed Forces of the United States)에 서명하였다. 이 행동강령은 1977년 및 1988년 일부 개정되었다.[546] 정전 70주년인 2023년 미 국방부는 한국전쟁으로 인해 만들어져 현재까지 이어지고 있는 유산으로 미군 행동강령을 소개하기도 했다.[547]

I.
나는 미국의 전투원이다. 나는 조국과 우리의 삶의 방식을 지키기 위해 군 복무를 수행한다. 이를 지키기 위해 나는 내 목숨을 바칠 준비가 되어 있다.

II.
나는 절대 내 자유 의지로 항복하지 않을 것이다. 지휘관으로서 나는 내 부하들이 저항할 수 있는 수단이 있는 한 절대 항복하도록 명령하지 않을 것이다.

III.
적에게 사로잡힌다면 나는 가능한 모든 방법을 동원해 저항할 것이다. 나는 탈출을 위해 그리고 동료가 탈출할 수 있도록 돕기 위해 모든 노력을 다할 것이다.

IV.

전쟁 포로가 된다면 나는 내 옆의 동료들과 함께 신의를 지킬 것이다. 나는 어떠한 정보도 주지 않고, 전우들에게 해가 될 수 있을 어떤 행동에도 동참하지 않을 것이다. 내가 상급자라면, 지휘 통제를 수립할 것이다. 내가 하급자라면, 나보다 더 높은 계급에 있는 사람들의 합법적인 명령에 복종하고 모든 방법으로 그들을 지원할 것이다.

V.

내가 전쟁 포로가 되어 심문을 받는다면, 나는 단지 이름, 계급, 군번, 생년월일만을 말할 수 있다. 나는 그 이상의 질문에 대해서 대답하지 않기 위해 최선을 다할 것이다. 나는 조국과 동맹에 불충하거나 그들의 대의에 해를 입힐 수 있는 어떤 구두 혹은 서면 진술도 하지 않을 것이다.

VI.

나는 미국의 전투원이고, 내 행동에 책임이 있으며, 내 조국의 자유를 보장하는 원칙들에 헌신한다는 것을 결코 잊지 않을 것이다. 나는 하나님과 미국을 믿을 것이다.[548]

미군 행동강령은 지속적으로 미군 병사들에게 교육되었다. 미 육군 병사들의 교육용 영상이기도 했던 《빅픽처》시리즈 역시 여러 에피소드에서 미군 행동강령을 다루고 있다. 특히 적의 심리전과 포로를 주제로 다루는 에피소드들은 미군 행동강령을 반복적으로 강조한다. 가령 1955

년에 제작된 〈포로수용소로부터의 탈출〉(Escape from a Prisoner of War Camp)(111-TV-320)은 포로로 사로잡혔을 때 미군 병사들의 탈출 시도 사례들을 극으로 구성해 소개하면서 미군 행동강령을 언급한다.

미군 행동강령은 딘이 한국전쟁의 교훈으로 제시한 "미국주의"와 "타인에 대한 배려"를 모두 포함하고 있다. 그중에서도 "타인에 대한 배려"는 미군 행동강령의 중심에 있다. 행동강령을 제안한 전쟁 포로에 대한 국방 자문위원회의 보고서는 행동주의 과학의 관점에 기반해 미군 포로가 '적'의 심리전으로부터 저항하는 근거의 핵심을 병사들 간의 연대로 제시했다.[549] 1958년 연작으로 제작된 〈싸우는 남자의 강령〉(Code of the Fighting Man)(111-TV-428)과 〈인성교육〉(Character Guidance)(111-TV-429)은 미군 행동강령을 설명하면서 포로에 대한 회유와 심문이 이뤄지는 상황을 극으로 구성해 어떻게 대처해야 할지 병사들에게 질문을 던진다. 병사들 간의 연대와 상급자의 통제에 대한 복종은 두 에피소드의 중심 교훈이다.

그런데 두 에피소드는 미군 포로만이 아니라 일상 생활에서 미군 병사와 민간인이 지켜야 할 시민 도덕에 관한 교육적 질문도 던지고 있다. 내무반 생활을 공유하는 병사들과 일상을 보내는 민간인 모두 "타인에 대한 배려"를 의식하며 시민 도덕을 지켜야 한다는 메시지가 포로로 잡힌 병사들의 사례와 병렬적으로 제시된다. 이는 《빅픽처》 시리즈가 텔레비전을 통해 방영된 만큼 미국인 일반을 시청자로 고려하였음을 확인시켜 준다. 냉전기에 미군은 병사 및 시민들을 향한 심리전을 수행할 장치로 정보교육 프로그램(Armed Forces Information and Education, AFI&E)을 마련하였고, 《빅픽처》는 그 대표적 사례였다.[550] 전 지구적 냉전 하에서 '적'이 언제든 미국 사회에 침투해 들어와 회유와 선전을 펼칠 수 있다는 불안은 그러한 심리전에 저항할 수 있는 시민을 만들도록 했다.[551]

딘은 〈한국에서의 잔학행위〉에서 민주주의에 대해 반복적으로 "가르쳐야 한다"고 요청하면서, 미군 병사가 '적'의 선전과 심문에 넘어가지 않기 위한 군과 시민의 교육적 역할을 강조했다. '적'의 심리전에 포획되지 않을, 미국주의를 이해하고 실천하는 '미국적 시민'을 길러내는 것은 발달 과정에서의 교육적 역할을 담당하는 부모의 역할이자 의무였다.552 《빅픽처》가 수행한 '안방'의 심리전은 가정, 학교, 지역 사회, 그리고 군대에 이르기까지, "타인에 대한 배려"로 표현될 수 있는, 미국인으로서 지켜야 할 시민 도덕의 형성과 체화를 요청하였다. 바람직한 미국인의 덕목에 대한 강조는 미국인의 자의식 재구성과 딘이 강조했던 "미국주의"적 신념 및 정체성의 회복을 의미했다.

하지만 미군 행동강령은 한국전쟁기 미군 포로 문제에 대한 중요한 쟁점을 누락한 채 제안되었다. 미군 포로들의 '적'에 대한 협력과 송환 거부는 계급, 인종, 종족에 따른 포로들 내부의 차별과 그에 대한 공산군의 심리전의 결과이기도 했다. 특히 한국전쟁에서 벌어진 '인종 정치' 또는 '인종 전쟁'은 연합군과 공산군의 심리전의 주요 쟁점 중 하나였으며, 최종적으로 송환을 거부해 중국으로 간 21명의 미군 포로 및 그중 3명이 흑인이었다는 사실은 미국사회에 충격을 가했다.553 미군 행동강령을 제안한 국방 자문위원회의 보고서는 미군 포로들 사이에 포로수용소 경험의 차이와 공산군에 대한 협력의 정도를 설명하는 데 이 쟁점을 다루지 않았다.554

이런 맥락에 비추어 보면 〈한국에서의 잔학행위〉에 등장하는 송환 포로들이 모두 백인이라는 점은 의미심장하다. 〈한국에서의 잔학행위〉는 '포로 전쟁'이었던 한국전쟁의 '계급 전쟁' 및 '인종 전쟁'의 측면을 사각화하고 있다. 《빅픽처》 시리즈는 인종과 다양성을 주제로 다루는 에피소드를 단 한 차례도 제작하지 않았다.555 돌아오지 '않은' 포로를 통해 드러났던 인종이나 계급 같은 사회적 균열은 침묵을 통해 봉합되었다.

그 연장선에서 《빅픽처》가 강조하는 미국인의 '시민 도덕' 역시 결코 중립적이지 않았다. 가령 1958년 〈인성 교육〉(Character Guidance)

(111-TV-429) 에피소드는 '인성 교육'이라는 표제하에 미군 포로의 행동과 일상 생활의 시민 도덕에 관한 일화들을 다룬다. 1950년대 중반 아이젠하워 행정부는 민-군 관계로서 군과 종교의 연결을 장려하여 복음주의 기독교가 군의 인성교육에 개입하도록 문을 열었다. 보수 단체와 복음주의 우파가 지원하는 자유 재단(Freedoms Foundation)은 아이젠하워 행정부가 수행한 마음을 둘러싼 심리전의 투쟁에 큰 영향을 미쳤다. 1960년대까지 계속해서 복음주의 우파는 반공주의와 미국주의의 메시지를 강단이나 텔레비전 등 각종 매체를 통해 미군 병사에게 전달했다.[556] 이들이 전달하는 보수주의적 시민 도덕은 미국적 삶의 방식을 의미하는 것이었고, 거기에는 반공주의, (공산주의의 무신론에 대항하는) 신에 대한 믿음, 고정된 성역할 및 가족주의 같은 개념들이 포함되어 있었다.[557]

냉전기 《빅픽처》가 심리전을 통해 전달했던 이 미국주의적 신념은 한국전쟁을 통해 점화된 미국 사회의 매카시즘과 반공주의 정치의 결과물이다. 기존 사회에 도전하며 새로운 가치를 말하던 아프리카계 미국인, 민권 운동가, 노동조합원, 성소수자, 일하는 여성, 페미니스트, 이민자 등은 한국전쟁기를 거치며 공산주의적, 비미국적, 몰도덕적 존재로 몰려 사회적 탄압을 겪었다. 이를 통해 미국 사회의 반공주의 정치는 정치적 이념이나 국제 정치가 아닌 사회적 관습, 상식, 성별 및 성 규범, 삶의 방식이라는 사회적 영역에서의 보수적 가치를 '미국적인 것'으로 지켜내려 하였다.[558] 그런 의미에서 냉전기 보수주의적으로 봉합된 미국적 삶의 양식과 시민 도덕은 한국전쟁이 남긴 또 하나의 유산이었다. 그 유산의 강고함이 도전받고 무너지는 건 《빅픽처》가 공격받고 제작 중지에 이르게 된 1960년대 후반을 지나면서였다.

참고문헌

1차 자료

영상 자료

⟨111-ADC-8373⟩, "KOREAN WAR. RUINS OF KUMCHON AND 24TH DIV CONVOY MOVING THROUGH KUMCHONON WAY TO TAEJON; LT GEN WALKER, TAEGU; ATROCITIES, TAEJON; GEN ALMOND VISITS 11TH AIRBORNE, N OF KIMPO AFB", RG 111, Moving Images Relating to Military Activities 1947-1964, NARA Ⅱ.

⟨111-ADC-8400⟩, "KOREAN WAR, 25TH DIV, Chinju", RG 111, Moving Images Relating to Military Activities 1947-1964, NARA Ⅱ.

⟨111-ADC-8401⟩, "KOREAN WAR, RUINS OF TAEJON; ATROCITIES; ENEMY EQUIPMENT, 45MM GUN, KOREA; KOREAN WAR, CATHOLIC SERVICES FOR FALLEN COMRADES, KIMPO", RG 111, Moving Images Relating to Military Activities 1947-1964, NARA Ⅱ.

⟨111-ADC-8404⟩, "KOREAN WAR, POW, ANSONG; POW, CHUNG-JU; ATROCITIES, CHUNG-JU", RG 111, Moving Images Relating to Military Activities 1947-1964, NARA Ⅱ.

⟨Atrocities in Korea⟩, RG 111, 111-TV-242, Motion Picture Films From G-2 Army Military Intelligence Division, 1918-ca. 1947, NARA Ⅱ

⟨Character Guidance⟩, RG 111, 111-TV-429, Motion Picture Films From G-2 Army Military Intelligence Division, 1918-ca. 1947, NARA Ⅱ

⟨Code of the Fighting Man⟩, RG 111, 111-TV-428, Motion Picture Films From G-2 Army Military Intelligence Division, 1918-ca. 1947, NARA Ⅱ

⟨Crime of Korea⟩, Internet Archive, https://archive.org/details/CrimeofK1950#reviews

⟨Defense Against Enemy Propaganda⟩, RG 111, 111-TV-360, Motion Picture Films From G-2 Army Military Intelligence Division, 1918-ca. 1947,

NARA Ⅱ

⟨Escape from a Prisoner of War Camp⟩, RG 111, 111-TV-320, Motion Picture Films From G-2 Army Military Intelligence Division, 1918-ca. 1947, NARA Ⅱ

⟨Exercise Flashburn⟩, 111-TV-266, RG 111, Motion Picture Films From G-2 Army Military Intelligence Division, 1918-ca. 1947, NARA Ⅱ

⟨Pictorial Report No.5⟩, 111-TV-251, RG 111, Motion Picture Films From G-2 Army Military Intelligence Division, 1918-ca. 1947, NARA Ⅱ

⟨Rebirth of Seoul⟩, 111-TV-255, RG 111, Motion Picture Films From G-2 Army Military Intelligence Division, 1918-ca. 1947, NARA Ⅱ

문헌 자료

국방부정훈국 전사편찬회, 『한국전란 1년지』, 1951.

국사편찬위원회, 『자료대한민국사 제18권』, 국사편찬위원회 한국사 데이터베이스.

진실·화해를위한과거사정리위원회, 『2009년 상반기 조사보고서 [2009.1.6. ~ 2009.7.7.]』 02, 2009.

"Title 3-The President Executive Order 10631", Federal Register, August 17, 1955.

"Photographs", *Final Historical and Operational Report*, 1954.5.31., RG 153, Entry 182, Box 2, War Crimes Division, Historical Reports of the War Crimes Division, 1952-54, NARA Ⅱ. (국사편찬위원회 전자사료관)

Interim Historical Report, 1953.6.30., NARA, RG 153, Entry 182, Box 1, Judge Advocate Section, Korean Communications Zone, Historical Reports, 1952-54, War Crimes Division, Historical Reports of the War Crimes Division, 1952-54. (국사편찬위원회 전자사료관)

"Letter from Senator Joseph Mccarthy to the President of the United States", *The Hanover Historical Review 10*, 2009, pp.49-53.

U.S. Congress Committee on Government Operations, *Korean War Atrocities: Report of the Committee on Government Operation made thorught* its Permanent Subcommittee on Investigations by its Subcommittee on Korean War Atrocities, January 11, 1954.

신문 기사

"Congressmen Hit Army Film Curb", *New York Times*, January 9, 1954, p.2.
Jack Gould, "Television in Review", *New York Times*, February 8, 1954, p.30.
"Former Sen. C.E. Potter Dies.", *Washington Post*, November 25, 1979.

웹사이트

Army Pictorial Center, http://armypictorialcenter.com
Bill Downs, War Correspondent, https://www.billdownscbs.com
Find a Grave, https://www.findagrave.com
Kugel, Herb, "Director Frank Capra," Warfare History Network, 2014, https://warfarehistorynetwork.com/article/director-frank-capra/
"The military Code of Conduct: a brief history", Kunsan AIr Base, February 9, 2011., https://web.archive.org/web/20130316204551/http://www.kunsan.af.mil/news/story.asp?id=123241828
ProVideo Coalition, "The US Army's Syndicated Television Program "The Big Picture"", October 6, 2019., https://www.providecoalition.com/the-us-armys-syndicated-television-program-the-big-picture/
"Five Korean War 'Firsts' Had Lasting Impacts", U.S. Department of Defense, August 4, 2023. https://www.defense.gov/News/News-Stories/Article/Article/3483261/five-korean-war-firsts-had-lasting-impacts/

2차 연구

강성현, 「한국전쟁 푸티지영상, 어떻게 연구할 것인가?」, 『역사문제연구』 47, 2022, 133-179쪽.

강준만, 「왜 언론은 매카시즘의 공범이 되었는가?: 조지프 매카시」, 『인물과사상』 222, 2016, 39-73쪽.

김려실, 「식민지 조선의 문화영화와 그 기원: 조선총독부 제작 문화영화를 중심으로」, 『역사와 아카이빙 그리고 새로운 역사쓰기』, 선인, 2015, 127-157쪽.

김려실, 『문화냉전: 미군의 공보선전과 주한미공보원 영화』, 현실문화, 2019.

김려실, 「타지의 아카이브로부터 돌아온 포로들: 미 육군 통신부대 POW 필름을 중심으로」, 『현대문학의 연구』 73, 2021, 221-263쪽.

김민환, 「통제된 이동과 경계의 조정: 임진강 및 주변 지역 다리 영상을 중심으로」, 『역사연구』 41, 2021, 69-116쪽.

김일환, 「미군 푸티지 영상으로 본 한국전쟁 포로교환과 그 이면」, 『역사문제연구』 26(1), 2022, 221-257쪽.

김학재, 「진압과 석방의 정치: 한국전쟁기 포로수용소와 국민의 형성」, 『제노사이드 연구』 5, 한국제노사이드연구회, 2009, 45-100쪽.

김학재, 『판문점 체제의 기원: 한국전쟁과 자유주의 평화기획』, 후마니타스, 2015.

나상철, 「한국전쟁기 공산군의 유엔군 포로 관리와 성격: 미군 포로를 중심으로」, 『군사연구』 148, 2019, 143-178쪽.

박희태, 「영상역사연구의 쟁점들」, 허은 편, 『역사와 아카이빙 그리고 새로운 역사쓰기』, 선인, 2015, 67-96쪽.

박희태, 「편집다큐멘터리의 쟁점들: 프랑스 영상역사연구 3세대의 논점을 중심으로」, 『프랑스문화예술연구』 74, 2020, 29-63쪽.

박현선, 「한국전쟁의 영화적 기원들: 1951년에 제작된 〈이것이 한국이다!(This is Korea!)〉, 〈삼천만의 꽃다발〉, 〈철모(The Steel Helmet)〉」, 『상허학보』, 2021, 205-244쪽.

백원담, 「책머리에」, 백원담·강성현 편, 『열전 속 냉전, 냉전 속 열전: 냉전 아시아의 사상심리전』, 진인진, 2017, 3-21쪽.

사라 아메드, 시우 역, 『감정의 문화정치: 감정은 세계를 바꿀 수 있을까』, 오월의봄, 2023.

성강현, 『6·25전쟁 시기 포로수용소와 포로들의 일상생활』, 선인, 2021.

양정심, 「한국전쟁기 미군의 전쟁범죄 조사와 처리: 전쟁범죄조사단(KWC)를 중심으로」, 서중석 외, 『전쟁 속의 또 다른 전쟁: 미군 문서로 본 한국전쟁과 학살』, 도서출판선인, 2011, 225-262쪽.

오드 웨스타드, 옥창준 역, 『냉전의 지구사: 미국과 소련 그리고 제3세계』, 에코리브로, 2020.

옥창준·김민환, 「사상심리전의 텍스트로서 한국전쟁: 자유세계로의 확산과 동아시아적 귀환」, 『역사비평』 118, 역사비평사, 2017, 318-343쪽.

윤소영, 「한국전쟁기 '인종주의 선전전'의 전개와 그 귀결」, 성균관대학교 석사학위논문, 2023.

윤인선, 「한국전쟁 외국인 선교사 수기 연구: 전쟁 중 종교를 통한 타자 만들기와 타자들의 공동체」, 『문학과 종교』 23(1), 2018, 131-150쪽.

이임하, 『적을 삐라로 묻어라: 한국전쟁기 미국의 심리전』, 철수와영희, 2012.

윌리엄 딘, 김희덕 역, 『딘 장군의 수기』, 창우사, 1995.

전갑생, 「미국의 북한 영상 노획과 심리전 영화 제작」, 『역사문제연구』 47호, 2022, 181-220쪽.

정근식·강성현, 『한국전쟁 사진의 역사사회학: 미군 사진부대의 활동을 중심으로』, 서울대학교출판문화원, 2016.

정영신, 「미군의 대한원조 영상 속에서 재건되는 전후 주체: The Big Picture 시리즈의 '미군대한원조'와 '한국과 당신'을 중심으로」, 『역사연구』 41, 2021, 117-159쪽.

정찬철, 「할리우드가 재현하는 한국전쟁과 미국군인, 1950~1953」, 『동북아연구』 29(1), 2014, 175-201쪽.

창청, 박혜조 역, 「미국의 포로 자원송환과 재교화 정책, 전쟁의 최종 결과를 결정하다: 워싱턴 정책 입안부터 거제도 정책 시행까지」, 백원담·강성현 편, 『열전 속 냉전, 냉전 속 열전: 냉전 아시아의 사상심리전』, 진인진, 2917, 223-250쪽.

최혜린, 「6·25전쟁기 미군의 포로 정책 전개 양상: 전범조사부와 민간정보교육국의 활동을 중심으로」, 서울대학교 석사학위논문, 2017.

크리스토퍼 심슨, 정용욱 역, 『강압의 과학: 커뮤니케이션 연구와 심리전, 1945~1960』. 선인, 1994.

허은, 「기록영상물의 공공재화와 영상역사 쓰기의 새로운 모색: '제국-국민국가' 서사의 너머 보기와 '공중(公衆)의 역사' 쓰기」, 허은 편, 『역사와 아카이빙 그리고 새로운 역사쓰기』, 선인, 2015, 17-47쪽.

Bluem, William., *Documentary in American Television: Form, Function, Method*, Hastings House, 1972.

Capra, Frank., *The Name Above the Title: An Autobiography*, Macmillan, 1971.

Elder, Harris., *The Compilation Film: Principles and Potentials of a Documentary Genre*, Master's Thesis, Oklahoma State University, 1976.

Hajimu, Masuda., *Cold War Crucible: The Korean Conflict and the Postwar World*, Harvard University Press, 2015.

Lemza, John., *The Big Picgture: The Cold War on the Small Screen*, The University Press of Kansas, 2021.

Robin, Ron., *The Making of the Cold War Enemy: Culture and Politics in the Military-Intellectual Complex*, Princeton University Press, 2001

Vorce, Maiah., "Changing Representations of the Second World War: Why We Fight, Victory at Sea, and The World at War", *Honors Thesis and Capstones*, 572, University of New Hampshire, 2021.

제12장
CIA의 〈한국: 전쟁포로〉를 통해 본 북한노획영상 활용과 '세뇌' 프로젝트

전갑생

I. 머리말

"그들(조선·중국인민군)은 포로들에게 이적행위를 사주하고자 세뇌시켰다."-에드거 헨리 샤인(Edgar Henry Schein)

"그래서 그들(미군 포로)은 자신의 정부에 의해 꼬리표가 붙었다."-월터 크롱카이트(Walter Cronkite)

한국전쟁 이후 미국에서, 미군 또는 정보기관이나 방송사들은 북한인민군과 중국인민군 관할 포로수용소에서 송환된 유엔군 포로들을 소재로 다큐멘터리나 텔레비전 시리즈, 극영화를 제작했다. 북한을 소재로 한 영상에는 〈사진 1〉과 같은, 북한에서 촬영해 이후 미국이 노획한 영상들이 삽입되었다. 그러나 이러한 영상을 어떤 경로에서 누가 촬영했는

사진 1 1950년 7월 서울에서 북한인민군에 포획된 한·미군 포로들이 이동하는 장면, 〈한국: 전쟁포로〉

지에 대한 구체적인 설명은 없다. 실제 영상의 주제와는 상관없지만 계산된 의도 하에 이미지가 표현되기도 했다. 하지만 영상을 본 시청자들은 북·중군에 한·미군 포로들이 끌려가는 장면을 보고 적대감이나 분노를 느꼈을 것이다. 영상에 출연한 '전문가'라고 지칭된 에드거 샤인과 월터 크롱카이트가 덧붙인 자세한 설명은 영상의 의도를 명백하게 풀어내고 있다. 따라서 영상에 삽입된, 북한에서 촬영한 영상은 어떻게 활용하느냐에 따라 전혀 다른 가치를 만들어냈다.

심리전은 1941년 나치스에서 반대파나 국민을 대상으로 한 선전이나 5열 활동을 일컫는 용어였다. 심리전 영상은 '진정한' 적을 알려주는 "계몽적이고 상대적으로 평화적인 방법"이었다.[559] 이러한 심리전은 제2차 세계대전부터 한국전쟁기 정치·사회·군사적인 전략·전술로서 평시나 전시, 전후방을 구분하지 않고 광범위하게 실시되었다. 이 글에서 다루게 될 포로들에게 실시한 '세뇌' 프로그램은 중국 인민지원군에서 실시한 일종의 심리전이었다. 미국 언론사 기자이자 전략첩보국(Office of Strategic Services, OSS) 요원 출신인 에드워드 헌터(Edward Hunter)는 『붉은 중국에서의 세뇌(Brain-Washing in Red China)』560에서 "세뇌(Brain-washing) 또는 뇌 전환(Brain-changing)을 새로운 용어이며 중국의 평범한 사람들에 의해 만들어졌다"고 정의했다.

북한 노획 영상과 활용에 대한 국내·외 연구가 있다. 전갑생(2022)은 「미군의 북한 영상 노획과 심리전 영화 제작」에서, 미군 부대가 노획한 북한 국립영화촬영소 소장 영상을 분석하여 냉전기 심리전을 다루었다.561 양정심·김은경(2016)은 「해방 후 북한 기록영화와 정치선전」에서 북한 영상이 "소련의 문화적 헤게모니가 관철되는 데 큰 역할"562을 했다고 지적하고 인민에 대한 계몽과 선전에 집중한 것이라고 분석했다. 하지만 이 논문은 미군의 북한 노획 영상 활용 과정이나 그 내용을 담아내지 못했다. 박연희(2021)의 「미군 심리전과 '잔류'의 냉전 서사: 모윤숙의 한국전쟁 수기와 영상을 중심으로」563는 미군의 시선에서 반공 서사를 파악하는 데 주력했으며 '적화삼삭(赤化三朔)'이라는 "사후적 기억"을 통해 미군 심리전을 냉전 문화적인 관점으로 분석했다. 미 육군의 심리전 다큐멘터리와 푸티지(footage)에 대한 연구 논문은 김민환(2021)이나 정영신(2021)의 연구 성과 등이 있다.564 이 글들은 미군의 푸티지 영상을 이용한 TV 시리즈를 분석하여 미군의 냉전 문화와 심리전을 다루었는데, 다만 북한 노획 영상 활용에 대해 논의하지는 않았다.

국외의 대표적인 연구로 존 렘자(John W. Lemza, 2021)는 미 육군부 공보국이 북한노획 영상을 활용해 제작한 《빅픽처》 등의 TV 시리즈와 다큐멘터리를 냉전 문화라는 관점에서 분석하고 있다.565 중앙정보국(Central Intelligence Agency, CIA)과 미군이 실시한 미군 포로의 '세뇌' 프로그램을 다룬 연구 성과로써, 모니카 킴(Monica Kim, 2019)은 유엔군과 북·중국군 관할 포로의 심문 과정에서 각자의 이데올로기에 기반하여 설득보다 세뇌를 강화한 심문 방법 등을 분석했다.566 김의 책은 북·중국군의 유엔 포로 '세뇌' 프로그램을 심도 있게 다루지 않고 있으며 CIA 등의 '세뇌' 프로그램 전 과정을 분석하지는 않았다. 찰스 영(Charles S. Young, 2014)은 북한 내 수용소에서 미군 포로에게 실시된 심리전 차원에서의 '세뇌' 프로그램을 분석했다.567 그 외 CIA의 연구 결과물이자 '세뇌'의 가이드 격인 에드워드 헌터568와 에드거 헨리 샤인의 연구 성과물은 북한 내 수용소에서 미군 포로에 대한 '세뇌' 프로그램을 분석한 것이다. 헌터의 『붉은 중국에서의 세뇌』(1951, 이하 『중공의 세뇌』)와 샤인의 『강압적 설득(Coercive Persuasion)』(1961)569은 CIA에서 교범처럼 활용되었다. 미 육군은 헌터의 책에 대해 "이 책은 소련의 선전 기계의 막대함을 의심하거나 그 효과를 의심하는 모든 미국인이 읽어야 한다"며 "공산주의의 물결을 막기 위해서는 더욱 매력적인 철학이 필요하며, 현재보다 더 큰 극적 효과와 영향력으로 전달되어야 한다는 결론에 도달하지 않을 수 없다"고 평가했다.570

이 글은 포로에 대한 심리전의 근원적인 문제 인식하에 다음의 몇 가지를 다루고 한다. 첫째, CIA가 어떻게 북·중국군의 '세뇌' 프로그램을 정의하고 개념화했는지 살펴본다. 그리고 CIA가 CBS 방송국의 간판 프로그램 《20세기(The Twentieth Century)》(1957~1968, 이하 《20세기》) TV 다큐멘터리 시리즈 구성과 제작 과정에 개입하는 과정을 분석해 보고자 한다. CIA가 TV 시리즈의 제작 의도에서부터 출연자 섭외, 대본, 삽입 영상 제공까지 어떻게 개입했는지를 추적하고자 한다. 이로써 미 정보기관과 방송이 유기적으로 관계를 맺어 새로운 영상을 제작하는 과정을 살펴보고자 했다.

둘째, CBS TV 프로그램 〈한국: 전쟁포로(P.O.W.: Korea)〉(1961)571에서 북한 노획 영상이 어떤 경로를 통해 제작 과정에 전달되었고 어떠한 의도에서 활용되었는지, 편집 방향과 내용 면에서 사상 심리전과의 연관성을 분석하고자 했다. CBS가 이 영상을 어떤 경로를 통해 입수했으며 어떤 의도를 지니고 있었는지 살피고자 한다.

본 글의 자료들은 영상과 CIA에서 생산한 일반 문서 중 기밀 해제된 '세뇌' 프로그램 관련 문서572, 위스콘신 대학 역사사회기록도서부(Historical Society Library Archives Division)에 소장된 버튼 벤저민 문서(Burton Benjamin Papers, 1957-1988)의 CBS TV 시리즈 문서573, 국립문서기록관리청(NARA) 산하 국립공문서관(The National Archives, NA Ⅱ)에 소장된 RG 263(CIA 문서군)의 문서와 영상 시리즈, RG 319(미 육군참모부)의 정보참모(G-2)나 육군부 등에서 생산한 한국전쟁 전후 북한, 중국, 구소비에트 관련 문서 등이다.

Ⅱ. 마인드 컨트롤: CIA, CBS TV 시리즈 프로그램 개입과 참여자들

1. 〈한국: 전쟁포로〉 제작과 참여자들

콜롬비아 방송국(CBS)은 1957년 10월 20일부터 1966년 1월 2일까지 총 9개 시즌 220편으로 20세기의 가장 잘 알려진 이슈와 문화적 사건을 담아 《20세기》574라는 TV 다큐멘터리 시리즈를 제작했다.575 이 시리즈의 진행자는 CBS 간판스타 월터 크롱카이트576이다. 이 프로그램은 크롱카이트의 인기 상승과 제작비의 증액을 가져왔다. 1961년 시즌 4부터 하나의 주제마다 제작비가 43,500달러 15센트였다. 《20세기》는 매주 일요일 황금 시간대에 배치되어 냉전기의 "시사 계몽"과 반공주의 서사를 전파했다.577 TV 방영 이후 해당 에피소드는 16mm 필름으로 제작되어 학교와 CIA를 비롯한 정보기관과 단체에 보내졌다. 각 에피소드는 68,205회 예약을 받았고 171,367회 상영하는 기록을 남겼다.578

1950년대부터 CBS 회장 윌리엄 팔리(William S. Paley)의 암묵적인 지시에 따라 사장 시그 미켈슨(Sig Mickelson)은 CIA와 협력적인 관계를 유지했고, "냉전 시대에 존재했던 모든 네트워크가 협력하고 있다"며 CIA 국장 앨런 덜레스(Allen W. Dulles, 1893~1969)와 비공식적인 만남을 가졌다고 언론에 폭로하기도 했다.[579] CBS 사장 미켈슨은 덜레스 국장과 저녁 식사를 하면서 "세상에서 무슨 일이 일어나고 있는지"에 대해 "비공식적으로 논의"한 것이다. 이에 대해 CIA는 CBS의 TV 시리즈나 뉴스의 제작을 위해 비공개 자료들까지 공유했으나 1961년부터 중단했다고 해명했다.

덜레스는 1953년 2월부터 1961년 11월까지 CIA 국장으로 재직하면서 정치와 심리전 활동에서 미군 포로에 대한 북한 내 수용소의 '세뇌' 프로그램을 분석하고 미군 정보기관과의 합동 작전에 의한 선전, 불특정 다수를 이용한 심리전, 언론사와의 협력 관계를 통한 프로그램 제작까지 광범위한 활동을 보였다.[580] 그는 1953년 4월부터 판문점에서 이루어진 부상포로 교환(Little Switch)와 8월 일반포로 교환(Big Switch) 작전 전후에 미군 포로 '세뇌'와 세균전 책임 등에 대해 각종 언론사에 기고하는 등 다양한 심리전을 전개했다.

CIA의 협력 관계는 언론뿐 아니라 기업과의 유착에서도 드러난다. 1957년 TV 시리즈 프로그램의 실질적인 후원자 미국 푸르덴셜 보험사(Prudential Insurance Company of America)는 CIA와 파트너를 맺고 있었다.[581] 미국 기업 협회는 1980년대까지 CIA 국장에게 회의 안건과 내용, 참석자들을 통보했다. CIA는 주요 프로젝트에서 기업들의 후원을 지속적으로 받아 왔는데 CBS와 푸르덴셜 보험사와는 일반적인 협력 이상을 만들어냈다.

CIA가 CBS의 TV 시리즈 제작에 깊숙이 관여한 것은 진행과 출연자들을 통해서도 확인된다. 이 글에서 분석할 〈한국: 전쟁포로(P.O.W,

Prisoner of War: Korea〉(26분 16초)는 1961년 1월 1일(일요일, 18시 30분)에 방영한, 시즌 4의 아홉 번째 에피소드이며 광고를 포함해 총 30분이었다.582 프로그램을 제작한 주요 스태프와 출연자를 보면, 버튼 벤저민(Burton Benjamin, 1917~1985) 제작, 아이작 클레이너만(Isaac Kleinerman, 1916~2004, 《20세기》 시리즈 PD) 공동제작, 새뮤얼 라이먼 애트우드 마샬(Samuel Lyman Atwood Marshall, 1900~1977, 육군 준장 예편) 해설 대본, 아람 보야지안(Aram Boyajian) 편집, 대본 편집 마샬 플라움(Marshall Flaum, TV 감독 및 시나리오 작가), 영상조사 멜 스튜어트 제임스 맥도너(Mel Stuart James McDonough), 조사 머레이 카츠먼(Murray Katzman), 오프닝·클로징 테마 음악 조지 요한 칼 앤타일(George Johann Carl Antheil, 작곡가), 연출 로버트 아스만(Robert Asman), 초대 손님 에드거 헨리 샤인 등이며 배급사는 21세기 영화사, 켄코(Kenco) 필름 회사 등이다. 주요 인물을 살펴보면 벤저민은 CBS 부사장 출신으로 1957년부터 TV 작가이자 《20세기》 시리즈의 총괄 PD를 맡았다.583 그 외 크롱카이트, 마샬과 샤인은 시리즈에서 매우 중요한 인물이며 CIA와 특별한 관계였다. 크롱카이트는 1957년 11월 24일 일요일 오후 6~7시 《20세기》 첫 시즌의 에피소드 6 〈세뇌(brainwashing)〉(30분)를 한 시간 동안 진행했다.584 이 방송은 "공산주의자가 포로로부터 '자백'을 강요하기 위해 사용한 전술에 대한 설명과 분석"을 주제로 제작되었다.

　이 프로그램의 초대 손님 에드거 샤인(1928~2023)585은 월터 리드 미 육군 연구소(Walter Reed Army Institute of Research, WRAIR)586에서 근무했으며 CIA의 조직 개발과 '세뇌' 관련 도서 출판과 CBS TV 시리즈에 출연했다. CIA는 중국인민군의 '세뇌' 프로그램을 취재한 경험을 지닌 전직 OSS 요원 에드워드 헌터와 함께 샤인의 책을 통해 '세뇌' 대응 프로그램을 구성하기도 했다.587 CIA의 문서에서 샤인은 CIA의 자금을 받아 책을 출판했다고 밝히고 있다. 하지만 샤인은 MIT 측에 CIA와의 연구 결과를 통보하지 않았다.[588] 이처럼 그는 1970년대 CIA와의 비밀 연구 프로젝트를 이어갔다. 마샬은 1960년 준장으로 퇴역하자 육군의 고문으로 활동하면서 CBS TV 시리즈에 참여한 것으로 보이며[589], 국가전략세미나(National Strategy Seminar)에서 덜레스 국장을 만난다. 1959년 7월 24일 국가전략세미나에 참석한 마샬은 디트로이트 신문사 주필 겸 군사 분석가로서 덜레스와 조우했다.[590]

이처럼 CBS의 TV 시리즈와 〈한국: 전쟁포로〉 에피소드는 여러 문서의 인과관계를 볼 때 CIA와 무관하지 않음을 알 수 있다. CBS 사장부터 진행자, 출연자, 후원 회사까지 CIA와 연결된 고리는 냉전 미국 사회의 한 단면을 여실히 보여주고 있다. 이제 CIA가 한국전쟁기 북한 내 포로수용소에서 미군 포로들이 겪은 '세뇌' 프로그램에 어떻게 대응하는지, 그것이 CBS TV 프로그램과 어떠한 연관성을 지니고 있는지 살펴보자.

2. 앨런 덜레스의 '세뇌' 프로젝트 참여와 CBS 프로그램

CBS가 방송한 〈한국: 전쟁포로〉의 주제이자 자주 등장하는 단어는 '세뇌(brainwashing)'이다. CIA와 미군이 미군 포로의 '세뇌'에 대해 북·중에서 언제부터 대응했는지 공식 문서를 통해 간략하게 살펴보고자 한다. 1953년 4월 3일 심리전전략위원회(Psychological Strategy Board, PSB)[591]는 「한국전쟁 회담의 포로 문제에 관한 공보적 측면에서 미국의 입장을 위해 제안된 지침」(Suggested Guidance for Public Aspects of U. S. Position on Korean Prisoner of War Talks)[592]에서, 송환되는 미군 부상포로의 북한 수용소에서의 "세뇌(indoctrinated 또는 brainwashed)"에 대해 미국의 정책 방향을 제시하고 있다. 여기서 언급하는 '세뇌'의 정의는 무엇일까. 옥스퍼드 영어사전에서 'indoctrinated'는 16~18세기 라틴어를 어원으로 하며 "주제, 원칙 등을 가르치기 위해" 또는 "교리, 공산주의 사상 등을 불어넣기 위한"이라고 정의하고 있다. 'brainwashed'는 동일한 사전에서 "세뇌를 연습하고 신념을 강요하는 것"으로 1951년부터 사용되었다.[593] 두 단어는 '세뇌'라는 동일한 뜻을 지녔지만 행위의 주체와 수용자에 따라 큰 차이를 보여주고 있다. PSB와 CIA 등에서 미군 포로들의 '세뇌'라는 정의는 뒤에 나오는 단어이다.

'세뇌하다'라는 의미를 지닌 brainwashing은 1951년 에드워드 헌터의 책에서 기원한다고 알려져 있다. 처음 등장한 것은 『가디언(The Guardian)』 1950년 1월 3일 자로, 로베르 길랭(Robert Guillain)은 중국의 정치 재교육 프로그램에 대해 다음과 같이 설명한다. "모든 전향자들은 당 지도자의 도움을 받아 자신의 개인적인 잘못이나 집단적인 과오를 밝히고 공개 비판을 받았다. 중국 신문에서는 이것을 '머리를 세척한다(washing one's brains)' 또는 '마음을 탁자에 내려놓는다.'"고 표현하면서, 전향자들의 재교육을 '세뇌'와 동일한 의미에서 다루고 있다.[594] 길랭이 말하는 '세뇌'는 한자어로 세뇌(洗腦)이다.

CIA는 헌터의 책(1951)에서 "마오쩌둥주의에 대한 집중적인 세뇌"를 세뇌의 일종으로 정의하고 있다. 헌터는 이 책을 CIA에서 근무 중 집필했으며 한국전쟁 초기 한국을 방문한 뒤 집중적으로 연구했다고 한다. 1958년 3월 13일 미 하원 비미위원회(House Un-American Activities Committee)에 출석한 헌터는 "세뇌는 군사 용어이며 정확한 용어는 "정신공격(mind attack)"이다. 세뇌는 부드러운 접근과 사상 주입이라는 두 가지의 과정으로 구성된다"고 정의했다.[595]

헌트의 '세뇌'에 대한 연구 결과를 바탕으로 CIA는 1953년 2월 28일과 3월 3일 두 차례 국방부 윌리엄 고델(William Godel), 국무부 필립스(Phillips Ritter), 육군부 심리전실(Office of the Chief of Psychological Warfare) 로버트 맥클루어(Robert A. McClure), 공군(포로 관련 담당 장교)의 각 부서에서 파견된 간부들을 중심으로 한 PSB 실무위원회에서 미군 포로 '세뇌'에 관련한 대책 회의를 주도했다. 2월 28일 1차 PSB 실무위원회에서 참석자들은 북한과 중국인민군이 제작한 영화 〈미국 세균전 조사를 위한 국제과학위원회의 기록된 증거(Documentary Evidence of the International Scientific Commission for the Investigation of U.S. Bacteriological Warfare)〉에 등장하는 미 공군 중령 에녹(Enoch), 퀸(Quinn), 니스(Niess), 오닐(O'Neil)과 해병대 대령 프랭크 슈와블(Frank Schwable), 소령 블레이(Bley) 등의 인터뷰를 분석했다.[596] 3월 3일 2차 회의에서는, 헤이스(Hayes), 헌터(Hunter), 브라이언트(Bryant) 등 중국에서 세뇌당한 5-6명 포로의 성명을 포함한 정보가 실무위원회에 제시되었다. 특히 브라이언트는 『새터데이 이브닝 포스트(The Saturday Evening Post)』에 자기의 경험을 게재했으며 당시 상하이(上海)에서 변호사로 있었다. 하지만 CIA는 '세뇌' 관련 과학적 증거를 제시하지 못했다.[597]

3월 5일 PSB는 각서에서 CIA 덜레스 국장에게 「PSB의 '공산주의적 세뇌 방법의 심리적 이용 계획 및 자백 유도' 위원회 보고서」라는 제목으로 미군 포로의 세뇌에 관한 PSB 실무위원회 보고서를 보냈다.[598] 그 뒤 3월 13일 PSB 실무위원회는 아이젠하워 대통령의 지시에 따라 찰스 더글러스 잭슨(Charles Douglas Jackson, 심리전 대통령 보좌관)[599]을 '세뇌위원회(Brainwashing committee)' 회의에 참여하도록 했다.[600] CIA는 PSB에 참여하는 각 버처와 정보기관들을 중심으로 '세뇌위원회'라는 조직을 만들어 본격적인 대응에 나섰다.

PSB의 지침과 같은 시기에 덜레스 국장은 새로운 심리전을 전개했다.[601] 4월 10일 버지니아 핫스프링스(Hot Springs)의 프린스턴 대학 대학원생 평의회 전국 동문회에서 덜레스 국장은 "세뇌하기(brainwashing)"라는 주제로 강연회를 개최했다.[602] 이 강연은 개인적인 행사가 아니라 PSB에서 기획한 것이었다.[603] 강연의 키워드는 소련, 중국, 뇌전(brain warfare·腦戰), 세뇌, 세균전이었다. PSB와 CIA가 세뇌 프로젝트를 시작하게 된 계기는 북한과 중국에서 제작한 세균전 선전 영상 때문이었다.⁶⁰⁴ 이 선전 영화에 등장한 1952년 1월 13일 안주에서 B-26 폭격기에 탑승한 제5공군 제3전폭전대 소속 케네스 에녹(Kenneth L. Enoch)은 "나는 작년 8월 25일부터 비인간적인 세균전을 진행할 뿐만 아니라 또 다른 도구인 핵무기의 사용을 고려하고 있습니다."라고 말했으며, 같은 소속의 존 퀸(John Quinn)은 "에녹과 같이 1월 7일부터 세균전에 직접 참가했다. 폭발되지 않은 세균 폭탄을 평남에 1월 3일 투하했다"고 '자백'한 것이다.⁶⁰⁵ 이에 백악관과 정보기관들은 일제히 "북한에 세균전을 사용하고 있다고 공개적으로 젊은 미국 조종사들이 거짓 '고백'을 하는 것"이라고 전면 반박했다. 그리고 미 육군은 1952년 선전 영화를 통해 미공군 조종사의 동료가 반박하는 인터뷰를 제시했다.⁶⁰⁶

덜레스는 "중국군의 세뇌에 의해 거짓으로 자백한 것이다"라며 부상자인 포로들에게 "심문관들은 세뇌 기술을 가르치는 학교에서 훈련받았을 것이다. … (포로들은) 주로 야간에 질문자의 연속된 질문에 시달리느라 잠을 못 자고, 심문 기간 밝은 조명의 영향을 받았다. 마약은 사용되지 않았지만, 물론 그가 모르는 사이에 사용되었을 수도 있다. 이 경우에는 직접적인 신체적 고문이 가해지지 않았다"며 중국에서 활동한 미국 선교사가 75일 동안 심문받은 사례를 소개한다.⁶⁰⁷ 덜레스 국장의 사례에 대해 전 CIA 국장 월터 스미스(Walter Bedell Smith, 재임 1950. 10. 7~1953. 2. 9, PSB 위원·주소련대사 출신) 중장은 "세뇌 프로그램은 과학적으로 검증되지 않았다"고 정면으로 반박하기도 했다.⁶⁰⁸

이 사건을 계기로 PSB는 송환 예정인 부상 미군 포로들 중 "공산당의 세뇌 정도를 확인하기 위해 일부 (건강상) 심사가 가능해진 후에 심문"하고 미국 내 언론사의 편집자 협회에 대통령을 포함한 군 고위자 또는 국방부, 국무부, 참모총장, 정신의학 전문가 등을 총동원하여 언론 브리핑을 하기로 계획했다. PSB의 정책에 따라 미국은 중국인민군의 '세뇌' 문제를 제기한 헌터를 비롯한 전문가와 '세뇌' 관련 특별 훈련을 받은 고위 장교들을 소집해 심리전에 적극 나서게 되었다. 그리고 1955년 7월 20일 미 국방부 전쟁포로 자문위원회는 미군 송환포로 7,190명을 대상으로 2년 동안 세뇌에 대한 영향을 조사해 발표하기도 했다. 위원회는 북·중국인민군 심문관이 미군 포로들에게 "완전한 고립감, 극도의 두려움, 슬픔, 격리, 공포, 피로, 모욕과 위협, 추위와 고통" 등을 동원해 세뇌시켰다고 판단했다.[609]

III. 북한 노획 영상의 활용과 편집 방향

1. 북한 노획 영상의 출처와 배치

〈사진 2〉〈한국의 부활(Rebirth of Korea)〉과 〈사진 4〉〈한국: 전쟁포

#1. 《빅픽처》의 한 장면(타이틀)

#2. 〈한국의 부활〉의 장면(11분 11초)

#3. 〈한국의 부활〉의 장면(10분 27초)

#4. 〈한국의 부활〉의 장면(10분 33초)

사진 2 《빅픽처》의 에피소드 〈한국의 부활(Rebirth of Korea)〉

#5. 〈MID-5401〉의 장면(6초)

#6. 〈MID-5401〉의 장면(22초)

#7. 〈MID-5401〉의 장면(27초)

#8. 〈MID-5401〉의 장면(28초)

사진 3 1950년 7월 북한인민군에서 촬영한 〈242-MID-5401〉 "서울의 미국 포로들(American Prisoners in Seoul)"

로〉는 〈사진 3〉의 〈MID-5401〉에서 추출된 영상들이다. 〈사진 3〉의 원영상은 1950년 7월 한국전쟁기 북한인민군이 서울을 점령한 뒤 포획한 한국군과 유엔군들을 촬영한 것이다. 이 영상은 언제, 어떻게 미군으로 넘어가 CBS에서 활용되었을까.

한국전쟁기 미 육군 소속 인디언헤드 부대는 평양에서 1946년부터 1950년 사이 극 영화, 다큐멘터리, 뉴스릴, 각종 푸티지 영상들을 노획했다. 이들 영상은 미 육군부 정보교육국(Information and Education Division, I&E)을 비롯한 해외 공보처(U.S. Information Agency, USIA) 등이 심리전 차원에서 다큐멘터리나 뉴스릴에 적극 활용했다.[610] 미군 역시 미 국민의 심리전과 애국심을 위해 TV 프로그램까지 제작했다.

〈사진 1〉, 〈사진 2〉, 〈사진 4〉에서 보듯 〈사진 3〉 〈242-MID-5401〉

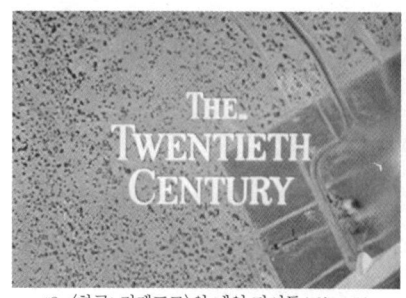

#9. 〈한국: 전쟁포로〉의 메인 타이틀(2분 50초) #10. 〈한국: 전쟁포로〉의 에피소드 타이틀(3분 10초)

#11. 〈한국: 전쟁포로〉의 장면(3분 49초) #12. 〈한국: 전쟁포로〉의 장면(4분 1초)

#13. 〈한국: 전쟁포로〉의 장면(9분 30초) #14. 〈한국: 전쟁포로〉의 장면(3분 57초)

사진 4 1961년 1월 1일 CBS에서 방영된 〈한국: 전쟁포로〉

의 동일한 장면이 반복적으로 여러 TV 시리즈에 사용되고 있음을 알 수 있다. 이 장면은 미군이 북한인민군에 끌려가면서 지쳐 있거나 '불쌍한 느낌' 혹은 '매일 행군만 하는 듯한 인상'을 심어주기에 충분하다. 영상 외에도 1953년 4월 28일 《타임즈(Times)》는 미 육군부 부관 참모 존 클라인(John A. Klein) 소장에게 자신이 도쿄지부에서 어느 한국인으로부터

#15. 〈한국: 전쟁포로〉의 장면(5분 9초)   #16. RG 319, A1 1013-A, Box 1

#17. 〈한국: 전쟁포로〉의 장면(4분 54초)   #18. RG 319, A1 1013-A, Box 1

사진 5 CBS 영상과 북한인민군이 촬영한 사진 비교

북한에 수용된 포로들의 사진을 매입했다고 편지를 보냈다. 매입된 사진들은 1950년 7월 서울과 평양에서 촬영된 한·미군 포로들이 전쟁 반대 기자회견을 하고 이송되는 모습을 담고 있다.[611] 이 사진과 영상에는 북한 노획 영상과 동일한 장면들이 있다. 따라서 이 사진은 영상의 스틸 사진인 것으로 보인다.

    이 사진의 일부는 《라이프(LIFE)》(34권 19호, 1953.5.11)[612]에 게재되면서 세상에 알려졌다. 영상에는 기자회견 장면과 바닥에 쓰러져 잠을 자는 모습이 등장한다. 동일한 장면의 스틸 사진 30여 장이 있다.

    앞서 언급했듯 CIA와 PSB는 북한에서 미군 포로들이 세뇌되었음을 알리고자 CBS TV 프로그램을 제작했다. 여기서 분석하는 〈한국: 전쟁포로〉는 NA Ⅱ에서 CBS 컬렉션(Columbia Broadcasting System, Inc., Collection, 1953-1982, NAID 8911, CBS-CBSF)이 아닌, CIA의 정보 및 국제 관

#15. 〈한국: 전쟁포로〉의 장면(11분 51초)

#16. 〈한국: 전쟁포로〉의 장면(13분 10초)

#17. 〈한국: 전쟁포로〉의 장면(11분 57초)

#18. 〈한국: 전쟁포로〉의 장면(12분 6초)

사진 6 〈한국: 전쟁포로〉의 장면들

계와 관련된 영상 시리즈에 포함된 것으로 방송 후 제작된 16mm 필름이다. NA II의 문서 분류에서 드러나는 것처럼 본 영상을 CIA가 중요하게 관리하고 있음을 짐작할 수 있다.

〈한국: 전쟁포로〉에 삽입된 북한 노획 영상의 분량은 총 10분 정도인데 이는 〈한국: 전쟁포로〉에 삽입된 장면보다 길다. 〈한국: 전쟁포로〉에서 주요하게 삽입된 장면은 미군 포로들의 행진과 기자회견 외에도 〈306.3409〉 "미제의 세균만행" 중 북·중국 과학자와 세계 과학자들의 기자회견과 미군 포로 폭로 장면 등을 포함하고 있다(7분 53초-10분 44초, 약 4분 37초 분량). 세균전 폭로 영상에 대해 CIA는 포로의 '세뇌'와 연결시켜 "미국 적십자와 같은 국제기구에 의한 조사가 아니라, 공산주의자들을 위해 그들의 선택에 의해 수행된 조사기구를 유엔에 제안했습니다"(8분 53초)고 국제과학위원회의 조사 자체를 문제 삼았고, "소위 국제과학위원회라고 불리는 다양한 국가들을 대표하는 위원회는 모든 회원국이 아닌 공산주의 국가나 그 동료들"(9분 9초-9분 27초)이라 신뢰하지 못한다고 역설했다.

2. 출연자들의 면면과 '세뇌'의 인식

〈한국: 전쟁포로〉에 출연한 초대 손님들과 증언하는 미군 포로들의 이야기에서 북·중 인민군의 세뇌 프로그램에 대한 기본적 인식과 반공 사상 심리전과의 연관성을 살펴보고자 한다. 영상의 도입부에 1950년 7월 서울에서 행진하는 미군 포로들과 함께 월터 크롱카이트가 등장한다. 2장으로 구성된 영상 중 "1장 한국"에서 미군 포로들에 관해 이야기한다는 크롱카이트의 말과 함께 구 중앙청 앞뜰에 앉아 쉬는 한·미군 포로들의 모습이 겹쳐진다(14초-33초). 이어 초대 손님 마샬(사진 7) #20)은 "이번 세기 들어 처음으로 **제네바 협약을 준수하지 않고**(인용자) 전쟁 규칙을 믿지 않는 적과 상대하게 되었습니다."(34초-40초)라고 북·중 인민군의 포로 처리 과정을 문제 삼았다. 샤인(사진 7) #21)은 "중공군은 제가 알기로는 한국전쟁 중에도, 그 **포로들을 세뇌하고 전향시키며 협력을 얻기 위해**(인용자) 엄청난 노력을 기울였습니다. 이것이 그들의 작전 방식입니다"(1분 2초~1분 24초)라고 '세뇌'를 하나의 작전 방식으로 인식했다. 평양에서 기자회견하는 미군 포로들이 등장하면서 다시 크롱카이트의 말이 이어진다.

> "협력자들이 있었습니다. 공산주의자들이 촬영한 (영상에서) 미군들은 세균전을 고백하고 있습니다." 크롱카이트(1분 25초~1분 29초)

> "당시 나는 세균전으로 불리는 생화학 무기를 사용했습니다." (기자 회견하는 미군 포로, 1분 30초~1분 36초)

#19. 〈한국: 전쟁포로〉의 장면(타이틀)

#20. 〈한국: 전쟁포로〉의 장면(11분 11초)

#21. 〈한국: 전쟁포로〉의 장면(10분 27초)

#22. 〈한국: 전쟁포로〉의 장면(10분 33초)

#23. 〈한국: 전쟁포로〉의 장면(7분 9초)

#24. 〈한국: 전쟁포로〉의 장면(13분 47초)

사진 7 〈한국: 전쟁포로〉의 출연자들

이 영상에서 미군 포로들은 북·중 인민군의 강요에 "거짓"으로 세균전을 펼쳤다고 고백하고 있다. 강요와 거짓은 '세뇌'에서 나온 것으로 추정했다. CIA는 '세뇌'를 심리전의 일환이며 미군 포로들의 "정신을 무너뜨린 범죄"라고 규정하고자 했다.[613]

미 공군 소속 시어도어 해리스(Theodore R Harris) 대위(사진 7 #22)

는 1952년 7월 4일 B-29 조종사로 미그-15에 격추되어 다른 동료 10명과 함께 북한인민군에 포획되었다. 그는 "자신의 범죄를 자백하지 않으면 제게 무슨 일이 일어날지 몰라" 자백을 강요당했다고 증언했다(2분 29초~2분 36초).[614]

〈사진 7〉 #23에 등장하는 알려지지 않은 포로는 한 심문관이 성탄절에 포로수용소 근처에서 소년들의 캐럴 노래와 연주를 듣게 하면서 "그가 제 가족과 고향 이야기를 꺼내며 제가 절대 고향으로 돌아가지 못할 것이고 자백하지 않으면 결국 내가 처형될 것이라고 믿게 만들었습니다. 그가 제 아내와 가족 얘기를 시작한 후 크리스마스 캐럴이 멀리서 들려왔고 저는 견딜 수가 없었습니다. 마침내 감정이 무너졌고 한참 울었습니다. 도저히 제 자신을 추스릴 수 없었고 그들이 결국 견딜 수 없는 지경까지 정신적으로 저를 계속 휘저어 놓았습니다"라고 증언했다(한국: 전쟁포로), 5분 58초~6분 45초).

이 영상의 의도는 다음과 같이 정리할 수 있다. 첫째, 북·중 인민군 심문관들은 미군 포로들에게 제네바 협약을 "위반"하면서 '세뇌' 작전을 전개했다. "세뇌 작전"은 미 공군에서 북한에 세균 폭탄을 사용한 사실을 자백하도록 만들기 위함이다. 둘째, 미군 포로들의 자백은 세뇌 때문이지 사실이 아니다. 이처럼 PBS는 세뇌받은 미군 포로들에 대해 "공산주의의 정신적 공격의 피해자"[615]이라고 규정지었다. 헌트는 중국인민군 심문관들이 "(미군 포로들에게) 굶주림, 피로, 긴장, 위협, 폭력을 행사하고 세뇌 자문관, 마약, 최면술사 등 이용 가능한 전문가들을 갖추고 있었다"며 한국전쟁기 미군 포로 '세뇌'에 대해 "중공은 장기적인 목표뿐만 아니라 즉각적인 목표를 가지고 작전을 수행한다. 세뇌를 위한 체계적인 목표를 가지고 있다"고 평가했다.

크롱카이트는 "미군 포로들은 미개한 수용소에서 기본 식단은 쌀과 닭 수프를 제공받았고", "만성 이질과 부족한 물, 목욕은 거의 금지"되어서 "간염, 폐렴" 등의 질병에 걸리고 "협력 행위에 대한 보상으로 우편과 담배를 지급받았다"고 강조했다. 포로들이 북한 벽동 포로수용소의 올림픽 청원에 참여한 것에 대해 크롱카이트는 "어떤 종류의 압력이 이를 유발했는가?"라고 물으면서 북·중의 세뇌와 관련성이 있다고 시사했다.

샤인과 마샬은 영상의 마지막 부분에서 중국인민군의 '세뇌' 문제에 대해 상세히 발언한다. 크롱카이트는 샤인과 마샬에게 다음과 같이 질문한다.

크롱카이트 두 명의 전문가에게 거짓 고백에 대해 물겠습니다. 공산주의자들이 단순히 강요당한 사람들로부터 그런 성과를 얻을 수 있을까요?

마샬 공산주의자들은 목적을 위해 교육을 받았고, 그들은 우리가 이것에 의해 억압받을 것이라는 것을 알 만큼 <u>충분히 영어와 미국인의 성격을 잘 이해하고 있습니다</u>(11분 23초).

샤인 <u>중국인들이 이를 수행할 수 있을 만큼 영어를 잘하고 미국 문화에 대한 지식이 풍부한 적절한 인력을 보유하고 있었다는 것은 의심의 여지가 없습니다</u>(11분 37초).

크롱카이트 국방부 기록에 따르면, 이 사람들은 자백을 받아내기 위해 오랜 기간 고문했습니다. 샤인 박사님, 그들이 세뇌당했다고 생각하십니까?(11분 57초)

샤인 <u>세뇌라는 단어 자체와 관련된 문제가 있다고 생각합니다</u>(12분 7초).

밑줄 친 부분에서 마샬과 샤인은 중국인민군의 언어 능력과 미국 문화 인식까지 모두 고도의 세뇌 기술 훈련을 받은 결과로 판단했다. 이런 인식은 CIA에서 생산한 보고서에 그대로 담겨 있다. PSB는 미국 포로 송환의 필연적인 문제와 관련하여 적절한 행동 방침을 고려해야 한다고 지적하면서 "일부는 세뇌되고 다른 경우에는 송환을 거부할 수 있으며 일부는 강경 공산주의자나 전향자를 대표할 것이다."[616]라고 분석했다. 헌터는 미 하원에서 "한국전쟁에서 우리는 원자폭탄을 가졌지만, 전쟁에서 패배했다. 이는 공산주의자들이 만든 심리적 분위기, 정신적 파괴 때문이다"[617]라고 평가했다.

CBS의 TV 시리즈는 소련이나 중국, 동독 등의 중요한 사건을 에피소드에 추가시켜 대중문화에 반공 계몽적인 이데올로기를 이식시켰다. 〈한국: 전쟁포로〉에서 선명하게 강조되는 공산주의, 특히 중국과 소련 공산주의에 대한 증오와 분노는 냉전 정치의 배경을 형성하고 있다. 이런 시각에서 〈한국: 전쟁포로〉 등의 시리즈는 미국 안방에까지 반공 문화를 이식하려는 정치적 의도성을 지니고 있다고 볼 수 있다. 이에 CIA는 미국인에게 북·중 인민군이 미군 포로를 '세뇌'의 도구로 만든 적이라는 인식을 심어주었다.

또한 영상에서 크롱카이트는 "불쌍한 병사들. 그들은 그들 자신의 정부에 의해 꼬리표가 붙었습니다."(3분 57초) 라고 말한다. 송환된 미군 포로들의 "꼬리표"라는 표현은 국가로부터 적으로 간주될 수밖에 없는 국가폭력의 흔적과도 같은 것이다. 국방부 등의 정보기관은 '세뇌'된 포로를 군법회의에 회부했다. 미 육군참모총장 맥스웰 테일러 장군은 "전쟁포로에 대한 군법회의 절차를 시작한다"며 CIA에서 제출한 '세뇌' 연구 보고서를 받아 재판에 활용했다.[618]

"전례 없는 군 수사가 실시되었습니다. 최종 결과는 4,428건입니다.

565건의 혐의 중에서 373건만 혐의가 풀렸습니다."(22분 50초)

　　미 육군에서 미군 포로의 '이적 혐의'로 4,428건 중 565건을 처벌하고자 했으나 왜 심문한 결과 192건만 군사재판에 회부한 것일까. 1962년 7월 23일 미 의회의 "자유를 위한 교육에 관한 도드 상원의원 회의 연설"에서 중요한 사실이 밝혀졌다. 미 육군부와 조지워싱턴 대학이 송환된 미군 포로들을 심층 인터뷰하고 설문조사한 결과가 공개되었다. 설문 내용을 보면 7,000명의 송환포로 중에서 70%가 북·중국인민군 관할 포로수용소에서 협력했으며 39%는 거짓으로 공산당 청원에 서명했고, 34%는 질병이나 고통, 동료 포로들의 운명에 대해 전혀 무관심했고, 13%만이 수용 정책에 반대했다. 22%는 북·중의 선전에 사용된 녹음테이프 제작에 참여했으며, 15%는 프로파간다에 협력했다고 한다. 10%는 정보원이 되었고, 21명의 송환포로가 송환을 거부했으며, 4,000명의 포로 중 75명이 훗날 "공산당 요원"으로 활동하기로 동의했다는 것이다.[619] 결국 미 육군부는 미군 포로 6명 중 1명꼴로 군사재판에 회부했는데 주로 '적의 세뇌' 프로그램에 저항하지 않았다는 이유라고 밝혔다. 도드 상원의원은 "터키군 포로들이 단 한 명도 협력하지 않았다"고 언급하면서 "굴복한 미군 포로들은 공산주의의 진정한 본질을 이해하도록 배운 적이 없었기 때문"에 "세뇌를 당한 것일 뿐"이라고 반공주의 재교육 등을 강조하였다.

　　영상에 언급된 송환포로 뿐 아니라 "자원 미송환포로(Voluntary Non-Repatriated POW)" 21명은 군사 재판을 피할 수 없었다. 육군 군사재판부는 1955년 4월 CIA, FBI, 육군부 정보참모부 자료를 토대로 21명의 포로에 대한 심문을 종료했다. 재판부는 역대 군사 법률을 검토한 뒤 적용할 법과 범위 등을 검토했다. 21명에 대한 법 적용과 처벌 수위에 대해 미 법무감실은 육군전법 43b와 c 규정에 따라 포로들에게 징역형을 2

년, 국무부는 연방법을 적용해 최대 5년에서 3년, 법무부에선 동일한 법 적용으로 모두 징역 5년 등으로 각각 의견 제시가 이뤄졌다.[620] 1955년 10월 24일 육군부 참모부는 육군부에 자원 미송환포로 기록물 18명(약 226,000쪽, 비밀)과 관련된 혐의와 진술 및 기타 증거 자료 원본을 송부했다. 10월 26일 육군부 정보참모부는 미 워싱턴 D.C. 군사관구 정보참모부에서 조사한 21명의 자원 미송환포로의 기록물 225,000쪽(비밀)과 기타 200,000쪽을 이관받았다.[621] FBI는 21명의 포로 가족과 친척들을 감시하고 심문을 통해 공산주의 혐의나 사회 활동 경력 등을 파악해 3급 비밀 이상의 기록물을 육군부에 제출했다. 1956년 4월 9일 육군부 정보참모부는 FBI 후버 국장에게 자원송환 원칙에 따라 미송환 미군 포로들의 중앙 기록 시설에 소장된 21명의 포로 가족들에 대한 사상검증 자료를 보내 줄 것을 요청했다.

크롱카이트 "그는 자신이 협력하지 않았다고 말합니다. 이것이 영웅주의 척도가 됩니다."(〈한국: 전쟁포로〉, 24분 42초)

다시 영상으로 돌아와, 위에 인용한 크롱카이트의 엔딩 해설은 북한의 '세뇌'된 미군 포로들이 "거짓 자백" 혹은 "강압에 의한 세뇌"를 받았기에 '협력하지 않았다'고 말한다. 그리고 포로들이 다시 미국으로 돌아왔기에 '영웅'이라고 크롱카이트는 평가한다. 그러나 '세뇌된' 포로들과 21명의 포로 는 처벌을 면할 수 없었다.

덜레스 국장은 1953년 4월 16일 『뉴욕 타임즈(New York Times)』와의 인터뷰에서 미군 포로의 재교육에 대해 "그들을 저지르지 않은 범죄의 자백자로 만들거나 소련 선전의 입으로 만들기 위해 고안되었다"라고 선전했다.[622] 이에 대해 한국 언론은 "북한군이 유엔군 포로들에게 세뇌 기술 만행을 자행해 전원 송환되지 못한다"고 대대적으로 보도하기 시작했다.⁶²³ 이어 CIA와 PSB는 미국 내 여론전과 별도로 '세뇌' 관련 새로운 프로젝트를 계획하고 실행에 옮겼다.

IV. 맺음말: CIA, 반공주의와 폭력성

《20세기》TV 시리즈는 CIA와 CBS, 자본까지 합세해 만들어진 반공주의 사상심리전 성격을 지닌 프로그램이었다. 〈한국: 전쟁포로〉는 미국의 냉전 문화와 반공 심리전의 결정체이다. 이 시리즈에 참여한 해설자와 에드거 샤인, 먀살 등은 제2차 세계대전부터 미군에서 지속적으로 만들어낸 군·학 복합 프로젝트를 수행했다. 이 심리전 프로그램은 CIA의 덜레스 국장으로부터 시작된 것이다. 덜레스는 CBS 경영진과의 비공식적인 만남과 자료 공유, 자본가들의 후원, 정부의 막대한 자금을 이용하여 대규모 심리전을 이끌었다. 1952년 북한의 포로수용소에서 송환된 부상 포로들이 '세뇌'된 것으로 판단한 근거는 북·중에서 주장하는 세균전 다큐멘터리가 그 원인이었다. 그 이후 덜레스는 PSB 내에서 북·중국인민군의 미군 포로에 대한 '세뇌' 프로그램에 관련된 프로젝트(헌트의 세뇌 연구)와 샤인 등의 사회심리학 연구까지 주도했다. 이런 CIA의 비밀 공작은 반공주의 확산과 사상심리전의 일환이었다. 하지만 초대 CIA 국장 출신 월터 스미스 장군은 북·중 인민군의 "세뇌 프로그램은 과학적으로 검증되지 않았다"며 육군부와 같은 입장을 유지했다.

그러나 덜레스와 그 후임 국장들은 미·캐나다 국민을 대상으로 '세뇌'와 관련한 생물·화학적 비밀 실험을 실시했다. 1977년 7월 20일 오후 7시 ABC 뉴스는 CIA에서 1950년대부터 1970년대까지 135개 연구기관 및 대학과 연계하여 미·캐나다 등지에 실험실을 두고 '세뇌' 프로젝트를 진행했다고 폭로했다.⁶²⁴ 이 프로젝트는 정신 통제 및 화학적 질문 연구 프로그램으로 코드명 'MK-ULTRA'라 불렸고, 사람의 정신 상태를 조작하고 뇌 기능을 바꾸기 위해 마약을 비롯한 각종 유해 약물까지 사용한 비밀 작전이었다. 국가는 '세뇌'되었다고 믿은 포로만이 아니라 불특정 다수를 대상으로 하여 비밀 실험을 개시한 것이다.

CIA에서 주도한 MK-ULTRA는 1953년 4월 13일 앨런 덜레스 국장의 승인에서 시작되었으며,[625] 참여자로는 CIA와 협업한 CBS 방송에도 출연했던 샤인 교수가 포함되었다. 그는 CIA로부터 받은 "강압적인 설득"이라는 연구 프로젝트와 MK-ULTRA 프로젝트까지 이어서 진행했다. 이 연구는 일반인에 대한 '세뇌' 실험과 소련 과학자들의 탈소비에트 연구 등을 담고 있었다.[626] 1953년 4월 13일 덜레스는 시드니 고틀리프(Sidney Gottlieb) 박사에게 프로젝트 책임을 맡겨 판문점에서 송환될 미군 포로들에게 소련, 중국, 북한이 정신적 통제 기술을 사용했을 때 반응하는 전 과정을 추적하도록 했다.[627]

이 프로젝트는 1945년 합동정보목적국(Joint Intelligence Objectives Agency·JIOA)의 페이퍼클립 작전(Operation Paperclip)[628]과 프로젝트 카터(CHATER, 1947년 설립), 프로젝트 블루버드(Bluebird, 1950년 설립, 1951년 ARTICHOKE로 변경) 등을 통해 '세뇌' 뿐만 아니라 개개인의 마음의 통제, 질문, 행동 수정에 관한 심리·사회학 연구를 가속화 시켰다. 덜레스는 해럴드 울프(Harold Wolfe, 하버드대 의과대 신경 병리학 전공·코넬대 의대 교수)와 절친한 친구였다. 울프는 럿거스 대학 더글러스 칼리지의 사회학자 리처드 스티븐슨(Richard Stephenson)을 끌어들여 로렌스 힝클 주니어(Lawrence B. Hinkle. Jr)와 함께 인간생태학 조사협회(Society for the Investigation of Human Ecology)를 조직했다. 이 협회는 사회학자와 정신의학자 등 40~60명을 조직해 헝가리 난민과의 인터뷰 사업을 진행했다.[629] 이처럼 덜레스는 150여 대학의 연구소나 단체에 후원금을 지원해 대규모의 '세뇌' 실험을 실시했다. 1955년 MK-ULTRA 문서에는 심문 중 빈

곤, 고문, 강요를 견디는 개인의 능력을 향상시키거나 '세뇌'를 향상시키는 물질, 기억 상실증을 유발하는 물질 및 물리적 방법 등을 담고 있다. 1977년 테드 케네디 상원의원은 "CIA 부국장은 30곳 이상의 대학과 기관이 미국 원주민과 외국인을 대상으로 비밀 약물 검사를 포함하는 광범위한 테스트와 실험 프로그램에 관여했다"고 폭로했다. 그 외에도 CIA는 캐나다인들을 대상으로 비밀 '세뇌' 프로그램 실험을 진행하기도 했다.[630]

이처럼 CIA는 미군 포로들의 '세뇌' 문제에 대한 대응을 중·소의 공산주의에 대항하는 무기로 인식하고 인적·물적 지원을 허용해 각종 작전을 전개했다. 냉전기 CIA는 냉전 정치와 반공 심리전을 안방 TV로 끌고 와 국민을 대상으로 공산주의의 위험성과 분노를 자극하는 대국민 재교육에 활용했다. CBS의 반공주의 TV 프로그램이 〈한국: 전쟁포로〉외에도 시즌 9까지 장수 프로그램으로 살아남을 수 있었던 것은 CIA와 같은 국가 정보기관들의 협력과 사회 전반에 깊숙이 파고든 반공주의에서 기인한 것이다.

이 글은 CIA와 CBS가 비공식적인 채널을 통해 〈한국: 전쟁포로〉와 같은 프로그램을 제작하여 안방 극장을 반공주의로 장악하려던 것을 증명하고자 했다. 또 CIA는 미국과 캐나다인들을 강제 동원하여 '세뇌' 실험까지 자행한 국가폭력의 전형적인 양태를 보였다. 향후 CBS TV 프로그램과 CIA의 개입에 관한 세밀하고 분석적인 연구가 지속되기를 기대한다.

참고문헌

1차 자료

영상 자료

⟨111-LC-32573⟩, "INTERVIEWS WITH REPATRIATED AMERICAN PRISONERS OF WAR (POWS) FROM KOREA, TRIPLER ARMY HOSPITAL, TERRITORY OF HAWAII (T.H.)", Department of the Air Force, May 5, 1953, RG 111, NARA Ⅱ.

⟨242-MID-5401⟩, "AMERICAN PRISONERS IN SEOUL", RG 242, Motion Picture Films From G-2 Army Military Intelligence Division, 1918-ca. 1947, NARA Ⅱ.

⟨Bacteriological Warfare in Korea⟩, RG 263, 263.391, Moving Images Relating to Intelligence and International Relations 1947-1984, NARA Ⅱ.

⟨Korea: Prisoners of War⟩, RG 263, 263.2607, Moving Images Relating to Intelligence and International Relations 1947-1984, NARA Ⅱ.

⟨Oppose Bacteriological Warfare⟩ RG 263, 263·1006, Moving Images Relating to Intelligence and International Relations 1947-1984, NARA Ⅱ.

⟨Rebirth of Korea⟩, RG 111 111-TV-201, Motion Picture Films From G-2 Army Military Intelligence Division, 1918-ca. 1947, NARA Ⅱ.

⟨Scientific Commission on U.S. Bacteriological Warfare⟩, RG 263, 263.2558, Moving Images Relating to Intelligence and International Relations 1947-1984, NARA Ⅱ.

⟨U.S. Germ Warfare in Korea⟩, RG 263, 263·1155, Moving Images Relating to Intelligence and International Relations 1947-1984, NARA Ⅱ.

⟨U.S. Germ Warfare in Korea⟩, RG 306, 306.3409, Moving Images Relating to U.S. Domestic and International Activities 1982-1999, NARA Ⅱ.

CIA 소장 자료

Business Council (CIA-RDP05T00644R000300900011-1), October 17, 1978, General CIA Records, CIA.

Congressional Record Section, Address By Senator Dodd At Governors' Conference On Education For Freedom (CIA-RDP75-00149R000200330011-5), July 23, 1962, General CIA Records, CIA.

Harvard University Says It Conducted Two Human Behavior Research Projects (CIA-RDP88-01315R000300550019-2, September 27, 1977, General CIA Records, CIA.

Letter (sanitized) From Reginald W. Griffith (CIA-RDP89-00244R000200400025-4), February 9, 1982, General CIA Records, CIA 참조.

Letter to (Document Number CIA-RDP80B01676R003500270013-3), October 21, 1961. General CIA Records, CIA.

Letter To Honorable Allen W. Dulles From Maxwell D. Taylor, (CIA-RDP-80B01676R001200060029-4), 11 June 1956, General CIA Records, CIA.

Lists Of Guests National Strategy Seminar, 1959 (CIA-RDP80M01009A001502780009-8), January 1, 1959, General CIA Records, CIA.

Material For PSB Lunchoen Re Brainwashing (CIA-RDP80-01065A000600100001-0), March 5, 1953, General CIA Records, CIA.

Remarks To The National Strategy Seminar, The National War College By Allen W. Dulles Director Of Central Intelligence July 24, 1959 (8:00 P.M. EDST) (CIA-RDP62S00545A000100090037-7), General CIA Records, CIA

Stargate (CIA-RDP96-00788R001300120001-5), December 1, 1979, General CIA Records, CIA

Subject: Report of the Psychological Strategy Board Committee on "Planning for Psychological Exploitation of Communist Methods of Indoctrination and Inducing Confessions" (CIA-RDP80B01676R002600130048-0), March 5, 1953, General CIA Records, CIA.

Suggested Guidance For Public Aspects Of U.S. Position Korean Prisoner-Of-War Talks (CIA-RDP80R01731R003200100001-9), PSB D-21, April 3, 1953, General CIA Records, CIA.

Summary Of Remarks By Mr. Allen W. Dulles At The National Alumni Conference Of The Graduate Council Of Princeton University Hot Springs, VA., (CIA-RDP70-00058R000200050069-9), APRIL 10, 1953, General CIA Records, CIA.

PROJECT MK-ULTRA Intellipedia Dec ID: 6613524 (project mk-ultra[15545700]), FOIA Collection, CIA.

PSB Staff Meeting (CIA-RDP80-01065A000600060019-6), April 1, 1953, General CIA Records, CIA.

PSB Staff Meeting (CIA-RDP80-01065A000100030073-4), April 8, 1953, General CIA Records, CIA.

PSB Staff Meeting, Wednesday, 11 March 1953 (CIA-RDP80-01065A000600060027-7), PSB(12 March 1953), General CIA Records, CIA.

Report of Inspection of MKULTRA/TSD (REPORT OF INSPECTION OF M[15603475]), 26 July 1963, FOIA Collection, CIA.

Rutgers Received CIA Funds To Study Hungarian Refugees (CIA-RDP88-01315R000400460006-5), General CIA Records, CIA.

NARA II 소장 자료(계열 순)

RG 263, History of Allen Welsh Dulles as Director of Central Intelligence 26 February 1953-29 November 1961, A1 37, Box 1, DCI-2, *Volume 1: Allen Dulles, The Man*, NARA Ⅱ.

RG 319, Intelligence Reports and Files, 1950-1958, Entry A1 1013-A, Box 1, 383.6 KOREA (FEB. 12, 1958), "LIFE PHOTO", NARA Ⅱ.

RG 319, Intelligence Reports and Files, 1950-1958, Entry A1 1013-A, Box 3, Department of the Army G-2(1958), ACSI 383.6 Korea(17, May 1958), NARA Ⅱ.

RG 319, Intelligence Reports and Files, 1950-1958, Entry A1 1013-A, Box 6,

Department of the Army G-2(1958), VNR SUBJECT TO TRIAL BY U.S. FOR OFFENSES AGAINST LAW OF NATIONS, NARA Ⅱ.

RG 550, The Reprt of the secretary of Defense's Advisory Committee on Prisoners of War, August 1955, A1 1, Box 47, "POW The Fight Continues After The Battle", NARA Ⅱ

RG 554, GHQ FEC, General Correspondence, 1951-1952, Entry A1 158A, Box 6, 090 thru 091.41, *Brainwashing in Red China, Message from Psy-War Section to Chief of Staff, 29 June 1952*, NARA Ⅱ.

WHS(Wisconsin Historical Society (계열 순)

Burton Benjamin, Burton Benjamin Papers, 1957-1988, Box 1-15, The Twentieth Century, Wisconsin Historical Society.

Brainwashing, November 24, 1957, Burton Benjamin Papers, 1957-1988, 《The Twentieth Century》, Box 1, Folder 10, Wisconsin Historical Society.

Part I: Korea, 1961 January 1, Burton Benjamin Papers, 1957-1988, 《The Twentieth Century》, Box 3, Folder 13, 식별자 U.S. Mss 74AF, Wisconsin Historical Society.

Part II: The Road to Resistance, January 8, 1961, Burton Benjamin Papers, 1957-1988, 《The Twentieth Century》, Box 3, Folder 13, Wisconsin Historical Society.

Nine Year Report; 1957-1966, Burton Benjamin Papers, 1957-1988, Box 14, Wisconsin Historical Society.

문헌 자료

Jay S. Harris, *TV Guide, the First 25 Years*, New American Library, 1978.

U.S. House Un-American Activities Committee, *Communist Psychological Warfare (Brainwashing), Consultation with Edward Hunter Author and Foreign Correspondent Committee on UN-American Activities House of Representatives Eighty-Fifth Congress Second Session March 13, 1958*, United States Government.

World Peace Council, Report of the International Scientific Commission for the Investigation of the Facts Concerning Bacterial Warfare in Korea and China, Beijing: Foreign Languages Press, 1952

國際科學委員會 編, 調查在朝鮮和中國的細菌戰事實國際科學委員會報告書, 1952.

신문 기사

"洗腦手術恣行? 유엔捕虜送還反對憂慮", 『東亞日報』, 1953.4.6.

"洗腦工作에 몸서리", 『京鄕新聞』, 1955.9.30.

Brown, Les., "Ex-CBS News Chief Tells of Sharing Information With C.I.A. in '50's,", New York Times, May 28, 1977. p.9.

Gould, Jack., "TV: Serious C.B.S. Fare", The New York Times, November 25, 1957, p.40.

Guillain, Robert., "China Under the Red Flag, III: The "New Democracy"", Guardian, January 3, 1950.

Krock, Arthur., "In The Nation; Allen W. Dulles Describes 'Warfare for the Brain'", New York Times, April 16, 1953, p.28.

Pace, Eric., "Burton Benjamin, 70, Dies; Former Head of CBS News", New York Times, September 19, 1988, p.10

Shepard, Richard F., "'TWENTIETH CENTURY'", New York Times, November 27, 1960, p.13

"2,730 of 7,190 Americans Died In Captivity During Korean War; 2, 730 KOREA G. I.'S DIED AS CAPTIVES", New York Times, Aug 18, 1955, p.1.

"CIA Revelations: Behavior Control", July 20, 1977 7:00 PM, ABC Evening News, WHLA TV ABC Network.

"Remember 'Brainwashing' in Korea?", 《San Diego Union Tribune》, Jul 19, 1956.

"Secret Photos from The Red Korea of 1950-Some Gis Not on Exchange List", LIFE 34(19), May 11, 1953.

"Television Programs: Sunday, Monday, Tuesday", New York Times, November 24, 1957, p.148.

웹사이트

옥스퍼드 영어사전, https://www.oed.com
CBS Biography, https://www.biography.com
IMBD, https://www.imdb.com

2차 연구

김민환, 「통제된 이동과 경계의 조정: 임진강 및 주변 지역 다리 영상을 중심으로」, 『역사연구』 41, 2021, 69-116쪽.

박연희, 「미군 심리전과 '잔류'의 냉전 서사: 모윤숙의 한국전쟁 수기와 영상을 중심으로」, 『한국문학연구』 65, 2021, 307-343쪽.

심지형, 「냉전 초기 미국의 핵무기 공보정책과 핵 프로파간다의 등장 : 트루먼 행정부의 심리전전략위원회를 중심으로」, 고려대학교 석사학위논문, 2018.

양정심·김은경, 「해방 후 북한 기록영화와 정치선전」, 『역사연구』 31, 2016, 135-167쪽.

전갑생, 「미국의 북한 영상 노획과 심리전 영화 제작」, 『역사문제연구』 47호, 2022, 181-220쪽.

정용욱 「6.25 전쟁기 미군의 심리전 조직과 전개양상」, 『한국사론』 50, 2004, 396-404쪽.

정용욱, 「6.25 전쟁기 미군의 삐라 심리전과 냉전 이데올로기」, 『역사와 현실』 51, 2004, 97-133쪽.

정영신, 「미군의 대한원조 영상 속에서 재건되는 전후 주체: The Big Picture 시리즈의 '미군대한원조'와 '한국과 당신'을 중심으로」, 『역사연구』 41, 2021, 117-159쪽.

Bernhard, Nancy., *U.S. Television News and Cold War Propaganda, 1947-1960*, Cambridge University Press, 2003.

Brinkley, Douglas., *Cronkite*, Harper Collins, 2012.

Bluem, William., *Documentary in American Television*: *Form, Function, Method*, Hastings House, 1972.

Daugherty, William E. and Morris Janowitz, *A Psychological Warfare Casebook*, John Hopkins Press, 1958.

Hunter, Edward., *Brain-Washing in Red China: The Calculated Destruction of Men's Minds*, Vanguard Press. 1951.

Kim, Monica., *The Interrogation Rooms of the Korean War: The Untold History*, Princeton University Press, 2019.

Lemza, John., *The Big Picgture: The Cold War on the Small Screen*, The University Press of Kansas, 2021.

Richard M. Stephenson, "The CIA and the Professor: A Personal Account", The American Sociologist 13(3), 1978.

Schein, Edgar Henry., *Coercive Persuasion: A Socio-psychological Analysis of the "Brainwashing" of American Civilian Prisoners by the Chinese Communists*, W. W. Norton, 1961.

Williams, F.D.G., *SLAM: The Influence of S.L.A. Marshall on the United States Army*, Office of the Command Historian United States Army Training and Doctrine Command, Center of Military History U.S. Army, 1999.

Young, Charles S., *Name, Rank, and Serial Number: Exploiting Korean War POWs at Home and Abroad*, Oxford University Press, 2014.

제13장

영국군 포로는 북한에서 어떻게 취급되었다고 상상되는가?
−영화 〈Captured〉와 세뇌(brainwashing) 이론의 영국적 적용

김민환

I. 들어가며

냉전 체제는 '적'을 필요로 하는 체제였고, '적'에 대한 이미지를 끊임없이 생산하지 않고서는 지속될 수 없는 체제였다. 특히 소위 '자유 진영' 사람들에게 제2차 세계대전에서 소련은 피시즘·나치즘과 공동으로 투쟁하던 동맹국이었지만, 냉전이 격화되어 감에 따라 소련과 공산 진영을 적으로 형상화해야 했다. 이 과업의 수행에서 결정적으로 중요한 계기로 작용했던 것이 한국전쟁이었다. "한국전쟁은 소련 및 공산주의 진영에 대해 별다른 관심이 없었던 자유 진영 사람들의 감성구조를 효과적으로 공략하는 '대량설득무기'의 산실이었다. 한반도 '전역'(戰域, theater)은 자유 진영의 단결력을 과시하고 적을 새로운 모습으로 투사하는 대표적인 '극장'(theater)이었다."[631] 자유 진영의 여러 나라들, 특히 미국의 '심리전 기관'들은 '적'에 대한 무수히 많은 이미지와 이야기들을 주도적으로 생산해 냈던 것이다.

이것을 위해 이들은 공산주의의 적(敵)을 직접 경험한 사람들의 이야기를 적극적으로 활용했는데, 이들이 활용한 사람들은 크게 두 부류로 나눌 수 있다. 첫째는 공산주의자들에 의해 직접 통치를 받은 사람들이다. 특히, 1950년 6월에서 9월까지 공산주의자들이 통치했던 서울에서의 경험담은 매우 중요했다. 서울 수복 이후 '적화삼삭(赤化三朔)'의 경험을 출간한 몇 권의 책에서 특정한 이야기를 선별하여 영어로 번역해 출간한 『빨갱이들이 도시를 점령하다: 목격자 진술을 통해 본 공산주의자들의 서울 점령(The Reds Take a City: The Communist Occupation of Seoul with Eyewitness Account)』이라는 책은 이런 작업의 대표작이라고 할 수 있다. 이 책은 여러 언어로 번역되어 많은 국가에 보급되었다.[632]

두 번째 부류의 사람들은 적들에 의해 '관리'되었던 전쟁포로들이다. 북한군 혹은 중국 인민지원군에 의해 포로로 잡혀 북한의 포로수용소에서 생활했던 이 포로들은 귀환 이후 각국에 의해 그곳에서의 생활에 대해 다시 '심문' 혹은 '심사'를 받았다. 사실 한국전쟁의 포로 문제는 다양한 측면에서 검토되었다. '의무송환(compulsory repatriation)'[633]이라는 제네바 협정의 원칙을 거스르는 '자원송환(volunteer repatration)' 원칙이 미국에 의해 제기되고 끝까지 관철되면서 한국전쟁의 정전이 최소 약 1년 6개월 정도 지연되던 과정과 그 영향에 관한 연구[634]나 두 진영이 각자 관리하는 포로들에게 실시한 교육 프로그램과 그것의 효과에 관한 연구[635], 다양한 곳을 선택하여 돌아간 포로들의 이후 운명을 추적한 연구[636] 등이 있으며, 미국으로의 송환을 거부하고 북한 혹은 중국에 남은 미군 포로의 존재를 설명해야 하는 과제를 해결하기 위해 1950년대부터 집중되었던 그 유명한 '세뇌(brainwashing)' 이론에 관한 연구[637]도 빼놓을 수 없다. 이 중 한국전쟁 포로에 관한 연구 중 적에 대한 이미지 형성과 가장 밀접하고 직접적인 관련이 있는 것은 세뇌 이론에 관한 것들이다.

흥미로운 것은 세뇌 이론에 관한 가장 중요한 연구서 두 권이 실은 미국의 중앙정보부(CIA)에서 의뢰한 활동에 기반하고 있다는 점이다. 에드워드 헌터(Edward Hunter)의 『공산 중국에서의 세뇌: 사람 마음의 계산된 파괴』(Brain-Washing in Red China: The Calculated Destruction of Men's Minds)와 에드거 헨리 샤인(Edgar Henry Schein)의 『강압적 설득: 중국 공산주의자들에 의해 실시된 미국 시민권자 전쟁포로 대상 "세뇌"의 사회심리적 분석』(Coercive Persuasion: A Socio-psychological Analysis of the "Brainwashing" of American Civilian Prisoners by the Chinese Communists)이 그것이다. 1950년 헌터에 의해 제안된 이 이론은[638] 귀환한 한국전쟁 미군포로를 대상으로 한 심문을 통해 그 내용이 정교화되었고, 이를 통해 미국으로 돌아오기를 거부하고 공산 진영에 남아 미국에 대해 부정적인 이야기를 전파하는 미군 포로의 행위를 설명하는 이론이 되었다.

1950년대 중반 이후 미군과 미국의 정보기관은 미군 포로를 대상으로 한 공산 진영의 세뇌 작업 내용을 다양한 방식으로 대중들에게 알리고자 노력했다. 무엇보다 영상을 통해 이 작업을 적극적으로 수행했다. 귀환한 미군 포로들이 직접 말을 하는 인터뷰 장면을 중심으로 영상 콘텐츠를 만들어 방영하거나 이들의 상황을 재현한 영상물을 여러 개 만들어 대중들에게 공개했다. 『빨갱이들이 도시를 점령하다』라는 책이 공산주의를 직접 경험했던 사람들 중 대중적으로 신뢰를 받을 수 있는 사람들을 선별하여 그들의 이야기를 전했던 것과 마찬가지로, 공산주의에 의해 억류되었던 사람들이 그들의 경험과 저들의 '사악함'을 영상을 통해 직접 이야기하는 것이 아주 효과가 있다고 판단했던 것이다. 《빅픽처(The Big Picture)》 시리즈나 CBS의 다른 여러 TV 시리즈에서 이와 관련된 내용을 찾는 것은 그리 어려운 일은 아니다.

이런 영상 콘텐츠의 직간접적인 영향으로 세뇌 이론은 1950~60년대 대중문화에서 공산주의자들에 대한 대중적 공포를 가장 영향력 있고 효과적으로 유포한 이론이 되었다. 이 시기 헐리우드 영화에서 '자신의 의지와 상관없이 어떤 일을 저지르게 되는 공포'는 쉽게 찾아볼 수 있었으며,[639] 현재의 컴퓨터 게임에서 비교적 손쉽게 찾아볼 수 있는, 적을 순식간에 자신이 마음대로 조종할 수 있게 하는 '스킬'은, 그 이름이 무엇이든, 세뇌 이론의 직접적 산물이라고 평가할 수 있다. 이처럼 이 이론을 통해 공산주의자들은 사람의 마음을 그들 멋대로 조종하는 끔찍하고 두려고 사악한 존재로 부각되었다.

그런데, 영상물을 통해 적에 대한 이미지를 만들어 유통하려는 미국의 이런 노력은 '자유 진영'의 다른 국가들에서도 비슷한 양상으로 전개되었을까? 상대적으로 많이 연구된 미국의 사례가 아닌 다른 국가의 사례를 살펴보면, 한국전쟁을 통해 본격화된 냉전적 적 만들기 작업의 다층적이고 풍부한 모습을 파악할 수 있지 않을까? 이런 질문을 갖게 된 직접적인 계기는 1959년 영국군에 의해 만들어진 영화 〈Captured〉[640]가 미국에서와는 달리 2004년까지 직접 대중을 만나지 못한 채 숨겨져 있었다는 사실을 알게 된 것이다. 미국과는 달리, 영국에서는 저렇게 잘 만든 영화가 왜 만들어지고 나서 대중들에게 직접 공개되지 않고 군인들에게만 훈련용으로만 활용되었을까 하는 의문이 들었던 것이다. 미국의 상황과 영국의 상황은 무엇이 같고 달랐을까? 이 글은 이 질문에 대한 답을 찾기 위한 소박한 출발점이 될 것이다.

II. 영화 〈Captured〉의 공개와 영국영화사에서의 위치

영화 〈Captured〉에 접근하는 길은 대략 세 가지라고 생각한다. 우선, 대중에게 공개된 이후 (영국) 영화사의 측면에서 이 영화의 위치를 검토하는 것이고, 다른 하나는 이 영화가 만들어지는 과정과 그 내용을 추적하는 것이며, 마지막 하나는 이 영화가 45년 동안 대중에게 공개되지 않은 이유를 추론하는 것이다. 이 글은 기본적으로 두 번째와 세 번째 길에 관심이 많지만, 영국에서 이 영화를 위치시키는 방식을 이해하는 것도 두 번째와 세 번째 길을 이해하는 데 기본적인 배경적 지식을 제공해 준다.

이 영화는 2004년에 영국 영화협회(The British Film Institute, BFI)에 의해 대중에게 공개되었다. 공개 이후 이 영화는 감독인 존 크리쉬(John Krish, 1923~2016)의 '잊혀진 걸작'으로 주목받았다. 2010년 11월, BFI는 크리쉬가 감독한 네 편의 다큐멘터리 단편 영화(〈코끼리는 결코 잊지 않는다(The Elephant Will Never Forget)〉(1953), 〈그들은 우리를 바다로 데려갔다(They Took Us to the Sea)〉(1961), 〈우리 학교(Our School)〉(1962), 〈나는 그들이 그를 존이라 불렀다고 생각한다(I Think They Call Him John)〉(1964)를 묶어서 하나의 DVD로 출시했는데, 이 DVD는 2010년 '이브닝 스탠다드 영국 영화상(Evening Standard British Film Awards)'에서 최고의 다큐멘터리 상을 수상했다. 또, BFI는 2014년 그의 탄생 90주년을 맞아 〈Captured〉가 중심이 되고 〈결승선(The Finishing Line)〉(1977) 등 몇 편의 단편, 그리고 35분짜리 그의 인터뷰 영상 등이 포함된 새로운 DVD를 출시했다.

존 크리쉬는 1923년 런던에서 태어났고 매우 다양한 장르에서 감독으로, 종종 작가로 일했다.[641] 공상과학 장편영화인 〈섬뜩한 이방인(Unearthly Stranger)〉(1963)부터 여러 텔레비전 프로그램, 수많은 광고 및 공공 정보 영화(public information films)를 만들었지만, 그의 가장 독특한 작품은 대부분 다큐멘터리였다. 그는 다양한 공공기관 및 사적 영역의 고객들을 위해 많은 다큐멘터리를 만들었다. 어린이 영화 재단(the Children's Film Foundation)과 텔레비전뿐만 아니라 몇몇 정부 부처를 위한 다큐멘터리, 'B'급 영화, 광고, 심지어 종교 영화도 제작했다. 이처럼 그의 작품의 범위는 놀랍도록 광범위한데, 이것은 1950년대부터 1970년대까지 영국 영화 제작의 분절적인 성격을 반영하는 것으로 평가할 수 있다.

그의 이런 경력은 그 시대의 다큐멘터리 영화가 스크린으로 나아가는 과정, 즉 공공기관(official)이나 상업적 목적(commercial)을 위해서든 아니면 독립적(independent)인 스폰서를 위해서든 영화의 스폰서를 위해 메시지를 전달하는 과정에 대해 매혹적인 통찰을 제공해 준다고 평가받는다. 형식이나 장르가 무엇이든, 그는 자기 작업을 대중이 받아들일 수 있는 것의 경계까지 밀어붙였고, 이것은 그의 영화 중 상당수가 스폰서들에 의해 상영 금지되는 결과를 낳기도 했다. 영화 스폰서들의 메시지를 단순히 전달하는 것이 아니라 관객들에게 미치는 영향을 강화하기 위해 그것을 재해석했고, 이것은 때때로 그를 스폰서들과의 갈등으로 이끌었던 것이다. 대중적으로 가장 많은 사랑을 받은 그의 영화 〈코끼리는 결코 잊지 않는다〉가 영국철도영화사(British Transport Films)의 책임자인 에드거 앤스테이(Edgar Anstey)의 명령을 정면으로 위반하여 만들어졌다는 사실은 꽤 잘 알려진 사실이다.

크리쉬의 스타일은 프리 시네마(Free Cinema)의 수사학과 크게 상충되었다. 프리 시네마는 1950년대 영국에서 부상한 다큐멘터리 영화 운동이었는데, 이는 주로 다큐멘터리 영화에서 선전 목적의 배제 및 의도적인 상업적 성공 지향의 금지를 이야기했다. 제2차 세계대전 중 10대의 나이로 육군 영상대(the Army Film Unit)에 들어가는 것으로 영화 경력을 시작했고, 다양한 스폰서들의 의뢰로 영화를 만들어 왔던 크리쉬는 어쩌면 프리 시네마와 가장 거리가 먼 존재였을 것이다. 대신 그는 종종 픽션과 논픽션 사이의 임의적인 경계를 넘나들며 '메시지' 다큐멘터리의 경계를 넓히고자 하는 강박적인 욕망이 반영된 자신의 스타일을 구축했다. 〈자기, 카레를 요리해 주세요(Drive Curry, Darling)〉(1975)나 〈결승선〉(1977)과 같은 영화들에서 크리쉬는 기괴할 정도로 초현실적인 이야기

설정과 충격적인 이미지를 통해 공공 안전이라는 메시지를 전달하기도 했다. 독특한 스타일상의 다양한 실험과 폭넓은 소재에도 불구하고 그는 인간의 어리석음에 대한 어두운 유머와 비관주의를 외로운 노인에서 가난한 아이들에 이르기까지 그가 재현하는 대상에서 자연스럽게 배어나오는 따뜻함과 아주 일관되게 조화시켰다고 평가받고 있다.

앞에서도 언급했지만, 공개된 이후의 영화 〈Captured〉는 존 크리쉬 감독의 잊혀진 걸작으로 주목받았다. 이 영화는 크리쉬 감독의 작업 스타일상의 특징을 매우 잘 보여 준다. 우선, '군대(the Army Kinema Corporation)'라는 스폰서가 그의 다양한 스폰서 목록에 추가되었으며, 무엇보다 무미건조한 다큐멘터리를 만드는 대신에 시청자를 더 잘 끌어들일 수 있도록 이야기가 있는 짧은 극영화로 프로젝트를 변경하도록 스폰서 (군대의 고위 간부들)를 설득한 것도 그의 일관된 특징을 잘 보여주는 것이다.[642] 이 영화에 대한 평가는 "감독인 존 크리쉬의 이 거친 군대 정보 영화는, 만약 그것을 의뢰한 사람들에 의해 '제한'으로 분류되지 않고 수십 년 동안 민간 관객들에게 상영되었다면 영국의 고전으로 인정받았을 것"[643]이라든가, "(이 영화는) 영국에서 가장 독특하고 뛰어난 다큐멘터리 작가 중 한 명이라는 그의 명성을 이해하는 데 도움이 된다"[644]는 평가가 있다. 한편, 이 영화에 출연한 배우들도 모두 영국에서는 아주 친숙한 배우들이었다. 레이 브룩스(Ray Brooks), 제럴드 플러드(Gerald Flood), 브라이언 머레이(Brian Murray), 버나드 폭스(Bernard Fox), 마크 이든(Mark Eden) 등이 그들인데, 그러니까 이 배우들에게도 〈Captured〉는 다시 찾은 작품인 셈이다. 이 영화는 2019년 로테르담 영화제에서 상영되기도 했다.

III. 영화 〈Captured〉의 내용과 공산 진영의 포로 처우 방식

1. 영화의 내용

이 영화는 한 군인이 출연해 이 영화의 배경 및 목적 등을 소개하는 것으로 시작된다. 이 군인은 한국전쟁 당시 포로가 되어 북한의 수용소에 수용된 경험이 있는 사람으로 보인다. 그가 "전투에서 살아남아 포로가 된 우리들 대부분은 처음에는 포로에 관한 제네바 협정에 따른 대우를 받을 것으로 기대했지만, 곧 우리를 사로잡은 중국군과 북한군은 이 협정에 따른 대우를 하지 않을 것임이 분명해졌다"고 말했기 때문이다. 또한 "우리를 공산주의자로 전향시키기 위해 우리의 사기를 최대한 꺾으려고 고안되어 사용된 방법들에 우리는 전혀 준비가 되어 있지 않았"지만 "우리는 저항했고 그들은 실패했다. 그러나 그것은 매우 힘든 일이었다"고 이어 나간다. 그리고 이 영화는 "우리들의 경험에 기초하고 있으며, 그 당시 대대의 장교에 의해 감수되었"는데 이 영화를 통해 "당신들은 공산주의 적에 의해 활용될 가능성이 있는 방법들을 배우게 될 것이고 그들과의 싸움을 성공적으로 수행할 수 있게 될 것"이라고 마무리한다.

한자로 '장막제14호(帳幕第十四號)'라는 간판에 돌멩이로 '드림랜드(DREAMLAND)'라는 별 모양의 간판을 달고자 시도하는 영국군 포로가 경비병에 의해 제지되는 장면으로 극영화 부분이 시작된다. 이 영국군 포로가 경비병에 의해 걸어가는 장면에서 내레이션을 통해 1950년 북한의 포로수용소라는 영화의 시공간이 제시된다. 계속해서 많은 유엔군이 북한군과 중국군과의 전투에서 포로가 되었는데, 포로가 된 것이 공산주의와의 싸움이 끝난다는 것을 의미하지 않고 전혀 다른 방식의 적과 완전히 다른 방식으로 새로운 싸움이 시작된다는 것을 의미한다고 내레이션은 이어진다. 화면으로 포로수용소의 모습을 계속 보여주면서 여기에는 철조망이나 감시탑, 서치라이트 등 포로수용소라면 있을 것이라고 기대되는 장치들은 없다고 말한다. 이 포로수용소의 풍경은 너무나 그럴 듯해서 마치 북한에서 촬영한 것이라고 생각할 수 있지만, 로테르담 영화제의 〈Captured〉 설명문에 따르면, 사실은 영국의 서리(Surrey)주의 초브험(Chobham)에서 촬영되었다고 한다.

적십자(Red Cross) 또한 존재하지 않는데, 공산주의자들의 보살핌 속에 있는 모든 사람이 안전하기 때문에 적십자는 필요 없다고 적들은 말한다. 심지어 그들을 전쟁포로라고 언급조차 하지 않는다고 말하면서 내레이션은 잠시 끝난다. 이 내레이션이 끝나는 것과 동시에 중국 인민지원군 장교가 "당신들은 포로가 아니다. 당신들은 학생(student)이며 우리가 당신들에게 공부를 가르쳐서 진실을 배우게 될 기회를 제공할 것이다. 이를 통해 당신들의 지도자들이 어떻게 당신들을 거짓의 거미줄에 꼼짝 못하게 얽히게 만들었는지를 알게 만들 것이다"고 말한다. 이후 한 포로에게 "모든 분대원들은 정해진 학습 시간에 반드시 참석해서 학습에 집중해야만 한다. 학습을 고의로 방해하는 것(sabotage)은 심각한 규정 위반으로 간주된다. 강의가 끝난 후 전체 분대는 토론을 위해 조직될 것이며 당국에 보고하기 위해 이 토론은 기록된다. 아주 몹시 아픈 경우만 예외로 인정되고, 다른 이유로 인한 결석이나 나쁜 행위는 처벌된다"는 학습과 관련된 원칙을 담은 글을 읽게 한다. 글을 다 읽을 무렵 포로들 중 누군가가 제네바 협정을 언급하는데, 이때 중국 인민지원군 장교가 누가 고의로 학습을 방해하느냐며 소리를 지른다. 자백하라고 요구하지만, 아무런 답이 없자 분대장이 누군지 확인하고 그에게 누가 그 말을 했는지 묻는다. 분대장은 자기에게 그런 것을 묻지 말라고 하자, 그 장교는 우리는 누가 반동적인 죄를 저질렀는지 반드시 찾아낼 것이라고 말한다.

숙소로 돌아가는 길에 포로들이 대화를 나누는 장면이 나오고, 그 다음에 상위 부대 영국군 장교가 정찰 임무를 실제 수행하는 부대의 책임자와 정보 담당 하사관에게 작전을 설명하는 장면이 나온다. 이 정보 담당 하사관(극 중 이름은 다니엘스이다)이 영화 뒷부분의 주인공이다. 이 사람은 결국 포로로 잡혀 포로수용소에 오게 되는데, 영화의 뒷부분은 이 사람을 공산주의자들이 어떻게 다루고 그가 여기에 어떻게 저항하며, 결국 그가 어떻게 다른 동료 포로들에게 어떻게 저항할 계기를 주게 되는지가 묘사된다. 잠 안 재우기, 물고문, 불편한 자세로 앉기, 폭언, 간첩 혐의로 총살을 당할 수 있다는 협박 등등. 그리고 그는 마치 관처럼 생긴 상자에서 생활하던, 독일 포로수용소 경험이 있는 어떤 노병과 조우하기도 한다. 북한군과 중국군 사이의 구분이 힘들어 영화상에서 그들 사이의 위계를 정확하게 파악하기는 힘들지만, 이들 사이의 위계가 곳곳에서 암시되어 있다. 나중에 소련 군인이 직접 그를 심문하는 장면도 나온다. 그는 끝까지 이름, 계급, 인식번호[645]만을 말하며 험난한 심문을 잘 버틴다.

  다니엘스가 적의 공작에 끝까지 저항하는 사람의 모습을 보여준다면, 이와 정반대의 역할을 하는 존재가 있다. 가족들끼리도 서로 왕래하는 사이이고 모던 재즈 디스크를 함께 듣는 등 다니엘스의 절친한 동네 친구인 해리(Harry)는 적극적으로 공산주의자들을 돕는 존재로 등장한다. 그는 정보 담당 하사관이 누구인지 지적하라는 요구에 다니엘스를 정확하게 지명한다. 그가 이렇게 된 과정은 다음과 같다.

  우선, 앞에서 언급한, 학습 시간에 제네바 협정에 관해 말한 사람이 누구인지 밝히기 위해 전 분대원을 개별적으로 심문한다. 대부분의 분대원들은 알지 못하거나 말할 수 없다고 대답한다. 이때 공산주의자들에게 협조하면 얻을 수 있는 여러 혜택들이 개인별로 제시된다. 가족들과의 연락, 식량, 담배, 의료 지원 등이 그것이다. 이와 동시에, 분대원들 중 일부는 누구의 이름을 말했다고 이야기하면서, 과연 그 사람이 제네바 협정에 대해 말한 사람이 맞는지를 확인한다. 그러면서 그 사람의 이름을 댄 사람이 해리라고 슬쩍 암시한다. 아주 적극적인 분열 공작이 시행된 것인데, 결국 이 때문에 해리와 다른 분대원들 사이에는 불편한 기류가 흐른다.

공산주의자들은 다시 해리를 호출한다. 새롭게 옮긴 분대에서는 잘 지내느냐고 질문하면서 사과를 먹을 수 있게 하는 등 편의를 제공한다. 해리가 아직 분대를 옮기지 않았다고 하자 그들은 곧 해리가 옮기게 될 것이라고 알려준다. 그 다음에 처음부터 해리가 타겟으로 선택된 것이었음을 알 수 있게 하는 내용이 나온다. 공산주의자들은 해리에 대해서 너무나 잘 알고 있었기 때문이다. 그들은 입대 전 해리의 경력을 정확하게 파악하고 있었다. 그는 입대하기 전 전쟁에 반대하는 국제 학생 평화운동 단체에 참여한 경력이 있다. 회원 번호 등 그의 신상정보, 그가 어떤 집회에 참여했는지, 집회에서 어떠한 발언을 했는지 등을 이미 정확하게 알고 있었고, 이 내용을 그를 심문할 때 알려준다. 놀라는 해리에게 평화운동의 배후에 공산주의자들이 있음을 말하면서 그와 자신들의 목적은 동일하다고 설득한다. 해리는 이후 숙소 동료들에게 유엔군이 평화로운 한반도와 죄 없는 북한 사람들에게 가한 대규모 폭격 및 불타는 시체 등에 대해서 언급하기도 한다. 이 시점에서 해리는, 한국전쟁에 참전한 모든 유엔군은 군인이 아니라 전범이며 따라서 잡혀 온 군인들도 포로가 아니라 전범이어서 처형도 가능하지만, 자기의 잘못을 인정하고 '학생'으로서 중국 인민지원군의 교육을 잘 따른다면 선처한다는 소위 '자비정책(the leniency policy)'에 동의한 것일지도 모른다. 한편, 해리는 다니엘스를 지목하는 장면에서 편지 한 통을 공산주의자들로부터 건네받는다. 아마도 영국의 가족으로부터 온 편지일 것이다.

다니엘스와 해리라는 두 극단 사이에 많은 포로들이 존재한다. 이들은 해리처럼 적극적으로 공산주의자들에게 협력하지는 않는다. 기본적으로 공산주의자들이 자신들을 다루는 방식에 대해서 불만도 매우 많다. 가끔 식량이나 석탄, 담배 등을 얻기 위해 협력하는 척하기도 한다. 영어로 된 다른 읽을거리가 없어 4개월이나 지난 《데일리 워커(Daily

Worker)》⁶⁴⁶를 돌려가며 읽는 장면도 나온다. 다니엘스가 여기에 실린 기사를 믿지 말라고 하자 "why not?"이라고 반문하는 사람도 있다. 공산주의자들에게 구타를 당한 동료의 모습에 분노하기도 하지만, 그렇다고 다니엘스처럼 적극적으로 저항하지도 않는다. 그들 중 한 명은 다니엘스가 처음 왔을 때 나도 너처럼 처음에는 분노해서 싸웠지만, 여기서는 그들과 싸울 수 없으니 좀 열을 식히라고 팁을 주기도 했다. 마지막에 이들은 다니엘스의 영향을 받아 공산주의자들의 말에 "get the ...."라고 대꾸하며 공산주의자들에게 대들 것처럼 행동하는데, 이것이 영화의 마지막 장면이다.

2. 공산 진영 포로 정책의 배경

영화 〈Captured〉에 묘사된 북한 내 포로수용소의 모습과 그 안에서 있었던 일은 얼마나 정확할까? 이것과 정반대되는 모습을 보여주는 사진 등의 시각 자료도 존재한다. 대표적인 것이 '세계평화를 위한 중국 인민위원회(Chinese People's Committee for World Peace)' 명의로 베이징에서 출판된 영문 소책자 『북한의 '유엔군' 포로('United Nations' P.O.W'S in Korea)』⁶⁴⁷에 실린 여러 사진과 글이다. 여기에서는 춥고 어두우며 고통스러운 곳이 아닌 따뜻하고 밝으며 삶의 에너지가 충만한 곳으로 북한 벽동의 유엔군 포로수용소를 묘사하고 있다. 물론 이 소책자는 영어로 쓰여진인 '선전용'이지만, 사진에 나오는 포로수용소의 모습이나 일상생활의 풍경 등은 완전한 허구로 보기 힘든 측면도 있다. 유엔군이 중국 인민지원군이나 북한인민군을 대상으로 찍은 '선전용' 사진의 배경이 현실의 거제도 포로수용소였던 점을 고려하면 이 소책자에서 묘사된 북한의 벽동 포로수용소 모습도 어느 정도 현실의 모습을 반영하고 있었을 것이다.⁶⁴⁸ 다만, 영화 〈Captured〉가 모델로 삼은 북한 내 다른 곳의 포로수용소가 과연 벽동 포로수용소와 같은 모습이었을까 하는 질문에는 부정적인 답을 할 수밖에 없다. 1953년의 포로 교환작전에 의해 귀환한 유엔군들이 각국에서 심문을 받았을 때 자신들이 포로수용소에서 겪은 경험을 영화 〈Captured〉에서 묘사된 것과 비슷하게 진술했기 때문이다.

　미군이 미 육군 심리전본부 산하에 민간정보교육국을 설치하고 1951년 6월부터 '배신자 프로그램'을 통해 포로들에 대한 반공주의 교육을 실시한 것처럼, 공산 측도 포로들에 대한 교육을 실시했다. 포로에 대한 교육은 단순한 교육이 아니라 '체제 경쟁'의 차원에서 전개된 첨예하고 민감한 영역이었다. 특히 '자원송환'이냐 '의무송환'이냐 둘러싼 논쟁이 점차 '자원송환'으로 가닥을 잡고 관철되기 시작했을 때 이 문제는 한국전쟁 정전협정 전체에서 가장 중요한 문제가 되었다.

　미군의 포로 교육에는 '사상전'과 '심리전' 패러다임의 격렬한 논쟁과 융합 등이 있었던 것으로 정리되고 있다. 여기에는 이른바 미국에서 1950년대 이후 풍미했던 '행동주의'라는 학문적 사조의 적용 문제, 포로 교육에 참여했던 한국인 지식인들의 학문적 행로에 미친 영향 등의 학문적인 관심이나, 전쟁 이후 한국에서 실시되었던 (반공) 교육과의 연계성 등 향후 연구를 통해 확인해야 할 큰 주제들이 내포되어 있기도 하다.[649]

　반면, 중국의 포로 교육에는 중국 혁명의 역사에서 발원했거나 공산주의 이론 내의 영향 등으로 '사상전'의 특성이 강하게 반영되었다. 여기에 영향을 미친 것은 크게 보아 두 가지 사건이다. 하나는 일본과의 전쟁에서 일본에 협력한 소위 '한간(漢奸)'의 처리 문제였다. 국민당에 비해, 한간 문제를 비교적 잘 처리했다는 평가를 받는 중국 공산당이지만,[650] 특정 분야의 전문 기술자나 경계가 애매한 대상의 경우 '사상 개조' 이후 그들을 다시 기용했다. 다른 하나는 1949년 신중국 건국 이후 거의 전체 대중을 대상으로 재교육을 한 경험이다. 이 과정에서 이러한 재교육에 동의하지 못한 지식인들이 홍콩으로 건너갔고, 그들 중 일부가 홍콩에서 에드워드 헌터를 만나 나중에 '세뇌 이론'이 될 어떤 담론의 형성에 기여하게 된다.

중국에서 엄청난 규모의 대중을 대상으로 한 재교육이 대대적으로 전개되어 그 성과를 낳게 된 것은 바로 한국전쟁 시기였다. 최근 한국전쟁이 1949년 이후의 '신중국' 건설 과정과 어떤 관계를 맺고 있는지를 추적하는, 소위 '항미원조전쟁'을 계기로 중국 내부에서 전개된 '항미원조운동' 혹은 '항미원조투쟁'이 어떻게 중국 내부의 사회적 권력관계를 변화시켰는지에 집중하는 연구가 주목을 받고 있는데,[651] 여기서도 자기의 잘못을 인정하고 중국 공산당의 교육을 잘 따르면 선처해서 신중국 건설에 동참할 기회를 준다는 논리가 대중 교육의 핵심이었다. 영화 〈Captured〉에서 중국군 장교가 언급한 소위 '자비정책'의 기원은 아마 이것과 연관이 있을 것이다.

영은 이 재교육을 대부분의 포로들이 따분하게 생각했으며, 따라서 전체적으로 공산 진영이 설정했던 재교육의 목표는 달성되지 못했다고 평가한다.[652] 그러나, 포로교환에서 원래의 국가로 돌아오지 않고 북한 혹은 중국에 남을 것을 선택한 일부 포로들과, 돌아오기는 했지만 포로수용소에 수용되어 있을 때 '자유 진영'을 비난하거나 불이익이 되는 언동을 했던 포로들의 존재는 미국의 군부와 정보 조직에서는 매우 문제적인 것으로 받아들여졌다. 그들의 선택에는 여러 요인[653]이 있을 수 있었지만, 미국의 군부와 정보 조직은 포로에 대한 공산 진영의 특별한 '기술'에 주목했다.

3. 포로 귀환 이후의 심문과 두 권의 보고서

앞서 말한 것처럼, 이 영화는 북한의 포로수용소에서 실제로 발생했던 일을 바탕으로 제작되었다고 영화 첫 부분에서 공표되었다. 반복된 정치학습을 통한 포로재교육 정책과 포로들에 대한 분할통치(divide and rule) 역시 중국 공산당의 일반 대중에 대한 재교육 정책 등을 염두에 두었을 때 실제 사항과 개연성이 매우 높다고 평가할 수 있다. 그렇다면, 실제 발생했던 이 일들은 어떻게 정리되어 영화 제작자에게 주어졌고, 그것이 영화로 재현되었는가?

　이 과정은 영국 국립 공문서관(The National Archives United Kingdom, TNA)의 문서군 AIR/8/2473에 포함된 여러 문서들을 검토하면 대략적으로 유추할 수 있다.[654] 이 문서군은 1953년 4월 16일 '리틀 스위치 작전'에 의해 북한으로부터 풀려난 영국군 부상병 포로를 데려오기 위해 영국 공군 수송단(Transport Command) 비행기가 대기하고 있다는 공문에서 시작한다. 그리고 그 끝은 뒤에서 살펴볼 두 번째 보고서에서 제안한 내용을 관련 부서 및 관련 인사들이 어떻게 판단하고 있는지를 언급하는 1956년 1월 18일의 공문서이다. 이 문서군의 핵심은 1954년 4월 초고가 만들어진 『한국전쟁에서의 영국 포로들에 대한 처리』(Treatment of British Prisoners in Korean War)라는 보고서의 작성과 승인 및 향후 대책을 논하는 것(이 과정은 1954년 12월 초까지 이어진다)과, 1955년 8월에 작성된 『포로로 잡힌 이후의 행동에 관한 자문위원회 보고서』(Report of the Advisory Panel on Prisoners of War Conduct after Capture)의 작성과 승인 및 향후 대책을 논하는 것이다.

　이 두 보고서의 작성 목적은 기본적으로 다르다. 앞의 보고서는 북한의 포로수용소에서 실제로 영국군 전쟁포로가 어떤 방식으로 다루어졌고 여기에 개별 포로들이 어떻게 반응했는지를 밝혀서 군법을 위반한 포로들을 기소하는 과정에서 조사된 것을 정리한 것이다. 뒤의 보고서는 향후 공산주의자들과의 전쟁에서 영국군이 다시 포로가 될 때 어떻게 그들이 한국전쟁에서와는 다른 방식으로 대응할 수 있을 것인지 대책을 마련하고자 만들어진 것이다. 보고서의 목적 자체는 다르지만, 이 두 보고서에서 공통적인 것은 한국전쟁에서 공산주의자들이 영국군 포로를 어떻게 다루었는지에 대한 매우 상세한 내용을 보고하고 있다는 점이다.

이 상세한 내용이 영화 〈Captured〉에 재현되어 있는 것이다(두 보고서의 목차는 부록을 참조할 것).

영국군은 1953년 4월 16일 영국으로 돌아온 32명의 포로 중 5명이 극동의 영국 심문팀(the U. K. interrogation team in the Far East)에 의해 "블랙(Black)" 등급을 받은 것으로 파악하고 있었다. 즉, 이들은 친공산주의자일 가능성이 매우 높으며, 적어도 5명 중 한 명은 베이징에서 라디오 방송을 하거나 펠튼(Felton) 여사[655]와 《데일리 워커》에 편지를 쓰는 등 공산주의자들과 함께 공동 작전을 수행한 것으로 의심받았다. 북한에서 귀환하자마자 귀환 포로를 대상으로 한 심문이 시작된 것임을 알 수 있다.

그 후 귀환 포로를 대상으로 포로로 잡히기 전의 행위와 포로로 수용되어 있었을 때의 행위라는 두 범주에 대한 조사가 준비되었다. 포로로 잡히기 전의 행위는 비겁한 행동(Cowardice, 총과 총알을 버리고 참호의 밑바닥에 붙어서 총을 쏘지 않은 행위)과 탈영(Desertion or absence)에 대한 조사였으며, 수용되어 있었을 때는 (1) 어떤 방법에 의해서든 동료 포로들에 관한 정보를 적에게 제공하는 것을 도왔는지, (2) 공산주의를 위한 싸움에서 영국군 동료가 이탈하도록 노력했는지, (3) 방송이나 전단지 등을 이용해 유엔군의 목적을 훼손할 가능성이 있는 프로파간다를 전파하는 것을 도왔는지 등에 대한 조사였다.

이 방침에 따라 모든 개별 귀환 영국군 포로들은 조사되었고, 조사결과에 따라 개별적으로 기소되어 재판을 통해 형이 확정되기도 했다. 1954년의 보고서는 귀환 포로를 개별적으로 조사한 것을 종합하여 정리한 것이다. 이 보고서와 영화 〈Captured〉의 내용을 비교해 보면, 보고서의 1장과 2장은 영화에서 중국군이 영국 포로들에게 말하는 '자비정책'과 '학습'에 대한 내용으로 정확하게 재현되어 있다. 제3장의 "평화" 캠페인(The "Peace" Campaign)과 제7장의 친척들에 대한 캠페인(The Campaign against Relatives)의 내용은, 영국군을 배신하는 해리(Harry)와 관련된 상황과 정확하게 일치한다. 공산주의자들에게 협조하면 가족 혹은 친척에게 편지를 쓰거나 그들로부터 편지를 받을 수 있다고 암시하는 장면은 다른 포로를 심문할 때도 등장한다. 물론, 영화는 포로수용소 안의 이야기만을 다루고 있기 때문에, 병사들의 부모나 친척들에게 이들의 편지를 지닌 채 지속적으로 방문하는 사람들에 대한 보고서상의 상세한 이야기는 영화에서 묘사되지 않는다. 한편, 보고서 전체에서 《데일리 워커》와 관련된 많은 이야기가 나오는데, 영화에서는 포로들이 영어로 읽을 것이 그것밖에 없어 4개월 전의 《데일리 워커》 지면을 반복해서 읽는 것으로 되어 있다.

제5장 "설득"의 방법들(Methods of "Persuasion")에서 말하고 있는 여러 기법들, '밀고 체제'(영화 앞부분에서 공산주의자들이 수업 중 누가 제네바 협정을 언급했는지를 밝혀내고자 포로들을 개별적으로 심문하면서 포로들을 의심하게 만드는 장면에 이것이 반영되어 있다), '편지를 통한 공작', '식량(영화에서는 먹을 것에 대한 에피소드와 담배 관련 에피소드가 종종 등장한다)과 의약품(영화에서는 공산주의자들이 부상자에게 치료를 제공하지 않고 내버려두어 죽게 되는 에피소드가 나온다)', '물리적 폭력'(영화에서는 공산주의자들에 의해 구타를 당해 결국 숨지게 되는 포로가 나온다), '장교와 하사관의 분리'(영화에서 장교로서 포로가 된 사람은 보이지 않는다. 영국군 장교는 수색 작전을 설명하는 장면에서, 즉 포로가 아닌 상태로만 등장한다) 등이 매우 정교하고 솜씨 좋게 묘사되고 있다.

반면, 다니엘스는 1954년 보고서의 부록(Appendix) Ⅱ에 소개된 여러 사례들의 등장인물이 갖고 있는 특성과, 1955년 보고서의 'Part Ⅵ 전투 및 포로 상태에서 개인적 저항에 미치는 요인들'에서 언급된 전투력(Fighting Efficiency), 자발성(initiative), 규율 의식(sense of discipline), 목적에 대한 믿음(Belief in Cause), 공산주의에 대한 지식(knowledge of Communism), 무엇을 기대하고 무엇을 해야 하는지(What to Expect and Do), 종교(Religion), 소속감(Esprit-de-Corps) 등의 요소를 모두 갖고 있는 존재로 그려진다. 그가 눕지도 못하고 자지도 못하게 되는 어느 지하 공간으로 끌려가게 된 계기는, 공산주의자들이 영국군 포로들에게 목격한 전쟁범죄를 말하거나 자신이 저지른 전쟁범죄를 자백하라는 요구에, 공산주의자들이 부상자를 치료하지 않고 내버려두어 사망에 이르게 한 것과 구타로 포로를 사망케 한 것 등을 고발한 것이다. 잠을 자지 못해 고통스러운 순간에서도 어떠한 타협도 하지 않고 꿋꿋이 잘 견딘다. 결국 그로 인해 수동적으로 적응해 가던 동료 포로들이 영화의 끝부분에서는 적극적으로 저항하는 것으로 변모한다고 암시되어 있다. 이처럼, 1954년 보고서와 1955년 보고서의 내용은 영화 〈Captured〉에 아주 충실하게 반영되어 있음을 확인할 수 있다.

IV. 유보된 '세뇌 이론': 영화 〈Captured〉의 제작과 민간인 대상 상영 제한

1. 두 권의 보고서에서 영화 〈Captured〉로 가는 길

AIR/8/2473 문서군은 1955년 보고서를 읽고 자문단이 제안한 내용을 어떻게 할 것인지 여러 기관 및 관련 인사들에게 문의한 내용을 정리한 1956년 1월 18일 문서로 끝난다. 여기서 흥미로운 점은, 영국의 국방부 장관(the Minister of Defence)이 미국의 상황을 염두에 둔 채, 이 조사 결과를 대중적으로 어느 선까지 알려야 하는지를 고민하고 있다는 점이다. 미국의 경우 매우 적극적으로 이 작업을 수행하고 있고, 상·하원 모두 의회 차원에서 여기에 흥미를 보이고 있다고 언급하면서 그는 영국 정부도 어느 정도는 공개할 수밖에 없을 것이라고 말하고 있다.

영국 국방부 장관은 왜 미국의 상황을 고려했을까? 1955년은 미국에서 '세뇌 이론'의 성립 과정에서 매우 중요한 해였기 때문이다. 우선,

영국과 마찬가지로 미국에서도 1955년에 귀환포로에 대한 심문이 대략 마무리되었고 미귀환 포로의 일부를 최초로 기소했다. 이 과정은 당연히 군에 의해 주도되었다. 둘째, 영국과 미국이 결정적으로 다른 지점이기도 한데, 미국에서는 귀환 포로 및 미귀환 포로에 대한 관심이 군의 범위를 넘어서 CIA라는 정보 조직이 '세뇌 이론'의 정립 및 확산을 주도하고 있었다. 그리고 CIA는 다양한 방법으로 '세뇌 이론'의 핵심적인 내용을 대중에게 전파하고 있었다. 물론 그 내용은 미국 의회에도 널리 알려졌다.

무엇보다 1955년에는 미국과 캐나다 등지에 실험실을 두고 여기서 '세뇌' 관련 끔찍한 프로젝트가 진행되고 있었다. 이 프로젝트는 정신 통제 및 화학 물질을 이용한 심문에 관한 연구 프로그램이며, 코드명 'MK-ULTRA' 또는 'MKULTRA'라고 불렸다. 사람의 정신 상태를 조작하고 뇌 기능을 바꾸기 위해 마약을 비롯한 각종 유해 약물까지 사용한 비밀 작전이었다. 국가는 '세뇌'되었다고 믿은 포로들 대상뿐만 아니라 불특정한 민간인 다수에 대한 비밀 실험을 실시했다. 이 프로젝트는 1953년에 시작되었고 1970년대까지 지속되었다. 1955년에는 구체적으로 심문 중 배고픔, 고문, 강요를 견디는 개인의 능력을 향상시키고 '세뇌'를 향상시키는 물질, 기억상실증을 유발하는 물질이나 물리적 방법에 관한 실험이 진행되었다고 CIA에 보고되었다.[656] 영국 군부가 미국과 캐나다에서 실시되는 이 프로젝트에 대해 매우 세밀하게 구체적으로 알고 있었다는 증거는 없지만, 적어도 미국과 캐나다의 학자들이 세뇌에 관해 연구하고 있다는 사실만은 인지하고 있었다.[657]

과연 영국 국방부 장관의 이 고민은 어떻게 결정되었을까? 그 이후의 정보, 가령, 어떤 과정을 거쳐 이 보고서들을 충실하게 반영해서 영화 〈Captured〉를 실제 제작하게 되었는지에 대한 구체적인 정보는 지금까지 확보하지 못했다. 그래서 우리가 알고 있는 유일한 것은 사병 대상 교육용 영화 〈Captured〉가 제작되었고 이를 통해 이 내용이 사병에게까지만 공개되었다는 점이다. 이는 미국과는 달리 더 광범위한 대중을 대상으로 다양한 매체와 작품을 통해 관련 내용이 공개되지 않았다는 뜻이다. 미국은 '공중파' 방송인 CBS를 통해 세뇌에 관한 두 편의 중요한 다큐멘터리를 1957년과 1961년에 각각 공개하는 등 매우 다른 선택을 했다.[658] 미국과는 다른 영국의 이 행보를 과연 어떻게 설명할 수 있을까?

2. 몇 가지 가설: 세뇌 vs 심문 및 생각 주입, 미국의 상황 vs 영국의 상황, 정보 조직 vs 군부

이 질문에 대한 답의 핵심적인 내용은 두 보고서 자체에 이미 충실하게 제시되어 있다. 사실, 1954년의 보고서와 1955년의 보고서에는 세뇌라는 용어보다는 '심문(interrogation)'과 '생각 주입(indoctrination)'이라는 단어가 훨씬 많이 사용되며, 세뇌라는 단어를 사용할 때는 '소위(so-called)'라는 문구를 붙여 유보적인 태도를 드러내는 것을 쉽게 찾아볼 수 있다. 무엇보다 1955년 보고서의 Part Ⅶ 의학적 측면(Medical Aspects)의 세뇌(Brain Washing) 항목에서는 매우 흥미로운 다음과 같은 진술을 발견할 수 있다.

> 불행하게도, 언론과 여론은 '심문'과 '세뇌'를 동일한 것으로 간주하는 경향이 있다. 이런 경향은, 공산주의자들에게 포로로 잡히면 자동적으로 저항할 수 없는 '세뇌' 과정에 종속된다는 생각을 사병들이 갖게 될 수 있는 위험이 있다고 우리는 생각한다. 그러나, 우리는 고도로 특화된 이런 기술들은 정보(실제이든 적이 정보를 갖고 있다고 생각하든)를 갖고 있거나 특권적 가치(즉, 고위 장교들)를 갖고 있는 상대적으로 소규모의 포로들에게만 사용될 것이라고 간주한다. … (비록 많은 포로들이 야만적으로 다루어졌지만, 한국에서 소수의 포로들만 진정하게 '세뇌당

했다'고 간주될 수 있다.) 따라서 우리는 사병들이 공산주의자들이 행하는 심문이 항상 '세뇌'와 동일하다고 잘못 생각하는 실수를 바로잡을 조치를 취해야만 한다고 믿는다. 그리고 그것은 확실하다(infallible). 포로로 잡혀서 받게 되는 처우는 매우 불쾌한 것일지라도 그것에 성공적으로 완벽하게 저항할 수 있다는 것을 사병들은 명확하게 이해해야만 한다.

미국과 캐나다의 학자들이 연구하는 세뇌 이론에 관해서 이 보고서는 일부 인정하지만, 그리고 향후 이 문제에 대해 지속적으로 추가 연구가 필요하다고 인정하지만, 사로잡힌 포로 모두에게 대규모로 세뇌 방법이 적용되는 것은 아니라고 강조하고 있다. 이 보고서는 포로로 잡힌 영국 사병이 공산주의자들에게 심문받을 때 어떻게 하면 잘 저항할 수 있게 될 지를 목적으로 하는 보고서이기 때문에, 개인이 '저항할 수 없는' 세뇌 과정을 강조하면 이 목적 자체가 무산될 위험이 있었다. 따라서, 당시 영국군은 개인이 저항할 수 있는 심문 방법과 생각 주입 방법을 세뇌 방법과 분리해 앞의 두 범주를 강조할 수밖에 없었던 것이다.

1955년 보고서에 따르면, 심문 방법과 생각 주입 방법은 모두 공산 진영의 포로 처우 시스템 내에서 상호 의존적인 전체의 일부분임을 염두에 둘 필요가 있다고 한다. 이 둘은 구분되지만 상호 연관된다는 의미다. 먼저 심문에 대해서는 이렇게 말한다. 구체적인 심문 과정은 '조사(Research)'-'선별(Selection)'-'추출(Extraction)'이라는 세 단계를 밟는다. '조사'는 평시 혹은 전시에 가치 있는 심문 타겟을 제공할 수 있는 어떤 유형의 포로를 결정하는 단계이다. '선별'은 어떤 주제의 정보를 알고 있을 것으로 생각되는 포로를 골라내는 단계이다. '추출'은 정보를 실제로 얻는 과정인데, 여기서는 통상적인 커뮤니케이션(Communication)의 방법과 포로가 자발적으로 정보를 제공하도록 동기부여(Motivation)하는 방법이 사용된다. 이 과정이 정확하게 영화 〈Captured〉에서 해리가 공산주의자들의 협력자가 되는 과정을 그린 영화의 앞부분의 핵심이다. 물론 영화의 뒷부분에서 다니엘스는 이 과정에 철저하게 저항한다.

반면, 생각 주입 방법은 기본적으로 포로들에 대한 재교육과 관련이 있다. 1955년 보고서에 따르면, 한국전쟁 이전에는 약간 성의가 없는(half-hearted) 방식으로 여러 나라에서 생각 주입 방법을 시도했다고 한다. 이런 시도는 일반적으로 정치적 목적으로 고무되었고 기본적으로 군사적인 목적을 위해 고안되지는 않았다. 그러나, 한국전쟁에서 중국 공산주의자들에 의해 이것이 군사적 목적을 위한 심문 과정에 내적으로 통합되었다. 공산주의자들의 목적은 포로들에게 자신들의 정치적 믿음을 설득하여 자신들의 편으로 끌어들이는 것이었다. 이를 위해 설득(persuasion), 교육(education), 강압(coercion), 혹은 이 세 가지의 조합이 동원되었고, 어느 정도까지 포로들의 부역을 이끌어 낼 수 있었다. 여기에 감염된 포로들은 그들이 알고 있는 군사 및 다른 유형의 정보를 제공했을 뿐만 아니라 공산주의적 관점을 동포들에게 퍼뜨렸으며, 공산주의자들이 다른 포로를 관리할 수 있도록 조력하기도 했다.

이처럼 이 보고서에서는 세뇌를 심문 및 생각 주입과 명확하게 구분하였다. 또한 언론과 여론에서 이 둘을 동일한 것으로 간주하는 것에 대한 불편함도 분명히 드러났다. 영국 군부의 입장은 비교적 명확했던 것이다. 영국 군부가 이런 입장을 취한 데에는 몇 가지 이유가 있다. 우선, 영국으로 돌아오지 않고 북한에 남겠다고 선택한 영국 포로가 단 한 명뿐이었다.

이 글의 가장 앞부분에서도 언급했지만, 미국에서 세뇌 이론을 대중적으로 알릴 필요성이 있었던 것은 상당히 많은 수의 미군 포로가 미국으로 돌아오기를 거부하고 북한에 남기를 원했다는 사실 때문이었다. 이들의 존재와 선택을 설명하기 위해서 가장 처음에 도입된 설명 방식은 그들 모두에게 공통되는 개인적 '결함'이 있다는 것이었다. 그러나, 그들 모두에게서 공통되는 어떤 결함을 찾는 것은 불가능한 것이었다. 그래서 개인이 저항할 수 없는 공산주의자들의 '사악한' 어떤 특별한 방법에 의해 그들이 집단적으로 저런 선택을 한 것이라고 설명할 방법이 필요했는데, 이를 충족시키는 것이 바로 세뇌 이론이었던 것이다. 반면, 영국으로의 귀환을 거부한 단 한 명의 포로를 설명하는 데는 저런 집단적인 세뇌 이론보다는 그 한 명의 개인적 특성을 지적하는 것이 훨씬 효율적이었다.

영국과 미국의 또 다른 차이 중 하나는 정치 지형의 문제였다. 이 시기 미국은 '매카시즘'을 거치면서 좌파 정치세력이 거의 괴멸되었던 반면, 영국에는 노동당을 위시한 좌파들의 영향력이 크기가 축소되었지만 남아 있었다. 이들, 정치적 좌파들은 한국전쟁 당시 '평화운동'의 자장에서 활동하였고, 따라서 이들은 포로를 둘러싼 공산 진영의 선전을 접할 기회가 많았다. 이들의 존재로 인해 미국에 비해 영국에서는 세뇌 이론과 그에 따른 공포가 확산될 여지가 적었다고 생각할 수 있다. 영국에서 노동당이 다시 집권을 하게 된 것은 1964년이었지만, 이 시기 여전히 중요한 정치세력이었다.

북한에 남기로 결정한 포로의 수가 단 한 명이었던 점, 개인이 저항할 수 없는 세뇌에 대한 강조가 갖는 위험과 부담, 정치 지형의 차이가 미국에서와는 달리 영국에서 '세뇌 이론'에 대한 대중적 설명(자국민을 대상으로 하는 심리전)의 제한을 낳았던 것처럼 보인다. 여기에 다른 요소 하나를 추가할 수 있다. 세뇌 이론을 바라보는 군부와 정보 조직 사이의 입장의 차이다.

앞에서도 강조했지만, 세뇌에 관한 논의를 주도한 것은 군부가 아니라 미국의 CIA였다. CIA의 세뇌 이론에 대한 관심은 초기에 몇몇 군부 인사에 의해 반박을 당했다. 그러나 어느 정도 시간이 지나서 세뇌 이론에 대한 CIA의 주도성이 확립되었다.[659] 조금 노골적으로 말하면, CIA

의 목적은 공산 진영이 갖고 있는 '원천 기술'을 알아내어 자신들의 무기로 활용하고자 하는 것이었다. 앞에서 소개한 'MK-ULTRA' 프로그램에서 CIA는 외국 지도자들을 조종할 수 있도록 각종 약물 실험 등을 실시했으며, 구체적으로 쿠바의 피델 카스트로에게 약물을 투여하기 위한 몇 가지 계획을 세우기도 했다. 군부는 이런 것에는 관심이 상대적으로 적었다.

1956년 영국 국방부 장관의 고민은 앞에서 가설적으로 제시한 이유로 사병만을 대상으로 하는 교육 프로그램의 수립이라는 범위로 결정되었던 것 같다.[660] 그리고 그 결과물 중 하나가 영화 〈Captured〉였다. 이 영화에 대한 별도의 평가를 하지 않겠지만, 이 영화가 다큐멘터리 영화가 아닌 다큐-드라마의 형태로 된 것에 대해서는 조금 언급할 필요가 있을 것 같다. 앞에서 심문과 생각 주입은 개념상 구분될 수 있지만 상호 의존적인 전체라는 보고서 내용을 소개했는데, 이것을 잘 드러내려면 다큐멘터리보다는 다큐-드라마가 더 유용한 것 같다. 감독의 성향과 함께 군의 의도가 이런 선택을 낳은 것은 아닐까 한다.[661]

3. 영화 〈Captured〉의 망각

영화 〈Captured〉는 언제까지 사병용 교육영화로서 상영되었을까? 이에 대해서도 확실하게 알 수 없다. 다만, 영화 〈Captured〉처럼, 민간인들에게 상영이 제한된 스파이 관련 군 영화 네 편을 분석한 오설리번의 연구에서 그 힌트를 얻을 수 있다. 오설리번에 따르면, 1961년 영국에서 발생한 일련의 스파이 사건들은 영국의 정보기관이 일련의 훈련용 영화를 제작하게 되는 직접적인 계기였다.[662]

이 사건에서 우리 주제와 관련해서 흥미로운 점은, 1961년 4월 5일 MI6의 장교 조지 블레이크(George Blake)가 1953년 북한의 수용소로부터 풀려날 때부터 KGB를 위해 스파이 행위를 하고 있었다고 자백한 것이었다. 이어진 블레이크 재판은 대중들에게 더 많은 경종을 울렸고 정부의 불안을 키웠으며, 국가의 안보를 보호하기 위해 어떤 추가 조치를 취해야 하는지 여러 차원에서 검토되었다. 그 조치 중 하나가 정부 영역에서 안보 교육의 강화였고, 이를 위해 훈련용 영화가 만들어지게 되는 것이다.

블레이크 사건을 겪고 나서 만들어진 스파이 영화에서 강조된 것은 스파이의 현재적 모습과 스파이 활동 그 자체이지, 그가 스파이가 된 계기인 포로수용소에서의 '어떤 일'은 아니었다. 이제 전쟁과 직접적인 연관을 갖는 포로와 포로수용소 이야기는 그 대중적 관심을 잃게 되었고 당대의 '스파이'에 대한 관심이 증대되었다. 단언할 수는 없지만, 1960년대 이후 영국에서는 영화 〈Captured〉와 같은 한국전쟁 시기의 포로와 포로에 대한 공작이 소재가 된 영화는 만들어지지 않았으며, 이 무렵 어딘가에 영화 〈Captured〉는 1950년대 만들어진 다른 많은 사병 교육용 영화와 함께 아카이브의 수장고로 들어갔던 것 같다.[663] 그리고 이 시기는 세뇌이론의 영향력이 사라지는 시기이기도 하다.

V. 나오며

지금까지 영국 영화 〈Captured〉를 매개로 미국과는 다른 영국의 세뇌이론의 수용에 관한 태도를 살펴보았다. 특히 심문과 세뇌를 동일시하는 미국발(發) 세뇌 이론의 만연에 대한 영국 군부의 불만과 우려 등이 강조되었다. 사실 세뇌 이론은 그것을 통해 설명하려는 현상과 관련해서는 논리적으로 매우 받아들이기 어려운 논리 구조를 갖고 있다.

세뇌 이론은 한국전쟁에서 포로로 잡힌 미군들 중 미국으로 송환되기를 거부하는 사람을 이해하기 위해 도입된 것이다. 그들은 스스로의 선택에 의해 북한이나 중국에 남은 것이 아니라 다른 어떤 특별한 기술에 의해 그렇게 '강제'되었다는 것. 이런 방식의 설명이 필요했던 이유는 당연히 미국이 정전 협정에서 포로 문제를 '의무송환'이 아닌 '자원송환'으로 제안했던 그 자신감이 이들에 의해 훼손되었기 때문이다. 미국은 자신이 포로로 삼은 중국 인민지원군 포로나 북한인민군 포로 중 상당수가 남한 혹은 대만을 선택하고, 북한에 잡혀 있는 자신들의 포로 또한 전부 남한 혹은 미국 등 원래의 국가를 선택하리라고 자신했다. 그런데 미국이 아닌 북한이나 중국을 선택했다고? 이 결과를 도무지 받아들이기 힘들었을 것이다. 그런데, 로빈이 너무나 설득력 있게 잘 밝혔지만, 이들의 선택을 설명할 너무나 단순한 설명이 존재한다. 그것은 공산 진영을 선택한 미군 포로의 사회경제적 지위를 분석하는 것이다. 인종, 계급, 지역 등만 분석했더라면, 그들 사이의 공통점들이 비교적 명확하게 부각되었을 것이다. 그들은 미국 사회에서 소외된 사람들이었던 것이다.[664] CIA의 선택은 이런 방식의 설명이 아니라 포로에 가해지는 특별한 '스킬'에 집착하는 것이었다.

세뇌 이론은 자신의 의지와 관련이 없이 어떤 것을 행하도록 하는 아주 특별한 기술을 공산 진영이 갖고 있다는 가정에서 출발한다. 그러나, 이 특별한 기술에 의해 자신의 의지와 관련이 없이 어떤 행위를 했더라도 용서받지 못한다는 것 또한 분명했다. 세뇌 이론에 따르면, 미국으로 돌아오지 않은 포로는 자신의 의지와 상관없이 선택을 한 것이다. 그런데 그들은 자의로 법률을 위반한 자들에게 적용되는 현실의 법률로써 처벌되었다. 나중에 미송환 포로들이 미국으로 돌아왔을 때 바로 이 모순이 가시화되었다. 앞에서 세뇌 이론의 영향을 언급하면서 '자신의 의지와 상관없이 어떤 일을 저지르게 되는 공포'에 대해 이야기했는데, 이 공포 배후에는 자신의 의지와 상관없이 어떤 일을 저질렀지만 '용서받지 못할 공포'가 존재한다.

이런 모순 말고도 세뇌 이론을 추구한 자들의 추한 욕망도 지적되어야 한다. 공산 진영만이 갖고 있는 이 고유한 기술을 알아내면, 자신도 그것을 활용해 다른 진영의 사람들을 세뇌시킬할 수 있다는 욕망 말이다. 이 욕망을 위해 사망자를 포함한 무수한 피해자가 세뇌 실험 과정에서 발생했다. 이 모든 것은 국가적 프로젝트였으며, 자국민을 대상으로 하는 심리적 기획이었고, 정보기관과 언론, 문화 콘텐츠를 생산하는 민간 회사 등이 함께 한 범죄의 '공모'였다.

이 추악한 욕망이 지배적이었던 시기에 같은 연합국이었지만 다른 선택과 판단을 한 곳이 존재했음을 확인할 수 있어 다행이었다. 그러나, 그 선택을 한 나라 역시 이 세뇌 이론의 자장에서 완전히 벗어날 수 없었다는 점 또한 분명히 확인했다. 그리고, 이들 나라에서는 1960년대 이후 세뇌 이론의 영향이 대부분 사라졌지만, 이 세뇌 이론을 받아들인 〈똘이장군〉에 열광하고 영향을 받은 1970년대와 80년대 한국 어린이들의 '뒤처짐'도 함께 떠올랐다. 한국전쟁에서 시작하고 미국과 영국을 거쳐 다시 한국으로 돌아온 이 '세뇌 이론'은 결국 우리의 이야기였던 것이다.

참고문헌

1차 자료

AIR/8/2473, TNA.

Chinese People's Committee for World Peace, 1953, *United Nations' P.O.W'S in Korea*, 2.13·151, Ministerie van Buitenlandse Zaken, 1945-54, NNA.

PSB, SUBJECT: PSB Staff meeting (CIA-RDP80-01065A000100030073-4), April 8, 1953, General CIA Records, CIA.

Publications: "*POW-The Fight Continues After the Battle*," A Report of the Secretary of Defense's Advisory Com. on POWs, August 1955, RG 550, A1 1, B 47, NARA Ⅱ.

2차 연구

강우성, 「억압된 인종 공포: 미국문화와 이데올로기로서의 한국전쟁」, 『미국학』 30, 2007, 1-22쪽.

김민환, 「전투사 중심 재현을 넘어선 한국전쟁의 대안적 전시: 〈전쟁 포로, 평화를 말하다〉와 〈허락되지 않은 기억(RESTRICTED)〉을 중심으로」, 『사회와역사』 132, 2021, 209-250쪽.

김일환·정준영, 「한국전쟁의 '현장'은 어떻게 냉전 사회과학의 지식으로 전환되는가」, 백원담·강성현 편, 『열전 속 냉전, 냉전 속 열전: 냉전 아시아의 사상심리전』, 진인진, 2017, 95-133쪽.

김태우, 『냉전의 마녀들』, 창비, 2021.

박상수, 「사학부(史學部): 중국(中國)의 친일 "한간(漢奸)" 청산(清算) 일고(一考): 사법적 처벌과 대중 운동을 통한 청산」, 『중국학보』 55, 2007, 229-255쪽.

옥창준·김민환, 「사상심리전의 텍스트로서 한국전쟁」, 『역사비평』 118, 2017, 318-343쪽.

전갑생, 「수용소와 죽음의 경계선에 선 귀환용사」, 백원담·강성현 편, 『열전 속 냉전, 냉전 속 열전: 냉전 아시아의 사상심리전』, 진인진, 2017. 251-280쪽.

전갑생, 「CIA의 〈한국: 전쟁포로〉를 통해 본 북한 노획영상 활용과 '세뇌' 프로젝트」, 성공회대학교 동아시아연구소·한국영상자료원·한국냉전학회 공동주최 학술대회 『영상과 냉전아시아』 자료집, 2023.

크리스토퍼 심슨, 정용욱 역, 『강압의 과학』, 선인, 2009.

陳肇斌, 『中国市民の朝鮮戦争: 海外派兵をめぐる諸問題』, 岩波書店, 2020.

Young, Charles S., *Name, Rank, and Serial Number: Exploiting Korean War POWs at Home and Abroad*, Oxford University Press, 2014.

Chang, David Cheng., *The hijacked war: the story of Chinese POWs in the Korean War*, Stanford University Press, 2020.

Schein, Edgar Henry., *Coercive Persuasion: A Socio-psychological Analysis of the "Brainwashing" of American Civilian Prisoners by the Chinese Communists*, W. W. Norton, 1961.

Hunter, Edward., *Brain-Washing in Red China: The Calculated Destruction of Men's Minds*, Vanguard Press. 1951.

Kim, Monica., *The Interrogation Rooms of the Korean War: The Untold History*, Princeton University Press, 2019.

Russell, Patrick., "Shooting the Message: John Krish", in Patrick Russell and James Piers Taylor, eds., *Shadows of Progress: Documentary Film in Post-war Britain*, Palgrave Macmillan, 2010.

Shail, Robert, "The parameters of British art cinema: a case study of John Krish", Paul Newland and Brian Hoyle eds., *British art cinema: creativity, experimentation and innovation*, Manchester University Press, 2019.

Robin, Ron., *The making of the Cold War enemy: culture and politics in the military-intellectual complex*, Princeton University Press, 2001.

O'Sullivan, Shane., "This Film is Restricted: The Training Films of the Brithsh

Security Service", *Historical Journal of Film, Radio and Television* 38(2), 2018.

온라인 자료

Newman, Kim., "Film review-Captured (1959)", The Kim Newman Web Site, May 12, 2016., https://johnnyalucard.com/2016/05/12/film-review-captured-1959/

French, Philip., "Review-Captured(John Krish, 1959-77: BFI, 15)", *Guardian*, April 28, 2013.

부록

두 보고서의 목차

Treatment of British Prisoners in Korean War(1954)

서론(Introduction)

Chapter I   "자비정책(The "Lenient Policy")
Chapter II   포로들을 "재교육하기"("Re-educating" the Prisoners)
Chapter III "평화" 캠페인(The "Peace" Campaign)
Chapter IV   "진보주의자들"의 역할(The Role of "Progressives")
Chapter V   "설득"의 방법들(Methods of "Persuasion")
Chapter VI   방문자들의 역할(The Role of Visitors)
Chapter VII 친척들에 대한 캠페인(The Campaign against Relatives)
Chapter VIII 1949년 포로 협정(The 1940 P.O.W. Convention)

결론(Conclusion)

Appendix I   영국군 포로가 수용되었던 북한의 수용소 목록(List of Camps in North Korean where British P.O.W. were held)
Appendix II 억류 중 용감한 행동에 대한 표창(Citations for gallantry in captivity)

Report of the Advisory Panel on Prisoners of War Conduct after Capture(1955)

Part I 서론(Introduction)

Part II 공산주의자들의 심문 및 생각주입 방법(Communist Methods of Interrogations and Indoctrinations)
 - 심문 방법(Methods of Interrogations)
 - 생각주입 방법(Methods of Indoctrinations)

Part III 심문 관련 향후 공산주의 정책 평가(Assessment of Future Communist Policy regarding Interrogation)
 - 1949년 제네바 협정에 대한 공산주의자들의 태도(Communist Attitude towards the Geneva Convention, 1949)
 - 크고 작은 전쟁에서 공산주의자들이 취할 가능성이 있는 행동(Probable Communist Action in Major and Minor Wars)
 - 질문지
 - 결론

Part IV 공산주의자들이 취할 가능성이 있는 심문 방식에 대응하는 우리의 포로 정책(Our Prisoner of War Policy to Meet Probable Communist Methods of Interrogations)
 - 포로들이 북한에서 한 행위(Behaviour of Prisoners of War in Korea)
 - 그들의 심문에 대응하는 포로 정책을 틀 잡을 때 가능한 행동 방침(Possible Courses of Action in Framing a Policy for Prisoners of War regarding their Response to Interrogation)

- 세 가지 병과(cf. 조종사, 공수부대원, 해병대 등 적에게 사로잡힐 가능성이 아주 큰 병과)에 공통된 정책의 필요성(Need for a Common Policy in the Three Services)
- 사병들에게 주어질 교육(Instruction to bo Given to Servicemen)
- 예상 질문에 대한 교육(Instruction to be Given regarding Questionnaires)

Part V 미래 전쟁에서 작동될 가능성이 있는 공산주의 생각주입 정책에 대한 평가와 이에 맞서는 우리의 정책(Assessment of Future Communist Policy regarding Indoctrination in a Future War and our Policy to Meet it)
- 미래의 공산주의 정책에 대한 평가(Assessment of Future Communist Policy - Major and Minor War)
- 적의 생각주입 시도에 관해 제공될 교육(Instruction to be given regarding Enemy Attempt at Indoctrination)
- 결론(conclusions)

Part VI 전투 및 포로 상태에서 개인적 저항에 미치는 요인들(Factors affecting Individual Resistance in Battle and after Capture)
- 일반적인 사항(General)
- 전투력(Fighting Efficiency)
- 자발성(initiative)
- 규율 의식(sense of discipline)
- 목적에 대한 믿음(Belief in Cause)
- 공산주의에 대한 지식(knowledge of Communism)
- 무엇을 기대하고 무엇을 해야 하는지(What to Expect and Do)
- 종교(Religion)

- 소속감(Espri-de-Corps)
- 결론(conclusions)

Part Ⅶ 의학적 측면(Medical Aspects)
- 일반적인 사항(General)
- 집단 충성심(Group Loyalty)
- 개인적 저항(individual Resistance)
- 세뇌(Brain Washing)
- 잠 안 재우기(Lack of Sleep)
- 약물(Drugs)
- 기본적인 응급 처치법, 위생학, 영양학(Elementary First-Aid, Hygiene, and Dietetics)
- 결론(conclusions)

Part Ⅷ 공산주의의 생각주입 및 심문 시스템에 대응하기 위한 행정적 조치들(Administrative Measures to Counteract the Communist System of Indoctrination and Interrogation)
- 일반적인 사항(General)
- 보안(Security)
- 제공할 수 있는 정보 추출(Extractions)
- 특정 범주의 개인요원들 대상 특별 교육(Special Briefing for Particular Categories of Personnel)
- "알 필요가 있다"는 원칙("Need to Know" Principle)
- 포로들과 지속적인 접촉의 필요(Need for Maintaining Contact with Prisoners)
- 집안 문제에서 벗어남(Freedom from Home Worries)
- 제네바 협정

- 결론

Part IX 훈련
- 일반적인 병사 훈련
- 첫 번째 범주-자발성과 개인 저항력을 키우기 위한 훈련
- 두 번째 범주-포로가 안 되는 법 및 포로가 되었을 때 어떻게 행동할지에 대한 훈련
- 세 번째 범주-전역에 배치되기 전 훈련 및 전역에서의 훈련
- 개인적 결함을 갖고 있는 병사
- 훈련 기술
- 결론

Part X 미국에의 자문

Part XI 결론의 요약 및 제언

Appendix A. 북한에 수용된 전쟁 포로들에 대한 공산주의자들의 처우
    B. 공산주의자들의 심문 방법
    C. 소비에트의 심문 시스템
    D. 공산주의자들의 생각주입 방법
    E. 제네바 협정에서의 발췌
    F. 포로로 잡힌 후와 심문 도중 보안 측면에서 어떻게 행동할지에 대한 병사 대상 교육

주

1 이 요소들로는 냉전이 미·소 패권 경쟁과 갖는 관계(연속성과 변용), 국가의 내부 정치 전개와 냉전과의 관계(내·외부적 요소의 융합), 냉전과 식민주의와의 관계, 이념과 감정의 관계(복합적 구성의 논리와 양상) 등을 들 수 있다.
2 문화냉전의 연구사와 냉전 지식의 유통에 대해서는 모리구치 유카 등 엮음, 김미숙·신의연 역, 「서장」, 『문화냉전과 지의 전개-미국의 전략과 동아시아의 심상과학』, 솔과학, 2024, 10-36쪽을 참조.
3 Paul Myron Anthony Linebarger, *Psychological Warfare*, Infantry Journal Press, 1948, p.90. 폴 라인버거는 정치학 교수 출신으로 전시정보국에서 일한 동아시아 심리전 전문가였다. 대령으로 퇴역했던 그는 한국전쟁에 복귀하여 미 8군에서 활동했다. 그의 저서는 심리전의 고전으로 여겨진다.
4 최근에는 유신체제, 5·18광주항쟁 등 한국 현대사의 주요 사건에 대한 감정(감성)연구가 발표되었다. 한국 역사를 감정의 측면에서 연구한 논문 목록은 정명중, 「감성 연구 성과와 전망-호남학연구원 인문한국(HK) 사업단을 중심으로」, 『감성 연구』 16, 전남대학교 호남학연구원, 2018, 50-55쪽을 참조.
5 인간 감정이 (1) 자연적 인간 본성에 기초를 두고 있다는 관점과 (2) 후천적, 사회적으로 형성된다는 관점이 있다. 이 논문은 인간 감정을 자연적 소여(所與)로 보지 않고, 역사적, 사회적 과정에서 형성되고 변형되는 것으로 보는 입장을 취한다.
6 리사 펠드먼 배럿, 『감정은 어떻게 만들어지는가』, 생각연구소, 2017, 228-253쪽.
7 한국전쟁기 미군 심리전에 대한 주요 연구 성과로는 최용성, 「한국전쟁시 미군의 전술심리전 효과분석」, 『軍史』 50, 2003; 정용욱, 「6·25 전쟁기 미군의 삐라 심리전과 냉전 이데올로기」, 『역사와 현실』 51, 2004; 장영민, 「한국전쟁 전반기 미군의 심리전에 관한 고찰」, 『軍史』 55, 2005; 장회식, 「태평양전쟁기 미국의 대일 심리전과 일본인의 반응」, 『軍史』 87, 2013; 김일환·정준영, 「냉전의 사회과학과 '실험장'으로서 한국전쟁: 미공군 심리전 프로젝트의 미국인 사회과학자들」, 『역사비평』 118, 2017; 정준영, 「한국전쟁과 냉전의 사회과학자들 - 한국전쟁의 경험은 어떻게 미국 냉전 사회과학의 일부가 되었는가?」, 『한국학연구』 59, 2020; 김선호, 「6·25전쟁기 북한의 심리전 수행방식과 인적 심리전」, 『통일과 평화』 13(1), 2021 이 있다. 단행본 성과로는 이임하, 『적을 삐라로 묻어라』, 철수와영희, 2012; 백원담·강성현 편, 『열전 속 냉전, 냉전 속 열전』, 진인진, 2017. 등을 참조할 수 있다.
8 클라우제비츠(Carl Phillip Gottlieb von Clausewitz)가 그의 『전쟁론』에서 전쟁에 승리하기 위한 요소로 '사기(morale)'를 언급한 이래, 군 사기는 작전에서 반드시 고려해야 하는 핵심적 요소였다. 전략첩보국(OSS)에서 전단, 만화, 소식지. 엽서 등을 제작한 부서의 이름도 Morale Operations(MO) Branch 였다.

9 Paul M. A. Linebarger, op. cit. 심리전의 전지구적 확산·유통이라는 측면에서 분석한 논문은 옥창준·김민환, 「사상심리전의 텍스트로서 한국전쟁」, 『역사비평』 118, 2017을 참고.
10 MacArthur's Intelligence Service 1941-1945(비공개 자료); Psywarrior 홈페이지, https://www.psywarrior.com/JleafletsPacWWII.html에서 재인용
11 이임하, 앞의 책, 2012, 68-71쪽.
12 Linebarger, op. cit., p.98. 한국전쟁기 심리전은 극동사령부와 미 8군에 의해 수행되었다.
13 CINCPAC·CINCPOA, Psychological Warfare Part One, 1944.12. pp.3-5에는 일본인의 성격을 설명하는 것은 쉽지 않다면서, '할복(切腹, せっぷく)', '어쩔 수 없다(仕方がない)'라는 낱말을 동원하여 일본 군인이 항복하지 않고 자결하는 이유를 설명하고 있다.
14 존 다우어, 『패배를 껴안고』, 민음사, 2009, 359쪽.
15 아시아·태평양전쟁기 미군은 '사상전'과 '심리전'이라는 용어를 함께 사용했다.
16 *Basic Military Plan for Psychological Warfare against Japan-With appendices and minutes of the Conference on Psychological Warfare against Japan*(Manila, May 7-8 1945), RG 496 Records of General Headquarters, Southwest Pacific Area and United States Army Forces, Pacific(World War II), 1941-1947, Entry UD-UP 441, Box 2717, pp.7-10.(국사편찬위원회 전자사료관 사료철 AUS041_01_00C0023)
17 Fredrik Barth, *Ethnic Groups and Boundaries*: The Social Organization of Culture Difference, Little Brown & Co, 1969, p.12.
18 United States, War Department., *Pamphlet 21-13 Army Life*, 1944, p.159.
19 Pauline Kent, Ruth Benedict's Original Wartime Study of the Japanese. *International Journal of Japanese Sociology* 3(1), 1994, p.83.
20 마거릿 미드, 이종인 역, 『루스 베네딕트』, 연암서가, 2008, 121쪽.
21 베네딕트가 작성한 보고서 원문은 *OWI Report No.25: Japanese Behavior Patterns*, RG 208, Records of the Office of War Information, 1926-1951, Entry 370, Office of War Information, September 15, 1945이다. 이 보고서는 한국어로 번역되었다. 루스 베네딕트, 서정완 역, 『일본인의 행동패턴』, 소화, 2000.
22 Ruth Benedict, *The Chrysanthemum and the Sword: Patterns of Japanese Culture*, Houghton Mifflin, 1946. 미치바 치카노부(道場親信)는 『국화와 칼』이 베네딕트의 단독 저작이라기보다는 대일 심리전팀의 공동 연구 산물이라고 판단하고 있다. 미치바 치카노부, 다지마 데쓰오 역, 「미 점령하의 '일본문화론'-『국

화와 칼』 그리고 일본과 미국의 문화정치」, 성공회대 동아시아연구소 편, 『냉전 아시아의 문화풍경 1-1940~1950년대』, 현실문화연구, 2008, 212쪽.

23 ルース・ベネディクト, 『菊と刀』上・下卷, 社会思想研究会出版部, 1948.
24 이광규, 『베네딕트-국화와 칼』, 서울대학교출판부, 1985. 319쪽.
25 '서구로부터의 해방을 통한 새로운 근대성의 창출'을 목표로 세계사의 한 장을 열자고 주장했던 1942년 '근대의 초극' 논의와 1948년의 『국화와 칼』 간행에서 나타났던 일본 사회의 반응은 매우 비교되지만, 정치적 헤게모니 구축에서 문화와 자기 정체성 구성이 차지하는 역할의 측면에서는 유사했다. 근대의 초극 논쟁에 대해서는 H. D. 하루투니안, 「보이는 담론/보이지 않는 이데올로기」, H. D. 하루투니안·마사오 미요시, 『포스트모더니즘과 일본』, 시각과언어, 1996을 참조. 일본의 문화적 정체성 규정 방식에 대한 비판에 대해서는 사카이 나오키, 「모더니티와 그 비판: 보편주의와 특수주의의 문제」, 같은 책을 참조.
26 문화상대주의는 부족이나 민족의 고유한 문화적 내용을 인정함으로써 인종주의와 제국주의를 비판하는 태도를 취하였다. 문화상대주의를 추구하는 인류학자들은 그들의 연구 대상인 부족과 민족을 관찰 대상으로만 보았다. 인류학자들은 민족지학이라는 형식으로 현장을 탐방하여 대상을 관찰하였는데, 이는 대상을 실증적으로 상세하게 탐구함으로써 한 문화가 가지고 있는 핵심을 밝혀낼 수 있다고 생각했기 때문이다. 하지만, 문화상대주의자를 포함하여 인류학자들은 자신들이 어떤 시각에 기반하여 부족과 민족을 바라보았는지, 어떤 이론이 암묵적으로 채용되어 사용되었는지에 대해서는 고려하지 못했다. 문화상대주의는 타자의 문화를 인정하는 듯 보이지만, 실제로는 제국 **지식 권력이 중심-주변의 위계를 생산하는 방식과 똑같이 작동했다**는 점에서 근본적 한계가 존재한다. 어떤 대상을 이해한다는 것은 그 대상을 이해(인식) 가능한 대상으로 만들어 놓는다는 것을 의미하는데, 스스로 납득할 만한 서술을 위해서 서구 근대 학문이 취한 태도는 대상들 간의 차이를 밝히는 것으로 이어졌다. 관찰하고 서술하는 자는 권력(서양)을 가진 자였기 때문에, '차이'는 많은 경우 '차별'로 이어졌다. 아시아·태평양전쟁 시기 일본 문화에 대한 분석이 이런 경우였다. 그리고 이 관찰은 동양인을 내려다보는 인종주의와 제국주의적 담론에 기반하고 있었다. 문화상대주의는 관찰자와 대상이 서로 어떤 관계에 놓여있는지에 대해서도 깊게 고려하지 못했다. 서구 학문은 오리엔트(동양)를 항상 타자화 하고 해석의 대상으로 구성함으로써, **근대 학문의 보편성과 과학성을 명분 삼아 식민지적 지식 권력을 정당화**해왔다. 문화상대주의 역시 이로부터 자유롭지 못하며, 오히려 **더 세련된 형태의 인식론적 식민주의를 수행**하게 되었다. 베네딕트는 인류학이 인문학의 통찰을 얻어야 한다고 말하면서도, 인류학이 '엄

정한 과학의 한 분야'(사회과학)이며, '과학적 용어로 이 학문의 틀을 짠다는 것은 인류학에서 가장 기본적인 사항'이라고 주장했다(루스 베네딕트, 「유럽 국가들의 문화·패턴 연구」/「인류학과 인문학」, 마거릿 미드, 앞의 책, 300-327쪽). 이는 연구자가 과학적 방법을 통해 객관성을 유지할 수 있다는 신념에 기반한 것이었다. 과학이 객관적이며, 가치 중립적이라는 계몽주의 인식은 시대에 따라 변화해 왔다. 과학이 인류에게 진보적 역할을 할 것이며, 객관적 지식을 산출한다는 인식은 19세기에 실증주의를 거치면서 강화되었지만, 제2차 세계대전은 이런 인식에 중요한 변화를 불러일으킨 계기였다. 원자폭탄이라는 파멸적인 대량학살 무기의 사용과 냉전은 과학기술이 사회와 분리된 채로 존재하는 것이 아니며, 인류 사회에 순전히 진보적인 역할만을 수행하는 것으로 볼 수 없다는 생각이 퍼져 나갔다. 이후 과학과 기술은 독립적인 진리 형식이 아니라, 국가, 자본, 권력과 복합적으로 얽힌 정치적 실천으로 인식되기 시작하였다. 냉전기의 과학 연구는 대규모 프로젝트와 정부 주도의 정책과 연계되었고, 연구의 주체성과 자율성은 점차 제약을 받았다. 결과적으로 과학은 특정한 정치경제적 의도를 반영하며, 연구자는 더 이상 연구 결과의 사회적 함의에 대해 발언할 수 없는 구조 속에 편입되었다. 과학기술은 '중립적 진리의 생산자'의 지위를 유지하기 어려워졌고, 과학 지식 자체가 사회적 투쟁의 장에서 형성되었다. 이에 대해, 이매뉴엘 월러스틴(Immanuel M. Wallerstein)은 근대 학문이 이데올로기적으로 중립적인 것으로 과학주의를 제시하면서 자신의 연구를 정당화했다고 지적하였는데, 그는 과학주의가 '강자들의 가장 교묘한 이데올로기 수단'으로 이용되었음을 비판한 바 있다(이매뉴엘 월러스틴, 김재오 역, 『유럽적 보편주의』, 창비, 2008, 135쪽). 주체와 분리된 객관적, 중립적 과학이 존재한다는 주장은 상대성 이론과 양자역학이라는 과학에 의해서도 비판받고 있다. 대상의 속성은 대상 안에 있는 확정된 어떤 것이 아니라, 다른 대상과의 관계 속에서만 존재한다고 주장한 과학자 카를로 로벨리는 "과학의 발전을 통해 우리가 알게 된 것은 대상의 본질(속성)은 내재적인 것이 아니라, 상황과 관계에 따라 형성되고 변화한다는 점이다. 상호작용 없이는 속성도 없으며, 속성은 상대적일 뿐이다. 그리고 이 관계는 상대방으로만 이루어진 이원적 관계가 아닌, 삼자 이상이 얽힌 네트워크이다"(카를로 로벨리, 『나 없이는 존재하지 않는 세상』. 쌤앤파커스, 2023, 110-111쪽)라고 정리하고 있다.

27 '민족성'을 구성하려는 시도에 대한 비판은 Hamilton Fyfe, *The Illusion of National Character*, London, WATTS&CO, 1947; Barth, op. cit., pp.9-38을 참조

28 테사 모리스 스즈키, 임성모 역, 『변경에서 바라 본 근대』, 산처럼, 2006, 134-137쪽.

29 "일본 문화론은 냉전으로 향하는 동아시아의 정치 군사 체제를 구축 유지하는데 하나의 요소가 되었다." 미치바 치카노부, 앞의 책, 238-239쪽.

30 김만진, 「『패전후론』과 전후 일본 내셔널리즘」, 서울대학교 국제문제연구소, 『데탕트와 박정희-세계정치 14』, 논형, 2011, 216쪽.

31 "제2차 세계대전에서 형성된 증오의 언어들이 곧바로 냉전 체제에서도 쉽게 적용 되었다." John W. Dower, *Without Mercy: Race and Power in the Pacific War*, Pantheon Books, 1993, p.29.

32 제1차 세계대전의 전후 처리 과정에서는 유럽 국제법에 따라 적이 대등한 존재로 인정되었다. 적은 우리와 똑같은 인간이라고 여겼기 때문에 적을 비난할 때는 인간이 가지고 있는 여러 가지 악행과 비도덕성에 대한 비난이 이루어졌다. 성욕, 탐욕, 소유욕, 거짓말, 불신, 자국민 기만 등이 적을 비난할 때 사용되는 주요 주제였다. 아시아·태평양전쟁기의 미군 심리전도 일본군의 거짓말과 군사적 패퇴 그리고 항복 권유 등으로 이루어져 있었다.

33 한국전쟁이 학술계와 사상계에 끼친 영향에 대해서는 노엄 촘스키 외, 정연복 역, 『냉전과 대학』, 당대, 2001.; 브루스 커밍스 외, 한영옥 역, 『대학과 제국』, 당대, 2004; 국사편찬위원회, 『6·25전쟁과 냉전지식체계의 형성』, 2020을 참고할 수 있다.

34 소련이 부동항을 얻기 위해 타국을 침략하고 팽창한다는 인식은 『동아일보』 등의 신문을 통해 1945년 말부터 본격적으로 유포되었다. 설의식, "蘇 원산·청진 특별이권 요구-美紙가 전하는 중대보도", 《동아일보》, 1945.12. 24.; "소련의 극동책과 조선(4): 진설(眞說)이면 피로써 항쟁. 부동항 요구의 풍설 듯고", 《동아일보》, 1945.12.28.

35 미국 영화 〈The Iron Curtain〉(William A. Wellman, 1948)을 참조. https://www.youtube.com/ watch?v=TDaJBpTnvoM

36 영화 〈The Hoaxters〉(Herman Hoffman, 1952)은 미국 내부의 적 즉 제5열을 고발하는 영화이다. 제5열은 내부에 침투한 적이지만, 우리 편인지 적의 편인지를 쉽게 판단할 수 없다는 점에서 공포를 불러 일으키는 존재들이었다. 제5열은 한 공동체 내에서 축출의 대상을 사전 지목한다는 점에서 일제 시기와 한국사회의 요시찰인명부와 비슷한 논리를 갖는다. https://www.youtube.com/watch?v=u7a0GASCfHM

37 한 연구는 "전략심리전은 정치지도자들이 자국과 우방국의 국민·군인의 의지를 일관되게 유지하고 적의 의지를 약화시키기 위해 실시된다. 전술심리전은 적군의 심리적·물질적 욕구를 자극해 전투의지를 상실시키거나 투항을 유도하는 군사적 심리 활동이며, 작전심리전은 전술적 승리보다 전역에서 승리하기 위해

수행하는 군사적 심리활동이다."리고 정리하고 있다. 최용성, 앞의 글, 233-235쪽. 이는 미군 심리전 교범을 그대로 따른 것으로 보인다. 미군 심리전 교범은 Headquarters, Department of the Army, *Field Manual 33-5 Psychological Operations Techniques and Procedures*, October 1966; Department of the Army, *Field Manual 33-5 Psychological Operations U. S. Army Doctrine*, June 1968을 참조.

38 조인복, 「사상전에서 본 영화의 선전력」, 『정훈연구』 1, 1956, 국방부 정훈국, 129쪽.; 조인복, 「삼군 정훈 업무의 당면 과제-해병편」, 같은 책, 66쪽.

39 한국전쟁기 전단의 주제별 분류와 작전 계획에 대해서는 이임하, 앞의 책, 45-49쪽을 참조. 동일한 내용을 다룬다 하더라도, 이를 전달하는 방식(문자, 만화, 사진 등)은 여러 가지가 있을 수 있으며, 만화를 사용한다 할지라도 그 표현 또한 상이할 수 있다.

40 일레인 스캐리, 메이 역, 『고통받는 몸』, 오월의 봄, 2018, 132쪽.

41 도널드 W. 슈라이버 2세, 서광선 역, 『적을 위한 윤리』, 이화여자대학교출판문화원, 2001, 269쪽.

42 질베르 뒤랑, 진형준 역, 『상상계의 인류학적 구조들』, 문학동네, 2007, 98쪽.

43 '도미노 효과', '도미노 이론'이란, 도미노의 첫 번째 말을 넘어뜨리면 전체 말이 전부 쓰러지는 것과 비슷하게, 베트남이 공산화되면 주변의 동남아시아 나라가 공산화될 수 있다는 주장이다. 미국 대통령 드와이트 D. 아이젠하워는 1954년 4월 7일 기자회견에서 인도차이나의 공산주의를 언급하면서 이 이론을 처음으로 언급했다. 도미노 이론은 제3세계에 대한 미국 개입을 공산주의 확산 방지를 위한 명분으로 정당화했다.

44 최창근, 「절대적 환대의 가능성에 대하여-윤흥길의 단편소설을 중심으로」, 『감성연구』 14, 감성인문학회, 2017, 49-50쪽.

45 "낮은 수준의 감각적 세부사항은 엄청나게 다양한 사례를 접하면서 하나의 안정된 물체를 접하게 된다." 리사 펠드먼 배럿, 앞의 책, 225쪽.

46 미국은 『동물농장』을 공산주의에 대한 심리적 공격이라는 점에서 대단히 가치 있는 것이라고 평가했다. 『동물농장』의 한국어 번역본을 둘러싼 정황과 그 의미에 대해서는 장용경, 「풍자와 우화 사이에서―한국에서의 『동물농장』 번역의 정치」, 『역사문제연구』 15(2), 2011을 참조.

47 조지피 헬러, 안정효 역, 『캐치-22 Ⅰ』, 민음사, 2008, 230쪽.

48 적에 대한 규정은 전투에서의 군사적 전술 원칙(Field Manual)과 흡사하다. 전투 전술에서는 '발견-고정-전투-종결(Find-Fix-Fight-Finish)'라는 이른바 '4F 전술'이 기본 원칙이었다(War Department, *Soldier's Handbook FM 21-100*,

1941·1942). 미군은 한국 빨치산 토벌에 이 전술 교리를 강조하고 적용하였다.

49 칼 슈미트, 김효전 역, 『정치적인 것의 개념』, 법문사, 1992, 31-42쪽. 슈미트가 주장한 '우적론(友敵論)'은 나치, 극우파, 미국 네오콘만이 가지고 있는 정치적 개념(과 행동 양식)이 아니라, 현재까지도 매우 많은 정치 세력이 애용하고 신봉하는 개념이기도 하다. 양쪽의 정치적 갈등 수준이 높아질 때, 주도권을 잡고 이기기 위해서는 정치적 대립의 전선을 명확히 하여야 한다며 상대방을 공적(公敵)으로 몰아가는 행위는 매우 광범위하게 나타난다. 우적론의 영향력은 매우 커서, 보수 진보 성향에 관계 없이 두루 사용되고 있다.

50 어떤 공동체의 속성들을 규정하고, 다른 공동체와의 차이점을 밝히며 경계선을 긋는 인식 행위는 문화인류학 연구에서 핵심적인 수행 방식이었다. 바로 이러한 점 때문에 문화인류학은 심리전의 주요한 학문적 자원으로 이용되게 되었다.

51 정치적 적에 대한 슈미트의 주관주의적 규정은 그가 주장한 정치적인 '결단주의'와 일맥상통한다.

52 에른스트 윙어, 노선정 역, 『강철 폭풍 속에서』, 뿌리와이파리, 2014. 윙어의 보수 우익주의에 대해서는 에른스트 윙어·발터 벤야민, 최동민 역, 『노동자·고통에 관하여·독일 파시즘의 이론들』, 글항아리, 2020을 참조.

53 미군은 이런 현상에 대해 'Atrocity propaganda begets atrocity(잔학행위가 잔학행위를 부른다)'라고 표현했다. Paul M. A. Linebarger, op. cit., p.99. 적을 비난하기 위해 적군이 벌인 잔학행위에 대한 선전이 아군에게도 영향을 끼쳐 복수심에 똑같은 행동을 한다는 점을 지적한 것이다. 한국전쟁기에 남·북한 정부(군, 경찰)가 저지른 대량의 민간인 학살은 상대방의 행위를 학습하며 교류하는 양상을 보여주는 실제 예이다.

54 미 8군의 연구용역을 수행한 존스홉킨스대학팀은 미 8군의 심리전이 전적으로 이성적인 것이 아니라고 지적하면서, 더 이성적인 방식으로 심리전이 전개되어야 한다고 제안하고 있다. W. Kendall etc, ORO-T-17, *Eighth Army Psychological Warfare in the Korean War*, 1951, p.2.

55 군부와 학계의 결합이 굳어진 본격적 계기는 한국전쟁이었다. 존스홉킨스, 하버드대학 등이 군부와 밀접한 관련을 가졌다. 한국전쟁은 미국 정치학, 사회과학, 심리학, 인류학, 지역연구 등 학계에 큰 변화를 가져왔다.

56 도널드 W. 슈라이버 2세, 앞의 책, 150쪽.

57 폴 라인버거(1913~1966)는 코드웨이너 스미스(Cordwainer Smith)라는 필명으로 1950년 이후 수십 편의 과학소설을 발표하였다. 「쥐와 용의 게임(The Game of Rat and Dragon)」(1955)에서 '용'은 인간의 우주선을 공격하고 주민들을 미치게 만드는 신비한 외계인으로 등장한다.

58　테드 창, 김상훈 역, 「네 인생의 이야기」, 『당신 인생의 이야기』, 행복한책읽기, 2004, 139-215쪽.

59　Sung Hyun Kang and Keun-Sik Jung, "The Organization and Activities of the US Army Signal Corps Photo Unit", *Seoul Journal* 27(2), 2014, pp.269-306; Kang, Sung Hyun., "The U.S. Army Photography and the 'Seen Side' and 'Blind Side' of the Japanese Military Comfort Women: The Still Pictures and Motion Pictures of the Korean Comfort Girls in Myitkyina, Sungshan, and Tengchung", *Korea Journal* 59(2), 2019, pp.144-176; 정근식·강성현, 『한국전쟁 사진의 역사사회학: 미군 사진부대의 활동을 중심으로』, 서울대학교 출판문화원, 2016; 김현진, 「1950년대 기억의 재생, 사진자료」, 『국사편찬위원회 수집 사진자료 2』, 2017.

60　푸티지 영상(footage film)은 아카이브에 보관된 미편집본 영상이다. 보통 한 개의 릴(reel)에 하나 또는 복수의 장면들로 구성되어 있다.

61　김민환, 「통제된 이동과 경계의 조정: 임진강 및 주변 지역 다리 영상을 중심으로」, 『역사연구』 41, 2021, 69-116쪽; 임재근, 「한국전쟁 영상과 또 다른 대전지역사 쓰기: 교량과 철도 파괴 영상을 중심으로」, 『역사연구』 41, 2021, 31-67쪽; 강성현, 「한국전쟁 푸티지영상, 어떻게 연구할 것인가」, 『역사문제연구』 47, 2022.

62　박희태, 「영상역사연구의 쟁점들」, 허은 편, 『역사와 아카이빙 그리고 새로운 역사쓰기』, 선인, 2015, 71-72쪽.

63　김정아, 「대한민국 정부 수립기의 뉴스영화에 관한 고찰」, 『서울과 역사』 105, 2020, 183쪽.

64　주한미공보원 영화에 대한 연구는 김려실, 「냉전사 재고와 영상역사 쓰기-주한미공보원의 원조 선전 영화를 중심으로」, 『로컬리티 인문학』 19, 2018, 187-226쪽.; 김한상, 「주한미공보원 영화선전의 표상과 담론-1950년대 국가 재건과 자립 한국인의 주체성」, 『사회와 역사』 95, 2012, 243-279쪽; 차재영·염찬희, 「1950년대 주한미공보원의 기록영화와 미국의 이미지 구축」, 『한국언론학보』 56(1), 2012, 235-263쪽.; 허은, 「냉전시기 미국의 민족국가 형성 개입과 헤게모니 구축의 최전선-주한미공보원 영화」, 『한국사연구』 155, 2011, 139-169쪽. 등이 있다. 주한미공보원 영화 연구 못지 않게 미 육군 통신대 푸티지 영상을 중심으로 한 한국전쟁 영상 연구도 최근 큰 흐름을 형성해 왔다 강성현, 앞의 글, 136-139쪽.

65　김한상, 「1945-1948년 주한미군정 및 주한미군사령부의 영화선전: 미국 국립문서기록관리청(NARA) 소장 작품을 중심으로」, 『미국사연구』 34, 2011, 177-212쪽.

66　김정아, 앞의 글, 181-222쪽.

67 《해방뉴스》와 관련된 뉴스 기록영화는 다섯 종류가 있다. 해방 직후 조선 영화인이 직접 제작(초기 조선영화건설본부, 이후 조선영화사)한 《해방뉴스》(국내판), 《해방뉴-쓰》(일본판), 《해방조선을 가다》 기록영화, 《해방뉴스》(영미판), 《서울영화주식회사》 기록영화가 있다. 이 중 《해방뉴스》(국내판)는 지금까지 실물이 발굴되지 않았다. 김형석·이상아 엮음, 『해방한국 1945-1950』, 청아출판사, 2024, 14쪽.
68 이길성, 「해방 이후 뉴스-문화영화 제작사 연구: 민간영화사를 중심으로」, 『사림』 53, 2015, 239-263쪽.
69 김려실, 앞의 글.
70 백원담·강성현 편, 『열전 속 냉전, 냉전 속 열전: 냉전아시아의 사상심리전』, 진인진, 2017, 12쪽; 김인수, 「1930년대 후반 조선주둔일본군의 대소련, 대조선 정보사상전」, 『한국문학연구』 32, 2007, 182쪽; 이상록, 「이선근의 국난극복사관과 제3차 교육과정기 국사 교육의 냉전사적 재해석-사상전의 계보학을 중심으로」, 『청람사학』 28, 2018, 41-43쪽.
71 "사상싸움이란 적의 사상을 파괴함으로써 승리를 얻고자 하는 것이다. 만일 우리가 사상싸움에 있어서 적의 사상파괴의 경로를 한 번 살펴본다면, 거기에는 사상의 파괴보다 도리어 사상의 건설이 앞섬을 잘 알 수가 있다. 적의 사상을 파괴함에는 단순히 적의 사상을 빼앗고 버림으로써가 아니라, 도리어 새 사상을 넣어주어 적의 사상을 새로 세워 주는 데서 되는 것이다." 안호상, 『민족의 소리』, 문화당, 1949, 24-25쪽.
72 공임순, 「사상'운동'과 사상의 생활윤리화-일민주의와 〈사상〉지를 중심으로」, 『서강인문논총』 35, 2012, 35-36쪽.
73 이희원은 또 다른 대목에서 냉전을 정보 심리전, 사상 대립, 정치 선전, 이데올로기 선전, 대중 선전선동으로 보았다. 이희원, 「스크린과 사상전」, 『씨네포럼』 24, 2016, 471쪽.
74 백원담·강성현 편, 앞의 책, 11-12쪽.
75 위의 책, 12-13쪽.
76 이와 관련해 이러한 주장이 대체로 기사 출처, 취재 및 전달 과정을 추적하면서 아직까지는 정황적 근거에 입각한 주장이라는 비판도 있다. 박수현, 「점령과 분단의 설득기구-미군정 공보기구의 변천(1945.8-1948.5)」, 정용욱 엮음, 『해방의 공간, 점령의 시간』, 푸른역사, 2018, 101-103쪽.
77 김려실, 『문화냉전: 미국의 공보선전과 주한미공보원 영화』, 2019, 69-70쪽.
78 공보부 영화과장을 겸한 502부대장의 이름이 리어든 대위인지, 디어든 대위인지 기록과 증언이 엇갈리지만, 이 글에서는 유장산의 증언보다 당시 『예술통신』의

글 「영화과 리어든 대위 자료 획득 차 일본에」가 근거 자료로 더 신빙성이 있다고 판단한다. 김려실, 위의 책, 70-71쪽; 한국예술연구소 편, 『이영일의 한국영화사를 위한 증언록-유장산·이경순·이필우·이창근 편』, 소도, 2003, 30-31쪽.

79 김려실, 위의 책, 73쪽.
80 *History fo the Department of Public*, RG 332 Entry A1 1256 Box 39, NARA.
81 김한상, 「주한미공보원 영화선전의 표상과 담론-1950년대 국가 재건과 자립 한국인의 주체성」, 앞의 글, 180쪽; 조혜정, 「미군정기 뉴스영화의 관점과 이념적 기반 연구」, 『한국민족운동사 연구』 68, 2011, 333쪽.
82 박수현, 앞의 글, 109-112쪽.
83 위의 글, 118, 120쪽.
84 위의 글, 116-118쪽.
85 1949년에 미국 공보원(USIS)이 주한 미군 사령부 공보원 조직을 승계 받으면서 1950년 3월부터는 '미국 문화관'으로 명칭이 바뀌었다. 1957년에 미국 문화원으로 공식화되었다. 김려실, 앞의 책, 76-78쪽.
86 박수현, 앞의 글, 113-114쪽 ; 김려실, 위의 책, 75쪽.
87 김려실, 위의 책, 77-78쪽.
88 "시보 2호 상영", 《수산경제신문》, 1947.12.7.; "시보 완성", 《독립신보》, 1947.12.9.
89 김한상, 앞의 글, 196쪽.
90 박수현, 앞의 글, 113-114쪽; 김한상, 위의 글, 192-194쪽.
91 한국예술연구소 편, 앞의 책, 39쪽.
92 김정아, 앞의 글, 189쪽.
93 김형석·이상아 엮음, 앞의 책, 24쪽.
94 위의 책, 27-29쪽.
95 《서울신문》, 1949.10.9.
96 김학재, 「정부수립 전후 공보부·처의 활동과 냉전 통치성의 계보」, 『대동문화연구』 74, 2011, 88, 90쪽.
97 1949년 1월 제24군 철수 이후 주한 미군 사령부 공보원은 국무부 관할로 이관되어, 1949년 7월 주한미공보원(USIS)으로 재편 설치되었다. 주한 미대사관이 주한 미군 사령부 공보원 조직과 업무를 인수했음을 의미한다. 주한 미군의 공보선전 총책이었던 스튜어트는 주한 미대사관 서기관 직위와 주한미공보원 국장을 겸직해 주한 미군의 심리전을 이어나갔다. 한국전쟁 직후 주한미공보원은 국무부의 지원을 받고 한국 전선에서 독자적인 심리전 작전을 수행했고, 주한미공보원 국장인 스튜어트는 주한 미군의 심리전 책임자가 되었다. 미 8군 사령부에 심리전 담당 군 인력을 파견한 1950년 10월 전까지 이런 상태가 지속되었다. 국무

부와 주한미공보원은 미 극동사령부와 미 8군 심리전 기구들이 우선적으로 여겼던 심리전 미디어, '삐라' 대량 살포에 대해 다소 회의적이었다. 그보다는 뉴스릴 등 기록영화 같은 미디어가 더 효과적이라고 보았다. 김려실, 「뉴스릴 전쟁 - 한국전쟁 초기 미국의 뉴스릴과 〈리버티 뉴스〉의 탄생」, 『현대영화연구』 25, 2016, 77-78쪽.

98 위의 글, 79-80쪽.

99 《시보》 1, 2, 5, 특보의 소장처는 각각 〈111-ADC-10050〉, 〈111-ADC-10051〉, 〈111-ADC-10052〉, 〈111-ADC-10049〉, NARA II.

100 NARA II가 제공하는 카탈로그에는 1947년 3월 26일이라고 기록되어 있지만, 이것을 제작 일자로 볼 수 있을까? 분명한 건 뉴스 내용을 보면, 《시보》 1호는 1946년 1월 14일-2월 7일의 일을, 2호는 2월 14일, 5호는 3월 15일과 20일, 그리고 특보는 12월 12일의 일을 촬영한 것이다.

101 "경복궁 옛터에 감격의 태극기 게양!!!"(1946.1.14.), 《시보》 1호.

102 "김계조사건 공판 개정", 《중앙신문》, 《조선일보》, 1946.1.25.; 김두식, 『법률가들: 선출되지 않은 권력의 탄생』, 창비, 2018, 262-265쪽.

103 "민사전임한 김계조사건 담당판사 오승근의 담화 발표", 《서울신문》, 1946.3.28.; "김계조사건 상고심 언도공판에서 배임죄로 징역 10월 언도", 《서울신문》, 1946.10.17.

104 김두식, 앞의 책,

105 공준환, 「아시아·태평양 전쟁 직후 미국 전범재판에서의 '정의'와 식민지 문제」, 서울대학교 박사학위논문, 2024, 283-287쪽.

106 "전국각층 총망라 백육십칠명이 참석", 《동아일보》, 1946.2.2.

107 "유엔조선임위 환영 전국대회 개최", 《서울신문》, 《경향신문》, 《동아일보》, 《조선일보》, 1948.1.15.

108 김정아, 앞의 글, 203쪽.

109 "5·10 총선거 실황 보도", 《전진조선보》 13호.

110 「유엔한국임시위원단(UNTCOK)에 관한 미국 연락장교의 보고서」, 국사편찬위원회, 『대한민국사자료집 1: 유엔한국임시위원단관계문서 I』, 1987, 91쪽.

111 "제주도서 비행기로 옮겨온 고 박대령의 시신", "고 박대령의 장례식", 《전진조선보》 13호.

112 현재 제주4·3기념사업위원회는 "도민 학살을 막을 목적으로 박진경을 처단"했던 이 둘을 기억하는 사업을 하고 있다. 김재훈, 「[인물로 읽는 제주4·3] 9 손선호: 스무살 군인... 암흑의 심장을 쏘다」, 《제주투데이》, 2023·12.31.

113 "대한민국 독립민주국 제1차 회의를 여기서 열게 된 것을 우리가 하나님에게

감사해야 할 것입니다. 종교 사상 무엇을 가지고 있든지 누구나 오날을 당해 가지고 사람의 힘으로만 된 것이라고 우리가 자랑할 수 없을 것입니다. 그러므로 하나님에게 감사를 드리지 않을 수 없읍니다." 제헌국회 개회사와 이윤영 의원의 기도문은『대한민국 제헌국회 제1회 제1차 본회의록』참고.

114 "한미협정 조인식",《전진대한보》19호; "한미협정 조인식",《전진대한보》24호.
115 "주한미국 무초대사 신임장 봉정식 환영과 반도호텔 증여식",《전진대한보》34호.
116 "한중 친선을 약속하는 소유린 중국대사 신임장 봉정식",《전진대한보》40호; "The Ambassador in Korea (Muccio) to the Secretary of State"(1949.8.8.), Foreign Relations of the United States 7, Part 2.
117 "이승만대통령과 장개석총통 진해에서 역사적 회담",《전진대한보》41호.
118 "제주도파견 경찰 특별부대 귀환",《전진대한보》36호.
119 진실·화해를위한과거사청산위원회,「대구10월사건 관련 민간인 희생 사건-대구·칠곡·영주·경주」,『2010년 상반기 조사보고서』, 2010.
120 김득중, "조선 독립을 원치 않은 자 누구인가: 1947년 3·1절 기념식 이후 벌어진 좌우익 충돌사건에 숨은 미군정의 그림자",《한겨레21》, 2018.5.9.
121 제민일보 4·3취재반,『4·3은 말한다 1』, 전예원, 1994, 323-324쪽.
122 위의 책, 149-150쪽.
123 김득중,『'빨갱이'의 탄생-여순사건과 반공 국가의 형성』, 선인, 2009, 459쪽.
124 "국제연합 한국위원단 38선 시찰",《전진조선보》39호; "유엔한국위원단 제1분과위원회, 옹진지구 시찰",《서울신문》, 1949.6.29.
125 정병준,『한국전쟁: 38선 충돌과 전쟁의 형성』, 돌베개, *2006, 363-364쪽*; 존 메릴, 이종찬·김충남 역,『한국전쟁의 기원과 진실』, 두산동아, *2004, 180-182쪽*.
126 정병준,『한국전쟁: 38선 충돌과 전쟁의 형성』, 돌베개, 2006, 363-366쪽.
127 미셸 푸코 지음, 이정우 역,『지식의 고고학』, 민음사, 2000. 제12장(「역사적 아프리오리와 아카이브」) 참조. 108-120쪽.
128 미국 국립기록관리청에 소장된 일련의 북한 노획 영상들로, 한국영상자료원과 고려대학교(2011), 성공회대 동아시아연구소(2022)에 의해 공동 조사 및 수집된 바 있다.
129 여기에 적시된 일련번호는 미국 국립기록관리청에 아카이빙된 카달로깅 번호를 그대로 가져온 것이다. 이하 다른 번호들도 마찬가지이다.
130 현재 이들 영상은 고려대 한국근현대영상 아카이브(https://kfilm.khistory.org/)를 통해 일반인에게 공개되는 중이기도 하다.
131 북한의 전쟁영화에서 적대적 존재로서 미국이 표상된 양상과 추이에 관해서는 이현중의 논문을 참조하라. 이현중,「북한 전쟁영화와 기록영화 속 미국(군) 표상 연

구: 6·25 전쟁과 그 전후 시기를 중심으로」, 『영화연구』 84, 2020, 35-59쪽.
132 Tanine Allison, *Destructive Sublime: World War II in American Film and Media*, Rutgers University Press, 2018의 1·2장 참조.
133 15개 릴 가운데 5개는 순차적으로 매겨져 있고(242-MID-5147, 5157, 5199, 5237, 5241), 나머지 10개의 릴은 5391번에서 5400까지는 연속적으로 넘버링이 되어 있다.
134 5391에서 5395에 이르는 연속된 넘버링의 다섯 개 릴은 하나의 DVD 안에 보관돼 있다.
135 노획 필름의 아카이빙 과정에 대한 상세한 논의로는 전갑생의 논문을 참조하라. 전갑생, 「미군의 북한 영상 노획과 심리적 영화 제작」, 『역사문제연구』 47, 2022, 181-220쪽.
136 가령, 위에서 언급한 〈242-MID-5237〉의 장면의 일부가 〈242-MID-5157〉에도 등장하는 식이다. 이렇듯 같은 장면이나, 동일한 장소에서 각도와 대상 및 길이를 달리 하여 찍은 장면들이, 여러 릴에 반복하여 등장하는 경우를 자주 목격할 수 있다.
137 북한에서는 극영화라는 용어를 사용하지 않고. 기록영화와 만화영화 및 과학영화와 구분되는 극영화 일반을 '예술영화'라는 이름으로 통칭하여 부르고 있다. 이 글에서는 편의상 극영화라는 용어를 사용하고 있음을 밝혀둔다.
138 한상언, 「북한영화의 탄생과 주인규」, 『영화연구』 37, 2008, 405쪽.
139 라원근, "국립영화촬영소 제2회 극예술영화 〈용광로〉에 대하여", 『로동신문』, 1950.06.14.
140 "영화광고 〈초소를 지키는 사람들〉", 《민주조선》, 1950.8.9. (자료 출처: 명지대 미술사학과 홍성후 제공).
141 "영화 〈내고향〉 절찬 / 해방된 개성시에서 상영", 《로동신문》, 1950.7.6.
142 "고상한 예술성을 과시 / 쏘련영화 서울에서 대호평", 《해방일보》, 1950.9.23.
143 『조선중앙연감 1950』, 조선중앙통신사, 1950.
144 "조선예술영화촬영소 제작 주요작품 목록", 《조선영화》 2, 1967.2.11., 46-48쪽.
145 이 선집에는 나운규의 〈아리랑〉과 함께 국립영화촬영소가 제작한 6편의 예술영화의 시나리오가 수록되어 있다. 그 6편의 작품으로는 〈내고향〉(김승구), 〈용광로〉(김영근), 〈소년빨찌산〉(집체작), 〈향토를 지키는 사람들〉(집체작), 〈정찰병〉(한상운), 〈비행기사냥군조〉(한상운)가 포함되어 있다. 리호윤 편집, 『조선영화문학선집·1』, 평양:문학예술종합출판사, 1994.
146 북한영화에서 주인규가 차지하는 위상과 행적에 대해서는 한상언의 글을 참조하라. 한상언, 「북한영화의 탄생과 주인규」, 『영화연구』 37, 2008, 383-410쪽.

147 "영화에서 보는 영웅적 인민군대의 형상", 《조선영화》, 1958.2.
148 크게 보면 전쟁영화라는 범주에 들 것이지만, 이 범주는 너무 포괄적이다. 좀 더 구체적으로는 전투영화라는 명칭이 가능할 듯싶다. 그러나 이 명칭은 북의 분류 기준이 아니라 서구의 장르 체계명을 따른 것임을 밝혀 둔다. 북에서는 전투영화라는 구체적인 장르명을 사용하지 않고, 기록영화와 구별되는 극영화를 모두 아우르는 '예술영화'라는 이름으로 통칭하고 있다.
149 Jeanine Basinger, *The World War II Combat Film: Anatomy of a Genre*, Wesleyan University Press, 2003. 2장 참조.
150 이 영화는 소실되어 구체적인 면모는 알 수 없다. 신문 기사 등의 2차 자료로 짐작컨대, 이 영화는 서사의 대부분이 이념을 달리 하는 두 인물의 갈등에 할애되고 있는 듯하다.
151 이 영화는 사운드가 소실된 상태로 2020년에 발굴되어 일반에 공개 중이다. 영화 속에 전투 장면은 3분이 채 안 될 정도로 매우 짧은 편이다.
152 "십(十)용사의 장렬한 전투경과, 육탄으로 진지분쇄", 《동아일보》, 1949.5.21., 2면.
153 지금의 홍제동에 해당하는 옛 지명이다.
154 "〈북위38도〉 촬영 중 홍제리 로케는 공개", 《조선일보》, 1949.12.14.
155 『2006년도 원로영화인 구술채록 자료집: 양일민 편(배우: 1928~)』, 한국영상자료원, 2007, 10-12쪽.
156 김명남, "해방후 열두해 동안의 조선영화의 발전면모", 《조선영화》 2, 1957.8.15., 8-9쪽.
157 '선한 전쟁(good war)'이라는 용어는 전쟁의 목적이 자유 수호와 같은 선한 생각에 놓여 있음을 알리려는 의도에서 할리우드 영화가 명시적으로 사용하면서 널리 개념화되었다. 주로 제2차 세계대전을 재현한 전쟁영화에서 자주 등장하던 이 용어는 걸프전과 같은 현대적 맥락에서도 여전히 활용되고 있다. 이와 관련해서는 크램톤과 파워의 논문을 참조하라. Crampton, A., & Power, M. "Frames of reference on the geopolitical stage: Saving Private Ryan and the Second World War/Second Gulf War intertext", *Geopolitics* 10(2), 2005, pp.244-265.
158 NARA에 소장된 카탈로그 넘버를 가리킨다.
159 한 개의 릴에 들어 있는 내용들 가운데 주요 부분만을 간추린 것으로, 연출된 장면은 '극'으로, 기록영상에서 가져온 부분은 '기록'으로 표기했다. 영상의 성격이나 출처가 보다 확실한 경우는 '다큐멘터리' 혹은 "뉴스릴" 등으로 구분하여 적어두었음을 밝혀둔다.

160 소련과의 친선을 도모하는 취지에서 열린 행사로, 1949년 10월 22일에서 23일까지 국립예술극장에서 개최되었다.
161 1928년 평양에서 출생한 안현철은 북한의 국립영화촬영소에 들어가 1년 6개월 동안 스태프로 활동했으며, 월남한 뒤에는 〈어머니의 길〉(1958)을 시작으로 멜로드라마와 사극을 포함한 수십 편의 영화를 연출했다. 동의대학교 영상미디어센터 & 김이석/차민철,『근현대 영화인 사전』, 미디어랩2084, 2015.
162 이명자,『북한영화사』, 커뮤니케이션북스, 2007. 2장 참조.
163 Anastasia Bakogianni, "War as Spectacle, a Multi-sensory Event Worth Watching?", Anastasia Bakogianni and Valerie M. Hope eds., *War as Spectacle: Ancient and Modern Perspectives on the Display of Armed Conflict*, Bloomsbury Academic, 2015, p.1
164 한상언,「6·25 전쟁기 북한영화와 전쟁재현」,『현대영화연구』11, 2011, 285쪽.
165 전시 상황에도 영화의 제작은 꾸준히 이어졌는데, 그 대표적인 작품이 〈소년 빨찌산〉(윤용규, 1951), 〈또다시 전선으로〉(천상인, 1952), 〈향토를 지키는 사람들〉(윤용규, 1952), 〈정찰병〉(전동민, 1953), 〈비행기 사냥 군조〉(강홍식, 1953)로, 이들은 모두 전투영화의 모습을 하고 있다. 그 가운데 〈소년 빨찌산〉은 "일시적인 미제 강점 시기에 애국 소년 소녀들이 빨찌산 투쟁을 조직하여 적의 간담을 서늘케 한 모습들을 보여주"는 영화로 공산권의 영화제였던 제6차 국제영화 축전에서 '자유를 위한 투쟁상'을 수상했고, 〈또 다시 전선으로〉는 그 다음해인 제7차 국제영화 축전에서 동일한 상을 수상한 바 있다.
166 Young Suk Oh., "The Korean War and Films (1955-1970)", *FLowers in Hell. The Golden Age of the Korean cinema*, FESTIVAL INTERNACIONAL DE CINE DE DONOSTIA-SAN SEBASTIAN, 2021.6., pp.65-86 참조.
167 김명남, 앞의 글, 8쪽.
168 태극기를 대신하여 인공기가 북한의 상징적인 깃발이 되기 시작한 것은 1948년의 일이다. 〈인민군대〉(1948)에도 인민군의 위대함을 말하는 자리에서 태극기가 사용되고 있음을 목격할 수 있다.
169 〈38선〉의 내레이션 중에서 인용.
170 백원담·강성현 편,『열전 속 냉전, 냉전 속 열전 냉전 아시아의 사상심리전』, 진인진, 2017, 12쪽.
171 위의 책, 36-56쪽.
172 허은,「냉전시기 미국의 민족국가 형성 개입과 헤게모니 구축의 최전선: 주한미공보원 영화」,『한국사연구』155, 2011, 139-169쪽; 김한상,「주한미국공보원(USIS) 영화선전의 표상과 담론: 1950년대, 국가 재건과 자립의 한국인의 주체

성」, 『사화와 역사』 95, 2012, 243-279쪽; 김려실, 「뉴스릴 전쟁-한국전쟁 초기 미국의 뉴스릴과 〈리버티 뉴스〉의 탄생」, 『현대영화연구』 25, 2016, 71-107쪽; 김은영, 「한국영화의 문화냉전 편입과정: 미국 공공외교의 영향을 중심으로」, 연세대학교 박사학위논문, 2016.

173 한상언, 「6.25전쟁기 북한 영화와 전쟁 재현」, 『현대영화연구』 7(1), 2011, 281-308쪽; 한상언, 「전후 북한영화의 재건에 관한 연구」, 『영화연구』 84, 2020, 89-114쪽; 이준엽·한상언, 「북한 초기 칼라영화의 형성과정과 특징(1950~1957)」, 『현대영화연구』 14(4), 2018, 111-140쪽; 김승, 「북한 기록영화의 영상재현 특성 연구」, 북한대학원대학교 박사학위논문, 2015; 유우, 「북한과 중국의 영화교류연구(1945~1955)」, 한양대학교 박사학위논문, 2018; 이명자, 『북한영화사』, 커뮤니케이션북스, 2007; 최척호, 『북한예술영화』, 신원문화사, 1989.

174 이 협회는 북한과 소련의 인적 교류 및 소련의 물자 지원으로까지 이어졌다. 특히 1947년 1월 28일 「조쏘문화협회 사업협조에 관하여」(결정서)가 발표된 이후 문화 예술에서 활발한 활동으로 이어지는 계기로 작용했다. 영화 분야는 《소비에트 소식》과 같은 소련의 뉴스 영화 제작과 〈1918년의 레닌(Lenin of 1918)〉(1939) 등 다양한 영화 상영, 소련 감독들의 북한 영화 제작 참여까지 가능해졌다. 류기현, 「1945~1950년 조소문화협회의 조직과 활동」, 서울대학교 석사학위논문, 2016; 정진아, 「북한이 수용한 '사회주의 쏘련'의 이미지」, 『통일문제연구』 54, 2010, 142쪽.

175 촬영소의 설치 과정, 현상실, 편집실, 녹음실, 촬영 과정 등의 상세한 내용은 다음의 글을 참조. "국립영화촬영소를 찾아서", 《映畫藝術》 2, 조선영화예술사, 1949.8.10., RG 242, Entry NM-44 299AF, Box 1146, Item #4-87, NARA Ⅱ. 1952년 5월 촬영소는 연못을 둘러싼 8채의 가옥에서 다시 시작되었는데 녹음실을 제외한 대부분 건물들이 미군 폭격으로 파괴되고 말았다. *North Korean Motion Picture Industry* (CIA-RDP82-00457R015100240011-3), 29 November 1952, Report of Foreign Documents Division Survey Team, General CIA Records, CIA.

176 1947년 2월 기록영화 〈민청제3차대회〉(3개 릴)를 비롯한 뉴스 영화와 극영화 〈내고향〉(1949) 등이 제작되었다. 《映畫藝術》 2, 조선영화예술사, 위의 문서; 《映畫藝術》 3, RG 242, Entry NM44-229AK, Box 619, NARA Ⅱ; 《映畫藝術》 5, RG 242, Entry NM44-229F, Box 1218, NARA Ⅱ; 정영권, 「북한의 소련영화 수용과 영향 1945~1953」, 『현대영화연구』 11(3), 2015, 7-35쪽; 한상언, 「6.25전쟁기 북한 영화와 전쟁 재현」, 『현대영화연구』 7(1), 2011, 281-308쪽.

177　1996년부터 NARA Ⅱ에서 수집한 기관들은 국사편찬위원회, 한림대 아시아연구소, 통일연구원 등이다.

178　이 기관의 정식명칭은 U.S. National Archives and Records Administration이며 약칭 NARA라고 표기한다. NARA는 1관(워싱턴 DC)과 2관(메릴랜드 주 칼리지 파크)에 소재하며 기록물의 시기에 따라 National Archives Ⅰ·Ⅱ로 구분하는데 본 연구에 자료들은 모두 National Archives Ⅱ이다. 따라서 자료 소장 기관의 표기는 National Archives Ⅱ지만 약칭 NARA Ⅱ라고 통일한다. 국내에서 대부분 연구자나 언론들은 문서, 사진, 영상 등을 NARA라고 표기하고 있다. 그러나 NARA는 NARA Ⅱ의 상급기관이지 자료의 소장처라고 볼 수 없다.

179　고려대 한국사연구소 역사영상융합연구팀은 한국학중앙연구원의 지원을 받아 2011-2014년까지 미·영·프·독·일·중 등 여러 국가 아카이브에서 한국 관련 영상들을 수집했으며 NARA Ⅱ에서 RG 242 MID 시리즈 내 북한 노획 영상 일부를 수집했다(http://kfilm.khistory.org/). 또한 2017~2021년 서울대 사회발전연구소와 성공회대 동아시아냉전평화센터, KBS 등에서 MID 시리즈의 북한 노획 영상 다수가 수집된 상태이다.

180　현재 NARA Ⅱ의 RG 242 1918~1947년 정보참모부 군사정보국의 영상 필름(Motion Picture Films From G-2 Army Military Intelligence Division, 1918-1947, MID로 줄임) 시리즈는 보존 필름 2,007개 릴(35mm)이고, 보존 복제본 1,805개 필름 릴과 222개 비디오 카세트 등이 있다. 열람 참고용은 1,116개 필름 릴, 95개 비디오 카세트인데 그중 35mm만 1,063개 릴이다. 이들 중에서 북한 노획 영상 필름은 온라인에 27개 릴을 공개했으며 나머지 현지 영상실에서 850개 릴 정도 확인할 수 있다. 하지만 NARA Ⅱ에서 작성한 색인 카드와 목록 중 소련과 북한, 일본 영상이 섞여 있으며 제목과 내용조차 전혀 다른 경우가 많다. 별도 해제는 존재하지 않는다.

181　필자는 본문에 등장하는 모든 영상들을 2018~2020년 2월 사이 NARA Ⅱ에서 직접 수집했음을 밝혀둔다.

182　GHQ FEC, *United Nation Offensive Operations 15 September-15 October 1950*, RG 554, General Correspondence, 1947 – 1952, Entry A-1 16A, Box 34, 1951: 350.09 — 380.01, 1951, NARA Ⅱ.

183　이 작전 계획은 극동총사령부에서 작성한 제7합동기동함대·공군사령부 외에 미 제8군 사령부·미 제10군단·미 해병 제1사단의 대규모 사령부의 작전계획서(Operation Plans of Major Commands, 1950. 9. 2, OPMC로 줄임)와 9월 제1상륙전단·제90기동함대사령부의 작전명령 제14-50호(Operation Order No. 14-50, OP 14-50으로 줄임) 등을 포함하고 있다. General Headquarters

Far East Command, *Operation Plans of Major Commands, 1950*, RG 554, Staff Studies and Intelligence Estimates, 1948–1951, Entry A1 48, Box 5, NARA Ⅱ.

184 정보참모부의 특별 프로젝트에는 CIC, 전방보고반(Forward Reporting Unit), 주한연락처(Korea Liaison Office), 특별조사반(office of special investigation), 전쟁심리(Psychological Warfare), 해상정보반(Office of Naval Intelligence) 등 임무에 따라 세분화되었다.

185 재편된 부서는 특별작전 및 방첩, 전쟁심리(PSYWAR), 정보·행정·사진판독·분석(Photo Interpretation Division·PID), 분석 및 연구(Analysis&Research), 방첩국(Counter Intelligence Division) 등이다. G-2 GHQ FEC, *Organizational File, 1950*, RG 338, Intelligence Administration Files, 2/10/1950–12/31/1955, Entry A-1 117, Box 51, NARA Ⅱ.

186 사카모토는 1942년 4월부터 제4군사첩보학교에서 교육을 받고 제100보병대 대에 배속되어 태평양 남부 피지 제도 남동쪽 통가 제도의 통가타푸섬에서 포로 심문 및 통역을 담당했다. James C. McNaughton, *Nisei Linguists: Japanese Americans in the Military Intelligence Service During World War II*, ST JOHN Press, 2016, p.66.

187 이 부대는 1942년 8월 아시아-태평양전쟁 중 재미 일본인 2세들을 중심으로 편성되어 연합군 최고사령부 번역 통신부(Allied Translator and Interpreter Section·ATIS) 소속이며 한국전쟁기 연합군 총사령부(SCAP) 예하 ATIS 전선 부대(Advance Allied Translator and Interpreter Service, ADVATIS)라고 불렸다.

188 기동대의 자세한 편성을 보면 제72탱크대대의 1개 소대에서 6대의 M-26탱크·1대의 반궤도 차량, 제2정찰중대의 1개 소대에서 2대의 M-24탱크·1대의 M-39 장갑 보병 수송 차량, 제38연대 1개 보병 중대에서 중대장을 포함 6명의 장교·차량 보병 중대, 공병 폭파대에서 1명의 장교와 14명의 사병 외에도 1대의 트럭(2.5톤)·공병 폭파물 1 세트, 제82방공포대대에서 방공 자동포 1개반(1대의 M-16·M-19), 의무반에서 1명의 의사·2명의 보조 의사로 구성된 야전 응급 치료소, 2 CIC 파견대에서 1명의 장교·2명의 사병이 배속되었다. *302-2nd Infantry Division: War Diary with Staff Sections, 09/1950–10/1950*, RG 407, Command Reports, 1949–1954, Entry NM3 429, Box 2434, NARA Ⅱ.

189 이 문서는 1950년 9월 20일 미 8군 정보참모부가 CIC에 전달한 평양과 서울 지역의 정치인을 비롯한 주요 인물과 국립영화촬영소 등 주요 기관까지 정리

한 목표물의 목록이다. 441st CIC Team, *Counter Intelligence Target Information*, 4 October 1950, RG 338, Intelligence Administration Files, 1950-1955, Entry A-1 117, Box 51, CIC Target List Seoul, 1950, NARA Ⅱ.

190 "2nd Infantry Division: War Diary, 17 Oct 1950", *302-2nd Infantry Division: War Diary with Staff Sections, 09/1950-10/1950*, op. cit.

191 Ibid.

192 Ibid.; *302-INF(38)-2nd Infantry Division, 38th Infantry Regiment: Command Report, 09/1950-10/1950*, RG 407, Command Reports, 1949 - 1954, Entry NM3 429, Box 2474, NARA Ⅱ.

193 164th MIL INTEL SVC DET, *Document Acquisition Special Pyongyang Project*, ADVATIS-FWD-T0002, 30 October 1950, RG 338, POW RIR 5, Intelligence Administration Files, 2/10/1950-12/31/1955, Entry A-1 117, Box 51, NARA Ⅱ.

194 Ibid., "4 November 1950"

195 Ibid., "16 November 1950", ADVATIS-FWD-0006.

196 Ibid., *G-2 Action File*, Vol.3, 1950

197 ATIS는 Enemy Documents(1950.9.26-1952.3.27), Special Report, FEC Intelligence Digest, Korean·Chinese Intelligence and Smuggling, Intelligence Estimate Far East 등을 다양한 번역 자료집을 생산했다.

198 정보참모부는 1950년 12월 이후 평양 등지에서 노획된 문서들을 자체적으로 분류 및 정리 작업에 ATIS 내 한국인 장교들과 함께 진행했다. 그러나 공군과 해군 외에 다른 첩보기관들이 노획한 자료들을 제각각 수집해 분산·보관하고 있었다. 이에 극동총사령부 정보참모부와 군사정보단 등은 북한노획문서 전체를 파일링하고 공유 및 보존할 방안을 제시하면서 제안한 것이다. RG 554, 321.3 Organization, Intelligence Division, 1951, En A1 41, Box 3., NARA Ⅱ.

199 이 센터는 미 육·해·공군에서 북한 노획 자료들을 십진 분류에 따라 정리하였다. 상세한 십진 분류의 세부 항목 중 예시를 보면 ATIS에서 정리한 문서 번호는 "51.10A ATIS 적 출판물-한국어"이다. 파일의 십진 분류는 51(기관코드), 10(자료 종류·형태), A(소분류, 분야별·알파벳 순)이다. 다른 기관보다 제일 많은 문서를 소장하고 있는 ATIS는 극동 군사정보단(FE MISG)에서 작성한 목록과 분류한 파일들을 노획한 주체, 자료의 종류, 파일 코드와 제목, 수량, 규격 등을 세분화했다. 또한 세분화된 목록에 따라 색인 카드가 작성되었다. 특히 북한과 중국 인민지원군 부대 카드는 포획한 포로의 전술신문 보고서(KT) 번호,

부대명(군단·사단·연대·대대·중대·소대), 작성일, 조사·첩보 파일 코드, 포로에게 노획한 문서 번호, 쪽수 등이다. 1951년 9월까지 작성된 북한인민군 개인 목록 카드 11,700장, 북한인민군 부대 목록 카드 4,000장, 중국 인민지원군 개인 목록 카드 4,300장과 부대 목록 카드 2,450장 등이다. 이 형식에 따라 센터는 각 사령부(해·공군)에 노획한 자료를 집중시키도록 요청했다. *Central Files*, 10 September 1951, RG 554, 321.3 Organization, Intelligence Division, 1951, En A1 41, Box 3., NARA Ⅱ. 센터의 기록화된 자료들은 NARA Ⅱ에서 다시 재분류되었다.

200 이곳은 제1차 세계대전 종전 직후 미 해군 어뢰 공장이자 군수품 및 기록 보관 시설로 사용되었다가 제2차 세계대전 때 항공기와 잠수함용 어뢰를 생산하던 곳이며, 1950년 9월 어뢰 공장을 폐쇄하고 알렉산드리아 연방기록센터로 전환되었다. 1954년부터 이곳은 육군부 육군참모총장실 소속의 기록과의 기록물 중 북한 노획 문서를 비롯한 독일과 일본 등의 노획 문서도 보관되었으며, 1967년터 지금의 메릴랜드 수틀랜드(Suitland)의 워싱턴 연방기록센터로 이전되었다. Federal Records Center, Alexandria, Virginia, NWDNS-64-NA, RG 64, NARA Ⅱ; "U.S. Naval Torpedo Station", Pieces of History, July 24, 2024, NARA.

201 B급은 ATIS에서 분류해 작성한 발송 통지 번호(Shipping Advice Number) 2001, 2002, 2003번을 1951년 8월 1일, 8월 21일, 9월 1일 각각 버지니아 연방기록보존센터로 보냈다. 수송된 자료는 약 22,000건이었는데 소련 도서가 다수 포함되어 있었다. B급은 《해방일보》 등의 전쟁 전후의 기관지와 잡지이다. C급은 북한과 소련의 군사 교본뿐만 아니라 무기 설명문 등이다. *Report of Foreign Documents Division Survey Team* (CIA-RDP81-00706R000100170001-2), 1 AUG-21 SEP 1951, General CIA Records, CIA.

202 GHQ FEC ATIS(8238th AU), *Notification of Shipment of Captured Documents*, 6 November 1951, RG 242, Entry P 300, Box 5, NARA Ⅱ. 이 문서들은 육군 참모부의 정보 문서 파일(Intelligence Documents Files) 시스템(십진법)에 따라 재분류해 현재의 RG 319 ID Files 시리즈에 흩어져 있다. 1급은 RG 319 NM-3 85-M과 NM-3 85B, 2급과 3급은 RG 319 NM-3 85A 등에 재분류되어 있으면 별도의 색인 카드를 활용해야 한다.

203 "Captured Enemy film, 20 Oct 1952", RG 554, 062.2: General Headquarters G-2, Far East Command, Line No. 1, Jan-Dec 1952, Entry A1 47, Box 430, NARA Ⅱ.

204 이 조직은 1950년 12월 1일 트루먼 대통령의 행정 명령 제10186호에 따라

1941년 5월 20일(대통령 행정 명령 제8757)에 폐지된 민간 방공국(Office of Civilian Defense)과 비슷한 조직인데 중국 인민지원군의 참전을 기화로 미국에 대한 공격 위협을 방어한다는 취지이며 계획, 기술 지도 및 지원, 교육 및 장비, 대피 등 관련 예산을 수립하여 주별로 편성하는 역할까지 맡고 있었다. Civil Defense Program, 1951, Spencer R. Quick White House Files (Truman Administration), 1950-1953, Harry S. Truman Library; B. Wayne Blanchard, *American Civil Defense 1945-1984: The Evolution of Programs and Policies*, United States of America, 1986.

205 〈Communism〉 Reel 1-3, 1950, RG 111, Armed Forces Information Film(AFIF) Number 5, NAID 146136738, NARA Ⅱ.

206 심리전과 정보 수집의 우선 순위는 합동참모본부와 부서간 해외 정보 담당자들, CIA, 중앙정보국장의 심리정보위원회 등에서 검토한 결과를 바탕으로 결정되었다. 1그룹은 소련·체코슬로바키아·동독·폴란드·헝가리·루마니아·불가리아·알바니아·중국(내외몽고·만주 포함)·북한이며 2그룹은 인도차이나·유고슬로바키아·이란·그리스 등이다. National Psychological Strategy Board & Interdepartmental Foreign Information Staff, *Priority List for Intelligence Studies Useful in Psychological Warfare Planning* (CIA-RDP80-01065A0005001130069-4), November 17, 1950, General CIA Records, CIA.

207 FEC, *Staff Section Report, June 1951*, RG 554, Command and Staff Section Reports, 1947-1952, Entry A-1 141, Box 177, Psychological Warfare Section, NARA Ⅱ.

208 PSB, Directive Establishing the Psychological Strategy Board, June 20, 1951, Psychological Strategy Board Central Files, 1948-1961, Harry S. Truman Library.

209 심지형, 「냉전 초기 미국의 핵무기 공보정책과 핵 프로파간다의 등장: 트루먼 행정부의 심리전전략위원회를 중심으로」, 고려대학교 석사학위논문, 2018, 8-19쪽 참조. 그 외 PSB와 관련된 연구 성과는 다음의 논문을 참조하면 된다. 정용욱, 「6.25 전쟁기 미군의 삐라 심리전과 냉전 이데올로기」, 『역사와 현실』 51, 2004, 97-133쪽; 정용욱 「6.25 전쟁기 미군의 심리전 조직과 전개양상」, 『한국사론』 50, 2004, 396-404쪽.

210 이 위원회에 참여한 주요 인물들 중에서 심리전부의 수장인 매클루어(McClure) 장군 외에도 러시아, 중국 등의 전문가 집단이 포함되었다. *Excerpts form A Briefing for The Members of The Board by The Director at A Meeting Held November 26, 1951* (CIA-RDP80R01731R003300410025-8),

General CIA Records, CIA.

211 *The Foreign Information Program, Status Report for Fiscal Year 1952*, PSB D-30, Annex A, (CIA-RDP80R01731R003200050002-4), August 1, 1952, General CIA Records, CIA.

212 *Status Report on The National Psychological Effort and First Progress Report of The Psychological Strategy Board* (CIA-RDP80R01731R003200050002-4), No.13 PSB D-30, August 1, 1952, State, NSC declassification & release instructions on file, CIA; *Report of The Department of Defense*, ANNEX B to PSB D-35(1/5/53) (CIA-RDP80-01065A000400060003-5) January 9, 1953, General CIA Records, CIA.; *Analysis of Major Psychological Objectives and Tasks in 1951*, January 16, 1951, RG 306, Office Files of the Director, 1971-1976, Entry P 65, Box 1, NARA II. 특히 1952년 8월 1일 국무부에서 제출한 1952년도 해외 공보 프로그램에는 국방부나 육군부에서 제작한 반공 영화의 배급에 USIA의 해외 지부들을 활동하고 있었다.

213 본 영화의 소장 정보는 다음과 같다. 〈The Big Lie〉(306.2781), Moving Images Relating to U.S. Domestic and International Activities, 1982-1999, RG 306, NARA II.

214 "Documentary film, The Big Lie, March 13, 1952", RG 554, 062.2: General Headquarters G-2, Far East Command, Line No. 1, Jan-Dec 1952, Entry A1-47, Box 57, NARA II.

215 〈306-LSS-1627〉, "LIBRARY STOCK SHOT #1627", RG 306, Motion Picture Library Stock Shots, ca. 1953-ca. 1959(약어 lss), NARA II. 이 시리즈는 전체 428개 릴 중 398개 릴을 디지털화되어 있다. NARA II의 보니 로완(Bonnie Rowan) 연구원이 처음으로 USIA 목록에서 영상 목록을 확인한 것이며, 여러 직원들과 함께 35mm 필름만 1930-40년대 미국 정부에서 제작한 영화부터 디지털화 작업에 나섰다. 그 이후 NARA II는 1950년대 푸티지 필름들을 디지털화하게 되었다.

216 이 곡은 게오르크 퓌르스트(Georg Fürst) 바이에른 근위보병연대 군악대장이 바이에른 근위보병연대군의 행진곡으로 만든 것이나, 1934년 이후 나치에 의해 히틀러의 공식 행진곡으로 바뀌었다.

217 〈242-MID-5290〉, "SOVIET OF TODAY #16", RG 242, Motion Picture Films From G-2 Army Military Intelligence Division, 1918-ca. 1947, NARA II. 이 영상은 1949년 3월 김일성을 비롯한 북한 내각이 스탈린과 만나 '조·쏘친선'의 강화와 방위 조약을 맺고자 방문하는 것을 주로 담고 있다. 김

일성 일행은 열차에서 내리는 장면, 스탈린을 비롯한 소련 군부들이 김일성 일행과 악수하는 장면, 쌍방이 방위 조약에 서명하는 장면 등이다. 1990년 후반부터 한국전쟁 발발의 원인을 다루는 다큐멘터리에 자주 등장하는 장면인데 러시아 국립 영상 아카이브와 헝가리 영상 아카이브에도 동일한 영상 릴이 존재한다. 북한의 뉴스 영화에서는 소련과의 친선과 우호를 더욱 강화시키고 있다고 선전하고 있다. 또한 동일한 영상은 넷-필름(NET-Film)과 러시안 아카이브 온라인(Russian Archives Online, RAO), 모스크바 크라스노고르스크(Krasnogorsk)의 러시안 국립다큐멘터리 필름&사진아카이브에 각각 소장되어 있다. Делегация КНДР в Москве (1949), Сюжеты №27811, 1 сюжет, хронометраж: 0:01:31, ценовая категория B, NET-Film; Stay of the Korean Delegation in Moscow, ID 7105, RAO.

218 〈242-MID-5109〉, "Korean Newsreel", RG 242, NARA Ⅱ. 이 영상은 북한의 행사 퍼레이드, 공장의 국영화, 1945년 8월 소련의 북한 점령 과정을 그리는 화가들을 담고 있다.

219 UN, Motion Pictures Correspondence(S-0526-0042-0009), 1951.9.25, Photographs and Records, 1941-1964, United Nations Korean Reconstruction Agency (UNKRA) (1950-1958), UN Archives and Records Management Section.

220 CI&E, *Second Interim Report an Progress of Educational Program for Prisoners of War, 15 March 1952*, RG 554, General Correspondence, 1951-1952, Entry A1-158A, Box 17, NARA Ⅱ.

221 《빅픽처》와 직접 관련된 연구는 다음과 같다. 정영신, 「미군의 대한원조 영상 속에서 재건되는 전후 주체: The Big Picture 시리즈의 '미군대한원조'와 '한국과 당신'을 중심으로」, 『역사연구』 41, 2021, 117-159쪽 참조.

222 이 영화 제작에 총책임자 로버트 스트릭랜드(Robert Srtickland) 중위와 허프(Clarence W. Huff, 극동총사령부 통신대 프로젝트 장교)·데일리(James J. Daly, 통신대 음향 기술자)·이한기(통신대 번역 및 기술 고문) 대위가 한국 현지에서 미 8군과 10군단 사령관에게 노획한 북한 영상 제공 및 현지 주민 인터뷰 녹화, 프로젝트와 관련된 인력 지원 및 협력을 요청했다. 이 과정에서 제작된 영상이 대전을 비롯한 형무소 좌익 세력에 의한 학살사건 등이다. Motion Picture Footage, 27 Oct 50, RG 554, Entry A1-47, Box 17, NARA Ⅱ.

223 *Reorientation Plan for Korea, July 1951*, RG 331, Miscellaneous Subject File, 1945-1952, Box 2190, NARA Ⅱ.

224 이 방송국은 1949년 1월 16일 워싱턴 디시에서 WOIC로 첫 방송을 송출했고

1950년 6월 CBS와 워싱턴포스터 등과 합작 투자하는 방식으로 WTOP-TV로 명칭을 변경했으며 현재 WUSA-TV라는 이름으로 유지되고 있다. https://www.wusa9.com/

225 United States. Adjutant-General's Office, *Recruiting Journal of the United States*, October 1959, p.23; The Official U.S. Army Magazine, *Army Information Digest* 14(1), January 1959, pp.42-44.《빅픽처》의 역사와 방송 송출 역사는 정영신의 앞의 글, 125-128쪽 참조.

226 정영신, 위의 글, 128쪽.

227 한국과 관련된 시리즈는 NARA Catalog의 Motion Picture Films From "The Big Picture" Television Program Series, 1950‑1975(RG 111-TV)에서 전체 목록을 확인할 수 있다. https://catalog.archives.gov/id/36952

228 이 센터는 1942년 2월 뉴욕 롱아일랜드 35번가 35-11 파라마운트의 영화 스튜디오(1919년 건물)를 인수해 사용했다. *Army Photographic Center, 1943*, RG 165, Correspondence and Reports Relating to the Operation of Language Schools and Other Training Facilities 1943‑1949, Entry NM84 208, Box 283, NARA Ⅱ.

229 퀸 주니어는 1960년 6월 한국전쟁 10주년을 맞아 한국전쟁기 빅 픽처 시리즈를 되돌아보는 방송에 참여했다. Army Pictorial Center, *In Focus* 5(4), May 1960.

230 주요 출연자를 보면 존 웨인은 〈A Nation Builds Under Fire〉(111-TV-695, 1967)에 등장했고, 칼 짐머만(Carl Zimmerman, 1918-2014) 대위는 2차 세계대전 때 미 육군에 입대해 종군기자로 활동했으며《빅픽처》의 해설자로 발탁되어 1951년부터 1964년까지 프로듀서로서 활동했다.

231 "Korea 14 SPX-128", RG 319, Security Classified Correspondence, 1952‑1961, Entry A1 62, Box 19; 〈Civil Assistance, Korea〉, RG 111, Motion Picture Films From "The Big Picture" Television Program Series, ca. 1950-ca. 111-TV-201, NARA Ⅱ.

232 "LIFE PHOTO", 2 DEC 1955, RG 319, Intelligence Reports and Files, 1950‑1958, Entry A1 1013-A, Box 1, NARA Ⅱ.

233 RG 153, Records relating to the Korean War, Operation Big Switch Interrogation Reports, 1953-54, Entry 183, Box 1, NARA Ⅱ.

234 *Dulles Heads Largest Intelligence Group* (CIA-RDP70-00058R000100100031-5), May 10, 1954, General CIA Records, CIA.

235 *Report of The Department of Defense*, op. cit.

236   PSB, *Staff Meeting, Wendesday, 1 April 1953* (CIA-RDP80-01065A000100 030077-0), 1 April 1953, General CIA Records, CIA.
237   Arthur Krock, "In The Nation; Allen W. Dulles Describes 'Warfare for the Brain'", *New York Times*, April 16, 1953, p.28.
238   "洗腦手術恣行? 유엔捕虜送還反對憂慮",《동아일보》, 1953.4.6.; "洗腦工作에 몸서리",《경향신문》, 1953.9.30.
239   데이비드 창은 '정치적인 교화'라고 규정했다. David Cheng Chang, *The Hijacked War; The Story of Chinese POWs in the Korean War*, Stanford University Press, 2020, p.94. 미 육군의 인적자원연구소 기술보고서는 북한과 중국군 포로들의 재교육 프로그램은 '편파적인 교화'라고 평가했다. Human Resources Research Office(HumRRO), *The Political Behavior of Korean and Chinese POW in the Korean Conflict: A Historical Analysis*, June 1956, p.14, RG 389, Security Classified General Correspondence, 1942-1970, En A1 452B, Box 89, NARA Ⅱ.
240   Human Resources Research Office, Ibid., pp.15-20.
241   *Brainwashing* (CIA-RDP80R01731R000300200018-2), CM-312-56, June 7 1956, Memorandum for The director, General CIA Records, CIA.
242   구갑우는 남북한의 적대적 대결을 부추기는 안보담론을 '대량설득무기'로 명명하고 있다. 이 글에서는 냉전체제 하에서 진행된 미국과 소련, 남북한의 냉전심리전 역시 '대량설득무기'를 생산하고 사용한 대량설득전쟁으로 파악한다. 구갑우, "'대량설득무기'의 위협에서 어떻게 벗어날 것인가", 참여연대, 2006.8.29., https://www.peoplepower21.org/PSPD/741624.
243   이봉범,「냉전과 원조, 원조시대 냉전문화 구축의 역동성: 1950-60년대 미국 민간재단의 원조와 한국문화」,『한국학연구』39, 2015, 221-276쪽.
244   정근식·강성현,『한국전쟁 사진의 역사사회학: 미군 사진부대의 활동을 중심으로』, 서울대학교출판부, 2016.
245   Claudia Springer, "Military Propaganda: Defense Department Films from World War Ⅱ and Vietnam", *Cultural Critique* 3, 1986, p.151.
246   Richard Wirth, "The US Army's Syndicated Television Program "The Big Pictures"", October 6, 2019, https://www.providecoalition.com/the-us-armys-syndicated-television-program-the-big-picture/
247   일본의 진주만 공격 직후인 1942년 2월, 미 육군은 파라마운트(Paramount Pictures)로부터 영화 스튜디오인 아스토리아 스튜디오(Astoria Studios)를 구입했다. 곧이어 촬영과 영화를 제작하고 기획자들을 훈련하기 위해 통신대 사

진센터(Signal Corps Photographic Center, SCPC)를 개설했고, 이것은 이후 육군사진센터(Army Pictorial Center, APC)로 개칭되었다. 사진센터는 전투 카메라맨의 훈련에서부터 여러 단계의 훈련 영화 촬영, 편집 및 실험 작업에 이르기까지 모든 사진에 대한 미 육군 훈련의 본거지가 되었고, "전쟁을 취재하고 수많은 훈련 영화를 제작한 영화 제작자와 사진작가들의 집"이 되었다. 육군사진센터 홈페이지, http://www.armypictorialcenter.com/ 참조.

248 〈한국에서의 첫 40일〉은《빅픽처》의 전형적인 스토리 구조를 보여주는데, 제일 먼저《빅픽처》의 로고가 음악과 함께 등장하고, 잠시 뒤에 호스트가 등장하여 이번《빅픽처》에피소드의 주제를 소개한다. 그리고 통신대의 원본 필름을 편집한 영상이 내레이션과 함께 흘러오며, 영상 말미에 호스트가 다시 등장하여 방영된 영상의 의미를 짧게 소개하고《빅픽처》및 미군과 함께 해 줄 것을 요청하는 멘트로 막을 내린다. 따라서 30분 분량으로 제작되는《빅픽처》 방송에서 호스트의 비중은 매우 컸다. 초기에 호스트를 맡았던 인물은 칼 짐머맨(Carl Zimmerman) 대위였고, 이후에 교체되는 스튜어트 퀸(Stewart Queen) 상사는 가장 오랜 기간 호스트로 활약해서《빅픽처》의 얼굴과 같은 역할을 담당했다. 호스트는 각 방송마다 출연하여 달라진 정세와 영상 내용을 설명하였고, 때때로 스튜디오로 나온 참전 군인들의 인터뷰도 담당했다.

249 Wirth, Richard, op. cit.

250 "The Big Picture Episode Catalogue", 미 육군사진센터 홈페이지, http://www.armypictorialcenter.com/Catalog_of_the_Big_Picture.htm.

251 Claudia Springer, op. cit., p.167.

252 Herman M. Katz, *Armed Forces Assistance to Korea, 1953 to 1971*, p.3.

253 Ibid., p.5.

254 '파주 린치사건' 직후인 1962년 7월부터 다음 해 초까지 주한미군의 각급 부대와 파주 주둔 미군에게는 한미친선협의회의 조직을 명하는 다음과 같은 지시가 하달되었다. 1962년 7월 13일 미 제8군 규정 530-5(Circular 530-5, Headquarters, Eighth United States Army, July 13, 1962); 1962년 12월 20일 미 제1군단 규정 530-1(Regulation 530-1, Headquarters, I Corps(Group), December 20, 1962); 1963년 1월 21일 미 제1기병사단 규정 530-1(Regulation Number 530-1, Headquarters, 1st Cavalry Division, January 21, 1963).

255 정영신,「동아시아의 안보분업구조와 반(反)기지운동에 관한 연구」, 서울대학교 박사학위논문, 2012, 174-181쪽.

256 남기정,「한미지위협정 체결의 정치과정」, 심지영·김일영 엮음,『한미동맹 50년』, 백산서상, 2004.

257   이나영,「기지촌의 공고화 과정에 관한 연구(1950-60): 국가, 성별화된 민족주의, 여성의 저항」,『한국여성학』 23(4), 2007, 5-48쪽.
258   김원,「60-70년대 기지촌 게토화의 변곡점: 특정지역, 한미친선협의회, 그리고 기지촌 정화운동」,『역사비평』 112, 2015, 153-185쪽.
259   1st Cav. Div. Quarterly Historical Summary Folder #1, Jan-Mar 1965, RG-550, Entry A1 2A, Box 234에 포함되어 있는 미 제1기병사단의 분기별 보고서 참조.
260   예컨대, 1965년 3월 1일 캠프 패터슨에서 열린 미 제1기병사단 제8공병대대와 광탄면 사이의 한미친선협의회에 참석한 인문들의 면면은 다음과 같다. 미군 측 참석자는 제7사단 포병대 사령관인 러브(Hames W. Love) 대령, 제8공병대 부대장인 웰스(Richard M. Wells) 소령, 제44병원장인 존슨(Johnson) 소령, 제8공병대대 특무상사인 맥글로플린(Marold F. McGlauflin) 특무상사이며, 광탄면 측의 참석자는 광탄면 박웅병 면장, 광탄면 지서장 최용현 경사, 광탄중학교 김태민 교장, 신산국민학교 전덕영 교장, 신산국민학교 사친회 이수영 회장, 제8공병대 통역관 이근영 등이다.
261   파주시·성공회대 동아시아연구소 냉전평화연구센터,『파주DMZ 및 접경지역 국외자료 수집과 콘텐츠 활용 종합계획 보고서』, 2020, 305-306쪽.
262   파주시·성공회대 동아시아연구소 냉전평화연구센터, 위의 자료, 306쪽.
263   "CRAC Council Irons Out US-KN Problems" *Cavalry Newspaper*, February 1, 1965.
264   〈한국과 당신〉은 미 국립문서기록관리청에서 Local Identifier 번호가 111-TV-519인데, 그 앞에 1961년에 제작된 것으로 확인되는 영상이 있기 때문에, 1961-62년에 제작된 것으로 추정된다.
265   제작연도와 관련하여, 영상의 기본 정보에는 "The original release sheet reads: A pictorial report of Japan in 1957"으로 표기되어 있다. https://catalog.archives.gov/id/2569623
266   두 영상은 1957년과 1961년이라는 제작 연도의 차이가 있다. 〈한국과 당신〉이 〈일본에서의 당신〉을 참조했을 가능성도 있다. 이에 대해서는 제작 시나리오의 발굴이 필요하다.
267   김지미는 1957년 김기영 감독의 〈황혼열차〉로 데뷔한 것으로 알려져 있으며, 1990년대까지 활동하면서 400여 편의 작품을 남겼다. 하지만 〈한국과 당신〉은 김지미가 1954년에 이미 미군과 협업하여 《빅픽처》에 출연했으며, 미국의 국내 방송에 방영되었음을 보여준다.
268   최무룡은 〈한국과 당신〉을 제작할 당시에 이미 KBS 전속 성우로서 연기에 입문

하고 연극 〈햄릿〉의 배우로 연극계에 데뷔한 상태였다. 1954년에는 이만흥 감독의 영화 '탁류'로 영화계에 데뷔했다. 그는 〈한국과 당신〉의 장소적 배경이 되는 파주군 임진면(현 파주시 문산읍) 출신이다.

269 박정미는 한국 정부의 성매매 관광 정책에 대한 연구를 통해 그것이 한국의 전통적 기생 문화, 냉전과 군사주의, 발전주의, 그리고 미국 정부가 처방한 국제 관광 기획의 합작품이었음을 주장한다. 교통부가 한미경제협력위원회(United States Operations Mission, USOM)에 연구를 의뢰하여 작성한 『한국관광』 보고서는 이후 한국 정부의 관광 정책에 중요한 영향을 미치는데, 보고서 작성을 주도한 미국의 관광 전문가 카우프만(Kauffman)은 요정(Kesaeng House)에 대해 다음과 같이 언급한다. "나는 요정의 만찬을 처음부터 끝까지 영화로 만드는 것이 가장 바람직하다고 생각한다. 남자들이 입장한다. 그 다음 여자들이 들어오면서 문 앞에서 절을 한다. 음식이 접대되고, 잔이 오고간다. 여자들이 남자들에게 시중을 들고 먹여준다. 놀이·춤곡·가수와 드럼 연주자. [이 모든 것이] 해외에서 출품할 이상적인 영화의 요소가 될 것이다. 이것은 해외에 배포할 수 있는, 가장 잠재적으로 영향력 있는 관광 주제 중 하나다." 박정미, 「발전과 섹스」, 『한국사회학』 48(1), 2014, 241-242쪽에서 재인용. 〈한국과 당신〉의 야유회 장면의 배치는 카우프만의 영상 기획을 선취한 것이라고 해석할 수 있을 것이다.

270 정영신, 앞의 논문, 258-259쪽.

271 푸티지 영상은 아카이브에 보관되어 있는 미편집된 원본 영상으로, 주로 테이크(take) 단위로 되어 있는데, 1차 초벌 편집을 통해 붙여 놓은 장면들로 이루어져 있기도 하다. 보통 한 개의 릴(reel)에 하나 또는 복수의 장면들로 구성되어 있다.

272 노성호, 「한림대학교 소장 미국국립문서기록관리청 한국전쟁 관련 동영상」, 『개념과 소통』 27, 2021, 509-510쪽. 김형석 PD에 따르면, KBS가 미 국립문서기록관리청에서 한국 관련 영상 자료를 규모 있게 수집한 것은 1990년 '6·25 40주년 특별제작반'이었는데, 1944년 5월~1954년 10월 한국 관련 영상과 한국전쟁 당시 북한에서 노획한 영상 총 195시간 분량의 영상이었다. 김형석, 「진실은 도처에 있었다」, 『신문과 방송』 596, 2020, 63-66쪽.

273 박희태, 「영상역사연구의 쟁점들」, 허은 편, 『영상과 아카이빙 그리고 새로운 역사쓰기』, 선인, 2015, 70쪽.

274 거제시는 서울대 통일평화연구원·사회발전연구소 연구팀의 한국전쟁 포로 관련 영상 수집물들을 거제시청 홈페이지에 별도로 〈포로수용소 세계기록유산〉 페이지를 만들어 문서, 사진, 영상 자료들을 제공하고 있다. 그 가운데 영상 자

료는 70건이다.
275 구체적으로 보면, 미국 외에도 유엔 기록관리국(UNARMS) 소장 유엔 한국재건단(UNKRA) 영상팀의 영상, 영국 전쟁박물관(IWM)·국립공문서관(TNA)·영화연구소(BFI) 소장 한국전쟁 뉴스릴과 푸티지영상, 프랑스 국립시청각연구소(INA) 소장 한국전쟁 뉴스릴과 다큐멘터리 등 수집 출처가 다양하다.
276 허은, 「기록영상물의 공공재화와 영상역사 쓰기: 제국-국민국가 서사를 넘어서」, 『역사비평』 109, 2014, 324-355쪽.
277 허은, 「냉전시기 미국의 민족국가 형성 개입과 헤게모니 구축의 최전선-주한미공보원 영화」, 『한국사연구』 155, 2011, 139-169쪽; 차재영·염찬희, 「1950년대 주한미공보원의 기록영화와 미국의 이미지 구축」, 『한국언론학보』 56(1), 2012, 235-263쪽; 김한상, 「주한미공보원 영화선전의 표상과 담론-1950년대 국가 재건과 자립 한국인의 주체성」, 『사회와 역사』 95, 2012, 243-279쪽; 김려실, 「뉴스릴 전쟁-한국전쟁 초기 미국의 뉴스릴과 〈리버티 뉴스〉의 탄생」, 『현대영화연구』 25, 2016, 71-107쪽.; 김려실, 「냉전사 재고와 영상역사 쓰기-주한미공보원의 원조 선전 영화를 중심으로」, 『로컬리티 인문학』 19, 2018, 187-226쪽.
278 한림대가 수집한 푸티지 영상은 비단 한국전쟁에만 국한된 것이 아니었다. 영상에는 미군 진주와 점령으로 시작된 한국 '해방'의 이면, 미군정 통치, 좌우충돌, 정부 수립 후 혼란한 사회상, 주요 정치가와 군(지휘부)의 활동 등을 포함해 한국전쟁기 중요한 전투와 작전, 사건, 전시 일상의 주요 피사체들이 생생하게 포착되어 있다. 노성호, 「A.S.C 동영상 속의 6·25전쟁과 국군-미 육군통신대 촬영, 아시아문화연구소 소장 동영상 자료를 중심으로」, 『군사연구』 131, 2011, 163-196쪽.
279 고려대학교 한국사연구소 한국근현대영상아카이브, http://kfilm.khistory.org
280 그 결과 공식 간행된 연구서와 자료집, 그리고 이 책들에 포함되지 않았지만 여러 저널에서 간행된 논문은 다음과 같다. 허은 편, 『영상과 아카이빙 그리고 새로운 역사쓰기』, 선인, 2015; 허은 편, 『영상, 역사를 비추다: 한국현대사 영상자료해제집 Ⅰ·Ⅱ·Ⅲ·Ⅳ·Ⅴ·Ⅵ·Ⅶ·Ⅷ·Ⅸ』, 선인, 2017(총 9권); 양정심, 「해외 영상기록에 담긴 한국전쟁-전쟁의 이미지화와 냉전의 구축」, 『사림』 55, 2016, 327-362쪽; 양정심, 「미군 기록영화와 한국전쟁-미육군통신대 영상을 중심으로」, 『사림』 60, 2017, 299-334쪽; 양정심, 「영상기록에 담긴 해방과 한국전쟁의 일상」, 『사림』 72, 2020, 237-262쪽; 박희태, 「영상자료를 이용한 근현대사 연구방법론 탐구」, 『프랑스문화예술연구』 72, 2020, 29-63쪽; 김려실, 「타자의 아카이브로부터 돌아온 포로들-미육군통신부대 POW 필름을 중심으

로」,『현대문학의 연구』 73, 2021, 221-263쪽 등.

281 성공회대 동아시아연구소 냉전평화연구센터 냉전아시아 영상아카이브, https://facwa.kr

282 수집된 영상자료를 다루고 있는 논문과 용역보고서는 다음과 같다. 김민환,「통제된 이동과 경계의 조정: 임진강 및 주변 지역 다리 영상을 중심으로」,『역사연구』 41, 2021, 69-116쪽; 임재근,「한국전쟁 영상과 또 다른 대전지역사 쓰기: 교량과 철도 파괴 영상을 중심으로」,『역사연구』 41, 2021, 31-67쪽; 정영신,「미군의 대한원조 영상 속에서 재건되는 전후 주체: The Big Picture 시리즈와 '미군대한원조'와 '한국과 당신'을 중심으로」,『역사연구』 41, 2021, 117-159쪽; 성공회대 동아시아연구소 냉전평화연구센터,『통영 추봉도와 용호도 포로수용소 종합정비계획 수립 최종보고서』, 2022; 성공회대 동아시아연구소 냉전평화연구센터,『파주 DMZ 및 접경지역 국외자료 수집과 콘텐츠 활용 종합계획 보고서』, 2020; 서울대 통일평화연구원,『한국전쟁기 포로수용소 세계기록유산 등재 용역 보고서』, 2019; 서울대 통일평화연구원,『한국전쟁기 포로수용소 세계기록유산 등재 및 자료수집 용역 보고서』, 2018; 서울대 통일평화연구원,『한국전쟁기 포로수용소 기록물 자료수집 및 연구 해제 용역 보고서』, 2017.

283 이 글의 구상은 2020년 10월 24일 한국영상자료원이 주최한 한국전쟁 70주년 심포지엄("전쟁의 경험과 영상생산, 그리고 아카이빙")에서 처음 발표되었고, 2021년 3월 27일 성공회대 동아시아연구소 냉전평화연구센터 주최 학술회의에서 초고가 발표되었다.

284 박희태,「영상역사연구의 쟁점들」, 앞의 책, 71-72쪽.

285 카메라에 포착된 전쟁 현실에는 카메라맨의 위치(물리적·구조적 위치)에 따라 '사각'이 존재한다. 어떤 것이 시각화되고, 의도된 응시(gaze)와 시선(vision)의 내용과 그 시각적 특성을 어떻게 분석하며, 의도치 않게 화각(angle of view)에 들어왔지만 사실상 사각화된 것을 어떻게 시각화할 것인지에 대해서는 다음의 논문과 책에서 충분히 논의해 왔다. Sung Hyun Kang and Keun-Sik Jung, "The Organization and Activities of the US Army Signal Corps Photo Unit", *Seoul Journal* 27(2), 2014, pp.269-306; Sung Hyun Kang, "The U.S. Army Photography and the 'Seen Side' and 'Blind Side' of the Japanese Military Comfort Women: The Still Pictures and Motion Pictures of the Korean Comfort Girls in Myitkyina, Sungshan, and Tengchung", *Korea Journal* 59(2), 2019, pp.144-176; 정근식·강성현,『한국전쟁 사진의 역사사회학: 미군 사진부대의 활동을 중심으로』, 서울대학교출판문화원, 2016. 다만 이 연구들은 '동'영상(motion picture)이 아닌 '정지' 사진(still picture)

을 주요 연구 대상으로 삼아 이미지 분석 방법론을 구축한 것이다. 사진과 영상 둘 다 이미지라는 점에서 분석 방법론이 완전히 궤를 달리하지는 않지만, '동'영상의 특성을 드러내는 분석 경로가 필요하다. 그래서 이 글에서는 '동'영상 촬영·제작의 방법과 기법 분석에 주목했다.

286 마크 페로, 주경철 역, 『역사와 영화』, 까치, 1999, 25쪽.
287 이현승·신경식, 「스크린을 통한 군중의 감염과 변화하는 정동의 흐름」, 『영화연구』 76, 2018, 39-41쪽.
288 한상희, 「정동의 관점에서 다시 읽는 어트랙션 영화, 그리고 어트랙션 영화의 동시대적 귀환」, 『씨네포럼』 29, 2018, 72-78쪽.
289 이토 마토루, 김미정 역, 『정동의 힘: 미디어와 공진하는 신체』, 갈무리, 2016, 17-19쪽.
290 미 육군이 자체 생산한 수많은 푸티지 영상들을 활용해 육군 사진센터 아스토리아 스튜디오에서 제작한 TV프로그램 중 《빅픽처(The Big Picture)》가 있다. 1951년 12월 30일 첫 방송을 시작해 1971년까지 약 20년 동안 상당한 인기를 누렸다. 이에 관해선 정영신, 앞의 논문 참조.
291 허은, 앞의 논문, 2014, 333쪽.
292 정근식·강성현, 앞의 책, 10, 20-24, 51쪽.
293 임재근, 앞의 논문, 37-40, 48-51쪽.
294 정근식·강성현, 앞의 책, 54-55쪽.
295 위의 책, 55-64쪽.
296 전갑생, 「한국전쟁 포로와 사진: '동양공산주의자' 인종 프레임과 폭력성 재현」, 『이화사학연구』 56, 2018, 143-185쪽.
297 Bill Balaban, "Veterans' Memoirs", Korean War Educator, http://www.koreanwar-educator.org/memoirs/balaban_bill/index.htm
298 백원담·강성편 편, 『열전 속 냉전, 냉전 속 열전: 냉전 아시아의 사상심리전』, 2017, 11-13쪽.
299 김민환·옥창준, 「냉전의 텍스트화, 텍스트의 냉전화: The Reds Take a City의 탄생과 변주」, 백원담·강성현 편, 『열전 속 냉전, 냉전 속 열전』, 진인진, 2017, 136쪽.
300 정근식·강성현, 앞의 책, 71-72쪽.
301 미군과 백선엽의 '케미'가 매우 좋았다는 것은 사실인데, 그렇게 된 배경과 과정을 비판적으로 분석한 연구들이 있다. 강성현, 『작은 '한국전쟁'들-평화를 위한 비주얼 히스토리』, 푸른역사, 2021, 140-165쪽.
302 정근식·강성현, 앞의 책, 123쪽.

303 박연희, 「미군 심리전과 '잔류'의 냉전 서사: 모윤숙의 한국전쟁 수기와 영상을 중심으로」, 『한국문학연구』 65, 2021, 332-333쪽.
304 정근식·강성현, 앞의 책, 140-141쪽.
305 김려실, 「타자의 아카이브로부터 돌아온 포로들」, 243-244쪽.
306 강성현, 「한국전쟁기 한국정부와 유엔군의 피난민 인식과 정책」, 서중석 외, 『전장과 사람들』, 선인, 2010, 155-158쪽.
307 정근식·강성현, 앞의 책, 223-226쪽.
308 김승, 「북한 기록영화 〈38선〉의 영상기호 분석」, 『통일인문학』 64, 2015, 200쪽.
309 Department of the Army, *Signal Photography*, pp.95-96.
310 이런 연결은 촬영뿐 아니라 편집 문법이기도 하다. 이런 구성은 관객으로 하여금 영상을 있는 그대로의 사실로 받아들일 수 있게 하는 효과가 있다.
311 Ibid, pp.99-106. 영화 이론에서 보통 숏은 피사체를 한 번에 멈춤 없이 촬영한 장면을 말한다. 숏의 유형은 카메라와 피사체 간의 거리, 카메라의 각도, 카메라의 고정 유무에 따라서 구분된다. 씬은 동일한 장소와 시간 내에서 이루어지는 일련의 액션, 대사, 사건을 포착하는 장면이다. 씬은 여러 숏들로 구성되어 있다. 씨퀀스는 특정 상황의 처음부터 마지막까지를 묘사한, 하나의 독립된 이야기를 나타내는 씬들의 모음이다. 하나의 독립적인 에피소드 이야기이고, 이것들이 모여 하나의 영화를 이룬다.
312 미 육군은 1942년 2월 파라마운트사 아스토리아(Astoria) 스튜디오를 인수해 통신대사진센터(SCPC)를 세웠고, 그곳에서 사진병과 영상 카메라맨에게 스틸 사진과 영상의 촬영, 장비(기계적 세부 사항), 암실 작업 등 실용적인 제작 훈련을 했다. 이후 육군사진센터로 개칭했다.
313 박희태, 「영상역사연구의 쟁점들」, 앞의 책, 80-81쪽.
314 두 푸티지 영상을 연구 해제의 예시로 삼은 이유는 한국전쟁기 미군 사상심리전의 두 가지 주요 주제를 다루고 있기 때문이다. 하나는 반공 지식인이자 민간인의 적 치하 잔류와 소비에트 실증, 다른 하나는 공산주의 포로의 재교육과 반공주의적 태도 변경(또는 전향)의 문제로, 이는 미국이 글로벌 냉전의 반공주의적 쇼윈도로 삼고 싶어 했던 주제였다. 이러한 의도와 문제의식을 바탕으로 시각/사각화된 푸티지 영상의 장면들은 이후 다양한 유형의 영상, 뉴스릴(보도영화), 문화영화, TV 프로그램, 심지어 극영화의 삽입 장면의 재료로 활용되었다. 또한 1차 및 2차 카탈로깅과 종합적인 연구 해제를 위한 메타 데이터 및 교차 분석 자료와 관련 연구들이 비교적 충분하게 존재했다는 점도 예시로 선택된 이유 중 하나였다.
315 『고난의 90일』은 북한의 서울 점령과 통치 3개월 동안의 자기 생존 과정을 체

험 수기로 엮은 것으로, 납치, 잔류, 피란의 계기와 행적을 위주로 서술되었다. 이 같은 증언은 단순히 개별 체험의 기록이라기보다 반복될지도 모르는 적화가능성에 대한 공포와 적대를 전달하는 프로파간다의 성격이 크다. 박연희, 앞의 글, 316쪽.

316 서동수, 『한국전쟁기 문학담론과 반공프로젝트』, 소명출판, 2012, 112-113쪽.
317 위의 책, 114-140쪽.
318 박연희, 앞의 글, 318쪽.
319 김일환·정준영, 「한국전쟁의 '현장'은 어떻게 냉전 사회과학의 지식으로 전환되는가?: HRRI 심리전 프로젝트와 냉전적 학지의 생산구조」, 백원담·강성현 편, 『열전 속 냉전, 냉전 속 열전』, 진인진, 2017, 95-133쪽.; 김민환·옥창준, 앞의 글 참조.
320 모윤숙 수기에서 자살은 반공주의적 정체성이 북한 점령군에 의해 더럽혀지는 것을 막는 윤리적 결단으로 강조된 것이다. 그런데 미군의 사상심리전 차원에서는 이런 결단보다 반공 지식인이 어떻게 표적이 되고 추적되는지, 북한 점령군의 정보 독점과 선전 전략이 어떻게 전개되고 반공 지식인에게 어떤 영향을 주는지 실증하고 보여주는 것이 관심사였다. 박연희, 앞의 글, 323쪽.
321 현재까지 시나리오가 실물로 발굴되지는 않았다. 다만, 〈111-ADC-8517〉 영상 촬영 현장에서 이를 스틸사진 19장과 줄거리 캡션으로 남긴 행콕 일병의 기록이 있어 시나리오 내용을 확인할 수 있다. 시나리와 비교하면 영상 쇼트의 순서가 다소 뒤죽박죽인데, 이는 영상 쇼트의 전개가 촬영 장소를 기준으로 이루어졌기 때문일 것이다. 푸티지영상이 말 그대로 미편집본 영상이고, 사운드와 자막이 없는 것을 통해서도 편집본이 아님을 확인할 수 있다. 시나리오 내용은 정근식·강성현, 앞의 책, 57-61쪽 참조.
322 강성현, 앞의 책, 179-180쪽.
323 김학재, 『판문점체제의 기원』, 후마니타스, 2015, 408-410쪽.
324 김려실, 「타자의 아카이브로부터 돌아온 포로들」, 240쪽.
325 포로 재교육의 근거는 1950년 9월 9일 미국 국가안전보장회의에서 의결된 NSC 81/1 22항으로 거슬러 올라간다. 1950년 10월 3일 미 국방부는 애치슨 국무장관에게 "북한군 포로가 송환되기 전에 이들에 대한 재교육이 포함되어야 할 것이다. 우리의 장기적인 목표에 대단히 중요한 것으로, NSC 81/1 22항에 따르면 이들이 정치적으로 해로운 존재가 되어서는 안 된다"고 언급했다. 그리고 22항의 내용은 다음과 같다. "수용소로 이송 뒤 포로는 심리전 목적에 따라 개발·훈련·활용하기 위한 원칙을 수립할 것, 한국에서 시험적인 규모의 포로에 대한 심문, 세뇌, 훈련센터를 즉시 설치하며, 이 프로젝트 담당 인원은 한국어 또는 극동

경험, 언어능력, 기질의 작성을 고려"해 선발하며 제2차 세계대전기 독일과 일본 포로의 세뇌 경험 등을 활용할 것. National Security Council, *A Report to the President by the National Security Council on UNITED STATES COURSES OF ACTION WITH RESPECT TO KOREA*, September 9, 1950, pp. 6-7.

326 김학재, 앞의 책, 399-400쪽.
327 박희태, 「영상역사연구의 쟁점들」, 86쪽.
328 김려실, 「타자의 아카이브로부터 돌아온 포로들」, 253-256쪽.
329 "다리", 《한국민족문화대백과사전》, https://encykorea.aks.ac.kr/Article/E0013440.
330 허은, 「기록영상물의 공공재화와 영상역사 쓰기 : '제국-국민국가' 서사를 넘어서」, 『역사비평』 109, 2014, 325-327쪽.
331 박희태, 2015, 「영상역사연구의 쟁점들」, 허은 엮음, 『영상과 아카이빙 그리고 새로운 역사쓰기』, 선인, 2015, 72-80쪽.
332 노성호, 「A.S.C 동영상 속의 6·25전쟁과 국군: 미 육군통신대 촬영, 아시아문화연구소 소장 동영상 자료를 중심으로」, 『군사연구』 131, 2011, 166쪽.
333 푸티지 영상을 편집해 뉴스릴과 다큐멘터리로 제작해 활용한 사례는 김려실, 「뉴스릴 전쟁 : 한국전쟁 초기 미국의 뉴스릴과 〈리버티 뉴스〉의 탄생」, 『현대영화연구』 12(3), 2016 참조.
334 영상들은 다음 링크 참조. https://www.youtube.com/watch?v=KfEK6p824o0
335 임재근, 「한국전쟁기 대전 전투에 대한 전쟁기억 재현 연구」, 북한대학원대학교 박사학위논문, 2020, 1-2쪽.
336 전투사 연구로는 국방군사연구소, 『(한국전쟁전투사)오산-대전전투: 서부지역 지연전』, 국방군사연구소, 1993; 국방부 군사편찬연구소, 『6·25전쟁사 제4권: 금강·소백산맥선 지연작전』, 국방부 군사편찬연구소, 2008; 박일송, 「대전전투와 미군의 전투효율성」, 『군사연구』, 130, 2020 등이 있고, 구술사 연구로는 백민정, 「대전 지역 6·25 전쟁 체험담의 유형별 특성과 존재 양상」, 『어문연구』, 95, 2018; 백민정, 「대전 지역 6·25 전쟁체험담 중 적군에 의한 민간인 피해담의 유형별 서사 분석과 존재 양상」, 『어문연구』, 98, 2018 등이 있다.
337 경부선 금강철교(신탄진철교)는 1904년 경부선 부설 시 매포-신탄진 간에 건설되었다. 1939년 경부선 복선(複線) 공사로 금강철교(신탄진철교)는 복선이 되었다. "京城大田間複線 六月中旬開通式",《조선일보》, 1939.5.7.
338 금남교(錦南橋)는 1934년 5월 10일로 준공되었다. 다리의 길이는 375미터이고, 폭은 4미터이다. 교량의 높이가 낮아 금강에 물이 불어나면 침수되기도 했

다. "錦南橋竣功式擧行", 《매일신보》, 1934.6.8.
339 금강교(錦江橋)는 1933년 11월 10일에 준공되었다. 금강교는 철을 주재료로 하여 놓은 철교(鐵橋)로, 길이는 520미터이고, 폭은 6.5미터이다. "四十萬圓工費의 錦江鐵橋竣工", 《조선일보》, 1933·11.27.
340 국방부 군사편찬연구소, 앞의 책, 79-80쪽.
341 위의 책, 79쪽.
342 이 글에서 활용하고 있는 사진 자료는 대부분 미국 육군통신대 사진부대에서 생산한 것으로, NARA에서 주로 육군 통신대 문서군(Record Group 111: Records of the Office of the Chief Signal Officer, 1860 – 1985)에서 Series 111-SC(Signal Corps Photographs of American Military Activity, 1754-1954)에 해당한다. 사진들은 국사편찬위원회가 NARA에서 입수해 '전자사료관(https://archive.history.go.kr/)'을 통해 온라인으로 공개하고 있다. 본 연구에서는 이 사진 자료를 〈111-SC-번호〉(촬영자)의 형태로 표기했다.
343 Carl Mydans, "Korea", Life, 1950.7.7. https://artsandculture.google.co,m/asset/korea/KgGodzmD64lseg
344 "BARRIER BEHIND WHICH YANKS STAND", AP, Jul 14, 1950.
345 Stephen Simmons and Haywood Magee, "War in Korea", Picture Post 48(5), July 29, 1950, p.11.
346 육군본부, 『낙동강에서 압록강까지-제1집』, 육군본부, 1963, 64쪽.
347 Stephen Simmons and Haywood Magee, op. cit., p.13.
348 Ibid., pp.14-15.
349 국방군사연구소, 『한국전쟁 자료총서 43: 미 국무부 한국국내 상황관련 문서 5(1950.7.11.-7.17)』, 국방군사연구소, 1999, 343쪽.
350 위의 책, 490쪽.
351 국방군사연구소, 『한국전쟁 자료총서 16: 미국 중앙정보국 정보보고서』, 국방군사연구소, 1997, 41-42쪽.
352 임재근, 「한국전쟁 시기 대전지역 민간인 학살 연구」, 북한대학원대학교 석사학위논문, 2016, 19-46쪽.
353 Roy E. Appleman, South to the Naktong, North to the Yalu: June-November 1950, Office of the Chief of Military History, 1961.
354 "Flaming Jeeps Block Highway to Trap Yanks", Press and Sun-Bulletin, 1950.7.21., p.1.
355 "Action-Bent GI-Cowboy Uses .45 To Get Sniper", The Evening Sun, 1950.7.21., p.2.

356 William F. Dean, General Dean's story, The Viking Press, 1954, pp. 37-38.
357 육군본부, 앞의 책, 91-92쪽.
358 전갑생, 「한국전쟁기 대전의 피해상과 전후 복구」, 대전광역시, 『한국전쟁에서 4월혁명까지의 대전』, 대전광역시, 2020, 107-117쪽.
359 스토리밥 작가협동조합, 『사람의 전쟁 1: 문학의 눈으로 바라보는 한국전쟁 70년, 1950~2020』, 걷는사람, 2020, 65-66쪽.
360 김태우, 『폭격: 미공군의 공중폭격 기록으로 읽는 한국전쟁』, 창비, 2013, 211쪽.
361 전갑생, 앞의 책, 114쪽.
362 임재근, 2020, 앞의 논문, 175쪽.
363 Marguerite Higgins, "U.S. Troops to Take Battle Positions For First Time Since World War II", The Morning Call, 1950.7.2., p.1, p.6.
364 영상병 포스노트는 사진병 댄젤(R. Dangel) 상병과 함께 인천상륙작전 촬영 임무를 맡았다. 한 팀을 이룬 두 사람의 모습은 미 육군 통신대에서 촬영한 사진 〈111-SC-348461〉에 담겼다.
365 임재근, 2020, 앞의 논문, 174쪽.
366 대전광역시사편찬위원회, 『대전의 옛 이야기-하권』, 대전광역시, 2016, 942-943쪽.
367 위의 책, 75쪽.
368 여기에 대해서는 Allen, J., D. Massey and A. Cochrane, Rethinking the Region, Routledge, 1998; Amin, A., "Regional Unbound: towards a new politics of place", Geografiska Annaler 86(1), 2004, pp.33-44; Amin, A., D. Massey and N.Thrift, "Regions, democracy, and the geography of power", Soundings 25, 2003, pp.57-50. 등을 참조.
369 미군이 생산한 영상을 이용해 한국 현대사를 파악하려는 시도는 이미 여러 연구자들에 의해 시도되었다. 이러한 시도의 의미에 대해 허은은 "생동하는 영상 자료는 과거에서 현재로 다양한 의미를 송신하는 이들을 대면하며 그들의 정서를 느끼고 읽을 수 있"(허은, 「기록영상물의 공공재화와 영상역사 쓰기: 제국-국민국가 서사를 넘어서」, 『역사비평』 109, 2014, 325쪽.)다고 말한 바 있다. 이 논문은 영상이 보여주는 '생동감'을 다리라는 사물과의 관계까지 확대하려는 것이다.
370 Richard Wirth, "The US Army's Syndicated Television Program "The Big Pictures"", October 6, 2019.
371 "2017년 자유아시아방송 문화성 기자는 당시 임진강 철교 폭파에 참여한 인민군 제5군단 공병 분대장에게서 들은 사실이라며 후퇴하는 인민군과 전쟁 중 인

민군을 도와 보복이 두려워 북쪽으로 피신하는 사람, 그리고 그리고 진격하는 한국군 등 헤아릴 수 없이 많은 사람들이 이동 중이었으나 이를 막아야 한다는 상급자의 명령으로 교량을 폭파할 수 밖에 없었다며 울며 고백하는 이야기를 들었다고 발표"(손길신, 「전쟁과 한국철도」, 『철도저널』 22(6), 2019, 103-104쪽.)한 바 있다. 그 외에 인민군에 의한 임진강 철교 파괴에 관한 기록은 아직 찾지 못했다.

372 "鐵道運行本軌道에 京釜線複線工事着手", 『동아일보』, 1950.11.04.; "서울←→평양간 十七일에 열차 시운전", 『동아일보』, 1950.11.09.

373 손길신, 앞의 논문, 104-105쪽.

374 U.S. Air Force, *Air Situation in Korea Vol. I (Aug.-Dec. 1950)*, 1950. 12. 18-30, RG 341 Entry A1 272, Box 209, NARA Ⅱ.

375 임진강 철교가 파괴되는 장면을 촬영한 영상은 없거나 아직 발굴되지 않았다.

376 Charles Hendricks ed., *BRIDGING THE IMJIN: CONSTRUCTION OF LIBBY AND TEAL BRIDGE DURING THE KOREAN WAR(OCTOBER 1952-JULY 1953)*, Office of History, Untied States Army Corps of Engineers, 1989, pp.8-11.

377 *EA, COMMAND REPORT*, 1952.7.; *EA, COMMAND REPORT*, 1952.08.05, RG 338, Entry A1 183, Box 1481, NARA Ⅱ.

378 도로가 연결되어 통행을 할 수 있었기에 개통된 것이지만, 자유의 문 다리는 철교의 다른 부분처럼 구조물이 완전히 완성되어 있지는 않았다. 그 상황에서 홍수의 피해를 입어 자유의 문 다리는 그 이후에도 복구 공사 및 복원 공사를 계속 진행되었다. 완전한 복구는 1952년 말에 이루어졌다.

379 Charles Hendricks ed., op. cit., p.22.

380 현재 임진강 철교 부근의 '자유의 다리'에 대한 설명은 이런 식으로 되어 있다.

381 Charles Hendricks ed., op. cit., pp.4-5.

382 현재의 판문점은 정전협정문 제2조 제19항에 따라 별도의 협상을 통해 1953년 8월 10일 현재의 위치로 결정되었다. 옛 판문점은 현재의 판문점에서 북서쪽(개성 판문리-파주시 군내면 조산리)에 위치해 있었다. 파주시·성공회대학교 동아시아연구소 냉전평화연구센터, 『파주 DMZ 및 접경지역 국외자료 수집과 콘텐츠 활용 종합계획 보고서』, 2020, 298쪽.

383 1951년 1월에 발간된, 사진 및 영상 촬영을 위한 《미 육군 필드 매뉴얼 11-40(FM 11-40)》에 의하면, 미군에 의한 영상 촬영은 크게 시나리오에 의해 계획되고 연습된 상태에서 촬영하는 '통제된 영상 촬영(controlled action photography)'과, 그렇지 않고 사건 발생과 동시에 촬영이 시작되는 '통제되지 않

은 영상 촬영(uncontrolled action photography)' 둘로 나뉜다. '통제되지 않은 영상 촬영'의 경우, "(1) 좀더 많은 정보를 얻기 위해 작전부대와 협력할 것, (2) 완전한 이야기를 얻기 위해 다른 카메라맨과 협력할 것, (3) 전체적인 모습을 찍기 위해 좋은 위치에서 촬영할 것, (4) 구체적이고 세부적인 활동을 촬영하기 위해 다양한 심도의 카메라를 사용할 것, (5) 샷의 순서와 유형을 염두에 둘 것, (6) 캡션시트(caption sheet)를 위한 데이터를 수집할 것" 등을 요구하고 있다. Department of the Army, Department of the Army Field Manual FM 11-40: Signal Photography, Department of the Army, 1951, pp. 95-96. 지금까지 확보한 임진강의 다리를 찍은 푸티지 필름 중 가장 많은 것은 다리 건설 장면을 담은 영상들이다. 그것은 아마 미리 계획된, '통제된' 촬영일 가능성이 매우 높다. 이 다리의 건설은 모두 '군사작전'이었기 때문이다. 그러나, 계획을 세우고 통제를 했다고 해도, 어느 정도로 엄밀하게 시나리오를 짜서 그것대로 찍었는지는 확인하기 어렵다. 공사의 공정을 모두 기록하는 차원에서 일정대로 세세하게 촬영한 것인지, 아니면 공정 중 핵심적이고 중요한 것을 선택하여 부분적으로 촬영한 것인지는 다른 자료를 통해 확인해야 하지만, 아직까지 그 단계까지는 가지 못했다. "한국군 사단이 임진강을 건너다" 세션도 마찬가지이다. 한편, 이 필드 매뉴얼은 1951년 이전에도 존재했다. 그 이전 필드 매뉴얼과 1951년 새로 만들어진 필드 매뉴얼을 비교하는 것은 그 자체로 흥미로울 것이다. 제2차 세계대전을 거치면서 미군의 촬영 방식 등이 어떤 변화를 거쳐 한국전쟁의 촬영 방식으로 전환되었는지를 파악할 수 있기 때문이다. 그것은 또한 제2차 세계대전 동안 만들어진 미군의 '선전 영화'와 한국전쟁의 영화를 비교하기 위한 중요한 도구일 수 있다. 제2차 세계대전 동안 만들어진 미군의 선전 영화에 대해서는 마이클 라이언 외, 백문임 외 역, 『카메라 폴리티카』 하권, 시각과언어, 1997. 참조.

384 물론 세밀하게 시나리오를 써서 만들어지는 사례도 분명 존재하지만 말이다. 가령, 《빅픽처》 시리즈의 〈미군대한원조〉(111-TV-271)편은 그런 성격이 매우 강하다.

385 Department of Army, op. cit., p.15.

386 Ibid., p.15.

387 *Construction of Libby an Teal Bridges, Imjin River October 1952-July 1953*, RG 550, Entry A1-1, Box 69, NARA Ⅱ. 번역문은 「임진강의 리비 다리와 쇠오리 다리 건설-1952년 10월부터 1953년 7월까지」, 파주시·성공회대학교 동아시아연구소 냉전평화연구센터, 앞의 보고서, 434-447쪽에 수록되어 있다.

388 Charles Hendricks ed., op. cit., p.4.

389 1951년 6월 7일 임진강 가교를 탱크가 지나가는 장면 및 그 일대에 영연방군이 주둔하면서 활동하는 장면이 담긴 〈111-ADC-8955〉 속 가교는 날짜 및 부대 등을 고려하면 라이트 상병(Corporal Wright) 다리일 가능성이 매우 높다.

390 *Construction of Libby and Teal Bridges, Imjin River October 1952 to July 1953*, op. cit. 상로교는 자유의 문 다리, 엑스레이 다리, 쇠오리 다리, 고방오리 다리, 화이트프런트 다리 등 5개였고, 하로교는 홍머리오리 다리 하나, 나머지는 부교였다.

391 *Construction of Libby and Teal Bridges, Imjin River October 1952 to July 1953*, op. cit.

392 초기 어려움 극복-후퇴 및 다리 폭파-아군의 이동 체제 구축-새로운 다리 건설로 이어지는 이 에피소드의 한국전쟁 관련 내러티브는, 전시에는 다리가 통행로이자 장벽의 성격을 모두 갖는 것으로 보는 이 글의 시각을 미군의 관점에서 압축적으로 보여 주고 있다.

393 대전전투를 '패배했으나 패배하지 않은 것'으로 기억하기 위한 여러 장치들과 서사들에 대해서는 임재근,「한국전쟁기 대전전투에 대한 전쟁기억 재현 연구」, 북한대학원대학교 박사학위논문, 2020, 2장을 참조할 것.

394 〈한국에서의 제24보병사단〉은 확실히 1954년 11월 이후 만들어졌다. 미 제24사단의 일본 복귀가 저 편에 담겨 있기 때문이다. 그런데, 1954년 이후의 시점에서 1950년에서 1954년까지를 다루는 프로그램을 만든다고 가정해 보자. 이 경우, 그 시기에 촬영된 푸티지 필름을 선별해서 활용하거나 아니면 그것을 가공한 2차 산물을 다시 한번 더 사용할 수밖에 없을 것이다. 1954년 시점에 1951년에 발생한 사건을 찍는 것은 불가능하니까 말이다. 만약 보여주고자 하는 영상이 없거나 발견되지 않는다면, '재현'하거나 관련자가 출연하여 '증언'해야만 한다. 실제로《빅픽처》시리즈의 몇몇 편은 이렇게 제작되었다.

395 군사용이 아닌 민간용의 1·4 후퇴 관련 클리셰는 아마도 피난민을 촬영한 것이다. 이중 AP의 종군기사 맥스 데스포(Max Desfor)가 1950년 12월 4일 촬영하여 1951년 퓰리처상을 받은 대동강 철교 위의 피난민들 사진이 널리 알려져 있다. 또,《빅픽처》시리즈 중 많은 편에서 오프닝으로 사용되는 피난민 장면도 매우 익숙하다.

396 1970년 발간된『파주군지』에도 임진강의 범람 및 수해 소식은 실려 있지만 임진강 다리에 관한 정보는 전무하다.

397 파주시·성공회대학교 동아시아연구소 냉전평화연구센터, 앞의 보고서, 310쪽. '문산'이라는 이름을 가진 학교가 문산이 아닌 '금촌'에 자리잡게 되는 이 역사가 앞으로 어떻게 전개될 지 여전히 주목할 필요가 있다. 과거의 학교터나 혹은

인근의 학교터를 이용하게 될 수 있게 된다면, 그때 그 학교의 입지를 둘러싼 논쟁이 전개될 가능성이 매우 높기 때문이다. 파주 사람들이 기억하는 전쟁 직후 파주 학교의 이런 모습은 파주시중앙도서관 엮음, 『파주에 살다, 기억하다』, 파주시중앙도서관, 2019에서 일부 파악할 수 있다.

398 리비교(북진교)에 대한 파주사람들의 애착을 확인하려면 이용남 사진, 장경선 글, 『리비교 가는 길』, 구름바다, 2020를 참조할 것.

399 파주시·성공회대학교 동아시아연구소 냉전평화연구센터, 앞의 보고서, 299쪽.

400 위 보고서, 302쪽.

401 AFAK 프로그램의 시작과 진행 과정 및 결과에 대한 간략한 정보로는 "Armed Forces Assistance to Korea, 1953 to 1971"을 참조할 수 있다. 이 문서는 1972년 1월 29일 클라크(Bruce C. Clarke) 장군이 AFAK 프로그램에 관한 간단한 역사와 성과의 정리를 요청한 것에 대해, 전사 담당 장교(Staff Historian)인 Herman M. Katz가 작성한 것으로 1972년 2월 25일에 작성된 5쪽 분량의 짧은 보고서이다(국립중앙도서관에서 'AKAF'로 검색). 이 보고서에 따르면, 이 프로그램은 첫째, 미군 장병들의 자발적인 기여와 기부에 기반을 두면서, 한국인들의 자력에 의한 재건을 도모했다는 점이다. 둘째, 이 프로그램이 '사회의 재건', 즉 새로운 사회 조직들의 형성과 사회활동의 장려를 명시적인 목표로 했다는 점에 그 의의가 있다고 미군은 평가한다.

402 김한상, 「주한미공보원(USIS) 영화의 응시 메커니즘: 비가시적인 것의 가시화와 가시화하는 힘의 과시」, 『역사문제연구』 30, 2013, 167-168쪽.

403 박선영, 「1960년 문화영화 정책과 그 방향」, 『역사연구』 38, 2020, 94쪽.

404 박선영, 「냉전시기 뉴스영화의 정체성과 실천의 문제: 〈리버티뉴스〉의 역사와 외국 재현을 중심으로」, 『사림』 65, 2018, 302쪽.

405 물론 〈리버티뉴스〉의 내용 중 한국 정부와 마찰을 빚은 경우가 꽤 있었기 때문에 이 둘이 동일하다고만 할 수는 없다. 이러한 사례에 대해서는 김한상, 「주한미공보원(USIS) 영화의 응시 메커니즘: 비가시적인 것의 가시화와 가시화하는 힘의 과시」, 『역사문제연구』 제30호, 2013, 171-175쪽을 참조할 것.

406 미군이 촬영한 푸티지 필름과 사진은 미국인을 대상으로 한 《빅픽처》 및 한국인을 대상으로 한 《리버티뉴스》 등의 제작에 활용되었고, 아마도 《대한뉴스》에서 사용되었을 것이다. 문화영화 〈아리랑 다리〉는 이 푸티지 영상 자체가 영상적으로 재현되고 있다.

407 한국 여성의 목소리가 영상 속에 주로 등장하는 것은, 1887년 피에르 로티 〈국화부인〉이나 푸치니의 〈나비부인〉으로부터 이어지는 순종적인 여성으로서 아시아를 바라보는 식민지 유럽 남성 시선의 미국식 버전(version)이라고 할 수

있다. 인종적이고 식민적인 틀이 작동하는 것이다.

408　여기에 대해서는 정근식·강성현,『한국전쟁 사진의 역사사회학: 미군 사진부대의 활동을 중심으로』, 서울대학교출판문화원, 2016, 23쪽을 참조할 것.

409　'분경'이란 '분단의 경계'를 의미하는 단어인데, 이곳은 베를린 장벽 등 동서독, 한반도 및 양안 등의 지역에서 나타나는 '국경'과는 다른 개념의 경계를 의미한다. 여기에 대해서는 정근식,「냉전·분단 경관과 평화: 군사분계선 표지판과 철책을 중심으로」,『황해문화』100, 2018를 참조할 것.

410　임진강 다리 이름의 복수성의 의미에 대해서는 성공회대학교 대학원생인 임홍렬과의 대화에서 많은 영감을 받았다. 그에게 감사드린다.

411　파주시·성공회대학교 동아시아연구소 냉전평화연구센터, 앞의 보고서, 284-285쪽.

412　이현진,『미국의 대한경제원조정책 1948~1960』, 혜안, 2009, 52쪽.

413　이봉범,「냉전과 원조, 원조시대 냉전문화 구축의 역동성: 1950~60년대 미국 민간재단의 원조와 한국문화」,『한국학연구』39, 2015, 221-276쪽.

414　이임하,「심리전, 전후 세계질서를 구성하다:「낙하산뉴스」와「자유세계」로 본 미군의 심리전」, 백원담·강성현 편,『열전 속 냉전, 냉전 속 열전: 냉전 아시아의 사상심리전』, 진인진, 2017, 83쪽.

415　정근식·강성현,『한국전쟁 사진의 역사사회학: 미군 사진부대의 활동을 중심으로』, 서울대학교출판문화원, 2016.

416　이하에서 실제의 원조 프로그램으로서 미군대한원조(Armed Forces Assistance to Korea)는 AFAK로, 같은 제목의《빅픽처》에피소드는〈미군대한원조〉로 표기한다.

417　허은,「기록영상물의 공공재화와 영상역사 쓰기: 제국-국민국가 서사를 넘어서」,『역사비평』109, 2014, 324-355쪽.

418　허은,「냉전시기 미국의 민족국가 형성 개입과 헤게모니 구축의 최전선: 주한미공보원 영화」,『한국사연구』155, 2011, 139-169쪽.

419　김려실,「뉴스릴 전쟁: 한국전쟁 초기 미국의 뉴스릴과〈리버티 뉴스〉의 탄생」,『현대영화연구』25, 2016, 71-107쪽.

420　김려실,「냉전사 재고와 영상역사 쓰기: 주한미공보원(USIS)의 원조 선전 영화를 중심으로」,『로컬리티 인문학』19, 2018, 187-226쪽.

421　이외에도 한국전쟁 직전 주한 미군정 공보부의 영화 선전 활동에 대한 김한상의 연구 및 미국 민간 재단들이 한국의 문학과 한국학 정립에 미친 영향에 관한 이봉범의 연구 등을 참조할 수 있다. 김한상,「1945-48년 주한미군정 및 주한미군사령부의 영화선전: 미국 국립문서기록관리청(NARA) 소장 작품을 중심

으로」,『미국사연구』 34, 2011, 177-212쪽; 이봉범, 앞의 논문.

422　Department of the Army, *FM 11-40: Signal Photography, Department of the Army Field Manual*, 1951, pp. 95-96.

423　필자는 2019년 파주시가 발주하고 성공회대 동아시아연구소 냉전평화연구센터가 수행한 "파주DMZ 및 접경지역 국외자료 수집과 콘텐츠 활용 종합계획사업" 프로젝트에 참여하면서 자료조사의 기회를 가지게 되었다. 이 글에 사용된 자료의 발굴은 냉전평화연구센터 연구팀의 집합적 성과이며, 이 글의 내용 중 일부는 연구팀의 공동 논의에 크게 빚지고 있다. 또한 미군 측의 1차 자료가 파주시 관내에 집중되어 있다는 점을 밝혀 둔다.

424　파주시·성공회대 동아시아연구소 냉전평화연구센터,『파주DMZ 및 접경지역 보고서』, 2020, 203-204쪽.

425　미 국립문서기록관리청 자료조사 과정에서 이 영상들의 제작 계획서나 시나리오는 발견하지 못했다. 추후 조사 작업을 통해 수집할 예정이다.

426　서일수,「6·25전쟁 복구사업과 미군대한원조(AFAK) 프로그램」,『기록인』 21, 2012, 101쪽.

427　AFAK 프로그램의 시작 배경에 관한 자료로는 미공보원 영화부에서 제작한《리버티뉴스》가운데〈의정부 이야기(Building Together: The Uijongbu Story-1955)〉를 참조할 수 있다. 이 영상은 의정부에 거주하는 목수 김재훈의 가족 이야기를 통해 미군의 전후 재건 원조사업을 소개하고 있다. 이 영상에는 미 제1군단의 원조 운동으로 건설된 의정부 천주교회 축성식(1953년 8월 29일) 장면이 포함되어 있고, 미 8군의 제안과 미 의회의 승인 등 AFAK의 추진 과정과 초기 계획의 내역 등에 대한 설명이 포함되어 있다. 영상에 대한 해제는 국사편찬위원회 한국사데이터베이스; 김려실, 앞의 논문, 2018, 196쪽 참조.

428　AFAK 프로그램의 시작과 진행 과정 및 결과에 대한 간략한 정보로는 *Armed Forces Assistance to Korea, 1953 to 1971*을 참조할 수 있다. 이 문서는 1972년 1월 29일 클라크(Bruce C. Clarke) 장군이 AFAK 프로그램에 관한 간단한 역사와 성과의 정리를 요청한 것에 대해, 전사 담당 장교(Staff Historian)인 카츠(Herman M. Katz)가 작성한 것으로 1972년 2월 25일에 작성된 5쪽 분량의 짧은 보고서이다. Katz, Herman M., *Armed Forces Assistance to Korea, 1953 to 1971*, RG 550, Entry A1 2, Box 340, NARA Ⅱ.

429　*Armed Forces to Korea, 1953-1971*", 2-3쪽.

430　*1st Cavalry Division: Quarterly Historical Summary January-March 1965*, RG 550, Entry A1 2A, Box 234, Folder #1.

431　Ibid.

432 "New Munsan School Bldg. Built Under AFAK Program". *Cavalry Newspaper*, January 8, 1965.

433 〈Armed Forces Assistance to Korea〉, RG 111, 111-TV-271, Motion Picture Films From G-2 Army Military Intelligence Division, 1918-ca. 1947, NARA Ⅱ. https://catalog.archives.gov/id/2569541

434 "금촌국민교 재건에 미 해병대원들 봉사",《경향신문》, 1954.5.23.

435 파주시중앙도서관 엮음,『파주에 살다, 기억하다』, 파주시중앙도서관, 2019.

436 한국전쟁기 전쟁포로를 둘러싼 국제법적 논쟁과 정전협정의 과정, 포로수용소의 특이성에 대해서는 김학재,『판문점 체제의 기원: 한국전쟁과 자유주의 평화기획』, 후마니타스, 2015, 359-445쪽;「진압(鎭壓)과 석방(釋放)의 정치: 한국전쟁기 포로수용소와 국민형성」,『제노사이드 연구』 5, 한국제노사이드연구회, 2009; 장세진,「은유로서의 포로: 수용소의 삶과 '적/동지'의 구별 정치-한국전쟁 포로들의 UN군 관리 수용소 체험을 중심으로」,『상허학보』 46, 2016. 미국의 자원송환정책 입안부터 시행에 이르는 과정에 대한 분석은 창청, 박혜조 역,「미국의 포로 자원송환과 재교화 정책, 전쟁의 최종 결과를 결정하다: 워싱턴 정책 입안부터 거제도 정책 시행까지」, 백원담·강성현 편,『열전 속 냉전, 냉전 속 열전: 냉전 아시아의 사상심리전』, 진인진, 2017, 223-250쪽.

437 장세진, 위의 글; 임세화,「'포로'라는 이념: 한국전쟁 '포로서사'와 '자기구성'의 가능성」,『상허학보』 46, 2016.

438 정근식·강성현,『한국전쟁 사진의 역사사회학: 미군 사진부대의 활동을 중심으로』, 서울대학교출판부, 2016, 232-241쪽.

439 Department of the Army, *FM 11-40: Signal Photography*, Department of the Army Field Manual, 1951, pp.1-2.

440 박희태는 메타데이터가 정확할 경우, 푸티지 영상의 미편집된 특성은 다른 형태의 영상에 비해 사료로서의 진실성을 높일 수 있음을 강조한다. 박희태,「영상역사연구의 쟁점들」, 허은 편,『영상과 아카이빙, 그리고 새로운 역사쓰기』, 선인, 2015, 73-74쪽; 예컨대 미군의 푸티지 영상을 세밀히 검토하며 지역 전사(戰史) 쓰기를 시도하는 작업으로는 임재근,「한국전쟁 영상과 또 다른 대전 지역사 쓰기: 교량과 철도 파괴 영상을 중심으로」,『역사연구』 41, 2021.

441 한국전쟁 관련 미군 사진을 시각(視角)과 사각(死角)의 구도로 분석한 것은 정근식·강성현, 앞의 책. 특히 전쟁포로 사진을 분석한 연구로는 전갑생,「한국전쟁 포로와 사진: '동양공산주의자' 인종 프레임과 폭력성 재현」,『이화사학연구』 56, 2018, 143-185; 전갑생,「죽음의 시선과 이중노출 이미지화: 한국전쟁기 귀환포로 사진을 중심으로」,『냉전과 평화의 이미지』, 한국냉전학회·서울대 통일

평화연구원·아트선재센터-리얼 디엠지 프로젝트 주최 학술회의 자료집, 2017.

442 정영신, 「미군의 대한원조 영상 속에서 재건되는 전후 주체 : The Big Picture 시리즈의 '미군대한원조'와 '한국과 당신'을 중심으로」, 『역사연구』 41, 2021; 김민환, 「통제된 이동과 경계의 조정 : 임진강 및 주변 지역 다리 영상을 중심으로」, 『역사연구』 41, 2021.

443 허은, 「기록영상물의 공공재화와 영상역사 쓰기: 제국-국민 서사를 넘어서」, 『역사비평』 109, 2014, 325쪽.

444 해당 영상들은 거제시에서 진행한 포로수용소 관련 기록수집 용역사업을 통해 수집된 것으로, 필자는 이 연구과제에 참가하면서 영상을 접할 기회를 얻을 수 있었다. 수집 영상의 목록 및 해제는 거제시, 『한국전쟁기 포로수용소 세계기록유산 등재 추진 용역 보고서』(수행기관: 서울대학교 사회발전연구소), 2019. 수집된 영상 중 일부는 성공회대학교 동아시아연구소 디지털아카이브에 공개되어 있다. 이하 본문에서 영상을 인용할 때는 자료 출처와 함께 영상을 볼 수 있는 링크를 병기한다.

445 포로교환 관련 영상을 포함, LC 시리즈 내의 전쟁포로 영상 전반에 대한 소개와 기본적 분석은 김려실, 「타자의 아카이브로부터 돌아온 포로들: 미 육군 통신부대 POW 필름을 중심으로」, 『현대문학의 연구』 73, 2021 참조.

446 해당 뉴스 영상들은 UCLA Film&Television Archive에 소장된 영상을 고려대학교 한국사연구소에서 수집, 한국근현대영상아카이브에 공개한 것을 활용했다. 고려대학교 한국사연구소 한국근현대영상아카이브 홈페이지, http://kfilm.khistory.org

447 조성훈, 『한국전쟁과 포로』, 선인, 2010, 373-376쪽.

448 *Operation Plan 2-53 (Little Swap)*, RG 554, Korean Communications Zone; Adjutant General Section; Publications Record Set, 1952-54., pp.40-41. (국립중앙도서관 해외 한국관련자료 DB)

449 *Operation Little Switch, Section 1, Base Camp, Panmunjom Ops. & Possible Info. Aches (1 of 2)*, RG 338, Entry A-1 224, Box 1661, Enemy Prisoner of War Records, 1951-53, pp.167-184. (국사편찬위원회 전자사료관); *E4 Prisoner of War, KComZ Plan, SWAP 1-53*, RG 554, United Nations Command, Military Armistice Commission General Subject and Message Files, pp.102-104. (국립중앙도서관 해외 한국관련자료 DB)

450 귀환 포로들에 대한 수용과 재교육 과정에 대해서는 전갑생, 「수용소와 죽음의 경계선에 선 귀환용사: '지옥도' 용초도와 귀환군 집결소」, 백원담·강성현 편, 『열전 속 냉전, 냉전 속 열전 : 냉전 아시아의 사상심리전』, 진인진, 2017.

451 임세화, 앞의 글, 88쪽; 이선우, 「한국전쟁기 거제도수용소 내 '친공포로'의 딜레마와 폭동」, 『역사문제연구』 38, 2017, 342-343쪽.

452 박진홍, 『돌아온 패자: 그 긴 전장을 가로지른 33개월의 증언』, 역사비평사, 2001, 201쪽.

453 한국전쟁에 참여한 미육군 통신부대 중 특히 Little Switch와 Big Switch 작전의 촬영을 주로 맡았던 것은 제304통신대대(304th Signal Battalion)와 제226통신중대(226th Signal Company)였다. 제304통신대대는 포로교환 작전에서 사진 촬영 및 언론 관련 업무, 통신설비 지원 등 로지스틱 측면에서 중요한 임무를 수행했다. 제226통신중대는 특히 흥남철수 이후에 미 육군 제8군에 배속되어 후방에서 통신 지원 업무를 맡고 있었다. 전갑생, 「죽음의 시선과 이중노출 이미지화: 한국전쟁기 귀환포로 사진을 중심으로」, 앞의 책, 150-154쪽; Operation Little Switch Section IV, Logistical Support, pp.115-117; Unit History-226th Signal Company 1941-55, 1964, 1966-71. (국사편찬위원회 전자사료관 제공)

454 E4 Prisoner of War, KComZ Plan, SWAP 1-53, op, cit., p.104.

455 어빙 고프먼, 진수미 역, 『자아 연출의 사회학』, 현암사, 2016.

456 조성훈, 앞의 책, 119-145쪽.

457 김려실은 LC 시리즈 내 포로수용소 푸티지 영상 중 포로에 대한 미군의 인도주의적 대우를 강조하는 영상에 비해 폭력과 진압 등 인도적 포로 정책에 의문을 제기할 수 있는 대상을 촬영한 영상들은 분량도 매우 적고, 사건의 본질을 포착하는 데도 실패하고 있음을 지적한다. 김려실, 앞의 글, 236-246쪽.

458 새로 지급될 보급품의 목록은 담요, 상·하의, 속옷, 양말, 신발, 모자, 수통, 식기 등이었다. Operation Plan 2-53 (Little Swap), op. cit., p.26.; Operation Plan Swap, RG 389, Prisoner of War Information Bureau, Enemy POW/Civilian Internee General Information Files, 1952-53, p.48. (국립중앙도서관 해외 한국관련자료 DB)

459 Ibid., p.24.

460 전갑생, 「한국전쟁 포로와 사진: '동양공산주의자' 인종 프레임과 폭력성 재현」, 앞의 책; 김학재, 앞의 책, 423-425쪽.

461 "누군가 상의를 벗어 던졌다 (중략) 한 사람 두 사람 옷을 벗어 멀리 멀리 던져버렸다. 이제 팬티만 남았다. 신발까지 던져버렸다. 지난날의 '설움과 고통과 괴로움'을 옷과 함께 저멀리 던져버렸다. 한결 마음이 편해졌다. 모든 구박에서 벗어난 기분을 만끽했다. 북으로 가는 인민군 교환 포로도 마찬가지였다. 그들도 이미 상의와 바지가 없거니와 신발도 없었다." 박진홍, 앞의 책, 189쪽.

462 〈Dramatic Scenes as U.N. Prisoners are freed by Reds!〉,《News of the Day》, 고려대학교 한국근현대영상아카이브. 해당 대목의 앵커 멘트는 다음과 같다. "The Communists POW splitting off their clothes they have been given, so as to pretend they have been harshly treated. Many have deliberately torn their uniforms. They have been well disciplined. All this is for benefit of 'red photographers' to further the usual lying with propaganda."(공산주의자 전쟁포로들은 지급받은 옷을 찢어버렸는데, 이는 그들이 열악한 대우를 받은 체하기 위함이었다. 그들 다수는 유니폼을 의도적으로 찢은 것이다. 그들은 잘 훈련되어 있었고, 이 모든 것은 '빨갱이 사진사'들이 언제나처럼 프로파간다를 통해 거짓 선동을 이어가는데 도움을 주기 위한 것이었다").

463 미군의 교환 작전계획에서도 여성 포로 현황은 별도로 파악되었고, 이들이 스스로의 신체를 가릴 수 있는 의복 및 이동수단, 가림막 등에 대한 지침 역시 따로 마련해두었다. Operation Plan Swap, op. cit., Appendix F.

464 김려실, 앞의 글, 247-250쪽.

465 〈111-LC-33737〉 NARA 카탈로그, https://catalog.archives.gov/id/26474

466 "Dramatic Scenes as U.N. Prisoners are freed by Reds!"(일자 미상). 해당 장면에 포함된 내레이션은 다음과 같다. "Many of the free prisoners are wounded or seriously ill. Their body wracked by starvation, even tortured. (…) Six thousands of prisoners may have died in red camps as a result of mistreatment.".

467 Operation Plan 2-53 (Little Swap), op. cit., pp.7-22.

468 전갑생, 「죽음의 시선과 이중노출 이미지화: 한국전쟁기 귀환포로 사진을 중심으로」, 앞의 책, 165-170쪽. 미군 포로들에 대해서는 조사 결과에 따라 월급과 연금 박탈, 권고 제대, 처벌 등의 조치들이 내려졌다. 임세화, 앞의 글, 104쪽.

469 조성훈, 앞의 책, 405-407쪽.

470 〈특보, 반공청년 돌아오다!〉,《대한뉴스》제34호, 1954.2.2. (한국정책방송원 e영상역사관 제공)

471 임세화, 앞의 글, 70쪽.

472 "大部分이 入隊自願",《조선일보》, 1954.1.26.; "滅共戰에 全員 志願",《경향신문》, 1954.1.25. 그런데 이러한 포로들의 재입대는 1949년 전쟁포로에 대한 제네바 협약과 충돌할 소지가 있었다. 제네바 협약 제117조는 "송환된 자는 현역 군무에 복무시켜서는 아니된다"고 규정하고 있었기 때문이다. 이러한 제네바 협약 조항에 대해서는 당시 남한 언론도 인지하고 있었고, 재입대 조치에 대해 "적측이 또 하나의 선전공세로 나오지 않을까"하는 질문을 던지기도 했다. "前

捕虜의 國軍入隊",《경향신문》, 1954.1.26.
473 "反共青年들 歡迎式 全市民 參席裡 盛況",《경향신문》, 1954.2.8. 행사를 뒤늦게 보도한 이 기사에 따르면 입대 행사에는 경북도지사와 경북경찰국장, 대구시장를 비롯한 지방유지들, 각 사회단체 학생들이 대거 참석했다.
474 백원담,「책머리에」, 백원담·강성현 편,『열전 속 냉전, 냉전 속 열전: 냉전 아시아의 사상심리전』, 진인진, 2017, 3-21쪽; 이임하,『적을 삐라로 묻어라: 한국전쟁기 미국의 심리전』, 철수와영희, 2012; 크리스토퍼 심슨, 정용욱 역,『강압의 과학: 커뮤니케이션 연구와 심리전, 1945~1960』, 선인, 1994; Ron Robin, *The Making of the Cold War Enemy: Culture and Politics in the Military-Intellectual Complex*, Princeton University Press, 2001.
475 옥창준·김민환,「사상심리전의 텍스트로서 한국전쟁: 자유세계로의 확산과 동아시아적 귀환」,『역사비평』118, 역사비평사, 2017, 319쪽.
476 미국 국립문서기록관리청(U.S. National Archives and Records Administration 2관, NARA Ⅱ)에서는《빅픽처》시리즈의 디지털 영상들과 각 에피소드의 카탈로그 및 시놉시스를 제공하고 있다. 그 외에도 다양한 온라인 플랫폼에서도《빅픽처》에피소드 일부를 시청할 수 있으나, 해당 영상의 제목이나 캡션으로 달린 NARA 식별자 표기가 다소 부정확한 경우들이 있다. 국내에서는 Youtube의 성공회대학교 동아시아연구소 냉전평화연구센터 채널에서 다수의 영상을 제공하고 있다.
477 김민환,「통제된 이동과 경계의 조정: 임진강 및 주변 지역 다리 영상을 중심으로」,『역사연구』41, 2021, 69-116쪽; 전갑생,「미국의 북한 영상 노획과 심리전 영화 제작」,『역사문제연구』47호, 2022, 181-220쪽; 정영신,「미군의 대한원조 영상 속에서 재건되는 전후 주체: The Big Picture 시리즈의 '미군대한원조'와 '한국과 당신'을 중심으로」,『역사연구』41, 2021, 117-159쪽.《빅픽처》에 관한 미국의 연구 중 주목할 만한 성과로는 John Lemza, *The Big Picgture: The Cold War on the Small Screen*, The University Press of Kansas, 2021.
478 미군 포로를 소재로 다루거나 언급한 경우는 다음과 같은 에피소드들이 있다. 〈사진 회보 5(Pictorial Report No.5)〉(111-TV-251),〈서울의 부활(Rebirth of Seoul)〉(111-TV-255),〈포로수용소로부터의 탈출(Escape from a Prisoner of War Camp)〉(111-TV-320),〈싸우는 남자의 강령(Code of the Fighting Man)〉(111-TV-428),〈인성 교육(Character Guidance)〉(111-TV-429).
479 김학재,「진압과 석방의 정치: 한국전쟁기 포로수용소와 국민의 형성」,『제노사이드 연구』5, 한국제노사이드연구회, 2009, 45-100쪽; 김학재,『판문점 체제의 기원: 한국전쟁과 자유주의 평화기획』, 후마니타스, 2015; 성강현,『6·25전

쟁 시기 포로수용소와 포로들의 일상생활』, 선인, 2021; 창청, 박혜조 역, 「미국의 포로 자원송환과 재교화 정책, 전쟁의 최종 결과를 결정하다: 워싱턴 정책 입안부터 거제도 정책 시행까지」, 백원담·강성현 편, 『열전 속 냉전, 냉전 속 열전: 냉전 아시아의 사상심리전』, 진인진, 2917, 223-250쪽; 최혜린, 「6·25전쟁기 미군의 포로 정책 전개 양상: 전범조사부와 민간정보교육국의 활동을 중심으로」, 서울대학교 석사학위논문, 2017.

480 김려실, 「타지의 아카이브로부터 돌아온 포로들: 미 육군 통신부대 POW 필름을 중심으로」, 『현대문학의 연구』 73, 2021, 221-263쪽; 김일환, 「미군 푸티지 영상으로 본 한국전쟁 포로교환과 그 이면」, 『역사문제연구』 26(1), 2022, 221-257쪽; 전갑생, 앞의 글.

481 이에 관한 연구로는 나상철, 「한국전쟁기 공산군의 유엔군 포로 관리와 성격: 미군 포로를 중심으로」, 『군사연구』 148, 2019, 143-178쪽 참조.

482 대규모 영상 자료 수집 프로젝트의 발주를 바탕으로, 주한 미공보원 제작 보도영화와 문화영화 및 미군 제작 기록 영상들에 대한 수집과 정리가 이루어져 왔다. 대표적으로 고려대학교 한국사연구소 역사영상융합연구팀와 성공회대 동아시아연구소 냉전평화연구센터를 꼽을 수 있겠다. 강성현, 「한국전쟁 푸티지 영상, 어떻게 연구할 것인가?」, 『역사문제연구』 47, 2022, 133-179쪽.

483 문화영화는 일제 시기에 만들어진 용어로 1980년대까지 비(非) 극 영화를 총칭하는 말로 사용되었으나 종종 극 영화나 애니메이션도 문화영화로 언급됐다. 문화영화 개념에는 관제 선전 영화라는 의미가 강하게 담겨 있다. 김려실, 「식민지 조선의 문화영화와 그 기원: 조선총독부 제작 문화영화를 중심으로」, 『역사와 아카이빙 그리고 새로운 역사쓰기』, 선인, 2015, 128-129쪽.

484 허은, 「기록영상물의 공공재화와 영상역사 쓰기의 새로운 모색: '제국-국민국가' 서사의 너머 보기와 '공중(公衆)의 역사' 쓰기」, 허은 편, 『역사와 아카이빙 그리고 새로운 역사쓰기』, 선인, 2015, 17-47쪽.

485 강성현, 앞의 글.

486 미국의 편집 다큐멘터리 장르에 관해서는 다음을 참조. William Bluem, *Documentary in American Television: Form, Function, Method*, Hastings House, 1972. 《빅픽처》의 장르를 편집 다큐멘터리로 논의한 것은 John Lemza, op. cit.

487 박희태, 「편집다큐멘터리의 쟁점들: 프랑스 영상역사연구 3세대의 논점을 중심으로」, 『프랑스문화예술연구』 74, 2020, 37-38쪽.

488 허은은 영상의 제작 의도, 제작 과정, 제작 날짜, 영상에 포착된 인물과 장소, 영상 제작의 역사적·사회적 맥락과 시대적 배경 등을 검토하는 사료 비판 작업

을 강조하면서, 미편집 원본 영상의 대조를 통해 편집된 영상의 서사를 비판적으로 검토했다. 강성현은 푸티지 영상의 제작 과정에서 영상 제작 주체 및 의도, 카메라의 응시에 포착된 피사체와 그 시선 주변 또는 바깥으로 밀려나 '사각화'된 요소, 그리고 촬영 및 기록의 기법과 방법에 대한 분석 등을 강조하며 이를 영상의 '생산맥락'의 분석으로 개념화했다. 박희태 역시 편집 다큐멘터리의 화면에 등장하는 종합적인 정보들의 분석과 더불어 영상 및 음향의 기술적 편집을 분석의 쟁점으로 제시하였다. 강성현, 앞의 글; 허은, 앞의 글; 박희태, 위의 글; 박희태, 「영상역사연구의 쟁점들」, 허은 편, 『역사와 아카이빙 그리고 새로운 역사쓰기』, 선인, 2015, 67-96쪽.

489 한국전쟁에서 촬영을 담당한 통신 부대는 사진병과 영상병이 동행하면서 스틸 사진과 푸티지 영상을 함께 촬영하였기에, 동일한 시공간에서 동일한 피사체를 담은 스틸 사진을 통한 교차 분석이 가능하다. 이렇게 심리전 목적에서 촬영된 푸티지 영상과 스틸 사진은 미국의 아카이브에 축적되었고, 《빅픽처》 시리즈처럼 냉전기 심리전의 전개를 위한 자료로 활용되었다.

490 박희태, 앞의 글, 2015; 2020.

491 허은, 앞의 글, 20쪽.

492 Frank Capra, *The Name Above the Title*: *An Autobiography*, Macmillan, 1971, p.327; Harris Elder, *The Compilation Film*: *Principles and Potentials of a Documentary Genre*, Master's Thesis, Oklahoma State University, 1976에서 재인용

493 Maiah Vorce, "Changing Representations of the Second World War: Why We Fight, Victory at Sea, and The World at War", *Honors Thesis and Capstones*, 572, University of New Hampshire, 2021, p.9.

494 Bluem, op. cit.; Kugel, Herb, "Director Frank Capra," Warfare History Network, 2014, https://warfarehistorynetwork.com/article/director-frank-capra/

495 Lemza, op. cit., pp.24-25.

496 1950년대 후반에서 1951년 초 한국전쟁에서 전선이 후퇴하고 교착되면서 전쟁에 대한 미국의 대중적 관심과 지지가 축소되었고, 공화당은 NBC와 백악관 사이의 관계를 문제 삼았다. 그 가운데 방송국이 더 이상 제작 비용을 감당할 수 없어지자 군 관련 편집 다큐멘터리 TV 시리즈들 다수가 1952년에 종료되었다. Ibid, p.29.

497 1942년 2월, 미 육군은 파라마운트 영화사(Paramount Pictures)로부터 뉴욕 롱아일랜드 소재의 영화 스튜디오 아스토리아 스튜디오(Astoria Studios)를 구

입했다. 미 육군은 스튜디오에 통신대 사진센터(Signal Corps Photographic Center, SCPC)를 설치해 미군의 영화 촬영 및 제작과 이를 위한 훈련을 제공했다. 이후 육군사진센터(Army Pictorial Center)로 개칭하였다. 이 스튜디오는 1970년에 문을 닫았으며 육군사진센터의 기능은 레드스톤 병기창(Redstone Arsenal)으로 이전하였다.

498 Lemza, op. cit., p.44.
499 Ibid., p.37.
500 전갑생, 앞의 글, 207쪽.
501 ProVideo Coalition, "The US Army's Syndicated Television Program "The Big Picture"", October 6, 2019.
502 Lemza, op. cit., pp.60-61.
503 Ibid., pp.61-62, 68-69. NARA II에서 제공하는 카탈로그 "Motion Picture Catalog of The Big Picture Film"와 Army Pictorial Center 홈페이지에서도 이에 대한 설명을 확인할 수 있다. http://armypictorialcenter.com/Catalog_of_the_Big_Picture.htm
504 Ibid., p.89
505 1971년까지 장수한 프로그램인 만큼 《빅픽처》의 오프닝 시퀀스는 여러 번 변화를 거쳤다. 《빅픽처》의 초기 13개 에피소드 오프닝은 뉴스 영화 스타일로 치열한 전쟁의 현장을 강조하면서 한국전쟁이라는 열전의 맥락을 반영하고 있다. 초기 13개 에피소드 직후 변화된 오프닝은 정전 회담을 염두에 두고 도발적인 수사를 누그러뜨리려 했던 노력의 일환으로 보인다. Ibid., p.56. 이 두 번째 버전의 오프닝은 1953~1954년에 제작된 〈플래시 번 훈련(Exercise Flashburn)〉(111-TV-266) 에피소드까지 지속된다. 〈한국에서의 잔학행위〉는 이 두 번째 오프닝의 시기에 해당한다. 이후 변경된 오프닝은 미 육군의 현대화된 모습을 강조하는 장면으로 구성되어 있다.
506 스튜어트 퀸(Stuart Alfred Queen Jr, 1919-1981) 상사는 칼 짐머만 대위와 제임스 맨스필드(James Mansfield) 중사에 이어 《빅픽처》의 세 번째이자 마지막 간판 사회자로 1953년부터 1960년대 초까지 《빅픽처》의 얼굴 역할을 맡아 명성을 얻었다. 그는 1940년 8월에 미 육군에 입대하여 제2차 세계대전에 참전하였으며 1961년 5월 은퇴하였다. Find a Grave 웹사이트 참조. https://www.findagrave.com/memorial/3004076/stuart-alfred-queen
507 빌 다운스(William Randall Bill Downs, Jr., 1914-1978)는 1937년부터 기자이자 전쟁 특파원으로 활동하였는데, 1942년 CBS에 채용되어 에드워드 머로우(Edward R. Murrow) 아래에서 '머로우 보이즈'로 불리는 전쟁 취재팀의 일원

으로 활약하며 라디오 생방송을 통해 명성을 얻었다. 그는 제2차 세계대전 시기 독·소 전쟁의 현장을 취재하면서 이름을 알렸고, 이후 노르망디 상륙 작전 당시 이를 미국에 첫 생방송으로 전달하기도 하는 등 서부 전선의 현장을 취재하였다. 한국전쟁이 발발하자 머로우와 함께 도쿄 및 한국에서 취재하기도 했다. Bill Downs, War Correspondent 웹사이트 참조. https://www.billdownscbs.com

508 동일한 장소를 촬영한 여러 사진들에 달린 캡션을 통해 장소를 특정할 수 있다. "Photographs", p.66, *Final Historical and Operational Report*, 1954.5.31., RG 153, Entry 182, Box 2, War Crimes Division, Historical Reports of the War Crimes Division, 1952-54, NARA Ⅱ.; 국사편찬위원회 전자사료관.

509 정근식·강성현,『한국전쟁 사진의 역사사회학: 미군 사진부대의 활동을 중심으로』, 서울대학교출판문화원, 2016, 123-125쪽.

510 진실·화해를위한과거사정리위원회,『2009년 상반기 조사보고서 [2009.1.6. ~ 2009.7.7.]』02, 2009, 151-152쪽.

511 〈그림 2〉와 동일한 시신을 스틸사진으로 촬영하였다. "Photographs", op. cit, p.167.

512 *Interim Historical Report*, 1953.6.30., pp.71-72, RG 153, Entry 182, Box 1, Judge Advocate Section, Korean Communications Zone, Historical Reports, 1952-54, War Crimes Division, Historical Reports of the War Crimes Division, 1952-54, NARA Ⅱ.; 국사편찬위원회 전자사료관.

513 국방부정훈국 전사편찬회,『한국전란 1년지』, 1951, c106쪽; 국사편찬위원회,『자료대한민국사 제18권』, 국사편찬위원회 한국사 데이터베이스에서 확인.

514 1951년 1월 발간된 미 육군성『필드 매뉴얼 11-40(FM 11-40)』에 따르면 미군에 의한 영상 촬영은 사전에 시나리오에 의해 계획되고 연습한 상태에서 촬영하는 '통제된 영상 촬영(controlled action photography)'와 우발적으로 발생하거나 자연스럽게 벌어진 일을 찍는 '통제되지 않은 영상 촬영(uncontrolled action photography)'로 구분된다. 푸티지 영상은 대개 통제되지 않은 영상 촬영인 경우가 많다. 강성현, 앞의 글, 155-156쪽.

515 사라 아메드는 정동이 특정한 대상이나 기호, 텍스트를 순환하면서 그에 끈적이게 달라붙는 작용을 정동 경제의 개념으로 분석한 바 있다. 대상에 끈적이는 (sticky) 정동은 특정한 방식으로 연상작용을 구조화해 대상에 다른 의미화의 여지를 차단한다. 사라 아메드, 시우 역,『감정의 문화정치: 감정은 세계를 바꿀 수 있을까』, 오월의봄, 2023.

516 정근식·강성현, 앞의 책, 123-125쪽.

517 이와 관련해, 윌리엄 딘은 북한군의 심문 과정에서 "귀관은 부하들에게 왜 여기서 싸우고 있는가를 설명한 적이 있는가?"하는 질문 앞에서 느낀 당혹감을 고백한 바 있다. "나는 일찍이 유럽에서나 일본에서나 모두 우리는 왜 싸워야 하고 왜 싸우는가에 대해 부하들에게 알려준 다음에야 비로소 전투에 참가하곤 했었다. 그러나 이번에는 이에 대하여 부하들에게 말할 시간이 없었다. 그래서 나는 이 공산주의자에게 거짓말을 했다. 동시에 다음부터는 어떠한 사태가 일어나더라도 이 항목에 대해서만은 잊어버리면 안 되겠다고 결심했다." 윌리엄 딘, 김희덕 역, 『딘 장군의 수기』, 창우사, 1995, 104쪽.

518 Masuda Hajimu, *Cold War Crucible: The Korean Conflict and the Postwar World*, Harvard University Press, 2015. p.70.

519 "Letter from Senator Joseph Mccarthy to the President of the United States", *The Hanover Historical Review* 10, 2009, p.49.

520 이임하는 1950년 7월 10일 극동사령부 심리전과(Psychological Warfare Branch)의 「정책 지침 제1호」를 분석하면서 전쟁 초기 심리전의 목표가 미군 및 연합군의 전쟁 개입을 정당화하는 데 있었으며, 이후 인천상륙작전이 성공하고 38선 이북으로 진격하면서 38선을 넘는 문제를 거론하지 말도록 하는 내용이 정책 지침에 반영되었음을 지적했다. 이임하, 앞의 책, 44-45쪽.

521 김려실, 『문화냉전: 미군의 공보선전과 주한미공보원 영화』, 현실문화, 2019, 126-128쪽.

522 박현선, 「한국전쟁의 영화적 기원들: 1951년에 제작된 〈이것이 한국이다!(This is Korea!)〉, 〈삼천만의 꽃다발〉, 〈철모(The Steel Helmet)〉」, 『상허학보』, 2021, 205-244쪽; 정찬철, 「할리우드가 재현하는 한국전쟁과 미국군인, 1950~1953」, 『동북아연구』 29(1), 2014, 175-201쪽.

523 찰스 포터(Charles E. Potter, 1916-1979)는 미시건주 출생으로 1942년 미 육군에 이등병으로 입대하여 이후 장교가 되었으며 유럽 전역의 전투에 참여하였다. 그곳에서 지뢰를 밟아 두 다리를 잃고 1946년 소령으로 제대하였으며, 은성 훈장, 동성 훈장, 프랑스 무공십자훈장 세 개의 퍼플 하트를 수여하였다. 1947년 미시건에서 공화당 하원의원이 되었고, 1952년에는 상원의원으로 당선되었으며 1958년 재선에 실패하였다. 하원의원 당시 하원 비미활동위원회에서 2년간 활동하며 할리우드의 공산주의 침투에 대한 청문회를 재개하는 데 주도적인 역할을 하였다. 또한 미시간주의 노동 조직들에 공산주의의 확산에 관한 혐의를 조사하기도 했다. 상원의원 선거 운동 당시에는 애치슨 전 국무장관을 향해 "미국 사회주의자"라고 비난하기도 하였고, 상원의원 선출 후 상원 상설조사위원회에서 매카시와 함께 활동하였다. "Former Sen. C.E. Potter Dies.", Wash-

ington Post, November 25, 1979.

524 U.S. Congress Committee on Government Operations, *Korean War Atrocities: Report of the Committee on Government Operation made thorught its Permanent Subcommittee on Investigations by its Subcommittee on Korean War Atrocities*, January 11, 1954.; 양정심, 「한국전쟁기 미군의 전쟁범죄 조사와 처리: 전쟁범죄조사단(KWC)를 중심으로」, 서중식 외, 『전쟁 속의 또 다른 전쟁: 미군 문서로 본 한국전쟁과 학살』, 도서출판선인, 2011.

525 강준만, 「왜 언론은 매카시즘의 공범이 되었는가?: 조지프 매카시」, 『인물과사상』 222, 2016, 48쪽.

526 Hajimu, op. cit., pp.202-203.

527 "Congressmen Hit Army Film Curb", *New York Times*, January 9, 1954, p.2; Jack Gould, "Television in Review", *New York Times*, February 8, 1954, p.30.

528 Lemaz, op. cit., p.88.

529 1950년 7월부터 미군은 전쟁범죄 조사에 착수하여 포획한 북한군 포로를 심문하며 유엔군 포로에 대한 잔학행위를 조사해 그것을 '적'을 비방하는 선전의 재료이자 전후에 있을 전쟁범죄 재판을 위한 근거로 삼고자 했다. 이는 전쟁범죄의 조사를 전담할 기관으로 전쟁범죄 조사단의 설치로 이어졌다. 1950년 10월 13일 전쟁범죄 조사단이 설치되었고, 1952년 9월 해당 조직은 한국병참관구 Korean Communications Zone로 이관되었으며 1954년 5월 31일에 해체되었다. 양정심, 앞의 글.

530 U.S. Congress Committee on Government Operations, op. cit.

531 Ibid., p.3.

532 Ibid., pp.13-14.

533 윤인선, 「한국전쟁 외국인 선교사 수기 연구: 전쟁 중 종교를 통한 타자 만들기와 타자들의 공동체」, 『문학과 종교』 23(1), 2018, 131-150쪽.

534 나상철, 앞의 글, 159, 166쪽.

535 위의 글, 152쪽.

536 위의 글, 160쪽.

537 위의 글, 168쪽.

538 김려실, 앞의 글, 2019, 151쪽.

539 오드 웨스타드, 옥창준 역, 『냉전의 지구사: 미국과 소련 그리고 제3세계』, 에코리브로, 2020, 50-52쪽.

540 Lemza, op. cit., pp.124-125.

541 Hajimu, op. cit., pp.23-24.

542 Robin, op. cit., pp.167-170.

543 〈한국에서의 잔학행위〉에서 정치 교육에 관한 증언은 〈사진 11〉의 장교에게 맡겨진다. 사병에게 심문과 정치교육에 관해 거의 질문하지 않는다. 이와 관련해 흥미로운 것은 일반적으로 유엔군 포로에 대한 정치 교육은 장교보다 사병에게 집중되었다는 점이다. 나상철, 앞의 글, 166쪽.

544 박현선, 앞의 글; 정찬철, 앞의 글

545 윌리엄 딘, 앞의 책, 219쪽.

546 1954년 8월 17일 당시 미 국방부 장관 찰스 윌슨(Charles Wilson)은 한국전쟁에서의 포로 경험과 관련한 포괄적인 연구를 완료할 위원회를 구성하도록 지시하였다. 1955년 5월 17일, 카터 버지스(Carter L. Burgess) 국방부 차관보는 전쟁 포로에 관한 국방 자문위원회(the Defense Advisory Committee on Prisoners of War) 의장이 되어, 전투 및 포로 포획의 새로운 환경에 대처하기 위한 미군의 적절한 접근법을 모색하였다. 이후 위원회는 한국전쟁기 전쟁 포로들의 증언을 종합하여 미군 병사들이 숙지해야 할 6개 항의 행동강령을 제안하였다. "The military Code of Conduct: a brief history", Kunsan AIr Base, February 9, 2011.

547 "Five Korean War 'Firsts' Had Lasting Impacts", U.S. Department of Defense, August 4, 2023.

548 "Title 3-The President Executive Order 10631", Federal Register, August 17, 1955.

549 Robin, op. cit., p.181.

550 Lemza, op. cit., pp.128-129.

551 〈적의 선전에 대한 방어(Defense Against Enemy Propaganda)〉(111-TV-360)는 공산주의 선전전을 주제로 다루며, 미국 사회 내부에 침투하는 '적'의 심리전에 대한 불안을 잘 보여준다.

552 Robin, op. cit., p.165.

553 윤소영, 「한국전쟁기 '인종주의 선전전'의 전개와 그 귀결」, 성균관대학교 석사학위논문, 2023, 54-59쪽.

554 Robin, op. cit., p.181.

555 Lemza, op. cit., p.131.

556 Ibid., p.139-142.

557 Ibid., p.126.

558 Hajimu, op. cit., p.216.

559   William E. Daugherty·Morris Janowitz, *A Psychological Warfare Casebook*, John Hopkins Press, 1958, p.12.
560   Edward Hunter, *Brain-Washing in Red China: The Calculated Destruction of Men's Minds*, Vanguard Press, 1951.
561   전갑생, 「미군의 북한 영상 노획과 심리전 영화 제작」, 『역사문제연구』 26(1), 2022, 181-220쪽.
562   양정심·김은경, 「해방 후 북한 기록영화와 정치선전」, 『역사연구』 31, 2016, 135-136쪽.
563   박연희, 「미군 심리전과 '잔류'의 냉전 서사: 모윤숙의 한국전쟁 수기와 영상을 중심으로」, 『한국문학연구』 65, 2021, 307-343쪽.
564   김민환, 「통제된 이동과 경계의 조정: 임진강 및 주변 지역 다리 영상을 중심으로」, 『역사연구』 41, 2021, 69-116쪽.; 정영신, 「미군의 대한원조 영상 속에서 재건되는 전후 주체: The Big Picture 시리즈의 '미군대한원조'와 '한국과 당신'을 중심으로」, 『역사연구』 41, 2021, 117-159쪽.
565   John W. Lemza, *The Big Picture: The Cold War on the Small Screen*, University Press of Kansas, 2021. 유사한 연구는 다음의 책을 참고할 수 있다. Nancy Bernhard, *U.S. Television News and Cold War Propaganda, 1947-1960*. Cambridge University Press, 2003; A. William Bluem, *Documentary in American Television: Form, Function, Method*. Hastings House, 1972.
566   Monica Kim, *The Interrogation Rooms of the Korean War: The Untold History*, Princeton University Press, 2019.
567   Charles S. Young, *Name, Rank, and Serial Number: Exploiting Korean War POWs at Home and Abroad*, Oxford University Press, 2014.
568   헌트는 뉴저지 《뉴어크 레저(Newark Ledger)》에서 경력직으로 시작해 편집장까지 올랐고, 그 이후 파리의 《시카고 트리뷴(Chicago Tribune)》지사에서 일하다가 일본의 《재팬 애드버터이저(The Japan Advertiser)》, 1926-27년 중국의 《한커우 헤럴드(Hankow Herald)》를 인수했으며 1931년 《허스트 신문 통신사(Hearst Communications)》에 있으면서 만주 연구단의 조사 임무를 동행하다가 푸이 황제의 즉위식도 보았다고 한다. 1942년 중국·버마·인도차이나 전구에서 미 전략첩보국(OSS)의 선전 전문가로 있다가 1947년 CIA와 계약직으로 활동했다. U.S. House Un-American Activities Committee, *Communist Psychological Warfare (Brainwashing), Consultation with Edward Hunter Author and Foreign Correspondent Committee on UN-American Activities House of Representatives Eighty-Fifth Congress Second Session*

March 13, 1958, United States Government, pp.5-6.
569　Edward Hunter, *Brain-Washing in Red China: The Calculated Destruction of Men's Minds*, Vanguard Press, 1951.
570　*Brainwashing in Red China, Message from PsyWar Section to Chief of Staff, 29 June 1952*, RG 554, GHQ FEC, General Correspondence, 1951 – 1952, Entry A1 158A, Box 6, 090 thru 091.41, NAID 1174241. NARA Ⅱ.
571　이 영상은 〈Korea: Prisoners of War〉(263.2607, NAID 654896)라는 제목으로, RG 263, Records of the Central Intelligence Agency, 1894 - 2002, Moving Images Relating to Intelligence and International Relations, 1947-1984에 포함되어 있다. 2022년에 한국영상자료원이 발주해 성공회대학교 동아시아연구소 냉전평화센터에서 진행한 〈미국 국립문서기록관리청(NARA) 소장 한국근현대사 관련 영상수집 및 연구사업〉에서 수집한 영상임을 밝힌다.
572　CIA의 문서는 자체적으로 정보자유법(Freedom of Information Act, FOIA)을 통해 공개된 것이다. 이곳은 기밀 해제 날짜, 키워드, 공개 날짜, 국가정보국의 문서 유형, 컬렉션 순으로 문서 구조를 갖추고 있다. 컬렉션은 총 75개의 시리즈이며 General CIA Records(768,745건), FOIA Collection(25,216건), Ground Photo Caption Cards, Consolidated Translations, Baptism By Fire: CIA Analysis of the Korean War Overview 등 OSS 창설 전후부터 현재에 이르는 CIA의 행정 일반, 정보 수집과 작전, 미국 내 정보기관과의 합동작전 문서를 포함하고 있다. Historical Collections는 제2차 세계대전부터 현재까지 중요한 사건과 이슈들을 분류해 정리한 케이스 파일이다. 그러나 이들 문서 대부분은 국가안전보장법(National Security Act)과 개인정보 보호법(Privacy Act), 행정명령 12526(Executive Order 12526) 등으로 부분공개 처리되어 있다. 특히 부분공개 문서는 생산기관이나 민감한 결정 사항, 생산 날짜, 작성자나 회의 참석자 중 CIA 요원의 성명 등을 삭제해 문서의 생산 맥락을 해독할 수 없도록 방해한다.
573　버튼 벤저민(1957-1988), Burton Benjamin Papers, *1957-1988* (청구기호 U.S. Mss 74AF; MCHC 84-047; M85-485; M86-125; M91-041) 컬렉션은 그가 CBS 재직 시설 제작한 다큐멘터리 《20세기》(1957-1966)와 뉴스 프로젝트의 연구 자료, 대본, 인터뷰 및 메모 등으로 구성되어 있다. 일반 파일에는 홍보, 배포 수치, 보도 자료, 벤저민과 제작진 간의 메모, "Nine Year Report; 1957-1966" 보고서가 포함되어 있다. 또한 로버트 몽고메리 프레젠츠(NBC)와 슐리츠 플레이하우스 오브 스타즈(CBS)의 날짜가 정해지지 않은 대본도 포함되어 있다. 비디오 녹화에는 CBS 뉴스 프로그램, 월터 크롱카이트와 함

께한 제2차 세계 대전과 같은 특별 프로그램이 있다. 이 컬렉션은 5개 파트인데 1파트에 서한과 각서(Box 4개), 21세기(The Twentieth Century, Box 16개), Other CBS Television Productions and Reference Files(Box 6개), Videos(123개) 4개 시리즈이고, 나머지 2파트 Additions, 1983, 3파트 Additions, 1961-1963 and 1982-1985, 4파트 Additions, circa 1968-circa 1985, 5파트 Additions, circa 1974-1988이다. 이 기관의 문서 구조는 Collection-Part-Series-Box-Folder 순이다.

574 이 TV 시리즈의 각 주제 목록은 《The Twentieth Century》, Box 1-13, Burton Benjamin Papers, 1957-1988, Wisconsin Historical Society. 영상은 IMDb에서 확인할 수 있다. https://www.imdb.com/title/tt0050072/ 참조. 이 시리즈는 1-3시즌까지 제2차 세계대전, 4-9시즌까지 한국전쟁, 베트남전쟁, 동독과 소련, 중국 등의 냉전기 중요한 사건들을 다루었으며, 1967년 1월 20일 《21세기(The 21st Century)》로 제목을 변경했다.

575 Jay S. Harris, TV Guide, the First 25 Years, New American Library, 1978, p.76, 283; IMDb, https://www.imdb.com/title/tt0050072/?ref_=ttep_ep_tt 참조.

576 월터 크롱카이트(Walter Leland Cronkite Jr., 1916~2009)는 미주리 주 세인트 조셉에서 태어났으나 텍사스 휴스턴으로 옮겨 텍사스 대학을 거쳐 1935년 휴스턴 포스에서 일하고 중서부 라디오 방송국과 2차 세계대전 동안 『United Press(UP)』의 종군 기자로 영국에서 독일의 공중 폭격을 취재했으며 북아프리카와 노르망디 해변 종군과 종전 이후 뉘른베르크 재판뿐 아니라 UP 모스크바 주재 국장을 지낸 바 있다. 그 이후 그는 CBS 부사장 에드워드 머로우(Edward R. Murrow)을 만나 1957년부터 1982년까지 20세기 TV 시리즈와 《CBS 저녁 뉴스(CBS Evening News)》 앵커로서 베트남전 현장에 나서기도 했다. 그는 2004년 해리 트루먼재단으로부터 상을 받기도 했으며 2009년 7월 17일 뉴욕에서 사망했다. CBS Biography, https://www.biography.com/movies-tv/walter-cronkite, 2009; 크롱카이트의 자세한 내용은 다음의 책을 참조. Douglas Brinkley, *Cronkite*, Harper Collins, 2012.

577 Nancy Bernhard, op. cit., pp.181-182.

578 Richard F. Shepard, "TWENTIETH CENTURY'", *New York Times*, November 27, 1960, p.13.

579 Les Brown, "Ex-CBS News Chief Tells of Sharing Information With C.I.A. in '50's,", *New York Times*, May 28, 1977, p.9.

580 덜레스는 1941년 극동 지역에서 정보 임무를 담당했으며 1942년 OSS에서 월

리엄 도노반과 함께 작전에 참여했으며, 1946년 트루먼의 임명으로 중앙정보단, (Central Intelligence Group, CIG)에서 활동하면서 미 해군 정보 활동(미주리호)뿐 아니라 같은 해 6월 10일 미 육군 정보참모부(G-2)로 파견되었고, 1950년 11월 16일 중앙정보국장(Director of Central Intelligence, DCI)에서 합동특별작전과 대통령특별 자문을 맡았다. *Volume 1: Allen Dulles, The Man*, RG 263, History of Allen Welsh Dulles as Director of Central Intelligence 26 February 1953-29 November 1961, A1 37, Box 1, DCI-2, NARA Ⅱ.

581 Business Council (CIA-RDP05T00644R000300900011-1), October 17, 1978, General CIA Records, CIA.

582 *Part I: Korea*, January 1, 1961, Burton Benjamin Papers, 1957-1988,《The Twentieth Century》, Box 3, Folder 13, 식별자 U.S. Mss 74AF, Wisconsin Historical Society. 이 에피소드는 전체 2부작 중에 1부에 해당한다. 2부는 1961년 1월 8일 18시 30분〈전쟁포로: 저항의 길(P.O.W.: The Road to Resistance)〉(30분)로 크롱카이트(해설) 및 1부에 등장한 마샬과 샤인이 등장한다. *Part II: The Road to Resistance*, January 8, 1961, Burton Benjamin Papers, 1957-1988,《The Twentieth Century》, Box 3, Folder 13, Wisconsin Historical Society. 같은 시리즈에서 1957년 11월 24일 방영된〈세뇌(Brainwashing)〉는 1952년 중국인민군으로부터 세뇌를 당한 공군 조종사 중령 제임스(James monroe) 등 3명과 게스트 에드거 샤인과 사회자 버튼 벤저민 등이 출연한다. *Brainwashing*, November 24, 1957, Burton Benjamin Papers, 1957-1988,《The Twentieth Century》, Box 1, Folder 10, Wisconsin Historical Society. 이 영상의 내용은 미 공군 포로 세 명이 중국인민군으로부터 괴로운 육체적 경험에도 불구하고 협박이나 설득에 굴복하지 않았다는 것을 담고 있다. Jack Gould, "TV: Serious C.B.S. Fare", *New York Times*, November 25, 1957, p.40.

583 버튼 벤저민(1917-1988)은 오하이오 클리블랜드 출신이며 고등학교 때부터 뉴스 기자로 있다가 미시간 대학에서 학보사 기자를 거쳐 제2차 세계대전 때 미국 해안 경비대에서 복무하고 1946년부터 10년 동안 파테(Pathé)에서 일다가 1957년 1월 CBS으로 자리를 옮겨《20세기(The Twentieth Century)》와《21세기(The 21st Century)》(1967),《이브닝 뉴스(Evening News)》(1975-1978) 등을 제작했으며, CBS 부사장 겸 이사를 역임하고 1986년 컬럼비아대 개닛(Gannett) 미디어 연구 센터 선임 연구원 등을 지냈다. *Nine Year Report, 1957-1966*, Burton Benjamin Papers, 1957-1988, Box 14, Wisconsin

Historical Society; Eric Pace, "Burton Benjamin, 70, Dies; Former Head of CBS News", *New York Times*, September 19, 1988, p.10.

584 "Television Programs: Sunday, Monday, Tuesday", *New York Times*, November 24, 1957, p.148.

585 에드거 샤인(1928-2023)은 스위스 출신으로 스탠퍼드대에서 심리학 석사와 하버드대에서 사회심리학 박사를 취득한 뒤 1956년 MIT 슬론 경영대학원 교수에 재직 중 산업 심리학과 조직행동 규율을 창시한 인물이다. Edgar Henry Schein, *Coercive Persuasion: A Socio-psychological Analysis of the "Brainwashing" of American Civilian Prisoners by the Chinese Communists*, W. W. Norton & Company, 1961.

586 이 연구소는 1953년 미 국방부에서 관리하며 미 육군 의료 연구 및 재료 사령부(U.S. Army Medical Research and Materiel Command, 지금의 미 육군 의료 연구 및 개발 사령부) 산하 생물 의학 연구 시설이며 CIA와의 협력적인 관계로 거짓말 탐지기 텍스트의 과적 타당성, 방사능에 관한 연구, 그릴 플레임 과학평가 위원회(THE GRILL FLAME SCIENTIFIC EVALUATION COMMITTEE) 등 다양한 연합 작전을 전개했다. Stargate (CIA-RDP96-00788R001300120001-5), December 1, 1979, General CIA Records, CIA; Letter (sanitized) From Reginald W. Griffith (CIA-RDP89-00244R000200400025-4), February 9, 1982, General CIA Records, CIA 참조.

587 Letter to (CIA-RDP80B01676R003500270013-3), October 21, 1961. General CIA Records, CIA.

588 *Harvard University Says It Conducted Two Human Behavior Research Projects* (CIA-RDP88-01315R000300550019-2, September 27, 1977, General CIA Records, CIA.

589 마샬(Samuel Lyman Atwood Marshall)은 제1·2차 세계대전과 한국전쟁에 참전한 군사 저널리스트로, 1941년 미 육군 군사 센터(Center of Military History)를 창설하고 군사 분석가로서 활동하다가 한국전쟁기 미 8군 사령부 역사·작전 분석가로 입대해 보병 무기 관련 논문을 냈다. F.D.G Williams, *SLAM: The Influence of S.L.A. Marshall on the United States Army*, Office of the Command Historian United States Army Training and Doctrine Command, Center of Military History U.S. Army, 1999.

590 *Remarks To The National Strategy Seminar, The National War College By Allen W. Dulles Director Of Central Intelligence July 24, 1959 (8:00 P.M. EDST)* (CIA-RDP62S00545A000100090037-7), General CIA Re-

cords, CIA; *Lists Of Guests National Strategy Seminar, 1959* (CIA-RDP-80M01009A001502780009-8), January 1, 1959, General CIA Records, CIA 참조.

591 이 조직은 1951년 6월 20일 트루먼 대통령은 국무부, 국방부, CIA 등과 함께 미 의회의 감시를 피하고자 만든 비밀 자문기구이며 주로 심리전 계획과 작전 등을 총괄하고 있었다. 심지형, 「냉전 초기 미국의 핵무기 공보정책과 핵 프로파간다의 등장 : 트루먼 행정부의 심리전전략위원회를 중심으로」, 고려대학교 석사학위논문, 2018, 8-19쪽 참조. 그 외 PSB와 관련된 연구 성과는 다음의 논문을 참조하면 된다. 정용욱, 「6.25 전쟁기 미군의 삐라 심리전과 냉전 이데올로기」, 『역사와 현실』 51, 2004, 97-133쪽; 정용욱 「6.25 전쟁기 미군의 심리전 조직과 전개양상」, 『한국사론』 50, 2004, 396-404쪽. PSB는 1953년 작전조정위원회(Operation Coordinating Board, OCB)로 명칭을 변경해 비밀 작전을 감독했다. OCB는 PSB와 유사해 국무부, 국방부, CIA, 대통령 심리전 특별보좌관, 대외작전국 국장, 대통령 국가안보 특별보좌관과 해외공보처(USIA) 국장 등이 참석했으며 1961년 2월 해체되어 일부 국가안전보장회의(National Security Council, NSC)에 흡수되어 새롭게 협력조정단(Planning Coordination Group, PCG)으로 변경되었다.

592 *Suggested Guidance For Public Aspects Of U.S. Position Korean Prisoner-Of-War Talks* (CIA-RDP80R01731R003200100001-9), PSB D-21, April 3, 1953, General CIA Records, CIA.

593 옥스퍼드 영어사전, https://www.oed.com

594 Robert Guillain, "China Under the Red Flag, III: The "New Democracy"", *Guardian*, January 3, 1950, p.6.

595 U.S. House Un-American Activities Committee, op. cit., p.2.

596 이 내용은 북경에서 라디오로 방송된 것이며 녹취록을 확보했는데 미군의 세균전을 시인하고 있다.

597 *Material For PSB Luncheon Re Brainwashing* (CIA-RDP80-01065A000600100001-0), March 5, 1953, General CIA Records, CIA.

598 *Subject: Report of the Psychological Strategy Board Committee on "Planning for Psychological Exploitation of Communist Methods of Indoctrination and Inducing Confessions"* (CIA-RDP80B01676R002600130048-0), March 5, 1953, General CIA Records, CIA.

599 찰스 더글러스 잭슨(1902-1964)은 1943~45년 OSS 요원이었고 연합군 최고사령부(Supreme Headquarters Allied Expeditionary Force, SHAEF) 심리

전부 부국장을 맡았으며 한국전쟁기 반공주의 자유유럽위원회 위원장 및 CIA 와 국방부 사이의 아이젠하워의 연락관을 맡았다.

600　*PSB Staff Meeting, Wednesday, 11 March 1953* (CIA-RDP80-01065A0006 00060027-7), PSB(12 March 1953), General CIA Records, CIA.

601　"Remember 'Brainwashing' in Korea?",《San Diego Union Tribune》, Jul 19, 1956.

602　*Summary Of Remarks By Mr. Allen W. Dulles At The National Alumni Conference Of The Graduate Council Of Princeton University Hot Springs, VA.*, (CIA-RDP70-00058R000200050069-9), APRIL 10, 1953, General CIA Records, CIA; Arthur Krock, "In The Nation; Allen W. Dulles Describes 'Warfare for the Brain'", *New York Times*, April 16, 1953, p.28.

603　*PSB Staff Meeting* (CIA-RDP80-01065A000100030073-4), April 8, 1953, General CIA Records, CIA.

604　〈U.S. Germ Warfare in Korea〉(국립영화촬영소, 조선필름, 1952), RG 306, 306.3409, Moving Images Relating to U.S. Domestic and International Activities 1982-1999, NARA Ⅱ;〈Bacteriological Warfare in Korea〉, RG 263, 263.391, Moving Images Relating to Intelligence and International Relations 1947-1984, NARA Ⅱ.

605　〈U.S. Germ Warfare in Korea〉;〈Scientific Commission on U.S. Bacteriological Warfare〉, RG 263, 263.2558, Moving Images Relating to Intelligence and International Relations 1947-1984, NARA Ⅱ; World Peace Council, Report of the International Scientific Commission for the Investigation of the Facts Concerning Bacterial Warfare in Korea and China, Beijing: Foreign Languages Press, 1952; 國際科學委員會 編, 調査在朝鮮和中國的細菌戰事實國際科學委員會報告書, 1952.

606　〈111-LC-32573〉, "INTERVIEWS WITH REPATRIATED AMERICAN PRISONERS OF WAR (POWS) FROM KOREA, TRIPLER ARMY HOSPITAL, TERRITORY OF HAWAII (T.H.)", Department of the Air Force, May 5, 1953, RG 111, NARA Ⅱ.

607　*Summary Of Remarks By Mr. Allen W. Dulles At The National Alumni Conference Of The Graduate Council Of Princeton University Hot Springs, VA.*, op. cit.

608　*PSB Staff meeting*, op. cit.

609　조사 대상자는 7,190명의 미군 포로 중 육군 6,656명, 공군 263명, 해병대 231

명, 해군 40명이다. 포로 3명 중 1명이 북한의 포로수용소에서 정보 제공자나 선전가로 활동했다. "POW The Fight Continues After The Battle", RG 550, The Reprt of the secretary of Defense's Advisory Committee on Prisoners of War, August 1955, A1 1, Box 47, NARA Ⅱ; "2,730 of 7,190 Americans Died In Captivity During Korean War; 2, 730 KOREA G. I.'S DIED AS CAPTIVES", *New York Times*, Aug 18, 1955, p.1.

610 전갑생, 앞의 논문, 2022, 190-194쪽 참조.

611 "LIFE PHOTO", RG 319, Intelligence Reports and Files, 1950–1958, Entry A1 1013-A, Box 1, 383.6 KOREA (FEB. 12, 1958), NARA Ⅱ. 이 상자에는 총 7개의 봉투에 북한인민군이 촬영한 한·미군 사진 총 364장이 들어가 있다. 현재 국내 미수집 사진이며 필자가 전량 수집했다.

612 "Secret Photos from The Red Korea of 1950-Some Gis Not on Exchange List", *LIFE* 34(19), May 11, 1953.

613 *Suggested Guidance For Public Aspects Of U.S. Position Korean Prisoner-Of-War Talks*, op.cit.

614 해리스는 방송에서 북한인민군 심문관과 군인들로부터 모의 사형 집행을 경험하면서 "내가 정신 차리고 범죄를 자백하지 않으면 어떻게 될지 보여주는 거라 말했습니다"라고 세균전에 대해 "강압적인 자백"이 있었다고 증언했다⟨Korea: Prisoners of War⟩, 01:39-02:29).

615 *Suggested Guidance For Public Aspects Of U.S. Position Korean Prisoner-Of-War Talks*, op.cit., p.5.

616 *PSB Staff Meeting* (CIA-RDP80-01065A000600060019-6), April 1, 1953, General CIA Records, CIA.

617 U.S. House Un-American Activities Committee, op. cit., p.8.

618 *Letter To Honorable Allen W. Dulles From Maxwell D. Taylor*, (CIA-RDP-80B01676R001200060029-4), 11 June 1956, General CIA Records, CIA.

619 *Congressional Record Section, Address By Senator Dodd At Governors' Conference On Education For Freedom* (CIA-RDP75-00149R000200330011-5), July 23, 1962, General CIA Records, CIA.

620 Department of the Army G-2(1958), VNR SUBJECT TO TRIAL BY U.S. FOR OFFENSES AGAINST LAW OF NATIONS, RG 319, Intelligence Reports and Files, 1950–1958, A1 1013-A, Box 6, NA Ⅱ.

621 Department of the Army G-2(1958), ACSI 383.6 Korea(17, May 1958), RG 319, Intelligence Reports and Files, 1950–1958, A1 1013-A, Box 3, NA Ⅱ.

21명에 대한 처벌에 관련된 것은 여기서 구체적으로 다루지 않는다.
622 Krock, op. cit.
623 "洗腦手術恣行? 유엔捕虜送還反對憂慮", 『東亞日報』, 1953.4.6.; "洗腦工作에 몸서리", 『京鄕新聞』, 1955.9.30.
624 "CIA Revelations: Behavior Control", July 20, 1977 7:00 PM, ABC Evening News, WHLA TV ABC Network.
625 Report of Inspection of MKULTRA/TSD (REPORT OF INSPECTION OF M[15603475]), 26 July 1963, FOIA Collection, CIA.
626 Havard University Says It Conducted Two Human Behavior Research Projects (CIA-RDP88-01315R000300550019-2), General CIA Records, CIA.
627 PROJECT MK-ULTRA Intellipedia Dec ID: 6613524 (project mk-ultra[15545700]), FOIA Collection, CIA.
628 이 작전은 전략첩보국과 육군 방첩대(CIC)에서 함께 독일 과학자들을 모집했는데 일부 학자들에게 고문과 폭력까지 동원해 세뇌 연구를 진행했다. 일부 작전 참여자는 뉘른베르크 재판에 전범으로 기소되었다.
629 Richard M. Stephenson, "The CIA and the Professor: A Personal Account", The American Sociologist 13(3), 1978; Rutgers Received CIA Funds To Study Hungarian Refugees (CIA-RDP88-01315R000400460006-5), General CIA Records, CIA.
630 이 프로그램에서 CIA는 외국 지도자들을 조종할 수 있도록 각종 약물 실험 등을 실시했다. 나중에 피델 카스트로에게 약물을 투여하기 위한 몇 가지 계획을 발명했다고 한다. 실험은 피실험자의 동의 없이 실행되었다. 실험 중에는 헤로인(heroin), 모르핀(morphine), 신경안정제(temazepam, MK-SEARCH), 메스칼린(mescaline, 선인장의 일종에서 추출한 환각 물질이 들어 있는 약물), 실로시빈(psilocybin, 멕시코산 버섯에서 추출된 환각 물질), 스코폴라민(scopolamine, 마취 또는 아편계 진통제), 마리화나, 알코올, 펜토탈나트륨(sodium pentothal, 마취·수면제용) 등의 약물이 실험자들에게 사용되었다. 특히 CIA는 카메론(Cameron) 박사에게 '세뇌' 실험을 맡겼다. 카메론은 127명의 캐나다인들에게 불법적인 실험을 실시했다. 캐나다 정부는 CIA의 실험을 인지하고도 묵인해 왔다. 결국 1984년 캐나다 방송협회의 뉴스인 《다섯 번째 만찬(The Fifth Estate)》에서 CIA의 불법적인 '세뇌' 프로젝트를 폭로했다. 카메론은 1967년 등산 중에 심장마비로 사망했다. PROJECT MK-ULTRA Intellipedia Dec ID: 6613524, op. cit. 훗날 '세뇌' 실험 피해자들은 미국에 손배상

소송에서 승리했다.
631 옥창준·김민환, 「사상심리전의 텍스트로서 한국전쟁」, 『역사비평』 118, 2017, 318쪽.
632 이에 관해서는 위의 논문을 참조할 것.
633 초기에는 '강제송환'으로 번역되어 '강제송환 vs 자원송환'의 구도가 만들어졌는데, 이런 번역 자체가 대립하는 두 가치의 등가성을 해치고 있다고 할 수 있다. 그 이후 '자동송환'이라고 번역되기도 했다. 여기에서는 '의무송환'으로 번역한다.
634 이런 관점에서 한국전쟁의 중국인민지원군 포로 문제를 파악한 연구로는 David Cheng Chang, *The hijacked war: the story of Chinese POWs in the Korean War*, Stanford University Press, 2020.
635 남한 내 포로수용소에서 미군 및 유엔군에 의해 실시된 포로재교육 및 심문에 관해서는 Monica Kim, *The Interrogation Rooms of the Korean War: The Untold History*, Princeton University Press, 2019을 참조. 북한 내 포로수용소에서 북한군 및 중국인민지원군에 의해 실시된 포로재교육 및 심문에 대해서는 Charles S. Young, *Name, Rank, and Serial Number: Exploiting Korean War POWs at Home and Abroad*, Oxford University Press, 2014을 참조.
636 전갑생, 「수용소와 죽음의 경계선에 선 귀환용사」, 백원담·강성현 편, 『열전 속 냉전, 냉전 속 열전: 냉전 아시아의 사상심리전』, 진인진, 2017, 251-280쪽.
637 이에 대해서는 Ron Robin, *The making of the Cold War enemy: culture and politics in the military-intellectual complex*, Princeton University Press, 2001, chaper 8을 참조할 것.
638 헌터에 따르면, 'brainwashing'이라는 용어는 중국어 '셰뇌(洗脑)'의 영어 번역이고, 이 용어는 thought reform으로 번역되는 중국공산당의 공식 용어 '사상개조(思想改造)'의 구어체적 표현이라고 한다. Edward Hunter, *Brain-Washing in Red China: The Calculated Destruction of Men's Minds*, Vanguard Press. 1951, pp.4-5. 이 책에는 그가 1950년에 'brainwashing'이라는 용어를 처음 사용한 기사가 그대로 활용되고 있다.
639 강우성, 「억압된 인종 공포: 미국문화와 이데올로기로서의 한국전쟁」, 『미국학』 30, 2007, 11쪽.
640 이 글에서 〈Captured〉는 강조하는 차원에서 다른 영화 제목과 달리 번역하지 않고 원문만 표기한다.
641 존 크리쉬에 대한 이 부분은 다음을 참조해 작성하였다. Robert Shail, "The parameters of British art cinema: a case study of John Krish", Paul Newland

and Brian Hoyle eds., *British art cinema: creativity, experimentation and innovation*, Manchester University Press, 2019; BFI 홈페이지에 Patrick Russell이 그를 소개한 글은 다음을 참조. https://www2.bfi.org.uk/films-tv-people/4ce2ba177d5d8 (2023.6.12. 검색)

642 이 정보는 이 영화의 DVD를 판매하는 한 사이트의 영화 소개 부분에 포함되어 있다. 구체적인 근거가 있지는 않지만, 앞에서 살펴본 크리쉬의 작업 스타일을 고려하면 가능성이 매우 높다고 할 수 있다. RAREFILMSANDMORE.COM 웹사이트의 〈Captured〉 항목을 참조. https://www.rarefilmsandmore.com/captured-1959-with-switchable-english-and-spanish-subtitles

643 Kim Newman, "Film review-Captured (1959)", The Kim Newman Web Site, May 12, 2016., https://johnnyalucard.com/2016/05/12/film-review-captured-1959/

644 Philip French, "Review-Captured(John Krish, 1959-77; BFI, 15)", *Guardian*, April 28, 2013.

645 포로들이 심문받을 때 말할 수 있는 세 가지 사항이다. Young, op. cit.의 책 제목이기도 하다.

646 《데일리 워커(Daily Worker)》는 사회, 정치 및 노동조합 문제에 초점을 맞춘 영국의 좌파 일간지이다. 1930년 영국공산당(Communist Party of Great Britain, CPGB)에 의해 설립된 이 신문은 1945년 CPGB에서 독립적인 독자조합(reader's co-operative)인 인민언론출판협회(People's Press Printing Society)로 소유권이 이전된다. 1966년에는 《모닝스타(Morning Star)》로 이름이 변경되었다. 한국전쟁 당시 한국군에 의한 골령골 민간인 학살 사건을 사진과 함께 보도하기도 했다.

647 Chinese People's Committee for World Peace, 1953, *United Nations' P.O.W'S in Korea*, 2.13·151, Ministerie van Buitenlandse Zaken, 1945-54, NNA.

648 벽동 포로올림픽과 거제도 포로수용소 내의 포로올림픽을 대외적으로 선전하기 위해 만든 포스터 및 영상들은 2024년 6월 28일 현재 대한민국역사박물관 홈페이지에서 〈전쟁포로, 평화를 말하다〉 온라인 전시를 통해 확인할 수 있다. http://www.much.go.kr/online_exhi/POW/index.html 참조. 이 전시에 관한 연구는 김민환, 「전투사 중심 재현을 넘어선 한국전쟁의 대안적 전시: 〈전쟁 포로, 평화를 말하다〉와 〈허락되지 않은 기억(RESTRICTED)〉을 중심으로」, 『사회와역사』 132, 2021, 209-250쪽.

649 여기에 대해서는 다음을 참조. 크리스토퍼 심슨, 정용욱 역, 『강압의 과학』, 선

인, 2009; 김일환·정준영, 「한국전쟁의 '현장'은 어떻게 냉전 사회과학의 지식으로 전환되는가」, 백원담·강성현 편, 『열전 속 냉전, 냉전 속 열전: 냉전 아시아의 사상심리전』, 진인진, 2017, 95-133쪽.

650 여기에 대해서는 다음을 참조. 박상수, 「사학부(史學部): 중국(中國)의 친일 "한간(漢奸)" 청산(淸算) 일고(一考): 사법적 처벌과 대중 운동을 통한 청산」, 『중국학보』 55, 2007, 229-255쪽.

651 여기에 대해서는 다음을 참조. 陳肇斌, 『中国市民の朝鮮戦争: 海外派兵をめぐる諸問題』, 岩波書店, 2020.

652 Young, op. cit., pp.80-88. 미군도 큰 틀에서는 이러한 평가에 동의하였다. 여기에 대해서는 *Publications:* "*POW-The Fight Continues After the Battle*", A Report of the Secretary of Defense's Advisory Com. on POWs, August 1955, RG 550, A1 1, B 47, NARA II를 참조할 것.

653 개별 군인들의 사회적 배경 등이 이 문제에 대해 더 큰 설명력을 가질 수 있다. 가령, 미군의 경우 병사의 인종 및 계급·계층의 문제, 영국군의 경우 입대 전 본인의 활동 이력이나 가족 혹은 친구를 통한 평화운동과의 연결 가능성 등에 더 주목해야 한다.

654 AIR/8/2473, TNA. 이후 이 보고서의 내용을 본문에 소개할 경우, 별도의 출처를 표시하지 않는다.

655 펠튼은 국제민주여성연맹(Women's International Democratic Federation) 조사위원으로 1951년 5월 16일 밤 신의주에 도착하여 5월 27일까지 약 10일 동안 현지 조사와 보고서 작성을 마치고, 5월 29일 밤에 다시 압록강을 건너 귀국길에 올랐다. 그녀는 동료들과 함께 『우리는 고발한다(We Accuse)』라는 소책자로 조사 결과를 발표했는데, 이 소책자는 영어, 한국어, 중국어, 프랑스어, 러시아어, 스페인어, 독일어로 번역 출간되었다. 이 보고서는 미국과 유엔군에 대해 대단히 비판적인 내용으로 일관했고, 따라서 당시에 소련과 공산당의 선전 팸플릿에 불과하다는 비난을 들었다. 펠튼은 이 활동으로 모국인 영국에서 국가에 대한 반역자로 비난받았다. 그러나, 그녀는 평생 자신의 소신을 굽히지 않았다. 최근 국제적으로 펠튼과 그의 동료들의 활동에 대한 재평가가 이루어지고 있다. 한국어로 된 펠튼과 그의 동료들의 한국전쟁 관련 활동에 관한 탁월한 연구서로는 김태우, 『냉전의 마녀들』, 창비, 2021이 있다.

656 이러한 사실은 1977년 7월 20일 오후 7시 ABC 뉴스에서 폭로되었다. 이 뉴스에 따르면, CIA는 1950년대부터 1970년대까지 135개 연구기관 및 대학에서 미국과 캐나다 등지에 실험실을 두고 이 프로젝트를 진행했다. 실험은 피실험자의 동의 없이 실행되었다. 실험 중에는 헤로인(heroin), 모르핀(morphine),

신경안정제(temazepam, MK-SEARCH), 메스칼린(mescaline), 실로시빈(psilocybin), 스코폴라민(scopolamine), 마리화나, 알코올, 펜토탈나트륨(sodium pentothal, 마취·수면제용) 등의 약물이 실험자들에게 사용되었다. 피실험자는 미국 원주민 및 외국인, 캐나다인 등이었으며, 훗날 '세뇌' 실험 피해자들은 미국을 대상으로 한 배상 소송에서 승리했다. 여기에 대해서는 다음을 참조할 것. 전갑생, 「CIA의 〈한국: 전쟁포로〉를 통해 본 북한 노획영상 활용과 '세뇌' 프로젝트」, 성공회대학교 동아시아연구소·한국영상자료원·한국냉전학회 공동주최 학술대회 『영상과 냉전아시아』 자료집, 2023.

657 1955년 보고서의 초안을 미국의 정보기관과 군 조직에 보내 검토해 달라는 요구를 했고, 그와 관련된 내용이 chapter X에 정리되어 있다.

658 이 다큐멘터리에 대해서는 전갑생, 앞의 글, 2023을 참조.

659 가령, 1953년 전 CIA 국장 월터 스미스 중장은 "세뇌 프로그램은 과학적으로 검증되지 않았다"고 세뇌 이론에 대해 정면으로 반박했다. PSB, *SUBJECT: PSB Staff meeting* (CIA-RDP80-01065A000100030073-4), April 8, 1953, General CIA Records, CIA를 참조할 것. 세뇌 이론을 둘러싼 CIA와 군부의 입장 차이 및 주도권 문제 등은 별도의 연구로 확장될 필요가 있다.

660 이 가설에 대한 검증은 관련 자료의 수집을 동반한 후속 작업을 통해 이루어져야 한다. 이 부분을 가설로 남겨 둔 것은 이 글의 명백한 한계이다.

661 군이라는 특별한 스폰서와 협력하는 과정에서 발생한 어려움을 존 크리쉬가 어떻게 대처하고 섬세하게 조율했는지는 다음을 참조할 것. Patrick Russell, "Shooting the Message: John Krish", in Patrick Russell and James Piers Taylor, eds., *Shadows of Progress: Documentary Film in Post-war Britain*, Palgrave Macmillan, 2010.

662 Shane O'Sullivan, "This Film is Restricted: The Training Films of the Brithsh Security Service", *Historical Journal of Film, Radio and Television* 38(2), 2018. 이하의 내용은 오설리번의 논의를 정리한 것이다.

663 미국에서도 1963년 이후로 한국전쟁 관련 영화가 제작되지 않았다. "한국전쟁을 다룬 영화가 1963년을 기점으로 할리우드에서 자취를 감추고 한국전쟁에 관한 연구나 공론화가 베트남 전쟁을 겪고 난 1970년대 이후에야 본격화"된다. 강우성, 앞의 논문, 5쪽.

664 Robin, op. cit., chapter 8.

찾아보기

일반, 지역, 개념

I

indoctrination, indoctrinated, 정치교육, 생각주입, 이데올로기 주입, 349, 393-394, 397-398, 466-468, 470, 478-481, 536

ㄱ

거제도, 7, 159, 166, 216, 227-228, 230-234, 349-350, 367, 411, 458, 525, 527, 530, 547
건설기, 115, 127, 130
검열, 67, 75-81, 89, 133, 205, 215, 344, 346, 386
공보(Public Information), 6, 9, 66, 68-71, 75-83, 89, 94-96, 105-106, 110-111, 147, 155, 174-175, 179-181, 202-203, 207, 210-211, 237, 239, 305, 314, 318-320, 336, 341, 343, 345-346, 360, 362-363, 376-378, 387, 410, 415, 420, 425, 444, 490-493, 497, 503-504, 511, 522-524, 530, 534, 542
과학소설(Science Fiction), 56-58, 489
국가 건설, 8, 83-84, 93, 129, 132, 134, 136
국가서사, 114, 129-130, 136-137
국경, 126, 128-129, 132, 134-135, 163, 523
국민성(national character), 27, 31
금강 방어선, 268

ㄴ

나치, 34, 51-52, 74, 82, 117, 137, 211, 376, 414, 447, 489, 504

ㄷ

도미노 효과(Domino effect), 47
동양 공산주의자, 215, 346, 349, 362

ㅁ

메이킹 필름, 116

문명, 37-38, 40-41, 49

문화냉전, 69, 146, 174, 206, 319-320, 373, 498

미국주의, 398-400, 404, 406

미군 범죄, 184, 191

미군 행동강령(Code of Conduct for Members of the Armed Forces of the United States), 402-405

미송환, 비송환, 송환 거부, 167, 228, 230, 232, 434-435, 472

민족지학(民族誌學, ethnography), 30, 32, 485

ㅂ

반공, 6, 8, 11, 36, 48-49, 54, 70, 74, 81, 85, 99, 109, 133, 154-155, 167, 202, 212, 216-217, 223, 225, 230-235, 238, 359, 361-362, 377-378, 389-390, 399, 406, 415, 417, 429, 433-434, 436, 438, 459, 494, 504, 514-515, 543

반공포로, 359-360, 363

반인륜, 37, 42, 44, 53-54

방첩대, 148-149, 209, 357, 545

북한 노획 영상, 북한 노획 필름, 13, 15, 119, 121, 146-147, 156, 159, 162-163, 167-168, 415-416, 424, 428, 494, 499

비인도적 범죄(Crimes Against Humanity), 34

ㅅ

사각, 66-69, 71-72, 75, 77, 83, 86-87, 102, 104-105, 205, 212, 214-216, 233, 243, 256-267, 347, 373, 400, 512, 514, 525, 531

사기(士氣), 6, 25, 40, 52, 74-75, 78, 146, 210, 212, 370, 428, 454, 483

사상심리전, 1-2, 5, 7, 10, 13-15, 17, 65, 68-69, 72, 74-75, 80-84, 87-88, 93, 95, 100, 104-106, 110, 146, 174, 204, 209, 212, 223, 225, 317, 336-367, 373, 410-411, 436, 475, 491, 497, 513, 515, 523, 525-526, 529-530, 546, 548

사상전(Thought Warfare), 5-6, 11, 26-67-68, 72-74, 81-82, 104, 106, 110-111, 146, 211-212, 459, 484, 491

세뇌(Brainwashing), 13, 15, 17, 35, 74, 164, 166-168, 345, 351, 400-402, 413, 415, 424-427-428-438, 440, 442, 447-449, 459, 464-469, 471-473, 475, 507, 516, 538, 540, 542, 545-546, 549

송환 포로, 352, 372-373, 389, 391, 393, 400, 405

스펙터클, 11, 115, 117, 127, 132-134,

137, 214
시민 도덕, 399, 404-406
심리전(psychological warfare), 5-9,
11-13, 15, 17, 21, 24-27, 29, 33-
34, 36-37, 49, 51, 53, 55-56, 60-
62, 68-69, 72-74, 80-82, 104, 106,
145-147, 153-155, 160-162, 166-
168, 174-175, 177-180, 182, 204-
205, 209-212, 215, 225, 228-229,
232, 237, 318-319, 322, 327, 336-
337, 339, 341, 356, 369-373, 375-
376, 378, 384-385, 390, 393-394,
396, 398, 400-406, 411, 414-418,
420-422, 424-425, 430, 436, 438,
444, 459, 469, 474-475, 483-484,
487-489, 491-493, 503, 514-515,
523, 529, 531, 534, 536-537, 542,
546
심문, 7, 148, 152, 216, 356-357, 384,
389, 393-394, 396-398, 401, 403-
405, 416, 423-424, 431, 434-435,
437, 448-449, 456-457, 459-460,
462-463, 465-468, 470-471, 478,
480-481, 500, 534-536, 544, 546-
547

ㅇ

야만, 29, 37-38, 40, 44, 49, 55, 106,
133, 164, 253, 300, 357, 383, 455,
466-467, 521

영상병, 207-208, 213-214, 217-220,
245-249, 257, 261, 263, 266-267,
309, 341-343, 345-351, 353-357,
360, 362-363, 385, 531
인간 이하(Untermensch, less than
human), 34, 44, 55
인종, 27, 29, 31, 34, 215, 217, 238,
355, 367, 399, 405, 411, 474, 485,
513, 525, 527, 536, 546, 548
일본 문화론, 33, 487
임진면, 187-189, 191, 510

ㅈ

자원송환 원칙, 229, 435
자조하는 주체, 327
재매개화, 136
적화삼삭(赤禍三朔), 222-224, 415, 448
전쟁 범죄, 34, 166-167, 380-381, 383,
387, 389, 393, 410, 464, 535
전쟁 서사, 126, 131-132, 135, 369
전쟁영화, 113, 118, 123, 131-133,
136-137, 141, 494, 496
전주, 380-382
전투영화, 11, 17, 113, 123-126, 128,
131, 137, 496-497
전투적 자유(Militant Liberty), 24
정동, 3-7, 9-14, 16, 23, 89, 128-129,
135, 204-206, 212, 214, 227, 234-
235, 238, 375, 383-384, 401, 513,
533

정체, 정체성(identity), 9, 11, 30-31, 37, 46, 50, 70, 72, 80, 106, 113, 115-120, 126, 130-131, 137, 202, 225, 275, 308, 314, 345, 349, 359, 375, 399, 405, 436, 485, 515, 522
지역학(Area Studies), 32
진주, 136, 376, 381, 386, 507, 511

ㅊ

청주, 381-382
친공, 215-216, 230, 232-233, 349, 363, 367, 462, 527

ㅌ

타자, 12, 24, 30, 32-33, 51, 54-58, 113, 117, 130-132, 195, 235, 399, 411, 485, 535
통신부대, 통신대, 161-162, 178, 180-181, 202-203, 207-210, 222-224, 227-228, 234, 237-238, 242, 245-246, 250, 256, 266, 268, 272, 283, 318-320, 342, 345, 351, 366, 376, 381, 410, 490, 505, 507-508, 511, 514, 516-518, 527, 530, 532
투사(projection), 24, 56, 81, 102-103, 212, 272, 294, 296, 307, 397, 447, 474, 516, 547

ㅍ

파주, 184-185, 187, 191, 204, 277, 288, 290, 294, 301-303, 314, 321-322, 325-327, 332, 336, 508, 510, 519-522, 524-525
포로수용소, 7, 159, 166-167, 216, 227, 229-230, 232, 234, 238, 339, 341, 346-347, 356, 359, 365, 367, 372, 394-396, 398, 404-405, 410, 413, 431-432, 434, 436, 454-456, 458-461, 463, 471, 510, 512, 525-527, 529-530, 544, 546-547
포항, 102, 282, 359
폭격, 38, 41, 163, 214, 241, 258-261, 265-268, 272, 278, 280, 284, 396, 457, 498, 518, 539
프로파간다, 11, 67, 118, 129, 137, 146, 151, 174, 210, 345, 349, 351, 362, 374, 434, 444, 462, 503, 515, 528

ㅎ

행동 양식(behavior patterns), 27-28, 30, 35, 489

인명

ㄱ

김계조, 84-86, 109, 493
김구, 94, 102, 104
김병로, 86
김원봉, 87
김지미, 192, 307, 509
김창룡, 209

ㄷ

더글러스 맥아더(Douglas MacArthur), 26, 208, 214, 382

ㄹ

랠프 포스터(Ralph L. Foster), 149, 506, 547
로버트 맥클루어(Robert A. McClure), 232, 421
루스 베네딕트(Ruth Benedict), 30-33, 61, 63, 484

ㅁ

마거리트 히긴스(Marguerite Higgins), 261, 518
마크 클라크(Mark W. Clark), 323, 398, 522, 524
맥스웰 테일러(Maxwell D. Taylor), 323, 433, 440, 544
모윤숙, 209, 223-225, 234, 237, 415, 444, 514, 537

ㅂ

박진경 대령, 80, 93-94, 99, 493
보너 펠러스(Bonner F. Fellers), 27
부처(Butcher), 75, 451
브루스 클라크(Bruce C. Clarke), 323, 398, 522, 524

ㅅ

새무엘 라이먼 애트우드 마샬(Samuel Lyman Atwood Marshall), 419-420, 429, 432-433, 540
스탈린(Joseph Stalin), 45-46, 49, 156-157, 504
스튜어트 퀸(Stuart Alfred Queen Jr.), 161, 163, 182, 328-329, 379, 422-423, 506, 508, 532
스티븐 시몬스(Stephen Simmons), 252-254, 517

ㅇ

안재홍, 86
안호상, 73, 491
어빙 고프먼(Erving Goffman), 346, 367, 527
에드거 헨리 샤인(Edgar Henry Schein), 413-414, 416, 419, 432-433, 436-437, 449, 540-541
에드워드 헌터(Edward Hunter), 415-

찾아보기 **555**

416, 419, 421-423, 442, 449, 459, 537-538, 546
에른스트 윙어(Ernst Jünger), 52, 61, 489
여운형, 87, 92
오승근, 85, 109, 493
월터 크롱카이트(Walter L. Cronkite, Jr.), 413-414, 417, 419, 429, 431-433, 435, 538-540
윌리엄 딘(William Frishe Dean), 90-91, 94, 391, 397-402, 404-405, 411, 464, 471, 534, 536
윌버 슈람(Wilbur Schramm), 225
이승만, 45, 90, 97-101, 103-104, 136, 208, 323, 360

ㅈ

자크 데리다(Jacques Derrida), 58
장제스, 98
조지 리비(George D. Libby), 294, 296, 298, 300-301, 310, 314, 520
조지 블레이크(George Blake), 470-471
조지 오웰(George Orwell), 49
조지프 매카시(Joseph R. McCarthy), 36, 370, 386, 389, 406, 410, 469, 534-535
존 라일리(John W. Riley), 225
존 크리쉬(John Krish), 451-453, 475, 546-547, 549

존 펠젤(John Pelzel), 225
존 포드(John Ford), 388
주인규, 17, 120-121, 123, 127, 140-141, 495

ㅊ

찰스 포터(Charles E. Potter), 389-390, 534
최무룡, 307

ㅋ

카터(Carter), 261-264
칼 마이던스(Carl Mydans), 517
칼 브루턴(Carl Bruton), 180-181, 378
칼 슈미트(Carl Schmitt), 51-52, 54-55, 62, 489
칼 짐머맨(Carl Zimmerman), 182, 283-285, 508

ㅌ

턴불(C. R. Turnbull), 208, 246-247, 249-250, 256-257, 263

ㅍ

포스노트(Wallace O. Fosnaught), 208, 245-249, 254-255, 257, 262-263, 518
프랭크 카프라(Frank Capra), 376, 409, 531

ㅎ

햇필드(Raymond D. Hatfield), 258
헤이우드 메기(Haywood Magee), 251, 271, 517

작품, 문서

『국화와 칼』, 30-31, 61, 484-485
『당신 인생의 이야기(Story of Your Life)』, 58, 490
《대한뉴스》, 79, 277, 305-306, 309, 312, 364, 522, 528
〈대한민간원조(Civil Assistance, Korea)〉, 162
『동물농장』, 49, 62, 488
《데일리 워커(Daily Worker)》, 457, 462-463
《라이프(LIFE)》, 23, 165, 250, 264, 427, 443, 544
《리더스 다이제스트(Reader's Digest)》, 23
〈미군대한원조(Armed Forces Assistance to Korea)〉, 174, 179, 183, 196, 239, 302-303, 305, 317-318, 320, 322, 328-329, 334-336, 367, 411, 444, 505, 508, 512, 520, 523-524, 526, 537
버튼 벤자민 문서(Burton Benjamin Papers), 442, 538-540
《빅픽처(The Big Picture)》, 13, 17, 147, 160-163, 166-167, 177, 179-182, 187-188, 190, 194, 210, 212, 215, 277, 280, 283, 295, 297-299, 303, 306-308, 318-320, 322, 328-329, 331, 333, 369, 371, 373-379, 403-406, 415, 424, 505-506, 508-509, 513, 521-523, 529, 532, 537
〈서울의 부활(Rebirth of Seoul)〉, 162, 164, 303, 529
〈세뇌(brainwashing)〉, 13, 15, 17, 35, 74, 164, 166-168, 345, 351, 400-402, 413, 415-424, 427-438, 447-449, 459, 464-469, 471-473, 475, 516, 540, 545-546, 549
〈싸우는 남자의 강령(Code of the Fighting Man)〉, 404, 529
《시보》, 17, 65, 68-71, 73, 75, 77, 79-80, 83-84, 87-88, 104, 106, 121, 157, 492
RG 306, 306, 313, 439, 543
ADC (시리즈), 202, 222
LC (시리즈), 202, 228-229, 234, 322, 342, 348, 356, 526
《映畵藝術(영화예술)》, 146, 498
《우리는 왜 싸우는가(Why We Fight)》, 180, 376-377
《유럽의 십자군(Crusade in Europe)》, 377
《의지의 승리(Triumph of the Will)》, 376
〈인민군대〉, 118, 123, 140-141, 496
〈인성교육(Character Guidance)〉, 404, 406
《전진대한보》, 17, 65, 68-71, 79-82, 95-96, 98, 102, 104-105, 108, 494

《전진조선보》, 17, 65, 68-69, 71, 79-80, 82, 89, 91, 94, 96, 99, 101, 104-105, 110, 493-494

〈지구가 멈추는 날(The Day the Earth Stood Still)〉, 57, 59

〈초소를 지키는 사람들〉, 17, 113, 121, 123, 127-128, 130, 132-133, 136-137, 140-141, 495

〈컨택트(Arrival)〉, 57-59

〈포로수용소로부터의 탈출(Escape from a Prisoner of War Camp)〉, 404, 529

〈플래툰(Platoon)〉, 50, 59

《픽처 포스트(Picture Post)》, 216, 250, 252, 254, 271, 517

〈한국전쟁포로(P.O.W. Korea)〉, 17, 413, 416, 418, 420, 426, 428, 430-431, 433, 435, 438, 475, 549

〈한국과 당신(Korea and You)〉, 174, 177, 179, 182, 184, 187-190, 192, 194, 239, 303, 306, 367, 411, 444, 509-510, 512, 526, 529, 537

〈한국에서의 첫 40일(The First Forty Days in Korea)〉, 161, 181

〈한국의 범죄(Crime of Korea)〉, 386-388

〈한국의 위기(Crisis in Korea)〉, 180-181, 378

《해방뉴스》, 71, 491

조직, 건물, 장소

A

AFN-TV, 379

ㄱ

공보부, 68-71, 75-81, 83, 105, 110, 492, 523

공보원, 69-71, 77-79, 81-82, 96, 105, 110, 174, 202-203, 237, 305, 314, 319, 387, 490, 492, 497, 511, 522-524, 530

공보처, 9, 68, 71, 81-82, 95, 305, 425, 542

과도입법의원, 84, 86, 88

국가안전회의(NSC), 155, 170, 504, 515, 542

국립영화촬영소, 73, 121, 124, 146, 150, 415, 495, 497-498, 500, 543

국민보도연맹, 103

국제올림픽위원회(IOC), 92

군정&민사국(Military Government and Civil Affairs, CA&MG), 162

극동사령부, 극동총사령부, 119, 150-154, 160-161, 167, 221, 285, 484, 493, 499, 501, 534

금강교, 243, 245, 253

금강철교, 245, 252, 516

금남교, 209, 243, 245, 248, 250-253, 255, 268, 299

금촌국민학교, 331-332

ㄴ

남서태평양사령부(Southwestern Pacific Area Command, SWPA), 26

냉전아시아영상아카이브, 202

ㄷ

대전 형무소, 382

대전시청, 264

대전역, 209, 243, 255, 257-264, 266-267

독개다리, 280

ㅁ

미 육군부 정훈국(Information and Education Division, I&E), 160, 425

미 해외공보처(USIA), 147, 155, 167, 425

민간정보교육국(Civil Information and Education Section, CI&E), 155, 159-160, 167, 228, 232, 411, 459, 505, 530

민주의원, 84, 87

ㅂ

반민족행위특별조사위원회(반민특위), 103-104

벽동 포로수용소, 432, 458

비상국민회의, 84, 86-87

ㅅ

심리전략위원회(Psychological Strategy Board, PSB), 147, 153-155, 167, 170, 173, 420-423, 433, 440-441, 474, 503-504, 507, 542-544, 549

ㅇ

엑스레이다리(리비교, 북진교), 294, 296, 300-302, 310, 314, 522
연합군 사령부(UN Command, UNC), 148, 161
월터 리드 미군 병원(Walter Reed Hospital), 391
유엔한국임시위원단(UNTOCK), 90, 108, 493
육군부 심리전실(Office of the Chief of Psychological Warfare), 421
육군사진센터(Army Pictorial Center), 160-161, 173, 181, 196, 318, 377, 409, 506, 508, 514, 532
인디언헤드(Indian head), 148-151, 153, 155-157, 425
인적자원연구소(HRRI), 225, 227, 507
임진강의 정복자, 290, 293

ㅈ

자유의 (문) 다리, Freedom Gate Bridge, 279-280, 301, 519
자유의 문, 279, 282, 290-291, 295, 302, 310, 354, 356-357, 519, 521

전략첩보국(Office of Strategic Services, OSS), 26-27, 415, 537-538, 545
전쟁범죄 조사단(War Crimes Division in Korea), 393, 535
전쟁정보국(Office of War Information, OWI), 26-27, 30-31, 60, 484
정보참모부(G-2), 76, 138-139, 147-151, 153, 165, 167, 169, 171-172, 196, 313, 335, 407-408, 434-435, 439, 441-442, 499-502, 504, 525, 540, 544
제164군사정보파견대, 149-150
조선올림픽위원회(KOC), 92
주한미공보원(USIS), 68, 71, 82, 110-111, 179, 237, 239, 318-320, 336, 410, 490-493, 511, 523, 534
주한미군, 주한 미군, 9, 15, 68-71, 75, 77-78, 81, 83, 96, 103, 105, 110, 183, 303, 324-325, 333, 336, 490, 492, 508, 523
중앙작전조사파일센터(Central Operational Research File Center), 152
중앙정보국, CIA, 13, 15, 17, 26, 74, 167, 169-170, 272, 413, 415-422, 427, 430, 436-438, 440-441, 445, 469, 472, 474, 498, 502-504, 506-507, 517, 538, 540-545, 548-549

ㅊ
천현국민학교, 321

ㅌ
통신번역전선부대(ADVATIS), 151, 500-501

ㅍ
파주여자상업고등학교, 322
판문점, 3, 7, 204, 210, 282, 340, 343-346, 351-354, 357, 390, 394, 418, 437, 519

ㅎ
한국근현대영상아카이브, 203, 206, 365-366, 511, 526, 528
한국전쟁 잔학행위 특별소위원회(Subcommittee on Korean War Atrocities), 389, 409, 535
한미친선협의회(the Community Relations Advisory Council), 183-191, 327, 508-509
합동정보목적국(Joint Intelligence Objectives Agency·JIOA), 437
호림부대, 103

작전, 법, 사건

A
AFAK 프로그램, 12, 179, 186, 302, 318, 321-322, 324-327, 331, 335, 522, 524-525

ㄱ
기지촌 정화운동, 185, 509

ㄷ
대전전투, 209, 272-273, 315, 516, 521

ㅁ
미군대한원조, 174, 179, 183, 239, 302-303, 305, 317-318, 320, 322, 328-329, 334, 336, 367, 411, 444, 505, 512, 520, 523-524, 526, 537

ㅅ
상병포로교환(Little Switch), 210, 343-344, 364-365, 526-527
수용소 올림픽, 227-228, 234
스미스-문트 법(Smith-Mundt Act), 387

ㅇ
아시아·태평양전쟁, 26, 29, 31, 33, 56
여순사건, 65, 81-82, 99-101, 103, 109, 494
인천상륙작전, 161, 163, 209, 261-262, 518, 534
일반포로교환(Big Switch), 170, 210, 343, 506

ㅈ
조선정판사 위폐사건, 85
주둔군지위협정(Status Of Forces Agreement, SOFA), 184-185
죽음의 행군(Death March), 394-396

ㅍ
평양 특별 프로젝트(Special Pyongyang Project), 148, 151, 172, 501

ㅎ
한미협정, 97, 494
흥남 철수작전, 214

약어

국가안전회의	National Security Council, NSC
군정&민사국	Military Government and Civil Affairs, CA&MG
극동 총사령부	General Headquarters Far East Command, FEC
미 육군 도서관용 복제본 영상 시리즈	Library Copy, LC
미 육군 보존용 복제본 영상 시리즈	Army Depository Copy, ADC
미 육군부 정훈국	Information and Education Division, I&E
미 해외공보처	U.S. Information Agency, USIA
미 해외공보처	US Information Agency, USIA
미군대한원조	Armed Forces Assistance Korea, AFAK
민간정보교육	Civil Information and Education Section, CI&E
민간정보교육국	Civil Information and Education Section, CI&E
심리전략위원회	Psychological Strategy Board, PSB
AFN-TV	Armed Forces Network Television
연합군 사령부	U.N. Command, UNC
육군부 심리전실	Office of the Chief of Psychological Warfare, OCSPY WAR
인적자원연구소	Human Resources Research Institute, HRRI
자원 미송환 포로	Voluntary Non-Repatriated Prisoner of War, VNR POW
정보참모부	Assistant Chief of Staff, Intelligence, G-2
제164군사정보파견대	164th Military Intelligence Service Detachment, 164MISD
제319군사정보중대	319th Military Intelligence Service Company, 319MISC

주둔군지위협정	Status Of Forces Agreement, SOFA
주한미공보원(USIS)	United States Information Service, USIS
주한미군	Armed Forces Assistance to Korea, AFAK
중앙정보국	Central Intelligence Agency, CIA
통신번역전선부대	Advance Allied Translator and Interpreter, ADVATI
한미친선협의회	Community Relations Advisory Council
합동정보목적국	Joint Intelligence Objectives Agency, JIOA

저자 소개

강성현(성공회대학교 동아시아연구소 소장)
역사사회학자. 성공회대학교 동아시아연구소 HK+ 교수. 한국과 동아시아의 사상통제와 전향, 공안, 법과 폭력, 계엄과 국가긴급권, 한국전쟁, 과거청산, 일본군'위안부' 문제와 전쟁범죄, 글로벌 냉전문화와 '냉전 아시아', 그리고 국내외 제노사이드 이론과 사례에 대해 연구해왔다.

김득중(국사편찬위원회 편사연구관)
한국 현대사 전공. 전 한국사연구회 회장, 전 일본군위안부연구회 회장. 여순사건, 한국 반공체제와 빨갱이 혐오의 역사, 한국전쟁기 민간인학살을 공부해 왔으며, 제국 지식권력의 연속성과 변용에 대한 연구를 진행하고 있다.

김민환(한신대학교 평화교양대학 교수)
역사사회학과 문화사회학 전공. 한국과 동아시아의 국가폭력과 국가폭력의 재현, 동아시아의 움직이는 경계, 동아시아의 열전과 문화적 냉전, 한국전쟁과 국가 및 사회의 형성 등에 대해 연구해 왔다.

김일환(서울과학기술대학교 인문사회교양학부 조교수)
한국의 교육·복지·의료 등 여러 영역에 뿌리내린 민간 재단법인의 독특한 구조와 성격을 해명하는 작업에 관심이 있다. 『절멸과 갱생 사이: 형제복지원의 사회학』, 『열전 속 냉전, 냉전 속 열전: 냉전 아시아의 사상심리전』 등의 책을 함께 썼다.

오영숙(성공회대학교 동아시아연구소 HK+연구교수)
사회문화적 행위로서 영화의 위상에 관심을 두고, 그 속에 투영된 시대의 속내와 심리적 현실에 관한 글을 써오고 있다. 주요 저서로는 『근현대 한국영화의 마인드스케이프』, 『1950년대 한국영화와 문화담론』, 『탈북의 경험과 영화 표상』이 있다.

임재근((사)평화통일교육문화센터 교육연구소장)
공주대학교와 목원대학교에서 북한, 한반도 평화, 통일과 관련된 강의를 하고 있다. 성공회대학교 민주자료관 연구교수와 대전산내골령골대책회의 집행위원장도 맡고 있다. 분단과 전쟁, 민간인학살과 공공기억 등을 주로 연구하고 있다.

전갑생(성공회대 동아시아연구소 냉전평화연구센터장)
역사학자. 성공회대 동아시아연구소 연구교수. 한국을 비롯한 동아시아의 냉전기 포로, 수용소, 학살 그리고 세계 여러 아카이브 조사 방법과 연구를 지속하고 있다.

정영신(가톨릭대학교 사회학과 조교수)
동아시아/평화/커먼즈 연구자. 동아시아의 군사기지와 전쟁유적, 평화운동에 대해 연구해 왔으며, 최근에는 커먼즈를 통한 생태적 전환에 관한 연구를 수행하고 있다.

최성용(성공회대학교 열림교양대학 강사)
성공회대학교 국제문화연구학과 박사수료, 신촌문화정치연구그룹 연구원. 계급, 젠더, 지역에 대한 관심을 가지고 있으며 한국전쟁과 학살, 사회적 재난참사, 한국정치와 사회운동에 대해 연구하고 있다.